INSTITUTIONS ADMINISTRATIVES

COURS DALLOZ

Série Droit public

Sous la direction de Dominique Chagnollaud de Sabouret
Professeur à l'Université Panthéon-Assas (Paris II)

INSTITUTIONS ADMINISTRATIVES

6e édition

2015

Christophe Guettier
Professeur à l'Université du Maine

DALLOZ

DALLOZ

31-35, rue Froidevaux - 75685 Paris Cedex 14

ISBN 978-2-247-12974-4

à Anne-Marie, Pierre et Marie

Abréviations

AJDA	Actualité juridique (Droit administratif)
AN	Assemblée nationale
Biblio. som.	Bibliographie sommaire
CAA	Cour administrative d'appel
CC	Conseil constitutionnel
CE	Conseil d'État
CEDH	Cour européenne des droits de l'homme
CGCT	Code général des collectivités territoriales
Chron.	Chronique
CJCE	Cour de justice des Communautés européennes
CJEG	Cahiers juridiques de l'électricité et du gaz
CJF	Code des juridictions financières
CJUE	Cour de justice de l'Union européenne
COM	Collectivité d'outre-mer
Concl.	Conclusions
D.	Recueil *Dalloz*
Déc.	Décision
DOM	Département d'outre-mer
Dr. adm.	Revue Droit administratif
EDCE	Études et Documents du Conseil d'État
EPCI	Établissement public de coopération intercommunale

GAJA	Les grands arrêts de la jurisprudence administrative (*Dalloz*)
Gaz. Pal.	Gazette du Palais
GDCC	Les grandes décisions du Conseil constitutionnel (*Dalloz*)
JCP	Juris-Classeur périodique (Semaine juridique)
JO	Journal officiel
Leb.	Recueil *Lebon*
LO	Loi organique
QPC	Question prioritaire de constitutionnalité
RD publ.	Revue du droit public
Rec.	Recueil des décisions du Conseil constitutionnel
Rev. adm.	Revue administrative
RFAP	Revue française d'administration publique
RFD adm.	Revue française de droit administratif
RFD const.	Revue française de droit constitutionnel
RFFP	Revue française des finances publiques
ROM	Région d'outre-mer
S.	Recueil *Sirey*
Sect.	Section
SEM	Société d'économie mixte
Sén.	Sénat
SPA	Service public administratif
SPIC	Service public industriel et commercial
TA	Tribunal administratif
TC	Tribunal des conflits
TOM	Territoire d'outre-mer

INTRODUCTION

§ 1. Notions d'Administration et d'institutions administratives

Qu'est-ce que l'Administration ?

1 Sous l'**angle organique**, il s'agit d'un ensemble de personnes morales – comme l'État, les collectivités territoriales, les établissements publics – et d'agents personnes physiques – comme le sont en particulier les fonctionnaires (selon l'édition 2014 du Rapport annuel sur l'état de la fonction publique, « Au 31 décembre 2012, la fonction publique, hors bénéficiaires de contrats aidés, emploie 5,4 millions d'agents soit 20 % de l'emploi total (privé + public) en France. »).

Sous l'**angle fonctionnel**, cet ensemble est chargé de gérer les affaires publiques, c'est-à-dire les activités dans lesquelles une intervention des pouvoirs publics a été décidée. De façon plus précise, la **fonction administrative** s'analyse en deux ensembles de tâches, exercées dans l'intérêt général : une **fonction de réglementation** – dans le cadre de l'exécution des lois – et une **fonction de prestation** – sous la forme de la fourniture de biens et de services aux membres de la collectivité.

L'Administration se caractérise également par les **moyens juridiques** qu'elle met en œuvre pour réaliser les missions qui lui incombent. En effet, si elle peut recourir à des **moyens** que lui offre le **droit privé**, elle a surtout la possibilité d'utiliser de façon privilégiée des **moyens de droit public**, désignés par l'expression de « **prérogatives de puissance publique** », qui ont la caractéristique d'être exorbitants du droit commun, précisément pour pouvoir la mettre mieux à même de remplir la mission d'intérêt général dont elle est investie. Il n'en demeure pas moins que l'Administration reste soumise au Droit car dans un État de droit l'Administration doit rendre des comptes aux instances qui disposent de la légitimité démocratique – comme le Parlement (l'article 24 de la Constitution, dans sa rédaction issue de la révision du 23 juillet 2008, assigne au Parlement pour mission le contrôle du Gouvernement dont dépend l'Administration ainsi que de façon plus générale l'évaluation des politiques publiques) – ou bien au juge en cas de contentieux juridictionnel – qu'il s'agisse du juge judiciaire ou bien, plus spécifiquement, du juge administratif lorsque sont en cause les prérogatives de puissance publique qu'elle a pu mettre en œuvre.

2 La notion d'Administration a connu un net élargissement au cours du XXe siècle. En effet, si la gestion des activités administratives est en principe confiée à des **personnes de droit public**, on relève que, face à l'extension et à la diversification de ces activités, le nombre et le genre des organismes chargés de les assurer se sont accrus de façon importante. Ainsi, avec le développement de l'Administration économique et sociale, des emprunts ont été faits aux formes institutionnelles du secteur privé. Cet ensemble constitué ainsi de **personnes publiques** et de **personnes privées** prend le nom d'**institutions administratives**, terme générique qui le recouvre.

3 Si les activités régaliennes de l'État – c'est-à-dire celles qui lui sont réservées par nature comme la défense, l'impôt ou encore la justice – sont confiées aux seules personnes de droit public, on constate en effet que des activités administratives peuvent être assurées par un certain nombre de personnes de droit privé. En pratique, cette participation s'inscrit dans un double mouvement :

Tantôt, des **personnes privées** sont **créées spontanément par les collectivités publiques** elles-mêmes, afin de pouvoir bénéficier de la plus grande souplesse offerte par le droit privé (ex. : sociétés anonymes dont l'État est le seul actionnaire ; sociétés d'économie mixte à participation majoritaire de l'Administration – ainsi, selon l'article L. 111-67 du code de l'énergie, « L'entreprise dénommée "Électricité de France" est une société anonyme, dont le capital est détenu à plus de 70 % par l'État. »).

Tantôt, des **personnes privées trouvant leur origine dans une initiative privée** sont associées à l'exécution de certains services publics. Il peut s'agir alors d'une simple collaboration (par ex. : association contractuelle avec l'État d'établissements privés d'enseignement primaire et secondaire). Il peut s'agir aussi d'aller beaucoup plus loin en confiant à des personnes privées le soin d'assurer elles-mêmes la gestion de services publics (par ex. : la centaine de caisses d'allocations familiales qui existent actuellement en France sont des organismes de droit privé chargés d'une mission de service public régie par le code de la Sécurité sociale).

§ 2. Schéma général d'organisation des institutions administratives

A. Le schéma d'hier

4 Après la rationalisation de la carte administrative au début de la **Révolution française** (création des départements à la fin de l'année 1789) et la réforme de ses structures sous le **Consulat** (1799-1804), l'Administration française est devenue plus simple. Ainsi, la France ne dispose-t-elle alors que de deux étages principaux : l'un est national et correspond à l'administration d'État ; l'autre est local et se décompose lui-même en un petit nombre de niveaux, essentiellement le département et la commune. Il y a bien quelques relais intermédiaires, comme les arrondissements, les cantons ou les groupements de communes ; mais leurs attributions vont en diminuant (par ex. : l'importante **loi municipale du 5 avril 1884** avait oublié les syndicats de communes qui réapparurent quelques années plus tard avec une loi de 1890).

5 Cette simplicité est accrue par le fait que l'organisation des administrations locales est la même d'un bout à l'autre du territoire, à l'exception – pour des raisons historiques, géographiques et politiques – de Paris et sa banlieue et des régions d'outre-mer. Le statut des communes et des départements ne dépend en principe ni de l'importance de leur population, ni de leur nature urbaine ou rurale, ni de leur richesse, ni de leur culture et de leur langue. L'administration est alors conçue comme un « jardin à la française » où s'applique de façon rigoureuse le principe d'égalité.

6 On retrouve les mêmes principes dans la division de l'administration d'État en ministères spécialisés. Les services sont répartis entre ces entités qui, au nom du principe de l'unité de l'État, n'ont pas la personnalité morale et qui sont toutes coulées dans le même moule, quelles que soient leurs attributions, techniques ou politiques, de gestion, de solidarité ou de souveraineté. Là encore, l'uniformité prévaut. L'organisation se répartit en directions, services, sous-directions, bureaux. Les agents publics ont le même statut. Le régime des biens est le même avec son partage entre domaine public et domaine privé. Les ministres ont les mêmes pouvoirs et les fonctionnaires les mêmes droits et les mêmes devoirs.

B. Le schéma d'aujourd'hui

7 Aujourd'hui, l'Administration française a perdu sa belle ordonnance classique et simple pour devenir progressivement un ensemble baroque et complexe. En effet, les structures administratives ont proliféré.

8 **Au niveau national**, l'organisation du gouvernement est désormais plus brouillée. Entre les **ministres** et les **directeurs d'administration centrale** se sont interposés des **cabinets ministériels** de plus en plus étoffés (où l'on trouve en principe un directeur de cabinet et un directeur adjoint, un chef de cabinet et un chef adjoint, des conseillers techniques et un certain nombre d'autres collaborateurs chargés de fonctions comme la communication).

À noter : Selon une annexe au projet de loi de finances pour 2015, dite « jaune budgétaire », rendant compte au Parlement de la composition des **cabinets**

ministériels et de la rémunération des collaborateurs des cabinets du gouvernement de Manuel Valls, Premier ministre, les effectifs s'établissaient à 461 équivalents temps plein (ETP) au 1er août 2014 pour 32 ministères et secrétariats d'État, et une dotation annuelle d'un peu plus de 24 millions d'euros.

Biblio. somm. : O. Schrameck, *Dans l'ombre de la République : Les cabinets ministériels*, Dalloz, 2006.

Il en résulte un enchevêtrement des compétences, certaines lourdeurs et même des rivalités. En outre, aux directions classiques des ministères se sont ajoutées des « **missions** » ou des « **délégations** », parfois interministérielles, temporaires ou permanentes, qui rendent plus difficile la coordination entre les services et la recherche du bon interlocuteur. Internet peut alors devenir un instrument pertinent pour améliorer les relations entre le public et l'administration (des portails tels que www.service-public.fr contribuent ainsi à faciliter l'accessibilité des citoyens aux données publiques).

À **noter** : De façon plus ou moins régulière il est précédé à un toilettage des structures administratives par suppression en particulier de **commissions administratives à caractère consultatif de l'État** devenues inutiles. Voir en ce sens par exemple le décret n° 2014-132 du 17 février 2014 qui en a fait disparaître trente-trois. Un précédent décret n° 2013-420 du 23 mai 2013 en avait supprimé soixante-quatre.

9 De même, au-delà ou à côté des ministères ont été créées depuis la fin des années 1970 des **autorités administratives dites « indépendantes »** (AAI) :

- les unes concourent à la **protection des libertés** en donnant aux citoyens des garanties d'impartialité dans l'exercice du libre jeu démocratique (comme avec : la **Commission nationale de l'informatique et des libertés** (CNIL) qui contrôle le traitement automatisé des données nominatives ; le **Conseil supérieur de l'audiovisuel** (CSA) qui garantit l'exercice de la liberté de communication audiovisuelle ; le **Défenseur des droits** qui joue un rôle de médiateur entre les citoyens et les administrations ou organismes chargés d'une mission de service public, intervient en faveur de la protection des droits des enfants, lutte contre les discriminations, exerce le contrôle du respect de la déontologie par les personnes exerçant des activités de sécurité ; la **Commission nationale consultative des droits de l'homme** (CNCDH) qui exerce une fonction de conseil et de proposition dans le domaine des droits de l'homme, du droit international humanitaire et de l'action humanitaire ; le **Contrôleur général des lieux de privation de liberté** (CGLPL) ; on peut également citer la **Commission des sondages**) ;

- tandis que d'autres contribuent à la **régulation de certains marchés** (comme avec : l'**Autorité de la concurrence**, qui intervient pour la régulation des marchés afin de garantir le libre jeu de la concurrence ; l'**Autorité de contrôle prudentiel et de résolution** (ACPR), qui contrôle les entreprises d'assurance et de réassurance, mutuelles, institutions de prévoyance et institutions de retraite supplémentaires ; l'**Autorité des marchés financiers** (AMF) qui intervient pour la régulation des opérations et de l'information financières ; l'**Autorité de régulation des activités ferroviaires** (ARAF), dont le domaine d'intervention est la régulation du secteur du transport ferroviaire ; ou encore l'**Autorité de régulation des jeux en ligne** (ARJEL) ; on peut également citer l'**Autorité de régulation des communications électroniques et des postes** (ARCEP), ou encore la **Commission de régulation de l'énergie** (CRE)).

Comprenant actuellement une quarantaine d'exemplaires, la catégorie juridique est loin d'apparaître comme un ensemble homogène. Ainsi, par exemple, leur statut n'est pas uniforme puisque quelques-unes à la différence des autres sont dotées de la personnalité morale (elles peuvent donc disposer notamment de l'autonomie financière, comme dans le cas du **Conseil supérieur de l'audiovisuel** (CSA), devenu une « autorité publique indépendante » (API), dotée de la personnalité morale, à la suite de l'adoption de la loi n° 2013-1028 du 15 novembre 2013 relative à l'indépendance de l'audiovisuel public). La source de création s'est elle-même diversifiée puisque si la plupart ont résulté au départ d'une initiative du législateur ordinaire, le pouvoir constituant est intervenu en 2008 pour consacrer à l'article 71-1 de la Constitution l'existence d'une autorité indépendante : le **Défenseur des droits**. Par ailleurs, de nationales certaines ont vu leur champ de compétence se réduire comme dans le cas des collectivités d'outre-mer et de la Nouvelle-Calédonie auxquelles le législateur a permis la constitution d'autorités indépendantes locales pour intervenir dans des compétences qui n'appartiennent plus à l'État (par ex. : création d'une autorité de la concurrence en Nouvelle-Calédonie, par la loi du pays du 3 avril 2014). Pour certaines, leur développement n'est en outre pas sans rapport avec des engagements internationaux ou des obligations issues du droit de l'Union européenne, comme dans le cas par exemple du **Contrôleur général des lieux de privation de liberté** (institué à la suite de la signature par la France, le 16 septembre 2005, du protocole facultatif se rapportant à la convention des Nations unies du 18 décembre 2002 contre la torture et autres peines ou traitements cruels, inhumains ou dégradants), de la **Commission nationale consultative des droits de l'homme** (CNCDH) (qui traduit en droit français la résolution n° 48/134 de l'Assemblée générale des Nations unies du 20 décembre 1993, également appelée « Principes de Paris »), ou bien encore de la **Commission nationale de l'informatique et des libertés** (CNIL) (dont l'existence est désormais garantie par l'article 8 de la Charte européenne des droits fondamentaux qui prévoit que le respect des règles relatives à la protection des données personnelles est soumis au contrôle d'une « autorité indépendante »).

Lorsqu'on observe leur composition ou bien encore leurs attributions, là encore on relève l'existence de situations contrastées : Ainsi, si l'article L.O. 145 du code électoral, dans sa rédaction issue de la loi organique n° 2013-906 du 11 octobre 2013 relative à la transparence de la vie publique, prévoit une incompatibilité entre le mandat parlementaire et « la fonction de président d'une autorité administrative indépendante ou d'une autorité publique indépendante », on constate que certaines AAI ou API comprennent parmi leurs membres des parlementaires désignés par leur assemblée respective (par ex. : cas de la CNIL) ; quant aux autorités de nomination, le modèle de départ inspiré souvent du mode de désignation des membres du Conseil constitutionnel, avec des membres nommés, en nombre identique, par le président de la République, le président du Sénat et le président de l'Assemblée nationale, n'est plus le seul pratiqué ; de façon intéressante on note un renforcement progressif du contrôle parlementaire sur les nominations émanant du président de la République (l'article 13 de la Constitution a été révisé en 2008 afin de subordonner certaines nominations du chef de l'État à l'absence d'opposition des commissions permanentes compétentes de chaque assemblée parlementaire), ce qui se justifie dès lors qu'il est souhaité faire de ces organismes des autorités indépendantes de l'exécutif. Ces tendances nouvelles ne remettent toutefois pas fondamentalement en cause « la poursuite d'un développement anarchique de cette catégorie juridique, en l'absence de toute vision d'ensemble » (Sén., Rapp. d'information n° 616 (2013-2014), juin 2014). C'est d'ailleurs ce que confirme l'examen de leurs attributions puisque certaines se contentent de rendre des avis ou de faire des recommandations, tandis que d'autres exercent un véritable pouvoir de décision, notamment sous la forme d'un pouvoir de sanction dont l'exercice est parfois proche d'une fonction quasi-juridictionnelle (ce qui a pu conduire le Conseil constitutionnel à devoir rappeler que « lorsqu'elles prononcent des sanctions ayant le caractère d'une punition, les autorités administratives indépendantes doivent respecter notamment le principe d'impartialité » ; CC, 5 juillet 2013, n° 2013-331 QPC, *Société Numéricâble SAS et autre* [Pouvoir de sanction de l'Autorité de régulation des communications électroniques et des postes]).

Biblio. somm. : Les autorités administratives indépendantes, Rapp. CE, EDCE 2001, p. 300. – Les autorités administratives indépendantes : évaluation d'un objet juridique non identifié, Sén., Rapp. Office parlementaire d'évaluation de la législation n° 404 (2005-2006), juin 2006. – Autorités administratives indépendantes : Bilan 2006-2014, Sén., Rapp. d'information n° 616 (2013-2014), juin 2014.

10 S'agissant des **établissements publics**, qui se définissent comme des services publics dotés d'une personnalité juridique distincte de celle des personnes publiques (État ou collectivités territoriales) qui les ont créés, on observe que leurs catégories se sont également multipliées et diversifiées : **nationaux** (ex. : L'**École natio-**

nale d'administration (ENA) « est un établissement public de l'État à caractère administratif, doté de l'autonomie financière, placé sous la tutelle du Premier ministre. Son siège est à Strasbourg. » ; décret n° 2002-49 du 10 janv. 2002, art. 1er) et **locaux** (ex. : Les **services départementaux d'incendie et de secours** (SDIS) : « Il est créé dans chaque département un établissement public, dénommé "service départemental d'incendie et de secours", qui comporte un corps départemental de sapeurs-pompiers » ; art. L. 1424-1 CGCT) ; **administratifs** (ex. : selon l'article R. 5312-1 du code du travail, **Pôle emploi** est un établissement public à caractère administratif) ou **industriels et commerciaux** (ex. : L'**Opéra national de Paris** est un établissement public à caractère industriel et commercial placé sous la tutelle du ministre chargé de la culture ; art. 3 du décret n° 94-111 du 5 février 1994). Leurs domaines d'intervention se sont également étendus : la santé (les **hôpitaux** et les **agences régionales de santé**), le secteur économique et financier (la **Caisse des dépôts et consignations**), social (les **centres communaux d'action sociale**) ou culturel (le **musée du Louvre**), l'enseignement (les **universités**), les transports (la **SNCF**), etc. Malgré les propositions de plusieurs rapports du Conseil d'État, leurs statuts restent variés et leur création n'est pas soumise à une logique absolument cohérente. On y recourt en fonction de la spécificité des secteurs à gérer ou des objectifs à atteindre, pour favoriser à la fois une certaine autonomie dans la gestion des services et la participation notamment du personnel et des usagers dans leurs instances délibérantes. Leur diversité est grande et les critères de reconnaissance souvent imprécis (v. ss 171 s.).

11 À côté des établissements publics, il faut ajouter aujourd'hui une nouvelle catégorie d'institutions administratives née au cours des années 1980 : les « **groupements d'intérêt public** » (GIP). Apparue pour la première fois dans la loi du 15 juillet 1982 d'orientation et de programmation pour la recherche et le développement technologique, et développée depuis par une série de textes dans les domaines les plus divers (enseignement, culture, sport, action sanitaire et sociale, etc.), cette formule a dû son succès au fait qu'elle favorise le développement du « partenariat » entre acteurs publics et privés pour exercer des activités ou gérer des services, en dehors des associations para-administratives de la loi de 1901 dont l'usage était régulièrement dénoncé par la Cour des comptes et qui soulevaient notamment de délicates questions de gestion de fait.

Dans un rapport de 1996, le Conseil d'État, tout en reconnaissant l'utilité de cette nouvelle institution, avait formé le vœu que son développement soit mieux maîtrisé, que son statut soit clarifié et qu'une loi générale lui confère un régime spécifique (*Les groupements d'intérêt public*, Doc. fr., Études CE, 1997).

C'est désormais chose faite. En effet, la **loi n° 2011-525 du 17 mai 2011** de simplification et d'amélioration de la qualité du droit, dans ses articles 98 à 117, a mis en place un véritable statut des groupements d'intérêt public, en distinguant leur création, leur organisation, leur fonctionnement, et leur dissolution. On apprend ainsi à l'article 98 de ladite loi que : « Le groupement d'intérêt public est une personne morale de droit public dotée de l'autonomie administrative et financière. Il est constitué par convention approuvée par l'État soit entre plusieurs personnes morales de droit public, soit entre l'une ou plusieurs d'entre elles et une ou plusieurs personnes morales de droit privé. / Ces personnes y exercent ensemble des activités d'intérêt général à but non lucratif, en mettant en commun les moyens nécessaires à leur exercice. » La durée, pour laquelle le groupement est constitué peut également être « déterminée ou indéterminée » (art. 99-3° de la loi du 17 mai 2011 préc.) – dans le cas où la convention a été conclue pour une durée déterminée et où elle n'est pas renouvelée, le groupement d'intérêt public est dissous par l'arrivée du terme de la convention constitutive (art. 116). Un GIP peut être constitué « avec ou sans capital » (art. 104) – lorsque le groupement a été constitué avec capital, « la contribution des membres aux dettes du groupement est déterminée à proportion de leur part dans le capital » (art. 108). Quant à la comptabilité du groupement, elle « est tenue et sa gestion assurée selon les règles du droit privé, sauf si les parties contractantes ont fait le choix de la gestion publique dans la convention constitutive ou si le groupement est exclusivement constitué de personnes morales de droit public soumises au régime de comptabilité publique. » (art. 112).

Le groupement d'intérêt public vient ainsi enrichir la boîte à outils de l'administration en apparaissant comme une nouvelle catégorie de personne publique spécifique soumise à un régime particulier qui n'est pas à proprement parler celui des établissements publics.

Un exemple de GIP : l'Agence du service civique. Selon l'article L. 120-2 du code du service national, l'Agence a pour objet en particulier de définir les orientations stratégiques et les missions prioritaires du service civique mentionnées à l'article L. 120-1 du même code, lesquelles tendent à « renforcer la cohésion nationale et la mixité sociale et offre à toute personne volontaire l'opportunité de servir les valeurs de la République et de s'engager en faveur d'un projet collectif en effectuant une mission d'intérêt général auprès d'une personne morale agréée. » L'article L. 120-2 du code du service national dispose que : « L'agence est un groupement d'intérêt public constitué, sans capital, entre l'État, l'Agence nationale pour la cohésion sociale et l'égalité des chances, l'Institut national de la jeunesse et de l'éducation populaire et l'association France Volontaires. D'autres personnes morales peuvent, dans des conditions fixées par la convention constitutive, devenir membres constitutifs du groupement. Le groupement est constitué sans limitation de durée. / Elle est dotée de la personnalité morale et de l'autonomie financière. Elle ne donne lieu ni à la réalisation, ni au partage de bénéfices. Elle peut recruter, sur décision de son conseil d'administration, des agents contractuels de droit public. / L'Agence du service civique est administrée par un conseil d'administration composé de représentants de ses membres constitutifs ainsi que de personnalités qualifiées. Le conseil d'administration est assisté d'un comité stratégique réunissant les partenaires du service civique et, en particulier, des représentants des structures d'accueil et des personnes volontaires. Ce comité stratégique est également composé de deux députés et de deux sénateurs, désignés par le président de leur assemblée respective. Le comité stratégique propose les orientations soumises au conseil d'administration et débat de toute question relative au développement du service civique. La composition et les missions du conseil d'administration et du comité stratégique sont précisées dans la convention constitutive. »

Lien Internet à consulter : http://www.service-civique.gouv.fr/

12 Quant au **niveau local**, il s'est lui aussi à la fois enrichi et compliqué. Après des velléités de suppression du département, celui-ci fait toujours de la résistance, ce qui conduit la France à compter actuellement trois niveaux d'administration au plan local (la région, le département et la commune), auxquels s'ajoutent l'État et l'Union européenne. Si ce cadre reste immuable, en revanche le contenu de chaque catégorie connaît des évolutions de diverses natures.

À **noter** : Selon l'INSEE, la population totale de la France **au 1er janvier 2015** s'établit à **66 317 994 habitants** répartis dans **36 657 communes**. Le nombre de **départements** est de **101** depuis la départementalisation de Mayotte le 31 mars 2011.

13 En ce qui concerne **la région**, la **loi** n° 2015-29 du **16 janvier 2015** relative à la délimitation des régions, aux élections régionales et départementales et modifiant le calendrier électoral a substitué, **à partir du 1er janvier 2016**, aux 22 régions métropolitaines **12 régions** constituées par l'addition de régions existantes (les nouveaux conseillers régionaux seront élus en décembre 2015, à quelques jours de la naissance officielle des nouvelles régions, au 1er janvier 2016). Il convient d'ajouter la collectivité territoriale de Corse.

Ces 12 nouvelles régions métropolitaines sont :
Alsace, Champagne-Ardenne et Lorraine,
Aquitaine, Limousin et Poitou-Charentes,
Auvergne et Rhône-Alpes,
Bourgogne et Franche-Comté,
Bretagne,
Centre (dénommée « Centre-Val de Loire »),
Ile-de-France,
Languedoc-Roussillon et Midi-Pyrénées,
Nord-Pas-de-Calais et Picardie,
Basse-Normandie et Haute-Normandie (dénommée « Normandie »),
Pays de la Loire,
Provence-Alpes-Côte d'Azur.

Le **nom** et le **chef-lieu** définitifs de chaque région seront **fixés par décret avant le 1er octobre 2016** à l'exception de la ville de Strasbourg désignée comme chef-lieu de la région « Alsace, Champagne-Ardenne et Lorraine » (art. 2 de la loi).

La carte des régions n'est toutefois pas immuable :

À compter du 1er janvier 2016, plusieurs départements formant, dans la même région, un territoire d'un seul tenant pourront, par délibérations concordantes de leurs conseils départementaux, demander à être regroupés en un seul département (art. L. 3114-1 CGCT) ;

Un département et deux régions contiguës pourront demander, par délibérations concordantes leurs assemblées délibérantes, une modification des limites régionales visant à inclure le département dans le territoire d'une région qui lui est limitrophe (art. L. 4122-1-1 CGCT) ;

Plusieurs régions formant un territoire d'un seul tenant et sans enclave pourront, par délibérations concordantes de leurs conseils régionaux, demander à être regroupées en une seule région (art. L. 4123-1 CGCT) ;

Une région et les départements qui la composent pourront, par délibérations concordantes de leurs assemblées délibérantes, demander à fusionner en une unique collectivité territoriale exerçant leurs compétences respectives (art. L. 4124-1 CGCT).

14 En ce qui concerne **le département**, si le cadre territorial de cette administration décentralisée n'a pas connu d'aussi importantes modifications que dans le cas précédent, en revanche, de nouvelles appellations se sont substituées à d'anciennes : on ne parle plus désormais du conseil général mais du **conseil départemental** et les conseillers généraux sont devenus les conseillers départementaux. De façon encore plus notable, le **mode d'élection** de ces derniers a fait l'objet d'une importante **réforme**.

Jusqu'ici, on élisait un conseiller général par canton, pour un mandat de six ans, avec renouvellement par moitié des assemblées tous les trois ans. Le mode de scrutin a changé avec la loi du 17 mai 2013 : désormais, ce sont deux conseillers départementaux qui sont élus en binôme respectant la parité (une femme – un homme), dans le cadre du canton, toujours au suffrage universel direct à deux tours, pour un mandat qui reste d'une durée de six ans, l'assemblée étant toutefois dorénavant renouvelée intégralement en une seule fois. Aurait-on cherché à réduire le nombre d'élus locaux ? Pas du tout. En effet, si le nombre de cantons est bien passé de 4035 à 2054, comme dans le même temps chaque canton élit non plus un mais deux conseillers départementaux, le nombre de ceux-ci a légèrement augmenté : 4 108 contre 4 035 !

Ce mode de scrutin inédit en France a été mis en œuvre pour la première fois à l'occasion des élections départementales des 22 et 29 mars 2015. Pour être élu au premier tour, le binôme doit obtenir au moins la majorité absolue des suffrages exprimés (plus de 50 %), et un nombre de suffrages égal à au moins 25 % des électeurs inscrits. Si aucun binôme n'est élu dès le premier tour, il est procédé à un second tour. Au second tour, les deux binômes arrivés en tête peuvent se maintenir. Les autres peuvent se maintenir seulement s'ils ont obtenu un nombre de suffrages au moins égal à 12,5 % des électeurs inscrits. Le binôme qui obtient le plus grand nombre de suffrages au second tour est élu.

À noter : Ce mode de scrutin original a permis de faire passer de 12 % à 49,5 % la proportion de femmes dans les assemblées départementales après les élections de mars 2015. Cependant, celles-ci ne sont pas parvenues, pour la grande majorité, à passer le plafond de verre de l'exécutif de l'assemblée départementale : 90 % de ces collectivités restent dirigées par des hommes.

15 **Autre fait notable** : il concerne l'évolution de **la coopération intercommunale.** Selon l'article L. 5111-1 du CGCT : « Les collectivités territoriales peuvent s'associer pour l'exercice de leurs compétences en créant des organismes publics de coopération dans les formes et conditions prévues par la législation en vigueur. » L'intercommunalité permet ainsi aux communes de se regrouper au sein d'un **établissement public de coopération intercommunale (EPCI)** soit pour assurer certaines prestations (comme le ramassage des ordures ménagères, l'assainissement, ou encore les transports urbains), soit pour élaborer de véritables projets de développement économique, d'aménagement ou d'urbanisme. À la différence des collectivités territoriales, les structures intercommunales n'ont que des compétences limitées.

À noter : La **loi du 17 mai 2013** relative à l'élection des conseillers départementaux, des conseillers municipaux et des conseillers intercommunaux, et modifiant le calendrier électoral, a **réformé** notamment le **mode de désignation des conseillers des intercommunalités.** Avant la réforme, les délégués de la commune au conseil de l'intercommunalité étaient élus par le conseil municipal en son sein. Depuis la réforme, une distinction est faite selon que la commune comprend moins de 1 000 habitants (les membres du conseil municipal sont conseillers communautaires dans l'ordre du tableau) ou plus de 1 000 habitants (les conseillers communautaires sont élus lors des élections municipales, en même temps et sur la même liste de candidats que les conseillers municipaux – scrutin dit « fléché »).

On distingue toutefois **deux types d'intercommunalité** :

- la **forme souple ou associative**, dite **sans fiscalité propre**, financée par les contributions des communes qui en sont membres. Elle leur permet de gérer ensemble des activités ou des services publics. Cette catégorie comprend les **syndicats à vocation unique** (SIVU), les **syndicats à vocation multiple** (SIVOM), les **syndicats mixtes**, ou encore les **pôles métropolitains**.

À noter : Au 1er janvier 2015, on comptait 8 392 SIVU, 1 185 SIVOM, 3 025 syndicats mixtes et 9 pôles métropolitains. (Source : Direction générale des collectivités locales).

Les **syndicats à vocation unique** (SIVU), qui ont été créés par la loi du 22 mars 1890, sont une association de communes, même non limitrophes, se regroupant afin de gérer une seule activité d'intérêt intercommunal. Généralement de taille réduite, les SIVU représentent la forme la plus répandue de syndicats de communes.

Les **syndicats à vocation multiple** (SIVOM), qui ont été créés par l'ordonnance du 5 janvier 1959, permettent aux communes de s'associer pour gérer plusieurs activités.

Les **syndicats mixtes**, qui ont été créés par le décret du 20 mai 1955, doivent comprendre au moins une collectivité et permettent l'association de communes avec des départements, des régions ou des établissements publics.

Les **pôles métropolitains** sont des syndicats mixtes regroupant des intercommunalités à fiscalité propre (art. L. 5731-3 CGCT). Ils ont été créés par l'article 20 de la loi n° 2010-1563 du 16 décembre 2010 de réforme des collectivités territoriales et sont destinés à favoriser la coopération entre grandes agglomérations proches, situées au sein de grandes régions urbaines complexes ou de « corridors » de développement. La loi n° 2014-58 du 27 janvier 2014 de modernisation de l'action publique territoriale et d'affirmation des métropoles (dite loi MAPAM) a apporté quelques modifications relatives aux seuils démographiques et aux statuts possibles des pôles métropolitains. Ils ne constituent pas des EPCI à fiscalité propre, leurs ressources provenant notamment des cotisations des EPCI qui les composent.

- la **forme approfondie ou fédérative**, caractérisée par l'existence de **compétences obligatoires** et par une **fiscalité propre**. Cette catégorie comprend les **métropoles**, les **communautés urbaines**, les **communautés d'agglomération**, les **communautés de communes**, ou encore les **syndicats d'agglomération nouvelle**. Une commune ne peut appartenir à plus d'un établissement public de coopération intercommunale à fiscalité propre (art. L. 5210-2 CGCT).

Chiffres. Au 1er **janvier 2015**, on comptait 2 133 établissements publics de coopération intercommunale (EPCI) à fiscalité propre sur le territoire français dont 11 **métropoles** (regroupant en tout 453 communes et une population totale de 6 303 722 habitants), 9 **communautés urbaines**, 226 **communautés d'agglomération**, 1 884 **communautés de communes** et 3 **syndicats d'agglomération nouvelle.** Le nombre de communes isolées s'élevait à 70 sur le territoire national. (Source : chiffres publiés, le 27 février 2015, par la Direction générale des collectivités locales (DGCL) du ministère de l'Intérieur ; lien Internet à consulter : http://www.collectivites-locales.gouv.fr/liste-et-composition-2015).

Parmi les formes fédératives, la métropole est **la plus intégrée.** Selon l'article L. 5217-1 du CGCT dont la rédaction a été modifiée par la **loi n° 2014-58 du 27 janvier 2014** de modernisation de l'action publique territoriale et d'affirmation des métropoles : « La métropole est un établissement public de coopération intercommunale à fiscalité propre regroupant plusieurs communes d'un seul tenant et sans enclave au sein d'un espace de solidarité pour élaborer et conduire ensemble un projet d'aménagement et de développement économique, écologique, éducatif, culturel et social de leur territoire afin d'en améliorer la cohésion et la compétitivité et de concourir à un développement durable et solidaire du territoire régional. Elle valorise les fonctions économiques métropolitaines, ses réseaux de transport et ses ressources universitaires, de recherche et d'innovation, dans un esprit de coopération régionale et interrégionale et avec le souci d'un développement territorial équilibré. »

La **métropole** exerce de plein droit, en lieu et place des communes membres, un grand nombre de compétences. De plus, par convention passée avec le département, à la demande de celui-ci ou de la métropole, la métropole exerce à l'intérieur de son périmètre, en lieu et place du département, tout ou partie de compétences énumérées par la loi. En outre, le conseil régional peut, à son initiative ou saisi d'une demande en ce sens du conseil d'une métropole, transférer à celle-ci, dans les limites de son territoire, plusieurs compétences. Des délégations de compétence par l'État, par convention, à la métropole qui en fait la demande, sont également prévues.

À noter : Au 1er janvier 2015, ont été transformés par décret en une métropole les établissements publics de coopération intercommunale à fiscalité propre qui forment, à la date de la création de la métropole, un ensemble de plus de 400 000 habitants dans une aire urbaine, au sens de l'Institut national de la statistique et des études économiques, de plus de 650 000 habitants. Ainsi, à la métropole Nice Côte d'Azur qui avait été la seule métropole créée dans le cadre de la loi n° 2010-1563 du 16 décembre 2010 de réforme des collectivités territoriales, la loi précitée du 27 janvier 2014 a permis la création par décret de métropoles pour les agglomérations de Toulouse, Lille, Bordeaux, Nantes, Strasbourg, Rennes, Rouen, Grenoble, Montpellier et Brest le 1er janvier 2015, en remplacement des intercommunalités existantes.

La loi a également prévu deux **métropoles à statut particulier** qui seront créées le **1er janvier 2016** : la **métropole d'Aix-Marseille-Provence** (voir Article L. 5218-1 s. du CGCT) et la **métropole du Grand Paris** (voir Article L. 5219-1 s. du CGCT : il s'agit d'un établissement public de coopération intercommunale (EPCI) à fiscalité propre à statut particulier ; la métropole du Grand Paris doit être créée au 1er janvier 2016 et regrouper la commune de Paris, les communes de la petite couronne (Hauts-de-Seine, Seine Saint-Denis et Val-de-Marne), les communes de la grande couronne appartenant au 31 décembre 2014 à un EPCI se situant à cheval sur les petite et grande couronnes, ainsi que toute commune en continuité avec une commune de la petite couronne, dont le conseil municipal délibère en ce sens, sauf opposition à la majorité qualifiée de l'EPCI à fiscalité propre auquel elle appartient – le Conseil constitutionnel a validé ce dispositif en jugeant que le législateur peut, sur le fondement des articles 34 et 72 de la Constitution, contraindre les collectivités territoriales et leurs groupements à adhérer à cette métropole, dès lors que cette adhésion obligatoire répond à une fin d'intérêt général ; or, en l'espèce, le législateur a entendu assurer la continuité territoriale ainsi que la cohérence du périmètre du nouvel établissement public ; CC, décision n° 2013-687 DC du 23 janvier 2014, *Loi de modernisation de l'action publique territoriale et d'affirmation des métropoles*).

En revanche, la **métropole de Lyon**, également créée par la loi du 27 janvier 2014, est une **collectivité territoriale à statut particulier**, et **non une intercommunalité**, fondée sur l'article 72 de la Constitution qui dispose dans son premier alinéa, après avoir énuméré les collectivités territoriales de la République : « Toute autre collectivité territoriale est créée par la loi, le cas échéant en lieu et place d'une ou de plusieurs collectivités mentionnées au présent alinéa » (elle remplace la communauté urbaine de Lyon et, dans le territoire de celle-ci, le département du Rhône ; elle exerce à la fois les compétences d'un département et celles d'une métropole ; mais le département du Rhône subsiste hors le territoire de la métropole de Lyon ; le législateur a élaboré un statut spécifique à cette nouvelle collectivité territoriale, unique à ce jour sur le territoire national puisque de façon inédite un morceau de territoire de la France métropolitaine ne fera plus partie d'un département ; voir Livre VI de la Troisième Partie de la partie législative du CGCT – art. L. 3611-1 s.).

Biblio. somm. : M. Degoffe, « L'organisation des métropoles », *RFD adm.* 2014, p. 481.

16 La France administrative devient ainsi une marqueterie de statuts institutionnels. La prise en compte de ceux qui régissent les territoires situés en **outre-mer** ne fait que renforcer le mouvement qui est en marche. À grands traits, on constate à la lecture de la Constitution que les collectivités territoriales d'outre-mer regroupent déjà au moins deux grandes catégories :

celles qui sont régies par l'**article 73 de la Constitution** ;

À noter : La France compte cinq collectivités régies par l'article 73 de la Constitution : la Guadeloupe, la Martinique et la Guyane (dans la mer des Caraïbes), la Réunion et Mayotte (au sud de l'océan indien), étant précisé que si l'organisation administrative est proche de celle de la métropole – les textes législatifs et réglementaires y étant applicables, le cas échéant moyennant les mesures d'adaptation "nécessitées par leur situation particulière" – ces régions sont tantôt dotées d'un conseil régional et d'un conseil départemental, tantôt d'une assemblée unique (cas à Mayotte – loi n° 2010-1487 du 7 décembre 2010 –, mais également en Martinique et en Guyane – loi n° 2011-884 du 27 juillet 2011).

et les collectivités d'outre-mer (COM), qui relèvent de l'**article 74 de la Constitution.**

À noter : On y trouve des collectivités d'outre-mer où s'applique le régime d'identité législative avec parfois des dérogations (cas pour les deux anciennes communes de la Guadeloupe : Saint-Barthélemy et Saint-Martin, qui ont été transformées en COM par la loi organique n° 2007-223 du 21 février 2007 portant dispositions statutaires et institutionnelles relatives à l'outre-mer ; ainsi que Saint-Pierre-et-Miquelon situé dans l'Atlantique Nord). On y trouve par ailleurs des collectivités d'outre-mer où s'applique le régime de spécialité législative – les règles applicables aux collectivités territoriales de métropole devant y être expressément étendues (cas pour la Polynésie française et les îles Wallis-et-Futuna, situées dans le Pacifique Sud).

Les **Terres australes et antarctiques françaises** (TAAF) sont, elles, régies par une loi du 6 août 1955 (modifiée par la loi n° 2007-224 du 21 février 2007), en vertu de l'alinéa 4 de l'article 72-3 de la Constitution. Les TAAF ont la particularité de ne pas avoir de population permanente et, par conséquent, n'ont ni électeurs, ni élus, ni assemblée délibérante locale. Placées sous l'autorité d'un administrateur supérieur, relevant du corps des préfets, les TAAF constituent une entité juridique atypique dans le cadre de laquelle sont essentiellement développés des projets de programmes scientifiques.

Quant à la **Nouvelle-Calédonie**, un titre entier de la Constitution lui est consacré (Titre XIII), et elle apparaît à l'examen comme une collectivité *sui generis* (article 77 de la Constitution).

À noter : En Nouvelle-Calédonie, les populations intéressées seront amenées à se prononcer sur « l'accession à la pleine souveraineté » (art. 77 de la Constitution), selon des conditions et des délais déterminés par une loi organique. Au conseil des ministres du 8 avril 2015, la ministre des outre-mer a présenté un projet de loi organique sur ce sujet qui met en œuvre le titre XIII de la Constitution et le point 5 de l'Accord de Nouméa du 5 mai 1998 (texte sur le site de Legifrance). Un référendum d'autodétermination sur l'indépendance devrait avoir lieu d'ici 2018. La question du corps électoral est cruciale pour la population autochtone kanake pour pouvoir accéder à l'indépendance par les urnes.

C. Les défis pour demain

17 Les prérogatives de la puissance publique sont aujourd'hui de plus en plus souvent battues en brèche par la montée en puissance d'autres pouvoirs. L'État est en crise. Vers le haut, il est rogné par l'Europe, qui devient progressivement réalité, et par la mondialisation, qui s'impose parfois sans ménagement. Peinant à se réformer, l'État saura-t-il se moderniser à temps pour répondre au mieux aux attentes pressantes des citoyens, notamment les plus fragiles d'entre eux, qui ressentent parfois un profond sentiment d'abandon face à l'État, alors que la poussée de l'individualisme, le délitement du lien collectif, des organisations et des institutions fondatrices de normes et de repères ont engendré une demande de régulation ? Mais l'État est également contesté par des collectivités locales qui revendiquent pouvoirs et responsabilités. Sera-t-il ici en mesure de faire face positivement à l'inéluctable montée en puissance de ces pouvoirs locaux ?

1. La réforme de l'État

18 Sur la crise de l'État en France et l'urgence de sa réforme, chercheurs en sciences sociales, universitaires et hauts fonctionnaires n'ont cessé d'affiner leurs hypothèses de travail depuis plusieurs années. Le nombre de rapports que le Commissariat général du Plan a consacrés, de près ou de loin, à ce thème depuis notamment la fin des années 1990, dépasse la trentaine (le Commissariat général du Plan s'est transformé en Centre d'analyse stratégique

(CAS) en 2006, pour devenir en 2013 le Commissariat général à la stratégie et à la prospective (CGSP)). La qualité du diagnostic porté par les experts n'a d'égal que la réticence des gouvernements successifs, même les mieux disposés au départ, à passer de la théorie à la pratique. Les intentions de départ ne se sont pas traduites par des modifications en profondeur. Certes, à petits pas, des ministres précisément chargés de la réforme de l'État se sont efforcés de marquer des points, tantôt sur la qualité du service aux usagers, tantôt sur les simplifications administratives, l'administration électronique ou encore la déconcentration. Mais l'inertie semble la plus forte face aux volontés les plus affirmées. Force est de constater que l'effet d'annonce l'emporte le plus souvent.

À noter : La réforme de l'État comme affichage politique. Si l'on prend la liste des gouvernements successifs depuis 1995, on constate que l'expression est formellement présente dans quasiment toutes les formations gouvernementales, sauf la parenthèse entre mai 2007 et juin 2009 (période pendant laquelle sont davantage mises en avant des thématiques comme la « Prospective », l'« Évaluation des politiques publiques » ou encore le « Développement de l'économie numérique ») :

- **17 mai 1995 - 7 novembre 1995** : Claude Goasguen (Ministre de la Réforme d'État, de la Décentralisation et de la Citoyenneté)
- **7 novembre 1995 - 2 juin 1997** : Dominique Perben (Ministre de la Fonction publique, de la Réforme de l'État et de la Décentralisation)
- **2 juin 1997 - 27 mars 2000** : Émile Zuccarelli (Ministre de la Fonction publique, de la Réforme de l'État et de la Décentralisation)
- **27 mars 2000 - 6 mai 2002** : Michel Sapin (Ministre de la Fonction publique et de la Réforme de l'État)
- **6 mai 2002 - 17 juin 2002** : Jean-Paul Delevoye (Ministre de la Fonction publique, de la Réforme de l'État et de l'Aménagement du territoire)
- **17 juin 2002 - 30 mars 2004** : Jean-Paul Delevoye (Ministre de la Fonction publique, de la Réforme de l'État et de l'Aménagement du territoire) et Henri Plagnol (Secrétaire d'État à la Réforme de l'État, auprès du Ministre de la Fonction publique, de la Réforme de l'État et de l'Aménagement du territoire)
- **30 mars 2004 - 31 mai 2005** : Renaud Dutreil (Ministre de la Fonction publique et de la Réforme de l'État) et Éric Woerth (Secrétaire d'État à la Réforme de l'État, auprès du Ministre de la Fonction publique et de la Réforme de l'État).
- **2 juin 2005 - 15 mai 2007** : Jean-François Copé (Ministre délégué auprès du Ministre de l'Économie, des Finances et de l'Industrie, chargé du Budget et de la Réforme de l'État, Porte-parole du Gouvernement)
- **23 juin 2009 - 22 mars 2010** : Éric Woerth (Ministre du Budget, des Comptes publics, de la Fonction publique et de la Réforme de l'État)

- **22 mars 2010 - 29 juin 2011** : François Baroin (Ministre du Budget, des Comptes publics, de la Fonction publique et de la Réforme de l'État)

- **29 juin 2011 - 10 mai 2012** : Valérie Pécresse (Ministre du Budget, des Comptes publics et de la Réforme de l'État).

- **16 mai 2012 - 3 avril 2014** : Marylise Lebranchu (Ministre de la Réforme de l'État, de la Décentralisation et de la Fonction Publique).

- **3 avril 2014 - 3 juin 2014** : Marylise Lebranchu (Ministre de la Décentralisation, de la Réforme de l'État et de la Fonction publique).

- **3 juin 2014 - 17 juin 2015** : Thierry Mandon (Secrétaire d'État auprès du Premier ministre chargé de la Réforme de l'État et à la Simplification).

- **17 juin 2015 - mandat en cours** : Clotilde Valter (Secrétaire d'État à la Réforme de l'État et à la simplification).

19 **Comment moderniser l'État ?** Repenser le rôle et le fonctionnement de l'État est une exigence depuis que l'Union européenne est devenue un lieu de souveraineté partagée. Que l'on songe à la politique monétaire, qui est désormais décidée à Francfort depuis l'avènement de l'euro. Que l'on songe également à la politique budgétaire, qui reste certes encore du ressort des États membres, mais qui est strictement encadrée, avec ses contraintes fortes en matière de déficits publics et d'équilibre budgétaire. Faire moins d'État, mais en mieux. Le rendre moins coûteux et plus efficace. Autant d'objectifs qui ne sont plus soutenus par les seuls libéraux.

Des chantiers de modernisation ont été ouverts, comme celui de l'administration électronique, porté par le développement des **nouvelles technologies**, ou bien encore celui de la réforme budgétaire, pour mettre en place une **nouvelle gestion publique** (en 2001, un processus de transformation radicale des règles budgétaires et comptables de l'État – qui n'avaient pas évolué depuis plus de 40 ans – a été engagé avec la promulgation de la loi organique relative aux lois de finances (LOLF) n° 2001-692 du 1er août 2001).

Ouverture des données publiques (« open data »). La possibilité de réutiliser les données publiques ouvre des perspectives encore largement inexploitées en matière de contrôle de l'action publique, d'amélioration de son efficacité et de sa qualité ou de développement de nouveaux services.

Lancée véritablement en 2011, dans le cadre de la modernisation de l'État, la démarche de l'« open data » engagée par l'administration s'est traduite par quelques résultats concrets comme la plateforme « data.gouv.fr. » Toutefois, comme l'a souligné l'auteur d'un rapport d'information sénatorial paru en juin 2014, « la réutilisation des données publiques se heurte à certains obstacles : des difficultés techniques et méthodologiques, tenant d'abord au format des données, à l'absence de contextualisation, à la non-harmonisation des processus de production qui interdit les rapprochements, à l'instabilité méthodologique et aux niveaux d'agrégation ou de granularité retenus ; des réticences administratives par ailleurs, ainsi qu'une insuffisance de compétences internes et de moyens. »

> **Biblio. somm.** : Refonder le droit à l'information publique à l'heure du numérique : un enjeu citoyen, une opportunité stratégique, Sén., Rapp. d'information n° 589 (2013-2014), juin 2014.

À l'été **2007**, le gouvernement a lancé une **« révision générale des politiques publiques »** (RGPP), qui devait déboucher sur plusieurs séries d'actions de modernisation.

Révision générale des politiques publiques (RGPP). Lancée par le président de la République en juillet 2007, elle a consisté à passer au crible les dépenses de l'État afin d'identifier les réformes qui permettraient de les réduire, tout en améliorant l'efficacité de ces politiques. Elle a ainsi conduit à réexaminer l'ensemble des missions de l'État et à s'interroger sur leur organisation, leur efficacité et la qualité du service rendu aux citoyens. Sur la base d'audits approfondis et de propositions des ministères, un Conseil de modernisation des politiques publiques présidé par le président de la République a adopté une série de mesures de modernisation à mettre en œuvre sur la période 2009-2011. Chaque ministre a ensuite été chargé de concrétiser les réformes dans ses services, l'état d'avancement de chaque mesure étant évalué sur la base d'objectifs et d'indicateurs précis et des rapports d'étape permettant de rendre compte des résultats obtenus.

Selon le gouvernement de l'époque, les actions issues de ce processus de réforme devaient se traduire par quelque 7 milliards d'euros d'économies à l'horizon 2011, avec comme mesure emblématique le non-remplacement d'un fonctionnaire de l'État sur deux partant à la retraite entre 2009 et 2011. Un gain de productivité de 4 à 5 % de l'appareil de l'État en était attendu.

Mais c'était sans compter sur la grave crise économique qui a miné la situation de la France à partir de 2008. En effet, la faillite de la banque américaine Lehman Brothers puis la crise dite des « subprimes » ont d'abord provoqué un funeste enchaînement mondial entre crise financière et récession économique, qui a fait place entre 2009 et 2012 à une sévère crise de la zone euro. Dette souveraine en forte hausse, taux de chômage qui grimpe désespérément, finances publiques massivement dégradées, la France n'a pas été épargnée.

Changement de majorité au sommet en **2012**, changement décor : la **« modernisation de l'action publique »** (MAP) de gauche succède alors à la controversée RGPP de droite, qui a été jugée beaucoup trop brutale face à la situation macroéconomique dans laquelle le pays s'est retrouvé avec une crise économico-financière profonde et persistante. Un vaste chantier pour un « État stratège » est lancé par le nouveau Premier ministre socialiste. À la clé : des mesures de « simplification » de l'administration, « l'accélération de la transition numérique » et une évaluation de toutes les politiques publiques « sur l'ensemble du quinquennat ». Les résultats se font attendre. Il est vrai que l'on ne réforme pas la société (seulement) par décret. Les atermoiements gouvernementaux concernant la réforme de l'administration locale avec la disparition programmée de l'échelon départemental laissent penser que la volonté politique est hésitante.

Lutte contre l'inflation normative. Le Premier ministre, M. Jean-Marc Ayrault, a confié à M. Alain Lambert, président du conseil général de l'Orne et de la commission consultative d'évaluation des normes (CCEN), et à M. Jean-Claude Boulard, président de la communauté urbaine du Mans et maire du Mans, la mission « d'étudier les moyens à mettre en œuvre pour alléger le stock des normes qui pèsent sur les collectivités territoriales », « de proposer des outils et des méthodes pour évaluer ces normes », et « d'identifier les normes inutiles et inadaptées ». Leur rapport a été remis au Premier ministre le 26 mars 2013. Ces auteurs formulent plusieurs propositions de nature à alléger à la fois le « stock » (première partie) – stock estimé à 400 000 normes dont le coût a été estimé par la commission d'évaluation des normes nouvelles à 455 millions d'euros en 2008, 577 millions en 2010 et 728 millions en 2011, soit au final plusieurs milliards en quelques années – et le « flux » des normes (seconde partie) pesant sur les collectivités territoriales. Quelques mois plus tard, M. Lambert a été nommé en qualité de « médiateur des normes » pour faciliter le dialogue et le règlement amiable des différends entre les administrations centrales et déconcentrées et les collectivités territoriales, dans l'application des normes.

Biblio. somm. : Rapport de la mission de lutte contre l'inflation normative, par Alain Lambert et Jean-Claude Boulard, Bibliothèque des rapports publics, La Documentation française, 2013.

2. La montée des pouvoirs locaux

a. Une évolution commune à l'ensemble des pays européens

20 Les comparaisons sont difficiles à établir tant l'organisation institutionnelle diffère d'un pays à l'autre : certains États européens sont fédéraux, à l'instar de l'Allemagne, de la Belgique et de

l'Autriche, d'autres sont dits « régionalisés », tels l'Italie et l'Espagne, d'autres encore, comme le Royaume-Uni, ont une forte tradition centralisatrice. Toutefois, les profondes réformes engagées par ces différents pays depuis quelques années convergent. Les responsabilités des collectivités territoriales de l'Union européenne n'ont cessé de s'étendre et ont bien souvent obtenu une consécration constitutionnelle.

En **Italie**, les lois constitutionnelles du 22 novembre et du 18 octobre 2001 ont ainsi accordé une grande autonomie aux régions. Ces dernières disposent désormais d'un pouvoir législatif et réglementaire dans les domaines de compétences qui ne sont pas réservés à l'État.

La Constitution du **Royaume d'Espagne** du 27 décembre 1978 prévoit, dans son article 137, que l'État s'organise territorialement en communes, provinces et communautés autonomes. Elle dispose que toutes ces entités jouissent de l'autonomie pour gérer leurs intérêts propres. Aux termes de l'article 150, les Cortès générales, dans les matières dont la compétence appartient à l'État, peuvent attribuer à toutes les communautés autonomes ou à certaines d'entre elles la faculté d'édicter, pour elles-mêmes, des normes législatives dans le cadre des principes, bases et directives fixés par les lois de l'État.

À noter : En novembre 2014, un "processus participatif" a été organisé en Catalogne à l'initiative des nationalistes. Il a rencontré un vif succès puisque plus de deux millions de Catalans (sur un corps électoral potentiel estimé à 6,3 millions) se sont déplacés pour voter et environ 80,7 % d'entre eux se sont prononcés en faveur de l'indépendance de la Catalogne. Mais le président catalan Artur Mas, qui avait annoncé dès la fin de 2013 ce « référendum » pour le 9 novembre 2014, l'avait rebaptisé en « consultation », car en Espagne, les référendums d'autodétermination ne peuvent pas être organisés au niveau régional, puisqu'ils relèvent de « la compétence exclusive de l'État ». D'ailleurs, le prétendu référendum avait été « suspendu » le 29 septembre par le Tribunal constitutionnel, saisi par le gouvernement espagnol dans l'attente de l'examen au fond de la loi catalane. Se prononçant en février 2015 sur ce sujet, le tribunal a jugé illégale la loi catalane du 26 septembre 2014 visant à réglementer ces consultations, ainsi que le décret pris le 27 septembre prévoyant l'organisation d'un référendum sur l'indépendance. Le vote était donc tout au plus symbolique.

et de la Décentralisation de l'époque, un important cortège de textes va contribuer à redessiner substantiellement l'architecture d'ensemble. Cette œuvre législative et réglementaire est à la base de ce que l'on appellera par la suite l'« Acte I » de la décentralisation.

La première loi est celle du 2 mars 1982 relative aux droits et libertés des communes, des départements et des régions. Elle remplace la tutelle pesant sur les collectivités territoriales par un contrôle *a posteriori* confié au juge administratif, transfère la fonction exécutive départementale et régionale aux présidents de conseil général et régional, et transforme les régions en collectivités territoriales de plein exercice.

Suivent de très nombreux textes relatifs :

- à certaines **collectivités particulières** (Corse, régions d'outre-mer, certains territoires d'outre-mer comme la Nouvelle-Calédonie et la Polynésie française, etc.) ;

- au nouveau **mode de scrutin** des communes de 3 500 habitants et plus ;

- au **transfert des compétences** de l'État vers les collectivités territoriales dans de nombreux domaines (urbanisme, action sociale, formation professionnelle, gestion des collèges et lycées) par les lois des 7 janvier et 22 juillet 1983 ;

- à la **fonction publique territoriale** créée par la loi du 26 janvier 1984.

Les alternances qui ont suivi n'ont pas remis en cause les principes de ces lois, et n'ont procédé qu'à des modifications mineures ou des approfondissements :

- loi du 3 février 1992 : premiers éléments d'un **statut des élus locaux** ;

- loi du 6 février 1992 : premières formes de **démocratie locale** (consultation des électeurs locaux) et relance de la **politique de coopération intercommunale** (création des communautés de communes, approfondie par la loi du 12 juillet 1999) ;

- **nouveau mode de scrutin régional** (loi du 19 janvier 1999) et évolution du régime statutaire de la **Nouvelle-Calédonie** (loi du 19 mars 1999).

23 **L'Acte II de la décentralisation**

Vingt ans après le premier train de réformes engagées par un gouvernement de gauche, la droite revenue aux affaires au début des années 2000 va poursuivre le mouvement inscrivant celui-ci dans un véritable continuum politique et normatif en France.

Il faut dire que les temps y invitent fortement. L'affirmation du pouvoir local et de l'identité locale est de plus en plus une réaction non seulement à la mondialisation, mais aussi à l'affaiblissement de l'État face au marché. Elle est également une conséquence de la construction européenne, avec son lot de transferts de souveraineté consentis par la France. Le citoyen se sent dépossédé et analyse ces évolutions comme une perte de prise sur son propre destin. L'approfondissement de la décentralisation apparaît donc dans ce contexte comme une forme d'antidote. Ses partisans en font par ailleurs l'une des réponses possibles à la crise de l'État qui aurait tout intérêt d'opérer des transferts de pouvoirs aux collectivités territoriales pour mieux se recentrer sur ses fonctions régaliennes.

Sur le plan juridique, se pose toutefois la question de savoir à quel niveau organiser ce processus d'approfondissement. Jusqu'à présent celui-ci a été conduit dans le cadre de la législation, sans modification de l'environnement constitutionnel. Or, faute de garanties suffisamment protectrices des libertés locales, on peut craindre des retournements de situation. N'a-t-on pas relevé parfois d'insidieuses formes de recentralisation à travers certaines réformes affectant notamment le pouvoir financier local qui ont pu fortement affaiblir les marges de manœuvre des collectivités territoriales ? Les illustrations ne manquent pas : remplacement de certaines recettes fiscales par des dotations de l'État, compensations d'exonération assorties de conditions d'indexation favorables à l'État, réduction de la part de la fiscalité locale dans les recettes des collectivités territoriales, etc.

Dès lors, il est apparu que la relance de la décentralisation ne pouvait être menée à bien que si elle pouvait s'appuyer sur un corpus juridique adéquat. Une **modification de la Constitution** s'est donc avérée nécessaire afin de garantir la progression continue de la décentralisation. Elle a été réalisée au cours de l'année 2003 et a inauguré l'**Acte II de la décentralisation.**

Les réformes réalisées à partir de 2003 ont été le fruit d'une longue concertation avec les élus locaux et les représentants de la société civile, engagée dès le mois d'octobre 2002 dans le cadre d'assises des libertés locales organisées dans toute la France. Elles se sont également inspirées des travaux effectués en 2000 par la Commission sur l'avenir de la décentralisation, présidée par Pierre Mauroy, ancien Premier ministre. Elles ont visé à permettre d'offrir des garanties constitutionnelles aux collectivités territoriales avant de leur confier de nouvelles responsabilités. C'est ainsi que la **révision constitutionnelle du 28 mars 2003** a consacré le **caractère décentralisé de l'organisation de la République** (art. 1er de la Constitution de 1958 révisée : « La France est une République indivisible, laïque, démocratique et sociale. Elle assure l'égalité devant la loi de tous les citoyens sans distinction d'origine, de race ou de religion. Elle respecte toutes les croyances. Son organisation est décentralisée »). Le Parlement a ensuite été saisi de **projets de loi organique précisant les nouvelles dispositions de la Constitution** puis de **projets de loi ordinaire prévoyant le transfert de compétences** nouvelles aux collectivités territoriales.

La **loi constitutionnelle n° 2003-276 du 28 mars 2003 relative à l'organisation décentralisée de la République** a posé les fondations de la « nouvelle architecture des pouvoirs » voulue par le président de la République, dans son message au Parlement du 2 juillet 2002. Elle a élargi le champ des possibilités offertes aux collectivités territoriales en créant cinq leviers de changement : le **principe de subsidiarité**, le **droit à la spécificité**, le **droit à l'expérimentation**, l'**autonomie financière locale** et la **participation populaire** – sans compter les dispositions spécifiques à l'outre-mer, qui ont constitué le second volet de la réforme, non moins essentiel, destiné à prendre en compte les spécificités de ces collectivités (v. ss 128 s.).

- **Principe de subsidiarité**

En application du principe de subsidiarité, les collectivités territoriales ont désormais « vocation à prendre les décisions pour l'ensemble des compétences qui peuvent le mieux être mises en œuvre à leur échelon » (art. 72, al. 2, C.).

Elles se voient en outre reconnaître, dans les conditions prévues par la loi, un **pouvoir réglementaire** pour l'exercice de leurs compétences (art. 72, al. 3, C.). En l'absence de modification de l'article 21 de la Constitution, ce pouvoir réglementaire, qui était déjà reconnu mais encadré par les jurisprudences du Conseil d'État et du Conseil constitutionnel, demeure subordonné à celui du Premier ministre.

Une **collectivité territoriale** ou un groupement de collectivités territoriales pourra se voir confier le rôle de « **chef de file** » pour l'exercice de compétences croisées, la Constitution autorisant la loi à confier à l'une d'entre elles ou à un de leurs groupements, lorsque l'exercice d'une compétence nécessite le concours de plusieurs collectivités, le pouvoir d'organiser les modalités de leur action commune (art. 72, al. 5, C. ; le Conseil constitutionnel a jugé « que ces dispositions habilitent la loi à désigner une collectivité territoriale pour organiser et non pour déterminer les modalités de l'action commune de plusieurs collectivités », déc. n° 2008-567 DC, 24 juill. 2008, *loi relative aux contrats de partenariat, Rec.* p. 341 ; sur ce fondement, il a accepté que le législateur permette à des collectivités de désigner par convention l'une d'entre elles pour réaliser l'évaluation préalable à la conclusion d'un contrat de partenariat, pour conduire la procédure de passation et pour suivre l'exécution du contrat de partenariat, mais il a en revanche censuré la disposition prévoyant que la collectivité désignée par convention puisse signer le contrat au nom de l'ensemble des collectivités). Cependant, tout en acceptant cette disposition destinée à remédier à l'enchevêtrement des compétences, le constituant a inscrit dans la Constitution le principe, déjà consacré par le Conseil constitutionnel mais qui aurait pu être contredit par les nouvelles dispositions, de l'**interdiction de la tutelle** d'une collectivité sur une autre (art. 72, al. 5, C. ; L. Gélin-Racinoux, « La fonction de chef de file dans la loi du 13 août 2004 », *AJDA* 2007. 283).

• **Droit à la spécificité**

Aux côtés des communes, des départements et des collectivités d'outre-mer, la Constitution consacre l'existence des **régions** parmi les **collectivités territoriales de la République** reconnues par la Constitution. Au cours des débats, il a été ajouté à cette liste les « **collectivités à statut particulier** », catégorie consacrée par la jurisprudence du Conseil constitutionnel et à laquelle appartiennent déjà la collectivité territoriale de Corse et la ville de Paris. Le constituant a en revanche jugé prématuré de reconnaître la qualité de collectivité territoriale aux établissements publics de coopération intercommunale dotés d'une fiscalité propre, au motif qu'ils restent régis par le principe de spécialité et sont administrés par des représentants désignés par leurs communes membres, alors que les collectivités territoriales disposent d'une compétence générale et sont administrées par des conseils élus au suffrage universel direct. Est également absente de cette énumération la Nouvelle-Calédonie, régie de façon spécifique par le titre XIII de la Constitution. Il est enfin prévu que toute autre collectivité territoriale restera créée par la loi, celle-ci pouvant désormais en substituer une à des collectivités reconnues par la Constitution (art. 72, al. 1er, C.).

En ce qui concerne **l'outre-mer**, la Constitution distingue les **départements et régions** (la Martinique, la Guadeloupe, la Guyane et la Réunion) régis par le principe d'assimilation législative (art. 73 C.) et les « **collectivités d'outre-mer** » régies par le principe de spécialité législative (art. 74 C.), qui ont été substituées aux territoires d'outre-mer (la Polynésie française et les îles Wallis-et-Futuna) et aux collectivités d'outre-mer à statut particulier créées par la loi en application de l'ancien article 72 de la Constitution (Mayotte et Saint-Pierre-et-Miquelon).

Le nouvel article 72-4 de la Constitution établit par ailleurs une **procédure spécifique** pour l'**évolution statutaire** de tout ou partie d'une collectivité territoriale d'outre-mer soumise à l'un des régimes des articles 73 et 74 vers l'autre régime juridique, sans modification du cadre constitutionnel. Un changement de régime n'est toutefois possible qu'avec le consentement des populations intéressées (v. LO n° 2007-223, 21 févr. 2007 portant dispositions statutaires et institutionnelles relatives à l'outre-mer ; J.-Ph. Thiellay, « Les lois organique et ordinaire portant dispositions statutaires et institutionnelles relatives à l'outre-mer du 21 février 2007 », *AJDA* 2007. 630 ; égal. v. ss 368). Sur cette base, en décembre 2003, les électeurs de **Saint-Barthélemy** et **Saint-Martin** – dépendances jusqu'ici du DOM de la Guadeloupe – ont très largement approuvé la perspective de la création, dans chacune de ces îles des Caraïbes, d'une nouvelle « collectivité d'outremer », régie par l'article 74 de la Constitution. Quant à **Mayotte,** ses électeurs se sont prononcés le 29 mars 2009, par 95,2 % des suffrages exprimés, en faveur de la transformation en département de leur collectivité. De leur côté, au début de l'année 2010, les électeurs en **Guyane** et en **Martinique** ont rejeté très majoritairement une plus large autonomie (consultation du 10 janvier). Peu après, ils ont de nouveau été consultés sur la création en Guyane et en Martinique d'une collectivité unique demeurant régie par l'article 73 de la Constitution mais exerçant les compétences alors dévolues au département et à la région. Cette fois-ci la réponse a été positive avec 57 % de « oui » en Guyane et 68 % en Martinique (consultation du 24 janvier). Cette réponse clôt un débat engagé depuis plus de 25 ans.

• **Droit à l'expérimentation**

La loi constitutionnelle du 28 mars 2003 consacre par deux fois le principe de l'expérimentation, tout en veillant à pouvoir le concilier avec le principe d'égalité.

La loi constitutionnelle introduit **d'abord** un **nouvel article 37-1** qui autorise la loi ou le règlement à comporter, pour un objet et une durée limités, des dispositions à caractère expérimental. L'article 37-1 est en fait une reconnaissance, dans la Constitution, des pratiques de l'expérimentation par l'État. L'article 37-1 donne certes une ampleur nouvelle à l'expérimentation mais n'apporte pas un changement de nature au regard de la pratique antérieure : **l'État pourra toujours expérimenter en matière d'organisation interne de ses services ou, par le biais de la loi, en confiant aux collectivités territoriales de nouvelles compétences** (cela avait déjà été le cas dans le cadre, par exemple, de la loi du 27 février 2002 relative à la démocratie de proximité qui a utilisé le principe de l'expérimentation pour confier aux régions de nouvelles compétences en matière de développement des ports maritimes, des aérodromes et de patrimoine culturel). Les collectivités territoriales candidates expérimenteront alors dans le cadre d'une loi elle-même dérogatoire.

La loi constitutionnelle ajoute **ensuite** un **quatrième alinéa à l'article 72 consacré aux collectivités territoriales**, qui prévoit que : « Dans les conditions prévues par la loi organique, et sauf lorsque sont en cause les conditions essentielles d'exercice d'une liberté publique ou d'un droit constitutionnellement garanti, les collectivités territoriales ou leurs groupements peuvent, lorsque selon le cas, la loi ou le règlement l'a prévu, déroger, à titre expérimental pour un objet et une durée limités, aux dispositions législatives ou réglementaires qui régissent l'exercice de leurs compétences. » Disposant d'un pouvoir normatif, les collectivités territoriales pourront ainsi déroger, à titre expérimental et dans des conditions définies par une loi organique, aux dispositions législatives et réglementaires régissant l'exercice de leurs compétences (le bénéfice de cette disposition a été étendu aux groupements de collectivités territoriales). S'agissant de l'expérimentation locale, la révision constitutionnelle de 2003 est à mettre en rapport avec la tentative vaine de reconnaître à l'Assemblée de Corse, lors de l'examen d'un projet de loi relatif à la Corse en 2001, la possibilité de se voir reconnaître le droit d'intervenir dans le domaine législatif sur habilitation du législateur. Cette démarche s'étant inscrite dans un cadre constitutionnel inchangé, le Conseil constitutionnel, saisi de la loi relative à la Corse, ne manqua pas de censurer la disposition en cause (CC, déc. n° 2001-454 DC, 17 janv. 2002) : « Considérant en l'espèce qu'en ouvrant au législateur, fût-ce à titre expérimental, dérogatoire et limité dans le temps, la possibilité d'autoriser la collectivité territoriale de Corse à prendre des mesures relevant du domaine de la loi, la loi déférée est intervenue dans un domaine qui ne relève que de la Constitution ; qu'il y a lieu dès lors de (la) déclarer contraire à la Constitution ».

Par rapport à l'article 37-1 précité, le quatrième alinéa de l'article 72 de la Constitution a une portée tout autre. **Il revient**

désormais à la collectivité territoriale d'élaborer la norme, en s'affranchissant des normes générales. L'expérimentation n'est toutefois autorisée que dans l'objectif d'une généralisation. C'est là toute la différence encore avec le dispositif de dérogation législative imaginé pour la Corse en 2001, qui, tout en prévoyant des modalités d'évaluation, ne précisait pas les conditions d'une éventuelle généralisation à l'ensemble du territoire. Le quatrième alinéa de l'article 72 confie au législateur ou au pouvoir réglementaire, pour ce qui le concerne, le soin d'autoriser la dérogation. Cette autorisation ne peut avoir qu'un objet et une durée limités. Les collectivités locales se portent candidates à l'expérimentation. Il ne s'agit donc pas d'une procédure imposée, ce qui se déduit à la lecture du quatrième alinéa de l'article 72, qui précise que les collectivités territoriales *peuvent* – et non *doivent* – déroger aux dispositions législatives et réglementaires qui régissent l'exercice de leurs compétences. En outre, la procédure mise en place permet de prévenir tout risque de dérives, en précisant que l'expérimentation ne peut porter sur les conditions essentielles d'exercice d'une liberté publique ou d'un droit constitutionnellement garanti.

Afin d'établir une procédure identique à toutes les expérimentations, le texte constitutionnel renvoie à une loi organique les modalités d'expérimentation par les collectivités locales (*cf. infra*).

• **Autonomie financière**

L'affirmation du principe de l'autonomie financière des collectivités territoriales constitue l'une des principales garanties qui leur ont été offertes par la révision constitutionnelle du 28 mars 2003. Le nouvel article 72-2 de la Constitution reconnaît aux collectivités territoriales une **liberté de dépenses.** Cette liberté restera toutefois **encadrée par la loi**, qui pourra notamment leur imposer des dépenses obligatoires. Le Conseil constitutionnel avait déjà posé les limites dans lesquelles le législateur pouvait imposer des charges aux collectivités territoriales, en précisant que « si le législateur est compétent pour définir les catégories de dépenses qui revêtent pour les collectivités territoriales un caractère obligatoire (...), toutefois les obligations ainsi mises à la charge d'une collectivité territoriale doivent être définies avec précision quant à leur objet et à leur portée et ne sauraient méconnaître la compétence propre des collectivités territoriales ni entraver leur libre administration » (CC, déc. n° 90-274 DC, 29 mai 1990).

Par ailleurs, les collectivités territoriales se sont vues reconnaître la **possibilité de recevoir tout ou partie du produit des impositions de toutes natures** et, dans les limites fixées par la loi, **d'en fixer l'assiette et le taux** (aux termes de l'article 34 de la Constitution, il revient toujours à la loi de fixer les règles concernant l'assiette, le taux et les modalités de recouvrement des impositions de toutes natures ; mais le Conseil constitutionnel n'en avait pas moins admis que « le législateur [pouvait] déterminer les limites à l'intérieur desquelles une collectivité territoriale peut être habilitée à fixer elle-même le taux d'une imposition établie en vue de pourvoir à ses dépenses » ; CC, déc. n° 90-277 DC, 25 juill. 1990).

Quant aux recettes fiscales et autres ressources propres des collectivités territoriales (c'est-à-dire les produits des domaines et d'exploitation), elles devront représenter « une part déterminante de l'ensemble de leurs ressources » (art. 72-2, al. 3, C.). Jusqu'à présent, le Conseil constitutionnel avait clairement affirmé que « les règles posées par la loi ne sauraient avoir pour effet de restreindre les ressources fiscales des collectivités territoriales au point d'entraver leur libre administration » (CC, déc. n° 91-298 DC, 24 juill. 1991), mais il s'était refusé à définir le seuil en deçà duquel toute nouvelle suppression de recettes fiscales serait considérée comme une entrave à la libre administration.

Par ailleurs, il est précisé que tout transfert de compétences entre l'État et les collectivités territoriales devra s'accompagner de l'attribution de ressources équivalentes à celles qui étaient consacrées à leur exercice (art. 72-2, al. 4, C.). Cette disposition, qui figurait à l'article L. 1614-1 du Code général des collectivités territoriales, revêt désormais une valeur constitutionnelle. Il a également été prévu la compensation, dans les conditions déterminées par la loi, des charges induites par toute création ou toute extension de compétences pour les collectivités territoriales.

Enfin, la loi devra prévoir des dispositifs de **péréquation** destinés à favoriser l'égalité entre les collectivités territoriales (art. 72-2, *in fine*, C.). Jusqu'à présent, le Conseil constitutionnel avait simplement admis, dans une décision relative au Fonds de solidarité de la région Île-de-France, que la mise en place de dispositifs de péréquation n'était pas contraire au principe de libre administration des collectivités locales (CC, déc. n° 91-291 DC, 6 mai 1991). Interprétant ultérieurement ce dernier alinéa de l'article 72-2 C., le Conseil constitutionnel a considéré « que cet alinéa, qui a pour but de concilier le principe de liberté avec celui d'égalité par l'instauration de mécanismes de péréquation financière n'impose pas que chaque type de ressources fasse l'objet d'une péréquation » (CC, déc. n° 2003-474 DC, 17 juill. 2003) ni « que chaque transfert ou création de compétences donne lieu à péréquation » (CC, déc. n° 2003-487 DC, 18 déc. 2003).

• Participation populaire

La révision constitutionnelle a institué, parallèlement au renforcement des pouvoirs des assemblées délibérantes des collectivités territoriales, de nouveaux mécanismes de démocratie directe, destinés à associer les **électeurs** à la prise de décision (art. 72-1 C.). Ces derniers bénéficieront, dans les conditions déterminées par la loi, d'un **droit de pétition** (art. 72-1, al. 1er) leur ouvrant la possibilité de demander l'inscription à l'ordre du jour de l'assemblée délibérante de leur collectivité d'une question relevant de sa compétence, mais l'assemblée restera libre d'y donner suite. Il s'agit là de l'extension au niveau local d'un droit déjà reconnu au niveau national (v. art. 4 Ord. n° 58-1100, 17 nov. 1958 relative au fonctionnement des assemblées parlementaires).

Les collectivités territoriales pourront par ailleurs prendre l'initiative d'organiser, dans des conditions définies par une loi organique, des **référendums locaux à valeur décisionnelle** sur des projets de délibération ou d'acte relevant de leur compétence (art. 72-1, al. 2).

Des consultations locales sur la création d'une collectivité territoriale dotée d'un statut particulier se substituant à des collectivités existantes ou la modification de son organisation seront en outre susceptibles d'être organisées à l'initiative du législateur (art. 72-1, al. 3)

Cette disposition a reçu une première application avec la loi n° 2003-486 du 10 juin 2003 organisant une consultation des électeurs de Corse sur la modification de l'organisation institutionnelle de la Corse. Le projet de statut consistait à substituer une collectivité territoriale unique, subdivisée en deux conseils territoriaux dépourvus de la personnalité morale, à la collectivité territoriale de Corse et aux deux départements de Haute-Corse et de Corse-du-Sud. Le scrutin a été organisé le dimanche 6 juillet 2003. 60,52 % des électeurs de l'île se sont rendus aux urnes et se sont prononcés, à 51 %, contre le projet de statut. Ce résultat revêtait la valeur d'un simple avis mais le gouvernement a aussitôt indiqué qu'il en tiendrait compte.

Enfin, il reviendra également à la loi de déterminer les conditions dans lesquelles les **électeurs** pourront être **consultés** sur la **modification des limites des collectivités territoriales**, cette consultation n'ayant que la valeur d'un avis (art. 72-1, al. 3).

Les lois organiques d'accompagnement de la révision constitutionnelle du 28 mars 2003. Trois lois organiques sont venues compléter ce dispositif constitutionnel.

La loi organique n° 2003-704 du 1er août 2003 relative à l'expérimentation par les collectivités territoriales :

Elle détermine les conditions dans lesquelles les collectivités territoriales et leurs groupements peuvent être habilités à déroger, à titre expérimental et pour un objet et une durée limités, aux dispositions législatives ou réglementaires régissant l'exercice de leurs compétences (v. égal. la décision de conformité du Conseil constitutionnel : CC, déc. n° 2003-478 DC, 30 juill. 2003, *Loi organique relative à l'expérimentation par les collectivités territoriales* ; égal. v. ss 432).

Biblio. somm. : J.-M. Pontier, « La loi organique relative à l'expérimentation par les collectivités territoriales », *AJDA* 2003, p. 1715 ; F. Crouzatier-Durand, « L'expérimentation locale », *RFD adm.* 2004, p. 21.

La loi organique n° 2003-705 du 1er août 2003 relative au référendum local :

Conscient de la nécessité de faire de la décentralisation une réforme qui soit autre chose qu'une simple réforme de structures, le pouvoir constituant s'est attaché à ouvrir aux collectivités territoriales la faculté d'organiser des référendums locaux sur des projets de délibération ou d'acte relevant de leur compétence. Les deux innovations introduites par la révision constitutionnelle du 28 mars 2003 tiennent, d'une part, à l'extension aux départements, régions, collectivités à statut particulier et collectivités d'outre-mer régies par le principe de spécialité législative, de la faculté d'organiser un référendum, d'autre part, à la valeur décisionnelle des résultats du scrutin. Le soin d'en préciser les conditions a été laissé au législateur organique. Tel est l'objet de la loi organique n° 2003-705 du 1er août 2003 relative au référendum local qui a inséré, au sein du titre unique du livre premier de la première partie du Code général des collectivités territoriales, consacré à la libre administration des collectivités territoriales, un nouveau chapitre intitulé « Participation des électeurs aux décisions locales », composé de quatorze articles regroupés dans une section unique dénommée « Référendum local » et numérotés LO 1112-1 à LO 1112-14. (égal. v. ss 370 s.).

La loi organique n° 2003-705 du 1er août 2003 organise ainsi les modalités d'association des électeurs aux décisions locales : tout projet d'acte relevant de la compétence de l'organe délibérant ou de la décision de son exécutif peut être soumis à référendum, à l'exception – certes notable – des actes individuels. Le résultat du référendum vaut décision de la collectivité territoriale si la moitié au moins des électeurs inscrits a pris part au scrutin et si le projet réunit la majorité des suffrages exprimés.

> **Biblio. somm. :** J.-P. Duprat, « La prudente avancée du référendum local dans la loi organique du 1er août 2003 », *AJDA* 2003, p. 1862 ; P. Delvolvé, « Le référendum local », *RFD adm.* 2004, p. 7.

La loi organique n° 2004-758 du 29 juillet 2004 prise en application de l'article 72-2 de la Constitution relative à l'autonomie financière des collectivités territoriales :

Ce texte relatif à l'autonomie financière des collectivités territoriales a pour objet exclusif, en application du troisième alinéa de l'article 72-2 de la Constitution, de déterminer les conditions requises pour que « les recettes fiscales et les autres ressources propres des collectivités territoriales représentent, pour chaque catégorie de collectivités, une part déterminante de l'ensemble de leurs ressources », la mise en œuvre des autres dispositions de l'article 72-2 relevant de la loi ordinaire. À cet effet, il tend, en premier lieu, à déterminer les catégories de collectivités territoriales bénéficiant de cette protection constitutionnelle, en deuxième lieu, à définir les modalités de calcul du taux d'autonomie financière des collectivités territoriales et, en troisième lieu, à instituer et à protéger un seuil plancher (v. égal. CC, déc. n° 2004-500 DC, 29 juill. 2004).

Biblio. somm. : R. Hertzog, « La loi organique relative à l'autonomie financière des collectivités territoriales : précisions et complications », *AJDA* 2004, p. 2003 ; M. Lascombe et X. Vandendriessche, « L'autonomie financière des collectivités territoriales encore en chantier », *RFD adm.* 2005, p. 417 ; C. Mondou, « L'autonomie financière des collectivités territoriales ou une réforme en « trompe-l'œil » », *RFD adm.* 2005, p. 419.

Les transferts de compétences nouvelles opérés au bénéfice des collectivités territoriales par la loi n° 2004-809 du 13 août 2004 relative aux libertés et responsabilités locales.

Cette loi, avec ses 202 articles et ses nombreux textes d'application, tend à opérer une profonde redistribution des pouvoirs au sein des institutions. Elle confie ainsi aux collectivités territoriales des compétences étendues dans les domaines du développement économique, de la formation professionnelle, du tourisme, des infrastructures, de l'environnement, de l'action sociale, de la santé, de l'éducation et de la culture (v. Ass. Nat., Rapp. d'information. n° 3199 sur la mise en application de la loi n° 2004-809 du 13 août 2004 relative aux libertés et responsabilités locales, juin 2006).

Le montant des compensations financières, estimé à 11 milliards d'euros, et l'importance des transferts de personnels, qui devaient concerner 130 000 agents de l'État (principalement plus de 90 000 agents chargés de l'entretien des lycées et des collèges (personnels techniciens, ouvriers et de service de l'éducation nationale [TOS]) et plus de 30 000 agents des services de l'équipement), ont alors témoigné de l'ampleur de la réforme.

Biblio. somm. : Dossier : « Les nouvelles libertés et responsabilités locales », *AJDA* 2004, p. 1960 s. ; *AJDA* 2005, p. 121 s.

24 **L'Acte III de la décentralisation.**

L'Acte III de la décentralisation est le nom donné à une série de **réformes des collectivités territoriales françaises** adoptée à **partir de 2013** sous la **présidence de François Hollande**, trente ans après le vote des premières grandes lois votées sous une majorité de gauche. Il s'agit de revenir par la même occasion sur la réforme des collectivités territoriales françaises relancée sous la présidence de Nicolas Sarkozy (avec la loi n° 2010-1563 du 16 décembre 2010 de réforme des collectivités territoriales qui est notamment une réforme importante de l'intercommunalité en ce qu'elle s'est efforcée de rationaliser la carte des groupements intercommunaux, particulièrement en achevant la carte intercommunale). Les principaux textes adoptés à ce jour ou en cours de l'être pour donner un nouvel élan à la politique de décentralisation en France sont les suivants :

- **Loi organique** et **loi du 17 mai 2013** relatives à **l'élection des conseillers départementaux**, des **conseillers municipaux** et des **délégués communautaires**, et modifiant le **calendrier électoral**. Ce texte réforme les modes de scrutin des élections municipales et cantonales (rebaptisées « départementales »), ainsi que le mode de désignation des conseillers des intercommunalités (un redécoupage général des cantons par décrets en Conseil d'État a été effectué consécutivement à cette loi). En particulier, la loi abaisse de 3 500 habitants à 1 000 habitants le seuil pour passer du scrutin majoritaire plurinominal au scrutin proportionnel de liste avec prime majoritaire. Elle prévoit également que désormais, dans les communes de plus de 1 000 habitants, les conseillers communautaires sont élus lors des élections municipales, en même temps et sur la même liste de candidats que les conseillers municipaux (scrutin « fléché »). Enfin, pour les élections départementales, un scrutin binominal majoritaire à deux tours est institué de façon inédite avec la particularité que les candidatures doivent permettre de respecter la parité homme-femme pour chaque binôme. La loi non seulement rebaptise le conseil général qui devient le conseil départemental, mais celui-ci est désormais renouvelé intégralement tous les six ans.

- **Loi du 27 janvier 2014** sur la **modernisation de l'action publique territoriale et d'affirmation des métropoles** (MAPTAM). Ce texte comporte deux axes principaux que sont la reconnaissance du fait métropolitain (métropoles de droit commun ou métropoles de statut particulier) et la rationalisation de l'action publique locale (chefs de file, conférences territoriales de l'action publique). Il s'est enrichi également au cours du débat parlementaire de plusieurs dispositions relatives aux compétences des collectivités territoriales (gestion des milieux aquatiques et prévention des inondations, dépénalisation du stationnement payant, transferts des fonds européens aux régions, etc.).

- **Loi organique n° 2014-125 du 14 février 2014 interdisant le cumul de fonctions exécutives locales avec le mandat de député ou de sénateur** et **Loi n° 2014-126 du 14 février 2014 interdisant le cumul de fonctions exécutives locales avec le mandat de représentant au Parlement européen.** Le législateur a entendu rendre incompatible l'exercice de toutes les fonctions exécutives locales avec les mandats de parlementaire européen, de député ou de sénateur. Le Conseil constitutionnel a jugé qu'il était loisible au législateur de poser de telles incompatibilités. Celles-ci sont conformes à la Constitution (CC, décisions n° 2014-688 DC et 2014-689 DC du 13 février 2014). Le législateur a par ailleurs entendu mettre fin à l'ancienne règle selon laquelle le parlementaire en situation de cumul pouvait librement choisir le mandat ou la fonction qu'il entend conserver. En vertu des nouvelles dispositions de la loi organique, le parlementaire devra démissionner de son mandat parlementaire ou de la fonction élective qu'il détenait avant l'élection qui l'a mis en situation d'incompatibilité. Le Conseil constitutionnel a jugé que cette nouvelle règle, qui n'a ni pour objet ni pour effet de porter atteinte à la liberté de choix de l'électeur et à l'indépendance de l'élu, est conforme à la Constitution (*ibid.*). On notera que la loi organique s'appliquera à tout parlementaire à compter du premier renouvellement de l'assemblée à laquelle il appartient suivant le 31 mars 2017 et la loi ordinaire entrera en vigueur à compter du premier renouvellement du Parlement européen suivant le 31 mars 2017.

- **Loi du 16 janvier 2015** relative à la **délimitation des régions**, aux **élections régionales** et **départementales** et modifiant le **calendrier électoral.** Ce texte vise à doter le pays de régions plus grandes – leur nombre étant ramené de 21 à 12 (compte non tenu de la Corse, collectivité territoriale à statut particulier – S'appuyant sur les dispositions de l'article 72 de la Constitution, le Conseil constitutionnel a admis que la Corse puisse être dotée d'un statut spécifique respectant à la fois le principe de libre administration des collectivités et les prérogatives propres à la souveraineté de l'État ; CC, décision n° 91-290 DC du 9 mai 1991 et décision n° 2001-454 DC du 17 janvier 2002) à compter du 1er janvier 2016 – et aux compétences renforcées. Le Conseil constitutionnel a validé l'essentiel de ce dispositif législatif (CC, décision n° 2014-709 DC du 15 janvier 2015).

- **Loi du 31 mars 2015** visant à **faciliter l'exercice, par les élus locaux, de leur mandat.** Les dispositions de la loi portent sur les indemnités, la formation ou encore le congé électif. Elles créent en outre une Charte de l'élu local qui rappelle les grands principes déontologiques de l'exercice du mandat.

Les principales dispositions de la loi du 31 mars 2015 visant à faciliter l'exercice, par les élus locaux, de leur mandat :

- Charte de l'élu local

Les élus locaux devront désormais respecter des principes déontologiques consacrés par une charte de l'élu local. Celle-ci insiste sur les qualités attendues par des élus locaux : impartialité, dignité, probité, rappel de l'interdiction des conflits d'intérêts, obligation d'assiduité. Nul ne pourra l'ignorer puisqu'elle sera remise par le maire ou le président de l'exécutif aux conseillers, après lecture lors de la première réunion du conseil municipal, départemental, régional ou communautaire.

- Indemnités

Le texte précise les modalités d'adoption et les taux des indemnités. Le conseil municipal ne peut fixer une indemnité de fonction inférieure au barème que dans les communes de plus de 1 000 habitants. Les maires des plus petites communes ne peuvent donc plus renoncer à leur indemnité.

L'assiduité des conseillers départementaux et régionaux est prise en compte pour le calcul du montant de l'indemnité selon des conditions fixées par le règlement intérieur. En revanche ils peuvent désormais bénéficier de remboursements de frais de garde d'enfants ou d'assistance à des personnes âgées ou handicapées lors de leur participation à des réunions.

Les élus de communes de plus de 1 000 habitants et les adjoints de communes de plus de 10 000 habitants (et non plus de 20 000) toucheront une allocation différentielle de fin de mandat durant un an et non plus six mois.

- Formation

La validation des acquis de l'expérience (VAE) n'est plus limitée aux personnes ayant une fonction de conseiller municipal, de conseiller départemental ou de conseiller régional mais est désormais ouverte à tous ceux qui exercent un mandat électoral local ou une fonction élective locale.

Dans les communes de 3 500 habitants et plus, une formation est obligatoirement organisée au cours de la première année de mandat pour les élus ayant reçu une délégation.

Tous les membres du conseil municipal, départemental et régional bénéficient chaque année d'un droit individuel à la formation de 20 heures cumulables sur la durée du mandat. Ce droit peut être mis en œuvre à l'initiative des élus et être sans lien avec l'exercice du mandat. L'objectif étant de favoriser la réinsertion professionnelle.

- Contrat de travail

Les salariés élus de communes de 10 000 habitants, et non plus 20 000, bénéficient d'une suspension de leur contrat de travail jusqu'à l'expiration de leur mandat. Leur droit à réintégration est maintenu jusqu'à l'expiration de deux mandats consécutifs.

Le congé électif est désormais ouvert aux candidats dans des communes de plus de 1 000 habitants et non plus de 3 500.

- **Projet de loi** portant **nouvelle organisation territoriale de la République (NOTRe)**, déposé au Sénat le 18 juin 2014 et **examiné au Parlement au cours de l'année 2015.**

Faisant le constat que « l'organisation décentralisée de la République, inscrite dans la Constitution » est devenue au fil des lois de décentralisation successives « trop complexe et trop peu lisible pour les citoyens et les entreprises », la réforme territoriale engagée vise tout particulièrement à « simplifier et clarifier le rôle des collectivités locales » (extrait du compte rendu du Conseil des ministres du 18 juin 2014). « Le projet de loi confie à cet effet de nouveaux blocs de compétences aux régions, au service du développement économique, de l'attractivité et du développement équilibré des territoires. (...) Dans ce nouveau contexte et jusqu'en 2020, les conseils départementaux verront leur action recentrée sur leurs compétences essentielles (compétences sociales, soutien aux communes, notamment dans les zones rurales, financement des services d'incendie et de secours). » (extrait du compte rendu du Conseil des ministres du 18 juin 2014).

Le projet de loi modifié a été adopté en première lecture par le Sénat le 27 janvier 2015, puis par l'Assemblée nationale le 10 mars 2015. La deuxième lecture s'est achevée début juin au Sénat et début juillet à l'Assemblée nationale. L'aboutissement n'est pas prévu avant l'automne 2015.

Pour l'heure, **deux principales orientations** sous-tendent ce texte :

- La **première orientation** consiste à **procéder à une spécialisation des compétences des régions et des départements**, en vue de parvenir à davantage de clarté et d'efficacité dans les actions respectives de ces collectivités territoriales. En découlent la suppression de la clause de compétence générale, le renforcement du rôle stratégique de la région, tout spécialement en matière économique, ainsi qu'une série de transferts aux régions de compétences des départements.

- La **seconde orientation** consiste à **donner à l'intercommunalité une nouvelle dimension**, en resserrant la carte intercommunale autour des bassins de vie, en ajoutant de nouvelles attributions dans le champ des compétences obligatoires des communautés de communes et des communautés d'agglomération et en encourageant l'intégration d'autres compétences, parfois exercées aujourd'hui par des syndicats intercommunaux.

Le projet de loi portant nouvelle organisation territoriale de la République (NOTRe) comporte à l'origine 6 titres et 37 articles (mais après son passage en première lecture au Sénat il est déjà passé à 100 articles) :

Le titre Ier (articles 1er à 13) est consacré au **renforcement des responsabilités régionales** et à l'évolution de la carte des régions avec pour objectif le développement équilibré des territoires.

Parmi les mesures de ce titre figurent :

- la définition des compétences de la région aux domaines expressément prévus par la loi (logement et habitat, politique de la ville et de la rénovation urbaine) en garantissant toutefois l'exercice du pouvoir réglementaire des régions dans ces domaines (article 1er) ;

- la compétence de la région en matière économique (article 2), pour définir les régimes d'aides aux entreprises (article 3) ainsi qu'un renforcement de son rôle en matière de transports (article 8), pour la gestion de la voirie départementale (article 9), pour les collèges (article 12) ;

- la qualité de chef de file confiée à la région en matière de tourisme (article 4) ;

- la mise en place d'un plan régional de prévention et de gestion des déchets (article 5) et d'un schéma régional d'aménagement et de développement durable du territoire (article 6) ;

Le titre II (articles 14 à 23) prévoit la **rationalisation de l'organisation territoriale** et vise à faciliter le regroupement de collectivités, notamment en :

- proposant une nouvelle orientation de la rationalisation de la carte intercommunale (article 14) ;

- prévoyant un nouveau dispositif de rattachement des communes qui se trouveraient en situation d'isolement ou de discontinuité avec leur établissement public de coopération intercommunale à fiscalité propre (article 17) ;

- renforçant le bloc des compétences obligatoires des communautés de communes (article 18)

- complétant le champ des compétences nécessaires aux communautés de communes (article 19) pour être éligibles à une bonification de la dotation globale de fonctionnement.

Le titre III (articles 24 à 29) vise à garantir la solidarité et l'égalité des territoires par diverses mesures, dont :

- la compétence principale du département en matière de solidarité sociale et territoriale (article 24) ;

- une compétence partagée pour les domaines de la culture, du sport et du tourisme avec la création de guichets uniques (article 28).

Le titre IV (articles 30 à 34) vise à améliorer la transparence et la responsabilité financières des collectivités territoriales, notamment par :

- la participation des collectivités territoriales au paiement des amendes résultant de la reconnaissance de manquements de la France à ses obligations nées de l'application du Traité sur le fonctionnement de l'Union européenne lorsque ce manquement est constaté dans le cadre de l'exercice d'une compétence décentralisée (article 33) ;

- la création d'un observatoire de la gestion publique locale (article 34).

Le titre V (articles 35 et 36) regroupe les **dispositions relatives aux agents** telles que :

- les modalités de mise à disposition ou de transfert des services ou parties de services de l'État en charge des compétences transférées (article 35) ;

- le renforcement des droits des agents en matière de protection sociale complémentaire lorsqu'ils font l'objet d'un transfert (article 36).

Enfin, le titre VI (article 37) comporte les **dispositions transitoires et finales**, notamment, la compensation financière des transferts de compétences inscrits dans ce texte.

§ 3. Bases constitutionnelles du droit des institutions administratives

25 La **Constitution du 4 octobre 1958** traite peu de l'Administration. Ce laconisme ne saurait surprendre. En effet, il est conforme à la tradition et s'explique par la nature même de la loi fondamentale qui a pour objet de régler les rapports entre les autorités suprêmes et néglige donc les autres organes de l'État. Toutefois, quelques articles concernent soit **l'administration d'État (A)**, soit **les autres institutions administratives (B)**. Mais, surtout, ces dispositions ont été considérablement enrichies au fil du temps par la jurisprudence, tout particulièrement celle du Conseil constitutionnel.

A. Les dispositions relatives à l'administration d'État

26 Tout d'abord, l'article 20 de la Constitution comporte l'affirmation de la **subordination de l'Administration au gouvernement (1)**. Ensuite, l'ensemble des titres 2 (le président de la République) et 3 (le gouvernement) dégage quelques **règles générales relatives au travail gouvernemental (2)**.

1. Le principe de subordination de l'Administration au gouvernement

27 En démocratie, la structure du pouvoir implique que les agents appelés au service de l'État soient placés sous le contrôle des gouvernants élus par le peuple. La subordination de l'Administration au gouvernement constitue la règle autour de laquelle s'ordonnent leurs rapports respectifs.

28 Cette règle a été introduite en France à la Révolution française, qui a fondé la subordination de l'Administration au gouvernement sur la distinction des représentants, seuls habilités à engager la nation, et des agents, chargés d'exécuter sa volonté. Tandis qu'elle réservait la qualité de représentant au corps législatif et au roi, la Constitution du 3 septembre 1791 (titre III, chapitre IV, section II, article 2) a posé en principe que les « administrateurs n'ont aucun caractère de représentation. Ils sont des agents élus à temps par le peuple pour exercer, sous la surveillance et l'autorité du roi, les fonctions administratives ». Les constitutions suivantes ont simple-

ment remplacé l'autorité du roi par celle du pouvoir exécutif. Et, sous la Constitution de l'an VIII, les agents élus ont fait place à des fonctionnaires nommés.

29 Sous la Ve République, la Constitution du 4 octobre 1958 a maintenu la règle de la subordination de l'Administration au gouvernement en déclarant, à l'article 20, que celui-ci « détermine et conduit la politique de la nation » et en ajoutant qu'il « dispose de l'administration et de la force armée ». Il est vrai que sous les IIIe et IVe Républiques on avait pu noter que la répétition des crises ministérielles avait conféré une grande puissance aux administrateurs, seuls dotés de la stabilité (« Les ministres passent, l'administration reste », disait-on alors). La faiblesse du pouvoir exécutif conjuguée avec l'intervention de l'État en matière économique et sociale avait conduit à placer l'Administration en première ligne dans le combat engagé en faveur de la modernisation du pays. À tel point d'ailleurs que la haute administration, en particulier, dont la cohésion a été renforcée par la création en 1945 de l'**École nationale d'administration**, sera vite accusée de pratiquer la technocratie.

30 Les auteurs de la Constitution de 1958 ont voulu réagir contre ces excès. D'où la rédaction de l'article 20. Ainsi, parce que l'Administration, insérée dans le pouvoir exécutif, ne bénéficie pas d'une légitimité propre, elle n'exerce son pouvoir qu'au nom des représentants élus du peuple souverain. Cette règle se traduit, dans l'action administrative concrète et quotidienne, par le fait que les agents publics doivent obéir à leurs supérieurs hiérarchiques. De plus, il a semblé nécessaire d'admettre l'existence d'emplois dits **« emplois supérieurs laissés à la décision du gouvernement »**, caractérisés par une participation particulièrement active du pouvoir politique dans la nomination et le remplacement de leurs titulaires, qui restent de la sorte à la discrétion du gouvernement, lequel s'assure ainsi de leur loyauté (il s'agit, par exemple, des emplois de directeurs d'administrations centrales, de préfets, d'ambassadeurs, etc. ; soit environ 700 postes ; voir Décret n° 85-779 du 24 juillet 1985 portant application de l'article 25 de la loi n° 84-16 du 11 janvier 1984 fixant les emplois supérieurs pour lesquels la nomination est laissée à la décision du Gouvernement).

On comprend dès lors que l'institution des autorités administratives dites « indépendantes » (v. ss 9) ait soulevé à cet égard des interrogations, leur indépendance provenant notamment d'une absence de subordination hiérarchique vis-à-vis du gouvernement.

À propos des emplois supérieurs à la décision du gouvernement. Dans une QPC de 2011, après avoir rappelé qu'en vertu de l'article 6 de la Déclaration de 1789, tous les citoyens « sont également admissibles à toutes dignités, places et emplois publics, selon leur capacité, et sans autre distinction que celle de leurs vertus et de leurs talents », le Conseil constitutionnel a jugé que « si la disposition contestée réserve au Gouvernement un large pouvoir d'appréciation pour la nomination aux emplois supérieurs dans la fonction publique (il s'agissait de l'article 25 de la loi n° 84-16 du 11 janvier 1984 modifiée portant dispositions statutaires relatives à la fonction publique de l'État), dont les titulaires sont étroitement associés à la mise en œuvre de sa politique, elle ne lui permet pas de procéder à ces nominations en méconnaissant les dispositions de l'article 6 de la Déclaration de 1789, en vertu desquelles son choix doit être fait en prenant en considération les capacités requises pour l'exercice des attributions afférentes à l'emploi » ; CC, décision n° 2010-94 QPC du 28 janvier 2011, M. Robert C. [Nomination aux emplois supérieurs de la fonction publique].

31 Toutefois, il faut bien voir que la pratique diffère assez sensiblement de ce modèle d'organisation. En effet, une sorte de symbiose unit les élites gouvernantes et les superstructures administratives, car les fonctionnaires ont investi la classe politique. Ainsi, par exemple, à l'exception de François Mitterrand et de Nicolas Sarkozy, initialement avocats, les autres chefs d'État sous la Ve République sont issus de la fonction publique (armée ; enseignement ; haute administration), et il en va de même de la plupart des Premiers ministres. De façon plus générale, on observe que sous la Ve République, c'est tout le système politique qui se trouve concerné par l'avènement de la « République des fonctionnaires » (T. Pfister, *La République des fonctionnaires*, éd. du Seuil, coll. « Points », 1990).

32 Mais par-delà l'accès de hauts fonctionnaires aux postes de responsabilité politique, on constate aussi l'association dans une proportion importante de hauts fonctionnaires au processus de décision politique et à l'élaboration des politiques publiques. Ce phénomène était déjà perceptible à travers l'évolution de la IVe République (présence de plus en plus active des membres des grands corps au sein des cabinets ministériels). Mais il s'est considérablement développé

sous la Vᵉ République, notamment à travers l'institution des **cabinets ministériels** qui constituent l'un des relais fondamentaux de l'association des hauts fonctionnaires au pouvoir politique.

Biblio. somm. : F. Bloch-Lainé, *Profession : fonctionnaire*, éd. du Seuil, 1976 ; J.-M. de Forges, *L'École nationale d'administration*, PUF, coll. « Que sais-je ? », 1989 ; A. Mathiot, « Bureaucratie et démocratie », *EDCE*, 1961, p. 11 ; O. Schrameck, *Dans l'ombre de la République. Les cabinets ministériels*, Dalloz, 2006.

2. Les règles générales du travail gouvernemental

33 D'un point de vue technique, la Constitution de 1958 comprend tout d'abord une série de dispositions établissant un **bicéphalisme administratif**. En effet, si les institutions de la Vᵉ République ne comportent pas une dyarchie au sommet dans la mesure où le président de la République est seul chef de l'État, le Premier ministre n'étant que son second, la Constitution tend cependant à créer un bicéphalisme administratif : tant dans l'**exercice du pouvoir réglementaire** que pour la **nomination des fonctionnaires**, les compétences sont partagées entre le président de la République et le Premier ministre (art. 13 et 21).

À noter : Depuis la réforme constitutionnelle du 23 juillet 2008, l'article 13 de la Constitution a été modifié pour prévoir que désormais, pour un certain nombre d'emplois et de fonctions (déterminés par une loi organique), « en raison de leur importance pour la garantie des droits et libertés ou la vie économique et sociale de la Nation », le pouvoir de nomination du président de la République « s'exerce après avis public de la commission permanente compétente de chaque assemblée ». Il est précisé que « le président de la République ne peut procéder à une nomination lorsque l'addition des votes négatifs dans chaque commission représente au moins trois cinquièmes des suffrages exprimés au sein des deux commissions » (S. Pinon, « L'encadrement des pouvoirs de nomination du président : "l'essentiel" dans la révision du 23 juillet 2008 », *Dr. adm.* 2009, Étude nº 3).

34 Par ailleurs, la Constitution de 1958 précise certaines modalités d'exercice du pouvoir de gestion de l'activité administrative. On relève ainsi l'existence de dispositions constitutionnelles relatives à la prescription de la **règle du contreseing** tant des actes du **président de la République** (art. 19) que du **Premier ministre** (art. 22).

À retenir sur la règle du contreseing :

- En vertu des dispositions combinées des articles 13 et 19 de la Constitution, les décrets délibérés en conseil des ministres sont signés par le président de la

République et contresignés par le Premier ministre et, le cas échéant, par les ministres responsables. Les ministres responsables sont ceux auxquels incombent, à titre principal, la préparation et l'application de ces décrets.

Illustration : CE, ass., 28 décembre 2009, *Syndicat national du travail, de l'emploi et de la formation*, n° 316479 : le décret attaqué, qui a été délibéré en conseil des ministres, a pour objet d'élargir la possibilité d'affecter en position d'activité un fonctionnaire de l'État à l'ensemble des emplois des services et établissements publics de l'État ; ainsi n'était requis, eu égard à cet objet, que le contreseing du ministre chargé de la fonction publique ; par suite, le moyen tiré de ce que le décret attaqué serait entaché d'irrégularité, au motif qu'il ne comporte pas le contreseing d'autres ministres, notamment du ministre chargé du travail, doit être écarté.

- Il résulte des articles 13 et 21 de la Constitution qu'un décret délibéré en Conseil des ministres, alors même qu'aucun texte n'imposait cette délibération, doit être signé du président de la République. De plus, la modification de ce décret relève nécessairement de la même autorité.

Illustration : CE, 27 avril 1994, n° 147203 : le décret du 13 octobre 1959 fixant le régime de l'indemnité pour charges militaires a été signé par le président de la République après avoir été délibéré en Conseil des ministres ; le décret attaqué, qui a pour seul objet de modifier les dispositions du décret du 13 octobre 1959, a été signé du Premier ministre et est ainsi entaché d'incompétence ; dès lors, les requérants sont fondés à demander l'annulation pour excès de pouvoir du décret attaqué.

- En application de l'**article 22 de la Constitution**, les **actes du Premier ministre** sont **contresignés** par les **ministres chargés de leur exécution**, c'est-à-dire, pour un acte réglementaire, ceux qui ont compétence pour signer ou contresigner les mesures réglementaires ou individuelles que comportent nécessairement l'exécution du décret.

Illustration : CE, 18 février 1994, n° 135717 : le décret attaqué prévoit que le ministre chargé de l'enseignement supérieur prendra des arrêtés et des décisions conjointement avec les ministres chargés de l'architecture et de la fonction publique pour préciser les conditions d'admission à concourir aux emplois ouverts dans des corps nouvellement créés (il s'agit des corps des professeurs et des maîtres-assistants des écoles d'architecture) ; ainsi, le ministre chargé de l'enseignement supérieur est chargé de l'exécution du décret attaqué et aurait dû, en vertu des dispositions de l'article 22 de la Constitution, être appelé à le contresigner ; faute d'avoir été contresigné par le ministre chargé de l'enseignement supérieur, le décret attaqué est entaché d'irrégularité et les requérants sont fondés à en demander l'annulation.

En outre, la Constitution de 1958 prévoit certains **aménagements dans l'exercice du pouvoir exécutif**. Il en va de la sorte, par exemple, avec la **délégation**. En effet, selon l'**article 13 de la Constitution**, le pouvoir de nomination du président de la République « peut être par lui délégué pour être exercé en son nom » et, selon l'**article 21**, le Premier ministre « peut déléguer certains de ses pouvoirs aux ministres ». Quant à l'**article 38**, il permet au gouvernement d'agir en matière législative, par ordonnances, dans des conditions toutefois strictement définies (pour un exemple de recours aux ordonnances de l'article 38 de la Constitution dans le domaine de l'organisation administrative, on citera le cas de la **métropole de Lyon**, collectivité territoriale à statut particulier créée par l'article 26 de la loi du 27 janvier 2014 de modernisation de l'action publique territoriale et d'affirmation des métropoles (dite Loi Maptam) ; le législateur ayant accordé au Gouvernement une habilitation législative pour compléter les adaptations du droit en vigueur à l'existence de cette nouvelle collectivité territoriale, plusieurs ordonnances ont été publiées sur ce fondement à la fin de l'année 2014).

Les ordonnances de l'article 38 de la Constitution.

Les conditions de l'habilitation sont fortement encadrées, tant par le texte de l'article 38 que par la jurisprudence.

Ainsi, le gouvernement est tenu d'« indiquer avec précision » au Parlement l'objet et la finalité des mesures qu'il se propose de prendre, sans pour autant être obligé de faire connaître la teneur des ordonnances (CC, décision n° 86-207 DC, 25 et 26 juin 1986, consid. 13).

De plus, doivent être précisément indiqués, d'une part, le délai au terme duquel l'ordonnance doit être prise et, d'autre part, le délai au terme duquel un projet de loi de ratification doit être déposé devant le Parlement (CC, décision n° 85-196 DC, 8 août 1985, consid. 23).

Par ailleurs, l'article 38 de la Constitution précise que les ordonnances « ne peuvent être ratifiées que de manière expresse ». Le Conseil d'État a rappelé qu'il résulte de cet article qu'une ordonnance prise sur son fondement conserve, aussi longtemps que le Parlement ne l'a pas ratifiée expressément, le caractère d'un acte administratif. Il en tire la conséquence que les dispositions d'une ordonnance qui n'ont pas été ratifiées dans les conditions prévues par l'article 38 de la Constitution conservent le caractère d'un acte administratif, ce qui fait obstacle à ce qu'elles puissent faire l'objet d'une « question prioritaire de constitutionnalité » et d'un renvoi au Conseil constitutionnel en application de l'article 61-1 de la Constitution (CE, 28 juin 2013, n° 351986).

Biblio. somm. : M. Guillaume, « Les ordonnances : tuer ou sauver la loi ? », *Pouvoirs* 2005, n° 114, p. 117 ; Y. Gaudemet, « La loi administrative », *RD publ.* 2006, p. 65 ; Sénat (Division des lois et de la légistique), *Les ordonnances prises sur le fondement de l'article 38 de la Constitution*, févr. 2014.

En dehors de la délégation, la Constitution prévoit d'autres modalités d'exercice du pouvoir exécutif. Il en va ainsi à l'article 7 à propos de la **suppléance** de la présidence de la République en cas de vacance « pour quelque cause que ce soit » ou d'empêchement. Si la vacance de la présidence de la République a été « constatée » à deux reprises sous la Ve République (alors que seul l'empêchement est constaté par le Conseil constitutionnel, selon l'article 7 de la Constitution, le Conseil constitutionnel s'est toutefois reconnu compétent pour « constater » la vacance de la présidence, en 1969, à la suite de la démission du général de Gaulle, et en 1974, après le décès du président Pompidou), la procédure assez contraignante de l'article 7, relative à la suppléance temporaire de la présidence pour empêchement, n'a jamais été appliquée. Les présidents de la République, en prévision de leur empêchement, ont en effet toujours préféré mettre en œuvre le dispositif prévu par l'article 21, alinéa 4, de la Constitution, aux termes duquel : « il [le Premier ministre] peut, à titre exceptionnel le suppléer [le président de la République] pour la présidence d'un Conseil des ministres en vertu d'une délégation expresse et pour un ordre du jour déterminé » (tel a été le cas à deux reprises en 1964 à l'occasion d'une intervention chirurgicale subie par le général de Gaulle, puis lors d'un voyage à l'étranger ; ensuite, en 1973, en raison de l'état de santé du président Pompidou ; ainsi qu'en 1992 et 1994 lorsque le président Mitterrand a été empêché à la suite d'une intervention chirurgicale).

B. Les dispositions relatives aux autres institutions administratives

35 La Constitution comprend quelques rares dispositions concernant les établissements publics et de plus substantielles relatives aux collectivités territoriales infra-étatiques. S'agissant en particulier de ces dernières, la Constitution en esquisse l'organisation et en fixe une liste qui peut être complétée par voie législative (Voir dans la Constitution de 1958 : Titre XII – « Des collectivités territoriales » – et Titre XIII – « Dispositions transitoires relatives à la Nouvelle-Calédonie »).

Au-delà des règles ainsi définies qui seront abordées dans le corps de cet ouvrage, on s'attachera ici à dégager les principes posés par la Constitution qui sous-tendent l'architecture d'ensemble. Du texte constitutionnel on peut dégager les principes suivants : le **principe d'indivisibilité du territoire (1)**, le **principe de représentation des collectivités territoriales de la République par le Sénat (2)** et le **principe de libre administration des collectivités territoriales (3)**.

1. Le principe d'indivisibilité de la République

36 La Constitution de 1958 s'insère dans la continuité constitutionnelle lorsqu'elle proclame à nouveau le principe d'indivisibilité de la République en tant qu'ensemble territorial (l'article 1er qualifie la République « d'indivisible »). Celui-ci n'est assorti d'aucune atténuation ou exception, comme il l'est par exemple en Italie ou en Espagne.

L'Italie, État unitaire, a reconnu dans sa Constitution des prérogatives étendues aux collectivités territoriales. C'est ainsi qu'à l'article 5 il est affirmé que « la République italienne, une et indivisible, reconnaît et favorise les autonomies locales, réalise dans les services qui dépendent de l'État la plus large décentralisation administrative ; adapte les principes et les méthodes de sa législation aux exigences de l'autonomie et de la décentralisation. » Plus loin, elle reconnaît même aux régions un pouvoir législatif « dans toutes les matières qui ne sont pas expressément réservées à la législation de l'État » (article 117) et renvoie à une loi régionale le soin de définir, dans le cadre des principes fondamentaux établis par une loi de la République, non seulement le système électoral, les cas d'inéligibilité et d'incompatibilité du président et des autres membres de l'exécutif régional ainsi que des conseillers régionaux, mais également la durée des organes électifs (article 122).

Il s'agit donc en France non seulement de maintenir une tradition mais de la réaffirmer solennellement. Le contenu et les effets de ce principe ont pourtant beaucoup varié dans l'histoire, y compris celle de la Ve République.

a. Les exigences du principe d'indivisibilité

37 Dans l'histoire constitutionnelle et administrative de la France, l'indivisibilité a, d'abord, été entendue comme la traduction de l'unité parfaite, et même de l'uniformité totale des subdivisions administratives territoriales. C'est l'égalité entre collectivités terri-

toriales qui traduisait le principe d'indivisibilité. Ces collectivités devaient donc être égales en droit, régies par un droit uniforme et découpées de manière aussi régulière que possible. Le préfet jouait dans ce schéma un rôle majeur en exerçant la tutelle, en garantissant par son contrôle que la décentralisation, si elle était reconnue, ne dégénère pas en division territoriale.

Tel quel, ce modèle n'existe plus aujourd'hui. La juridictionnalisation de la tutelle administrative ainsi que la réduction du rôle du préfet l'illustrent. Mais cette évolution est somme toute relativement récente de telle sorte que le modèle a pu largement imprégner les esprits et le pays.

38 D'ailleurs, à l'époque actuelle, le principe d'indivisibilité reste expressément réaffirmé. Il interdit, par exemple, d'attribuer un pouvoir normatif autonome aux entités décentralisées, « car l'existence d'un tel pouvoir intercalerait un écran entre le citoyen et la République, un corps intermédiaire, qui non seulement affecterait l'unité de la souveraineté, mais également l'égalité indivise des citoyens » (C. Grewe, « L'unité de l'État : entre indivisibilité et pluralisme », *RD publ.* 1998. 1353).

Toutefois, à propos de la **« loi du pays »** en **Nouvelle-Calédonie**, apparue à l'occasion des importantes modifications statutaires introduites avec les accords de Nouméa en 1998, eux-mêmes constitutionnalisés, le professeur Olivier Gohin a considéré que cet acte « n'étant pas formellement législatif, il est réglementaire. Mais n'étant pas administratif, il n'est pas un règlement administratif. En attendant une qualification claire par le juge constitutionnel, on se contentera donc de dire, par provision, que la loi du pays est un règlement autonome ayant force de loi » (O. Gohin, « L'apport de l'évolution institutionnelle de l'outre-mer non départementalisé au droit depuis 1998 », in *Les Cahiers du Conseil constitutionnel*, n° 12, 2002 ; v. par ailleurs, M. Joyau, *De l'autonomie des collectivités territoriales françaises*, LGDJ, 1998 ; A. Moyrand, « Les pays d'outre-mer transforment la République française en un État autonomique », in *Mélanges P. Gélard*, Montchrestien, 1999, p. 187).

39 Cette conception rigoureuse de l'indivisibilité transparaît notamment dans les décisions rendues au cours des années 1980, tout

de suite après la réforme de la décentralisation. Ainsi, le juge constitutionnel rappelle l'exigence d'un contrôle sur toutes les collectivités territoriales. Si le terme d'indivisibilité n'est pas prononcé, il est présent ; c'est lui qui exige une égalité aussi stricte au sein des catégories de collectivités ; c'est lui qui conduit à la nécessité d'un droit uniforme.

On peut citer à titre d'illustration de cette conception la jurisprudence du Conseil constitutionnel selon laquelle la Constitution « ne connaît que le peuple Français, composé de tous les citoyens français sans distinction d'origine, de race ou de religion » (CC, déc. n° 91-290 DC du 9 mai 1991, *Statut coll. terr. Corse*). Dès lors, parce que la France est, ainsi que le proclame l'article 1er de la Constitution de 1958 (dans sa rédaction issue de la loi constitutionnelle du 4 août 1995), une République indivisible, laïque, démocratique et sociale, qui assure l'égalité devant la loi de tous les citoyens, quelle que soit leur origine, la mention faite par le législateur « du peuple Corse, composante du peuple Français » est contraire à la Constitution (CC, déc. n° 91-290 DC, préc.). Relevons cependant qu'une place particulière est faite aux peuples des « territoires d'outre-mer » par le deuxième alinéa du Préambule de la Constitution de 1958 (v. par ex., CC, déc. n° 2000-428 DC du 4 mai 2000, *Loi organisant consultation population Mayotte*, *AJDA* 2000, p. 561, note J.-E. Schoettl). Mais pour éviter toute ambiguïté, l'article 72-3, alinéa 1er, de la Constitution, depuis la réforme constitutionnelle de 2003, précise à ce propos que « la République reconnaît, au sein du peuple Français, les populations d'outre-mer, dans un idéal commun de liberté, d'égalité et de fraternité ».

40 Cela étant, après une première vague jurisprudentielle d'endiguement de la décentralisation, on a assisté à la disparition presque complète de l'exigence d'un droit uniforme et d'un schéma institutionnel commun à chaque catégorie de collectivité territoriale. Cette jurisprudence a opéré un balancement entre le principe d'égalité des collectivités territoriales et les possibilités de différenciation. Véritable « *Janus constitutionnel* » (F. Luchaire, « Un Janus constitutionnel : l'égalité », *RD publ.* 1986, p. 1229), l'égalité peut nier les spécificités et devenir uniformisante au détriment

des minorités. Mais l'égalité peut aussi servir la cause du pluralisme et accentuer les différenciations impliquées par ce dernier.

b. Les tempéraments au principe d'indivisibilité

41 Des différenciations statutaires sont ouvertes par la succession des articles 72 à 74 de la Constitution de 1958, et force est de constater que le principe d'indivisibilité s'accommode, de plus en plus fréquemment, d'une véritable différenciation des statuts applicables aux diverses collectivités territoriales. Ainsi, **l'organisation particulière des « territoires d'outre-mer »** (appellation aujourd'hui disparue de la Constitution après sa révision en 2003) est devenue à la longue une notion fort extensive, en particulier dans la jurisprudence sur la Nouvelle-Calédonie : le Conseil constitutionnel a déclaré dans les décisions du 8 et 23 août 1985 (CC, déc. n° 85-196 DC et n° 85-197 DC, *Évolution Nouvelle-Calédonie*) que l'assemblée territoriale n'a pas un caractère purement administratif sans aller jusqu'à lui reconnaître une nature législative et confirme que l'organisation particulière des TOM peut comporter des dérogations aux articles 34 et 37 de la Constitution sur la répartition des compétences entre le pouvoir législatif et le pouvoir réglementaire. Une entorse aussi importante au principe d'égalité et d'uniformité des normes ne figure pas explicitement dans la Constitution. On est loin, en tout cas, du principe d'indivisibilité.

Nouvelle-Calédonie. Aujourd'hui, on voit se constituer en France avec l'évolution statutaire de la Nouvelle-Calédonie comme une forme d'État quasi fédéral ou encore « autonomique » (A. Moyrand, « Les pays d'outre-mer transforment la République en un État autonomique », *in Mélanges P. Gélard*, Montchrestien, 1999, p. 187), avec un territoire à la fois dans et en dehors de la République et la définition d'un corps électoral réduit (v. L. const. n° 2007-237, 23 févr. 2007 modifiant art. 77 Const. : ce texte gèle le corps électoral néo-calédonien, et réserve le droit de vote aux personnes installées en Nouvelle-Calédonie depuis au moins dix ans, et ce à la date de 1998 ; cette disposition est effective depuis le scrutin local de 2009 ; ce gel, inscrit dans la loi organique découlant de l'accord de Nouméa de 1998, avait été censuré en 1999 par le Conseil constitutionnel, obligeant à passer par une révision de la Constitution ; le texte rétablit à la date de 1998 le gel du corps électoral pour les élections provinciales de 2009 et de 2014 ; O. Gohin, « Quand la République marche sur la tête. Le gel de l'électorat restreint en Nouvelle-Calédonie », *AJDA* 2007, p. 800). Il est vrai que le Titre XIII de la

Constitution, adopté après la révision constitutionnelle du 20 juillet 1998, s'intitule « Dispositions transitoires relatives à la Nouvelle-Calédonie » ; la dérogation de taille ainsi apportée au principe d'indivisibilité n'est donc pas destinée à figurer toujours dans le texte constitutionnel).

42 Cette jurisprudence concerne également **les collectivités métropolitaines**, en particulier la **Corse**. Dès 1982, le Conseil constitutionnel (CC, déc. n° 82-138 DC du 25 févr. 1982, *Statut particulier rég. Corse*) a procédé à une interprétation tout à fait extensive de la faculté accordée au législateur par l'article 72 de créer des collectivités nouvelles. Cette disposition ne permet pas seulement de créer de nouvelles catégories, mais même des collectivités formant à elles seules une catégorie. Là encore, le principe d'indivisibilité n'est pas invoqué. Pourtant, on s'éloigne progressivement de la stricte égalité entre les entités infra-étatiques et, de surcroît, la création de nouvelles collectivités permet d'échapper aisément aux contraintes du droit uniforme au sein d'une catégorie.

Cette évolution a été poussée encore beaucoup plus loin dans la décision du 9 mai 1991 (CC, déc. n° 91-290 DC du 9 mai 1991, *Statut coll. terr. Corse*). En effet, jusqu'à présent, les collectivités *sui generis* se conformaient systématiquement à ce que l'on peut appeler le schéma institutionnel commun : un conseil élu au suffrage universel direct et un exécutif émanant du conseil sans être responsable devant ce dernier. Le statut de la Corse rompt délibérément avec ce schéma (ainsi, par ex., l'Assemblée de Corse peut mettre en cause la responsabilité du conseil exécutif par le vote d'une motion de défiance : v. art. L. 4422-31 CGCT). Or, le Conseil constitutionnel n'a pas censuré cette organisation.

43 De **nombreuses différenciations** s'ajoutent encore **dans le domaine de l'aménagement du territoire**, comme les zones d'éducation prioritaires, les mesures de protection de la montagne, du littoral ou des zones urbaines sensibles, les zones prioritaires d'aménagement du territoire ou encore les zones franches. Même si ces discriminations positives ne sont pas toutes destinées à perdurer mais s'inscrivent dans une perspective de retour à l'égalité, elles modifient néanmoins considérablement l'image traditionnelle de la République territoriale. Toutefois, selon le Conseil constitutionnel, de tels zonages ne méconnaissent ni le principe d'égalité,

ni celui d'indivisibilité de la République (CC, déc. n° 94-358 DC du 26 janv. 1995, *Loi orientation aménagement et développement territoire*). La possibilité de créer ainsi des statuts et des régimes juridiques spécifiques ne fait d'ailleurs que manifester la liberté d'administration des collectivités territoriales (art. 72, al. 3, Const. 1958).

44 Est-il possible d'aller plus loin ? En vertu de la Constitution, un territoire de la République peut effectivement cesser définitivement d'appartenir à la République française. Les principes d'indivisibilité et d'intégrité du territoire ne font pas obstacle à la **sécession.** Cette position a été définie par le Conseil constitutionnel dans sa décision du 30 décembre 1975 (CC, déc. n° 75-59 DC du 30 déc. 1975, *Autodétermination Comores*), sur la base d'une interprétation « constructive » de l'article 53 de la Constitution. Selon cet article, « nulle cession, nul échange, nulle adjonction de territoire n'est valable sans le consentement des populations intéressées ». Pour le juge constitutionnel, ces dispositions « doivent être interprétées comme étant applicables, non seulement dans l'hypothèse où la France céderait à un État étranger ou bien acquerrait de celui-ci un territoire, mais aussi dans l'hypothèse où un territoire cesserait d'appartenir à la République pour constituer un État indépendant ou y être rattaché ». Avec cette dernière proposition, on peut penser, d'ailleurs, que le droit de sécession peut être reconnu à n'importe quelle composante géographique. Le Conseil constitutionnel lui-même n'a-t-il pas précisé dans la décision précitée du 30 décembre 1975 que le terme « territoire » au sens de l'article 53 de la Constitution n'a « pas la même signification juridique que dans l'expression territoire d'outre-mer ». Autrement dit, on peut déduire de cette remarque que le droit de sécession s'applique non seulement aux territoires d'outre-mer, mais aussi aux départements d'outre-mer, et plus encore à toutes les collectivités territoriales de la France métropolitaine.

Cependant, ce droit de sécession est soumis à plusieurs contraintes principales : l'initiative ne peut être prise que par « les autorités compétentes de la République » (CC, déc. n° 87-226 DC du 2 juin 1987, *Consultation populations Nouvelle-Calédonie*), ce qui semble exclure qu'un groupe de citoyens ou même une collectivité infra-étatique puisse déclencher le processus d'indépendance ; d'autre part, le déroulement de ce processus doit s'inscrire « dans le cadre de la Constitution », ce qui exclut l'application des règles du droit international ; en outre, les « populations intéressées », c'est-à-dire les électeurs inscrits sur les listes électorales du territoire sécessionniste, doivent être consultées par un « référendum » dont la question doit être loyale, claire et ne comporter aucune équivoque ; enfin, le Parlement doit, après cette consultation, voter une loi autorisant la sécession. On le voit, la souveraineté de la République est respectée puisque l'État reste maître de l'accession à l'indépendance d'une de ses composantes géographiques.

Biblio. somm. : R. Debbasch, *Le principe révolutionnaire d'unité et d'indivisibilité de la République*, Economica, 1988 ; R. Debbasch et A. Roux, « L'indivisibilité de la République », in *La République en droit français*, dir. B. Mathieu et M. Verpeaux, Economica, 1996, p. 59 ; R. Debbasch, « L'indivisibilité de la République et l'existence de statuts particuliers en France », in Institut du droit local, *États, régions et droits locaux*, Economica, 1997, p. 73 ; M.-H. Fabre, « L'unité et l'indivisibilité de la République, Réalité ? Fiction ? », *RD publ.* 1982, p. 603 ; C. Grewe, « L'unité de l'État : entre indivisibilité et pluralisme », *RD publ.* 1998, p. 1349 ; T. Gründler, « La République française, une et indivisible ? », *RD publ.* 2007, p. 445 ; F. Mélin-Soucramanien, « Les adaptations du principe d'égalité à la diversité des territoires », *RFD adm.* 1997, p. 906 ; (même auteur), « Le principe d'égalité entre collectivités locales », in Études réunies et présentées par M. Verpeaux, *Cah. Cons. const.*, n° 12, 2002.

2. Le principe de représentation des collectivités territoriales de la République par le Sénat

45 Selon l'article 24, alinéa 4, de la Constitution, le Sénat « assure la représentation des collectivités territoriales de la République ». Cette représentation favorable à la diversité de ces collectivités contribue à corriger la structure fortement centralisée de l'État. Comment cette représentation est-elle assurée ? Comme on va le voir dans les paragraphes suivants, il en existe plusieurs modalités.

Dans le cadre de l'exercice de sa fonction législative, le Sénat s'est vu reconnaître par la loi constitutionnelle du 17 mars 2003 une priorité dans l'examen des « projets de loi ayant pour principal objet l'organisation des collectivités territoriales » (art. 39 de la Constitution). Que recouvre exactement cette notion ? Il appartiendra, *in fine*, au Conseil constitutionnel de le dire.

Pour l'exercice de sa fonction de contrôle et d'information le Sénat a créé en avril 2009, par une Instruction générale du Bureau du Sénat, une **Délégation aux collectivités territoriales et à la décentralisation** qui est chargée d'informer le Sénat sur l'état de la décentralisation et sur toute question relative aux collectivités territoriales. En particulier, elle a pour mission de veiller au respect de la libre administration et de l'autonomie financière et fiscale de ces collectivités ainsi qu'à la compensation financière des transferts de compétences et de personnel. Elle est également chargée d'évaluer les conditions de l'application locale des politiques publiques intéressant les collectivités territoriales.

46 **Le mode d'élection des sénateurs permet une représentation des collectivités territoriales.** Les sénateurs sont élus pour six ans (art. LO. 275 C. élect. ; selon l'article L. 294 du C. élect., « Dans les départements où sont élus deux sénateurs ou moins, l'élection a lieu au scrutin majoritaire à deux tours. » ; selon l'article L. 295 du Code électoral, « Dans les départements où sont élus trois sénateurs ou plus, l'élection a lieu à la représentation proportionnelle suivant la règle de la plus forte moyenne, sans panachage ni vote préférentiel. »), le Sénat étant renouvelable par moitié (art. LO. 276 C. élect.). Ce sont des élus d'élus, lesquels sont pour l'essentiel des représentants de différentes collectivités territoriales. En effet, selon l'article L. 280 du code électoral : « La composition du collège électoral appelé à élire les sénateurs assure, dans chaque département, la représentation des différentes catégories de collectivités territoriales et de la diversité des communes, en tenant compte de la population qui y réside. » – ainsi, **chaque collectivité territoriale doit être représentée au sein du collège électoral sénatorial.** L'article L. 280 du code électoral poursuit en donnant la liste des membres du collège qui élit chaque sénateur :

« Ce collège électoral est composé :

« 1° Des députés et des sénateurs ;

« 2° Des conseillers régionaux de la section départementale correspondant au département et des conseillers de l'Assemblée de Corse désignés dans les conditions prévues par le titre III bis du présent livre ;

« 2° bis Des conseillers à l'assemblée de Guyane et des conseillers à l'assemblée de Martinique ;

« 3° Des conseillers départementaux ;

« 4° Des délégués des conseils municipaux ou des suppléants de ces délégués. »

Dans **une décision du 6 juillet 2000, le Conseil constitutionnel a fixé les limites constitutionnelles qui s'imposent au législateur** dans la détermination de la composition du collège électoral des sénateurs (CC, décision n° 2000-431 DC du 6 juillet 2000, *Loi relative à l'élection des sénateurs*). Après avoir rappelé que le Sénat tient de l'article 24 de la Constitution la mission de représenter les collectivités territoriales, il en a tiré plusieurs conséquences quant à la composition du collège électoral sénatorial :

- « le Sénat doit, dans la mesure où il assure la représentation des collectivités territoriales de la République, être élu par un corps électoral qui est lui-même l'émanation de ces collectivités » ;
- « ce corps électoral doit être essentiellement composé de membres des assemblées délibérantes des collectivités territoriales » ;
- « toutes les catégories de collectivités territoriales doivent y être représentées » ;
- « la représentation des communes doit refléter leur diversité ».

Ainsi, l'ensemble des collectivités territoriales au sens des articles 72, 73 et 74 de la Constitution doivent comporter des représentants au sein du collège électoral.

Des délégués des conseils municipaux sont désignés en fonction de strates démographiques. Les conseils municipaux élisent ainsi en leur sein des délégués pour siéger au sein du collège électoral en fonction du nombre de membres du conseil municipal et donc indirectement selon une strate démographique (étant précisé qu'en vertu de l'article LO. 286-1 du code électoral les conseillers municipaux qui n'ont pas la nationalité française « ne peuvent ni être membres à un titre quelconque du collège électoral sénatorial ni participer à l'élection à ce collège de délégués »).

L'article L. 284 du code électoral prévoit la répartition suivante :

« Les conseils municipaux élisent parmi leurs membres dans les communes de moins de 9 000 habitants :

- un délégué pour les conseils municipaux de sept et onze membres ;

- trois délégués pour les conseils municipaux de quinze membres ;

- cinq délégués pour les conseils municipaux de dix-neuf membres ;

- sept délégués pour les conseils municipaux de vingt-trois membres ;

- quinze délégués pour les conseils municipaux de vingt-sept et vingt-neuf membres. »

Au-delà, l'article L. 285 du code électoral prévoit :

« Dans les communes de 9 000 habitants et plus, tous les conseillers municipaux sont délégués de droit. En outre, dans les communes de plus de 30 000 habitants, les conseils municipaux élisent des délégués supplémentaires à raison de 1 pour 800 habitants en sus de 30 000. »

On le voit, dans les communes qui comptent au moins 30 000 habitants, un correctif démographique spécifique est institué par l'article L. 285 du code électoral : des délégués supplémentaires sont élus par le conseil municipal, nécessairement en dehors de ses membres puisque tous les conseillers municipaux sont membres de droit du collège électoral sénatorial dans ces communes. À partir de 30 000 habitants, un délégué supplémentaire est alors désigné à raison de 1 par tranche de 800 habitants.

L'élection des délégués connaît un double mode scrutin selon la population de la commune.

En effet, pour les communes visées au chapitre II du titre IV du livre Ier du code électoral (**communes de moins de 1 000 habitants**), l'élection a lieu au scrutin majoritaire à deux tours avec panachage et votre préférentiel, les candidatures pouvant même être isolées, en application de l'article L. 288 du code électoral.

Dans les autres **communes de 1 000 habitants et plus**, ainsi que pour les communes de Paris, Lyon et Marseille, l'article L. 289 du même code prévoit un scrutin de liste à la représentation proportionnelle selon la règle de la plus forte moyenne sans panachage, ni vote préférentiel, les listes pouvant cependant comprendre un nombre de noms inférieur au nombre de sièges de délégués et de suppléants à pourvoir. Chaque liste de candidats aux fonctions de délégués et de suppléants est en outre composée alternativement d'un candidat de chaque sexe.

Pour que le Sénat « assure la représentation des collectivités territoriales de la République », conformément à l'article 24 de la Constitution, il n'est pas nécessaire que les sénateurs soient des élus locaux – sans quoi ceux qui ne sont pas détenteurs d'un mandat local y siégeraient en violation de la Constitution. En droit, il suffit qu'ils soient désignés par un collège essentiellement composé d'élus locaux, ce qui est le cas comme on vient de le voir. Le cumul du mandat de sénateur avec des mandats locaux, traditionnellement largement pratiqué en France, ne s'impose donc pas juridiquement. Il est en fait le fruit des circonstances : le jeu politique français ne s'est jamais réellement appuyé sur des partis puissants et bien organisés, mobilisant des masses et recrutant des élites. Le rapport de force entre notables et partis s'est le plus souvent établi en faveur des premiers, les seconds devant miser sur une personnalité locale reconnue pour emporter un siège d'élu au Parlement. Ainsi fondé sur une logique largement notabiliaire, elle-même amplifiée par le scrutin dit d'arrondissement, le système politique français ne pouvait qu'engendrer le cumul des mandats. Force est de constater qu'aujourd'hui il est en voie de régression progressive.

47 **Le cumul du mandat de sénateur avec des mandats locaux.** Le cumul des mandats constitue une des caractéristiques du système politique français (la pratique du cumul est très largement ignorée dans les autres pays européens ; voir AN, Rapport n° 1173 sur le projet de loi organique interdisant le cumul de fonctions exécutives locales avec le mandat de député ou de sénateur, juin 2013). Il en va ainsi en particulier avec le cumul d'un mandat parlementaire et d'un, voire plusieurs mandats locaux. Il en va de même avec le cumul d'un mandat parlementaire et de fonctions exécutives locales importantes – fonction de maire, fonction d'adjoint au maire et présidence des exécutifs des autres collectivités territoriales.

À noter : Selon des chiffres arrêtés au 29 janvier 2012, et portant sur 348 sénateurs (voir Étude d'impact concernant le projet de loi interdisant le cumul des fonctions exécutives locales avec le mandat de représentant au Parlement européen, 2 avr. 2013) : 122 sénateurs étaient également maires et 52 sénateurs aussi présidents d'EPCI à fiscalité propre. Le cumul avec des fonctions exécutives concernait ainsi une partie importante des sénateurs (59 %) – s'agissant des députés, 235 d'entre eux étaient également maires, et 88 députés étaient en même temps présidents d'EPCI à fiscalité propre ; au total, le cumul avec des fonctions exécutives concernait 58 % des députés.

Des lois successives ont cependant progressivement encadré le cumul entre les mandats parlementaires et les mandats locaux qui est devenu à la longue de moins en moins légitime dans l'opinion publique.

L'article L.O. 297 du code électoral, relatif aux incompatibilités avec le mandat de sénateur, a renvoyé aux dispositions du chapitre IV du titre II du livre Ier du code électoral. Ainsi, l'ensemble des dispositions relatives aux incompatibilités avec le mandat de député sont applicables aux sénateurs. Les dispositions relatives aux possibilités de cumul entre un mandat de sénateur et un mandat local sont donc identiques à celles des députés.

Ainsi, la **loi organique n° 85-1405 du 30 décembre 1985** a créé un article LO. 141 du code électoral, qui prévoyait l'incompatibilité entre le mandat de sénateur (député) et l'exercice de plus d'un mandat parmi les mandats suivants : mandat de représentant au Parlement européen, de conseiller régional, de conseiller général et de conseiller de Paris. L'article LO.141 prévoyait également que le mandat de sénateur (député) était incompatible avec certaines fonctions exécutives telles que maire d'une commune de plus de 20 000 habitants autre que Paris ou adjoint au maire d'une commune de plus de 100 000 habitants autre que Paris.

Puis la **loi organique n° 2000-294 du 5 avril 2000** a modifié l'article LO. 141 : elle a étendu le champ des incompatibilités en ces termes : « Le mandat de sénateur (député) est incompatible avec l'exercice de plus d'un des mandats énumérés ci-après : conseiller régional, conseiller à l'Assemblée de Corse, conseiller général, conseiller de Paris, conseiller municipal d'une commune d'au moins 3 500 habitants. » Mais cette loi a supprimé les incompatibilités qui existaient avec des fonctions exécutives au sein des assemblées délibérantes des collectivités territoriales.

Ultérieurement, la **loi organique n° 2011-883 du 27 juillet 2011** relative aux collectivités régies par l'article 73 de la Constitution a ajouté à la liste le mandat de conseiller à l'assemblée de Guyane et de conseiller à l'assemblée de Martinique.

Près de deux ans plus tard la **loi organique n° 2013-402 du 17 mai 2013** relative à l'élection des conseillers municipaux, des conseillers communautaires et des conseillers départementaux a précisé que s'agissant du mandat de conseiller municipal l'incompatibilité s'appliquait au mandat de « conseiller municipal d'une commune soumise au mode de scrutin prévu au chapitre III du titre IV du présent livre » (il s'agit des communes de 1 000 habitants et plus ; le Conseil constitutionnel a jugé « qu'il est loisible à la loi organique de ne faire figurer, dans le dispositif de limitation de cumul du mandat de parlementaire et de mandats électoraux locaux, le mandat de conseiller municipal qu'à partir d'un certain seuil de population, à condition que le seuil retenu ne soit pas arbitraire ; que cette condition est remplie en l'espèce dès lors que le seuil de 1 000 habitants détermine (...) un changement de mode de scrutin pour l'élection des membres des conseils municipaux » ; CC, décision n° 2013-668 DC du 16 mai 2013). On le voit le seuil du cumul autorisé s'abaisse progressivement.

Une **loi organique n° 2014-125 du 14 février 2014** interdisant le cumul de fonctions exécutives locales avec le mandat de député ou de sénateur est venue compléter ce dispositif. Désormais, le législateur a entendu rendre incompatible l'exercice de toutes les fonctions exécutives locales avec les mandats de député ou de sénateur. En effet,

« Après l'article LO 141 du code électoral, il est inséré un article LO 141-1 ainsi rédigé :

« Art. LO 141-1.- Le mandat de sénateur (député) est incompatible avec :

« 1° Les fonctions de maire, de maire d'arrondissement, de maire délégué et d'adjoint au maire ;

« 2° Les fonctions de président et de vice-président d'un établissement public de coopération intercommunale ;

« 3° Les fonctions de président et de vice-président de conseil départemental ;

« 4° Les fonctions de président et de vice-président de conseil régional ;

« 5° Les fonctions de président et de vice-président d'un syndicat mixte ;

« 6° Les fonctions de président, de membre du conseil exécutif de Corse et de président de l'assemblée de Corse ;

« 7° Les fonctions de président et de vice-président de l'assemblée de Guyane ou de l'assemblée de Martinique ; de président et de membre du conseil exécutif de Martinique ;

« 8° Les fonctions de président, de vice-président et de membre du gouvernement de la Nouvelle-Calédonie ; de président et de vice-président du congrès de la Nouvelle-Calédonie ; de président et de vice-président d'une assemblée de province de la Nouvelle-Calédonie ;

« 9° Les fonctions de président, de vice-président et de membre du gouvernement de la Polynésie française ; de président et de vice-président de l'assemblée de la Polynésie française ;

« 10° Les fonctions de président et de vice-président de l'assemblée territoriale des îles Wallis et Futuna ;

« 11° Les fonctions de président et de vice-président du conseil territorial de Saint-Barthélemy, de Saint-Martin, de Saint-Pierre-et-Miquelon ; de membre du conseil exécutif de Saint-Barthélemy, de Saint-Martin, de Saint-Pierre-et-Miquelon ;

« 12° Les fonctions de président et de vice-président de l'organe délibérant de toute autre collectivité territoriale créée par la loi ; (...) »

Le législateur a par ailleurs entendu mettre fin à l'ancienne règle selon laquelle le parlementaire en situation de cumul pouvait librement choisir le mandat ou la fonction qu'il entend conserver. En vertu des nouvelles dispositions de la loi organique, le parlementaire devra démissionner de son mandat parlementaire ou de la fonction élective qu'il détenait avant l'élection qui l'a mis en situation d'incompatibilité. Toutefois, l'article 12 de la loi organique n° 2014-125 du 14 février 2014 a précisé que « La présente loi organique s'applique à tout parlementaire à compter du premier renouvellement de l'assemblée à laquelle il appartient suivant le 31 mars 2017. » On ne bouleverse pas des habitudes ! Le cumul perd néanmoins du terrain.

3. Le principe de libre administration des collectivités territoriales

48 Le principe de la libre administration des collectivités territoriales a été consacré en jurisprudence par le Conseil constitutionnel dans sa **décision n° 79-104 DC du 23 mai 1979** (CC, décision n° 79-104 DC du 23 mai 1979, *Loi modifiant les modes d'élection de l'Assemblée territoriale et du Conseil de gouvernement du territoire de la Nouvelle-Calédonie et dépendances et définissant les règles générales de l'aide technique et financière contractuelle de l'État*, cons. 9). Le Conseil constitutionnel a également affirmé sa valeur constitutionnelle dans sa **décision n° 83-168 DC du 20 janvier 1984**, *Loi portant dispositions statutaires relatives à la fonction publique territoriale*, en rappelant que « si, en vertu de l'article 72 de la Constitution, les collectivités territoriales "s'administrent librement par des conseils élus", chacune d'elles le fait "dans les conditions prévues par la loi" ; qu'aux termes de l'article 34 de la Constitution "la loi détermine les principes fondamentaux de la libre administration des collectivités locales, de leurs compétences et de leurs ressources" ».

C'est dire, tout d'abord, que **le législateur ne peut s'en remettre au pouvoir réglementaire**. Ensuite, **le législateur ne saurait entraver la libre administration des collectivités territoriales**. C'est ainsi que le Conseil constitutionnel a eu l'occasion de préciser « que si le législateur peut, sur le fondement des dispositions des articles 34 et 72 de la Constitution, assujettir les collectivités territoriales ou leurs groupements à des obligations et à des charges, c'est à la condition que celles-ci répondent à des exigences constitutionnelles ou concourent à des fins d'intérêt général, qu'elles ne méconnaissent pas la compétence propre des collectivités concernées, qu'elles n'entravent pas leur libre administration et qu'elles soient définies de façon suffisamment précise quant à leur objet et à leur portée » (CC, déc. n° 2000-436 DC, 7 déc. 2000, *Loi relative à solidarité et renouvellement urbains*). Le principe de la libre administration des collectivités territoriales figure **au nombre des droits et libertés que la Constitution garantit** dont la méconnaissance peut être sanctionnée dans le cadre de la procédure de la **QPC** (CC, décision n° 2010-29/37 QPC du 22 septembre 2010, *Commune de Besançon et autre* (Instruction CNI et passeports), consid. n° 6, 7 et 8).

49 **Le principe de libre administration des collectivités territoriales a valeur constitutionnelle et comme tel il doit donc être respecté par le législateur.** Concrètement, le pouvoir attribué au Parlement, par l'article 34 de la Constitution, de déterminer les principes fondamentaux de la libre administration des collectivités territoriales, ne saurait lui permettre de tout faire, et notamment de poser des conditions ou définir un régime législatif qui restreigne l'autonomie locale au point de porter atteinte au principe de libre administration (exemple : CC, décision n° 2011-146 QPC du 8 juillet 2011, *Département des Landes (Aides publiques en matière d'eau potable ou d'assainissement)* : en l'espèce, le Conseil a jugé que l'interdiction de moduler des subventions selon le mode de gestion du service d'eau potable et d'assainissement restreignait la libre administration des collectivités territoriales, ici celle des départements, au point de méconnaître les articles 72 et 72-2 de la Constitution). En d'autres termes, le législateur a compétence pour mettre en œuvre ce principe, non pour le mettre en cause. Et c'est au Conseil constitutionnel qu'il revient de faire respecter cette distinction, assurant ainsi, contre le pouvoir d'État, la protection des libertés locales.

a. Signification du principe de libre administration des collectivités territoriales

50 Respecter la libre administration locale signifie, d'abord, selon le Conseil constitutionnel, que toute collectivité « doit disposer d'un conseil élu doté d'attributions effectives » (CC, déc. n° 85-196 DC, 8 août 1985, *Évolution Nouvelle-Calédonie*). Qu'il crée une nouvelle collectivité ou qu'il en modifie les structures, **le législateur ne peut porter atteinte aux deux éléments, l'élection et les compétences propres de décision**, qui constituent le minimum requis par le principe de libre administration. Ainsi, dans la décision du 28 décembre 1982, *Loi relative à l'organisation administrative de Paris, Marseille, Lyon et des établissements publics de coopération intercommunale* (déc. n° 82-149 DC), le Conseil constitutionnel a considéré que la division en arrondissements de

Paris, Lyon et Marseille n'est pas contraire à la Constitution dès lors que les conseils et maires d'arrondissements disposent de pouvoirs propres et sont élus. En deçà, c'est-à-dire, par exemple, si la loi prévoit que l'assemblée locale est composée en partie de membres nommés, en partie de membres élus, ou que l'assemblée n'a que des attributions réduites ou consultatives, l'autonomie des collectivités locales n'existe plus et la loi devra être censurée.

51 Respecter la libre administration locale signifie encore, pour le Conseil constitutionnel, que l'État ne dispose pas d'un pouvoir discrétionnaire pour fixer la date des élections locales. Dans la décision du 5 janvier 1988, *Élections cantonales partielles* (déc. n° 87-233 DC), il a invalidé en effet une loi portant de trois à six mois le délai dans lequel il peut être procédé à une élection cantonale partielle et ne subordonnant à aucun critère le choix par le préfet de la date du scrutin, au motif que ces dispositions sont de nature à « affecter les conditions d'exercice de la libre administration des collectivités territoriales ».

52 Respecter la libre administration locale signifie aussi, selon le Conseil constitutionnel, que **les autorités territoriales doivent disposer d'une liberté de décision pour le recrutement de leurs agents**, et plus largement pour la gestion du personnel des collectivités territoriales (v., par ex., CC, décision n° 83-168 DC du 20 janv. 1984, *Fonction publ. terr.*). Il ressort des décisions rendues que pour s'administrer librement, les collectivités territoriales doivent pouvoir choisir librement leurs administrateurs et le législateur ne peut en conséquence établir un mécanisme leur imposant une politique de nomination.

53 En outre, le Conseil constitutionnel a eu l'occasion d'affirmer que **la compétence dans le domaine fiscal, conférée au législateur par l'article 34 de la Constitution en matière de finances locales, ne saurait avoir pour effet de « restreindre les ressources fiscales des collectivités territoriales au point d'entraver leur libre administration »** (CC, décision n° 2000-432 DC du 12 juill. 2000, *Loi fin. rectificative pour 2000*, *AJDA* 2000, p. 739, note J.-E. Schoettl). Plus récemment, conduit à appliquer ce principe de libre administration des collectivités territoriales aux questions de ressources fiscales de celles-ci, le Conseil constitutionnel a jugé que

« les règles fixées par la loi sur le fondement [du quatrième alinéa de l'article 72-2 de la Constitution, relatif aux compensations des transferts de compétences,] ne sauraient avoir pour effet de restreindre les ressources des collectivités territoriales au point de dénaturer le principe de libre administration de ces collectivités » (CC, décisions n° 2011-142/145 QPC du 30 juin 2011, *Départements de la Seine-Saint-Denis et autres (Concours de l'État au financement par les départements du RMI, du RMA et du RSA)*, consid. n° 14. – CC, n° 2009-599 DC du 29 décembre 2009, *Loi de finances pour 2010*, consid. n° 105. – CC, n° 2012-255/265 QPC du 29 juin 2012, *Départements de la Seine-Saint-Denis et du Var (Fonds national de péréquation des droits de mutation à titre onéreux perçus par les départements)*, consid. n° 7). Mais le Conseil constitutionnel a pris soin de souligner « qu'il ne résulte ni de l'article 72-2 de la Constitution ni d'aucune autre disposition constitutionnelle que les collectivités territoriales bénéficient d'une autonomie fiscale » (CC, décision n° 2009-599 DC du 29 décembre 2009, *Loi de finances pour 2010*, consid. n° 61).

b. Limites au principe de libre administration des collectivités territoriales

54 Si le Conseil constitutionnel se fait effectivement le protecteur des libertés locales contre les interventions trop importantes de l'État, il ne fait pas pour autant de la libre administration locale un principe constitutionnel absolu. Des limites peuvent lui être apportées. En effet, les collectivités locales ne sont pas souveraines. Elles ne peuvent donc pas choisir leur organisation administrative, leur domaine de compétences, leurs ressources ou leur régime électoral parce qu'elles ne possèdent pas de pouvoir législatif autonome et encore moins de pouvoir constituant. Ces responsabilités-là appartiennent au seul législateur national, sous le contrôle du Conseil constitutionnel. Celui-ci, lorsqu'il est saisi, apprécie alors la qualité de l'équilibre réalisé entre les prérogatives de l'État et la libre administration locale.

55 Ainsi, « **si la loi peut fixer les conditions de la libre administration des collectivités territoriales, c'est sous la réserve qu'elle respecte les prérogatives de l'État** », affirme le Conseil constitu-

tionnel dans une décision du 25 février 1982 (CC, déc. n° 82-137 DC, 25 févr. 1982, *Droits et libertés cnes, dpt et rég.*). Autrement dit, parce que la France est un État unitaire et non fédéral, la décentralisation reste limitée dans ses aspects administratifs.

En particulier, à propos de la loi de décentralisation de 1982, le Conseil constitutionnel a considéré que si le remplacement du contrôle administratif par le contrôle juridictionnel des actes des autorités locales n'allait pas au-delà de ce que la structure unitaire de l'État pouvait admettre, il a jugé en revanche que, dans la mise en œuvre du nouveau contrôle de légalité, le législateur avait dépassé les limites acceptables à deux reprises : en décidant que les actes des collectivités locales seraient exécutoires de plein droit avant même leur transmission au représentant de l'État ; en interdisant au préfet d'introduire un recours avant l'expiration d'un préavis de vingt jours alors que, pendant ce délai, l'acte restait exécutoire. Les deux dispositions furent donc invalidées par le Conseil constitutionnel au motif qu'en ne permettant pas au représentant de l'État de connaître le contenu des actes des collectivités territoriales, elles privaient l'État, même si cette privation était temporaire, du moyen d'exercer ses prérogatives constitutionnelles.

56 **Le principe de libre administration peut encore être limité par le respect dû aux autres droits et libertés constitutionnels avec lesquels il doit être concilié.** Dans un considérant de principe, le Conseil constitutionnel a clairement posé que « si le principe de libre administration des collectivités territoriales a valeur constitutionnelle, il ne saurait conduire à ce que les conditions essentielles d'application d'une loi organisant l'exercice d'une liberté publique dépendent de décisions des collectivités territoriales et, ainsi, puissent ne pas être les mêmes sur l'ensemble du territoire » (CC, déc. n° 84-185 DC, 18 janv. 1985, *Loi Chevènement*). Il ressort de cette décision que l'application d'une loi relative aux libertés publiques est de la seule responsabilité de l'État. Elle ne peut être subordonnée à – ou conditionnée par – l'accord des collectivités territoriales. En d'autres termes, le principe de la libre administration ne saurait permettre aux autorités locales de s'opposer à l'application d'une liberté ou d'un droit fondamental. Quant au

législateur, il a le devoir de limiter en conséquence l'autonomie locale pour protéger l'exercice des libertés publiques.

Biblio. somm. : H. Alcaraz, « Le principe de libre administration des collectivités territoriales dans la jurisprudence constitutionnelle après la révision du 28 mars 2003. Illustration des limites du contrôle de constitutionnalité », *RFD adm.* 2009, p. 497 ; C. Bacoyannis, *Le principe constitutionnel de libre administration des collectivités territoriales*, Economica, PUAM, 1993 ; D. Rousseau, « Les principes de libre administration locale et d'égalité à l'épreuve de l'aménagement du territoire », *RFD adm.* 1995, p. 876 ; A. Roux, « Le principe constitutionnel de la libre administration des collectivités territoriales », *RFD adm.* 1992, p. 435 ; « Le droit constitutionnel des collectivités territoriales », Études réunies et présentées par M. Verpeaux, Cah. Cons. const., n° 12, 2002.

57 Plan. Pour présenter les institutions administratives françaises, nous avons retenu un plan en deux parties. Il conviendra tout d'abord de saisir les **principes généraux de l'organisation administrative française** (PREMIÈRE PARTIE), avant d'étudier le **régime juridique applicable aux institutions administratives** (SECONDE PARTIE).

PREMIÈRE PARTIE

LES PRINCIPES GÉNÉRAUX DE L'ORGANISATION ADMINISTRATIVE

58 **Plan.** Dans cette première partie, nous nous proposons d'aborder, sous un angle aussi synthétique que possible, la présentation générale de l'organisation administrative française dans ses aspects les plus caractéristiques. Nous mettrons tout d'abord en lumière les principes qui guident **l'organisation des structures** (CHAPITRE 1), avant de consacrer des développements à ceux qui sous-tendent **l'organisation des rapports** entre les différentes institutions administratives (CHAPITRE 2).

CHAPITRE 1

L'organisation des structures

59 Les structures administratives sont organisées autour de principes directeurs, dont les uns révèlent des tendances marquées en faveur de **traitements uniformes** (SECTION 1), alors que d'autres semblent poursuivre l'objectif inverse en faveur de **traitements différenciés** (SECTION 2). En fait, ils ne font que traduire la recherche d'un équilibre difficile entre la volonté d'établir un État fort et puissant et le respect des particularismes locaux qui lui préexistaient et avec lesquels il doit composer.

SECTION 1

LES ÉLÉMENTS D'UNIFORMISATION

60 L'article 1er de la Constitution du 4 octobre 1958 proclame que « la France est une République indivisible », qui « assure l'égalité devant la loi de tous les citoyens ». Le principe de libre administration des collectivités territoriales (art. 34 et 72 Const.) ne peut donc se déployer que dans le respect de **l'indivisibilité de la République** (**§ 1**) et du **principe d'égalité** (**§ 2**).

§ 1. Le principe d'indivisibilité de la République

61 Le principe de l'indivisibilité de la République constitue la limite extrême de la décentralisation. L'exigence de son respect signifie d'abord que le législateur ne peut, par le biais de la libre administration, modifier la forme unitaire de l'État. Les collectivités territoriales peuvent se voir reconnaître des attributions étendues, mais elles ne peuvent recevoir ou s'attribuer une parcelle de souveraineté, dont seul l'État dispose. C'est ainsi que **le principe d'indivisibilité de la République s'oppose aux empiétements par les collectivités territoriales sur les prérogatives de l'État dans le domaine des relations internationales** (**A**). Par ailleurs, **le principe d'indivisibilité de la République** postulant l'unité du pouvoir normatif de l'État, **il s'oppose à la reconnaissance de tout pouvoir normatif autonome aux collectivités territoriales** (**B**).

A. Le principe d'indivisibilité de la République s'oppose aux empiétements par les collectivités territoriales sur les prérogatives de l'État dans le domaine des relations internationales

62 Il existe un principe constitutionnel selon lequel il revient à l'État, et à lui seul, de conduire les relations avec les États étrangers. En vertu de la Constitution française, cette affirmation s'appuie en particulier sur les articles 14, 19, 20 et 52 (compétences du président de la République et du gouvernement dans le domaine des relations internationales), mais également sur les articles 2 (indivisibilité de la République) et 3 (souveraineté nationale).

63 **Position du Conseil constitutionnel.** Il s'est montré attentif à la protection des prérogatives de l'État dans le domaine des relations internationales :

- dans sa **décision n° 94-358 DC du 26 janvier 1995** relative à la loi d'orientation pour l'aménagement et le développement du territoire, il a jugé conformes à la Constitution les dispositions de la loi du 4 février 1995 autorisant les collectivités territoriales et leurs groupements à adhérer ou à participer à des structures de droit étranger, en soulignant que les garanties prévues par la loi, notamment l'interdiction de passer des conventions avec des États étrangers, évitaient toute atteinte aux conditions essentielles d'exercice de la souveraineté ;

- dans sa **décision n° 2000-435 DC du 7 décembre 2000** relative à la loi d'orientation pour l'outre-mer, il a estimé que la participation des présidents de conseils généraux et régionaux d'outre mer à la signature d'accords internationaux avec d'autres États souverains, de leur propre initiative et sans avoir reçu de mandat particulier de l'État leur permettant d'agir en son nom, était contraire à l'article 52 de la Constitution aux termes duquel le président de la République négocie et ratifie les traités ;

- **dans cette même décision et comme il l'avait fait dans celle n° 96-373 DC du 9 avril 1996** relative à la loi organique portant statut d'autonomie de la Polynésie française, il a validé la pratique de la délégation de pouvoir des autorités de la République aux présidents concernés, qui les autorise à négocier et à signer des accords avec un ou plusieurs États, territoires ou organismes régionaux voisins, y compris ceux dépendant des institutions spécialisées des Nations-Unies, dès lors que ceux-ci agissent en tant qu'agents de l'État et au nom de la République et que ces pouvoirs peuvent à tout moment leur être retirés.

64 **Position du Conseil d'État.** Dans un **avis du 16 mai 1980**, l'**Assemblée générale du Conseil d'État** ne voyait pas d'obstacle à ce que des collectivités ou autorités locales françaises passent avec des partenaires étrangers des engagements ayant une substance et une utilité dépassant « le cadre de bonnes mais plus ou moins platoniques relations frontalières » ; la collaboration, « si elle a une portée économique et politique non négligeable, qui peut être estimée opportune par ces collectivités et par le gouvernement, ne porte pas comme telle atteinte à l'ordre des pouvoirs au sein de la République », étant entendu que la compétence pour passer les traités ou accords internationaux reste une compétence fondamentale de l'État (Notes et Études doc. n° 4803, *Droit international et droit français*, 1986, p. 109).

Plus récemment, la **Section de l'intérieur du Conseil d'État** a confirmé dans un avis du **25 octobre 1994** que les conventions de coopération décentralisée prévues par l'article 131 de la loi n° 92-125 du 6 février 1992 relative à l'administration territoriale de la République (aujourd'hui, art. L. 1115-1 CGCT), « qui ne constituent pas des engagements internationaux au sens du Titre VI de la Constitution, ne sauraient déroger aux règles de légalité interne » (*EDCE*, 1994, n° 46, p. 379).

En réalité, on peut se demander si la constitutionnalité de la coopération décentralisée ne doit pas être rattachée au principe de libre administration des collectivités territoriales de la République, qui découle de l'article 72, alinéa 3, de la Constitution. Or, cet article ne fournit pas seulement l'ancrage constitutionnel spécifique du droit français des collectivités territoriales, son alinéa 6 précise aussi la mission particulière du représentant de l'État, soulignant ainsi la nécessité d'articuler la coopération décentralisée avec le respect des intérêts nationaux, le contrôle administratif et le respect des lois. Cette dernière rubrique inclut non seulement le droit commun des collectivités territoriales, et notamment les règles relatives à leur compétence matérielle, mais aussi l'ensemble des principes et compétences constitutionnels susceptibles de venir borner la liberté de coopération décentralisée.

L'importance de l'alinéa 6 de l'article 72 de la Constitution a d'ailleurs été confirmée par l'avis précité émis le 25 octobre 1994 par la Section de l'intérieur du Conseil d'État. Saisi par le ministre de l'Intérieur et par le ministre des Affaires étrangères sur le régime juridique applicable aux conventions passées entre des collectivités territoriales françaises et étrangères, par application de l'article 131 de la loi précitée du 6 février 1992, ainsi que sur les recours ouverts aux préfets contre les contrats régis par le droit du partenaire étranger, la Section de l'intérieur répondit qu'« il appartient au délégué du gouvernement, compétent en vertu du 3e alinéa de l'article 72 de la Constitution (devenu alinéa 6 aujourd'hui), de veiller, en utilisant les pouvoirs que lui confèrent les lois du 5 juillet 1972 et du 2 mars 1982 (...) au respect (des) règles (de légalité interne), et notamment de celles qui organisent le contrôle sur les collectivités territoriales, tant dans les conventions elles-mêmes que dans les mesures prises pour leur application ; il lui revient en particulier de vérifier que les collectivités territoriales et leurs groupements respectent les limites de leurs compétences et les engagements internationaux de la France ».

65 **Le cadre juridique de l'action extérieure des collectivités territoriales.** La loi n° 92-125 du 6 février 1992 d'orientation relative à l'administration territoriale de la République a, la première, posé un ensemble de règles précises. Elle a ensuite fait l'objet de nombreuses modifications. Les principales dispositions législatives figurent aujourd'hui aux articles L. 1115-1 et suivants du code général des collectivités territoriales (la loi n° 2014-773 du 7 juillet 2014 d'orientation et de programmation relative à la politique de développement et de solidarité internationale a substitué à l'ancienne appellation de « coopération décentralisée » le terme plus large d'« action extérieure des collectivités territoriales », lequel renvoie non seulement aux partenariats entre collectivités territoriales sous convention mais aussi à l'ensemble des actions menées par celles-ci à l'international).

On notera à l'article L. 1115-1 du code général des collectivités territoriales l'accent mis sur « le respect des engagements internationaux de la France », qui apparaît en tête de cette disposition et qui s'applique à toutes les actions de coopération, d'aide au développement ou à caractère humanitaire (exemple : mobilisation massive des collectivités territoriales françaises face au tsunami qui a frappé l'Asie du Sud-est en 2004) entre autorités locales. Mais l'expression « dans le respect », préférée à celle de « dans le cadre », doit s'entendre comme ne subordonnant pas la validité des actions entreprises à l'existence d'un accord étatique ou une autorisation préalable de l'État. Toutefois, ces actions sont soumises au droit commun des délibérations prises par les collectivités territoriales et donc assujetties de plein droit au contrôle de légalité qui doit permettre de vérifier que sont respectés les principes constituant le socle des traités signés par la France.

On relèvera par ailleurs le dispositif de l'article L. 1115-5 CGCT qui interdit aux collectivités territoriales et à leurs groupements de conclure des conventions avec des États étrangers, sauf exceptions prévues par la loi, dans un cadre circonscrit sur le plan géographique et dans son objet, sans qu'il s'agisse de conférer aux collectivités territoriales une personnalité juridique internationale qui leur permettrait d'exercer une souveraineté au sens du droit international. Les conventions ou accords ainsi passés ne sont pas des engagements internationaux au sens du titre VI de la Constitution (« Des traités et accords internationaux ») et le fait qu'un État étranger en soit membre ne suffit pas à en modifier la nature.

Code général des collectivités territoriales

Article L. 1115-1

Dans le respect des engagements internationaux de la France, les collectivités territoriales et leurs groupements peuvent mettre en œuvre ou soutenir toute action internationale annuelle ou pluriannuelle de coopération, d'aide au développement ou à caractère humanitaire.

À cette fin, les collectivités territoriales et leurs groupements peuvent, le cas échéant, conclure des conventions avec des autorités locales étrangères. Ces conventions précisent l'objet des actions envisagées et le montant prévisionnel des engagements financiers. Elles entrent en vigueur dès leur transmission au représentant de l'État dans les conditions fixées aux articles L. 2131-1, L. 2131-2, L. 3131-1, L. 3131-2, L. 4141-1 et L. 4141-2. Les articles L. 2131-6, L. 3132-1 et L. 4142-1 leur sont applicables.

À noter : Comme l'a rappelé Ministère des Affaires étrangères dans un Guide de mai 2012, « Coopération décentralisée et intercommunalités », (p. 17-20) : « La situation des établissements publics de coopération intercommunale (EPCI) diffère de celle des communes en ce que le principe de spécialité est applicable à ces établissements ; ils ne peuvent agir que dans les domaines de compétence qui leur ont été transférés (article L. 5210-4 du code général des collectivités territoriales). En matière de coopération décentralisée, comme pour les autres compétences, le principe de spécialité s'entend au regard des compétences préalablement confiées au groupement. Lorsque la coopération concerne un domaine propre de l'EPCI, les communes sont tenues de respecter le principe d'exclusivité et ne peuvent mener la coopération que dans les domaines non transférés ou relevant d'un intérêt infra-communautaire. »

Article L. 1115-1-1

Les communes, les établissements publics de coopération intercommunale et les syndicats mixtes chargés des services publics de distribution d'eau potable et d'assainissement ou du service public de distribution d'électricité et de gaz peuvent, dans la limite de 1 % des ressources qui sont affectées aux budgets de ces services, mener des actions de coopération avec les collectivités territoriales étrangères et leurs groupements, dans le cadre des conventions prévues à l'article L. 1115-1, des actions d'aide d'urgence au bénéfice de ces collectivités et groupements, ainsi que des actions de solidarité internationale dans les domaines de l'eau et de l'assainissement et de la distribution publique d'électricité et de gaz.

À noter : Les communes, les établissements publics de coopération intercommunale, les syndicats mixtes chargés de l'eau et de l'assainissement et les services publics de distribution d'électricité et gaz peuvent prélever jusqu'à 1 % du budget de ces services pour mener des actions de coopération avec les collectivités étrangères dans les domaines de l'eau, l'assainissement et de la distribution d'électricité et de gaz. Sur ce même modèle, est prévu à l'article suivant un « 1 % déchets » visant à permettre aux communes, établissements publics de coopération intercommunale et aux syndicats mixtes compétents en matière de collecte et de traitement des déchets des ménages ou percevant la taxe ou la redevance d'enlèvement des ordures ménagères de mener, dans la limite de 1 % des ressources qui sont affectées aux budgets de ces services des actions de coopération, d'aide au développement ou à caractère humanitaire dans les domaines de la collecte et du traitement des déchets des ménages.

Article L. 1115-2

Les communes, les établissements publics de coopération intercommunale et les syndicats mixtes compétents en matière de collecte et de traitement des déchets des ménages au sens de l'article L. 2224-13 ou percevant la taxe ou la redevance d'enlèvement des ordures ménagères peuvent mener, dans la limite de 1 % des ressources qui sont affectées aux budgets de ces services et dans le cadre de l'article L. 1115-1, des actions de coopération, d'aide au développement ou à caractère humanitaire dans les domaines de la collecte et du traitement des déchets des ménages.

Article L. 1115-4

Les collectivités territoriales et leurs groupements peuvent, dans les limites de leurs compétences et dans le respect des engagements internationaux de la France, adhérer à un organisme public de droit étranger ou participer au capital d'une personne morale de droit étranger auquel adhère ou participe au moins une collectivité territoriale ou un groupement de collectivités territoriales d'un État membre de l'Union européenne ou d'un État membre du Conseil de l'Europe.

Cette adhésion ou cette participation est autorisée par arrêté du représentant de l'État dans la région. Elle fait l'objet d'une convention avec l'ensemble des membres adhérant à l'organisme public en cause ou participant au capital de la personne morale en cause. Cette convention détermine la durée, les conditions, les modalités financières et de contrôle de cette adhésion ou de cette participation. Le total de la participation au capital ou aux charges d'une même personne morale de droit étranger des collectivités territoriales françaises et de leurs groupements ne peut être supérieur à 50 % de ce capital ou de ces charges.

La convention prévue à l'alinéa précédent entre en vigueur dès sa transmission au représentant de l'État dans les conditions fixées aux articles L. 2131-1, L. 2131-2, L. 3131-1, L. 3131-2, L. 4141-1 et L. 4141-2. Les articles L. 2131-6, L. 3132-1 et L. 4142-1 sont applicables à cette convention.

Les comptes, certifiés par un commissaire aux comptes, ainsi que le rapport d'activité des personnes morales de droit étranger aux capitaux desquels participent les collectivités territoriales et leurs groupements sont chaque année annexés au budget de ces personnes publiques. Il en est de même des comptes et du rapport d'activité des organismes publics de droit étranger auxquels adhèrent les collectivités territoriales et leurs groupements. Cette annexe précise le montant de la participation de chacune de ces personnes publiques.

Article L. 1115-4-1

Dans le cadre de la coopération transfrontalière, les collectivités territoriales et leurs groupements peuvent créer avec des collectivités territoriales étrangères et leurs groupements un groupement local de coopération transfrontalière dénommé district européen, doté de la personnalité morale et de l'autonomie financière.

L'objet du district européen est d'exercer les missions qui présentent un intérêt pour chacune des personnes publiques participantes et de créer et gérer des services publics et les équipements afférents.

La personnalité morale de droit public lui est reconnue à partir de la date d'entrée en vigueur de la décision de création. Cette création est autorisée par arrêté du représentant de l'État dans la région où le district européen a son siège.

Sauf stipulation internationale contraire, les dispositions du titre II du livre VII de la cinquième partie sont applicables au district européen.

Les collectivités territoriales étrangères et leurs groupements peuvent adhérer à des syndicats mixtes existants créés dans le cadre des dispositions du titre II du livre VII de la cinquième partie. Cette adhésion entraîne de plein droit la transformation de ces syndicats mixtes en districts européens dans les conditions fixées aux alinéas précédents.

Article L. 1115-4-2

Dans le cadre de la coopération transfrontalière, transnationale ou interrégionale, les collectivités territoriales, leurs groupements et, après autorisation de leur autorité de tutelle, les organismes de droit public au sens de la directive 2004 / 18 / CE du Parlement européen et du Conseil, du 31 mars 2004, relative à la coordination des procédures de passation des marchés publics de travaux, de fournitures et de services peuvent, dans les limites de leurs compétences et dans le respect des engagements internationaux de la France, créer avec les collectivités territoriales, les groupements de collectivités territoriales et les organismes de droit public des États membres de l'Union européenne, ainsi qu'avec les États membres de l'Union européenne ou les États frontaliers membres du Conseil de l'Europe, un groupement européen de coopération territoriale de droit français, doté de la personnalité morale et de l'autonomie financière.

Cette création est autorisée par arrêté du représentant de l'État dans la région où le groupement européen de coopération territoriale a son siège. La personnalité morale de droit public lui est reconnue à partir de la date d'entrée en vigueur de la décision de création. Les dispositions du titre II du livre VII de la cinquième partie qui ne sont pas contraires aux règlements communautaires en vigueur lui sont applicables.

Un groupement européen de coopération territoriale de droit français peut être dissous par décret motivé pris en conseil des ministres et publié au Journal officiel.

Les collectivités territoriales, leurs groupements et, après autorisation de leur autorité de tutelle, les organismes de droit public au sens de la directive 2004 / 18 / CE du Parlement européen et du Conseil, du 31 mars 2004, précitée peuvent, dans les limites de leurs compétences, dans le respect des engagements internationaux de la France et sous réserve de l'autorisation préalable du représentant de l'État dans la région, adhérer à un groupement européen de coopération territoriale de droit étranger.

Article L. 1115-5

Une collectivité territoriale ou un groupement de collectivités territoriales ne peut conclure une convention avec un État étranger, sauf dans les cas prévus par la loi ou lorsqu'il s'agit d'un accord destiné à permettre la création d'un groupement européen de coopération territoriale, d'un groupement eurorégional de coopération ou d'un groupement local de coopération transfrontalière. Dans ce dernier cas, la signature de l'accord est préalablement autorisée par le représentant de l'État dans la région.

Article L. 1115-6

Il est créé une Commission nationale de la coopération décentralisée qui établit et tient à jour un état de l'action extérieure des collectivités territoriales. Elle favorise la coordination entre l'État et les collectivités territoriales et entre les collectivités territoriales et peut formuler toute proposition relative à l'action extérieure des collectivités territoriales. Les collectivités territoriales et leurs groupements transmettent à la commission les informations nécessaires à l'accomplissement de ses missions.

Article L. 1115-7

Des décrets en Conseil d'État fixent, en tant que de besoin, les conditions d'application du présent chapitre.

66 **Le cas de l'outre-mer.** Un dispositif, validé par le Conseil constitutionnel (CC, décision n° 2000-435 DC du 7 décembre 2000, *Loi d'orientation pour l'outre-mer*, consid. n° 12 à 25 – ci-dessous) et codifié aux articles L. 3441-4 et L. 4433-4-2 du code général des collectivités territoriales, autorise les **départements et les régions d'outre-mer** à négocier « au nom » et « sous le contrôle » de l'État des accords internationaux. Il permet ainsi aux collectivités terri-

toriales de passer des accords avec des États étrangers sans porter atteinte aux prérogatives extérieures de l'État français (en revanche, des dispositions qui permettraient, à leur seule initiative, aux présidents des conseils généraux et régionaux d'outre-mer de « participer à la signature » d'un accord international, méconnaîtraient les compétences réservées dans une telle matière au président de la République et au Premier ministre par la Constitution ; décision n° 2000-435 DC préc., consid. n° 26 à 28).

Code général des collectivités territoriales

Article L. 3441-4

Dans les domaines de compétence du département, les conseils départementaux des départements d'outre-mer peuvent, par délibération, demander aux autorités de la République d'autoriser leur président à négocier, dans le respect des engagements internationaux de la République, des accords avec un ou plusieurs États, territoires ou organismes régionaux définis à l'article L. 3441-3.

Lorsque cette autorisation est accordée, les autorités de la République sont, à leur demande, représentées à la négociation.

À l'issue de la négociation, le projet d'accord est soumis à la délibération du conseil général pour acceptation. Les autorités de la République peuvent ensuite donner, sous réserve du respect des engagements internationaux de celle-ci, pouvoir au président du conseil départemental aux fins de signature de l'accord.

Article L. 4433-4-2

Dans les domaines de compétence de l'État, les autorités de la République peuvent délivrer pouvoir au président du conseil régional de Guadeloupe, de Martinique, de Mayotte, de Guyane et de la Réunion pour négocier et signer des accords avec un ou plusieurs États ou territoires situés, selon le cas, dans la Caraïbe, au voisinage de la Guyane ou dans la zone de l'océan Indien, ou avec des organismes régionaux des aires correspondantes, y compris des organismes régionaux dépendant des institutions spécialisées des Nations unies.

CC, décision n° 2000-435 DC du 7 décembre 2000, Loi d'orientation pour l'outre-mer (extraits)

12. Considérant que le titre V de la loi, intitulé « De l'action internationale de la Guadeloupe, de la Guyane, de la Martinique et de la Réunion dans leur environnement régional », est composé des articles 42 et 43 ; que l'article 42 de la loi insère dans le code général des collectivités territoriales les articles L. 3441-2 à L. 3441-7 ; que l'article 43 introduit dans le même code les articles L. 4433-4-1 à L. 4433-4-8 ;

13. Considérant que ces dispositions confèrent aux conseils généraux des départements d'outre-mer et aux conseils régionaux de Guadeloupe, de Martinique, de Guyane et de la Réunion, ainsi qu'à leurs présidents, des attributions

nouvelles en matière de négociation et de signature d'accords entre la République française et les États, territoires ou organismes régionaux voisins ;

14. Considérant que, selon les sénateurs et les députés requérants, les articles 42 et 43 de la loi déférée seraient contraires aux articles 3, 52, 53 et 53-1 de la Constitution et porteraient atteinte aux conditions essentielles d'exercice de la souveraineté nationale ; qu'ils font valoir à cet égard que les articles L. 3441-3, L. 3441-4, L. 4433-4-2 et L. 4433-4-3 du code général des collectivités territoriales introduits par les articles 42 et 43 méconnaîtraient les compétences du Chef de l'État en matière de négociation et de ratification des traités, ainsi que celles du Gouvernement pour approuver et signer les accords en forme simplifiée ; que serait également méconnue la compétence du législateur en matière de ratification et d'approbation des accords internationaux ;

15. Considérant que l'article L. 3441-3 du code général des collectivités territoriales permet, en son premier alinéa, aux autorités de la République de délivrer pouvoir aux présidents des conseils généraux des départements d'outre-mer pour négocier et signer des accords dans les domaines de compétence de l'État avec un ou plusieurs États, territoires ou organismes régionaux voisins y compris ceux dépendant des institutions spécialisées des Nations unies ;

16. Considérant qu'il résulte du premier alinéa de l'article L. 4433-4-2 du code général des collectivités territoriales que les présidents des conseils régionaux de Guadeloupe, de Martinique, de Guyane et de la Réunion peuvent se voir délivrer pouvoir dans les mêmes conditions ;

17. Considérant que le législateur a pu, sans porter atteinte ni à l'exercice de la souveraineté nationale ni aux prérogatives réservées à l'État par le troisième alinéa de l'article 72 de la Constitution, autoriser les présidents des conseils généraux des départements d'outre-mer et des conseils régionaux de Guadeloupe, de Martinique, de Guyane et de la Réunion à négocier et signer des accords dans les domaines de compétence de l'État, dès lors que, pour ce faire, le président du conseil général ou celui du conseil régional doit avoir expressément reçu des autorités de la République les pouvoirs appropriés et que ces accords demeurent soumis aux procédures prévues par les articles 52 et 53 de la Constitution ;

18. Considérant que, lorsqu'ils négocient ou signent les accords en cause, les présidents des conseils généraux ou des conseils régionaux agissent comme représentants de l'État et au nom de la République française ; qu'ils doivent, dans l'exécution de leur mandat, mettre en œuvre les instructions qui leur sont données par les autorités de la République compétentes ; que ces mêmes autorités restent libres de délivrer pouvoir à d'autres plénipotentiaires ou de ne délivrer pouvoir aux présidents des conseils généraux ou régionaux que pour l'une seulement des phases de négociation et de signature ; qu'elles peuvent retirer à tout moment les pouvoirs ainsi confiés ;

19. Considérant que, dans ces conditions, les articles L. 3441-3 et L. 4433-4-2 du code général des collectivités territoriales sont **conformes à la Constitution** ;

20. Considérant qu'il résulte du premier alinéa de l'article L. 3441-4 et du premier alinéa de l'article L. 4433-4-3 du code général des collectivités territoriales que les conseils généraux des départements d'outre-mer et les conseils régionaux de Guadeloupe, de Martinique, de Guyane et de la Réunion peuvent, respectivement dans les domaines de compétence du département et dans ceux de la région, demander aux autorités de la République d'autoriser leur président à négocier, dans le respect des engagements internationaux de la République, des accords avec des États, territoires ou organismes régionaux voisins ;

21. Considérant qu'aux termes du deuxième alinéa de ces mêmes articles : « Lorsque cette autorisation est accordée, les autorités de la République sont, à leur demande, représentées à la négociation » ;

22. Considérant qu'en application de leur troisième alinéa, le projet d'accord est soumis, à l'issue de la négociation, à la délibération du conseil général ou du conseil régional « pour acceptation » ; que les autorités de la République peuvent ensuite donner, sous réserve du respect des engagements internationaux de celle-ci, pouvoir au président du conseil général ou à celui du conseil régional aux fins de signature de l'accord ;

23. Considérant, en premier lieu, que les autorités compétentes de la République ont un pouvoir discrétionnaire d'appréciation et de décision quant à la mise en œuvre des articles L. 3441-4 et L. 4433-4-3 du code général des collectivités territoriales ; que les précisions ci-dessus énoncées sur la portée des articles L. 3441-3 et L. 4433-4-2 du même code sont applicables aux présentes dispositions ; qu'en particulier, lorsqu'ils négocient ou signent les accords, les présidents des conseils généraux et des conseils régionaux concernés agissent comme représentants de l'État ; qu'en outre, le deuxième alinéa des articles L. 3441-4 et L. 4433-4-3 doit être entendu comme reconnaissant aux autorités de la République la faculté de participer à la négociation à tout moment ;

24. Considérant, en second lieu, que la décision des autorités compétentes de la République de signer un accord international ne saurait être soumise à une quelconque autorisation préalable ; qu'en conséquence, la référence à l'« acceptation » du conseil général ou du conseil régional figurant aux troisièmes alinéas des articles L. 3441-4 et L. 4433-4-3 doit s'entendre comme ne visant qu'une consultation pour avis ; que, quel que soit le sens de la délibération desdits conseils, les autorités de la République conservent toute liberté pour donner pouvoir, aux fins de signature de l'accord, à la personne de leur choix, y compris aux présidents des conseils généraux ou régionaux intéressés ;

25. Considérant que, dans ces conditions et sous cette réserve, les articles L. 3441-4 et L. 4433-4-3 du code général des collectivités territoriales sont conformes à la Constitution ; (...)

S'agissant de **la Polynésie française**, devenue une « collectivité d'outre-mer » (art. 74 C.), la loi organique n° 2004-192 du 27 février 2004 portant statut d'autonomie de la Polynésie française a prévu plusieurs dispositions relatives aux compétences internationales de cette collectivité. Les articles suivants y sont relatifs :

Loi organique n° 2004-192 du 27 février 2004 portant statut d'autonomie de la Polynésie française

Article 17

Dans le respect des engagements internationaux de la République, le président de la Polynésie française négocie et signe, dans les matières relevant de la compétence de la Polynésie française, des conventions de coopération décentralisée avec des collectivités territoriales françaises ou étrangères, leurs groupements ou établissements publics, sous réserve d'y avoir été préalablement habilité par une délibération de l'assemblée de la Polynésie française lorsque la convention porte sur une matière relevant de la compétence de celle-ci.

Ces conventions sont soumises après leur conclusion à l'approbation du conseil des ministres de la Polynésie française et, lorsqu'elles portent sur une matière relevant de sa compétence, de l'assemblée de la Polynésie française. Elles entrent en vigueur dès leur transmission au haut-commissaire de la République dans les conditions fixées à l'article 171.

Article 38

Dans les domaines de compétence de l'État, les autorités de la République peuvent confier au président de la Polynésie française les pouvoirs lui permettant de négocier et signer des accords avec un ou plusieurs États, territoires ou organismes régionaux du Pacifique et avec les organismes régionaux dépendant des institutions spécialisées des Nations unies.

Dans le cas où il n'est pas fait application des dispositions du premier alinéa, le président de la Polynésie française ou son représentant peut être associé ou participer au sein de la délégation française aux négociations et à la signature d'accords avec un ou plusieurs États, territoires ou organismes régionaux du Pacifique et avec les organismes régionaux dépendant des institutions spécialisées des Nations unies.

Les accords définis au premier alinéa sont soumis à ratification ou à approbation dans les conditions prévues aux articles 52 et 53 de la Constitution.

Le président de la Polynésie française peut être autorisé par les autorités de la République à représenter cette dernière dans les organismes internationaux.

Article 39

Dans les domaines de compétence de la Polynésie française, le président de la Polynésie française peut, après délibération du conseil des ministres, négocier, dans le respect des engagements internationaux de la République, des accords avec tout État, territoire ou organisme international.

Les autorités de la République compétentes en matière de politique étrangère sont informées de l'intention du président de la Polynésie française de négocier et, à leur demande, représentées à la négociation au sein de la délégation de la

Polynésie française. Elles disposent d'un délai d'un mois à compter de la notification de l'intention de négocier pour s'opposer à la négociation des accords.

Les autorités compétentes de la République peuvent confier au président de la Polynésie française les pouvoirs lui permettant de signer les accords au nom de la République.

Ces accords sont ensuite soumis à la délibération de l'assemblée de la Polynésie française puis soumis à ratification ou à approbation dans les conditions prévues aux articles 52 et 53 de la Constitution.

Le Conseil constitutionnel a jugé que compte tenu des précautions ainsi prises, ce dispositif ne méconnaissait pas les prérogatives confiées par la Constitution aux autorités de la République en matière de relations internationales (CC, décision n° 2004-490 DC du 12 février 2004, *RFD adm.* 2004, p. 248, étude J.-E. Schoettl).

Cas de la Nouvelle-Calédonie. Une section entière de la **loi organique n° 99-209 du 19 mars 1999** relative à la Nouvelle-Calédonie est consacrée aux « relations extérieures de la Nouvelle-Calédonie et association de la Nouvelle-Calédonie à des compétences de l'État ». On relève en particulier les dispositions suivantes :

Loi organique n° 99-209 du 19 mars 1999 relative à la Nouvelle-Calédonie

Article 28

Dans les domaines de compétence de l'État, les autorités de la République peuvent confier au président du gouvernement les pouvoirs lui permettant de négocier et signer des accords avec un ou plusieurs États, territoires ou organismes régionaux du Pacifique et avec les organismes régionaux dépendant des institutions spécialisées des Nations unies.

Dans le cas où il n'est pas fait application des dispositions de l'alinéa ci-dessus, le président du gouvernement ou son représentant peut être associé ou participer au sein de la délégation française aux négociations et à la signature d'accords de même nature.

Les accords prévus au premier alinéa sont soumis, s'il y a lieu, à ratification ou à approbation dans les conditions prévues aux articles 52 et 53 de la Constitution.

Article 29

Dans les domaines de compétence de la Nouvelle-Calédonie, le congrès peut autoriser par délibération le président du gouvernement à négocier, dans le respect des engagements internationaux de la République, des accords avec un ou plusieurs États, territoires ou organismes régionaux du Pacifique et avec les organismes régionaux dépendant des institutions spécialisées des Nations unies.

Les autorités de la République sont informées de l'autorisation de négocier et, à leur demande, représentées à la négociation au sein de la délégation de la Nouvelle-Calédonie. À l'issue de la négociation, et sous réserve du respect des engagements internationaux de la République, elles confient au président du gouvernement les pouvoirs lui permettant de signer ces accords.

Les accords prévus au présent article sont soumis à la délibération du congrès. En cas d'accord du congrès, ils sont, s'il y a lieu, soumis à ratification ou à approbation dans les conditions prévues aux articles 52 et 53 de la Constitution.

Article 32

La Nouvelle-Calédonie peut disposer d'une représentation auprès des États ou territoires du Pacifique. Les autorités de la République sont informées des États et territoires auprès desquels la Nouvelle-Calédonie est représentée.

La loi organique du 19 mars 1999 a mis en œuvre l'Accord signé à Nouméa le 5 mai 1998. Elle a été prise en application de la loi constitutionnelle du 20 juillet 1998 qui a inséré dans la Constitution un titre XIII intitulé « Dispositions transitoires relatives à la Nouvelle-Calédonie » comprenant les articles 76 et 77. Statuant sur ce texte, le Conseil constitutionnel n'a rien trouvé à redire au dispositif concernant en particulier les « relations extérieures de la Nouvelle-Calédonie » (CC, décision n° 99-410 DC du 15 mars 1999). L'Accord de Nouméa a prévu, au terme d'une période de quinze années, la tenue d'une ou plusieurs consultations des populations intéressées de la Nouvelle-Calédonie portant sur le transfert des compétences régaliennes, l'accès à un statut international de pleine responsabilité et l'organisation de la citoyenneté en nationalité. L'heure de vérité arrive.

Biblio. somm. : C. Autexier, « De la coopération décentralisée. Commentaire du titre IV de la loi d'orientation du 6 février 1992 relative à l'administration territoriale de la République », *RFD adm.* 1993, p. 411 ; A. Cabanes et A. Robbes, « La coopération décentralisée : comment s'extraire des contingences de l'intérêt public local ? », *AJDA* 2003, p. 593 ; C. Schneider, « La souveraineté de l'État au carrefour du droit international et du droit administratif. Réflexions sur les développements récents de l'action extérieure des collectivités infra-étatiques », in *Mélanges G. Peiser*, PU Grenoble, 1995, p. 423 ; *Le cadre juridique de l'action extérieure des collectivités locales*, « Les études du Conseil d'État », La Documentation française, 2006 ; Rapport sur l'action extérieure des collectivités territoriales françaises. Nouvelles approches, nouvelles ambitions, par André Laignel, Ministère des affaires étrangères, janv. 2013.

B. Le principe d'indivisibilité de la République s'oppose à la reconnaissance de tout pouvoir normatif autonome aux collectivités territoriales

67 La France est une République « indivisible » et « son organisation est décentralisée », ainsi que l'affirme l'article premier de la Constitution du 4 octobre 1958. Mais décentraliser n'est pas créer des États dans l'État. La conséquence est que s'agissant des collectivités territoriales, celles-ci n'y disposent pas d'un pouvoir normatif autonome. Comme l'écrit la professeure Constance Grewe, « l'indivisibilité interdit (...) d'attribuer un pouvoir normatif autonome aux entités décentralisées, car l'existence d'un tel pouvoir intercalerait un écran entre le citoyen et la République, un corps intermédiaire, qui non seulement affecterait l'unité de la souveraineté, mais également l'égalité indivise des citoyens » (C. Grewe, « L'unité de l'État : entre indivisibilité et pluralisme », *RD publ.* 1998, p. 1353).

À noter : Certains États unitaires de tradition centralisatrice, comme la France, se sont parfois engagés dans un processus de reconnaissance d'un pouvoir normatif aux collectivités territoriales. Ainsi, au Royaume-Uni, depuis les lois de dévolution de 1998 – *Scotland Act* et *Wales Act* –, les assemblées délibérantes d'Écosse et du pays de Galles bénéficient de compétences étendues et disposent pour leur exercice, la première d'un véritable pouvoir législatif, et la seconde d'un pouvoir d'exécution des lois.

Si, en France, les collectivités territoriales disposent d'un pouvoir réglementaire désormais consacré par la Constitution depuis sa révision en 2003 (art. 72, al. 3, C), celui-ci demeure encore résiduel et subordonné.

1. La consécration constitutionnelle du pouvoir réglementaire reconnu aux collectivités infranationales

68 Le pouvoir réglementaire consiste à édicter des normes de portée générale et impersonnelle dans le domaine de l'article 37, al. 1er, de la Constitution (« Les matières autres que celles qui sont du domaine de la loi ont un caractère réglementaire. »). L'article 21 de la Constitution en confie l'exercice de droit commun au **Premier ministre**, sous réserve des prérogatives propres du **président de la République**. Eux seuls peuvent édicter des règlements géné-

raux, en toute matière non réservée à la loi et pour toute l'étendue du territoire national.

Mais en pratique, **d'autres autorités** se sont vu reconnaître un pouvoir réglementaire, dans des limites précisément définies : il s'agit notamment des ministres, des préfets, des exécutifs locaux, des assemblées délibérantes des collectivités territoriales, des directeurs d'établissements publics, de certaines « autorités administratives indépendantes » (une minorité d'AAI, en général chargées de la régulation d'un secteur économique (CRE, ARCEP, AMF) ou de la protection des libertés fondamentales dans un domaine où sont utilisées des techniques particulières (CSA, CNIL), sont dotées d'un pouvoir réglementaire), ou d'institutions publiques *sui generis* comme la Banque de France.

Le **Conseil constitutionnel** a estimé, à propos de l'attribution à la Commission nationale de la communication et des libertés (CNCL), que si l'article 21 de la Constitution confère au Premier ministre, sous réserve des pouvoirs reconnus au président de la République par l'article 13, l'exercice du pouvoir réglementaire à l'échelon national, il ne fait cependant pas obstacle à ce que le législateur confie à une autorité de l'État autre que le Premier ministre « le soin de fixer, dans un domaine déterminé et dans le cadre défini par les lois et règlements, des normes permettant de mettre en œuvre une loi » (CC, décision n° 86-217 DC du 18 sept. 1986, *Liberté de communication*). On le voit, la reconnaissance d'un pouvoir réglementaire au profit d'une « autorité administrative indépendante » est juridiquement admissible, mais à la condition qu'elle concerne un domaine déterminé et s'inscrive dans le cadre des lois et règlements (cette dernière exigence a alors conduit le Conseil constitutionnel à censurer des dispositions de la loi sur la liberté de communication qui prévoyaient que les normes édictées par le gouvernement, agissant par décret en Conseil d'État, pour fixer le cahier des charges servant de base à la cession de la société nationale de programme TF1 seraient subordonnées aux règles générales établies par la CNCL pour les services de télévision diffusés par voie hertzienne terrestre). Le pouvoir réglementaire des AAI est par conséquent subordonné et second.

Le **juge administratif**, quant à lui, a admis que les **chefs de service**, notamment les exécutifs locaux, disposaient d'un pouvoir réglementaire leur permettant « de prendre les mesures nécessaires au bon fonctionnement de l'administration placée sous leur autorité » (CE, Sect., 7 févr. 1936, *Jamart*, *GAJA*).

À noter : La compétence des chefs de service, auxquels il appartient, même en l'absence de texte, de prendre les mesures nécessaires au bon fonctionnement des administrations placées sous leur autorité, ne peut toutefois légalement s'exercer lorsqu'une disposition législative ou réglementaire a déterminé les conditions dans lesquelles ces décisions doivent être prises ; CE, 18 juin 2014, *Communauté urbaine du Creusot-Montceau*, n° 369377.

Une collectivité territoriale peut ainsi édicter toute mesure réglementaire utile à son organisation interne, notamment par la voie du règlement intérieur de son assemblée délibérante. Les **collectivités territoriales** se sont également vu reconnaître un pouvoir réglementaire **pour l'exercice de leurs compétences**. Tel est par exemple le cas des règlements d'urbanisme, des règlements départementaux d'aide sociale, de la fixation des taux d'impositions locales et, plus généralement, de l'ensemble des actes destinés à régir l'organisation des services publics. Il en est de même des actes de police administrative, qui peuvent eux aussi revêtir un caractère réglementaire.

S'agissant de ce **pouvoir réglementaire exercé au niveau des collectivités territoriales**, le Conseil constitutionnel a jugé qu'il avait pour **fondement** le deuxième alinéa de l'**article 72 de la Constitution**, posant le principe de leur **libre administration** (« Les collectivités territoriales de la République (...) s'administrent librement par des conseils élus et dans les conditions prévues par la loi »), et non les seuls articles 13 et 21, relatifs au pouvoir réglementaire national (CC, décision n° 2001-454 DC du 17 janv. 2002, *Loi relative à la Corse*, consid. n° 12 : les dispositions de l'art. 72 de la Constitution « permettent au législateur de confier à une catégorie de collectivités territoriales le soin de définir, dans la limite des compétences qui lui sont dévolues, certaines modalités d'application d'une loi »). Que serait effectivement cette « libre administration » si elle ne comportait le pouvoir de poser, dans les domaines que la loi détermine, des normes destinées à régir la conduite de l'ensemble des individus à l'égard desquels une collectivité peut statuer ? L'autonomie ainsi consacrée par l'article 72 de la Constitution suppose la reconnaissance d'un pouvoir de réglementation, celui-ci étant détenu par les autorités décentralisées en vertu de dispositions textuelles adéquates, et plus précisément législatives.

La loi constitutionnelle n° 2003-276 du 28 mars 2003 relative à l'organisation décentralisée de la République l'a définitivement consacré en inscrivant au **troisième alinéa de l'article 72 de la loi fondamentale** que « dans les conditions prévues par la loi, ces collectivités s'administrent librement par des conseils élus et disposent d'un pouvoir réglementaire pour l'exercice de leurs compétences ».

2. Le pouvoir réglementaire local n'en demeure pas moins résiduel et subordonné

69 S'il est désormais reconnu, le pouvoir réglementaire local n'en demeure pas moins résiduel et subordonné. La prééminence du pouvoir réglementaire national est préservée.

Le pouvoir réglementaire local reste résiduel car la fixation des modalités d'exercice des compétences des collectivités territoriales relève du pouvoir législatif et du pouvoir réglementaire national.

En effet, ressort du domaine de la loi la plupart des règles ayant trait à la libre administration des collectivités territoriales, qu'il s'agisse de la répartition de leurs compétences (CC, décision n° 67-49 l du 12 déc. 1967), des obligations qui leur sont imposées (CC, décision n° 71-70 l du 23 avr. 1971 ; déc. n° 75-84 l du 19 nov. 1975) ou encore de la détermination des principes fondamentaux de la tutelle administrative et du contrôle administratif.

En outre, les mesures réglementaires d'application des lois relèvent en premier lieu de la compétence du pouvoir réglementaire national et, à titre subsidiaire, de la décision des autorités locales. Il résulte ainsi de la jurisprudence que si lorsqu'il y a habilitation législative, on doit estimer que les autorités décentralisées ont compétence pour prendre elles-mêmes, directement, les mesures réglementaires nécessaires à l'application de la loi intéressant leurs attributions (v. CE, 13 févr. 1985, *Synd. communautaire aménag. Cergy-Pontoise*, n° 40756 ; *AJDA* 1985, p. 271, obs. J. Moreau ; *RFD adm.* 1985, p. 367, note J.-C. Douence et obs. L. Favoreu), il convient de réserver le cas où la loi est insuffisamment précise et nécessite un décret d'application. Le pouvoir réglementaire d'une collectivité locale est alors exclu tant que ce décret n'a pas été pris. Dans un avis du 20 mars 1992, *Préfet du Calvados*, le Conseil d'État, a même considéré qu'alors qu'elle avait expressément prévu que les assemblées délibérantes des collectivités locales fixeraient le régime indemnitaire de leurs agents, dans les limites de ceux dont bénéficient les agents de l'État, la loi n'était pas suffisamment précise pour être appliquée avant l'intervention d'un décret en Conseil d'État (CE, Sect., Avis 20 mars 1992, *Préfet Calvados*, n° 131852 ; *AJDA* 1992, p. 293, concl. Toutée ; *JCP* 1993, II, 22100, note O. Jouanjan ; *RFD adm.* 1994, p. 770, note B. Faure ; égal. CE, 27 nov. 1992, *Féd. Interco CFDT*, n° 129600 ; *AJDA* 1993, p. 208, note F.-X. Aubry ; *RFD adm.* 1994, p. 770, note B. Faure). En conséquence, en l'absence de mesure nationale d'application d'une loi, une collectivité locale ne peut exercer son pouvoir réglementaire que si un décret n'était ni prévu par la loi considérée ni nécessaire (CE, Ass., 2 déc. 1994, *Cne Cuers et Préfet rég. Nord-Pas-de-Calais*, n° 148121 ; *RFD adm.* 1996, p. 105, note B. Faure : les dispositions de l'article 21 de la loi du 28 novembre 1990, qui confèrent aux collectivités territoriales et à leurs établissements publics compétence pour déterminer, dans le respect des critères fixés par la loi, les emplois auxquels peut être attachée l'attribution d'un logement de fonction et l'étendue de l'avantage ainsi accordé, sont applicables sans que l'édiction par les autorités de l'État d'un texte réglementaire, qu'elles ne prévoient d'ailleurs pas, soit nécessaire).

Le pouvoir réglementaire des collectivités territoriales est, par ailleurs, subordonné, dans la mesure où, d'une part, il doit s'exercer dans le respect des dispositions législatives et réglementaires en vigueur (CE, 5 oct. 1998, *Cne Longjumeau*, n° 172597, *LPA* 1999, n° 94, note J.-Ph. Brouant) et où, d'autre part, il n'est jamais exclusif du pouvoir réglementaire général du Premier ministre (CE, 1er avr. 1996, *Dpt Loire*, n° 141958, *Dr. adm.* 1996, n° 251, obs. R. S. : la compétence du département pour organiser et gérer les services de la protection maternelle et infantile, prévue par la loi, n'est pas exclusive du pouvoir réglementaire du Premier ministre pour édicter les normes applicables à ces services).

Dans sa décision du 17 janvier 2002 sur la loi relative à la Corse (déc. n° 2001-454 DC), le Conseil constitutionnel a ainsi considéré que : « le pouvoir réglementaire dont dispose une collectivité territoriale dans le respect des lois et des règlements ne peut s'exercer en dehors du cadre des compétences qui lui sont dévolues par la loi ; qu'elles [les dispositions de la loi déférée] n'ont ni pour objet ni pour effet de mettre en cause le pouvoir réglementaire d'exécution des lois que l'article 21 de la Constitution attribue au Premier ministre sous réserve des pouvoirs reconnus au président de la République par l'article 13 de la Constitution ». Il a également pris soin de relever que la loi excluait toute possibilité d'adaptation des dispositions réglementaires nationales de nature à mettre en cause l'exercice d'une liberté individuelle ou d'un droit fondamental (en effet : « le principe de libre administration des collectivités territoriales ne saurait conduire à ce que les conditions essentielles de mise en œuvre des libertés publiques et, par suite, l'ensemble des garanties que celles-ci comportent dépendent des décisions de collectivités territoriales et, ainsi, puissent ne pas être les mêmes sur l'ensemble du territoire de la République » ; CC, décision préc.).

La consécration constitutionnelle du pouvoir réglementaire des collectivités territoriales en 2003 ne devrait d'ailleurs pas modifier son caractère résiduel et subordonné. En effet, lors de l'examen en première lecture par le Sénat de la loi constitutionnelle relative à l'organisation décentralisée de la République, la commission des Lois du Sénat, sur le rapport de son président M. René Garrec, avait présenté un amendement tendant à modifier l'article 21 de la Constitution, afin de permettre à la loi de confier au pouvoir réglementaire local, à l'exclusion de celui du Premier ministre, le soin de fixer les mesures d'application de ses dispositions. L'amendement fut retiré en séance publique après que le gouvernement eut exprimé la crainte qu'il n'engendre une confusion entre le pouvoir réglementaire national et le pouvoir réglementaire local. Cela étant, la reconnaissance constitutionnelle d'un pouvoir réglementaire local revêt tout de même une grande valeur symbolique et devrait inciter les autorités nationales à cesser d'édicter des normes si détaillées qu'elles deviennent bien souvent inapplicables et sources d'inégalités.

En tout état de cause, on ne saurait accorder un pouvoir réglementaire exclusif à chacune des collectivités territoriales de la République sans remettre en cause le principe de l'indivisibilité de cette dernière. Ce principe interdit effectivement de diviser la source normative. Aussi, il est nécessaire dans un tel cadre qu'une autorité unique puisse imposer une réglementation uniforme minimale, le pouvoir réglementaire des collectivités territoriales s'exerçant dans cette limite. C'est la raison pour laquelle on ne peut admettre en particulier qu'il existe un quelconque pouvoir réglementaire autonome à leur profit.

Biblio. somm. : J.-M. Auby, « Le pouvoir réglementaire des autorités des collectivités locales. À propos de controverses récentes », *AJDA* 1984, p. 468 ; (même auteur) « Décentralisation et sources du droit », *AJDA* avr. 1992, n° spéc., p. 30 ; J.-C. Douence, « À propos du pouvoir réglementaire local », *RFD adm.* 1985, p. 367 ; B. Faure, *Le pouvoir réglementaire des collectivités locales*, Bibl. Droit public, t. 200, LGDJ, 1998 ; (même auteur) « Existe-t-il un « pouvoir local » en droit constitutionnel français ? », *RD publ.* 1996, p. 1539 ; P.-L. Frier, « Le pouvoir réglementaire local : force de frappe ou puissance symbolique ? », *AJDA* 2003, p. 559 ; J. Moreau, « L'exercice du pouvoir réglementaire des autorités locales », *AJDA* 1985, p. 272.

§ 2. Le principe d'égalité des collectivités territoriales

70 Si dans un État fédéral, comme les États-Unis, il est hors de propos de chercher à établir une égalité entre les différentes parties du territoire national puisqu'elles sont justement caractérisées par leur disparité (« *E pluribus unum* » est ainsi la devise qui apparaît sur le Grand sceau des États-Unis), en revanche, en France, État de forme unitaire, cet objectif peut être considéré comme primordial du fait de l'existence d'une conception universaliste de l'État

qui conduit les pouvoirs publics à chercher à établir l'égalité entre toutes les portions du territoire. Comment cette idée de traitement égalitaire est-elle traduite juridiquement ? On peut la caractériser à travers un double mouvement dont l'un concerne **les institutions locales soumises à un droit commun** (**A**), tandis que l'autre concerne **les élus locaux bénéficiaires d'un même statut en voie de construction** (**B**).

A. Les institutions locales sont soumises à un même droit commun

71 Aux termes de l'article 6 de la Déclaration de 1789 : « La loi… doit être la même pour tous, soit qu'elle protège, soit qu'elle punisse ». Mais selon une jurisprudence bien établie tant du Conseil constitutionnel que du Conseil d'État : « le principe d'égalité ne s'oppose ni à ce que le législateur règle de façon différente des situations différentes ni à ce qu'il déroge à l'égalité pour des raisons d'intérêt général, pourvu que, dans l'un et l'autre cas, la différence de traitement qui en résulte soit en rapport direct avec l'objet de la loi qui l'établit ». S'agissant du statut des institutions locales, on constate que la Constitution pose certaines exigences concernant les composantes de leur droit commun applicable (**1**). Mais son application uniforme ne joue que pour les collectivités appartenant à une même catégorie (**2**).

1. Les composantes constitutionnelles du droit institutionnel commun

a. L'élection des assemblées locales

72 Un droit commun des institutions locales apparaît à travers le **principe constitutionnel de libre administration** qui figure à l'article 72, alinéa 3 (« Dans les conditions prévues par la loi, ces collectivités (territoriales) s'administrent librement (…) »), mais aussi à l'article 34 (« La loi détermine les principes fondamentaux (…) de la libre administration des collectivités territoriales (…) »), au titre des compétences réservées au législateur. En fait, ces dispositions sont peu prolixes en ce qui concerne les conditions d'exercice de la libre administration. Une seule est exprimée positivement à l'alinéa 3 de l'article 72, qui exige que les collectivités s'administrent librement « **par des conseils élus** ».

73 Cette condition n'impose pas que **l'élection des assemblées locales** ait lieu au **suffrage universel**, à la différence de ce qui était prévu à l'article 87 de la Constitution de 1946. Mais les rédacteurs de la Constitution de 1958 ont estimé qu'il y avait là une redondance avec l'article 3 qui prévoit que le suffrage est « toujours universel » et qu'il n'était pas nécessaire de répéter ce qui allait de soi. En revanche, le même article 3 laisse une liberté au législateur de prévoir que ce suffrage sera direct ou indirect. L'article 72 ne mentionne également rien en la matière et des élections locales pourraient avoir lieu au suffrage indirect, sauf à considérer que l'élection au suffrage direct doit être considérée comme un principe fondamental reconnu par les lois de la République (A. Roux, *Droit constitutionnel local*, Economica, coll. « Droit public fondamental », 1995, p. 18).

En revanche, s'agissant des **organes exécutifs**, l'article 72 de la Constitution ne formule **aucune prescription**. Si aujourd'hui les exécutifs à la tête des collectivités territoriales sont des élus d'élus (Art. L. 2122-1 CGCT : « Il y a, dans chaque commune, un maire et un ou plusieurs adjoints élus parmi les membres du conseil municipal. » ; Art. L. 3122-1 CGCT : « Le conseil départemental élit son président lors de la réunion de droit qui suit chaque renouvellement général. » ; Art. L. 4133-1 CGCT : même disposition pour le président du conseil régional ; Art. L. 3631-4 CGCT : pour la collectivité à statut particulier, au sens de l'article 72 de la Constitution, dénommée « métropole de Lyon », le président du conseil de la métropole est élu par les membres du conseil de la métropole), ils peuvent, sur le plan constitutionnel du moins, être également désignés par l'État, comme l'étaient les préfets avant 1982 lorsqu'ils exerçaient les fonctions d'exécutifs des départements et des régions. Cette situation explique que la Constitution n'ait pas eu besoin de modification sur ce point en 1982. Il n'est donc pas inconstitutionnel qu'il y ait des organes exécutifs nommés au sein des collectivités territoriales, ainsi que l'a rappelé le Conseil constitutionnel, à propos de la Nouvelle-Calédonie (CC, décision n° 85-196 DC du 8 août 1985, *Loi sur l'évolution de la Nouvelle-Calédonie*), alors même que l'organe exécutif était élu dans le régime législatif antérieur à celui de la loi examinée. Ainsi, le recul de la libre administration, concernant le mode de désignation de l'organe exécutif, n'est pas contraire à la Constitution.

À **noter** : La présence d'organes, même élus au suffrage universel, n'est pas suffisante pour qu'il y ait obligatoirement création d'une collectivité territoriale. Ainsi, par exemple, si les conseils d'arrondissement sont bien élus directement dans les trois plus grandes villes de France (Art. L. 2511-2 CGCT : « Les affaires des communes de Paris, Marseille et Lyon sont réglées par un conseil municipal et, pour certaines attributions limitativement définies au présent chapitre, par des conseils d'arrondissement. »), cette circonstance ne fait pas des arrondissements de nouvelles collectivités territoriales, à qui il manque la personnalité juridique (c'est ce qui ressort de la jurisprudence du Conseil constitutionnel ; v. CC, décision n° 82-149 DC du 28 déc. 1982, *Loi relative à org. admin. Paris, Marseille, Lyon et EPCI*, consid. n° 6 : « aucun principe ou règle de valeur constitutionnelle n'interdit au législateur d'instituer des divisions administratives au sein des communes ni d'instituer des organes élus autres que le conseil municipal et le maire »).

74 Pour ce qui est des **élections des assemblées locales**, celles-ci ont été qualifiées par le Conseil constitutionnel d'**élections politiques** au même titre que les élections nationales, dans la décision du 18 novembre 1982, *Quotas par sexe* (CC, décision n° 82-146 DC). Il est vrai que si l'on prend l'exemple des élections municipales, l'intérêt de ces élections est d'abord local mais comporte souvent aussi une dimension nationale. La politisation de ces élections en fait une sorte de test pour les élections nationales à venir (la campagne est menée au niveau local mais aussi national avec l'intervention des leaders des différents partis politiques). Il en résulte que **tous les principes et règles constitutionnels applicables aux élections qui intéressent la souveraineté nationale en vertu de l'article 3 de la Constitution sont également applicables aux élections locales.**

C'est ainsi que la disposition du Traité sur l'Union européenne de 1992 relative au **droit de vote accordé aux ressortissants de l'Union pour les élections municipales** a été déclarée non conforme à la Constitution (CC, décision n° 92-308 DC du 9 avr. 1992, *Traité sur l'Union européenne*, consid. n° 26 : « le quatrième alinéa de l'article 3 de la Constitution ("sont électeurs, dans les conditions déterminées par la loi, tous les nationaux français majeurs des deux sexes, jouissant de leurs droits civils et politiques") implique que seuls les "nationaux français" ont le droit de vote et d'éligibilité aux élections effectuées pour la désignation de l'organe délibérant d'une collectivité territoriale de la République ») et que la révision constitutionnelle du 27 juillet 1993 a dû ajouter un article 88-3 prévoyant d'octroyer le droit de vote aux citoyens de l'Union pour les élections municipales (Dans le code électoral, les dispositions spéciales à l'exercice par les ressortissants d'un État membre de l'Union européenne autre que la France du droit de vote pour l'élection des conseillers municipaux et des membres du Conseil de Paris figurent aux articles LO 227-1 à LO 227-5).

Article 88-3 de la Constition de 1958

« Sous réserve de réciprocité et selon les modalités prévues par le Traité sur l'Union européenne signé le 7 février 1992, le droit de vote et d'éligibilité aux élections municipales peut être accordé aux seuls citoyens de l'Union résidant en France. Ces citoyens ne peuvent exercer les fonctions de maire ou d'adjoint ni participer à la désignation des électeurs sénatoriaux et à l'élection des sénateurs. Une loi organique votée dans les mêmes termes par les deux assemblées détermine les conditions d'application du présent article. »

La soumission des élections locales aux dispositions de l'article 3 de la Constitution explique aussi que le Conseil constitutionnel veille à ce que les **lois intervenues pour allonger ou raccourcir la durée des mandats électoraux**, afin de faire coïncider entre elles des élections locales ou, au contraire, d'éviter la concomitance d'élections locales et nationales, ne méconnaissent notamment pas la « *périodicité raisonnable* » du droit de suffrage qui découle de l'article 3 de la Constitution (CC, décision n° 93-331 DC du 13 janv. 1994, *Renouvellement triennal par moitié conseils généraux* ; CC, décision n° 96-372 DC du 6 févr. 1996, *L. org. relative à date renouvellement membres ass. terr. Polynésie française* ; CC, décision n° 2010-603 DC du 11 février 2010, *Loi organisant la concomitance des renouvellements des conseils généraux et des conseils régionaux* ; CC, décision n° 2013-667 DC du 16 mai 2013, *Loi relative à l'élection des conseillers départementaux, des conseillers municipaux et des conseillers communautaires, et modifiant le calendrier électoral* ; égal. M. Verpeaux, « La durée du mandat des élus locaux », *RFD adm.* 1996, p. 734). Le principe de sincérité du suffrage suppose également que les électeurs soient informés, au moment de leur vote, des caractéristiques des mandats sur lesquels ils se prononcent et notamment de la durée de ceux-ci. En conséquence, une loi réduisant la durée de certains mandats électoraux doit être promulguée avant le déclenchement des opérations électorales. Ainsi, dans une décision du 11 février 2010, le Conseil constitutionnel a jugé « qu'en réduisant de six à quatre ans le mandat des conseillers régionaux qui seront élus en 2010 et de six à trois ans celui des conseillers généraux qui seront élus en 2011, le législateur n'a porté atteinte à la durée d'aucun mandat en cours ; qu'il a entendu que ces nouveaux mandats arrivent à échéance concomitamment dans la perspective d'une réforme future ; que, si cette dernière dépend de textes qui n'ont pas été promulgués ou même adoptés, le législateur était fondé, pour assurer le respect des exigences de clarté et de loyauté de l'élection des conseillers régionaux, en 2010, et des conseillers généraux, en 2011, à modifier la durée des mandats avant ces scrutins ; qu'il a donc ainsi poursuivi un but d'intérêt général ; (...) » (CC, décision n° 2010-603 DC du 11 février 2010, *Loi organisant la concomitance des renouvellements des conseils généraux et des conseils régionaux*, consid. n° 14).

Exemples de textes organisant une cessation anticipée ou une prorogation de mandats électifs :

- La **loi n° 2005-1563 du 15 décembre 2005** a prorogé d'un an le mandat des conseillers municipaux, des conseillers généraux et des sénateurs renouvelables en 2007 afin de permettre le bon déroulement des élections présidentielles et législatives prévues la même année.

- La **loi n° 2010-145 du 16 février 2010** a organisé la concomitance des renouvellements des conseils généraux et des conseils régionaux. Cette loi devait être la première étape d'une réforme ultérieure qui prévoyait l'institution de « conseillers territoriaux », ensemble unique regroupant les conseillers généraux et régionaux. Cette réforme devant théoriquement entrer en vigueur en mars 2014, il fallait harmoniser la fin des mandats des conseillers régionaux et généraux. La loi avait donc prévu que le mandat des conseillers généraux à élire en 2011 sera de trois ans au lieu de six et que le mandat des conseillers régionaux élus en 2010 sera de quatre ans au lieu de six. L'alternance politique au sommet de l'État intervenue au printemps 2012 a remis en cause ce projet de réforme institutionnelle.

- La **loi n° 2013-403 du 17 mai 2013** relative à l'élection des conseillers départementaux, des conseillers municipaux et des conseillers communautaires, et modifiant le calendrier électoral est revenue sur le dispositif précédent pour en prévoir un nouveau. Le législateur a en effet décidé de proroger d'un an le mandat des conseillers généraux, des conseillers régionaux et des membres de l'assemblée de Corse, afin que ces élections aient lieu en mars 2015 pour éviter en 2014 un télescopage avec les élections municipales et l'élection des députés européens, ce qui aurait pu être de nature à favoriser l'abstention selon le Gouvernement. Il a ainsi été prévu que le mandat des conseillers généraux élus en mars 2008 et en mars 2011 expire en mars 2015, l'élection de tous les conseils départementaux (nouvelle appellation des conseils généraux) ayant lieu désormais de façon simultanée. Quant au mandat des conseillers régionaux et de celui des membres de l'Assemblée de Corse élus en mars 2010 ils devaient initialement expirer selon la loi de 2013 également en mars 2015 comme pour les conseillers départementaux (nouvelle appellation des conseillers généraux) – en l'espèce, le Conseil constitutionnel a jugé que « ce report, limité à un an (de 2014 à 2015), n'a pas pour effet de méconnaître le principe selon lequel les électeurs doivent être appelés à exercer leur droit de suffrage selon une périodicité raisonnable » (CC, décision n° 2013-667 DC du 16 mai 2013). Mais la concomitance des deux élections, un temps envisagée, a finalement été abandonnée et les élections régionales ont été reportées à décembre 2015 par la **loi n° 2015-29 du 16 janvier 2015** relative à la délimitation des régions, aux élections régionales et départementales et modifiant le calendrier électoral.

b. Les attributions des assemblées locales

75 **Les conseils élus doivent pouvoir réellement administrer.** Aussi, selon la jurisprudence du Conseil constitutionnel, **il est nécessaire qu'ils soient dotés, « d'attributions effectives »** (CC, décision n° 85-196 DC, 8 août 1985, *Loi sur l'*évolution *de la Nouvelle-*

Calédonie, consid. n° 10). Cela signifie que le principe de libre administration ne serait pas respecté si les conseils ne possédaient que des attributions consultatives.

76 Il résulte de l'article L. 1111-2 CGCT que « Les communes, les départements et les régions règlent par leurs délibérations les affaires de leur compétence. ». **Les collectivités territoriales ont-elles pour autant vocation à intervenir sur tout objet ?** Selon l'article 72, alinéa 2, de la Constitution, « Les collectivités territoriales ont vocation à prendre les décisions pour l'ensemble des compétences qui peuvent le mieux être mises en œuvre à leur échelon. » On en conviendra, le propos est teinté d'un certain flou artistique. En fait, des domaines de compétences leur sont dévolus par la loi, conformément à l'article 34 de la Constitution (« La loi détermine les principes fondamentaux (...) de la libre administration des collectivités territoriales, de leurs compétences et de leurs ressources »). L'article L. 1111-4 CGCT précise à ce propos que « La répartition des compétences entre les collectivités territoriales et l'État s'effectue, dans la mesure du possible, en distinguant celles qui sont mises à la charge de l'État et celles qui sont dévolues aux communes, aux départements ou aux régions de telle sorte que chaque domaine de compétences ainsi que les ressources correspondantes soient affectés en totalité soit à l'État, soit aux communes, soit aux départements, soit aux régions. » (En pratique, des cofinancements interviennent fréquemment, soit en raison du manque de moyens de certaines collectivités, soit parce qu'ils sont justifiés par les conditions d'octroi des fonds européens, lesquels ne peuvent en général être versés que si d'autres acteurs publics apportent des financements complémentaires). Cette répartition des compétences est souvent l'objet de conflits, les élus locaux reprochant à l'État, au gré des circonstances, soit de ne pas transférer suffisamment de compétences, soit de mettre à la charge des collectivités qu'ils administrent des compétences indues, et à l'unisson de ne pas accompagner les transferts de compétences des transferts de dotations correspondants (égal. Cour des comptes, « La conduite par l'État de la décentralisation », oct. 2009).

Il faut bien avouer qu'au final **l'action publique locale se caractérise par une forte complexité en raison de l'enchevêtrement de politiques concurrentes**, exercées par les différents niveaux locaux sur un même territoire, lesquelles politiques sont également jugées particulièrement dispendieuses (l'article 73 de la loi du 16 décembre 2010 de réforme des collectivités territoriales avait restreint la clause de compétence générale des départements et des régions en introduisant le principe du caractère exclusif des compétences exercées par ces collectivités : à compter du 1er janvier 2015, sauf exception (comme en matière de tourisme, de culture et de sport), les départements et les régions n'auraient pu exercer que les seules compétences que la loi leur attribuerait explicitement et, en contrepartie, aucune autre collectivité territoriale ne devait être autorisée à exercer une compétence confiée soit aux régions, soit aux départements. Si cette restriction de la clause de compétence générale n'a pas été déclarée contraire à la Constitution par le Conseil constitutionnel (CC, décision n° 2010-618 DC du 9 décembre 2010, *Loi de réforme des collectivités territoriales*), l'alternance politique intervenue au printemps 2012 l'a effacée par un retour à l'état antérieur avec l'article 1er de la loi n° 2014-58 du 27 janvier 2014 de modernisation de l'action publique territoriale et d'affirmation des métropoles. Mais le sujet est loin d'être épuisé pour autant puisqu'un projet de loi portant Nouvelle Organisation Territoriale de la République (NOTRe) est en cours de discussion au Parlement au printemps 2015 qui tend à revenir sur la clause de compétence générale pour les départements et les régions et attribue « aux régions l'économie, aux départements la solidarité, au bloc communal les services de proximité »).

À noter : À l'origine, l'article 3 de la loi n° 83-8 du 7 janvier 1983 relative à la répartition de compétences entre les communes, les départements, les régions et l'État (codifié à l'article L. 1111-4 CGCT) avait déjà prévu une décentralisation par blocs de compétences. Mais cet objectif n'a été que partiellement atteint. Ainsi, par exemple, en matière sociale, bien que les départements exercent la majorité des compétences d'aide et d'action sociales, la commune, les groupements de communes et l'État assument également des compétences en la matière.

Il est parfois revenu au juge d'arbitrer ces conflits lorsque l'occasion lui en a été donnée. C'est ainsi, par exemple, que le juge administratif a défini deux éléments qui limitent aujourd'hui **la clause de compétence générale des collectivités territoriales : l'intérêt local**, d'une part, et **les limites posées par l'existence d'une compétence détenue exclusivement par un autre acteur public**, d'autre part.

S'agissant tout d'abord de la **notion d'intérêt local**, force est de constater que celle-ci est difficile à apprécier. En raison de l'absence d'une définition législative, le juge administratif, qui doit déterminer, *a posteriori*, la présence d'un tel intérêt qui a pu justifier l'intervention d'une collectivité, a été conduit à l'interpréter de manière extensive. Pour qu'une collectivité puisse agir dans un domaine particulier, l'action envisagée doit répondre aux critères suivants : un lien suffisamment direct avec un intérêt public local ; un caractère neutre.

Exemple. CE, 4 avril 2005, *Commune d'Argentan*, n° 264596 : Les dispositions de l'article L. 411-1 du code du travail, selon lesquelles les organisations syndicales ont exclusivement pour objet l'étude et la défense des droits ainsi que des intérêts matériels et moraux, tant collectifs qu'individuels, des personnes visées par leurs statuts, ne font pas obstacle à ce que les unions locales de ces organisations participent dans les communes à des actions contribuant au développement économique ou social local. Par suite, les communes et leurs groupements peuvent accorder des subventions à des organisations syndicales en vue de la réalisation d'actions de cette nature, à la condition qu'elles se rattachent de façon suffisamment directe à un intérêt public local et sous réserve qu'elles ne soient pas attribuées pour des motifs politiques ou pour apporter un soutien à l'une des parties dans un conflit collectif du travail.

Quant à la seconde limitation de la clause de compétence générale, elle **interdit à toute collectivité territoriale d'exercer une compétence expressément et exclusivement dévolue, par la loi, à une autre collectivité** ou, plus largement, à une autre autorité publique. Ainsi, par exemple, il a été jugé que le Conseil d'État a jugé que la clause de compétence générale habilitait le conseil municipal à statuer sur les questions d'intérêt public communal sous réserve qu'elles ne soient pas dévolues, par la loi, à l'État ou à d'autres personnes publiques (CE, 29 juin 2001, *Commune de*

Mons-en-Baroeul, n° 193716). En d'autres termes, chaque collectivité territoriale voit sa compétence limitée par celles exercées par les autres collectivités et l'État.

77 Pour réellement administrer, il faut que les conseils décident. Sont-ils pour autant les seuls à pouvoir décider au nom de la collectivité ? **La population ne dispose-t-elle pas également du droit de pouvoir « administrer » directement, par le biais du référendum décisionnel local ?** La question se posait et la réponse qu'il semblait raisonnable de lui donner était qu'au vu de la rédaction de l'alinéa 2 de l'article 72, dans sa formulation antérieure à la réforme constitutionnelle du 28 mars 2003, les conseils locaux paraissaient bien avoir une compétence exclusive pour gérer les affaires de la collectivité. La Constitution semblait bien effectivement mettre en présence d'une démocratie locale purement représentative. En tout cas, en dehors de textes législatifs isolés (comme, par exemple, avec L. 16 juill. 1971 sur la fusion de communes), le principe retenu par la loi du 6 février 1992 relative à l'administration territoriale de la République avait été celui selon lequel le référendum local n'est que consultatif (v. anc. art. L. 2142-3 et L. 5211-20 CGCT). En conséquence, les électeurs de la commune ne pouvaient être que consultés sur les décisions que les autorités municipales étaient appelées à prendre. Et en aucun cas la consultation ne pouvait se substituer à la délibération du conseil municipal qui restait maître de sa décision, quelle que fût l'opinion majoritaire qui avait pu se dégager de la consultation des électeurs. Aujourd'hui, cet état du droit n'est plus puisque la Constitution de 1958 a accueilli en son sein le référendum décisionnel. En effet, selon l'article 72-1, alinéa 2, « Dans les conditions prévues par la loi organique, les projets de délibération ou d'acte relevant de la compétence d'une collectivité territoriale peuvent, à son initiative, être soumis, par la voie du référendum, à la décision des électeurs de cette collectivité » (Voir également les articles LO. 1112-1 à LO. 1112-7 CGCT qui détaillent les règles d'organisation du référendum local : si celui-ci permet au corps électoral de se substituer aux élus locaux pour prendre une décision sur une affaire locale, à la différence de ce qui se passe en cas de simple consultation des électeurs qui intervient en amont

du processus décisionnel pour éclairer le conseil délibérant appelé à délibérer, force est de constater que le dispositif prévu le laisse à la main des élus locaux).

À noter : Dans une étude publiée en 2011, le Conseil d'État s'est intéressé notamment à la procédure du référendum décisionnel local (Conseil d'État, *Consulter autrement, participer effectivement*, Rapport public 2011, La Documentation française, 2011, p. 161-162). Il en ressort qu'à la date de publication de ce rapport cette technique de prise de décision a fait l'objet d'un usage pour le moins mesuré ; de plus, il est relevé que lorsqu'il y est recouru une faible participation des habitants est enregistrée ; enfin plusieurs annulations de référendums locaux par les juridictions administratives ont été prononcées tenant au fait que les délibérations attaquées étaient relatives à des référendums portant sur des objets relevant soit de prérogatives de l'État, soit des compétences d'autres collectivités territoriales. Il semble bien que la pratique de cette procédure soit inversement proportionnelle à son intérêt théorique pour le droit local français.

78 Il résulte des développements qui précèdent que, sauf exception prévue par la Constitution (comme pour certaines collectivités d'outre-mer), le droit institutionnel doit être partout le même car cette uniformité est garante de l'indivisibilité de la République. Ainsi, par exemple, s'agissant des départements d'outre-mer (DOM), le Conseil constitutionnel a rappelé par le passé que selon les anciens articles 72 (al. 1 et 2) et 73 de la Constitution, le statut des DOM devait être le même que celui des départements métropolitains (CC, décision n° 82-147 DC du 2 déc. 1982, *Loi décentralisation applicable aux dpts outre-mer*). Mais cette uniformité ne vaut que pour les collectivités se rattachant à une même catégorie.

2. L'application catégorielle du droit institutionnel commun

79 **Le principe d'égalité s'applique aux collectivités territoriales appartenant à une même catégorie** (communes, départements, régions, collectivités à statut particulier). Le législateur ne peut donc traiter différemment les collectivités appartenant à une même catégorie, sauf, comme en droit administratif général, en cas de situation différente ou d'un intérêt général le justifiant. Il s'agit là d'une application du principe « d'unité catégorielle » (CC, décision n° 82-138 DC du 25 févr. 1982, *Statut particulier rég. Corse*).

Cas des établissements publics de coopération intercommunale (EPCI). CC, décision n° 2013-687 DC du 23 janvier 2014, *Loi de modernisation de l'action publique territoriale et d'affirmation des métropoles*, consid. n° 79 : À propos de la transformation automatique en métropole de certains établissements publics de coopération intercommunale (EPCI) à fiscalité propre alors que la transformation d'autres établissements publics de coopération intercommunale à fiscalité propre en métropole serait subordonnée à l'accord des conseils municipaux, le Conseil constitutionnel n'a pas vu là de « rupture caractérisée de l'égalité devant la loi ». En effet, il a jugé qu'« en prévoyant une transformation automatique, au 1er janvier 2015, en métropoles des établissements publics de coopération intercommunale à fiscalité propre qui forment un ensemble de plus de 400 000 habitants dans une aire urbaine de plus de 650 000 habitants, le législateur a entendu garantir qu'un nombre significatif de communautés urbaines et de communautés d'agglomération deviennent des métropoles ; que, dans le même temps, en offrant une faculté d'accès à ce statut, sous réserve d'un accord à la majorité qualifiée des communes, pour des établissements publics de coopération intercommunale à fiscalité propre de plus de 400 000 habitants remplissant d'autres conditions précisément définies, le législateur a également entendu prendre en compte les particularités géographiques de quelques autres établissements de coopération intercommunale d'une taille significative et jouant un rôle particulier en matière d'équilibre du territoire ; que les différences de traitement dans les conditions d'accès au statut de métropole sont en lien direct avec les objectifs poursuivis par le législateur ». Ainsi, des motifs d'intérêt général pouvaient justifier des différences de traitement dans les conditions d'accès au statut de métropole sans méconnaître le principe d'égalité devant la loi.

Chaque catégorie de collectivité territoriale présente des caractéristiques fondamentales qui doivent se retrouver dans chacune des collectivités appartenant à cette catégorie. Ainsi, le conseil général assurant la représentation des composantes territoriales du département à travers les cantons, le législateur ne peut pas doter les départements d'outre-mer d'une assemblée représentant uniquement la population sans rompre l'unité de la catégorie des départements (CC, décision n° 82-147 DC du 2 déc. 1982, *Loi décentralisation applicable dpt outre-mer*).

80 À travers la jurisprudence constitutionnelle transparaît la notion de catégorie telle qu'elle s'applique aux établissements publics. **Une catégorie est formée par des éléments constitutifs** qui sont autant de signes de reconnaissance de l'appartenance d'une collectivité territoriale à cette catégorie. Ces éléments sont peu nombreux, parfois différents selon les catégories, toujours absolus.

Déterminés par le juge, ils se définissent aussi bien par ce qu'ils sont que par ce qu'ils ne sont pas. De la jurisprudence se déduisent quelques éléments :

- la base territoriale ou démographique de la représentativité du conseil élu des collectivités de la catégorie (CC, décision n° 82-147 DC du 2 déc. 1982, préc.) ;

- le mode d'élection du conseil élu (CC, décision n° 82-138 DC du 25 févr. 1982 et n° 82-147 DC du 2 déc. 1982, préc.) ;

- l'organisation et le mode de désignation de l'organe exécutif (CC, décision n° 82-149 DC du 28 déc. 1982, *Loi relative à organisation admin. Paris, Marseille, Lyon et EPCI*) ;

- la liste et le contenu des compétences attribuées (CC, décision n° 84-174 DC du 25 juill. 1984, *Rég. outre-mer*).

81 En revanche, **n'ont pas la qualité d'éléments constitutifs d'une catégorie** de collectivités territoriales :

- l'organisation administrative interne des collectivités territoriales : ainsi, par exemple, à Paris, Lyon et Marseille, l'institution de « divisions administratives » (comme les arrondissements à Paris, Marseille et Lyon) et de conseils élus autres que le conseil municipal et le maire (comme les conseils d'arrondissement qui sont dotés de compétences de décision et de gestion) déroge simplement au droit commun de l'organisation communale sans porter atteinte à l'unité de la catégorie des communes (CC, décision n° 82-149 DC du 28 déc. 1982, *Loi relative à l'organisation administrative de Paris, Marseille, Lyon et des établissements publics de coopération intercommunale*) ; de même, la création de régions à l'intérieur d'un seul territoire d'outre-mer ne rompt pas l'unité de la catégorie (CC, décision n° 85-196 DC du 8 août 1985, *Loi sur l'évolution de la Nouvelle-Calédonie*) ;

- l'aménagement limité des compétences de certaines collectivités au sein de la catégorie (CC, décision n° 84-174 DC du 25 juill. 1984, *Loi relative aux compétences des régions de Guadeloupe, de Guyane, de Martinique et de la Réunion*, à propos des compétences des départements d'outre-mer et des régions de la Guyane, de la Guadeloupe, de la Martinique et de la Réunion).

82 Les éléments constitutifs forment un noyau dur commun à toutes les collectivités de la catégorie. Le législateur ne peut retrancher à ce noyau dur des éléments seulement pour certaines collectivités de la catégorie. Le principe de « l'unité catégorielle » permet soit une transformation du noyau dur pour toutes les collectivités de la catégorie, soit de sortir une ou plusieurs collectivités d'une catégorie pour les ériger elles-mêmes en une catégorie nouvelle (CC, décision n° 82-138 DC du 25 févr. 1982 et n° 82-147 DC du 2 déc. 1982, préc.). En revanche, le principe de « l'unité catégorielle » n'interdit pas des aménagements ou des adaptations limitées dans l'organisation ou les attributions de certaines collectivités au sein d'une catégorie (CC, décision n° 84-174 DC du 25 juill. 1984, préc.).

Biblio. somm. : M. Doat, *Recherche sur la notion de collectivité locale en droit administratif français*, Bibl. Droit public, t. 230, LGDJ, 2003 ; M. Verpeaux, « La Constitution et les collectivités territoriales », *RD publ.* 1998, p. 1379.

B. Les élus locaux bénéficient d'un même statut en voie de construction

83 À côté des règles sur les inéligibilités et les incompatibilités, relativement classiques (v. ss 356 s.), les élus locaux se sont vus reconnaître progressivement, au fur et à mesure du développement de la décentralisation, un véritable « statut » pour mener à bien les missions que les électeurs leur ont confiées.

La notion de « statut de l'élu ». Si l'expression est entrée dans le langage courant, le législateur a toutefois préféré ne pas la reprendre pour marquer sa volonté de ne pas instaurer une quelconque professionnalisation des élus locaux. Dans le code général des collectivités territoriales, les dispositions législatives applicables sont présentées sous un intitulé particulièrement neutre : « Conditions d'exercice des mandats » (Art. L. 2123-1 s., pour les mandats municipaux ; art. L. 3123-1, pour les mandats départementaux ; art. L. 4135-1, pour les mandats régionaux). Les dispositions applicables sont répertoriées sous les intitulés suivants : Garanties accordées aux titulaires de mandats locaux, Droit à la formation, Indemnités des titulaires de mandats locaux, Protection sociale, Responsabilité de la collectivité en cas d'accident, Responsabilité et protection des élus, Honorariat.

Il convient de relever l'introduction en 2015 d'une « **charte de l'élu local** » placée sous l'article L. 1111-1-1 CGCT, qui résulte de l'article 2 de la loi n° 2015-366 du 31 mars 2015 visant à faciliter l'exercice, par les élus locaux, de leur mandat. Cette charte établit en sept points un cadre déontologique destiné à préciser les normes de comportement que les élus locaux doivent adopter dans l'exercice de leurs fonctions, avec notamment rappel des règles d'impartialité, de diligence, de dignité, de probité, d'intégrité ou encore d'interdiction d'agir en situation de conflits d'intérêts.

En effet, la nécessité d'une amélioration des conditions d'exercice des mandats locaux s'est imposée avec une force croissante, surtout à la suite du processus de décentralisation engagé en 1982, les élus locaux étant appelés à devenir de plus en plus des gestionnaires et des techniciens.

84 Ce nouveau « statut » résulte au départ, et pour l'essentiel, de la loi n° 92-108 du 3 février 1992 relative aux conditions d'exercice des mandats locaux. Un double objectif a alors été poursuivi : faciliter l'accès de tous les citoyens aux mandats locaux et assurer la transparence dans les modalités d'indemnisation des élus locaux. Le dispositif retenu a pu paraître parfois assez modeste (bien que sa charge financière soit susceptible de se révéler lourde à terme pour les collectivités locales). Il concrétise pourtant une certaine avancée de la démocratie. Pour en présenter les principales dispositions – auxquelles on ajoutera au passage les mécanismes existant déjà antérieurement – les développements qui suivent mettront l'accent sur **la rémunération des élus locaux** (**1**), **les moyens mis à leur disposition** (**2**), **leur information** (**3**), **la formation** dont ils peuvent bénéficier (**4**), les **facilités horaires** qui peuvent leur être accordées (**5**), **les garanties accordées à l'issue du mandat** (**6**) et, enfin, **les règles qui président à leur protection** (**7**).

1. La rémunération des élus locaux

85 Dans le dernier quart du XIXe siècle, lorsque furent adoptés les grands textes – loi de 1871 relative aux conseils généraux ; « loi municipale » de 1884 – qui ont constitué jusqu'à la décentralisation engagée en 1982 la base du droit français des collectivités locales, a été affirmé, ou réaffirmé, un principe lié à tous ceux qui régissaient la société libérale de cette période et qui reste encore inscrit dans le code général des collectivités territoriales, à son article L. 2123-17 : « les fonctions de maire, d'adjoint et de conseiller municipal sont gratuites ». Ce **principe de gratuité** coïncidait avec l'exercice des responsabilités publiques par des notables qui jouissaient d'une sécurité financière, gage de l'impartialité de leurs décisions. Il trouvait aussi son origine dans le souci de mettre l'accent sur le dévouement de l'élu et a été invoqué comme la preuve de son désintéressement.

86 Dans la réalité des textes, pourtant, le principe de la gratuité des fonctions électives locales a connu, dès l'origine, des **atténuations** (la loi précitée de 1884 prévoyait au bénéfice des élus municipaux le remboursement des frais liés à l'exécution de mandats spéciaux et accordait aux maires des indemnités pour frais de représentation) qui se sont multipliées sans véritable logique au fil des décennies, pour aboutir à une **situation faite d'inégalités et de non-transparence.**

87 Les déviations successives subies par un principe de gratuité en tout état de cause dépassé ont donc conduit à une situation critiquable. Le législateur en a été conscient, puisque parmi les matières qui, aux termes de l'article 1er de la loi n° 82-213 du 2 mars 1982, devaient faire l'objet de lois ultérieures, figurait le « statut des élus ». Pourtant, il aura fallu attendre près de dix ans le passage à l'acte. Le coût financier d'une telle réforme et le climat parfois teinté d'hostilité à l'égard des élus ont sans doute joué le rôle de frein. Le **dispositif en vigueur**, et qui se précise au fil du temps, se présente comme suit.

a. Les indemnités de fonction

88 **Principes généraux.** Les indemnités de fonction sont fixées par référence à l'indice brut terminal 1015 de la fonction publique (soit 3 801,47 € en 2015), selon un pourcentage croissant avec la population (Art. L. 2123-20 CGCT).

Maires. Selon l'article L. 2123-23 CGCT, les **maires des communes** (...) perçoivent une indemnité de fonction fixée en appliquant au terme de référence mentionné à l'article L. 2123-20 le barème suivant :

Barème pour les maires (Art. L. 2123-23 CGCT)

Population (habitants)	Taux (en % de l'indice 1015)
Moins de 500	17
De 500 à 999	31
De 1 000 à 3 499	43
De 3 500 à 9 999	55
De 10 000 à 19 999	65
De 20 000 à 49 999	90
De 50 000 à 99 999	110
100 000 et plus	145

À noter : Selon l'article L. 2123-23 CGCT, dans les communes de 1 000 habitants et plus, le conseil municipal peut, par délibération, fixer une indemnité de fonction inférieure à ce barème, à la demande du maire – ce qui signifie, par un *a contrario*, que dans les communes de moins de 1 000 habitants le barème s'impose.

Adjoint au maire. Selon l'article L. 2123-24 CGCT, les indemnités votées par les conseils municipaux pour l'exercice effectif des fonctions d'**adjoint au maire** (...) sont déterminées en appliquant au terme de référence mentionné à l'article L. 2123-20 le barème suivant :

Barème pour les adjoints au maire (Art. L. 2123-24 CGCT)

Population (habitants)	Taux (en % de l'indice 1015)
Moins de 500	6,6
De 500 à 999	8,25
De 1 000 à 3 499	16,5
De 3 500 à 9 999	22
De 10 000 à 19 999	27,5
De 20 000 à 49 999	33
De 50 000 à 99 999	44
100 000 à 200 000	66
Plus de 200 000	72,5

À **noter** : L'indemnité versée à un adjoint peut dépasser le maximum prévu ci-dessus, à condition que le montant total des indemnités maximales susceptibles d'être allouées au maire et aux adjoints ne soit pas dépassé. Mais en aucun cas l'indemnité versée à un adjoint ne peut dépasser l'indemnité fixée pour le maire en application des articles L. 2123-22 et L. 2123-23 CGCT.

Conseillers municipaux. Selon l'article L. 2123-24-1 CGCT : Dans les **communes de 100 000 habitants au moins**, les conseils municipaux votent des indemnités pour l'exercice effectif des **fonctions de conseiller municipal.** Elles sont au maximum égales à 6 % de l'indice brut terminal 1015 de la fonction publique. Dans les **communes de moins de 100 000 habitants**, il peut être versé une indemnité pour l'exercice effectif des **fonctions de conseiller municipal** à condition que le montant total des indemnités maximales susceptibles d'être allouées au maire et aux adjoints ne soit pas dépassé. Cette indemnité est au maximum égale à 6 % de l'indice brut terminal 1015 de la fonction publique. Mais en aucun cas l'indemnité versée à un conseiller municipal ne peut dépasser l'indemnité fixée pour le maire de la commune.

Intercommunalités. Selon l'article L. 5211-12 CGCT, les indemnités maximales votées par le conseil ou comité d'un syndicat de communes, d'une communauté de communes, d'une communauté urbaine, d'une communauté d'agglomération, d'une métropole et d'un syndicat d'agglomération nouvelle pour l'exercice effectif des fonctions de **président** et de **vice-président** sont déterminées par un décret en Conseil d'État par référence au montant du traitement correspondant à l'indice brut terminal (1015) de l'échelle indiciaire de la fonction publique. De manière dérogatoire, l'indemnité versée à un vice-président peut dépasser le montant de l'indemnité maximale prévue ci-dessus, à condition qu'elle ne dépasse pas le montant de l'indemnité maximale susceptible d'être allouée au président et que le montant total des indemnités versées n'excède pas l'enveloppe indemnitaire globale.

Départements. Selon l'article L. 3123-15 CGCT, les **membres du conseil départemental** reçoivent pour l'exercice effectif de leurs fonctions une indemnité fixée par référence au montant du traitement correspondant à l'indice brut terminal (1015) de l'échelle indiciaire de la fonction publique. Selon l'article L. 3123-16 CGCT, les indemnités maximales votées par les conseils départementaux pour l'**exercice effectif des fonctions de conseiller départemental** sont déterminées en appliquant à l'indice brut terminal (1015) le barème suivant :

Population départementale (habitants)	Taux maximal (en %)
Moins de 250 000	40
De 250 000 à moins de 500 000	50
De 500 000 à moins de 1 million	60
De 1 million à moins de 1,25 million	65
1,25 million et plus	70

Selon l'article L. 3123-17 CGCT, l'indemnité de fonction votée par le conseil départemental pour l'exercice effectif des fonctions de **président de conseil départemental** est au maximum égale à l'indice terminal 1015 majoré de 45 %. L'indemnité de fonction de **chacun des vice-présidents ayant délégation de l'exécutif du conseil départemental** est, dans les mêmes conditions, au maximum égale à l'indemnité maximale de conseiller majorée de 40 %. L'indemnité de fonction de chacun des **membres de la commission permanente du conseil départemental** autres que le président et les vice-présidents **ayant délégation de l'exécutif** est, dans les mêmes conditions, au maximum égale à l'indemnité maximale de conseiller majorée de 10 %.

Régions. Selon l'article L. 4135-15 CGCT, les **membres du conseil régional** reçoivent pour l'exercice effectif de leurs fonctions une indemnité fixée par référence au montant du traitement correspondant à l'indice brut terminal (1015) de l'échelle indiciaire de la fonction publique. Selon l'article L. 4135-16 CGCT, les indemnités maximales votées par les conseils régionaux pour l'**exercice effectif des fonctions de conseiller régional** sont déterminées en appliquant à l'indice brut terminal (1015) le barème suivant :

Population régionale (habitants)	Taux maximal (en %)
Moins de 1 million	40
De 1 million à moins de 2 millions	50
De 2 millions à moins de 3 millions	60
3 millions et plus	70

Selon l'article L. 4135-17 CGCT, l'indemnité de fonction votée par le conseil régional pour l'exercice effectif des fonctions de **président de conseil régional** est au maximum égale à l'indice brut terminal (1015) majoré de 45 %. L'indemnité de fonction de chacun des **vice-présidents** ayant délégation de l'exécutif du conseil régional est, dans les mêmes conditions, au maximum égale à l'indemnité maximale de conseiller majorée de 40 %. L'indemnité de fonction de **chacun des membres de la commission permanente** du conseil régional autres que le président et les vice-présidents ayant délégation de l'exécutif est, dans les mêmes conditions, au maximum égale à l'indemnité maximale de conseiller majorée de 10 %.

89 **Nature juridique de l'indemnité de fonction.** L'indemnité de fonction est composée d'une part forfaitaire, destinée à couvrir les frais inhérents à l'exercice du mandat et d'une part « indemnitaire », destinée quant à elle à compenser le manque à gagner qui résulte du temps consacré aux affaires publiques. Sa nature juridique n'a toutefois pas été précisée expressément par le législateur. Pour l'heure, selon les termes de la circulaire du 15 avril 1992 du ministère de l'Intérieur relative aux conditions d'exercice des mandats locaux, l'indemnité de fonction perçue par les élus locaux n'est « ni un salaire, ni un traitement, ni une rémunération quelconque ». Elle n'en demeure pas moins soumise à fiscalisation, à des cotisations de retraite obligatoire et éventuellement complémentaire, à des cotisations sociales, ainsi qu'à la CSG (contribution sociale généralisée) et à la CRDS (contribution au remboursement de la dette sociale).

En l'absence de qualification de la nature juridique de cette indemnité, les élus rencontrent parfois des difficultés à faire valoir leurs droits auprès des organismes sociaux. En effet, assimilant cette indemnité à un quelconque salaire ou traitement, certains de ces organismes, qu'il s'agisse des caisses d'allocations familiales, des caisses primaires d'assurance-maladie, des ASSEDIC ou de l'URSSAF procèdent, de temps à autre, dans différents départements, à la suppression ou à la réduction des prestations sociales, à due concurrence des indemnités de fonction que les élus perçoivent, et en se fondant sur le seul motif de cette perception. Il s'ensuit des redressements et des contentieux multiples. Mais depuis la loi n° 2015-366 du 31 mars 2015 (art. 5), sauf dispositions contraires, la fraction représentative des frais d'emploi n'est plus prise en compte pour le calcul des ressources ouvrant droit à une prestation sociale.

90 **Part saisissable de l'indemnité de fonction.** Selon l'article L. 1621-1 CGCT, « Les indemnités de fonction perçues par les élus locaux en application des articles du présent code ne sont saisissables que pour la partie qui excède la fraction représentative des frais d'emploi, telle que définie à l'article 204-0 bis du code général des impôts. » Un tel dispositif peut se révéler difficile à mettre en œuvre pour un certain nombre d'élus locaux disposant de faibles revenus, la distinction entre la fraction des indemnités de fonction représentative des frais d'emploi et la fraction imposable n'étant pas toujours évidente.

91 **Plafonnement en cas de cumul.** Selon les articles L. 2123-20 CGCT (commune), L. 5211-12 (intercommunalité), L. 3123-18 (département) et L. 4135-18 CGCT (région), l'élu local titulaire d'autres mandats électoraux ou qui siège à ce titre au conseil d'administration d'un établissement public local, du centre national de la fonction publique territoriale, au conseil d'administration ou au conseil de surveillance d'une société d'économie mixte locale ou qui préside une telle société ne peut percevoir, pour l'ensemble de ses fonctions, un montant total de rémunérations et d'indemnités de fonction supérieur à **une fois et demie le montant de l'indemnité parlementaire** telle qu'elle est définie à l'article 1er de l'ordonnance n° 58-1210 du 13 décembre 1958 portant loi organique relative à l'indemnité des membres du Parlement. Ce plafond s'entend déduction faite des cotisations sociales obligatoires. (au 1er février 2015, le montant net mensuel de l'indemnité parlementaire s'élevait à 5 379 € – v. site Internet du Sénat).

Lorsque le montant total de rémunération et d'indemnité de fonction d'un élu local fait l'objet d'un écrêtement, la part écrêtée est reversée au budget de la personne publique au sein de laquelle cet élu exerce le plus récemment un mandat ou une fonction.

92 **Fiscalisation des indemnités.** L'article L. 2123-17 CGCT précise que « les fonctions de maire, d'adjoint et de conseiller municipal sont gratuites ». C'est pourquoi les indemnités versées aux élus locaux ont longtemps été considérées, d'un point de vue fiscal, comme correspondant à des frais et donc, de ce fait, comme ne pouvant être assujetties à l'impôt sur le revenu des personnes physiques.

Toutefois, la loi n° 92-108 du 3 février 1992 a modifié cette situation pour lui substituer un régime d'imposition fiscale, tout en laissant une certaine liberté de choix aux élus locaux. En effet, ces derniers peuvent souhaiter se soumettre au mécanisme de la retenue à la source, avec effet libératoire à l'égard de l'impôt sur le revenu des personnes physiques, ou bien préférer être imposés sur leurs indemnités suivant les règles classiquement applicables aux traitements et salaires, et notamment avec la prise en compte des « frais réels ». L'option est faite, soit avant le 1er janv. pour l'imposition de l'année à venir, soit au moment de la déclaration des revenus, l'élu inscrivant alors en avoir fiscal la totalité des retenues à la source précédemment prélevées. On signalera que les indemnités de fonction sont soumises à la contribution sociale généralisée (CSG) et à la contribution au remboursement de la dette sociale (CRDS).

Pratique. La plupart des élus choisissent de se soumettre à cette retenue à la source qui leur permet d'écarter leurs indemnités du reste de leur revenu imposable, et donc, compte tenu des déductions importantes qui peuvent être pratiquées sur le montant des indemnités (notamment le « forfait » représentatif de frais d'emploi), de bénéficier d'une imposition modérée (pour les maires dans les communes de moins de 500 habitants, la fraction représentative des frais d'emploi est égale à 100 % des indemnités versées ; art. 204-0 *bis* du code général des impôts). Mais les élus peuvent également s'acquitter de l'impôt dans le cadre de l'impôt sur le revenu, en bénéficiant des abattements légaux applicables aux traitements et salaires. Il est principalement recouru à cette solution lorsque l'élu ne perçoit pas (ou peu) d'autres revenus que ceux tirés de ses indemnités, lorsque ces dernières sont élevées, lorsque l'élu a d'importantes charges de familles (du fait de l'application du système du quotient familial) ou encore lorsque les frais engagés pour l'exercice du mandat excèdent largement le « forfait » pratiqué dans le cas de la retenue à la source. En revanche, l'assujettissement à l'impôt suivant les règles applicables aux traitements et salaires ne présente pas d'intérêt pour des élus locaux bénéficiant d'indemnités réduites.

Le mécanisme de la retenue à la source libératoire de l'impôt sur le revenu. L'article 204-0 *bis* du Code général des impôts pose le principe d'une retenue à la source applicable aux indemnités des élus locaux. Il s'agit d'un prélèvement direct. Il appartient à l'ordonnateur (le maire) de déclarer le montant de l'indemnité perçue mensuellement et au comptable public (receveur municipal) d'opérer la retenue avant versement. Comment se calcule-t-elle ?

La **détermination du montant imposable** s'effectue alors sur la base du montant total des indemnités de fonction, duquel sont déduites les cotisations sociales obligatoires et en rajoutant le montant de la cotisation pour la retraite par rente versée par les collectivités et EPCI :

Indemnités de fonction – Cotisations sociales obligatoires + Cotisation retraite par rente versée par collectivité ou EPCI

Par ***cotisations sociales obligatoires***, il faut entendre :

- les **cotisations** sociales versées par les élus au régime de **retraite** obligatoire IRCANTEC (mais hormis les cotisations facultatives : FONPEL, CAREL),

- ainsi que les **cotisations** que versent les élus qui ont cessé toute activité professionnelle au titre de leur affiliation au régime général de la **sécurité sociale** pour les prestations en nature des assurances maladie, maternité et invalidité ainsi que l'assurance vieillesse de ce régime,

- la **CSG** (5,1 %),

- et également un **montant forfaitaire représentant les frais d'emplois** : il a été fixé forfaitairement par la loi (art. 204-0 *bis* du code général des impôts) et équivaut, pour les élus qui n'exercent qu'un seul mandat, au montant de l'indemnité maximale d'un maire d'une commune de moins de 500 habitants. À noter que pour les élus qui cumulent plusieurs mandats, il est égal à 1,5 fois cette même somme.

La retenue pratiquée sur ce montant est ensuite déterminée par application du barème général de l'impôt sur le revenu (avec une seule part fiscale, et sans bénéfice de l'abattement de 20 % réservé aux traitements et salaires). Elle résulte alors de l'application au montant imposable d'un barème établi pour l'année et de la formule : **I =(R x T) – C**

I : la retenue à la source

R : le montant imposable

T : le taux qui varie selon les tranches

C : une constante (en unité monétaire) qui progresse avec les tranches

Ex. : Barème 2015

Revenu imposable en euros (R)	Taux (T)	Constantes en euros (C)
de 0 à 9 690	0	0,00
de 9 690 à 26 764	0,14	1 356,60
de 26 764 à 71 754	0,3	5 638,84
de 71 754 à 151 956	0,41	13 531,78
au-delà de 151 956	0,45	19 610,02

b. Les indemnités pour mandat spécial

93 **Remboursement des frais de transport et de séjour.** Outre les indemnités de fonction, les élus locaux peuvent obtenir le remboursement des frais liés à l'exécution d'un « **mandat spécial** » que l'assemblée délibérante leur a confié (art. L. 2123-18, art. L. 3123-19 et L. 4135-19 CGCT). L'attribution d'un mandat spécial nécessite en effet une délibération de l'assemblée locale (CE, 24 mars 1950, *Maurice*, *Leb.* p. 185). Mais en cas d'urgence, l'exécutif peut, sans attendre la réunion de l'assemblée délibérante, confier à un élu un mandat spécial. L'assemblée devra régulariser *a posteriori*.

Le mandat spécial exclut, en principe, les activités courantes de l'élu et doit correspondre à une opération déterminée de façon précise (organisation d'un festival, suivi d'un grand chantier). Il peut être de nature à entraîner des déplacements inhabituels et indispensables. Mais un élu ne peut prétendre, par le biais d'un mandat spécial, au remboursement de ses frais de déplacement pour se rendre à la sous-préfecture ou à la préfecture assister à des réunions qui font manifestement partie de l'exercice normal de son mandat.

Le remboursement des frais engagés dans le cadre d'un mandat spécial est une obligation pour la collectivité (art. R. 2123-22-1, R. 3123-20 et R. 4135-20 CGCT). Ainsi, les membres des assemblées locales chargés de mandats spéciaux par leur assemblée peuvent prétendre, sur justificatif de la durée réelle du déplacement, **d'une part**, au paiement d'**indemnités journalières** destinées à rembourser forfaitairement leurs **frais** supplémentaires de **repas** et de **nuitée** nécessités par l'exercice de ces mandats (le remboursement forfaitaire s'effectue dans la limite du montant des indemnités journalières allouées à cet effet aux fonctionnaires de l'État), et, **d'autre part**, au remboursement des **frais de transport** engagés à cette occasion (les dépenses de transport effectuées dans l'accomplissement de ces missions sont remboursées sur présentation d'un état de frais).

94 **Remboursement des frais de garde d'enfants et autres.** Des dispositions nouvelles, introduites par la loi du 27 février 2002 relative à la démocratie de proximité, ont accordé la faculté aux collectivités locales de rembourser à leurs élus les dépenses autres que celles de transport et de séjour qu'ils ont engagées dans l'exécution d'un mandat spécial (art. L. 2123-18 CGCT pour la commune et articles correspondants pour les autres collectivités). Cet élargissement concerne en particulier les **frais liés à la garde d'enfants**, l'**assistance aux personnes âgées, handicapées ou à celles qui ont besoin d'une aide personnelle à leur domicile.**

Ce remboursement est soumis à plusieurs **conditions.** Une délibération préalable du conseil municipal, départemental ou régional doit en fixer le principe et les modalités. Un état de frais doit être présenté par l'élu. Le remboursement, par heure, des frais de garde d'enfants ou d'assistance aux personnes âgées, handicapées ou à celles qui ont besoin d'une aide personnelle à leur domicile est plafonné au montant horaire du salaire minimum de croissance (soit 9,61 euros au 1er janv. 2015).

c. Les frais de représentation et de déplacement

95 Les conseils municipaux peuvent voter, sur les ressources ordinaires de la commune, des indemnités aux **maires** pour **frais de représentation** (art. L. 2123-19 CGCT). Ces indemnités ont pour objet de couvrir des dépenses engagées par l'élu concerné à l'occasion de ses fonctions et dans l'intérêt de la collectivité. Il peut s'agir notamment de dépenses que le maire a engagées personnellement dans le cadre de l'organisation de réceptions, de manifestations sportives, de festivals. Ces indemnités peuvent donner lieu à une indemnité fixe et annuelle qui ne doit pas excéder les frais auxquels elle correspond. Si le maire ne semble pas être astreint à produire un état détaillé de ses dépenses de représentation, il faut toutefois qu'il agisse avec prudence car, en l'absence de toute justification, les indemnités pour frais de représentation peuvent présenter le caractère d'un traitement déguisé et donc être illégales. Au plan fiscal, ces indemnités s'analysent comme des allocations destinées à couvrir des frais inhérents à la fonction de maire ; elles ne sont donc pas imposables (v. site Internet Association des Maires de France).

En dehors du maire, les **membres des conseils municipaux**, comme ceux des conseils **départementaux** et **régionaux**, ne peuvent percevoir légalement une indemnité pour frais de représentation. Mais **une indemnité de déplacement** peut être versée aux membres des assemblées locales pour l'exécution de mandats spéciaux (v. ss 93-94). De plus, ils peuvent prétendre, sur présentation de pièces justificatives, à la prise en charge des frais de transport et de séjour qu'ils engagent à l'occasion de leurs déplacements pour prendre part aux réunions des organismes dont ils font partie ès qualités (art. R. 2123-22-2, R. 3123-21 et R. 4135-21 CGCT). La prise en charge de ces frais est assurée de manière forfaitaire. Il en est de même pour les **membres des structures intercommunales** lorsqu'ils ne perçoivent pas d'indemnités au titre des fonctions qu'ils exercent au sein de ces établissements.

d. La déclaration de patrimoine et d'intérêts des élus locaux

96 Dans le cadre de la **transparence de la vie publique**, certains élus communaux et intercommunaux doivent transmettre à la **Haute autorité pour la transparence de la vie publique** une **déclaration**

de patrimoine et une **déclaration d'intérêts**, et ce, dans les deux mois qui suivent leur entrée en fonctions (Loi n° 2013-907 du 11 octobre 2013 relative à la transparence de la vie publique). La transmission peut s'effectuer par voie électronique.

Sont concernés :

- les maires des communes de plus de 20 000 habitants ;

- les adjoints aux maires des communes de plus de 100 000 habitants, titulaires d'une délégation de signature ;

- les présidents d'EPCI à fiscalité propre dont la population excède 20 000 habitants ou dont le montant des recettes de fonctionnement figurant au dernier compte administratif est supérieur à 5 millions d'euros ainsi que les présidents des autres EPCI dont le montant des recettes de fonctionnement figurant au dernier compte administratif est supérieur à 5 millions d'euros et du président du conseil de la métropole de Lyon ;

- les vice-présidents et membres du bureau des EPCI à fiscalité propre de plus de 100 000 habitants et du conseil de la métropole de Lyon titulaires d'une délégation de signature ;

- les présidents de conseil régional et de conseil départemental ; les présidents de l'Assemblée de Corse, du conseil exécutif de Corse, de l'assemblée de Guyane, de l'assemblée de Martinique, du conseil exécutif de Martinique, d'une assemblée territoriale d'outre-mer ;

- les conseillers régionaux, les conseillers départementaux, les conseillers exécutifs de Corse, les conseillers à l'assemblée de Guyane et de Martinique, les conseillers exécutifs de Martinique titulaires d'une délégation de signature.

Toute modification substantielle de la situation patrimoniale ou des intérêts détenus doit donner lieu, dans un délai de deux mois, à une nouvelle déclaration, de patrimoine ou d'intérêt, dans les mêmes formes.

Enfin, deux mois au plus tôt et un mois au plus tard avant la fin de ces mandats, ou en cas de dissolution de l'assemblée concernée ou de cessation du mandat pour une cause autre que le décès, les élus doivent adresser une nouvelle déclaration de situation patrimoniale.

e. La retraite des élus locaux

97 Trois types d'élus doivent être distingués :

- **les élus qui ne reçoivent aucune indemnité de fonction** : ils ne bénéficient d'aucun régime de retraite ;

- **les élus qui reçoivent des indemnités de fonction** : ils sont normalement affiliés, à titre obligatoire, à l'institution de retraite complémentaire des agents non titulaires de l'État et des collectivités publiques, l'IRCANTEC (l'IRCANTEC a été créée en 1970 ; sa gestion est assurée par la Caisse des dépôts). Facultativement, ils peuvent également cotiser à une caisse de retraite par rente (par ex. FONPEL, CAREL) – la constitution de cette rente incombe pour moitié à l'élu et pour moitié à la collectivité locale (art. L. 2123-27 CGCT, pour la commune ; L. 3123-22, pour le département ; L. 4135-22, pour la région) ;

- **certains des élus qui ont cessé toute activité professionnelle** pour se consacrer à leur mandat peuvent être rattachés au régime général d'assurance vieillesse de la sécurité sociale (avec l'IRCANTEC pour régime de retraite complémentaire, et l'impossibilité de souscrire une retraite FONPEL ou CAREL).

Le régime de retraite de droit commun : l'IRCANTEC. Tous les élus locaux titulaires d'une indemnité de fonction – qu'ils exercent simultanément une activité professionnelle ou non – sont obligatoirement affiliés au régime complémentaire de retraite des agents des collectivités territoriales.

- **Sont donc obligatoirement affiliés à l'IRCANTEC** : les maires et leurs adjoints, les conseillers municipaux percevant une indemnité de fonction (il s'agit des conseillers municipaux des communes de moins de 100 000 habitants recevant une indemnité au titre d'un mandat spécial ; v. ss 93-94), les présidents et vice-présidents des établissements publics de coopération intercommunale, les conseillers départementaux et régionaux. Pour les élus cotisants, il n'existe aucun « couperet » : les élus affiliés à l'IRCANTEC cotisent au-delà de soixante-cinq ans (art. D. 2123-26 CGCT).

- **Les cotisations à l'IRCANTEC**, qui portent sur la totalité des indemnités de fonction effectivement perçues et qui sont versées pendant toute la durée du mandat, comprennent deux parts : l'une à la charge de l'élu ; l'autre de la collectivité (pour laquelle ces cotisations constituent des dépenses obligatoires). Les élus cotisent selon quatre catégories bien distinctes de mandats ou fonctions : mandats communaux, départementaux, régionaux, et fonctions exercées à la tête d'un organisme de coopération intercommunale. Site à consulter : www.cdc.retraites.fr

- **Pour obtenir une retraite d'élu**, il faut avoir cessé d'exercer toutes les fonctions électives d'une même catégorie (un élu ne peut donc pas être pensionné en tant qu'ancien maire, tout en cotisant à l'IRCANTEC en tant qu'adjoint au maire ; en revanche, il peut se trouver pensionné au titre d'un ancien mandat municipal, tout en étant cotisant en tant que conseiller départemental, ou l'inverse). Mais en tant qu'élu, il est possible de cumuler : une retraite du régime salarié, des cotisations pour le régime élu, et depuis le 1er juillet 1995 : une retraite pour un mandat et des cotisations pour un mandat d'une autre catégorie. En cas de décès, la pension est reversée à tout ayant droit désigné.

- **Le niveau de la pension servie** est directement proportionnel au nombre de points détenus dans le régime. Au moment de la liquidation, le montant de la pension annuelle est obtenu en multipliant le nombre total de points acquis par la « valeur du point IRCANTEC », qui est fixée chaque année (ainsi, par exemple, jusqu'au 30 septembre 2015, la valeur de ce point est égale à 0,47460 €). En pratique, force est de constater la modicité des pensions versées aux élus sur la base de leur affiliation obligatoire au régime de l'IRCANTEC.

Les régimes de retraite facultatifs. Tous les élus locaux qui bénéficient d'indemnités de fonction peuvent cotiser à des régimes de retraite facultatifs (par ex. FONPEL, CAREL), à l'exception de ceux qui sont affiliés à l'assurance vieillesse du régime général de la sécurité sociale au titre de leur mandat électif (il s'agit de certains élus qui ont cessé toute activité professionnelle pour se consacrer à leur mandat). Ainsi, le dispositif facultatif de retraite par rente est actuellement réservé à ceux qui continuent l'exercice de leur activité professionnelle. Les élus locaux concernés sont libres de constituer une retraite par rente. Cette dernière est composée pour moitié par le cotisant sur le montant de ses indemnités, et pour l'autre moitié par la collectivité sur son budget (avec un plafonnement à 8 % des indemnités brutes perçues par l'élu concerné). La participation due par la collectivité ou l'EPCI dans ce cadre constitue une dépense obligatoire et n'est soumise à aucun vote ou délibération.

2. Les moyens mis à la disposition des élus locaux

a. Les moyens accordés aux élus locaux

98 Des **droits** ont été **reconnus au bénéfice de la minorité** et sont opposables à la majorité. C'est ainsi que des moyens destinés à permettre à l'opposition d'exercer sa liberté de réunion ont été consacrés par la loi (art. L. 2121-27 CGCT ; égal. art. D. 2121-12 CGCT). De même, la liberté d'expression de l'opposition doit pouvoir s'exprimer dans le cadre de certaines publications locales (art. L. 2121-27-1).

L'attribution d'un local aux conseillers n'appartenant pas à la majorité municipale. Le régime applicable comprend les deux modalités suivantes (art. L. 2121-27 CGCT et art. D. 2121-12 CGCT).

- **Le régime des communes de plus de 3 500 habitants et de moins de 10 000 habitants.** S'ils en font la demande, **les conseillers n'appartenant pas à la majorité municipale** peuvent disposer sans frais du prêt d'un local commun. Les modalités d'aménagement et d'utilisation du local sont fixées par accord entre ces conseillers et le maire. En cas de désaccord, il appartient au maire d'arrêter les conditions de cette mise à disposition. La mise à disposition d'un local administratif peut-être, dans la mesure compatible avec l'exécution des services publics, soit permanente, soit temporaire. Dans ce dernier cas, en l'absence d'accord entre le maire et les conseillers concernés, la durée de mise à disposition ne peut être inférieure à quatre heures par semaine, dont deux heures au moins pendant des heures ouvrables.

La répartition du temps d'occupation du local mis à disposition des conseillers minoritaires entre leurs différents groupes est fixée d'un commun accord. En l'absence d'accord, le maire procède à cette répartition en fonction de l'importance des groupes.

- **Le régime des communes de plus de 10 000 habitants.** Dans ce cas, les **conseillers municipaux n'appartenant pas à la majorité municipale** peuvent, à leur demande, disposer d'un **local administratif permanent.** S'il n'y a pas d'accord possible pour la répartition du temps d'occupation, c'est le maire qui opère comme indiqué précédemment. Dans un arrêt *Leveau*, le Conseil d'État a affirmé qu'il s'agissait d'une obligation et que tout maire, saisi d'une demande en ce sens, devait la satisfaire dans un délai raisonnable (CE, 4 juill. 1997, *Leveau*, n° 161105 ; *RFD adm.* 1997, p. 822, concl. J.-H. Stahl ; *AJDA* 1997, p. 584, chron. D. Chauvaux et T.-X. Girardot ; v. égal. CE, 28 janv. 2004, *Cne de Pertuis*, n° 256544 ; *AJDA* 2004, p. 932, note S. Blondel : est illégale la disposition du règlement intérieur d'une commune de plus de 10 000 habitants qui attribue un local à l'opposition seulement une matinée par semaine).

La liberté d'expression de l'opposition doit, par ailleurs, pouvoir s'exprimer dans le cadre de certaines publications locales. En effet, en vertu de l'article L. 2121-27-1 CGCT, « dans les communes de 3 500 habitants et plus, lorsque la commune diffuse, sous quelque forme que ce soit, un bulletin d'information générale sur les réalisations et la gestion du conseil municipal, un espace est réservé à l'expression des conseillers n'appartenant pas à la majorité municipale » (v. égal. art. L. 3121-24-1 CGCT pour le département et art. L. 4132-23-1 CGCT pour la région ; I. Muller-Quoy, « L'élu local : nouveau statut, nouveau droit », *AJDA* 2002, p. 283). Toutefois, la loi a renvoyé au règlement intérieur de la collectivité concernée le soin de prévoir les modalités d'application de cette disposition. Le juge administratif est alors parfois saisi d'un contentieux concernant précisément l'encadrement juridique tel qu'il résulte de ce règlement intérieur. C'est ainsi qu'il a jugé, par exemple, qu'une publication municipale conçue comme un simple relevé rendant compte des délibérations du conseil municipal et donc des positions exprimées par la minorité au même titre que de celles prises par la majorité n'est pas un « bulletin d'information générale sur les réalisations et la gestion du conseil municipal » au sens de la loi et peut donc voir ses colonnes fermées à l'opposition (CE, 28 janv. 2004, *Cne Pertuis*, préc.). Par ailleurs, le juge administratif a été conduit à apprécier si les espaces réservés aux élus de l'opposition dans les publications qui leur sont cette fois-ci ouvertes ne sont pas insuffisants au point de méconnaître l'obligation instituée par la loi. Effectuant en l'espèce un contrôle *in concreto*, il a par exemple jugé que donner une page sur une vingtaine pour l'expression des points de vue de l'opposition ne pouvait pas raisonnablement être regardé comme méconnaissant ladite obligation (CE, 28 janv. 2004, *Cne Pertuis*, préc.).

b. Les moyens accordés aux groupes d'élus

99 Un **groupe d'élus** se définit comme la réunion de plusieurs personnes formant une unité organique (il peut donc être juste constitué de deux personnes). Il est constitué par la remise au maire, au président du conseil départemental, au président du conseil régional, au président du conseil de la communauté urbaine, d'une déclaration signée de ses membres et accompagnée de la liste de ceux-ci et de leur représentant. Dans les communes de plus de 100 000 habitants, les conseils départementaux, les conseils régionaux et les communautés urbaines de plus de 100 000 habitants, **les groupes d'élus peuvent disposer de moyens accrus en personnel et matériel dans les conditions suivantes** (art. L. 2121-28, L. 3121-24, L. 4132-23 et L. 5215-18 CGCT).

- **Mise à disposition de personnel.** Du personnel peut être affecté aux groupes d'élus par l'exécutif de la collectivité, dans des conditions fixées par les assemblées et sur proposition des représentants de chaque groupe. Les crédits nécessaires aux dépenses de ces personnes ne peuvent excéder 30 % du montant total des indemnités versées chaque année aux membres de l'assemblée concernée. Les collaborateurs des groupes d'élus peuvent être soit des fonctionnaires territoriaux titulaires de la collectivité affectés auprès de ces groupes d'élus après avoir recueilli leur accord, soit des agents non titulaires recrutés sur le fondement de l'article 3, alinéa 3, de la loi n° 84-53 du 26 janvier 1984 (modifiée) portant dispositions statutaires relatives à la fonction publique territoriale, au motif que les missions confiées à ces agents contractuels ne relèvent d'aucun cadre d'emplois.

Lorsque le personnel mis à disposition des groupes d'élus est composé de personnes en situation contractuelle, la durée de leur contrat de travail ne peut excéder l'expiration du mandat des élus pour lesquels ils travaillent (à savoir la date de la proclamation du résultat de l'élection des nouveaux membres de l'assemblée locale concernée, et ce même si le contrat ne prévoit pas une telle clause).

- **Mise à disposition d'un local et prise en charge de frais de fonctionnement**. S'agissant des moyens matériels pouvant être affectés par la collectivité aux groupes d'élus, une liste strictement limitative a été déterminée en fonction des besoins propres au fonctionnement interne de l'assemblée : local administratif, matériel de bureau, frais de documentation, de courrier et de télécommunication. En revanche, la collectivité ne peut prendre en charge les frais d'information et de communication à destination de la population qu'un groupe politique pourrait engager, car ces frais n'ont pas pour but de contribuer au bon fonctionnement interne de l'assemblée délibérante.

3. L'information des élus locaux

100 Les élus locaux ont besoin d'informations suffisamment complètes pour se prononcer en toute connaissance de cause sur les affaires qui leur sont soumises. Le **droit à l'information des élus locaux** a fait l'objet d'une consécration législative par la loi n° 92-125 du 6 février 1992 relative à l'administration territoriale de la République. Il s'exerce principalement à travers la **convocation des conseils** municipaux, départementaux et régionaux, la procédure des **questions orales**, ainsi que la possibilité de créer une **mission d'information** sur les questions d'intérêt local et d'évaluation des services publics locaux (D. Landbeck, « L'information des assemblées délibérantes locales : enjeux et difficultés », *AJDA* 2003, p. 1138 ; S. Le Guilcher, « Nouveaux développements autour des conditions d'exercice du droit à l'information des élus locaux », *RD publ.* 2006, p. 605).

a. La convocation

101 **La convocation des conseillers municipaux** (art. L. 2121-10, L. 2121-11 et L. 2121-12 CGCT). Les délais pour envoyer les convocations sont différents selon qu'il s'agit d'une commune de moins de 3 500 habitants ou d'une commune de 3 500 habitants et plus. Cependant, pour ces deux catégories de communes, la convocation doit toujours être faite par le maire. Elle indique les questions posées à l'ordre du jour. Elle doit être mentionnée au registre des délibérations, affichée ou publiée. Elle est adressée aux conseillers municipaux par écrit, sous quelque forme que ce soit, à leur domicile, sauf s'ils font le choix d'une autre adresse.

- **Dans les communes de moins de 3 500 habitants.** La convocation est adressée trois jours francs au moins avant la réunion. En cas d'urgence, ce délai peut être abrégé par le maire, sans pouvoir toutefois être inférieur à un jour franc. Le maire en rend compte dès l'ouverture de la séance au conseil municipal qui se prononce sur l'urgence et peut décider du renvoi de la discussion pour tout ou partie à l'ordre du jour d'une séance ultérieure.

- **Dans les communes de plus de 3 500 habitants.** La convocation est adressée cinq jours francs au moins avant la réunion. En cas d'urgence, ce délai peut être abrégé par le maire, sans pouvoir toutefois être inférieur à un jour franc. Le maire en rend compte dès l'ouverture de la séance au conseil municipal qui se prononce sur l'urgence et peut décider du renvoi de la discussion pour tout ou partie à l'ordre du jour d'une séance ultérieure.

Si la convocation doit toujours comprendre la liste des questions portées à l'ordre du jour, certaines dispositions spécifiques ont été prévues pour les communes de 3 500 habitants et plus. En effet, la convocation adressée aux conseillers municipaux doit comporter, hormis la liste des questions posées à l'ordre du jour, une note explicative de synthèse qui doit être suffisamment détaillée. Ainsi, par exemple, la note qui ne comporte que le montant total des recettes et des dépenses de la section de fonctionnement et de la section d'investissement, accompagné d'une phrase se bornant à commenter succinctement les orientations suivies par la commune en matière de travaux, ne peut être considérée comme suffisante et peut être à l'origine de l'annulation des délibérations adoptées sur la base de ce document. Par ailleurs, lorsque la délibération concerne un contrat de service public, tout conseiller municipal peut, à sa demande et dans les conditions fixées par le règlement intérieur de l'assemblée, consulter le projet de contrat ou de marché accompagné de l'ensemble des pièces à la mairie.

La convocation des conseillers départementaux et régionaux (art. L. 3121-19 et L. 4132-18 CGCT). Douze jours au moins avant la réunion du conseil départemental ou régional, le président adresse aux conseillers départementaux ou régionaux un rapport, sous quelque forme que ce soit, sur chacune des affaires qui doivent leur être soumises. Faute de ce rapport préalable, les délibérations interviennent au terme d'une procédure irrégulière et encourent l'annulation.

À noter : Il est précisé à l'article L. 3121-19 CGCT que les rapports peuvent être mis à la disposition des conseillers départementaux qui le souhaitent par voie électronique de manière sécurisée.

En cas d'urgence, le délai de douze jours peut être abrégé par le président sans pouvoir être toutefois inférieur à un jour franc. Le président rend compte dès l'ouverture de la séance du conseil départemental, qui se prononce sur l'urgence et peut décider le renvoi de la discussion, pour tout ou partie, à l'ordre du jour d'une séance ultérieure.

Par ailleurs, les conseillers régionaux doivent recevoir simultanément les projets sur lesquels le conseil économique, social et environnemental régional est obligatoirement et préalablement consulté.

b. Les questions orales

102 À l'image de la procédure en vigueur au sein des assemblées parlementaires, les questions orales doivent **permettre aux élus membres d'une assemblée locale de demander des explications à l'autorité exécutive de la collectivité sur les affaires relevant de cette dernière** (art. L. 2121-19, L. 3121-20 et L. 4132-20 CGCT).

- Dans les communes de 3 500 habitants et plus, les départements et les régions, la fréquence et les règles de présentation et d'examen des questions orales sont fixées par le règlement intérieur.

- Dans les communes de moins de 3 500 habitants, elles sont fixées par une délibération du conseil municipal.

c. La création d'une mission d'information et d'évaluation

103 Selon l'article L. 2121-22-1 CGCT, « dans les communes de 50 000 habitants et plus, le conseil municipal, lorsqu'un sixième de ses membres le demande, délibère de la création d'une **mission d'information et d'évaluation**, chargée de recueillir des éléments d'information sur une question d'intérêt communal ou de procéder à l'évaluation d'un service public communal. Un même conseiller municipal ne peut s'associer à une telle demande plus d'une fois par an (...). Le règlement intérieur fixe les règles de présentation et d'examen de la demande de constitution de la mission, ses modalités de fonctionnement, les modalités de sa composition dans le respect du principe de la représentation proportionnelle, la durée de la mission, qui ne peut excéder six mois à compter de la date de la délibération qui l'a créée, ainsi que les conditions dans lesquelles elle remet son rapport aux membres du conseil municipal ».

Des dispositions quasi identiques sont prévues pour les conseils départementaux et régionaux aux articles L. 3121-22-1 et L. 4132-21-1 CGCT.

À travers cette avancée législative, on peut observer que le mouvement en faveur d'une certaine « parlementarisation » des assemblées locales se renforce progressivement.

4. La formation des élus locaux

104 **Droit à une formation adaptée aux fonctions des élus locaux.** La multiplication des textes législatifs et réglementaires, la complexification des règles juridiques, l'accroissement des exigences des administrés à l'égard de leurs élus dans un contexte de pénalisation de la gestion locale témoignent de la nécessité pour les élus locaux de pouvoir pleinement bénéficier d'une formation adaptée à leurs fonctions. Leur formation souffre pourtant aujourd'hui d'une insuffisance de moyens. Aussi, la loi a reconnu à l'élu local le droit à « une formation adaptée à ses fonctions » (art. L. 2123-12

s., L. 3123-10 s. et L. 4135-10 s. CGCT) – c'est-à-dire de nature à répondre aux exigences des fonctions exercées – et a prévu la prise en charge par la collectivité des frais de déplacement, de séjour et, le cas échéant, d'enseignement, à la condition toutefois que l'organisme de formation ait fait l'objet d'un agrément du ministère de l'Intérieur (art. R. 1221-12 s. CGCT).

Cette formation qui est obligatoire au cours de la première année de mandat pour les élus ayant reçu une délégation (dans les communes, cette obligation ne s'applique toutefois que pour celles qui ont plus de 3 500 habitants) doit donner lieu à débat au sein des assemblées locales concernées. En effet, le législateur a prévu que « dans les trois mois suivant son renouvellement, le conseil (...) délibère sur l'exercice du droit à la formation de ses membres. Il détermine les orientations et les crédits ouverts à ce titre ». De plus, « un tableau récapitulant les actions de formation des élus financées par la (collectivité concernée) est annexé au compte administratif. Il donne lieu à un débat annuel sur la formation des membres du conseil (...). »

Financement des dépenses de formation. Quelles sont les **dépenses** qui sont **prises en charge** au titre de la formation des élus ? Les dépenses donnant lieu à remboursement portent sur les **frais de déplacement, de séjour** et **d'enseignement**. De plus, les **pertes de revenu** subies par l'élu du fait de l'exercice de son droit à la formation sont compensées par la collectivité dans la limite de dix-huit jours par élu pour la durée du mandat et d'une fois et demie la valeur horaire du salaire minimum de croissance par heure. Mais il ne peut s'agir de financer dans ce cadre des voyages d'études (art. L. 2123-15, L3123-13, L. 4135-13 CGCT).

À noter : Les communes membres d'un établissement public de coopération intercommunale peuvent transférer à ce dernier les compétences qu'elles détiennent en matière de droit à la formation de leurs élus. Le transfert entraîne alors de plein droit la prise en charge par le budget de l'établissement public de coopération intercommunale des frais de formation inhérents (Art. L. 2123-14-1 CGCT).

Quant au financement proprement dit de ces dépenses, il est à la charge des collectivités concernées dans la fourchette suivante : **Le montant prévisionnel des dépenses** de formation **ne peut être**

inférieur à 2 % du montant total des indemnités de fonction qui peuvent être allouées aux membres des conseils locaux prévues par les dispositions pertinentes du code général des collectivités territoriales ; le montant réel des dépenses de formation **ne peut excéder 20 % du même montant.** En cas de reliquats, il est prévu que les crédits relatifs aux dépenses de formation qui n'ont pas été consommés à la clôture de l'exercice au titre duquel ils ont été inscrits sont affectés en totalité au budget de l'exercice suivant. Ils ne peuvent toutefois être reportés au-delà de l'année au cours de laquelle intervient le renouvellement de l'assemblée délibérante. Articles : L. 2123-14, L. 3123-12 L. 4135-12 CGCT.

À noter : **Dotation particulière pour les petites communes rurales.** L'article L. 2335-1 CGCT a prévu pour celles-ci une « dotation particulière relative aux conditions d'exercice des mandats locaux », laquelle est « prélevée sur les recettes de l'État et déterminée chaque année en fonction de la population totale de ces communes ainsi que de leur potentiel financier ».

Droit individuel à la formation pour les élus locaux. Le dispositif précédent qui procède notamment de règles introduites par les lois du 3 février 1992 et 27 février 2002 a été étoffé par l'introduction en 2015 (Loi n° 2015-366 du 31 mars 2015 visant à faciliter l'exercice, par les élus locaux, de leur mandat) d'un **droit individuel à la formation au profit de l'ensemble des élus locaux** – articles L. 2123-12-1 pour les mandats municipaux ; L. 3123-10-1 pour les mandats départementaux ; L. 4135-10-1 pour les mandats régionaux ; et par renvoi aux élus des EPCI. Ce nouveau droit n'est plus accordé en considération des fonctions électives et des compétences à acquérir pour leur exercice. En effet, comme l'a précisé le législateur : « la mise en œuvre du droit individuel à la formation relève de l'initiative de chacun des élus et peut concerner des formations sans lien avec l'exercice du mandat. Ces formations peuvent notamment contribuer à l'acquisition des compétences nécessaires à la réinsertion professionnelle à l'issue du mandat. » – ce qui circonscrit peu, on en conviendra, le champ des formations suivies.

À noter : Les élus bénéficient ainsi chaque année d'un droit individuel à la formation d'une durée de vingt heures, cumulable sur toute la durée du mandat et financé par une cotisation obligatoire, dont le taux ne peut être inférieur à 1 %, assise sur leurs indemnités et collectée par un organisme collecteur national. On le voit, le financement des formations suivies dans le cadre de ce dispositif repose sur le prélèvement d'une cotisation obligatoire assise sur les indemnités des élus, ce qui ne crée pas de charges financières nouvelles au débit des collectivités territoriales.

5. Les facilités horaires accordées aux élus locaux

105 La décentralisation, la complexification de la législation ainsi que les attentes légitimes des administrés impliquent, pour les élus, de consacrer un temps important à l'exercice de leurs responsabilités. Aussi, pour permettre aux élus de concilier leur vie professionnelle avec l'exercice de son mandat, le législateur a institué un régime **d'autorisation d'absence** pour participer aux différentes réunions (réunions de leur conseil et des commissions, instituées par délibération, dont ils sont membres ainsi qu'à celles des organismes où ils représentent leur collectivité) et un système de **crédits d'heures** pour pouvoir se consacrer à l'administration et à la gestion locales. Par ailleurs, dans certains cas, la nécessité pour les élus de devoir se consacrer entièrement à leur mandat a justifié l'instauration d'un régime de **suspension du contrat de travail** avec droit à protection sociale et à réintégration dans l'entreprise à l'issue de leur mandat.

a. Les autorisations d'absence

106 Parmi les **garanties accordées dans l'exercice du mandat**, il convient de ranger en particulier l'**autorisation d'absence.** Son régime est fixé à l'article L. 2123-1 CGCT pour la commune – que l'on retrouve à l'dentique aux articles L. 3123-1 (département) et L. 4135-1 (région). Ainsi :

« L'employeur est tenu de laisser à tout salarié de son entreprise membre d'un conseil (...) le temps nécessaire pour se rendre et participer :

1° Aux séances plénières de ce conseil ;

2° Aux réunions de commissions dont il est membre et instituées par une délibération du conseil (...) ;

3° Aux réunions des assemblées délibérantes et des bureaux des organismes où il a été désigné pour représenter la (collectivité).

Selon des modalités fixées par un décret en Conseil d'État, l'élu (...) doit informer l'employeur de la date de la séance ou de la réunion dès qu'il en a connaissance.

L'employeur n'est pas tenu de payer comme temps de travail le temps passé par l'élu aux séances et réunions précitées. »

À noter : Le régime des autorisations d'absence s'applique aussi bien aux salariés de droit privé que de droit public. Il s'applique à ces derniers lorsqu'ils ne bénéficient pas de dispositions plus favorables.

Obligations de l'employeur. Il est tenu de laisser à tout élu le temps nécessaire pour se rendre et participer aux séances et réunions en lien avec son mandat.

De plus, les absences correspondantes sont assimilées à une durée de travail effective pour la détermination de la durée des congés payés et du droit aux prestations sociales ainsi qu'au regard de tous les droits découlant de l'ancienneté (art. L. 2123-7 CGCT).

Par ailleurs, aucune modification de la durée et des horaires de travail prévus par le contrat ne peut être effectuée en raison des absences de l'élu pour exercer son mandat, sauf s'il donne son accord (art. L. 2123-7, al. 2, CGCT).

Enfin, l'employeur ne peut prendre prétexte des absences résultant de l'application des textes concernant les autorisations d'absence pour prononcer un licenciement, un déclassement professionnel ou une sanction disciplinaire. De telles mesures seraient nulles et entraîneraient le versement de dommages et intérêts au profit de l'élu visé (art. L. 2123-8 CGCT).

Obligations et droits des élus locaux. Il existe une limite aux autorisations d'absence pour participer aux réunions : celles-ci ne peuvent dépasser au total la moitié de la durée légale du travail pour une année civile (art. L. 2123-5 CGCT).

Sur le plan financier, comme l'employeur n'est pas tenu de payer comme temps de travail le temps passé par l'élu aux séances et réunions et comme celui-ci peut ne pas bénéficier d'indemnités de fonctions, des pertes de revenus sont susceptibles d'être occasionnées par l'exercice du mandat électif. Aussi, l'élu a-t-il la faculté d'en obtenir compensation par sa collectivité ou l'organisme auprès duquel il la représente. Cette compensation est toutefois limitée à soixante-douze heures par an et par élu, chaque heure ne pouvant être rémunérée à un montant supérieur à une fois et demie la valeur horaire du SMIC (art. L. 2123-3 CGCT).

b. Le crédit d'heures

107 **Le crédit d'heures** (art. L. 2123-2, L. 3123-2, L. 4135-2 et R. 5211-3 CGCT) est indépendant des autorisations d'absence. Il est destiné à permettre à certains élus de disposer du temps nécessaire à l'administration de la collectivité locale ou de l'organisme auprès duquel ils la représentent et à la préparation des réunions des instances où ils siègent. En tout état de cause, les crédits d'heures et les autorisations d'absence ne peuvent dépasser au total la moitié de la durée légale du travail pour une année civile. Il convient de préciser que, dans la limite de ce plafond, un élu qui exerce plusieurs mandats peut cumuler les autorisations d'absence et les crédits d'heures auxquels il a droit au titre de chacun des mandats qu'il exerce.

Obligations de l'élu. Pour bénéficier du crédit d'heures, qui est forfaitaire et trimestriel, l'élu doit informer son employeur par écrit trois jours au moins avant son absence, en précisant la date et la durée de l'absence envisagée ainsi que la durée du crédit d'heures à laquelle il a encore droit au titre du trimestre en cours. Il convient par ailleurs de prendre garde au fait que les heures non utilisées pendant un trimestre ne sont pas reportables.

Obligations de l'employeur. L'employeur est tenu d'autoriser l'utilisation du crédit d'heures.

Le temps d'absence n'est pas payé par l'employeur, mais il est assimilé à une durée de travail effective pour la détermination de la durée des congés payés et du droit aux prestations sociales ainsi qu'au regard de tous les droits découlant de l'ancienneté (art. L. 2123-7 CGCT).

Enfin, aucune modification de la durée et des horaires de travail prévus par le contrat ne peut être effectuée en raison des absences de l'élu pour exercer son mandat, sauf s'il donne son accord (art. L. 2123-7, al. 2, CGCT).

Commune. Voir article L. 2123-2 CGCT.

Le crédit d'heures, **forfaitaire** et **trimestriel**, est **fixé par référence à la durée hebdomadaire légale du travail**. Il est égal :

1° À l'équivalent de quatre fois la durée hebdomadaire légale du travail pour les maires des communes d'au moins 10 000 habitants et les adjoints au maire des communes d'au moins 30 000 habitants ;

2° À l'équivalent de trois fois la durée hebdomadaire légale du travail pour les maires des communes de moins de 10 000 habitants et les adjoints au maire des communes de 10 000 à 29 999 habitants ;

3° À l'équivalent d'une fois et demie la durée hebdomadaire légale du travail pour les conseillers municipaux des communes de 100 000 habitants au moins et les adjoints au maire des communes de moins de 10 000 habitants ;

4° À l'équivalent d'une fois la durée hebdomadaire légale du travail pour les conseillers municipaux des communes de 30 000 à 99 999 habitants, de 60 % pour les conseillers municipaux des communes de 10 000 à 29 999 habitants et de 30 % pour les conseillers municipaux des communes de 3 500 à 9 999 habitants ;

5° À l'équivalent de 20 % de la durée hebdomadaire légale du travail pour les conseillers municipaux des communes de moins de 3 500 habitants.

Département. Voir article L. 3123-2 CGCT.

Le crédit d'heures, **forfaitaire** et **trimestriel**, est égal :

1° **Pour le président et chaque vice-président de conseil départemental**, à l'équivalent de quatre fois la durée hebdomadaire légale du travail ;

2° **Pour les conseillers départementaux**, à l'équivalent de trois fois la durée hebdomadaire légale du travail.

Région. Voir article L. 4135-2 CGCT.

Ce crédit d'heures, **forfaitaire** et **trimestriel**, est égal :

1° **Pour le président et chaque vice-président du conseil régional** à l'équivalent de quatre fois la durée hebdomadaire légale du travail ;

2° **Pour les conseillers régionaux**, à l'équivalent de trois fois la durée hebdomadaire légale du travail.

Établissement public de coopération intercommunale. Une distinction doit être opérée.

- En ce qui concerne les délégués des communes dans les **syndicats** (syndicats de communes, syndicat d'agglomération nouvelle, syndicat mixte composé exclusivement de communes et de leurs groupements), ils bénéficient du droit au crédit d'heures qui leur est ouvert au titre de leur mandat municipal par l'article L. 2123-3 CGCT. Les dispositions de cet article leur permettent de disposer de temps pour la préparation des réunions et la gestion des affaires non seulement de leur commune mais également des instances dans lesquelles ils la représentent, en particulier dans les EPCI. Il est précisé que lorsque le président, le vice-président et les membres de ces établissements n'exercent pas de mandat municipal, ils sont assimilés, pour l'application des dispositions de l'article L. 2123-3 CGCT relatif au crédit d'heures, respectivement au maire, aux adjoints au maire et aux conseillers municipaux de la commune la plus peuplée de l'établissement public (art. R. 5211-3, 1° CGCT).

- En ce qui cncerne les membres des conseils des **communautés** urbaines, des communautés d'agglomération, des communautés de communes et des communautés d'agglomération nouvelle, ils bénéficient d'un droit propre à un crédit d'heures dans les mêmes conditions que les élus municipaux en application respectivement des articles L. 5214-8, L. 5215-16 et L. 5216-4. Le président, les vice-présidents et les membres de ces établissements sont assimilés respectivement au maire, aux adjoints au maire et aux conseillers municipaux d'une commune dont la population serait égale à celle de l'ensemble des communes composant cet établissement (art. R. 5211-3, 2° CGCT).

c. La suspension de l'activité professionnelle

108 **Principe.** Le montant du crédit d'heures prévu par la loi (v. ss 107) peut se révéler insuffisant pour permettre aux titulaires d'un mandat exécutif local d'exercer leurs fonctions dans des conditions satisfaisantes. C'est pourquoi le législateur a offert à certains élus la possibilité de se consacrer pleinement au service de leur collectivité pour la durée de leur mandat, tout en bénéficiant à son expiration d'un droit à réinsertion automatique au sein de leur activité professionnelle.

Bénéficiaires. Institué à l'origine pour les parlementaires par les articles L. 3142-60 à L. 3142-64 du code du travail, le régime de suspension du contrat de travail a été étendu aux élus locaux par la loi du 3 février 1992 et aménagé depuis (art. L. 2123-9, L. 3123-7 et L. 4135-7 CGCT). Ce régime concerne :

- tous les maires ;
- les adjoints au maire des communes de 10 000 habitants au moins ;

le président ou les vice-présidents ayant délégation de l'exécutif du conseil départemental ;

le président ou les vice-présidents ayant délégation de l'exécutif du conseil régional.

Régime. La **suspension du contrat de travail** intervient sur demande de l'intéressé, s'il a au moins un an d'ancienneté dans l'entreprise, jusqu'à l'expiration de son mandat.

Ces dispositions sont applicables aux agents non titulaires de l'État et aux personnels des collectivités territoriales, des établissements et entreprises publics, sauf dispositions plus favorables.

Quant aux fonctionnaires, ils peuvent bénéficier des dispositions de leur statut sur le **détachement** qui leur accordent un droit à réintégration à l'issue du ou des mandats qu'ils ont exercés, avec maintien des droits à l'avancement et à la retraite pendant la durée du détachement (art. L. 2123-10 CGCT). La position de détachement est cependant soumise à autorisation hiérarchique. En revanche, le fonctionnaire obtient de plein droit une **mise en disponibilité** pour exercer un mandat local, position dans laquelle il cesse de bénéficier de ses droits à l'avancement et à la retraite.

Réintégration. Le salarié élu dont le contrat a été suspendu sur la base des dispositions précédentes peut formuler une demande de réintégration dans son entreprise, au plus tard deux mois après l'expiration de son mandat.

Toutefois, le droit à réintégration est réservé aux élus dont le mandat n'a pas été renouvelé, sauf si la suspension du contrat de travail a été inférieure à cinq ans. À défaut, l'ancien élu aurait néanmoins droit, pendant un an, à une embauche par priorité avec maintien des avantages qu'il avait acquis au moment du départ.

Lorsque les conditions de la réintégration sont remplies, l'employeur doit alors le réintégrer « dans son emploi précédant ou dans un emploi analogue », assorti d'une « rémunération équivalente ». L'élu bénéficie alors des avantages acquis par les salariés de sa catégorie pendant son mandat et a droit, si nécessaire, à une réadaptation professionnelle.

6. Les garanties accordées à l'issue du mandat

109 **On assiste à un renforcement des garanties offertes à l'issue du mandat aux élus locaux ayant interrompu leur activité professionnelle :** elles sont fixées par les articles L. 2123-11, L. 3123-9-1 et L. 4135-9-1 CGCT.

Stage de remise à niveau. Comme le prévoit l'article L. 2123-11 CGCT, « À la fin de leur mandat, les élus visés à l'article L. 2123-9 (il s'agit des maires et des adjoints au maire des communes de 10 000 habitants au moins) bénéficient à leur demande d'un stage de remise à niveau organisé dans l'entreprise, compte tenu notamment de l'évolution de leur poste de travail ou de celle des techniques utilisées. »

Même dispositif pour le président ou les vice-présidents ayant délégation de l'exécutif du conseil régional (art. L. 4135-9 CGCT) et pour le président ou les vice-présidents ayant délégation de l'exécutif du conseil départemental (art. L. 3123-9 CGCT).

Droit à une formation professionnelle et à un bilan de compétences. Comme le prévoit l'article L. 2123-11-1 CGCT, « À l'issue de son mandat, tout maire ou, dans les communes de 10 000 habitants au moins, tout adjoint qui, pour l'exercice de son mandat, a cessé son activité professionnelle salariée a droit sur sa demande à une formation professionnelle et à un bilan de compétences dans les conditions fixées par la sixième partie du code du travail. »

La même disposition précise que « Lorsque l'intéressé demande à bénéficier du **congé de formation** prévu par les articles L. 6322-1 à L. 6322-3 du code du travail, ainsi que du **congé de bilan de compétences** prévu par l'article L. 6322-42 du même code, le temps passé au titre du mandat local est assimilé aux durées d'activité exigées pour l'accès à ces congés. »

Même régime pour la région : article L. 4135-9-1 CGCT ; et pour le département : article L. 3123-9-1 CGCT.

Allocation différentielle de fin de mandat. Le dispositif suivant figure à l'article L. 2123-11-2 CGCT pour tout maire d'une commune de 1 000 habitants au moins ou tout adjoint dans une commune de 10 000 habitants au moins (même dispositif pour tout président de conseil départemental ou tout vice-président ayant reçu délégation de celui-ci : article L. 3123-9-2 CGCT ; et pour tout président de conseil régional ou tout vice-président ayant reçu délégation de celui-ci : article L. 4135-9-2 CGCT) :

À l'occasion du renouvellement général des membres du conseil municipal, tout maire d'une commune de 1 000 habitants au moins ou tout adjoint dans une commune de 10 000 habitants au moins ayant reçu délégation de fonction de celui-ci qui, pour l'exercice de son mandat, avait cessé d'exercer son activité professionnelle perçoit, sur sa demande, une allocation différentielle de fin de mandat s'il se trouve dans l'une des situations suivantes :

- être inscrit à l'institution mentionnée à l'article L. 5312-1 du code du travail (il s'agit de Pôle emploi) conformément aux dispositions de l'article L. 5411-1 du même code ;

- avoir repris une activité professionnelle lui procurant des revenus inférieurs aux indemnités de fonction qu'il percevait au titre de sa dernière fonction élective.

Le montant mensuel de l'allocation est au plus égal à 80 % de la différence entre le montant de l'indemnité brute mensuelle que l'intéressé percevait pour l'exercice de ses fonctions, dans les conditions fixées aux articles L. 2123-23, L. 2123-24 et L. 2511-34, et l'ensemble des ressources qu'il perçoit à l'issue du mandat.

L'allocation est versée pendant une période d'un an au plus. Elle n'est pas cumulable avec celles prévues par les articles L. 3123-9-2 et L. 4135-9-2. À compter du septième mois suivant le début du versement de l'allocation, le taux mentionné au quatrième alinéa est au plus égal à 40 %.

Le financement de cette allocation est assuré dans les conditions prévues par l'article L. 1621-2 (il concerne le fonds de financement chargé de verser ladite allocation ; sa gestion est assurée par la Caisse des dépôts et consignations ; il est alimenté par une cotisation obligatoire annuelle versée par les communes de plus de 1 000 habitants, les départements, les régions, ainsi que les EPCI à fiscalité propre).

7. La protection des élus locaux

a. En cas d'accidents subis par les élus locaux

110 **Collectivités responsables.** Selon l'article L. 2123-31 CGCT, les communes sont responsables (sans faute) des dommages résultant des accidents subis par les maires, les adjoints et les présidents de délégation spéciale dans l'exercice de leurs fonctions (les élus sont dans l'exercice de leurs fonctions lorsqu'ils se rendent au siège de leur collectivité pour assister à une séance de l'assemblée délibérante ainsi que lorsqu'ils regagnent leur domicile à la fin de cette dernière ; v. CE, 6 oct. 1971, *Cne Baud*, *Leb.* p. 581). Dans ce cas, les collectivités publiques concernées versent directement aux

praticiens, pharmaciens, auxiliaires médicaux, fournisseurs ainsi qu'aux établissements, le montant des prestations afférentes à cet accident calculé selon les tarifs appliqués en matière d'assurance-maladie (art. L. 2123-32 CGCT).

De même, selon l'article L. 2123-33 CGCT, les **communes** sont responsables des dommages subis par les conseillers municipaux et les délégués spéciaux lorsqu'ils sont victimes d'accidents survenus soit à l'occasion de séances des conseils municipaux ou de réunions de commissions dont ils sont membres, soit au cours de l'exécution d'un mandat spécial.

À noter que lorsqu'un maire est victime d'un accident alors qu'il allait représenter sa commune lors d'une réunion d'un **syndicat de communes**, c'est la responsabilité non de sa commune, mais du syndicat qui est engagée (CE, 22 mars 1968, *Cne Faux-Mazuras c/ Laconche*, *Leb.* p. 200. S'agissant de la responsabilité des **départements** en cas d'accident, v. art. L. 3123-26 CGCT ; et pour les **régions**, v. art. L. 4135-26 CGCT).

Dommages réparables. Sont réparables les dommages corporels, le préjudice esthétique, les souffrances physiques, la douleur morale subis ainsi que les dommages matériels dès lors qu'ils ont un lien suffisant avec l'exécution de la mission dont l'élu a la responsabilité.

Assurance. Les collectivités locales ont la possibilité de se couvrir de la responsabilité mise à leur charge en souscrivant un contrat d'assurance. Toutefois, il convient de préciser qu'en cas de faute de l'élu, la responsabilité de la collectivité peut être dégagée ou atténuée. Dans ce cas, il importe que l'élu se prémunisse contre l'éventuelle mise en cause de sa responsabilité civile, l'obligeant à indemniser une éventuelle victime sur ses deniers propres, par la couverture de risque. En tout état de cause, dans la mesure où la collectivité peut, en tout ou partie, être mise hors de cause, elle ne doit pas prendre à sa charge l'assurance de la responsabilité personnelle de l'élu (v. rép. min., *JO* Sénat CR, 13 nov. 1997).

b. En cas de menaces ou d'attaques concernant des élus locaux

111 **Le cercle des élus bénéficiaires de la protection fonctionnelle.** Selon l'article L. 2123-35, al. 1 et 2 CGCT, le maire ou les élus municipaux le suppléant ou ayant reçu délégation bénéficient, à l'occa-

sion de leurs fonctions, d'une protection organisée par la commune conformément aux règles fixées par le code pénal, les lois spéciales et le CGCT. La commune est ainsi tenue de protéger ces élus contre les violences, menaces ou outrages dont ils pourraient être victimes « à l'occasion ou du fait de leurs fonctions » et de réparer, le cas échéant, le préjudice qui en est résulté. Les articles L. 3123-29 et L. 4135-29 CGCT appliquent aux présidents des conseils départementaux et régionaux, ainsi qu'aux vice-présidents de ces assemblées et aux conseillers ayant reçu délégation, les principes posés aux alinéas 1 et 2 de l'article L. 2123-35 CGCT.

Extension au cercle de famille. Notons que la commune n'a pas seulement des obligations envers l'élu. Elle peut également en avoir à l'égard de certains membres de la famille de ce dernier. En effet, selon l'article L. 2123-35, alinéas 3 et 4, CGCT, « la protection prévue aux deux alinéas précédents est étendue aux conjoints, enfants et ascendants directs des maires ou des élus municipaux les suppléant ou ayant reçu délégation lorsque, du fait des fonctions de ces derniers, ils sont victimes de menaces, violences, voies de fait, injures, diffamations ou outrages. Elle peut être accordée, sur leur demande, aux conjoints, enfants et ascendants directs des maires ou des élus municipaux les suppléant ou ayant reçu délégation, décédés dans l'exercice de leurs fonctions ou du fait de leurs fonctions, à raison des faits à l'origine du décès ou pour des faits commis postérieurement au décès mais du fait des fonctions qu'exerçait l'élu décédé ».

Curieusement, cette extension ne bénéficie pas à la parenté des présidents des conseils départementaux et régionaux, ainsi qu'à celle des vice-présidents de ces assemblées et aux conseillers ayant reçu délégation.

Une double obligation pour l'Administration. La protection administrative mise à la charge de l'Administration (qui relève alors de la compétence de l'organe délibérant de la collectivité concernée) se décompose ici en deux obligations : une **obligation de protection** proprement dite, et une **obligation de réparation** de l'ensemble du préjudice qui a pu éventuellement résulter des menaces ou attaques (préjudice moral résultant d'une atteinte à la considération ; préjudice matériel résultant du pillage d'un mobilier et de la spoliation d'un appartement ; frais de procédure). Cette seconde obligation sera susceptible de subsister alors qu'à la date de la demande de protection les menaces ou attaques auront cessé.

Il s'agit là d'un mécanisme de responsabilité sans faute de l'Administration (en fait un **régime légal de garantie**). Selon les règles générales applicables en matière de responsabilité, il faut que le préjudice allégué soit établi et qu'il présente un caractère direct. De plus, si le préjudice a déjà été réparé par l'auteur du dommage, la collectivité publique n'a bien sûr pas à indemniser l'intéressé une seconde fois, du moins si ledit préjudice causé par les menaces ou attaques a bien été réparé de façon intégrale.

Des tempéraments existent. En effet, le Conseil d'État a considéré qu'il pouvait être dérogé à ces obligations, sous le contrôle du juge, pour des motifs « d'intérêt général » (CE, ass., 14 févr. 1975, *Teitgen*, *Leb.* p. 111). Mais en l'absence de motif d'intérêt général, le refus de protection serait illégal et pourrait donner lieu à une action en responsabilité pour faute. Il est encore ajouté en jurisprudence qu'il appartient à l'Administration « d'apprécier, sous le contrôle du juge et compte tenu de l'ensemble des circonstances de chaque espèce, les modalités appropriées à l'objectif » de protection défini par la loi (CE, 21 févr. 1996, *De Maillard*, n° 155915 ; *Dr. adm.* 1996, n° 162, obs. D. Piveteau), ce qui paraît laisser une certaine marge de manœuvre (selon les cas, des mesures de protection seules ou des mesures de réparation seules semblent pouvoir être retenues).

Biblio. somm. : I. Muller-Quoy, « L'élu local : nouveau statut, nouveau droit », *AJDA* 2002, p. 283 ; Rapp. au Premier min. par Comm. pour l'avenir décentralisation (prés. P. Mauroy), *Refonder l'action publique locale*, Doc. fr., 2000 ; Rapp. Sénatorial, 28 juin 2000, *Pour une république territoriale : l'unité dans la diversité* (par mission info. chargée de dresser le bilan de la décentralisation et de proposer les améliorations de nature à faciliter l'exercice des compétences locales) ; « La décentralisation et le citoyen », avis Cons. éco. et soc. sur rapp. Brunet-Léchernault, juin 2000 ; *Le statut financier des élus locaux*, Sénat, Étude législation comparée n° 194, févr. 2009 ; Ass. Nat., Rapport d'information n° 1161, *Le statut de l'élu*, juin 2013 ; A. Haquet, « Le statut de l'élu local en filigrane », *AJDA* 2015. 1210.

Section 2

Les éléments de différenciation

112 Compte tenu du **principe unitaire posé par la Constitution**, toutes les collectivités territoriales doivent être traitées également. Mais en même temps, la question se pose de savoir s'il faut traiter à l'identique des populations vivant dans des régions montagneuses ou sur le littoral, des zones de désertification rurales et des agglomérations en expansion démographique, des petites communes et des métropoles régionales, des pays en crise industrielle et des régions à fort potentiel touristique, des banlieues défavorisées et des villes prospères (J.-M. Pontier, « Territorialisation et déterritorialisation de l'action publique », *AJDA* 1997, p. 723).

L'idée d'un **traitement particulier de certaines institutions administratives** au regard des règles et principes du droit institutionnel commun s'est aujourd'hui imposée dans la pratique des pouvoirs publics, conscients que les phénomènes de fragmentation en tous genres qui affectent et fragilisent dangereusement la société supposent de plus en plus fréquemment le recours à des règles dérogatoires à la législation nationale. Pour préserver l'unité, la diversité est recherchée.

Serait-ce une remise en cause du **principe constitutionnel d'indivisibilité de la République** ? En réalité, si le principe d'indivisibilité implique « l'**unité de source normative** » – c'est-à-dire qu'il n'y ait qu'un pouvoir normatif primaire ou initial exercé par le Parlement – il ne s'oppose pas à ce qu'il y ait « plusieurs législations édictées par la même source et s'appliquant différemment selon les portions du territoire concerné » (L. Favoreu, « Les bases constitutionnelles du droit des collectivités locales », in *La nouvelle décentralisation*, Sirey, 1983, p. 22).

Passant d'un « jardin à la française » à un « jardin à l'anglaise », le paysage administratif a donc perdu progressivement en France de sa belle symétrie révolutionnaire. De plus en plus imaginatif le jardinier a composé des motifs végétaux nouveaux à partir d'espèces florales rares. Franchissant la Manche, Le Nôtre s'est fait administrativiste... en herbe.

Le principe d'indivisibilité s'est ainsi accommodé, sous l'empire de la Constitution du 4 octobre 1958, de différenciations statutaires. En sont des illustrations les particularismes locaux en métropole (§ 1) et en outre-mer (§ 2).

§ 1. Les particularismes locaux en métropole

A. L'évolution de la jurisprudence constitutionnelle

113 Jusqu'à la décision n° 91-290 DC du 9 mai 1991 relative au « statut de la Corse », la jurisprudence constitutionnelle semblait imposer que les collectivités territoriales soient organisées et administrées suivant un schéma commun, exception faite des territoires d'outre-mer. Le Conseil constitutionnel exigeait du législateur le respect de l'unité de chaque catégorie de collectivité territoriale, marquée par un certain nombre de caractéristiques fondamentales constitutives d'un « **droit commun** » **institutionnel**. L'expression a été employée pour les régions dans la décision n° 82-138 DC du 25 février 1982, pour les départements par la décision n° 82-147 DC du 2 décembre 1982, qui a posé le principe de l'identité institutionnelle entre les départements d'outre-mer et les départements métropolitains, et pour les communes dans la décision n° 82-149 DC du 28 décembre 1982. Enfin, la décision n° 84-174 DC du 25 juillet 1984 n'a admis, pour les régions et départements d'outre-mer, des dérogations au droit commun des compétences régionales et départementales que dans la mesure où ces dérogations ont une portée limitée et où elles n'aboutissent pas à opérer une différenciation excessive par rapport aux collectivités métropolitaines, ce qui aurait transformé « l'adaptation » prévue par l'article 73 de la Constitution en une « organisation

particulière » alors réservée par l'article 74 aux seuls territoires d'outre-mer.

Les **seules véritables différenciations** qui avaient été admises au sein d'une même catégorie de collectivités territoriales concernaient des adaptations au schéma institutionnel de base pour la **Corse** (CC, décision n° 82-138 DC du 25 févr. 1982), qui justifie, par ailleurs, la création de la catégorie des **collectivités territoriales ne comprenant qu'une unité**, en se référant notamment à l'exemple de **Paris**, ou pour les communes de **Paris, Lyon et Marseille** (décision n° 82-149 DC du 28 déc. 1982), précisant « qu'aucun principe ou règle de valeur constitutionnelle n'interdit au législateur d'instituer des divisions administratives au sein des communes, ni d'instituer des organes élus autres que le conseil municipal et le maire ».

114 **Dans sa décision précitée n° 91-290 DC du 9 mai 1991** (v., not., L. Favoreu, *RFD const.* 1991, n° 6, p. 305 ; R. Debbasch, *D.* 1991, p. 624 ; B. Genevois, *RFD adm.* 1991, p. 407 ; T. Michalon, « La Corse entre décentralisation et autonomie. Vers la fin des catégories ? », *RFD adm.* 1991, p. 730), le Conseil constitutionnel a franchi un pas supplémentaire en admettant que la **Corse**, érigée en **collectivité territoriale *sui generis***, soit dotée d'un schéma institutionnel original. Il s'agit d'une organisation assez proche de celle de certains territoires d'outre-mer (devenus aujourd'hui des « collectivités d'outre-mer » depuis la réforme constitutionnelle du 28 mars 2003), puisqu'elle comprend un conseil exécutif doté de pouvoirs propres, séparé de l'assemblée délibérante, dont il procède, et responsable devant elle. Cette assemblée est, elle-même, élue suivant un mode de scrutin particulier. Elle peut être dissoute par le conseil exécutif, si son fonctionnement se révèle impossible.

Toutefois, précise le Conseil constitutionnel, cette création spécifique doit « se conformer aux règles et principes de valeur constitutionnelle ». Seul est évoqué le principe de libre administration des collectivités territoriales (art. 72 Const.), qui implique l'institution d'une assemblée délibérante élue au suffrage universel. Le Conseil constitutionnel rappelle également que, conformément au troisième alinéa de l'article 72 de la Constitution (alors applicable), le législateur doit assurer le respect des « prérogatives de l'État ». Cette notion et les conditions de ce respect ont été définies par la décision n° 82-137 DC du 25 février 1982, *Loi de décentralisation*, de laquelle il ressort que ces prérogatives (essentiellement le contrôle administratif) ne peuvent être ni restreintes, ni privées d'effet, même temporairement.

Il n'en demeure pas moins que l'ensemble des caractères précités fait de la collectivité territoriale de Corse une « organisation spécifique à caractère administratif » (déc. n° 91-290 DC du 9 mai 1991, préc.). On voit ainsi, à travers cet exemple, que **le législateur dispose dorénavant d'une grande liberté pour doter une collectivité territoriale existante d'un statut spécifique**, puisqu'il lui suffit de l'extraire de la catégorie à laquelle elle appartient et de l'ériger en nouvelle catégorie de collectivité territoriale, dont elle sera l'unique exemplaire. Dans sa décision du 9 mai 1991 précitée, le Conseil constitutionnel – ajoutant un élément fondamental à sa jurisprudence de 1982 – considère, en effet, qu'en application des articles 34 et 72 de la Constitution, le législateur peut certes créer une nouvelle catégorie de collectivité territoriale, même ne comprenant qu'une unité, mais qu'il peut également la doter d'un statut spécifique. La seule différence véritable avec le statut particulier des territoires d'outre-mer (aujourd'hui « collectivités d'outre-mer ») est que, pour ces derniers, le législateur peut déroger aux règles de répartition des compétences entre la loi et le règlement (v. en ce sens CC, décision n° 65-34 L du 2 juill. 1965), alors que « ni l'Assemblée de Corse, ni le Conseil exécutif ne se voient attribuer des compétences ressortissant au domaine de la loi ».

Dès lors que la collectivité territoriale de Corse n'a reçu aucun des pouvoirs qui appartiennent à l'État, à savoir le pouvoir politique et le pouvoir normatif, on demeure dans le cadre de la libre administration prévue par l'article 72 de la Constitution. Toutefois, en autorisant l'édiction de véritables **statuts spéciaux pour toutes les catégories de collectivités territoriales**, la décision du 9 mai 1991 paraît bien avoir infléchi très nettement la jurisprudence antérieure du Conseil constitutionnel, notamment celle résultant des décisions rendues entre 1982 et 1984. Le juge aurait ainsi déplacé la ligne juridique qui séparait l'organisation administrative des territoires d'outre-mer de celle des autres collectivités territoriales de la République.

En tout cas, la pratique institutionnelle en métropole rend compte de l'existence de collectivités territoriales spécifiques.

B. Les collectivités territoriales spécifiques

115 Le principe d'indivisibilité de la République a reçu une interprétation souple de la part notamment du Conseil constitutionnel. Les exemples suivants, qui concernent des collectivités territoriales de métropole, permettront d'illustrer cette proposition.

1. Paris

116 Paris présente un **statut particulier** à plus d'un titre. À la fois **commune et département**, Paris est **divisé en arrondissements**, comme Lyon et Marseille. Cette **structuration en étage** se complète **aujourd'hui** par la création d'**un nouvel établissement public de coopération intercommunale (EPCI) à fiscalité propre à statut particulier : la métropole du Grand Paris**, destinée à organiser les relations entre la capitale et les collectivités territoriales de la zone particulièrement dense qui l'entoure.

a. Paris : une structuration en étage

1) Paris : à la fois commune et département.

117 C'est la **loi du 10 juillet 1964** qui a attribué à **Paris la double qualité de ville et de département** doté d'un **statut particulier** mais encore dépourvu d'exécutif indépendant, la fonction étant assurée par le préfet de Paris et le préfet de police.

À noter : Afin d'éviter que le maire de la ville capitale du pays et lieu d'implantation des pouvoirs publics n'ait la tentation de s'ériger en autorité concurrente du gouvernement, Paris a longtemps été placé sous administration étatique. C'est ainsi, par exemple, que le souvenir des événements de la « Commune de Paris » en 1871 avait amené le législateur à ne pas appliquer à la ville le statut décentralisateur instauré par la loi du 5 avril 1884 sur les communes. Par la suite, des efforts sensibles de décentralisation ont été accomplis.

Avec la **loi du 31 décembre 1975** une **rupture** est opérée : Paris est devenue une collectivité territoriale autonome. Elle **confirme son statut de commune-département** (aujourd'hui, voir art. L. 2512-1 CGCT : « Outre la commune de Paris, le territoire de la ville de Paris recouvre une seconde collectivité territoriale : le département de Paris. ») ; mais l'esprit de **la réforme consiste à appliquer tant à la commune de Paris qu'au département de Paris les règles de droit commun.** Bien que les budgets, les services et les personnels des deux collectivités soient distincts, Paris est administré par des institutions autonomes, à la fois communales et départementales.

À noter : Selon l'article L. 2512-9 CGCT : « Le département de Paris, la commune de Paris, leurs établissements publics et les entreprises gestionnaires d'un service public local peuvent conclure des conventions par lesquelles l'une des parties s'engage à mettre à la disposition de l'autre ses services et moyens afin de lui faciliter l'exercice de ses compétences. La partie bénéficiaire de la mise à disposition rembourse à l'autre partie la valeur des prestations reçues. »

Aujourd'hui, l'article L. 2512-1 CGCT dispose que les affaires de la commune de Paris et du département de Paris « sont réglées par les délibérations d'une même assemblée, dénommée "**conseil de Paris**", présidée par le **maire de Paris** » (de cette particularité découle par exemple l'absence de cantons et donc d'élections départementales à Paris, le conseil de Paris étant élu lors des élections municipales).

118 **Le conseil de Paris** est l'organe délibérant. Composé de 163 membres (art. L. 2512-3 CGCT), il siège tantôt en qualité de conseil municipal (art. L. 2512-2 CGCT : « Lorsque le conseil de Paris siège en qualité de conseil municipal, les dispositions relatives aux conseils municipaux lui sont applicables. »), tantôt en qualité d'assemblée départementale (art. L. 3412-1 CGCT : « Lorsque le conseil de Paris siège en qualité de conseil départemental, les dispositions relatives aux conseils départementaux lui sont applicables. » ; en fait, si « Le département de Paris est soumis aux dispositions applicables aux départements » (art. L. 3411-2 CGCT), c'est sous certaines réserves précisées par des dispositions spécifiques ; ainsi par exemple, « le régime des actes administratifs et budgétaires des départements est applicable au département de Paris, sous réserve des pouvoirs conférés au préfet de police de Paris par le CGCT et les autres dispositions législatives en vigueur. » ; art. L. 3411-2, al. 2, CGCT). Il est compétent pour traiter les affaires d'intérêt communal ou départemental de Paris (art. L. 2512-5 CGCT : « Le conseil de Paris établit son règlement intérieur en distinguant les règles applicables aux délibérations du conseil en formation de conseil municipal et en formation de conseil départemental. »). Les grandes préoccupations du Conseil concernent le domaine social (logement, aide sociale), la qualité de vie et l'urbanisme.

119 **Le maire de Paris**, désormais élu comme tous les maires, agit tantôt en qualité de **maire ordinaire**, tantôt en qualité de président du conseil départemental (art. L. 3412-2 CGCT : « Le maire de Paris, président du conseil de Paris, est l'**organe exécutif du département de Paris.** »). En tant que maire, il est à la fois **agent de l'État** (mais « le préfet de Paris et le préfet de police sont, dans le cadre de leurs attributions respectives, les représentants de l'État sur le territoire de la commune de Paris » ; art. L. 2512-12 CGCT) et **exécutif de la commune** avec néanmoins des pouvoirs de police administrative réduits, puisque le préfet de police est chargé de la police municipale et dispose d'un budget propre (art. L. 2512-7 CGCT : « Le préfet de police est chargé, dans le domaine de sa compétence, de l'exécution des délibérations du conseil de Paris » ; O. Renaudie, *La préfecture de police*, LGDJ, Bibl. de droit publ., t. 258, 2008). Toutefois, sur ce dernier point, l'article 9 de la loi du 29 décembre 1986, tout en conservant au préfet de police les pouvoirs qui lui ont été conférés par l'arrêté des consuls du 12 messidor an VIII, a accordé au maire de Paris les compétences relatives à la salubrité sur la voie publique, au maintien du bon ordre dans les foires et marchés, aux permis de stationnement et concessions d'emplacement sur la voie publique, et à la conservation du domaine de la ville.

Police. Selon l'article L. 2512-13 CGCT : Le **maire de Paris** demeure chargé de la police municipale en matière de salubrité sur la voie publique, des bruits de voisinage ainsi que du maintien du bon ordre dans les foires et marchés. Les services correspondant à ces missions sont mis à la disposition de la mairie de Paris par l'État. En outre, le maire est chargé de la police de la conservation dans les dépendances domaniales incorporées au domaine public de la commune de Paris. Par ailleurs, le maire de Paris assure les mesures de sûreté sur les monuments funéraires.

Mais, selon l'article L. 2512-14 CGCT : Pour les motifs d'ordre public ou liés à la sécurité des personnes et des biens ou pour assurer la protection du siège des institutions de la République et des représentations diplomatiques, le **préfet de police** détermine, de façon permanente ou temporaire, des sites où il réglemente les conditions de circulation et de stationnement dans certaines voies ou portions de voies, ou en réserve l'accès à certaines catégories d'usagers ou de véhicules. Des dispositions de même nature et à caractère temporaire peuvent également être arrêtées par le préfet de police, après avis du maire de Paris, en cas de manifestation de voie publique à caractère revendicatif, festif, sportif ou culturel. L'exécution des dispositions mises en place est alors assurée par les fonctionnaires de la police nationale ou, le cas échéant, en matière de circulation ou de stationnement, par des agents de la ville de Paris placés sous l'autorité du préfet de police (le Conseil d'État a refusé de transmettre une QPC, jugeant que ces dispositions étaient justifiées par la situation particulière de la capitale ; CE 10 oct. 2013, n° 370154).

Le préfet de police est également chargé du secours et de la défense contre l'incendie (art. L. 2512-17 CGCT).

2) Paris : une division administrative en arrondissements

120 Paris, comme **Lyon** et **Marseille**, a un statut particulier : ces villes sont effectivement divisées en **arrondissements**, qui élisent des conseils et des maires d'arrondissement. L'article L. 2511-2 CGCT précise que « Les affaires des communes de Paris, Marseille et Lyon sont réglées par un conseil municipal et, pour certaines attributions limitativement définies (...), par des conseils d'arrondissement. Les délibérations des conseils municipaux sont préparées et exécutées par le maire de la commune, celles de chaque conseil d'arrondissement par le maire d'arrondissement. »

À noter : Le Conseil constitutionnel a admis que pour Paris, Lyon et Marseille, le législateur pouvait instituer des « divisions administratives » en leur sein (l'arrondissement n'appartient donc pas à la catégorie des collectivités territoriales) et créer des conseils et maires d'arrondissement élus dotés de compétences propres : « si les dispositions dérogent, pour les trois grandes villes de France, au droit commun de l'organisation communale », concède le Conseil constitutionnel, « elles ne méconnaissent pas pour autant la Constitution » (CC, décision n° 82-149 DC du 28 déc. 1982, *Loi relative à org. admin. Paris, Marseille, Lyon et EPCI.*

Biblio. somm. : M. Verpeaux, « Les arrondissements parisiens, entre décentralisation et déconcentration », *AJDA* 2009, p. 1365.

121 **Organisation en arrondissements.** Les communes de Paris, Marseille et Lyon sont respectivement divisées en vingt, seize et neuf arrondissements municipaux (art. L. 2511-3 CGCT).

L'arrondissement constitue, d'abord, **une circonscription électorale** au sein de laquelle sont élus les conseillers municipaux (163 pour Paris, 101 pour Marseille et 73 pour Lyon) mais aussi des conseillers d'arrondissement. Il faut noter que, pour Marseille, les arrondissements sont regroupés 2 à 2 pour former 8 secteurs électoraux (art. L. 2511-6 CGCT), le Conseil constitutionnel admettant la conformité du nouveau découpage au principe d'égalité (CC, décision n° 87-227 DC du 7 juill. 1987, *Régime électoral Marseille*).

L'élection des membres du conseil de Paris et des conseils municipaux de Lyon et de Marseille ne se fait pas au niveau de la ville, mais de secteurs électoraux (art. L. 261 du code électoral), correspondant chacun à un arrondissement à Paris et Lyon, à plusieurs arrondissements à Marseille (huit secteurs, comprenant chacun deux arrondissements).

Répartition des sièges des membres du conseil de Paris. En 2013, une loi est venue modifier la répartition des conseillers de Paris par secteurs. Les 163 conseillers de Paris sont répartis selon un système qui voit chaque arrondissement compter trois conseillers, puis les 103 conseillers restants être répartis entre les arrondissements, de telle sorte que soit assurée une représentation à la proportionnelle selon la règle de la plus forte moyenne. Mais comme la répartition était restée inchangée depuis 1982, il convenait de tirer les conséquences de certaines évolutions démographiques en ajustant la répartition des sièges entre les arrondissements. Seulement le législateur a maintenu la règle ancienne selon laquelle chaque arrondissement devait disposer d'au moins trois sièges quelle que soit sa population. C'est ce qui a conduit le Conseil constitutionnel à invalider le dispositif retenu car il a relevé que cette règle conduirait, dans quelques arrondissements, à ce que le rapport du nombre des conseillers de Paris à la population de l'arrondissement s'écarte de la moyenne constatée à Paris dans une mesure qu'il a jugée « manifestement disproportionnée » (CC, décision n° 2013-667 DC du 16 mai 2013, *Loi relative à l'élection des conseillers départementaux, des conseillers municipaux et des conseillers communautaires, et modifiant le calendrier électoral* : le Conseil a précisé à cette occasion « qu'il ressort des articles 1er, 24 et 72 de la Constitution que le conseil de Paris doit, comme tout organe délibérant d'une collectivité territoriale, être élu sur des bases essentiellement démographiques selon une répartition des sièges et une délimitation des circonscriptions respectant au mieux l'égalité devant le suffrage »). Un nouveau texte est alors intervenu (Loi n° 2013-

713 du 5 août 2013 fixant le nombre et la répartition des sièges de conseiller de Paris ; voir égal. le tableau n° 2 annexé au code électoral pour connaître le nombre de conseillers de Paris par secteur dans la limite des 163 sièges à pourvoir).

À Paris, Lyon et Marseille, des conseillers d'arrondissement sont élus en même temps que les membres du Conseil de Paris ou du conseil municipal (art. L. 271 du code électoral). Ces conseillers d'arrondissement sont élus sur les mêmes listes que les conseillers municipaux.

Nombre de membres des conseils :

Selon l'article L. 2511-8 CGCT : « Le nombre des conseillers d'arrondissement est le double de celui des conseillers municipaux, sans toutefois pouvoir être inférieur à dix ni supérieur à quarante. »

- **Conseil de Paris** : 163 membres dont l'élection est répartie en 20 secteurs, comptant en plus 354 conseillers d'arrondissements.

- **Conseil municipal de Lyon** : 73 conseillers municipaux dont l'élection est répartie en 9 secteurs, comptant en plus 148 conseillers d'arrondissements.

- **Conseil municipal de Marseille** : 101 conseillers municipaux dont l'élection est répartie en 8 secteurs, comptant en plus 174 conseillers d'arrondissements.

À Paris, les élections municipales se déroulent par secteur électoral (art. L. 261 du code électoral), chacun correspondant à un arrondissement. Vingt listes sont constituées, une par arrondissement. Chaque liste comprend autant de candidats qu'il y a à pourvoir de sièges de conseillers de Paris et de sièges de conseillers d'arrondissement. Les sièges sont attribués dans l'ordre de présentation des candidats sur les listes. Les sièges de conseillers de Paris sont attribués en premier, ceux de conseillers d'arrondissement ensuite (art. L. 272-5 du code électoral).

À noter : Les conseillers de Paris comme les conseillers d'arrondissement sont élus pour six ans (art. L. 227 du code électoral) au scrutin de liste à deux tours, avec dépôt de listes comportant autant de candidats que de sièges à pourvoir dans chacune des deux catégories, sans adjonction ni suppression de noms et sans modification de l'ordre de présentation (art. L. 260 du code électoral).

Les **conseillers de Paris** siègent au conseil de Paris où ils élisent le maire de Paris et votent tous les projets de la ville de Paris ainsi que du département. Ils ont ainsi une double fonction de conseiller municipal et de conseiller départemental. Ils siègent aussi au conseil de l'arrondissement dans lequel ils sont élus, comme tous les autres conseillers d'arrondissement.

Les **conseillers d'arrondissement** siègent uniquement en **conseil d'arrondissement**, lequel est présidé par le **maire d'arrondissement**. Ils peuvent émettre un avis sur les affaires de l'arrondissement et faire des propositions.

122 **Attributions des organes de l'arrondissement.** La loi confère des attributions non négligeables au **conseil d'arrondissement** (art. L. 2511-3 à L. 2511-24 CGCT) et au **maire d'arrondissement** (art. L. 2511-25 à L. 2511-32 CGCT).

Le **conseil d'arrondissement** dispose d'un droit intégral à l'information assorti d'un droit de proposition sur toutes les affaires intéressant le secteur. De même, en de nombreuses hypothèses (opérations d'urbanisme sur l'arrondissement, subventions accordées aux associations dont l'activité s'exerce sur le seul arrondissement, conditions d'admission dans les établissements sociaux, etc.), il donne obligatoirement un avis avant que le conseil municipal ne prenne une décision. Ensuite, le conseil gère les équipements collectifs de proximité à finalité sociale ou sportive qui sont principalement destinés aux habitants de l'arrondissement (clubs de jeunes, crèches, maisons de quartier, terrains de sports, etc.), ainsi que les petits espaces verts ; il prévoit la localisation de tels équipements nouveaux. Enfin, le conseil d'arrondissement peut recevoir des délégations du conseil municipal concernant la gestion d'autres équipements communaux.

Le **maire d'arrondissement** exerce des compétences qui relèvent de deux catégories : attributions exercées **au nom de l'État** (état civil, obligation scolaire, élections – mais il n'a pas la qualité d'officier de police judiciaire) et attributions exercées **en qualité d'organe exécutif de l'arrondissement**. À ce dernier titre, il prépare et exécute les délibérations du conseil d'arrondissement.

À noter : Il existe aussi dans chaque arrondissement un **« comité d'initiative et de consultation »**, qui réunit les représentants des associations locales qui exercent leurs activités dans l'arrondissement (art. L. 2511-24 CGCT). Cet organisme fait savoir au conseil d'arrondissement les sujets sur lesquels il souhaite que s'instaure un débat et le conseil doit, chaque trimestre, se réunir pour entendre, sur ces sujets, les propositions du comité et en discuter. Il y a là **un essai de démocratie participative**.

123 **Autonomie financière.** L'arrondissement bénéficie d'une certaine autonomie financière sans qu'il soit porté atteinte à l'unité budgétaire de la commune. Recettes et dépenses de l'arrondissement figurent sur un état spécial annexé au budget de la commune. Les dépenses consistent exclusivement en frais engendrés par la gestion des équipements assurée par l'arrondissement (toutes les dépenses de personnel et tous les frais financiers sont directement à la charge de la commune). Les recettes sont composées principalement d'une dotation globale versée par la commune.

b. La métropole du Grand Paris : un établissement public de coopération intercommunale à statut particulier

124 La **loi n° 2014-58 du 27 janvier 2014** de modernisation de l'action publique territoriale et d'affirmation des métropoles (loi « MAPTAM ») a créé **au 1er janvier 2016 un établissement public de coopération intercommunale à fiscalité propre à statut particulier** dénommé la métropole du Grand Paris (art. L. 5219-1 à L. 5219-11 CGCT), qui **regroupe** :

1° La commune de Paris ;

2° L'ensemble des communes des départements des Hauts-de-Seine, de la Seine-Saint-Denis et du Val-de-Marne ;

3° Les communes des autres départements de la région d'Ile-de-France appartenant au 31 décembre 2014 à un établissement public de coopération intercommunale comprenant au moins une commune des départements des Hauts-de-Seine, de la Seine-Saint-Denis et du Val-de-Marne et dont le conseil municipal a délibéré favorablement avant le 30 septembre 2014 ;

4° Toute commune en continuité avec au moins une commune répondant aux conditions fixées au 2°, dont le conseil municipal a délibéré favorablement avant le 30 septembre 2014, à la condition que les deux tiers des communes de l'établissement public de coopération intercommunale à fiscalité propre auquel elle appartient représentant au moins la moitié de la population ou la moitié des communes représentant les deux tiers de la population de l'établissement public de coopération intercommunale à fiscalité propre ne s'y soient pas opposés par délibération avant le 31 décembre 2014.

L'article L. 5219-1 CGCT précise : « La métropole du Grand Paris est constituée **en vue** de la définition et de la mise en œuvre d'actions métropolitaines afin d'**améliorer le cadre de vie de ses habitants**, de **réduire les inégalités entre les territoires qui la composent**, de **développer un modèle urbain, social et économique durable**, moyens d'une meilleure attractivité et compétitivité au bénéfice de l'ensemble du territoire national. La métropole du Grand Paris élabore un projet métropolitain. Les habitants sont associés à son élaboration selon les formes déterminées par le conseil de la métropole sur proposition du conseil de développement. »

Attributions. La métropole du Grand Paris exerce de plein droit, en lieu et place de ses communes membres, des **compétences** :

1° En matière d'aménagement de l'espace métropolitain ;

2° En matière de politique locale de l'habitat ;

3° En matière de politique de la ville ;

4° En matière de développement et d'aménagement économique, social et culturel ;

5° En matière de protection et de mise en valeur de l'environnement et de politique du cadre de vie ;

Les communes membres peuvent également décider de lui transférer certaines de leurs compétences (art. L. 5219-1 III CGCT).

La métropole du Grand Paris **élabore** un **plan local d'urbanisme** (art. L. 5219-1 IV CGCT).

La métropole du Grand Paris **définit et met en œuvre des programmes d'action en vue de lutter contre la pollution de l'air** et de favoriser la transition énergétique ; elle **élabore un plan métropolitain de l'habitat et de l'hébergement** (art. L. 5219-1 V CGCT).

Il est précisé qu'afin de favoriser la **construction de logements neufs**, la **réhabilitation des logements anciens** et la **résorption de l'habitat indigne**, **l'État peut déléguer** par convention à la métropole du Grand Paris, sur sa demande, dès lors qu'elle dispose d'un plan métropolitain de l'habitat et de l'hébergement exécutoire, **un certain nombre de compétences** listées au VI de l'article L. 5219-1 CGCT.

Gouvernance de la métropole.

- Selon l'article L. 5219-9 CGCT, la métropole est administrée par le **conseil de la métropole du Grand Paris**, composé (par dérogation à l'article L. 5211-6-1 CGCT) de conseillers métropolitains élus, à raison :

D'un conseiller métropolitain par commune ;

D'un conseiller supplémentaire par commune pour chaque tranche complète de 25 000 habitants.

- De plus, des **conseils de territoire** ont été créés par la loi. En effet, la métropole du Grand Paris est organisée en territoires, d'un seul tenant et sans enclave, regroupant chacun au moins 300 000 habitants (art. L. 5219-2 CGCT). Dans chacun d'entre eux est institué un conseil de territoire composé des délégués des communes incluses dans le périmètre du territoire.

- Est également créée une **assemblée des maires de la métropole du Grand Paris** (art. L. 5219-7 CGCT). Composée de l'ensemble des maires des communes situées dans le ressort territorial de la métropole, elle se réunit au moins une fois par an pour débattre du programme d'actions et du rapport d'activité de la métropole. Elle formule des avis et des recommandations qui sont transmis au conseil de la métropole.

- Enfin, un **conseil de développement** réunit les partenaires économiques, sociaux et culturels de la métropole du Grand Paris (art. L. 5219-7 CGCT). Il est consulté sur les principales orientations de la métropole.

À **noter** : L'existence de ce nouvel EPCI n'empêche pas le maintien, en Île-de-France, de différents établissements publics spécialisés pour la gestion de certaines compétences (comme, par exemple, le Syndicat des transports d'Île-de-France – qui est l'autorité organisatrice des transports de cette région ; la Société du Grand Paris – qui est un EPIC chargé de concevoir et réaliser le Réseau de transport public du Grand Paris (RTGP)), ou encore différents établissements publics d'aménagement (comme, par exemple, l'établissement public d'aménagement de Paris-Saclay ou le site de La Défense).

2. L'Alsace-Moselle

125 Les **trois départements alsaciens-lorrains** (Bas-Rhin, Haut-Rhin et Moselle) ont conservé quelques règles du « **droit local** », c'est-à-dire du droit **en vigueur pendant l'annexion allemande** (1871-1918) et qui était issu de la combinaison de trois sources : les textes français non abrogés en 1870, les lois du Reich et les lois d'Alsace-Lorraine votées par le Parlement local.

Déjà auparavant, si la tendance à l'uniformité mise en œuvre par la machine révolutionnaire toute empreinte de centralisme a permis de réaliser l'intégration de l'Alsace-Moselle dans les structures politiques et administratives françaises, elle n'a cependant pas réussi à empêcher la persistance d'un fort particularisme linguistique jusqu'en 1871.

L'époque de l'annexion allemande ne fera qu'accentuer cette propension à l'autonomie. En effet, l'évolution du « Reichland » (Pays d'Empire) « Elsass-Lothringen » vers le statut d'État fédéré a considérablement ravivé le sentiment de spécificité. C'est ainsi que durant quarante-sept ans, **de 1871 à 1918**, en Alsace et dans une partie de la Lorraine, les lois allemandes, telles que le Code civil de 1896, y ont été progressivement introduites. Mais dès 1874, les trois départements ont été dotés d'un Parlement dont l'enracinement s'est vu conforté par la Constitution d'Alsace-Lorraine du 31 mai 1911. Investie d'un pouvoir législatif, cette assemblée votait des lois locales dont l'application dans l'espace était limitée à l'Alsace et à la Moselle. Le **retour de ces territoires sous souveraineté française** aurait pu conduire à la disparition à court terme des lois d'origine allemande. Il n'en a rien été. **Deux lois du 1er juin 1924**, introductives de la législation française, en font officiellement **un « droit national d'application territoriale »**.

Pourtant, si le consensus réalisé en 1919 autorisa le maintien du droit local, ce n'était qu'à titre provisoire. Le but était donc de rétablir l'unité législative française. C'est ainsi que, conçu initialement pour ne durer qu'un temps limité, le « droit local » a été pendant longtemps considéré comme une législation en sursis. Force est de constater que des dispositions de ce droit continuent à s'appliquer aujourd'hui en Alsace-Moselle (pour le détail, en ce qui concerne les communes des départements de la Moselle, du Bas-Rhin et du Haut-Rhin, v. art. L. 2541-1 s. CGCT).

« De multiples raisons peuvent expliquer cette survivance qui surprend dans un État centralisé où la loi émane d'un seul organe législatif central », écrit Pierre Koenig, président honoraire de l'Institut de droit local alsacien-mosellan, dans le guide du droit local (*Le guide du droit local, le droit applicable en Alsace et en Moselle de A à Z*, Economica, 2002, p. 9). « L'attachement des Alsaciens et des Mosellans à des particularités locales, l'hésitation du gouvernement français à imposer une législation nouvelle, la supériorité technique de nombreux textes locaux en vigueur qui soutenaient aisément la comparaison avec les lois françaises du XIXe siècle ; tous ces facteurs ont contribué au maintien de ce droit, de même que l'idée que certaines institutions pouvaient être avantageusement étendues au droit général, ce qui a effectivement souvent été fait » (*ibid.*). **Évalué à environ cinq pour cent de la législation applicable en Alsace et en Moselle**, le droit local régit de multiples aspects de la vie des habitants des trois départements. Le droit des associations, la faillite civile, les cultes, le statut scolaire, le droit communal, le Livre foncier, la chasse, l'aide sociale obligatoire ou encore le régime local de l'assurance-maladie illustrent l'existence d'un pluralisme juridique accepté.

À noter : Il n'existe cependant pas de garantie constitutionnelle du maintien des dispositions législatives ou réglementaires constituant le droit local. Le Parlement ou le pouvoir réglementaire, selon que sont concernées les matières relevant de l'article 34 ou 37 de la Constitution, peuvent à tout moment modifier ou abroger des dispositions de droit local. Toutefois, il est admis qu'il n'y a lieu de procéder à de telles modifications ou abrogations que de manière expresse et après consultation des instances qui connaissent les implications du droit local alsacien-mosellan, afin d'éviter des situations d'incertitude ou d'incohérence juridique. De plus, la plupart des matières de droit local, qui subsistent depuis le retour à la France des trois départements de l'Est, correspondent à des règles auxquelles leurs habitants sont attachés. Par conséquent, les autorités publiques veillent à ne procéder à une modification de ces règles qu'après une consultation des instances politiques, sociales ou professionnelles concernées.

Constitutionnalité. On a pu **s'interroger sur la constitutionnalité de ce droit local.** Qu'en est-il ?

En lui-même, heurte-t-il la Constitution ? On le sait, la jurisprudence constitutionnelle pose comme limite à la décentralisation la non-reconnaissance d'un pouvoir normatif autonome. Dès lors qu'il y a une source normative unique de caractère national, l'organisation territoriale française ne fait pas obstacle à la mise en œuvre d'un statut particulier. Dans cette acception, le « droit local » alsacien-mosellan reste dans le cadre de ce qui est autorisé (J.-F. Flauss, « Droit local alsacien-mosellan et Constitution », *RD publ.* 1992, p. 1625).

Certaines de ses dispositions ne seraient-elles pas néanmoins contraires à la Constitution ? La question a été soulevée devant le Conseil d'État et le Conseil constitutionnel. Ainsi, en ce qui concerne le **régime des associations** en Alsace et en Moselle, le droit local, en prévoyant au profit de l'autorité administrative des pouvoirs de s'opposer *a priori* à l'inscription d'une association, n'est-il pas contraire au principe constitutionnel de la liberté d'association qui figure au nombre des « principes fondamentaux reconnus par les lois de la République » auxquels se réfère le Préambule de la Constitution de 1946 repris par celui de la Constitution de 1958 ? Le Conseil d'État a apporté une réponse négative à cette question (v. CE, Ass., 22 janv. 1988, *Assoc. Les Cigognes*, n° 80936 ; *AJDA* 1988, p. 163 et chron. M. Azibert et M. de Boisdeffre, p. 151 : selon le Conseil d'État « le maintien en vigueur de la législation locale sur les associations procède de la volonté du législateur ; si, postérieurement à la loi précitée du 1er juin 1924, les préambules des constitutions des 27 octobre 1946 et 4 octobre 1958 ont réaffirmé les principes fondamentaux reconnus par les lois de la République, au nombre desquels figure la liberté d'association, cette réaffirmation n'a pas eu pour effet d'abroger implicitement les dispositions de ladite loi »). Quant au Conseil constitutionnel, il a eu à se pencher notamment dans le cadre de la « **question prioritaire de constitutionnalité** » sur certains aspects du droit local d'Alsace-Moselle. Si ses décisions ont jugé conformes à la Constitution les dispositions contestées (CC, décision n° 2011-193 QPC du 10 novembre 2011, *Mme Jeannette*

R., épouse D. (Extinction des servitudes antérieures au 1er janvier 1900 non inscrites au livre foncier) : à propos du **régime particulier du droit de la publicité foncière** ; CC, décision n° 2011-157 QPC du 5 août 2011, *Société SOMODIA (Interdiction du travail de dimanche en Alsace-Moselle)* : à propos d'un aspect de la **législation du travail** applicable en Alsace-Moselle), il convient de relever la **consécration par le Conseil constitutionnel d'un nouveau « principe fondamental reconnu par les lois de la République »** concernant les dispositions particulières applicables dans les trois départements d'Alsace-Moselle. Dans sa décision n° 2011-157 QPC du 5 août 2011 (préc.) il a jugé que « la législation républicaine antérieure à l'entrée en vigueur de la Constitution de 1946 a consacré le principe selon lequel, tant qu'elles n'ont pas été remplacées par les dispositions de droit commun ou harmonisées avec elles, des dispositions législatives et réglementaires particulières aux départements du Bas-Rhin, du Haut-Rhin et de la Moselle peuvent demeurer en vigueur ; qu'à défaut de leur abrogation ou de leur harmonisation avec le droit commun, ces dispositions particulières ne peuvent être aménagées que dans la mesure où les différences de traitement qui en résultent ne sont pas accrues et que leur champ d'application n'est pas élargi ; que telle est la portée du principe fondamental reconnu par les lois de la République en matière de dispositions particulières applicables dans les trois départements dont il s'agit ; que ce principe doit aussi être concilié avec les autres exigences constitutionnelles. » Ainsi, **les dispositions particulières issues de ce droit local peuvent demeurer en vigueur. Elles peuvent être abrogées, harmonisées** avec le droit commun, ou bien encore **aménagées**, mais à la **condition** que « **les différences de traitement qui en résultent ne (soient) pas accrues et que leur champ d'application ne (soit) pas élargi** ».

3. La Corse

126 La Corse est une **collectivité territoriale à statut particulier**, au sens de l'article 72, al. 1er, de la Constitution (art. L. 4421-1 CGCT). Jusqu'à la création, en 2014, de la métropole de Lyon – qui partage avec elle aujourd'hui ce statut (v. ss 127) – la Corse était la seule collectivité territoriale appartenant à cette catégorie.

Rattachée à la France par le Traité de Versailles de 1768, la Corse a pendant plus de deux siècles été administrée dans les mêmes conditions que les autres parties du territoire national. Constituée de deux départements en 1793, puis d'un seul à partir de 1811, elle a été à nouveau divisée en deux départements en 1975 et simultanément érigée en région (l'impossibilité de constituer des régions métropolitaines ne comprenant qu'un seul département a conduit à la création des deux départements de Corse du Sud et de Haute-Corse).

C'est la **loi n° 82-214 du 2 mars 1982** portant statut particulier de la région Corse qui l'a dotée, **pour la première fois**, d'un **statut distinct de celui des autres régions**, à la suite de revendications locales vers plus d'autonomie ou en faveur de l'indépendance. Tenant compte de ses spécificités résultant de sa géographie et de son histoire, le législateur l'a ainsi transformée en une région métropolitaine avant les autres – qui devront attendre 1986 (loi du 6 janvier 1986) – dotant l'Assemblée de Corse de compétences étendues.

Mais lorsque leur statut régional a fini par perdre de son originalité, les Corses ont nourri de nouvelles revendications, en s'appuyant sur les exemples de régions insulaires d'autres pays d'Europe qui bénéficient d'un statut d'autonomie (Sardaigne, Sicile, Baléares, Canaries et Madère). Elles ont abouti avec la promulgation de la **loi n° 91-428 du 13 mai 1991** portant statut de la collectivité territoriale de Corse qui a fait de celle-ci une **collectivité territoriale à statut particulier.** Une sorte d'entre-deux car si la Corse n'est désormais plus une véritable région (la collectivité territoriale de Corse est substituée à la région de Corse ; art. L. 4421-2 CGCT), elle reste malgré tout régie, dans tous les cas où n'existe aucune disposition spécifique, par le droit applicable aux régions (aujourd'hui, en vertu de l'article L. 4421-1 CGCT, seuls s'appliquent de droit à la collectivité territoriale de Corse le droit commun des régions codifié dans le code général des collectivités territoriales, les lois du 5 juillet 1972 portant création et organisation des régions et du 2 mars 1982 relative aux droits et libertés des communes, des départements et des régions, en tant qu'ils ne sont pas contraires aux dispositions spécifiques la régissant ; pour le reste, le législateur doit mentionner expressément la Corse pour que les textes adoptés lui soient applicables). Depuis, cette solution n'a pas été remise en cause, la **loi n° 2002-92 du 22 janvier 2002** relative à la Corse lui attribuant des **compétences nouvelles**, mais sans revenir sur le statut de 1991. Ainsi, la Corse fait l'expérience aujourd'hui d'une décentralisation poussée (v. art. L. 4421-1 s. CGCT).

À noter : Au printemps 2015, le Parlement délibère sur un projet de loi portant nouvelle organisation territoriale de la République qui comporte plusieurs dispositions relatives à la collectivité territoriale de Corse : son article 13 procède à plusieurs ajustements propres à améliorer le fonctionnement des institutions de cette collectivité (compétences, retour au sein de l'Assemblée de Corse des membres de l'exécutif en cas de démission collective ou de vote d'une motion de défiance, etc.).

Les organes de la collectivité territoriale de Corse. Ils comprennent **l'Assemblée de Corse et son président, le conseil exécutif de Corse et son président** assistés du **conseil économique, social et culturel de Corse** (art. L. 4422-1 CGCT) :

- **L'Assemblée de Corse est l'organe délibérant.** Elle est composée de cinquante et un membres élus pour la même durée que les conseillers régionaux ; elle se renouvelle intégralement, les élections ayant lieu le même jour que les élections des conseils régionaux. Elle est toutefois dotée de compétences plus étendues que celles des autres assemblées régionales de droit commun (Identité culturelle ; Aménagement et développement durable ; Développement économique ; Environnement et services de proximité).

- **Le Conseil exécutif de Corse et son président exercent la fonction exécutive**, qui est détenue dans les autres régions par le président du conseil régional. Le conseil exécutif est composé d'un président assisté de huit conseillers exécutifs. C'est l'Assemblée de Corse qui procède parmi ses membres à l'élection du conseil exécutif de Corse et de son président, étant précisé que le mandat de conseiller à l'Assemblée de Corse est incompatible avec la fonction de conseiller exécutif de Corse.

À noter : Selon l'article L. 4422-18 CGCT : « Tout conseiller à l'Assemblée de Corse élu au conseil exécutif de Corse dispose d'un délai d'un mois à partir de la date à laquelle cette élection est devenue définitive pour démissionner de son mandat de conseiller à l'Assemblée de Corse ou de sa fonction de conseiller exécutif. Il fait connaître son option par écrit au représentant de l'État dans la collectivité territoriale de Corse, qui en informe le président de l'Assemblée de Corse.

À défaut d'option dans le délai imparti, il est réputé démissionnaire de son mandat ; cette démission est constatée par arrêté du représentant de l'État dans la collectivité territoriale de Corse.

Le régime des incompatibilités concernant les conseillers à l'Assemblée de Corse reste applicable au conseiller à l'Assemblée de Corse démissionnaire pour cause d'acceptation de la fonction de conseiller exécutif. Il est remplacé au sein de l'assemblée dans les conditions prévues à l'article L. 380 du code électoral » (Le candidat venant sur une liste immédiatement après le dernier élu est appelé à remplacer le conseiller de l'Assemblée de Corse élu sur cette liste dont le siège devient vacant pour quelque cause que ce soit).

Ce mécanisme est donc différent de celui que l'on trouve par exemple à l'article 25 de la Constitution qui organise, à l'issue de leurs fonctions gouvernementales, le retour dans leur assemblée des parlementaires qui ont accepté des fonctions gouvernementales. De même, les lois organiques n° 99-201 du 19 mars 1999 et 2004-192 du 27 février 2004 prévoient des mesures analogues pour les membres du Congrès de la Nouvelle-Calédonie et de l'Assemblée de la Polynésie française. La transposition de ce mécanisme dans le cas de la Corse serait-il source d'instabilité ?

- **Le Conseil économique, social et culturel de Corse** est un organe consultatif. Son effectif ne peut être supérieur à celui de l'Assemblée de Corse. Il comprend deux sections : une section économique et sociale ; une section de la culture, de l'éducation et du cadre de vie. Les conseillers exécutifs et les conseillers à l'Assemblée ne peuvent pas faire partie du conseil institué par le présent article.

L'une des principales innovations statutaires réside, tout particulièrement, dans la **dissociation de l'organe délibérant et de l'exécutif de la collectivité territoriale** qui, émanant de celle-ci, est responsable devant elle. Ainsi, de manière originale pour une collectivité décentralisée française, la collectivité territoriale de Corse connaît un mécanisme de **responsabilité politique de l'exécutif devant l'Assemblée de Corse**, celle-ci pouvant en effet voter une **motion de défiance** – un peu sur le modèle du système parlementaire rationalisé allemand. Cette **motion de défiance** doit en effet être « **constructive** » afin de ne pas se transformer en facteur d'instabilité : l'exécutif ne peut être renversé sans que, préalablement, les groupes politiques à l'Assemblée de Corse n'aient conclu un accord pour constituer une nouvelle équipe susceptible de succéder à l'ancienne.

En effet, selon l'article L. 4422-31 CGCT :

« L'Assemblée de Corse peut mettre en cause la responsabilité du conseil exécutif par le vote d'une **motion de défiance**.

« La motion de défiance mentionne, d'une part, l'exposé des motifs pour lesquels elle est présentée et, d'autre part, la liste des noms des candidats aux mandats de président et de conseillers exécutifs de Corse appelés à exercer les fonctions prévues au présent chapitre en cas d'adoption de la motion de défiance.

« Il n'est délibéré sur cette motion que lorsqu'elle est signée du tiers des conseillers à l'Assemblée. Le vote ne peut avoir lieu que quarante-huit heures après le dépôt de la motion. Sont seuls recensés les votes favorables à la motion, qui n'est considérée comme adoptée que lorsqu'elle a recueilli le vote de la majorité absolue des membres composant l'Assemblée.

« Lorsque la motion de défiance est adoptée, les candidats aux mandats de président et de conseillers exécutifs entrent immédiatement en fonction. »

Lorsque le fonctionnement normal de l'Assemblée s'avère impossible, le gouvernement conserve la faculté de prononcer sa **dissolution** par décret motivé en conseil des ministres (art. L. 4422-14 CGCT ; cette procédure fut utilisée le 29 juin 1984). Le gouvernement en informe alors le Parlement dans le délai le plus bref possible et il est procédé à une nouvelle élection de l'Assemblée dans un délai de deux mois. Pendant ce temps, le président du conseil exécutif expédie les affaires courantes de la collectivité territoriale. Ses décisions ne sont cependant exécutoires qu'avec l'accord du représentant de l'État dans la collectivité territoriale de Corse.

Biblio. somm. : Sur le statut de 1991, v. P. Ferrari, « Le statut de la collectivité territoriale de Corse », *AJDA* 1991, p. 701 ; C. Olivesi et a., *RFD adm.* 1991, p. 706 ; **Sur L. 22 janv. 2002**, v. art. P. Ferrari, *AJDA* 2002, p. 86 ; égal. dossier *RFD adm.* 2002, p. 685 s. Sur Cons. const., déc. n° 2001-454 DC du 17 janv. 2002, v. dossier consacré, *RFD adm.* 2002, p. 459 s.

Finalement, **le processus corse**, même s'il s'est inspiré des apports liés à l'évolution des statuts des anciens territoires d'outre-mer (TOM), **ne va pas jusqu'à reconnaître à la Corse un statut identique à celui de la Polynésie, ni *a fortiori*** ne lui donne latitude de délibérer en matière législative, comme dans le cas des « lois du pays » reconnues pour **la Nouvelle-Calédonie.**

Actualité : La Corse : vers un nouveau statut ?

Au cours de sa séance du 12 décembre 2014, l'Assemblée de Corse a émis le vœu suivant : « Décide (...) de proposer une réforme de l'organisation territoriale de la Corse, portant création d'une collectivité de Corse déconcentrée par fusion... ». Le 18 décembre suivant, le conseil général de Haute-Corse a également adopté une délibération en ce sens. Le principe consisterait donc à instituer **une collectivité unique de Corse en lieu et place de la région et des deux départements la composant** – la Corse-du-Sud et la Haute-Corse. Mise en place au 1er janvier 2018, la nouvelle collectivité exercerait les compétences aujourd'hui exercées par les trois entités qu'elle fusionnerait.

Le projet de loi portant nouvelle organisation territoriale de la République, en cours de discussion au Parlement (printemps 2015) comprend un article 13 qui tire les conséquences de la nouvelle organisation institutionnelle de la Corse, « sans affecter la spécificité » de son régime juridique en soumettant la collectivité aux dispositions régissant les régions et les départements sous réserve des règles spécifiques qu'il prévoit. À suivre.

4. La Métropole de Lyon

127 La loi **n° 2014-58 du 27 janvier 2014** de modernisation de l'action publique territoriale et d'affirmation des métropoles a créé (à compter du 1er janvier 2015) **une collectivité à statut particulier, au sens de l'article 72 de la Constitution, dénommée « métropole de Lyon »**, en lieu et place de la communauté urbaine de Lyon (créée en 1966) et, dans les limites territoriales précédemment reconnues à celle-ci, du département du Rhône (art. L. 3611-1 CGCT – après la création de la métropole de Lyon, le département du Rhône se réduira à la portion de son territoire située hors agglomération, ce qui rompt, pour la première fois hors cas particulier de Paris (v. ss 116 s.), avec l'organisation du territoire national métropolitain en départements). Il y a là **une expérimentation intéressante de simplification de l'administration locale** par la **suppression d'un niveau de collectivités** puisqu'aux trois échelons existants – département, communes et communauté urbaine – est ainsi substitué le couple métropole-communes (la métropole de Lyon réunit désormais les champs d'action du département et de la communauté urbaine sur les 59 communes qui composent son territoire).

La métropole de Lyon est **à la fois une collectivité territoriale à statut *sui generis*** et **une forme très développée d'intercommunalité**. Contrairement aux autres métropoles, la métropole de Lyon est effectivement une collectivité territoriale à part entière et non un établissement public de coopération intercommunale. Cependant, son statut législatif particulier joue sur les deux tableaux. En effet, comme le précise l'article L. 3611-4 CGCT : « Pour l'exercice de ses compétences, la métropole de Lyon dispose des mêmes droits et est soumise aux mêmes obligations que les établissements publics de coopération intercommunale à fiscalité propre. Pour l'exercice de ses compétences, le président du conseil de la métropole dispose des mêmes droits et est soumis aux mêmes obligations que les présidents d'établissements publics de coopération intercommunale à fiscalité propre. »

Objectif : Former un espace de solidarité pour élaborer et conduire un projet d'aménagement et de développement économique, écologique, éducatif, sportif, culturel et social du territoire concerné, afin d'en améliorer la compétitivité et la cohésion (art. L. 3611-2 CGCT).

Organisation. L'organisation de la métropole de Lyon comprend le **conseil de la métropole**, ainsi que les **conférences territoriales des maires** et la **conférence métropolitaine**.

- Le **conseil de la métropole** (art. L. 3631-1 s. CGCT), composé actuellement de 165 membres, est l'assemblée délibérante de cette collectivité (Ce sont les membres du conseil de l'ancienne communauté urbaine de Lyon élus en mars 2014 en même temps que les conseils municipaux ; mais en 2020, le conseil de la métropole sera élu en même temps que les conseils municipaux au suffrage universel direct dans le cadre de circonscriptions électorales propres ; Ord. n° 2014-1539 du 19 déc. 2014 (ratifiée) : le mode de scrutin est proche de celui applicable aux élections municipales dans les communes de 1 000 habitants et plus, soit un scrutin de liste proportionnel fondé sur des listes paritaires). Le conseil de la métropole élit en son sein un président, au scrutin secret, à la majorité absolue des membres du conseil de la métropole aux deux premiers tours de scrutin, et à la majorité relative au troisième tour, comme dans tous les autres organes exécutifs des collectivités territoriales. Le conseil de la métropole élit également les membres de la commission permanente et des vice-présidents, là encore sur le modèle du conseil départemental.

- Les **conférences territoriales des maires** (art. L. 3633-1 CGCT) sont instituées sur le territoire de la métropole de Lyon. Elles réunissent les maires d'une partie du territoire de la métropole pour débattre au niveau local de certains sujets et problématiques communs à plusieurs communes en travaillant sur la déclinaison territoriale des politiques métropolitaines. Leur périmètre est déterminé par délibération du conseil de la métropole. Elles ont un rôle consultatif, notamment lors de l'élaboration et de la mise en œuvre de politiques de la métropole. Chaque conférence territoriale des maires élit en son sein un président et un vice-président. Chacune se réunit au moins une fois par an à l'initiative de son président ou à la demande de la moitié de ses membres, sur un ordre du jour déterminé. Le règlement intérieur du conseil de la métropole fixe les modalités de fonctionnement des conférences territoriales des maires.

- La **conférence métropolitaine** (art. L. 3633-2 CGCT) est une instance de coordination entre la métropole de Lyon et les communes situées sur son territoire au sein de laquelle peuvent être débattus tous les sujets d'intérêt métropolitain ou relatifs à l'harmonisation de l'action de ces collectivités. Elle comprend les maires des communes et est présidée de droit par le président du conseil de la métropole. Elle se réunit au moins une fois par an, à l'initiative du président du conseil de la métropole ou à la demande de la moitié des maires, sur un ordre du jour déterminé. Dans les six mois qui suivent chaque renouvellement général des conseils municipaux, la conférence métropolitaine élabore un projet de pacte de cohérence métropolitain entre la métropole et les communes situées sur son territoire. Ce projet propose une « stratégie de délégation de compétences » de la métropole de Lyon aux communes situées sur son territoire, ainsi qu'une stratégie de délégation de certaines compétences des communes à la métropole de Lyon.

Compétences. La métropole de Lyon exerce de plein droit, en lieu et place des communes situées sur son territoire, des compétences dans de nombreux domaines, ainsi que celles que les lois attribuent au département. Dans le cadre de délégations de compétences, la métropole de Lyon pourra également agir en lieu et place de la région et de l'État. Ses compétences sont énumérées aux articles L. 3641-1 et suivants.

- La métropole de Lyon exerce de plein droit les **compétences exercées par les communes situées sur son territoire** en matière de développement et d'aménagement économique, social et culturel ; d'aménagement de l'espace métropolitain ; de politique locale de l'habitat ; de politique de la ville ; de gestion des services d'intérêt collectif (eau et assainissement, etc.) ; de protection et de mise en valeur de l'environnement et de politique du cadre de vie. Le conseil de la métropole de Lyon approuve à la majorité simple des suffrages exprimés le plan local d'urbanisme. La liste des compétences exercées en lieu et place des communes fait de **la métropole de Lyon une forme très développée d'intercommunalité.**

- Elle exerce de plein droit les **compétences que les lois**, dans leurs dispositions non contraires, **attribuent au département.** Ce sont ces compétences départementales non listées dans la loi qui font de **la métropole de Lyon une collectivité territoriale à statut *sui generis*.**

- **La métropole de Lyon peut déléguer aux communes** situées sur son territoire, par convention, la gestion de certaines de ses compétences.

- **La région Rhône-Alpes peut déléguer à la métropole de Lyon** certaines de ses compétences. De plus, par convention passée avec la région Rhône-Alpes, à la demande de celle-ci ou de la métropole de Lyon, cette dernière exerce à l'intérieur de son territoire, en lieu et place de la région, les compétences en matière de développement économique.

- **L'État peut déléguer par convention à la métropole de Lyon**, sur sa demande et sous certaines conditions, diverses compétences notamment en matière de logement et d'habitat.

§ 2. Les particularismes en outre-mer

128 Le territoire de l'État comportant une composante ultramarine issue de son ancien domaine colonial, la question s'est posée très tôt, en droit public interne, du régime législatif applicable à l'outre-mer. La réponse, évolutive au cours de l'histoire institutionnelle des collectivités territoriales d'outre-mer, a constamment oscillé entre deux principes : le **principe de la spécialité législative** et le **principe de l'assimilation législative**. Jusqu'à la **loi dite de départementalisation du 19 mars 1946**, les actuelles composantes de l'outre-mer français avaient un statut colonial et, à ce titre, relevaient de la spécialité législative. Depuis cette date, ce statut a évolué en se différenciant. Tandis que les quatre plus anciennes colonies françaises depuis le XVIIe siècle passaient du régime de la spécialité à celui de l'assimilation législative grâce à leur transformation en autant de départements (cas de la Guadeloupe, de la Martinique, de la Guyane et de la Réunion), les autres, plus récentes, restaient soumises, selon des modalités variables, à l'ancien principe de spécialité.

Cet ordonnancement binaire – autour de la distinction entre **département d'outre-mer** (DOM) régi par l'article 73 de la Constitution de 1958 et **territoire d'outre-mer** (TOM) défini par l'article 74 – a été progressivement remis en cause avec l'apparition de collectivités à statut particulier. C'est ainsi que les collectivités territoriales *sui generis* de Mayotte et de Saint-Pierre-et-Miquelon, au régime juridique hybride, ont été créées par le législateur sur la base de l'article 72 de la Constitution, tandis que la **Nouvelle-Calédonie** est sortie de la catégorie de territoire d'outre-mer pour devenir une collectivité originale régie par un **titre constitutionnel spécifique – le titre XIII** (Loi constitutionnelle n° 98-610 du 20 juillet 1998). Cette évolution a montré que les statuts définis pour les DOM comme pour les TOM avaient atteint leurs limites et ne répondaient plus à l'ensemble des aspirations exprimées outre-mer.

Le paysage institutionnel initial a été redéfini par la loi constitutionnelle du 28 mars 2003 relative à l'organisation

décentralisée de la République (complétée sur ce point par la loi constitutionnelle n° 2008-724 du 23 juillet 2008 de modernisation des institutions de la Vᵉ République).

Tout d'abord, le texte a innové en inscrivant le nom de chacune des collectivités d'outre-mer dans un nouvel article 72-3 de la Constitution, ce qui permet de consacrer solennellement leur appartenance à la République. Ainsi, ces collectivités ne pourront plus en sortir sans une révision de ce texte, ce qui constitue une garantie importante contre une évolution non souhaitée (Cette disposition répondait ainsi au vœu de certaines collectivités, dont Mayotte en particulier ; de plus, si la Nouvelle-Calédonie reste régie par un titre spécifique de la Constitution – le titre XIII –, sa mention dans le nouvel article 72-3 permet symboliquement de mieux affirmer son caractère de collectivité de la République).

Ensuite, la loi constitutionnelle a procédé à la réécriture des articles 73 et 74 de la Constitution relatifs à l'outre-mer. Si elle a conservé la ligne de partage entre deux catégories de collectivités, les unes soumises au principe de l'assimilation législative, les autres se voyant reconnaître une spécialité législative, elle en a renouvelé le schéma (il convient de noter la plasticité du système, l'article 72-4 de la Constitution prévoyant une procédure spécifique pour l'évolution statutaire de tout ou partie d'une collectivité territoriale d'outre-mer soumise à l'un des régimes des articles 73 et 74 vers l'autre régime juridique). C'est ainsi que le nouvel **article 73 de la Constitution** définit le statut des départements et régions d'outre-mer régis par le principe de l'assimilation législative. Il concerne les **anciens DOM** (Guadeloupe, Guyane, Martinique, La Réunion) **et Mayotte**. Quant à l'**article 74 de la Constitution**, il institue une nouvelle catégorie juridique dénommée « **collectivité d'outre-mer** » (COM), qui se substitue à celle des territoires d'outre-mer et a vocation à englober toutes les collectivités régies entièrement ou partiellement soumises au principe de la spécialité législative. Il concerne ainsi les anciens TOM (**Polynésie française** et **Wallis-et-Futuna**) et des collectivités à statut particulier comme **Saint-Pierre-et-Miquelon**, rejoint plus récemment par les nouvelles collectivités de **Saint-Barthélemy** et **Saint-Martin**, deux îles françaises dans la mer des Caraïbes.

Il convient enfin de relever à l'article 72-3, *in fine*, de la Constitution le renvoi à une loi pour déterminer le régime législatif et l'organisation particulière des **Terres australes et antarctiques françaises** (TAAF) et de **Clipperton** (atoll situé dans l'océan Pacifique, à proximité du Mexique, mais sans population permanente).

La Constitution, dans sa rédaction actuelle, **distingue ainsi** :

L'outre-mer régi par son article 73 (Guadeloupe, Guyane, Martinique, La Réunion et Mayotte) **(A)** ;

L'outre-mer régi par son article 74 (Saint-Pierre-et-Miquelon, Polynésie française, Wallis-et-Futuna, Saint-Barthélemy et Saint-Martin) **(B)** ;

L'outre-mer régi par son article 72-3, *in fine* (Terres australes et antarctiques françaises et Île de Clipperton, soumises à un régime législatif particulier) **(C)** ;

La Nouvelle-Calédonie, qui relève du **titre XIII de la Constitution** (art. 76 et 77) – dont le statut reste en devenir **(D)**.

A. L'outre-mer régi par l'article 73 de la Constitution

129 Le **régime législatif et réglementaire applicable** dans les collectivités d'outre-mer régies par l'article 73 de la Constitution est, **en principe**, celui de « **l'identité législative** », les lois et règlements y sont applicables de plein droit.

Ils peuvent **cependant** faire l'objet d'**adaptations** tenant aux caractéristiques et contraintes particulières de ces collectivités. Ces adaptations peuvent être **le fait de l'État**, qui doit alors consulter au préalable ces collectivités (le recours aux ordonnances de l'article 38 de la Constitution est ici fréquent pour réaliser les extensions ou adaptations des législations en vigueur). Elles peuvent également être **le fait de ces collectivités** lorsqu'elles y ont été préalablement habilitées par la loi ou par le règlement (l'article 73 de la Constitution ouvre effectivement aux départements et régions d'outre-mer deux formes d'habilitation : d'une part, ces collectivités peuvent être habilitées à adapter les lois et règlements sur leur territoire et dans leurs domaines de compétences ; d'autre part, elles peuvent être habilitées à fixer dans un nombre limité de matières relevant du domaine de la loi ou du règlement les règles applicables sur leur territoire. Depuis la révision constitutionnelle du 23 juillet 2008, l'habilitation est accordée, selon le cas, par la loi ou par le règlement).

Jurisprudence. En vertu de l'**article 73 de la Constitution**, les lois et règlements « peuvent faire l'objet d'**adaptations** tenant aux **caractéristiques** et **contraintes particulières** de ces collectivités. » La jurisprudence a précisé la portée de cette règle sur deux points : l'exigence de caractéristiques et contraintes particulières ; l'ampleur des adaptations possibles.

Le **Conseil constitutionnel** exerce un contrôle sur l'existence de caractéristiques et contraintes particulières justifiant des adaptations et, en leur absence, déclare inconstitutionnelles les dispositions prises (CC, décision n° 2004-503 DC du 12 août 2004). Le **juge administratif** se livre à un contrôle identique pour les dispositions de nature réglementaire.

Le **Conseil constitutionnel** vérifie que l'ampleur des mesures d'adaptation n'excède pas ce qu'autorise l'article 73 de la Constitution. Il estime que les mesures d'adaptation, lorsqu'elles sont justifiées, « ne sauraient avoir pour effet de conférer aux départements d'outre-mer une organisation particulière, prévue par l'article 74 de la Constitution pour les seuls territoires d'outre-mer » (CC, décision n° 82-147 DC du 2 décembre 1982 ; CC, décision n° 84-174 DC du 25 juillet 1984). Il apprécie dès lors si les mesures proposées n'excédaient pas les mesures d'adaptation tenant aux caractéristiques et contraintes de ces collectivités. Le **Conseil d'État** se livre à un contrôle de même nature (CE, 9 février 1983, n° 47899) et le juge de l'excès de pouvoir contrôle l'appréciation au terme de laquelle le pouvoir réglementaire estime que les éléments propres aux départements d'outre-mer justifient qu'il soit procédé à une adaptation (CE, 10 novembre 2004, *Association Droit de cité*, n° 253670).

Les collectivités d'outre-mer régies par l'article 73 de la Constitution, à l'exception de La Réunion, peuvent **en outre**, pour tenir compte de leur spécificité, être habilitées par la loi ou par le règlement à **fixer elles-mêmes les règles applicables sur leur territoire** dans un **nombre limité de matières** pouvant relever du domaine de la loi ou du règlement (l'article 73 de la Constitution précise : « Ces règles ne peuvent porter sur la nationalité, les droits civiques, les garanties des libertés publiques, l'état et la capacité des personnes, l'organisation de la justice, le droit pénal, la procédure pénale, la politique étrangère, la défense, la sécurité et l'ordre publics, la monnaie, le crédit et les changes, ainsi que le droit électoral. Cette énumération pourra être précisée et complétée par une loi organique. »).

Ce régime s'applique « dans les **départements et les régions d'outre-mer** » – il s'agit à ce jour de la **Guadeloupe** et de **La Réunion.** Mais l'article 73, *in fine*, de la Constitution prévoit également la possibilité pour le législateur d'appliquer ce régime à une « collectivité se substituant à un département et une région d'outre-mer » – ce qui est actuellement le cas pour la **Guyane**, la **Martinique** et **Mayotte** (en 2011, la Martinique et la Guyane sont devenues des **collectivités uniques**, exerçant tout à la fois les compétences du département et de la région. La même année, Mayotte est devenue le cinquième département d'outre-mer, également doté du statut de collectivité unique).

À noter : Applicabilité du droit de l'Union européenne.

En vertu de l'article 355 du traité sur le fonctionnement de l'Union européenne (TFUE), ce dernier et le traité sur l'Union européenne (TUE) sont applicables à la **Guadeloupe**, à la **Guyane**, à la **Martinique**, et à **La Réunion**, en tant que « régions ultrapériphériques » (RUP). L'ensemble du droit de l'Union européenne, primaire comme dérivé, est donc applicable dans ces collectivités d'outre-mer. Aux termes de l'article 349 du TFUE, afin de tenir compte « des caractéristiques et contraintes particulières des régions ultrapériphériques », il est possible toutefois d'arrêter des mesures spécifiques pour ces territoires. L'accession au statut de RUP rend éligible aux fonds structurels européens : fonds social européen (FSE) et fonds européen de développement régional (FEDER).

Quant à **Mayotte**, malgré son passage au statut de collectivité d'outre-mer de l'article 73 de la Constitution, elle ne devient pas automatiquement une région ultrapériphérique. Le TFUE instaure un mécanisme de « clause passerelle » (article 355) qui permet, à l'initiative de la France, que Mayotte devienne une région ultrapériphérique. Il faudra attendre que l'évolution en cours du statut interne de l'île le permette. D'ici là, Mayotte figure sur la liste des pays et territoires d'outre-mer (PTOM). Ceux-ci ne font pas partie du territoire de l'Union, malgré leur lien de dépendance à l'égard d'un État membre, et ne se voient donc pas appliquer le droit communautaire ; mais ils bénéficient d'un régime d'association avec l'Union européenne.

1. Les départements d'outre-mer et régions d'outre-mer (DROM)

a. Guadeloupe

130 Depuis 1982, la Guadeloupe (île située dans les Antilles françaises) est une **région monodépartementale.** Sur le plan institutionnel, se juxtaposent donc sur un même territoire à la fois des institutions départementales et des institutions régionales. Cette forme de sur-administration sur un territoire relativement étroit a

conduit à une réflexion autour de l'évolution de ce statut. L'occasion en a été fournie notamment après la promulgation de la loi constitutionnelle du 28 mars 2003 relative à l'organisation décentralisée de la République qui, comme nous l'avons vu plus haut, a profondément rénové le cadre constitutionnel de l'outre-mer et permis d'éventuelles évolutions statutaires ou institutionnelles des collectivités ultramarines. En Guadeloupe, les élus ont présenté au Gouvernement des propositions d'évolution statutaire qu'ils souhaitaient voir soumises au suffrage des électeurs.

Trois **consultations populaires**, ont ainsi eu lieu le **7 décembre 2003.** À **Saint-Martin** et **Saint-Barthélemy** – deux îles distantes de plus de 200 km de la Guadeloupe mais rattachées statutairement en tant que commune à la région et au département de la Guadeloupe -, une consultation a été organisée pour recueillir l'avis des électeurs, conformément aux vœux des conseils municipaux, sur une évolution statutaire propre à chacune de ces îles dans le cadre de l'article 74 de la Constitution et en Guadeloupe « continentale » sur la création d'une collectivité unique se substituant au département et à la région dans le cadre de l'article 73 de la Constitution.

À **Saint-Martin**, le « oui » l'a emporté à hauteur de 76,17 % avec un taux de participation de 44,18 %. À **Saint-Barthélemy**, le vote en faveur du « oui » a représenté 95,51 % des suffrages exprimés avec une participation de 78,71 %. En 2007, la loi organique n° 2007-223 du 21 février 2007 et la loi ordinaire n° 2007-224 du même jour, portant dispositions statutaires et institutionnelles relatives à l'outre-mer, ont créé les deux **nouvelles collectivités d'outre-mer** de Saint-Martin et Saint-Barthélemy **désormais régies par l'article 74 de la Constitution.**

En Guadeloupe « continentale », les **électeurs** ont en revanche **rejeté** à 72,98 % des suffrages exprimés le **projet de création d'une assemblée unique** (avec un taux de participation de 50,34 %).

Institutions. La Guadeloupe est dotée d'un **conseil régional** et d'un **conseil départemental.**

Elle est **représentée au niveau national** par quatre députés et trois sénateurs.

L'État est représenté sur place par un **préfet** établi à Basse-Terre et un **sous-préfet** à Pointe-à-Pitre.

En tant que département français d'outre-mer, **la Guadeloupe fait partie de l'Union européenne** au sein de laquelle elle constitue une **région ultra-périphérique** ; à ce titre, elle bénéficie de « mesures spécifiques » qui adaptent le droit communautaire en tenant compte des caractéristiques et contraintes particulières de ces régions.

Spécificités.

- **Conseil départemental de la Guadeloupe.** Des dispositions particulières concernant les départements d'outre-mer s'appliquent en Guadeloupe (art. L. 3441-1 s. CGCT). Elles touchent principalement aux **conditions d'application** aux départements d'outre-mer des deuxième et troisième alinéas **de l'article 73 de la Constitution** : il s'agit de l'**adaptation des lois et règlements par les départements d'outre-mer** (art. LO. 3445-1 à LO. 3445-8 CGCT) et de la **fixation par les départements d'outre-mer des règles applicables sur leur territoire dans un nombre limité de matières relevant du domaine de la loi ou du règlement** (art. LO. 3445-9 à LO. 3445-11 CGCT).

À noter : Si le troisième aliéna de l'article 73 de la Constitution offre au législateur la possibilité d'habiliter les DOM et ROM à fixer eux-mêmes les règles applicables sur leur territoire, dans un nombre limité de matières, réglementaires ou législatives, on sait que la reconnaissance d'un pouvoir législatif local ne contrevient nullement au principe constitutionnel d'unité, dès lors qu'il est rigoureusement encadré par le législateur, avec la procédure d'habilitation.

- **Conseil régional de la Guadeloupe.** Outre que le conseil régional de Guadeloupe est assisté d'un **conseil économique, social et environnemental régional** et d'un **conseil de la culture, de l'éducation et de l'environnement** (art. L. 4432-9 s. CGCT ; ne peuvent être membres de ces conseils les conseillers départementaux et les conseillers régionaux), on relève en particulier que des dispositions ayant trait aux **conditions d'application** aux régions d'outre-mer des deuxième et troisième alinéas **de l'article 73 de la Constitution** s'appliquent en Guadeloupe en matière d'**adaptation des lois et règlements par les régions d'outre-mer** (art. LO. 4435-1 à LO. 4435-8 CGCT) et s'agissant de la **fixation par les**

régions d'outre-mer des règles applicables sur leur territoire dans un nombre limité de matières relevant du domaine de la loi ou du règlement (art. LO. 4435-9 à LO. 4435-11 CGCT).

b. La Réunion

131 L'île de La Réunion est située dans l'Océan Indien, à l'est de Madagascar. Ancienne colonie transformée en département français par la loi du 19 mars 1946, l'île a vu son statut susciter de nombreux débats entre départementalistes et autonomistes. En **1982**, la loi de décentralisation l'érigera en **région monodépartementale** et la dotera d'un conseil régional aux côtés d'un conseil général (désormais dénommé conseil départemental). Le processus d'assimilation avec la métropole mis en œuvre n'en laisse pas moins subsister parfois d'importantes différences, notamment dans les domaines sociaux et éducatifs. C'est là l'application du principe posé à l'article 73 de la Constitution selon lequel des « adaptations peuvent être décidées par (les départements et les régions d'outre-mer) dans les matières où s'exercent leurs compétences et si elles y ont été habilitées selon le cas, par la loi ou par le règlement ». En revanche, on note que La Réunion a expressément renoncé à la possibilité qui lui était offerte par l'article 73, alinéa 3, de la Constitution d'être « habilitée, selon le cas, par la loi ou par le règlement, à fixer elle-même les règles applicables sur son territoire, dans un nombre limité de matières pouvant relever du domaine de la loi ou du règlement ». Ce renoncement est mentionné explicitement à l'article 73 de la Constitution, qui exclut le département et la région de La Réunion de la possibilité de déroger au principe d'assimilation par habilitation législative. Les partisans de cette disposition ont voulu ainsi marquer dans le texte constitutionnel leur détermination à préserver le modèle départemental-régional à La Réunion.

Institutions. La Réunion est dotée d'un **conseil régional** et d'un **conseil départemental.**

Elle est **représentée au niveau national** par sept députés, quatre sénateurs.

L'État est représenté sur place par un préfet établi à Saint-Denis et trois sous-préfets à Saint-Pierre, Saint-Paul et Saint-Benoît.

En tant que département français d'outre-mer, **La Réunion fait partie de l'Union européenne** au sein de laquelle elle constitue une **région ultra-périphérique** ; à ce titre, elle bénéficie de « mesures spécifiques » qui adaptent le droit communautaire en tenant compte des caractéristiques et contraintes particulières de ces régions.

Adaptations. Si on retrouve à La Réunion les mêmes possibilités d'adaptation qu'en Guadeloupe (v. ss 130 – Adaptation des lois et règlements par les départements d'outre-mer (art. LO. 3445-1 à LO. 3445-8 CGCT) et adaptation des lois et règlements par les régions d'outre-mer (art. LO. 4435-1 à LO. 4435-8), en revanche a été fermée la voie de l'expérimentation législative et réglementaire. Suivant en cela une longue tradition historique, La Réunion se distingue des autres départements d'outre-mer par une revendication toujours plus ferme en faveur de l'assimilation.

2. Les collectivités uniques

132 Comme nous venons de le voir, la Guadeloupe et La Réunion sont des départements d'outre-mer et des régions d'outre-mer de l'article 73 de la Constitution, bénéficiant du principe de l'identité législative et de son corollaire le principe d'adaptation. Mais après sa réécriture opérée par la **loi constitutionnelle du 28 mars 2003**, l'**article 73 de la Constitution** autorise également, dans son dernier alinéa, « la création par la loi d'une collectivité se substituant à un département et une région d'outre-mer ou l'institution d'une assemblée délibérante unique pour ces deux collectivités », à la condition que le consentement des électeurs de la collectivité intéressée ait été recueilli dans les formes prévues au second alinéa de l'article 72-4. Cette disposition constitutionnelle nouvelle a **ouvert la voie à la collectivité unique.**

À noter : Cette révision constitutionnelle de 2003 a permis de surmonter la décision du Conseil constitutionnel du 2 décembre 1982, qui avait imposé la création des régions monodépartementales d'outre-mer. En effet, dans sa décision n° 82-147 DC du 2 décembre 1982 (*Loi portant adaptation de la loi n° 82-213 du 2 mars 1982 relative aux droits et libertés des communes, des départements et des régions à la Guadeloupe, à la Guyane, à la Martinique et à la Réunion*), le Conseil déclara contraire à la Constitution l'intégralité de la loi déférée, considérant que « le statut des départements d'outre-mer doit être le même que celui des départements métropolitains sous la seule réserve des mesures d'adaptation que peut rendre nécessaires la situation particulière de ces départements d'outre-mer» et que «ces adaptations ne sauraient avoir pour effet de conférer aux départements d'outre-mer une "organisation particulière", prévue par l'article 74 de la Constitution pour les seuls territoires d'outre-mer», avant d'ajouter «qu'en confiant la gestion des départements d'outre-mer à une assemblée qui, contrairement au conseil général des départements métropolitains en l'état actuel de la législation, n'assure pas la représentation des composantes territoriales du département, la loi (...) confère à cette assemblée une nature différente de celle des conseils généraux» et ainsi va «au-delà des mesures d'adaptation que l'article 73 de la Constitution autorise en ce qui concerne l'organisation des départements d'outre-mer». Cette décision imposa au législateur la création des régions monodépartementales d'outre-mer.

La **Guyane** et la **Martinique** étaient également des départements d'outre-mer et des régions d'outre-mer. Toutefois, aux termes de la loi organique n° 2011-883 du 27 juillet 2011 et de la loi n° 2011-884 du même jour, elles sont devenues des **collectivités uniques** exerçant les compétences dévolues aux départements d'outre-mer et aux régions d'outre-mer (à compter de 2016).

À noter : En métropole, au printemps 2013, une fusion du conseil régional d'Alsace avec les deux conseils généraux du Haut-Rhin et du Bas-Rhin avait été projetée. Mais outre que le résultat fut négatif dans le Haut-Rhin, les électeurs Bas-Rhinois qui y étaient en revanche majoritairement favorables se mobilisèrent insuffisamment. Au final, les votes positifs ne représentèrent pas plus de la moitié des suffrages et au moins 25 % des électeurs inscrits dans chacun des départements. Plus petite région de France, l'Alsace était la première à utiliser une possibilité ouverte par la loi de réforme des collectivités territoriales de décembre 2010. Déjà en 2003, les électeurs corses avaient rejeté par référendum un projet comparable.

Quant à **Mayotte**, elle est aussi une **collectivité unique**, appelée «Département de Mayotte», qui exerce les compétences dévolues aux départements d'outre-mer et aux régions d'outre-mer (art. LO. 3511-1 CGCT ; la départementalisation est officiellement intervenue le 31 mars 2011, à l'occasion de la première réunion du conseil général ayant suivi son renouvellement partiel ; Mayotte est alors devenue le 101e département français et le 5e département d'outre-mer).

Ces **collectivités uniques de l'article 73 de la Constitution**, sont des collectivités à statut particulier **exerçant à la fois les**

compétences d'un département d'outre-mer et d'une région d'outre-mer, dans le cadre du droit commun de la République. Ce n'est donc pas un nouveau « statut » apparenté à l'article 74 de la Constitution.

a. Guyane

133 La Guyane est située dans le Nord-Est de l'Amérique du Sud, entre le Surinam et le Brésil.

La Guyane a été l'**une des quatre « vieilles colonies » françaises** depuis le XVIIème, avec la Guadeloupe, la Martinique et la Réunion, qui ont été **transformées en départements** avec la **loi de départementalisation du 19 mars 1946.** L'article 3 de la loi indiquait la manière dont le droit nouveau allait s'appliquer dans ces départements : les nouvelles lois applicables à la métropole le seraient dans les départements d'outre-mer sur mention expresse insérée dans les textes. La départementalisation, c'était « l'assimilation juridique à la métropole, la pleine application du droit commun de la République porteur de l'égalité civile, juridique, économique et sociale, de ses lois et règlements, c'est-à-dire la promesse du développement économique et du progrès social » (selon les mots du rapporteur au Sénat de la loi qui a modifié le statut de la Guyane et de la Martinique en 2011 ; voir Rapport n° 467 (2010-2011) de M. Cointat, avril 2011).

La départementalisation n'ayant pas apporté tous les fruits espérés, notamment en matière économique et sociale, **la question institutionnelle s'est posée à nouveau** en particulier à la **fin des années 1990.** Ce qui a conduit à la **révision constitutionnelle du 28 mars 2003** relative à l'organisation décentralisée de la République, qui a **refondu le cadre des dispositions concernant l'outre-mer.** La coexistence sur un même territoire de deux collectivités (département et région), parfois en position de rivalité, est de nature à nuire à l'efficacité et à la cohérence de l'action publique locale. Un désir de rationnalisation administrative peut alors légitimement naître. La Guyane (comme en parallèle la Martinique) s'est engagée dans un processus d'évolution institutionnelle à la fin de la première décennie des années 2000 (Sénat, Rapport d'information n° 410 (2010-2011), *Guyane, Martinique,*

Guadeloupe : l'évolution institutionnelle, une opportunité, pas une solution miracle, avril 2011).

Le **2 septembre 2009**, le congrès des **élus départementaux et régionaux de Guyane** se prononça dans sa majorité **en faveur d'une évolution statutaire vers l'article 74 de la Constitution** et demanda une consultation des électeurs comme le permet le premier alinéa de l'article 72-4 de la Constitution.

Le Gouvernement engagea alors le processus devant conduire à la **consultation des électeurs**. La question du passage à l'article 74 de la Constitution fut posée ; mais, en cas de réponse négative à cette question, une seconde question était posée, portant sur la création en lieu et place du département et de la région d'une collectivité unique restant régie par l'article 73 de la Constitution.

Les **électeurs de Guyane** furent **consultés en janvier 2010**.

Le **10 janvier**, les électeurs durent **choisir entre le maintien au sein de l'article 73 de la Constitution et la transformation en collectivité de l'article 74 de la Constitution**. Une **nette majorité** d'électeurs opta **pour le maintien dans l'article 73**, à la suite d'intenses débats politiques, alors que le congrès des élus en Guyane avait majoritairement fait le choix d'une organisation particulière dans le cadre de l'article 74.

Non à l'article 74 : 70,22 %
Oui à l'article 74 : 29,78 %
Taux de participation : 48,16 %

Le **24 janvier**, les électeurs durent ensuite **choisir entre le statu quo au sein de l'article 73 de la Constitution et la transformation en une collectivité unique** exerçant les compétences de la région et du département. Une **majorité nette** d'électeurs fit le **choix de la collectivité unique de l'article 73**, mais avec un **taux de participation** particulièrement **faible**.

Oui à la collectivité unique de l'article 73 : 57,49 %
Non à la collectivité unique de l'article 73 : 42,51 %
Taux de participation : 27,42 %

Le Gouvernement élabora alors un projet de loi dont la préparation révéla des dissensions entre le conseil régional et le conseil général. Ce texte est devenu la **loi n° 2011-884 du 27 juillet 2011** relative aux collectivités territoriales de Guyane et de Martinique. Celle-ci **précise l'organisation et le fonctionnement institutionnel de la nouvelle collectivité.** Elle modifie le code général des collectivités territoriales afin d'en préciser le statut, et insère dans le code électoral les dispositions applicables à l'élection des membres de l'assemblée de Guyane.

Date d'application du nouveau statut. L'article 21 de la loi n° 2011-884 du 27 juillet 2011 relative aux collectivités territoriales de Guyane et de Martinique a été modifié. Il en résulte que **le mandat des conseillers régionaux et généraux de Guyane** en fonctions à la date de la promulgation de la loi n° 2015-29 du 16 janvier 2015 relative à la délimitation des régions, aux élections régionales et départementales et modifiant le calendrier électoral **prend fin en décembre 2015.** C'est donc **à cette date** que pourront être **élus les membres de l'assemblée de Guyane** (dont le mandat prendra fin en mars 2021, précise la loi). C'est **à compter de la première réunion de l'assemblée de Guyane suivant sa première élection en décembre 2015** qu'**entreront en vigueur les nouvelles institutions guyanaises.** À cette date (début 2016), la collectivité territoriale de Guyane succédera au département de la Guyane et à la région de Guyane.

Institutions. À compter de 2016, la Guyane devient **une collectivité unique de l'article 73 de la Constitution** (Textes applicables : art. L. 7111-1 s. CGCT ; art. L. 558-1 s. du code électoral). On retiendra les **points caractéristiques suivants sur le plan institutionnel :**

- Art. L. 7111-1 CGCT : La Guyane constitue une collectivité territoriale de la République régie par l'article 73 de la Constitution qui **exerce les compétences attribuées à un département d'outre-mer et à une région d'outre-mer** et toutes les compétences qui lui sont dévolues par la loi pour tenir compte de ses caractéristiques et contraintes particulières.

- Art. L. 7121-1 CGCT : Les **organes de la collectivité territoriale de Guyane** comprennent **l'assemblée de Guyane** et **son président**, assistés du **conseil économique, social, environnemental, de la culture et de l'éducation de Guyane**, organe consultatif

(Art. L. 7121-2 CGCT : « Nul ne peut être à la fois conseiller à l'assemblée de Guyane et membre du conseil économique, social, environnemental, de la culture et de l'éducation de Guyane. »).

- Art. L. 7123-1 CGCT : **L'assemblée de Guyane élit son président** lors de la réunion de droit qui suit chaque renouvellement.

- Art. L. 7123-4 CGCT : **L'assemblée de Guyane élit les membres de la commission permanente.** La commission permanente est **composée du président de l'assemblée de Guyane**, de quatre à quinze **vice-présidents** et, éventuellement, d'un ou plusieurs autres **membres, dans la limite de quinze.**

- Art. L. 7151-1 CGCT : **L'assemblée de Guyane règle par ses délibérations les affaires de la collectivité territoriale de** Guyane.

- Art. L. 558-1 du code électoral : Les **conseillers à l'assemblée de Guyane** sont élus pour **six ans** en même temps que les conseillers régionaux.

- Art. L. 558-2 du code électoral : L'assemblée de Guyane est composée de **cinquante et un membres** (mais si la population de la collectivité territoriale de Guyane dépasse 249 999 habitants, le nombre de conseillers à l'assemblée de Guyane est porté à cinquante-cinq. Si la population dépasse 299 999 habitants, il est porté à soixante et un).

- Art. L. 558-3 du code électoral fixe le **mode de scrutin** : La Guyane forme une circonscription électorale unique, composée de huit sections. Art. L. 558-4 du code électoral : Les conseillers à l'assemblée de Guyane sont élus au **scrutin de liste à deux tours,** sans adjonction ni suppression de noms et sans modification de l'ordre de présentation.

b. Martinique

134 La **situation** que nous venons de décrire en ce qui concerne la **Guyane** est parfaitement **transposable au cas de la Martinique** qui a suivi un parcours parallèle.

On rappellera que la Martinique est une île située dans la mer des caraïbes.

Comme en Guyane, les électeurs martiniquais ont prouvé par référendum en janvier 2010 la **fusion des structures départementales et régionales** qui préexistaient jusqu'ici.

Le **10 janvier 2010**, les électeurs durent **choisir également entre le maintien au sein de l'article 73 de la Constitution et la transformation en collectivité de l'article 74 de la Constitution.** Une **nette majorité** d'électeurs opta **pour le maintien dans l'article 73.**

Non à l'article 74 : 79,31 %
Oui à l'article 74 : 20,69 %
Taux de participation : 55,32 %

Le **24 janvier 2010**, les électeurs durent ensuite **choisir entre le statu quo au sein de l'article 73 de la Constitution et la transformation en une collectivité unique** exerçant les compétences de la région et du département. Une **majorité nette** d'électeurs fit le **choix de la collectivité unique de l'article 73**, mais avec un **taux de participation** comme en Guyane particulièrement **faible.**

Oui à la collectivité unique de l'article 73 : 68,30 %
Non à la collectivité unique de l'article 73 : 31,70 %
Taux de participation : 35,81 %

La **loi n° 2011-884 du 27 juillet 2011** relative aux collectivités territoriales de Guyane et de Martinique **précise l'organisation et le fonctionnement institutionnel de la nouvelle collectivité**, sur le même modèle qu'en Guyane, mais avec quelques différences, comme l'institution de la **motion de défiance** dans les rapports entre l'assemblée et le conseil exécutif de Martinique (voir art. L. 7225-2 CGCT ci-dessous).

Textes applicables sur la collectivité territoriale de Martinique à compter de 2016 : Art. L. 7211-1 s. CGCT ; Art. L. 558-5 du code électoral.

La Martinique constitue **une collectivité territoriale de la République** régie par l'article 73 de la Constitution qui **exerce les compétences attribuées à un département d'outre-mer et à une région d'outre-mer.**

Les **organes de la collectivité territoriale** de Martinique comprennent **l'assemblée de Martinique et son président**, le **conseil exécutif de Martinique et son président**, assistés du **conseil économique, social, environnemental, de la culture et de l'éducation de Martinique** (Art. L. 7221-1 CGCT).

Art. L. 7223-1 CGCT : **L'assemblée de Martinique élit son président** lors de la réunion de droit qui suit chaque renouvellement.

Art. L. 7223-2 CGCT : Aussitôt après **l'élection du président** et sous sa présidence, l'assemblée de Martinique élit ses **quatre vice-présidents.** Les vice-présidents sont élus au scrutin de liste. Les vice-présidents sont nommés pour la même durée que le président de l'assemblée.

Art. L. 7224-1 CGCT : Le **conseil exécutif** de Martinique est **composé d'un président assisté de huit conseillers exécutifs.**

Art. L. 7224-2 CGCT : Aussitôt après l'élection de son président et de ses vice-présidents, **l'assemblée de Martinique procède à l'élection parmi ses membres du conseil exécutif** de Martinique **et de son président.** Les conseillers exécutifs et le président du conseil exécutif sont élus pour la durée du mandat des conseillers à l'assemblée de Martinique, au scrutin de liste.

Art. L. 7224-3 CGCT : Le **mandat de conseiller à l'assemblée** de Martinique est **incompatible avec la fonction de conseiller exécutif** de Martinique. Tout conseiller à l'assemblée de Martinique élu au conseil exécutif de Martinique dispose d'un délai d'un mois à partir de la date à laquelle cette élection est devenue définitive pour démissionner de son mandat de conseiller à l'assemblée de Martinique ou de sa fonction de conseiller exécutif. Il fait connaître son choix par écrit au représentant de l'État dans la collectivité territoriale qui en informe le président de l'assemblée de Martinique. À défaut d'option dans le délai imparti, il est réputé démissionnaire de son mandat de conseiller à l'assemblée ; cette démission est constatée par arrêté du représentant de l'État dans la collectivité territoriale.

Art. L. 7224-8 CGCT : Le **conseil exécutif** dirige l'action de la collectivité territoriale de Martinique. Art. L. 7224-9 CGCT : Le **président du conseil exécutif** prépare et exécute les délibérations de l'assemblée de Martinique.

Art. L. 7225-2 CGCT : **L'assemblée** de Martinique **peut mettre en cause la responsabilité du conseil exécutif** par le **vote d'une motion de défiance.** Celle-ci n'est recevable que si elle est signée par au moins un tiers des conseillers à l'assemblée de Martinique.

Chaque conseiller ne peut signer plus d'une motion par année civile.

La **motion de défiance** mentionne, d'une part, les motifs pour lesquels elle est présentée et, d'autre part, la liste des noms des candidats aux fonctions de président et de conseiller exécutif de Martinique appelés à exercer les fonctions prévues au présent titre en cas d'adoption de la motion de défiance.

L'assemblée se réunit de plein droit cinq jours francs après le dépôt de la motion. Le vote intervient au cours des deux jours suivants. Faute de quorum, il est renvoyé au lendemain. Les délais mentionnés au présent alinéa s'entendent dimanche et jours fériés non compris.

Seuls sont recensés les votes favorables à la motion de défiance, qui ne peut être adoptée qu'à la majorité des trois cinquièmes des conseillers à l'assemblée de Martinique.

Le président de l'assemblée proclame les résultats du scrutin et les transmet immédiatement au représentant de l'État. Les résultats du scrutin peuvent être contestés par tout membre de l'assemblée ou par le représentant de l'État devant le tribunal administratif dans le délai de cinq jours à compter de cette proclamation.

Lorsque la motion de défiance est adoptée, les fonctions des membres du conseil exécutif cessent de plein droit. Les candidats aux fonctions de président du conseil exécutif et de conseiller exécutif sont déclarés élus et entrent immédiatement en fonction.

Art. L. 7251-1 CGCT : **L'assemblée** de Martinique **règle par ses délibérations** les **affaires de la collectivité** territoriale de Martinique.

Art. L. 558-5 du code électoral : Les **conseillers à l'assemblée** de Martinique sont **élus pour six ans** en même temps que les conseillers régionaux.

Art. L. 558-6 du code électoral : **L'assemblée** de Martinique est composée de **cinquante et un membres**.

Art. L. 558-7 du code électoral : La Martinique forme **une circonscription électorale unique**, composée de **quatre sections**.

Art. L. 558-8 du code électoral : Les conseillers à l'assemblée de Martinique sont élus au **scrutin de liste à deux tours**.

c. Mayotte

135 Mayotte est située dans l'Océan Indien entre Madagascar et l'Afrique. Petit archipel, elle forme la partie orientale de l'archipel des Comores.

Au milieu des années 1970, au moment de **l'accession à l'indépendance de l'archipel des Comores**, auquel appartenait Mayotte, celle-ci **a choisi à une écrasante majorité de demeurer française**, alors que les trois autres îles optaient pour l'indépendance (la loi du 3 juillet 1975 a organisé l'accession des Comores à l'indépendance).

À noter : Ce choix de Mayotte est à l'origine d'un contentieux international avec les autorités comoriennes, qui n'ont jamais admis le maintien de la souveraineté française sur Mayotte, contentieux qui perdure jusqu'à ce jour.

Par la suite, l'**évolution institutionnelle** de Mayotte a été particulièrement **mouvante**, avant d'accéder au statut de département français, régi par le droit commun, ce qu'elle est aujourd'hui depuis 2011. Mais ce processus reste à parfaire, tant sont nombreux les défis que devront relever les Mahorais après la naissance officielle du « Département de Mayotte » (Voir : Sénat, Rapp. d'information n° 675 (2011-2012), *Mayotte : un nouveau département confronté à de lourds défis*, juillet 2012 : les auteurs de ce rapport parlementaire relèvent entre autres : la forte croissance démographique de la société mahoraise, la problématique récurrente de la vie chère, l'insuffisante prise en compte de la question scolaire, la persistance d'une importante immigration illégale, ainsi que des enjeux spécifiques de sécurité publique, civile et pénitentiaire).

La **loi du 24 décembre 1976** dote Mayotte d'un statut provisoire de collectivité territoriale de la République, collectivité *sui generis*, sur le fondement de l'article 72 de la Constitution. Ainsi, Mayotte n'est ni un département d'outre-mer, ni un territoire d'outre-mer, mais participe des deux systèmes.

La **loi du 11 juillet 2001** maintient le principe de spécialité législative, en y apportant des dérogations : elle distingue ainsi certaines matières qui relèvent désormais du principe de l'identité législative. Avec révision la constitutionnelle du 28 mars 2003, Mayotte bénéficie d'une consécration dans la Constitution puisqu'elle est expressément comptée au nombre des collectivités territoriales de la République (Article 72-3, al. 2, de la Constitution).

Un nouveau statut lui est alors donné par la **loi organique du 21 février 2007** et elle devient alors une collectivité d'outre-mer régie par l'article 74 de la Constitution. Le principe qui prévaut est celui de l'application de plein droit des lois et règlements (principe de l'identité législative), à l'exception de ceux pour lesquels il n'est pas envisageable de passer immédiatement au régime d'identité. Mais les élus locaux sur place ne s'en contentent pas et votent en **2008** une résolution tendant à demander une évolution statutaire, sur le fondement de l'article 72-4 de la Constitution. Il est alors souhaité une accession de Mayotte au régime de département et région d'outre-mer défini à l'article 73 de la Constitution : le souhait mis en avant est que la collectivité départementale de Mayotte devienne un département d'outre-mer relevant de l'article 73 de la Constitution, qui exercerait en outre les compétences d'une région d'outre-mer. **Consultés, le 29 mars 2009**, les Mahorais ont répondu massivement en faveur de la transformation institutionnelle de Mayotte, le « oui » recueillant 95,2 % des suffrages exprimés, avec un taux de participation de 61,37 % des électeurs inscrits. Le principe de la départementalisation de Mayotte est alors acquis, il ne reste plus qu'à le mettre en œuvre.

Ce sera chose faite avec la **loi organique n° 2010-1486 du 7 décembre 2010 et la loi ordinaire n° 2010-1487 du même jour** qui déterminent les conditions du passage de Mayotte dans le régime d'identité législative et de l'application du droit commun, sous réserve des adaptations rendues nécessaires en raison de ses caractéristiques et contraintes particulières, conformément à l'article 73 de la Constitution. La **départementalisation** est **officiellement intervenue le 31 mars 2011**, à l'occasion de la première réunion du conseil général ayant suivi son renouvellement partiel.

À noter : La société mahoraise étant composée à 95 % d'une population de confession musulmane, des règles particulières anciennes existent en matière d'état des personnes et des biens, ainsi que dans le domaine de la justice (justice cadiale). Certaines spécificités locales subsistent, en particulier dans ce qui relève de la sphère privée et de l'identité culturelle.

Sur le plan institutionnel, la loi organique n° 2010-1486 du 7 décembre 2010 et la loi ordinaire n° 2010-1487 du même jour ont précisé les conditions de fonctionnement des nouvelles institutions du « Département de Mayotte », collectivité unique exerçant les attributions d'un département et d'une région d'outre-mer. Ainsi, le « Département de Mayotte » est pourvu d'un conseil général (désormais dénommé « départemental »), dont le président exerce les prérogatives des présidents de conseil général (départemental) et de conseil régional. Le conseil départemental de Mayotte est assisté par deux organes consultatifs distincts : le conseil économique, social et environnemental régional et le conseil de la culture, de l'éducation et de l'environnement.

B. L'outre-mer régi par l'article 74 de la Constitution

136 **L'article 74 de la Constitution** prévoit que le statut des collectivités qu'il régit détermine « les conditions dans lesquelles les lois et règlements y sont applicables ». Ces collectivités d'outre-mer sont régies en partie ou totalement par **le principe de la spécialité législative** et peuvent ainsi bénéficier de **statuts « sur mesure »**, en fonction de leurs spécificités et de leurs aspirations. Leur statut relève de la **loi organique** et comporte un certain nombre de dispositions obligatoires : la définition du régime législatif applicable, les compétences de la collectivité, les règles d'organisation et de fonctionnement de l'assemblée délibérante, les conditions de consultation de la collectivité sur les projets de textes législatifs ou réglementaires la concernant et sur la ratification ou l'approbation d'engagements internationaux conclus dans des matières relevant de sa compétence.

L'article 74 de la Constitution consacre l'existence de collectivités dotées de l'autonomie pour lesquelles il prévoit d'**importantes innovations** : un contrôle juridictionnel spécifique sur certains actes qu'elles prennent dans des matières relevant en métropole du domaine de la loi peut être institué ainsi qu'une procédure de « déclassement » par le Conseil constitutionnel de dispositions législatives empiétant sur leur compétence ; ces collectivités sont également susceptibles d'être autorisées à adopter des mesures préférentielles en faveur de leur population en matière d'accès à l'emploi, de droit d'établissement et de protection du patrimoine foncier ; enfin, il est possible de les faire participer à l'exercice des compétences conservées par l'État.

Possibilité pour les collectivités d'outre-mer dotées de l'autonomie de participer aux compétences de l'État. L'État détient effectivement des compétences transversales, en droit pénal, en procédure pénale ou encore en matière de libertés publiques, qui se superposent à celles détenues par les collectivités d'outre-mer. Cependant, le Conseil constitutionnel veille à ce que cette participation s'exerce effectivement « sous le contrôle de l'État » et « dans le respect des garanties accordées sur l'ensemble du territoire national pour l'exercice des libertés publiques ». Pour des exemples d'invalidation, voir CC, décision n° 2004-490 DC du 12 février 2004, *Loi organique portant statut d'autonomie de la Polynésie française*, consid. n° 48 et 78.

S'agissant de l'**application des lois et règlements**, le législateur organique a mis en place deux régimes : l'un selon lequel la compétence de principe appartient à l'État, les compétences de la collectivité d'outre-mer, qui sont moins nombreuses, étant énumérées par la loi organique ; l'autre dans lequel la compétence de principe appartient à la collectivité d'outre-mer, les compétences de l'État, moins nombreuses, étant énumérées par la loi organique.

À noter : Si en vertu du quatrième alinéa de l'article 74, le statut de chaque collectivité d'outre-mer fixe « les compétences de cette collectivité », il précise que « sous réserve de celles déjà exercées par elle, le transfert de compétences de l'État ne peut porter sur les matières énumérées au quatrième alinéa de l'article 73, précisées et complétées, le cas échéant, par la loi organique ». Ainsi, le quatrième alinéa de l'article 73 fixe les matières régaliennes interdites de transfert pour l'avenir : « la nationalité, les droits civiques, les garanties des libertés publiques, l'état et la capacité des personnes, l'organisation de la justice, le droit pénal, la procédure pénale, la politique étrangère, la défense, la sécurité et l'ordre publics, la monnaie, le crédit et les changes, ainsi que le droit électoral ». Le Conseil constitutionnel et le juge administratif veillent dans le cadre de leurs compétences respectives au respect de cette répartition.

Les collectivités ainsi régies par l'**article 74 de la Constitution** sont : **Saint-Pierre-et-Miquelon**, les îles **Wallis et Futuna**, la **Polynésie française**, **Saint-Barthélemy** et **Saint-Martin**.

Biblio. somm. : R. Fraisse, « Les collectivités territoriales régies par l'article 74 », in *Nouveaux Cahiers du Conseil constitutionnel*, n° 35 (Dossier : La Constitution et l'outre-mer), avril 2012.

1. Saint-Pierre-et-Miquelon

137 Saint-Pierre-et-Miquelon constitue aujourd'hui **une collectivité d'outre-mer** (COM), régie par l'article 74 de la Constitution, qui prend le nom de : « collectivité territoriale de Saint-Pierre-et-Miquelon » (art. LO. 6411-1 s. CGCT).

L'archipel de Saint-Pierre-et-Miquelon (6 069 hab. en 2012) est situé dans l'**Atlantique Nord**, au large des côtes canadiennes. Après avoir revêtu successivement le statut de territoire d'outre-mer en **1946**, puis de département d'outre-mer en **1976** (L. 19 juill.), il s'est vu attribuer le statut de collectivité territoriale de la République par la loi du 11 juin 1985, après que la Cour de justice des Communautés européennes eut exigé la mise en œuvre, trop longtemps différée, du droit communautaire aux DOM. En effet, bien que DOM, Saint-Pierre-et-Miquelon échappait au régime de l'assimilation en matière de fiscalité et de douane. Nul doute qu'au regard du juge de Luxembourg, cette particularité excédait largement les « mesures spécifiques en vue de répondre aux besoins de ces territoires » qu'autorisait la jurisprudence communautaire. Le cœur même de la construction européenne se trouvait ainsi remis en cause par le statut douanier de Saint-Pierre-et-Miquelon. À l'évidence, la distinction binaire de la Constitution de 1958 se heurtait de front au droit communautaire. C'est pourquoi, sur la base de l'article 72 de la Constitution, la **loi du 11 juin 1985** a érigé Saint-Pierre-et-Miquelon en collectivité à statut particulier. Le principe de la réforme a reposé, d'une part, sur le maintien d'une organisation administrative proche du DOM, y compris au regard du principe d'assimilation (art. 22 L. statutaire 1985 dispose que « la loi est applicable de plein droit à la collectivité territoriale de Saint-Pierre-et-Miquelon »), et, d'autre part, sur la possibilité, ouverte aux pouvoirs publics français, de prendre toutes les mesures d'exception requises par la situation économique et sociale spécifique à l'archipel.

Depuis, un nouveau cadre constitutionnel de l'outre-mer ayant été dessiné par la réforme du 28 mars 2003, il est apparu que le statut de Saint-Pierre-et-Miquelon, fixé par la loi n° 85-595 du 11 juin 1985, ne correspondait plus aux exigences de l'article 74 de la Constitution définissant la catégorie des « collectivités d'outre-mer », au sein de laquelle est désormais rangé l'archipel. En conséquence, les règles d'organisation et de fonctionnement de ses institutions ont dû être actualisées en les alignant sur celles applicables aux conseils généraux et régionaux (v. **L. org. n° 2007-223 et L. n° 2007-224, 21 févr. 2007** portant dispositions statutaires et institutionnelles relatives à l'outre-mer). Il a été également procédé à la codification du statut de la collectivité territoriale de Saint-Pierre-et-Miquelon au livre IV de la nouvelle sixième partie du Code général des collectivités territoriales (Saint-Pierre-et-Miquelon est représenté au Parlement par un sénateur et un député).

À noter : **Application du principe d'identité législative.**

Article LO. 6413-1 CGCT : Les dispositions législatives et réglementaires sont applicables de plein droit à Saint-Pierre-et-Miquelon, à l'exception de celles qui interviennent dans les matières relevant de la loi organique en application de l'article 74 de la Constitution ou dans l'une des matières relevant de la compétence de la collectivité (en application du II de l'article LO. 6414-1 CGCT). L'applicabilité de plein droit des lois et règlements ne fait pas obstacle à leur adaptation à l'organisation particulière de la collectivité.

Procédure de consultation de la juridiction administrative (art. LO. 6462-9 CGCT) : Le président du conseil territorial peut saisir le tribunal administratif d'une demande d'avis portant sur l'interprétation du statut de Saint-Pierre-et-Miquelon ou sur l'applicabilité dans cette collectivité d'un texte législatif ou réglementaire. En cas de difficulté sérieuse, le président du tribunal administratif peut transmettre cette demande au Conseil d'État. Lorsque la demande d'avis porte sur la répartition des compétences entre l'État, la collectivité ou les communes, elle est examinée par le Conseil d'État auquel elle est transmise sans délai. Le représentant de l'État en est immédiatement informé.

Les institutions de la collectivité comprennent le **conseil territorial**, le **président du conseil territorial**, le **conseil exécutif** et le **conseil économique, social et culturel** (art. LO. 6430-1 s. CGCT).

Le **conseil territorial** est l'assemblée délibérante de la collectivité (composé de 19 membres ; art. LO. 537 code électoral). Les conseillers territoriaux sont élus pour cinq ans, au scrutin de liste à deux tours (la collectivité territoriale forme une circonscription unique, composée de deux sections communales). Le scrutin est un scrutin « mixte » qui panache scrutin majoritaire et scrutin proportionnel (art. LO. 540 C. élect.).

Le conseil territorial règle par ses délibérations les affaires de la collectivité. Il statue sur tous les objets sur lesquels il est appelé à délibérer par les lois et règlements et sur tous les objets intéressant la collectivité dont il est saisi. Il donne son avis sur tous les objets sur lesquels il est consulté en vertu des lois et règlements ou dont il est saisi par les ministres. Le conseil territorial peut, lorsqu'il y a été habilité à sa demande, par la loi ou par le décret selon le cas, adapter aux caractéristiques et aux contraintes particulières de la collectivité les dispositions législatives ou réglementaires en vigueur.

Le conseil territorial élit les membres du **conseil exécutif**, qui est composé du **président du conseil territorial** (président), de **cinq vice-présidents** et de **deux autres conseillers.**

Le **conseil exécutif** arrête les projets de délibérations à soumettre au conseil territorial. Il prend, sur proposition du président du conseil territorial, les règlements nécessaires à la mise en œuvre des délibérations. Il exerce les compétences qui lui sont déléguées par le conseil territorial. Les décisions du conseil exécutif sont prises à la majorité de ses membres. En cas de partage égal des voix, celle du président est prépondérante.

Le **président du conseil territorial** est élu par le conseil territorial lors de la réunion de droit qui suit chaque renouvellement. Il représente la collectivité. Il prépare et exécute les délibérations du conseil territorial et du conseil exécutif. Il préside le conseil exécutif. Il est seul chargé de l'administration, mais il peut déléguer par arrêté, sous sa surveillance et sa responsabilité, l'exercice d'une partie de ses fonctions aux vice-présidents. **Le conseil territorial peut mettre en cause sa responsabilité par le vote d'une motion de défiance** (art. LO. 6432-2 CGCT).

À noter : La **motion de défiance** mentionne, d'une part, les motifs pour lesquels elle est présentée et, d'autre part, le nom du candidat appelé à exercer la fonction de président du conseil territorial en cas d'adoption de la motion de défiance. Il n'est délibéré sur cette motion que lorsqu'elle est signée du tiers des conseillers territoriaux. Le vote ne peut avoir lieu que quarante-huit heures au moins après le dépôt de la motion. Sont seuls recensés les votes favorables à la motion, qui n'est considérée comme adoptée que lorsqu'elle a recueilli le vote de la majorité absolue des membres composant le conseil territorial. Lorsque la motion de défiance est adoptée, le candidat au mandat de président du conseil territorial entre immédiatement en fonction. Il est ensuite procédé au renouvellement du conseil exécutif pour assurer l'unité de l'exécutif local.

Lorsque le **fonctionnement du conseil exécutif** se révèle **impossible**, le **Gouvernement** peut, d'office ou à la demande du président du conseil territorial, en prononcer la **dissolution** par décret motivé pris en Conseil des ministres, après avis du conseil territorial. Le décret de dissolution fixe la date des élections, qui ont lieu dans un délai de dix jours. S'il y a urgence, le conseil exécutif peut être provisoirement suspendu par arrêté motivé du ministre chargé de l'outre-mer. La durée de la suspension ne peut excéder un mois. En cas de dissolution ou de suspension du conseil exécutif, le président du conseil territorial est chargé de l'expédition des affaires courantes. Ses décisions ne sont exécutoires qu'avec l'accord du représentant de l'État.

Le conseil territorial est assisté à **titre consultatif** d'un **conseil économique, social et culturel**, composé de représentants des groupements professionnels, des syndicats, des organismes et associations qui concourent à la vie économique, sociale et culturelle de Saint-Pierre-et-Miquelon (les conseillers territoriaux ne peuvent être membres de ce conseil). Ces membres sont désignés pour cinq ans. Le conseil économique, social et culturel est consulté par le conseil territorial sur la répartition et l'utilisation des crédits de l'État destinés à des investissements intéressant la collectivité, sur la préparation du plan d'aménagement et de développement durable de Saint-Pierre-et-Miquelon, ainsi que sur les orientations générales du projet de budget de la collectivité. Le conseil économique, social et culturel donne son avis sur les résultats de leur mise en œuvre. Il peut également, à son initiative, donner son avis sur tout projet ou proposition de délibération du conseil territorial intervenant en matière économique, sociale ou culturelle. Il peut aussi être saisi pour avis par le représentant de l'État en matière économique, sociale ou culturelle.

À noter : Il existe un **représentant de l'État** à Saint-Pierre-et-Miquelon, qui est nommé par décret en Conseil des ministres et qui a rang de préfet. Il est le délégué du gouvernement dans la collectivité territoriale et y dirige les services de l'État. Il a la charge des intérêts nationaux, du respect des lois et des engagements internationaux de la France, de l'ordre public et du contrôle administratif. Il veille à l'exercice régulier de leurs compétences par les autorités de la collectivité territoriale. Il est seul compétent pour prendre les mesures relatives au bon ordre, à la sûreté, à la sécurité et à la salubrité publiques dont le champ d'application excède le territoire d'une commune.

On précisera en outre que la collectivité d'outre-mer de Saint-Pierre-et-Miquelon est dotée d'un **tribunal administratif** et la cour administrative d'appel compétente est celle de Paris. Quant à la **chambre territoriale des comptes de Saint-Pierre-et-Miquelon** (art. L. 252-1 du code des juridictions financières), elle est rattachée à la chambre régionale des comptes d'Île-de-France (elle a le même président, les mêmes assesseurs, le ou les mêmes représentants du ministère public près une chambre et le même siège que la chambre régionale des comptes d'Ile-de-France ; art. L. 252-13 du code des juridictions financières).

2. Wallis-et-Futuna

138 Les îles **Wallis-et-Futuna** (Pacifique Sud, entre la Nouvelle-Calédonie et Tahiti), après avoir été placées sous un régime de protectorat (elles ont été rattachées à la France à la fin du XIXe siècle), sont devenues territoire d'outre-mer en 1961. Aujourd'hui, elles appartiennent à la catégorie juridique des **collectivités d'outre-mer de l'article 74 de la Constitution**, disposant d'une assez large autonomie au sein de la République française, un système politique propre et original, proche de celui en vigueur en Nouvelle-Calédonie, où le droit français côtoie le droit coutumier local (Wallis et Futuna sont représentées au Parlement par un sénateur et un député).

Selon l'INSEE, les îles Wallis et Futuna comptent 12 197 habitants au 22 juillet 2013, date de référence du dernier recensement de la population. Mais le territoire a perdu depuis 2003 18 % de sa population. La diminution de la natalité et l'importance de l'émigration expliquent cette forte baisse. L'absence sur le territoire de filières d'études supérieures et les possibilités d'emploi réduites engendrent de nombreux départs des jeunes. (site : http://www.insee.fr)

Jusqu'à l'intervention des dispositions organiques prévues par l'article 74 de la Constitution dans sa rédaction résultant de la loi constitutionnelle du 28 mars 2003, le **régime législatif et réglementaire** applicable aux îles Wallis et Futuna demeure **déterminé par la loi n° 61-814 du 29 juillet 1961** modifiée conférant aux îles Wallis et Futuna le statut de territoire d'outre-mer. Depuis de nombreuses années, le thème d'une modification du statut de Wallis-et-Futuna est évoqué, mais sans que des propositions concrètes ne soient formulées par les autorités ou les forces vives du territoire. Il faut dire que la place de la coutume est omniprésente et se reflète sur la vie politique locale (la loi « garantit aux populations du territoire le libre exercice de leur religion, ainsi que le respect de leurs croyances et de leurs coutumes tant qu'elles ne sont pas contraires aux principes généraux du droit »). La collectivité est représentée au Parlement par un député et un sénateur.

À noter : **Le statut de Wallis-et-Futuna ne serait-il pas contraire à l'article 74 de la Constitution ?** Dans sa version issue de la réforme de 2003, cet article dispose que le statut des collectivités d'outre-mer est défini « par une loi organique, adoptée après avis de l'assemblée délibérante ». Or, la loi du 29 juillet 1961 conférant aux îles de Wallis et Futuna le statut de territoire d'outre-mer est toujours en vigueur. Sans doute convient-il de considérer que le constituant n'a pas entendu abroger implicitement les lois ordinaires qui régissent le fonctionnement des anciens territoires d'outre-mer et qu'il importe seulement à l'avenir de modifier ou d'abroger ces textes par un vecteur organique.

Le statut du territoire s'apparente à celui d'un département avant la décentralisation de 1982 : le territoire est doté d'une assemblée territoriale et d'un organe exécutif qui sont placés sous l'autorité d'un **administrateur supérieur**, à la fois chef de l'exécutif local et représentant de l'État (exerçant un contrôle de tutelle sur les délibérations de l'assemblée territoriale ; v. TA Mata-Utu, 12 mars 2007, *Halagahu*, *AJDA* 2007, p. 1184, concl. Briseul). Cette place réservée à l'administrateur supérieur qui reste donc prépondérante peut faire débat au regard de l'article 72 de la Constitution, qui consacre le principe de libre administration des collectivités territoriales par des conseils élus. Elle apparaît à tout le moins en décalage avec les grandes évolutions que la France a connu en matière de décentralisation depuis le début des années 1980.

À noter : **L'État est représenté à Wallis et Futuna par un préfet, administrateur supérieur du territoire, nommé par décret en conseil des ministres.** Dépositaire des pouvoirs de la République, il représente chacun des membres du Gouvernement. Il a la charge des intérêts nationaux et du respect des lois. Il assure l'ordre public et concourt au respect des libertés publiques et des droits individuels et collectifs. Il prend les mesures relatives au bon ordre, à la sûreté, à la sécurité et à la salubrité publique. Il exerce, par analogie, les attributions qui sont conférées au maire en matière de police administrative. Il assure par ailleurs l'exécutif de la collectivité territoriale.

Institutions territoriales. Elles comprennent :

- **Le chef du territoire.** L'administrateur supérieur des îles Wallis et Futuna exerce les fonctions de chef du territoire. Il prend, après avis du conseil territorial, tous actes réglementaires propres à assurer l'exécution des délibérations de l'assemblée territoriale et tous actes réglementaires qui relèvent de sa compétence de chef de territoire aux termes des lois, décrets et règlements. Il prend, par voie de décision, toutes mesures individuelles ressortissant à ses attributions de chef de territoire.

- **Le conseil territorial.** Le conseil territorial **assiste le chef du territoire pour l'administration du territoire.** Il examine notamment tous les projets qui doivent être soumis à l'assemblée territoriale. Il est composé :

- de l'administrateur supérieur, chef du territoire, président ;

- des trois chefs traditionnels des îles Wallis et Futuna, vice-présidents ;

- de trois membres nommés par l'administrateur supérieur, chef du territoire, après accord de l'assemblée territoriale, parmi les citoyens français jouissant de leurs droits civils et politiques.

- **L'assemblée territoriale et la commission permanente.**

L'**assemblée territoriale** est composée de 20 membres élus (l'assemblée se renouvelle intégralement tous les cinq ans) – qui portent le titre de conseillers territoriaux. Elle vote le budget de la collectivité et délibère sur les sujets de sa compétence.

L'assemblée désigne en son sein une **commission permanente** de quatre membres choisis de manière à représenter l'ensemble des circonscriptions du territoire. La commission permanente règle les affaires qui lui sont renvoyées par l'assemblée. Elle peut, en cas d'urgence et d'impossibilité de réunir l'assemblée dans les délais nécessaires, délibérer et émettre des avis dans les matières relevant de la compétence de celle-ci concernant les affaires qui lui sont soumises par le chef de territoire, après avis du conseil territorial.

Les délibérations de l'assemblée territoriale et de sa commission permanente ne sont définitives qu'après **approbation par l'administrateur supérieur.**

- Il n'existe **pas de communes** à Wallis et Futuna, mais des **circonscriptions administratives**, dotées de la personnalité morale et d'un conseil de circonscription présidé par le « roi » coutumier. Les circonscriptions correspondent aux « royaumes » (Uvea à Wallis, Alo et Sigave à Futuna).

La **Cour des comptes** a rendu public, le 27 mars **2014**, un **référé** de son Premier président **sur la situation du territoire des îles Wallis et Futuna.** Il est observé que « l'État consacre à ce territoire une dépense publique globale de 120 millions d'euros par an, pour des résultats limités. Cet impact économique faible s'explique par des difficultés géographiques, mais également juridiques et institutionnelles ». La Cour estime « en particulier nécessaire que l'État modernise le régime de gestion des terres coutumières, qui contrarie le développement économique de ce territoire, et poursuive sa réflexion sur l'actualisation du cadre statutaire de Wallis et Futuna » (sur les recommandations de la Cour des comptes, voir les deux documents sur le site Internet de la Cour : « La situation du territoire des îles Wallis et Futuna » et la réponse du ministre des outre-mer). La Cour invite donc aux réformes statutaires, lesquelles supposent un consensus local encore en voie de consolidation.

Biblio. somm. : Sénat, Rapp. d'information n° 103 (2014-2015), *Les îles Wallis et Futuna*, nov. 2014.

3. Polynésie française

139 Contrairement à Wallis-et-Futuna, **la Polynésie française** (également dans l'Océan Pacifique) a connu une évolution institutionnelle et statutaire lui permettant d'accéder à une autonomie pleine et entière.

À l'origine, **sous protectorat français depuis 1842**, Tahiti et ses dépendances devinrent une colonie française par un traité conclu avec le roi Pomaré V, ratifié le 30 décembre 1880, qui fit accéder les Tahitiens et les Marquisiens à la nationalité française.

Faisant désormais partie des Établissements français de l'Océanie, les archipels furent dotés d'un statut par un décret du 28 décembre 1885 et placés sous l'administration d'un gouverneur. **En 1946 la Polynésie française est devenue un territoire d'outre-mer**, catégorie juridique nouvelle créée par l'article 8 de la Constitution de la IVe République.

De 1946 à 1977, une **revendication autonomiste** s'est développée. La loi statutaire du 12 juillet 1977 a doté la Polynésie française de l'autonomie administrative et financière et reconnu au territoire une compétence de droit commun, l'État ne conservant qu'une compétence d'attribution.

Mais c'est avec la **loi du 6 septembre 1984** que l'autonomie interne a été consacrée et que la tutelle exercée par le haut-commissaire a disparu au profit d'un contrôle de légalité *a posteriori* sur les actes émanant des autorités territoriales. Les pouvoirs du gouvernement territorial ont été renforcés et le président du gouvernement est devenu un acteur essentiel du dispositif institutionnel.

La **loi organique n° 96-312 du 12 avril 1996** a poursuivi cette évolution, en accroissant ses compétences et en améliorant le fonctionnement de ses institutions. De nouveaux transferts de compétences aux autorités territoriales ont été opérés dans le domaine des communications et des relations internationales notamment. La Polynésie s'est également vu reconnaître un domaine public maritime et un droit d'exploitation des ressources maritimes. Le nouveau statut lui a permis, en outre, d'exercer ses attributions de manière concurrente à celles de l'État, là où celui-ci est demeuré compétent.

À noter : La loi organique de 1996 a constitué l'aboutissement de l'évolution statutaire possible dans le cadre de l'article 74 de la Constitution sur l'organisation particulière des territoires d'outre-mer. Aller plus loin n'était guère envisageable sans une révision de ce texte (comme a pu le montrer Conseil constitutionnel : CC, déc. n° 96-373 DC du 9 avr. 1996, *Loi organique portant statut d'autonomie de la Polynésie française*, *AJDA* 1996, p. 371, note O. Schrameck). En effet, le partage des compétences entre le territoire et l'État s'est révélé dans certains cas insatisfaisant, l'État détenant des compétences transversales, en droit pénal, en procédure pénale ou encore en matière de libertés publiques, qui se superposent à celles détenues par le territoire et les restreignent parfois excessivement. Or, selon le Conseil constitutionnel, le principe de libre administration des collectivités territoriales ne saurait conduire à ce que les conditions essentielles de mise en œuvre des libertés publiques dépendent de décisions des collectivités territoriales et ainsi puissent ne pas être les mêmes sur l'ensemble du territoire (jurisprudence issue des décisions n° 84-185 DC du 18 janv. 1985 et n° 93-329 DC du 13 janv. 1994). Il a ainsi considéré que, pas plus que le principe général de libre administration, la prise en compte de l'organisation particulière des territoires d'outre-mer prévue par l'article 74 de la Constitution ne permettait d'échapper à cette règle générale destinée à préserver dans son intégrité le régime des libertés publiques, quel que soit le lieu de résidence des personnes concernées. Autrement dit, si l'organisation particulière des territoires d'outre-mer peut se traduire par des dispositions institutionnelles tout à fait spécifiques, l'autonomie reconnue à ceux-ci trouve là une limite constitutionnelle rigoureuse.

La révision constitutionnelle relative à la Nouvelle-Calédonie (Loi const. n° 98-610 du 20 juill. 1998) a ouvert la voie à une réflexion sur l'évolution du statut de la Polynésie française. Un projet de loi constitutionnelle relatif à la Polynésie, déposé en mai 1999, prévoyait de reconnaître à ce territoire le statut singulier de « pays d'outre-mer », d'organiser à son profit un nouveau transfert de compétences et de créer une citoyenneté polynésienne. Ce texte, adopté dans les mêmes termes par l'Assemblée nationale et le Sénat, n'avait cependant pas été soumis au Congrès. À la réflexion, on pouvait s'interroger sur son approche, consistant à consacrer à la Polynésie un titre spécifique dans la Constitution. Par ailleurs, l'introduction d'une notion de citoyenneté polynésienne pouvait prêter à confusion. S'il s'agissait, en effet, de reconnaître aux Polynésiens des droits spécifiques en matière d'accès à l'emploi, de droit d'établissement pour l'activité économique et d'accession à la propriété foncière, il n'était, en revanche, nullement envisagé de limiter l'exercice du droit de vote, comme c'est le cas en Nouvelle-Calédonie. Le nouveau statut de la Polynésie française restait donc à redéfinir dans un nouveau cadre constitutionnel. La **révision constitutionnelle de 2003** en fournira l'occasion. Elle a mis fin à l'existence des TOM et les a remplacés par de nouvelles « collectivités d'outre-mer » prévues à l'article 74 nouveau de la Constitution, qui sont régies en partie ou totalement par le principe de la spécialité législative et qui peuvent bénéficier désormais de **statuts « sur mesure »**, en fonction de leurs spécificités et de leurs aspirations.

La Polynésie française est devenue ainsi une « collectivité d'outre-mer » de l'article 74 nouveau de la Constitution dont le **régime législatif et réglementaire** applicable est déterminé par le titre II de la **loi organique n° 2004-192 du 27 février 2004** portant statut d'autonomie de la Polynésie française, modifié par les **lois organiques n° 2007-1719 du 7 décembre 2007 et n° 2011-918 du 1er août 2011.**

À noter : La Polynésie française est représentée au Parlement par trois députés et deux sénateurs.

Application des lois et règlements en Polynésie française. L'article 7 de la loi organique portant statut d'autonomie de la Polynésie française prévoit que « Dans les matières qui relèvent de la compétence de l'État, sont applicables en Polynésie française les dispositions législatives et réglementaires qui comportent une mention expresse à cette fin. » Elle ajoute que « Par dérogation (...), sont applicables de plein droit en Polynésie française, sans préjudice de dispositions les adaptant à son organisation particulière », les dispositions législatives et réglementaires relatives à un ensemble de matières comme en particulier les pouvoirs publics constitutionnels de la République, les juridictions nationales, la défense nationale, la nationalité, ou encore les statuts des agents publics de l'État.

Répartition des compétences entre l'État et les autorités de la Polynésie française. L'article 13 de la loi organique portant statut d'autonomie de la Polynésie française dispose que « Les autorités de la Polynésie française sont compétentes dans toutes les matières qui ne sont pas dévolues à l'État par l'article 14 (de la loi organique – qui fixe les « seules matières » dans lesquelles les autorités de l'État sont compétentes) ». Étant précisé, conformément à l'article 31, que « Les institutions de la Polynésie française sont habilitées, dans le respect des garanties accordées sur l'ensemble du territoire national pour l'exercice des libertés publiques, sous le contrôle de l'État, à participer à l'exercice des compétences qu'il conserve dans le domaine législatif et réglementaire en application de l'article 14 ».

Une garantie : la procédure de « déclassement ». Afin de protéger les compétences de la Polynésie française, l'article 12 de la loi organique permet au **Conseil constitutionnel** de constater qu'une loi promulguée postérieurement à l'entrée en vigueur de la présente loi organique portant statut d'autonomie de la Polynésie française est intervenue dans les matières ressortissant à la compétence de la Polynésie française, en tant qu'elle s'applique à cette dernière. Cette loi peut alors être modifiée ou abrogée par l'assemblée de la Polynésie française. Le Conseil constitutionnel, qui a trois mois pour statuer, intervient sur saisine du président de la Polynésie française après délibération du Conseil des ministres, du président de l'assemblée de la Polynésie française en exécution d'une délibération de cette assemblée, du Premier ministre, du président de l'Assemblée nationale ou du président du Sénat.

Les institutions.

- Le président et le gouvernement de la Polynésie française.

Le **gouvernement** de la Polynésie française (art. 63) est **l'exécutif de la Polynésie française** dont il conduit la politique. Il dispose de l'administration de la Polynésie française. Le gouvernement comprend sept à dix ministres.

Le **conseil des ministres** est chargé collégialement et solidairement des affaires de la compétence du gouvernement.

Le **gouvernement** de la Polynésie française est **responsable** devant l'assemblée de la Polynésie française dans les conditions et suivant les procédures prévues à l'article 156 des statuts (voir ci-après la procédure de la **motion de défiance**).

Le **président de la Polynésie française** représente la Polynésie française (art. 64). Il dirige l'action du gouvernement. Il promulgue les actes prévus à l'article 140 dénommés « lois du pays ». Il signe les actes délibérés en conseil des ministres. Il est chargé de l'exécution des actes prévus à l'article 140 dénommés « lois du pays » et des délibérations de l'assemblée de la Polynésie française et de sa commission permanente. Il exerce le pouvoir réglementaire pour l'application des actes du conseil des ministres. Il dirige l'administration de la Polynésie française. Sous réserve des dispositions de l'article 93, il nomme à tous les emplois publics de la Polynésie française, à l'exception de ceux qui relèvent de la compétence du président de l'assemblée de la Polynésie française.

Le président de la Polynésie française est **élu par l'assemblée de la Polynésie française** parmi ses membres, au scrutin secret.

Le président de la Polynésie française reste en fonction jusqu'à l'expiration du mandat de l'assemblée qui l'a élu.

Il nomme un **vice-président**, chargé d'assurer son intérim en cas d'absence ou d'empêchement, et les **ministres**, avec indication pour chacun d'eux des fonctions dont ils sont chargés. Cet arrêté est immédiatement porté à la connaissance des représentants à l'assemblée de la Polynésie française par son président.

Lorsqu'un membre de l'assemblée qui, après avoir renoncé à son mandat de représentant à l'assemblée de la Polynésie française par suite de son élection en qualité de président de la Polynésie française ou par suite de sa désignation en qualité de vice-président du gouvernement ou de ministre, quitte ses fonctions au sein du gouvernement de la Polynésie française, il retrouve, à l'expiration d'un délai d'un mois suivant la fin desdites fonctions, son mandat à l'assemblée de la Polynésie française au lieu et place du dernier représentant à l'assemblée de la Polynésie française qui avait été élu sur la même liste et appelé à siéger à sa suite.

- **L'assemblée de la Polynésie française.**

L'assemblée de la Polynésie française est **élue au suffrage universel direct**. Elle est composée de cinquante-sept membres élus pour cinq ans (scrutin de liste à deux tours, sans adjonction ni suppression de noms et sans modification de l'ordre de présentation).

Le mandat de représentant à l'assemblée de la Polynésie française est incompatible avec notamment la qualité de président de la Polynésie française ou de membre du gouvernement ou du conseil économique, social et culturel.

L'assemblée de la Polynésie française élit son **président** pour la durée du mandat de ses membres. Elle élit pour la même durée les autres membres de son **bureau** à la représentation proportionnelle des groupes politiques et dans les conditions fixées par son règlement intérieur.

L'assemblée de la Polynésie française **règle par ses délibérations les affaires de la Polynésie française**. Les compétences de la collectivité relevant du domaine de la loi sont exercées par l'assemblée de la Polynésie française. Toutes les matières qui sont de la compétence de la Polynésie française relèvent de l'assemblée de la Polynésie française, à l'exception de celles qui sont attribuées par la loi organique au conseil des ministres ou au président de la Polynésie française.

L'assemblée de la Polynésie française **contrôle l'action du président et du gouvernement** de la Polynésie française. Selon l'article 156 de la loi organique portant statut d'autonomie de la Polynésie française, l'exercice de cette fonction de contrôle peut conduire l'assemblée de la Polynésie française à mettre en cause la **responsabilité du président de la Polynésie française et du gouvernement de la Polynésie française** par le **vote d'une motion de défiance.**

À noter : La **motion de défiance** n'est recevable que si elle est signée par au moins le tiers des représentants à l'assemblée de la Polynésie française.

La motion de défiance mentionne, d'une part, les motifs pour lesquels elle est présentée et, d'autre part, le nom du candidat appelé à exercer les fonctions de président de la Polynésie française en cas d'adoption de la motion de défiance.

Seuls sont recensés les votes favorables à la motion de défiance, qui ne peut être adoptée qu'à la **majorité des trois cinquièmes** des représentants à l'assemblée de la Polynésie française. Chaque représentant à l'assemblée de la Polynésie française ne peut signer, par année civile, plus d'une motion de défiance.

Les **résultats** du scrutin peuvent être **contestés** par tout représentant à l'assemblée de la Polynésie française ou par le haut-commissaire, **devant le Conseil d'État** statuant au contentieux, dans le délai de cinq jours à compter de cette proclamation.

Lorsque la motion de défiance est adoptée, les fonctions des membres du gouvernement de la Polynésie française cessent de plein droit. Le candidat au mandat de président de la Polynésie française est déclaré élu et entre immédiatement en fonction. Il est procédé à la désignation des autres membres du gouvernement.

Lorsque le fonctionnement des institutions de la Polynésie française se révèle impossible, l'assemblée de la Polynésie française peut **être dissoute** par décret motivé du président de la République délibéré en conseil des ministres, après avis du président de l'assemblée de la Polynésie française et du président de la Polynésie française.

Selon l'article 157-1 de la loi organique portant statut d'autonomie de la Polynésie française : « À la demande du gouvernement de la Polynésie française, il peut être décidé, par décret du président de la République délibéré en conseil des ministres, de procéder au **renouvellement** de l'assemblée de la Polynésie française **avant le terme de son mandat.** »

« Lois du pays ».

L'assemblée de la Polynésie française adopte des actes prévus à l'article 140 de la loi organique portant statut d'autonomie de la Polynésie française **dénommés « lois du pays »** et des **délibérations.**

Nature administrative des actes dits « lois du pays ». Le Conseil constitutionnel a jugé « qu'il ressort des dispositions soumises au Conseil constitutionnel que les actes dits "lois du pays" procèdent des délibérations de l'assemblée de la Polynésie française et ont le caractère d'actes administratifs » ; CC, décision n° 2004-490 DC du 12 février 2004, *Loi organique portant statut d'autonomie de la Polynésie française*, consid. n° 90.

L'initiative des actes prévus à l'article 140 dénommés « lois du pays » et des autres délibérations appartient **concurremment au gouvernement et aux représentants à l'assemblée de la Polynésie française.**

Les actes de l'assemblée de la Polynésie française, dénommés « lois du pays », sur lesquels le **Conseil d'État** exerce un **contrôle juridictionnel spécifique**, sont ceux qui, **relevant du domaine de la loi**, soit ressortissent à la compétence de la Polynésie française en application de l'article 13 de son statut, soit sont pris au titre de la participation de la Polynésie française à l'exercice des compétences de l'État dans les conditions prévues aux articles 31 à 36. Le Conseil d'État se prononce sur la conformité de ces actes au regard de la Constitution, des lois organiques, des engagements internationaux et des principes généraux du droit.

Exemple : CE, 19 févr. 2014, n° 370850 : Eu égard à son champ d'intervention, qui couvre l'ensemble des domaines de compétence de la Polynésie française et toutes les catégories d'actes normatifs, et aux conditions dans lesquelles elle doit ou peut être saisie, aussi bien par le président de l'assemblée que par le président de la Polynésie française ou par le gouvernement, l'autorité créée par la **loi du**

pays n° 2013-17 LP/APF **relative au Haut conseil de la Polynésie française** du 11 juillet 2013 doit être regardée, même si elle ne dispose d'aucun pouvoir de décision, comme concourant à l'équilibre institutionnel de la Polynésie française. S'il est loisible à l'autorité compétente de la Polynésie française de créer des organes administratifs de conseil et d'expertise dans les différents domaines de compétence de la Polynésie française, **la création du Haut conseil constitue** ainsi **un acte relatif au fonctionnement des institutions de la Polynésie française, qui relève de la compétence du seul législateur organique.** En l'espèce, la « loi du pays » est illégale et ne peut être promulguée.

Le contrôle juridictionnel spécifique des « lois du pays » devant le Conseil d'État est organisé aux articles 176 à 180 de la loi organique portant statut d'autonomie de la Polynésie française. La procédure contentieuse applicable au contrôle juridictionnel spécifique de ces actes est celle applicable en matière de recours pour excès de pouvoir devant le Conseil d'État. Une fois la « loi du pays » promulguée et publiée au *Journal officiel* de la Polynésie française, elle ne peut plus être contestée par voie d'action.

Sur le contrôle juridictionnel des « lois du pays » de Polynésie par le Conseil d'État, v. CE, Sect., 1er févr. 2006, *Sandras et Cne Papara*, *RFD adm.* 2006, p. 271, concl. Stahl et p. 280, note A. Moyrand et A. Troianiello ; CE, 28 sept. 2007, *Synd. CSTP-FO*, *AJDA* 2007, p. 2321, note M. Verpeaux ; CE, 25 nov. 2009, *Sté Polynésie intérim* et *Haut-comm. Rép. en Polynésie française* (2 déc.), *AJDA* 2010, p. 623, note M. Verpeaux ; CE, 13 févr. 2015, n° 384447 : le Conseil d'État déclare illégale une « loi du pays » et juge qu'elle ne peut être promulguée.

– Le conseil économique, social et culturel de la Polynésie française.

Organisme consultatif, il est composé de représentants des groupements professionnels, des syndicats, des organismes et des associations qui concourent à la vie économique, sociale ou culturelle de la Polynésie française. La durée du mandat de ses membres est de quatre ans.

– Le haut-commissaire de la République.

Le haut-commissaire veille à l'exercice régulier de leurs compétences par les autorités de la Polynésie française et à la légalité de leurs actes. Afin d'assurer la sécurité de la population, le fonctionnement normal des services publics ou de mettre fin à une violation grave et manifeste des dispositions de la loi organique relatives au fonctionnement des institutions et lorsque ces autorités n'ont pas pris les décisions qui leur incombent de par la loi, le haut-commissaire de la République peut prendre, en cas d'urgence et après mise en demeure restée sans résultat, les mesures qui s'imposent. Il en informe sans délai le président de la Polynésie française.

Biblio. somm. : J.-E. Schoettl, « Un nouveau statut pour la Polynésie française après la révision constitutionnelle du 28 mars 2003 (Analyse déc. Cons. const. 12 févr. 2004) », *RFD adm.* 2004, p. 248 ; O. Gohin et M. Joyau, « L'évolution de la Polynésie française », *AJDA* 2004, p. 1242.

4. Saint-Barthélemy et Saint-Martin

140 **Saint-Barthélemy** (9 131 hab. en 2012) et **Saint-Martin** (35 742 hab. en 2012), deux îles en **mer des Caraïbes**, sont passés du statut de communes du département de la Guadeloupe dans les **Antilles** à celui de « collectivités d'outre-mer » (COM) régies par l'article 74 de la Constitution, le 15 juillet 2007.

À noter : Saint-Barthélemy et Saint-Martin sont représentés au Parlement par un sénateur chacun et un député pour les deux.

Considérant inadapté aux caractéristiques de leur territoire le statut de commune qui leur était applicable au sein de la région et du département d'outre-mer de la Guadeloupe – dont elles étaient d'ailleurs distantes de plus de 200 km -, les représentants de ces deux îles avaient demandé depuis plusieurs années une évolution statutaire. C'est désormais chose faite, conformément au vœu clairement exprimé par les électeurs lors de la consultation du 7 décembre 2003 (les habitants de Saint-Martin se sont ainsi prononcés à 76,17 %, avec un taux de participation de 44,2 % ; à Saint-Barthélemy, les électeurs se sont prononcés à 95,51 % pour l'évolution statutaire). **La loi organique n° 2007-223 du 21 février 2007** portant dispositions statutaires et institutionnelles relatives à l'outre-mer a créé les deux collectivités et les dispositions statutaires correspondantes ont été codifiées dans le code général des collectivités territoriales (Saint-Barthélemy : art. LO. 6211-1 s. CGCT ; Saint-Martin : art. LO. 6311-1 s. CGCT).

Application des lois et règlements. Les dispositions législatives et réglementaires sont applicables de plein droit (art. LO.

6213-1 et LO. 6313-1 CGCT), à l'exception de celles intervenant dans les matières qui relèvent de la loi organique en application de l'article 74 de la Constitution ou de la compétence de la collectivité en application des articles LO 6214-3 et LO 6314-3 CGCT. L'applicabilité de plein droit des lois et règlements ne fait pas obstacle à leur adaptation à l'organisation particulière des deux collectivités.

S'agissant de l'**organisation institutionnelle** retenue, elle est très proche du modèle départemental. On trouve dans chacune de ces collectivités :

- un **conseil territorial** qui est l'assemblée délibérante de la collectivité (le conseil territorial comprend 19 membres à Saint-Barthélemy et 23 membres à Saint-Martin), élu au scrutin proportionnel avec prime majoritaire (scrutin de liste à deux tours au sein d'une circonscription électorale unique et prime majoritaire du tiers des sièges accordée à la liste arrivée en tête) ;

- un **président** du conseil territorial élu par le conseil territorial ;

- et un **conseil exécutif** élu par le conseil territorial, composé du président du conseil territorial, président, de quatre vice-présidents et de deux autres conseillers.

Les statuts prévoient diverses dispositions tendant à compenser la concentration des pouvoirs dans une seule collectivité, en particulier :

- **le mandat du conseil territorial est de cinq ans**, soit un mandat plus court que celui du conseil départemental ;

- **le président du conseil territorial est responsable devant l'assemblée délibérante**, qui peut voter une **motion de défiance « constructive »** désignant un autre président (si la motion de défiance est adoptée, le nouveau président entre en fonctions immédiatement ; le conseil territorial procède ensuite à l'élection d'un nouveau conseil exécutif) ;

- l'**exécutif collégial** de la collectivité voit son **rôle renforcé**, avec une réduction concomitante des pouvoirs propres du président, afin que certaines décisions particulièrement sensibles soient prises de manière collégiale ;

- en outre, un **conseil économique, social et culturel** est créé, qui est une **assemblée consultative** chargée d'assister le conseil territorial.

Compétences. Les collectivités d'outre-mer de Saint-Martin et Saint-Barthélemy exercent à la fois les **compétences** dévolues par les lois et règlements en vigueur aux **conseils municipaux**, aux **conseils départementaux** des départements et aux **conseils régionaux**, ainsi qu'au **conseil départemental et au conseil régional de la Guadeloupe**. En outre, une série de **compétences de l'État** leur est **transférée** :

- Saint-Martin devient compétente en matière de fiscalité, de transports routiers, de ports maritimes, de voirie, de tourisme, de droit domanial de la collectivité, d'accès au travail des étrangers et en matière de création et d'organisation des services publics et établissements publics de la collectivité ;

- Saint-Barthélemy dispose des mêmes compétences, auxquelles s'ajoutent l'urbanisme, la construction, le logement, l'environnement et l'énergie.

Saint-Martin comme Saint-Barthélemy restent soumis au **principe d'identité législative** dans la plupart des matières, **mais** peuvent être habilités à prendre des **mesures d'adaptation** des lois et règlements en vigueur.

On relève que pour les **actes des conseils territoriaux intervenus dans le domaine de la loi**, un **contrôle juridictionnel spécifique** a été instauré. En effet, les actes relevant du domaine de la loi peuvent être contestés par la voie d'un recours motivé porté **devant le Conseil d'État** dans les deux mois qui suivent leur publication au *Journal officiel* de la collectivité. La procédure contentieuse applicable à ce contrôle juridictionnel spécifique est alors celle valable en matière de recours pour excès de pouvoir devant le Conseil d'État.

Par ailleurs, les conseils territoriaux respectifs de deux COM se voient reconnaître la **faculté d'abroger ou de modifier une loi intervenue dans un domaine qui relève des compétences de la collectivité**. Pour les lois adoptées avant l'entrée en vigueur de la loi organique statutaire du 21 février 2007, les autorités de la collectivité doivent prononcer l'abrogation expresse de la disposition législative ou réglementaire précédemment en vigueur et procéder à l'édiction formelle d'une nouvelle disposition. Pour les lois publiées après, il faut au préalable que le Conseil constitutionnel ait constaté que la loi promulguée postérieurement à l'entrée en vigueur de la loi organique du 21 février 2007 précitée est intervenue dans les matières ressortissant à la compétence de la collectivité, en tant qu'elle s'applique à cette dernière, auquel cas cette loi peut être modifiée ou abrogée par le conseil territorial (art. LO. 6213-4 et 5 CGCT et art. LO. 6313-4 et 5 CGCT).

Biblio. Somm. : L. Grard, « Quel statut européen pour la collectivité outre-mer de Saint-Martin ? », *AJDA* 2015. 1252.

C. L'outre-mer régi par l'article 72-3 (in fine) de la Constitution

141 Comme on l'a vu précédemment, la loi constitutionnelle du 28 mars 2003 a conservé tout en l'assouplissant la ligne de partage entre les collectivités d'outre-mer soumises au principe de l'assimilation législative et celles qui se voient reconnaître une spécialité législative. Toutefois, resteront en dehors de cette classification notamment les **Terres australes et antarctiques françaises**, dernier « territoire d'outre-mer » en vertu de sa **loi statutaire du 6 août 1955**. Le **dernier alinéa de l'article 72-3 de la Constitution** renvoie ici au législateur ordinaire le soin de déterminer leur régime législatif et leur organisation particulière. Cette mise à l'écart se justifie puisque ce territoire n'est pas habité par une population autochtone permanente. Les **Terres australes et antarctiques françaises (TAAF)** ont vu depuis leur statut de « territoire d'outre-mer » confirmé par la **loi du 21 février 2007** adoptée en application de l'article 72-3 al. 4, alors que la révision de 2003 a supprimé cette catégorie constitutionnelle.

À noter : Les TAAF sont composées de l'archipel de Crozet, l'archipel des Kerguelen, les îles Saint-Paul et Amsterdam, la terre Adélie auxquels se sont ajoutées les îles Éparses (Bassas da India, Europa, Glorieuses, Juan de Nova et Tromelin).

Depuis la révision constitutionnelle du 23 juillet 2008, l'**article 72-3 de la Constitution** dispose en son alinéa 4 que la loi détermine le régime législatif et l'organisation particulière, non seulement des **Terres australes et antarctiques françaises**, mais aussi, désormais, de **l'île de Clipperton** (dans l'océan Pacifique).

1. Les Terres australes et antarctiques françaises (TAAF)

142 Le **régime législatif** et l'**organisation particulière** des Terres australes et antarctiques françaises sont, en vertu de l'alinéa 4 de l'article 72-3 de la Constitution, déterminés par la loi. Ce statut résulte de la **loi n° 55-1052 du 6 août 1955** qui, dans son dernier état à la suite de l'article 14 de la **loi n° 2007-224 du 21 février 2007** portant dispositions statutaires et institutionnelles relatives à l'outre-mer, porte statut des Terres australes et antarctiques françaises et de l'île de Clipperton. **Territoire d'outre-mer** doté de l'autonomie administrative et financière, cette collectivité d'outre-mer a été créée par la loi du 6 août 1955 abrogeant un décret de 1924 qui rattachait précédemment ces terres au Gouvernement Général de France à Madagascar. Le **décret n° 2008-919 du 11 septembre 2008** pris pour l'application du statut des TAAF est le principal texte applicable.

À noter : L'ensemble de ces terres procure à la France une Zone Économique Exclusive (ZEE) de plus de 2 300 000 de km² riches en ressources marines, qui contribuent à donner à la France la deuxième emprise maritime au monde après les États-Unis.

L'article 1er de la loi n° 55-1052 du 6 août 1955 a conféré aux Terres australes et antarctiques françaises le statut de « territoire d'outre-mer », mais dont la connotation est ici davantage d'ordre géographique que juridique. En effet, la qualification de territoire d'outre-mer paraît peu appropriée puisqu'il s'agit d'un territoire sous administration directe, dépourvu d'une population autochtone propre et donc d'électeurs et qui ne possède pas de conseil élu. Administré par un haut fonctionnaire de l'État, il s'est vu conférer, par ailleurs, une spécialité : la recherche scientifique. En fait, nonobstant sa dénomination officielle, ce territoire comporterait plutôt toutes les caractéristiques d'un établissement public territorial (P. Lise, « Une délocalisation atypique : les TAAF », *RD publ.* 1999, p. 1109).

étant **chargé de son administration** et y exerçant l'ensemble des attributions dévolues par les lois et règlements aux autorités administratives. Il précise également le régime législatif et réglementaire applicable sur l'île de Clipperton.

Ultérieurement, le **décret du 31 janvier 2008** relatif à l'administration de l'île de Clipperton est venu indiquer que le ministre chargé de l'outre-mer peut déléguer par arrêté l'exercice de ses attributions relatives à l'administration de Clipperton. Par arrêté du 3 février 2008, **le ministre de l'outre-mer a délégué cette faculté d'administration au haut-commissaire de la République en Polynésie française, représentant de l'État.** Le décret du 31 janvier 2008 précise qu'en tant que délégué du ministre, il a la charge des intérêts nationaux et du respect des lois, veille à l'exécution des règlements et des décisions gouvernementales, peut prendre, par arrêté, les mesures nécessaires à l'exercice de ses attributions, peut déléguer sa signature et rend compte de son administration au ministre chargé de l'outre-mer. De plus, il est assisté, pour l'exercice de ses attributions, d'un comité consultatif, dont la composition, l'organisation, le fonctionnement et les attributions sont fixés par arrêté du ministre chargé de l'outre-mer.

Régime législatif et réglementaire. À l'occasion de l'examen d'un projet de loi relatif aux biens culturels maritimes, devenu la loi n° 89-874 du 1er décembre 1989, le Conseil d'État avait considéré, dans un avis du 19 janvier 1989, que la loi métropolitaine s'y appliquait de plein droit, car cette île ne constituait pas un territoire d'outre-mer. Cette solution est désormais expressément consacrée par l'article 9 de la loi n° 55-1052 du 6 août 1955 portant statut des Terres australes et antarctiques françaises et de l'île de Clipperton, qui prévoit que « les lois et règlements sont applicables de plein droit dans l'île de Clipperton ».

D. La Nouvelle-Calédonie : un statut en devenir

144 Le titre XIII de la Constitution est spécifiquement consacré à la Nouvelle-Calédonie. **Elle n'est plus une collectivité territoriale relevant du titre XII** et son **statut** reste **incertain** : maintien avec la France ou indépendance ?

À noter : La Nouvelle-Calédonie est représentée au Parlement par deux députés et deux sénateurs.

Le cas de la Nouvelle-Calédonie, située **dans le Pacifique Sud**, est à part. Après une forte instabilité statutaire, liée aux aléas de la situation politique dans le courant de la décennie 1980, un seuil a été atteint avec la loi du 9 novembre 1988 adoptée par référendum, consécutivement aux accords conclus sous les auspices de l'État, entre les principales forces politiques du territoire, dits Accords de Matignon, de juin 1988. Ce texte (le dixième statut depuis 1946), modifié notamment par une loi organique du 20 février 1995, devait marquer une pause de dix ans, jusqu'au scrutin d'autodétermination sur l'éventuel avènement de l'indépendance prévu pour 1998.

Le schéma institutionnel issu des Accords de Matignon de 1988. Ce schéma qui a instauré dix ans de paix civile en Nouvelle-Calédonie était relativement simple : d'une part trois provinces administrées chacune par des assemblées élues au suffrage universel pour six ans et dirigées par un président élu, ce qui permettait aux deux camps politiques de gouverner chacun sa zone ; d'autre part, un territoire administré par un congrès formé de la réunion des trois assemblées des provinces qui élit son président et son bureau pour un an ; et enfin, un haut-commissaire à la fois représentant du gouvernement dans le territoire et exécutif de ce dernier, ce représentant de l'État-Chef du territoire se posant en arbitre impartial au-dessus de la mêlée, pour le maintien de la paix.

Mais, dès les premières années de cette période, il est apparu que l'alternative brutale entre le maintien dans le giron de la France ou son rejet ressemblerait à un « couperet », et qu'il vaudrait mieux rechercher ensemble une « solution consensuelle » garantissant à bref délai une autonomie beaucoup plus large et comportant, à terme, la possibilité d'accession à l'indépendance si cette option était approuvée par les populations intéressées. Plutôt que de reconstituer la séparation de deux blocs antagoniques, un système recueillant l'accord de tous serait soumis à la ratification populaire.

Pour satisfaire les demandes contradictoires des deux familles politiques de Nouvelle-Calédonie [le Rassemblement pour la Calédonie dans la République (RPCR) et le Front de libération nationale kanak socialiste (FLNKS)], il a été imaginé une formule statutaire totalement inédite, aux termes d'un accord passé entre le gouvernement et les principaux acteurs politiques néo-calédoniens. Cet **accord signé le 5 mai 1998 à Nouméa** détermine le cadre institutionnel très spécifique dans lequel évoluera la Nouvelle-Calédonie dans les vingt années à venir (à propos de l'accord de Nouméa de 5 mai 1998, v. J.-Y. Faberon, « La Nouvelle-Calédonie, « pays à souveraineté partagée » », *RD publ.* 1998, n° 3, p. 645).

Le cadre institutionnel issu des Accords de Nouméa de 1998. Tout d'abord, pendant une période de quinze à vingt ans, la Nouvelle-Calédonie bénéficiera d'un transfert progressif de compétences de l'État, jusqu'à ce qu'à la fin de cette période celui-ci n'y dispose plus que des compétences régaliennes : justice, ordre public, défense, monnaie et affaires étrangères. Viendra alors le moment de consulter les électeurs sur la question de savoir s'il convient d'aller encore plus loin et d'accéder à l'indépendance (selon l'accord de Nouméa, la réunion du comité de ses signataires pour examiner la situation née de réponses négatives successives ne peut intervenir qu'à l'issue de trois consultations). Mais d'ici là, l'état des droits alors acquis par la Nouvelle-Calédonie formera un ensemble irréversible. En effet, alors que dans le schéma institutionnel des territoires d'outre-mer, rien ne faisait obstacle à ce que l'État reprenne ce qu'il avait établi, en Nouvelle-Calédonie l'accord de 1998 a bien précisé que l'évolution progressive du transfert des compétences est irréversible et que cette irréversibilité sera constitutionnellement garantie.

Par ailleurs, autre innovation remarquable, certaines délibérations du Congrès de la Nouvelle-Calédonie auront valeur législative (art. 107 de la loi organique du 19 mars 1999 relative à la Nouvelle-Calédonie : « Les lois du pays ont force de loi dans le domaine défini à l'article 99 » ; pour un jugement critique, v. O. Gohin, « Les lois du pays : contribution au désordre normatif français », *RD publ.* 2006, p. 85).

En outre, d'après l'accord, la période qui s'ouvre en 1998 va voir l'apparition d'une citoyenneté de la Nouvelle-Calédonie, qui pourrait s'organiser, après la fin de la période d'application de l'accord, en nationalité, s'il en était décidé ainsi. Pour l'heure, avec un droit de vote qui n'est pas universel, mais restreint, puisque subordonné à une condition de résidence de dix ans sur le territoire (sur ce point, v. la position de la CEDH : CEDH, 11 janv. 2005, *Py c/ France*, req. n° 66289/01, *AJDA* 2005, p. 118 et chron. J.-F. Flauss, *ibid.*, p. 551 : selon le requérant, les restrictions mises pour pouvoir participer aux élections du Congrès et des assemblées de province en Nouvelle-Calédonie violeraient le droit à des élections libres garanti par l'article 3 du Protocole n° 1 et instaureraient une discrimination fondée sur l'origine nationale, en violation de l'article 14 de la Convention ; mais la Cour juge qu'il n'y a pas eu en l'espèce violation des dispositions en cause, après avoir estimé « que l'histoire et le statut de la Nouvelle-Calédonie sont tels qu'ils peuvent être considérés comme caractérisant des « nécessités locales » de nature à permettre les restrictions apportées au droit de vote du requérant »), l'accord de Nouméa fait obstacle à la participation de certains nationaux français installés en Nouvelle-Calédonie à l'élection des assemblées de province (alors que les provinces sont des collectivités territoriales de la République) et du Congrès (qui exerce pourtant des compétences de nature législative en votant des « lois du pays »). De même, c'est à ces citoyens résidents de Nouvelle-Calédonie que sont réservés prioritairement le droit d'établissement et le droit d'accès à un emploi salarié ou à une profession indépendante et à la fonction publique territoriale en Nouvelle-Calédonie.

La révision de la Constitution de 1958 (L. const. 20 juill. 1998). Il est clair que ce cadre implique, pour être mis en application, plusieurs dérogations à la Constitution. Aussi, une révision de celle-ci a-t-elle été rendue nécessaire. Le constituant est donc intervenu, par la voie d'un vote conforme des deux assemblées et d'une approbation du projet de révision constitutionnelle par le Congrès, suivant la procédure de l'article 89 de la Constitution, afin d'insérer, dans ce dernier texte, un **titre XIII** consacré aux **« Dispositions transitoires relatives à la Nouvelle-Calédonie »**.

L'article 77 de la Constitution, issu de la loi constitutionnelle du 20 juillet 1998, autorise le transfert aux autorités locales de compétences qui relèveraient normalement, en vertu des autres dispositions de la Constitution, des autorités de l'État et renvoie à une loi organique le soin de préciser ces transferts de compétences, qui devront être définitifs. Il autorise également le législateur organique, « dans le respect des orientations définies par l'accord de Nouméa et selon les modalités nécessaires à sa mise en œuvre », à prévoir notamment que les assemblées locales pourront adopter des actes ayant force de loi et susceptibles de déroger, pour les citoyens de Nouvelle-Calédonie, aux règles relatives au statut civil coutumier, à l'emploi, voire au régime électoral et même à la citoyenneté.

Toutefois, l'application de ce dispositif devant être soumise à l'approbation, par la population néo-calédonienne, de l'accord du 5 mai 1998, comme l'avaient souhaité ses signataires eux-mêmes, l'**article 76 de la Constitution**, issu de la révision constitutionnelle, a prévu que « les populations de Nouvelle-Calédonie seront appelées à se prononcer avant le 31 décembre 1998 sur les dispositions de l'accord signé à Nouméa le 5 mai 1998 et publié le 27 mai 1998 au Journal officiel de la République française ». Il limite expressément le droit de participer à cette consultation aux personnes remplissant les conditions fixées à l'article 2 de la loi du 9 novembre 1988, qui avait été adoptée par voie de référendum à la suite des accords dits de Matignon (aux termes de l'accord de Nouméa, cette consultation est destinée à se substituer à celle qui devait, en vertu de la loi de 1988, avoir lieu en Nouvelle-Calédonie en 1998 sur l'autodétermination de ce territoire, consultation à laquelle seules auraient pu prendre part les personnes remplissant les conditions fixées à l'article 2 de la loi du 9 novembre 1988 ; il s'agissait de geler le corps électoral appelé à se prononcer sur l'indépendance, en évitant que son équilibre démographique puisse être modifié par l'arrivée de personnes venues de France métropolitaine ou d'ailleurs). Enfin, le dernier alinéa de l'article 76 renvoie à un décret en Conseil d'État délibéré en Conseil des ministres le soin de prendre les mesures nécessaires à l'organisation de cette votation. C'est en vertu d'une habilitation directe du constituant que le pouvoir réglementaire a pris, le 20 août 1998, le décret précisant notamment les conditions dans lesquelles la liste des électeurs admis à participer à la consultation serait établie. Le décret fixait au 8 novembre 1998 la date du vote (Ce décret avait fait l'objet d'une demande d'annulation que rejeta l'Assemblée du contentieux du Conseil d'État le 30 octobre 1998 ; v. CE, Ass., 30 oct. 1998, *Sarran, Levacher et a.*, n° 200286 ; *AJDA* 1998, p. 962, chron. F. Raynaud et P. Fombeur). L'accord de Nouméa fut alors approuvé massivement par les électeurs de Nouvelle-Calédonie. Le **nouveau statut** a été ensuite fixé par la **loi organique n° 99-209 du 19 mars 1999** et une **loi ordinaire (n° 99-210) du même jour** (le Conseil constitutionnel a rendu deux importantes décisions concernant ces deux textes : CC, décision n° 99-410 DC du 15 mars 1999, *Loi organique relative à la Nouvelle-Calédonie* et décision n° 99-409 DC du 15 mars 1999, *Loi relative à la Nouvelle-Calédonie, AJDA* 1999, p. 324, note J.-E. Schoettl ; égal. O. Gohin, « L'évolution institutionnelle de la Nouvelle-Calédonie », *AJDA* 1999, p. 500 ; A.-M. Le Pourhiet, « Nouvelle-Calédonie : la nouvelle mésaventure du positivisme », *RD publ.* 1999, p. 1005).

L'heure arrive à présent de clore ce processus et d'engager la procédure référendaire qui devra décider de l'avenir. Le Congrès de la Nouvelle-Calédonie qui a été élu le 11 mai 2014, lors des élections provinciales, est celui qui est en mesure de solliciter de l'État l'organisation de cette consultation référendaire sur la question de savoir si les compétences régaliennes exercées par l'État doivent être exercées par la Nouvelle-Calédonie. Une réponse positive signifierait alors l'indépendance du territoire.

Actualité : L'Accord de Nouméa prévoit, au terme d'une période de quinze années, la tenue d'une ou plusieurs consultations des populations intéressées de la Nouvelle-Calédonie portant sur le transfert des compétences régaliennes, l'accès à un statut international de pleine responsabilité et l'organisation de la citoyenneté en nationalité.

Il résulte du point 5 de l'Accord, en premier lieu, qu'en cas de réponse négative à la première consultation, une deuxième consultation doit être organisée à la demande du tiers des membres du congrès ; en deuxième lieu, qu'en cas de réponse négative à la deuxième consultation, une troisième consultation doit pouvoir être organisée ; enfin, que la réunion du comité des signataires de l'Accord pour examiner la situation née des réponses négatives successives ne peut intervenir qu'après trois consultations.

En **1999**, le **Conseil constitutionnel** a jugé qu'en envisageant la réunion du comité des signataires de l'Accord de Nouméa dès l'issue négative de la deuxième consultation, le quatrième alinéa de l'article 217 de la loi organique a méconnu l'obligation que fait à la loi organique l'article 77 de la Constitution de fixer les modalités nécessaires à la mise en œuvre de l'Accord de Nouméa. Il a donc été déclaré non conforme à la Constitution (CC, décision n° 99-410 DC du 15 mars 1999, *Loi organique relative à la Nouvelle-Calédonie*, consid. n° 47 à 53). Les autres dispositions de l'article 217 – relatives aux deux premières consultations – ont été jugées séparables de la disposition censurée. En vertu de l'article 77 de la Constitution, **le législateur organique conserve** néanmoins **l'obligation de prévoir une troisième consultation en cas de réponse négative aux deux précédentes.** Comme aucune disposition en vigueur de l'article 217 de la loi organique de 1999 n'encadre la tenue de cette troisième et dernière consultation prévue par l'accord de Nouméa, un **projet de loi organique en cours d'examen au Parlement au printemps 2015** vise à remédier à ce vide juridique (projet de loi organique relatif à la consultation sur l'accession de la Nouvelle-Calédonie à la pleine souveraineté (avril 2015) : une nouvelle disposition prévoit d'étendre à cette dernière consultation les conditions de délais et de forme de la demande, fixées pour la deuxième consultation par la loi organique de 1999).

Les institutions de la Nouvelle-Calédonie.

– **Les assemblées néo-calédoniennes** : elles comprennent les assemblées de province, le congrès du territoire et deux assemblées consultatives, à savoir le sénat coutumier et le conseil économique et social.

• **Les assemblées de province.** Les trois provinces de Nouvelle-Calédonie comportent chacune en leur sein une assemblée. Celle de la **province Nord** compte 22 membres (15 membres du Congrès et 7 membres supplémentaires non-membres) ; celle de la **province Sud** en compte 40 (32 membres du Congrès et 8 membres supplémentaires non-membres) et celle de la **province des îles Loyauté** 14 (7 membres du Congrès et 7 membres supplémentaires non-membres). Cette répartition repose sur des bases démographiques. Les membres de ces assemblées sont élus au suffrage universel direct pour un mandat de cinq ans au scrutin de liste et à la représentation proportionnelle suivant la règle de la plus forte moyenne, sans adjonction ni suppression de noms et sans modification de l'ordre de présentation (le mode de scrutin est censé permettre de représenter la population néo-calédonienne dans toute sa diversité). Toutefois, pour éviter tout éparpillement des voix, seules les listes obtenant plus de 5 % du nombre d'électeurs inscrits sont admises à la distribution des sièges.

À noter : **La définition du corps électoral** pour les élections provinciales et pour la consultation sur l'accession à la pleine souveraineté est un point essentiel de l'équilibre défini par le processus de Nouméa.

Ce corps électoral est restreint comme l'exige l'Accord de Nouméa. Cette restriction du droit de vote a appelé deux révisions constitutionnelles, en 1998 puis en 2007. Mais le principe de la restriction du droit de vote et la portée de cette restriction font l'objet d'une vive controverse entre les camps indépendantiste et non-indépendantiste. Deux théories s'affrontent : celle du **corps électoral « glissant »** et celle du **corps électoral « gelé »**.

Selon la première thèse, doivent participer à l'élection des assemblées de province et du congrès les personnes qui, à la date de l'élection, sont domiciliées depuis dix ans en Nouvelle-Calédonie, quelle que soit la date de leur établissement en Nouvelle-Calédonie, même postérieure à la consultation du 8 novembre 1998 sur l'accord de Nouméa (position du Conseil constitutionnel dans sa décision n° 99-410 DC du 15 mars 1999, préc. : dès qu'elles peuvent justifier de dix ans de résidence dans l'archipel, les personnes concernées entrent dans le corps électoral spécial). C'est l'interprétation la moins restrictive du corps électoral. Mais la **loi constitutionnelle n° 2007-237 du 23 février 2007 modifiant l'article 77 de la Constitution** a introduit une disposition interprétative qui fait prévaloir la thèse du **corps électoral « gelé »** laquelle n'intègre pas les personnes arrivées en Nouvelle-Calédonie après 1998.

Par application de l'article 62 de la loi organique du 19 mars 1999, les trois assemblées de province forment ensemble le congrès qui est l'assemblée délibérante de la Nouvelle-Calédonie.

• **Le congrès du territoire.** Il est composé de 54 membres qui sont donc tous membres d'une des trois assemblées de province (soit : 7 membres de l'assemblée de la province des îles Loyauté, 15 membres de l'assemblée de la province Nord et 32 membres de l'assemblée de la province Sud). Le Congrès est donc renouvelé à l'occasion des élections provinciales et non dans le cadre d'une élection distincte. **Assemblée délibérante**, le Congrès de Nouvelle-Calédonie est doté d'attributs qui le rapprochent d'une assemblée parlementaire : il exerce une fonction législative et contrôle le gouvernement.

Dans le cadre de sa fonction délibérative, il dispose d'un **pouvoir législatif** qui lui permet, comme le prévoit l'Accord de Nouméa, d'adopter des **« lois du pays »** dans plusieurs matières (définies à l'article 99 de la loi organique du 19 mars 1999) : fiscalité, droit du travail (notamment la protection de l'emploi local), droit de la sécurité sociale, principes du droit civil, affaires coutumières, etc. Le **Conseil d'État** intervient en amont (selon l'article 100 de la loi organique du 19 mars 1999, « Les projets de loi du pays sont soumis, pour avis, au Conseil d'État avant leur adoption par le gouvernement délibérant en conseil. Les propositions de loi du pays sont soumises, pour avis, au Conseil d'État par le président du congrès avant leur première lecture. Le vote du congrès intervient après que le Conseil d'État a rendu son avis. »). La conformité à la Constitution de ces lois du pays peut être contrôlée par le **Conseil constitutionnel** *a priori* (ses décisions sont répertoriées sous les lettres « LP » (loi du pays) ; le Conseil constitutionnel a jugé que son contrôle sur les lois du pays de la Nouvelle-Calédonie « doit s'exercer non seulement au regard de la Constitution, mais également au regard des orientations définies par l'Accord de Nouméa et des dispositions organiques prises pour leur application » ; CC, décision n° 2014-4 LP du 21 novembre 2014, *Loi du pays relative à l'accès à l'emploi titulaire des fonctions publiques de Nouvelle-Calédonie*, consid. n° 4) ou par la voie de questions prioritaires de constitutionnalité (art. 105 et 107 de la loi organique du 19 mars 1999).

À noter : Selon l'article 107 de la loi organique du 19 mars 1999, « les dispositions d'une loi du pays intervenues en dehors du domaine défini à l'article 99 ont un caractère réglementaire. Lorsqu'au cours d'une procédure devant une juridiction de l'ordre administratif ou de l'ordre judiciaire, la nature juridique d'une disposition d'une loi du pays fait l'objet d'une contestation sérieuse, la juridiction saisit, par un jugement qui n'est susceptible d'aucun recours, le Conseil d'État qui statue dans les trois mois. Il est sursis à toute décision sur le fond jusqu'à ce que le Conseil d'État se soit prononcé sur la nature de la disposition en cause. »

Par ailleurs, le gouvernement de la Nouvelle-Calédonie, qui est l'organe exécutif, est responsable devant le congrès (ce modèle de responsabilité politique a d'ailleurs progressivement prospéré en outre-mer). Conformément à la logique du contrôle parlementaire, **l'exécutif est solidairement responsable devant le congrès**, qui peut adopter une **motion de censure**.

À noter : Selon l'article 95 de la loi organique du 19 mars 1999, « le congrès met en cause la responsabilité du gouvernement par le vote d'une motion de censure signée par un cinquième au moins de ses membres. Le congrès se réunit de plein droit deux jours francs après le dépôt de la motion de censure. Le vote intervient au cours des deux jours suivants. (...) Seuls sont recensés les votes favorables à la motion de censure qui ne peut être adoptée qu'à la majorité absolue des membres du congrès. Un membre du congrès ne peut signer plus d'une motion de censure au cours d'une même session. »

- Les assemblées consultatives.

Il s'agit en premier lieu du **sénat coutumier** qui succède au conseil consultatif coutumier. Il ne bénéficie pas, pour autant, de compétences plus étendues, même s'il profite d'une revalorisation institutionnelle. Le sénat coutumier représente les aires coutumières traditionnelles, au nombre de huit. Y siègent seize membres désignés par chaque conseil coutumier selon des usages reconnus par la coutume, à raison de deux membres par aire. Le sénat coutumier est obligatoirement saisi des projets ou propositions de loi du pays relatifs à l'identité kanak (signes identitaires, statut civil coutumier, palabres coutumiers, élection des conseils coutumiers). Si le texte qui lui est soumis présente les caractères de loi, son désaccord avec le congrès de Nouvelle-Calédonie oblige celui-ci à délibérer de nouveau. Les membres du congrès sont néanmoins en mesure d'imposer leur lecture en dernier lieu. Le veto du sénat n'est que suspensif. En tout cas, exerçant une compétence matérielle limitée, le sénat ne saurait prétendre constituer une seconde chambre parlementaire. Le système mis en place est monocaméral.

Il s'agit en second lieu du **conseil économique et social**. Il assure la représentation des groupements professionnels, des syndicats et des autres organismes et associations qui concourent à la vie économique, sociale et culturelle de la Nouvelle-Calédonie. Il comprend trente-neuf membres, désignés pour cinq ans, dont vingt-huit le sont dans le cadre des provinces, deux par le sénat coutumier et le reste par le gouvernement de Nouvelle-Calédonie après avis des présidents des assemblées de province. Organisme consultatif, le conseil économique et social émet des avis sur les projets, propositions de loi et de délibération du congrès à caractère économique, social ou culturel soumis par le congrès, les assemblées de province, le sénat coutumier et le gouvernement. Rendu public, l'avis est pris dans le mois suivant sa saisine. À défaut, il est réputé rendu.

- Le gouvernement néo-calédonien.

Sa création est assurément l'un des éléments les plus novateurs du nouveau statut de la Nouvelle-Calédonie. La Constitution ne reconnaît pas aux collectivités territoriales le pouvoir de se « gouverner ». Elles restent des institutions administratives. Le seul gouvernement est celui de la France.

Toutefois, le gouvernement de Nouvelle-Calédonie présente de nombreuses particularités qui ne peuvent soutenir la comparaison avec le gouvernement français. Tout d'abord, **l'exécutif est élu par le congrès** au scrutin de liste **à la représentation proportionnelle** (ce qui permet la représentation des grands courants de la société néo-calédonienne). Le nombre des membres du gouvernement, compris entre cinq et onze, est fixé préalablement à son élection par délibération du congrès. **Élu à la proportionnelle par le congrès de Nouvelle-Calédonie**, le gouvernement est **responsable devant lui** (on relève une règle d'incompatibilité puisque le membre du congrès ou le membre d'une assemblée de province, élu au gouvernement, cesse d'appartenir à l'assemblée dont il était membre ; toutefois lorsqu'un membre du congrès ou d'une assemblée de province qui avait été élu membre du gouvernement quitte ses fonctions au gouvernement, il retrouve de plein droit son siège à l'assemblée à laquelle il appartenait). Après leur élection, les membres du gouvernement, convoqués par le haut-commissaire, procèdent, au scrutin secret et à la majorité de ses membres, à l'élection du président et du vice-président chargé d'assurer l'intérim en cas d'absence ou d'empêchement du président.

Le gouvernement est chargé collégialement et solidairement des affaires de sa compétence. Ses décisions sont prises à la majorité de ses membres. En cas de partage égal des voix, celle du président est prépondérante. Quant au président du gouvernement, il dirige l'administration de la Nouvelle-Calédonie.

En ce qui concerne ses **attributions**, le gouvernement néo-calédonien exerce un **pouvoir réglementaire** propre et participe assez largement à l'activité normative du congrès. En effet, il arrête les projets de délibération et projets de loi du pays qui sont soumis au congrès. De plus, l'**initiative des lois** appartient concurremment au gouvernement et aux membres du congrès. D'ailleurs, des moyens sont mis à sa disposition pour faire prévaloir ses vues et défendre ses intérêts : demande de réunion du congrès en session extraordinaire, demande de nouvelle délibération, saisine du Conseil constitutionnel d'une loi du pays. En outre, en cas de crise grave de nature à conduire à la dissolution du congrès, son avis est obligatoirement requis.

– Le haut-commissaire de la République.

C'est lui qui **dirige l'administration d'État placée sous son autorité**. Il assume une fonction traditionnelle d'exécution des lois et des décrets nationaux. Garant de l'ordre public, il peut faire appel à la force publique en cas de nécessité. Il est également le garant du bon fonctionnement des institutions néo-calédoniennes. Il veille à l'exercice régulier de leurs compétences par les institutions de Nouvelle-Calédonie et à la légalité de leurs actes. C'est à ce titre qu'il peut déférer une « loi du pays » au Conseil constitutionnel ou encore un acte au tribunal administratif de Nouméa. Toutes les délibérations administratives du congrès, du sénat coutumier et des assemblées de province sont, en effet, susceptibles de recours. Le représentant de l'État est également associé au fonctionnement des institutions : il est informé de l'ordre du jour des réunions du gouvernement et assiste à ses délibérations. Il est destinataire des projets de décision avant leur publication et peut demander une seconde délibération de l'exécutif.

Biblio. somm. : Actes colloque *La souveraineté partagée en Nouvelle-Calédonie et en droit comparé*, Doc. fr., 2000 ; M. Chauchat, « Transferts de compétences et avenir de la Nouvelle-Calédonie », *AJDA* 2007, p. 2243 ; J.-Y. Faberon, « La Nouvelle-Calédonie : pays à souveraineté partagée », *RD publ.* 1998, p. 645 ; (même auteur), « Nouvelle-Calédonie et Constitution : la révision constitutionnelle du 20 juillet 1998 », *RD publ.* 1999, p. 113 ; (même auteur), « La nouvelle donne institutionnelle en Nouvelle-Calédonie », *RFD const.* 1999, p. 345 ; (même auteur), « Nouvelle-Calédonie : les difficultés d'un gouvernement constitué à la représentation proportionnelle », *AJDA* 2002, p. 113 ; V. Goesel-Le Bihan, « La Nouvelle-Calédonie et l'Accord de Nouméa. Un processus inédit de décolonisation », *AFDI* 1998, p. 24 ; O. Gohin, « L'évolution institutionnelle de la Nouvelle-Calédonie », *AJDA* 1999, p. 500 ; P. Pactet, « La loi constitutionnelle du 20 juillet 1998 sur la Nouvelle-Calédonie », in *Mélanges P. Gélard*, Montchrestien, 1999, p. 199 ; Sénat, Rapp. d'information n° 104 (2014-2015), *Nouvelle-Calédonie : continuer à avancer vers le destin commun*, nov. 2014.

145 **Observation terminale.** Dans les passages précédents, nous avons vu comment le constituant s'est progressivement défié de l'uniformité. A-t-il pour autant renoncé à l'unité révolutionnaire ? Il est en tout cas admis que celle-ci compose désormais avec une forme de pluralité. Cette diversité que nous avons pu relever dans l'organisation des structures est d'ailleurs également perceptible dans les rapports qui s'instaurent entre les différentes institutions administratives en présence.

CHAPITRE 2

L'organisation des rapports

146 Comme on le sait, la forme de l'État en France est celle de l'État unitaire, caractérisé par un centre unique d'impulsion politique et juridique auquel la population est uniformément soumise sur tout le territoire. Cependant, la taille de ce territoire conduit à le diviser en collectivités géographiques dont l'autonomie ou la subordination à l'égard du centre fait souvent débat.

Pour en prendre la mesure, nous nous proposons dans le présent chapitre d'étudier les techniques administratives mises en œuvre pour organiser les **rapports** qui s'établissent **entre le centre et la périphérie**. Sous cet aspect, nous constatons tout d'abord que l'État central a conçu différents types de mécanismes pour régler les **rapports verticaux** qui l'unissent aux différentes autorités administratives établies à l'intérieur de l'État (SECTION 1). Ensuite, nous étudierons les différents procédés auxquels il a eu recours pour encadrer le développement progressif des **rapports horizontaux** entre les collectivités infra-étatiques elles-mêmes (SECTION 2).

SECTION 1
LES RAPPORTS VERTICAUX

147 Ces **rapports** sont ceux qui s'établissent **entre l'État et les autres institutions administratives infra-étatiques**. Quels sont, en premier lieu, les **cadres** dans lesquels ces rapports s'organisent (**§ 1**) ? Quelles sont, en second lieu, les **techniques de contrôle** qui ont été imaginées afin de permettre au centre de s'assurer que la forme unitaire de l'État n'est pas remise en cause par les différentes autorités administratives « inférieures » (**§ 2**) ?

§ 1. Les cadres d'organisation

148 Exception faite des autorités supérieures de l'État que sont le président de la République, le Premier ministre et les ministres, toute autorité administrative est, en principe, placée, ou bien dans un rapport de déconcentration, ou bien dans un rapport de décentralisation (il faut toutefois mettre à part le cas des « autorités administratives indépendantes » ; v. ss 9). Il s'agit là des deux maîtres mots en matière d'organisation des rapports entre les différentes institutions administratives.

Dans le cadre de la déconcentration, technique de contrainte, l'autorité déconcentrée est sous la dépendance d'un supérieur hiérarchique aux instructions duquel elle doit obéissance et qui détient le pouvoir d'annuler ses décisions. Dans le cadre de la décentralisation, technique de liberté, l'autorité décentralisée n'a pas de supérieur hiérarchique et dispose d'un pouvoir de décision autonome qu'elle exerce sous la simple surveillance d'un représentant de l'État.

L'étude de la **déconcentration** (**A**) et de la **décentralisation** (**B**) en France conduit à s'intéresser à la façon dont est organisé le pouvoir de décision au sein de l'État et, à travers sa pratique, à mesurer la marge de manœuvre que le centre entend accorder aux autorités périphériques quelles qu'elles soient. Force est de constater que, de ce point de vue, les techniques utilisées ont une dimension politique attestée par la tradition d'une certaine conception de l'État.

A. La déconcentration

1. Définition de la déconcentration

149 **Une modalité d'exercice de l'autorité.** La déconcentration est une modalité d'exercice de l'autorité à l'intérieur du système administratif, conçue à la fois pour asseoir partout sur le territoire l'autorité de l'État, mais aussi afin de réaliser, maintenir et développer l'unité et la cohésion de la nation et, donc, en France, de l'État.

150 **Une modalité de la centralisation.** La déconcentration n'est pas autre chose qu'un aspect de l'idée de centralisation, qui est un régime administratif dans lequel les agents sont placés dans un lien de dépendance étroit à l'égard du gouvernement central. En fait, d'un point de vue administratif, la centralisation n'est pas toujours d'une très grande efficacité. En effet, le flux des décisions administratives risque de connaître une déperdition d'autant plus forte que l'on s'éloigne du centre d'impulsion pour aller vers le lieu d'application. Dès lors, il peut s'avérer nécessaire de placer, à divers niveaux, de véritables « relais » qui conserveront au « courant administratif » toute sa vigueur. C'est l'objet même de cette technique administrative que l'on appelle la déconcentration.

151 **Un transfert de pouvoir en vase clos.** La déconcentration s'analyse ainsi comme un transfert du pouvoir de décision du centre vers la périphérie, au profit d'autorités qui restent étroitement liées au centre. Le pouvoir de décision détenu par les autorités supérieures (ex. : le ministre) est transféré à des autorités subordonnées (ex. : les préfets ou les recteurs), afin d'assurer la transmission intégrale des instructions et veiller à leur application concrète. Mais en tout état de cause, c'est toujours la même institution qui décide : la déconcentration opère une simple redistribution du pouvoir de décision au sein d'une même personne morale (ex. : l'État), dont l'autorité est intégralement préservée. On le voit, la déconcentration n'affecte en rien le caractère centralisé de l'État. Elle n'est pas autre chose qu'une modalité de la centralisation.

152 **Une concentration des compétences au profit du centre.** Dans le cadre de la centralisation comme dans celui de la déconcentration, qui en est une modalité, on assiste à chaque fois à une concentration

des compétences. Ce phénomène se manifeste d'abord par le monopole de l'édiction des règles juridiques réservée aux autorités centrales ou à leurs agents, ensuite par l'exclusivité de l'usage de la force publique à leur profit. De plus, les agents du pouvoir central, même s'ils ne sont pas constitués en un unique corps hiérarchisé, doivent être dans la dépendance de ce pouvoir. Faute d'un tel rattachement, la discipline de la fonction publique serait difficilement assurée et, sans obéissance effective aux autorités centrales, la centralisation ne serait qu'un mot vide de sens. C'est le contrôle du centre sur les agents qui constitue la substance de la centralisation.

Mais on constate aussi que le procédé emprunte de plus en plus des voies nouvelles dans le cadre des politiques d'aménagement du territoire, sous la forme de « normes spatiales », appelées « cartes », « schémas », « périmètres » ou encore « zones », qui apparaissent comme autant de techniques destinées à encadrer étroitement le fonctionnement des structures administratives et des services publics et à modeler durablement les comportements. En fait, il s'agit toujours pour les agents de l'État de faire prévaloir leur conception de l'intérêt général, notion qui donne ainsi son assise idéologique et juridique à cet interventionnisme de l'État central.

153 **Avantages.** L'État trouve dans la déconcentration d'autant plus son intérêt que plusieurs avantages s'y attachent. On en mentionnera principalement deux.

Tout d'abord, la déconcentration permet de **désencombrer les niveaux supérieurs de l'Administration** et donc de raccourcir les délais de décision. Elle contribue de la sorte à rendre plus efficace l'action administrative, d'autant plus que la technique préserve théoriquement des risques d'incohérence, puisque les autorités supérieures conservent leur pouvoir de direction sur les autorités subordonnées.

Par ailleurs, autre intérêt, la déconcentration permet de **rapprocher l'administration de l'État des administrés**. Les circonstances locales peuvent ainsi être mieux appréciées. De ce point de vue, la déconcentration apparaît comme un corollaire utile de la décentralisation, puisque les autorités décentralisées disposent sur place d'interlocuteurs mieux informés.

154 **Cadres de la déconcentration.** Encore convient-il que les cadres territoriaux de la déconcentration soient pensés en conséquence. Qu'en est-il ?

- S'agissant de l'État, ses services sont aménagés territorialement dans le cadre de **circonscriptions** (C. Barbier, « La circonscription administrative : réflexion sur un concept équivoque », *AJDA* 1996, p. 411). Ce sont des divisions géographiques dans lesquelles les services de l'État trouvent leur implantation (ex. : les préfectures dans les départements et les régions). Ces circonscriptions n'ont aucune personnalité juridique distincte de celle de l'État, conformément au principe selon lequel la déconcentration n'est qu'une simple technique de commandement depuis le centre.

- Les services déconcentrés de l'État sont organisés dans le cadre de **circonscriptions administratives** qui peuvent être **générales**, comme la région, le département et l'arrondissement. Leur principale caractéristique est leur fonction polyvalente. Ainsi, par exemple, le préfet exerce des compétences très variées d'ordre à la fois politique, administratif et économique.

- À côté, existent des **circonscriptions administratives spéciales**, qui accueillent des services titulaires de compétences spécifiques. Exemple : les académies, les ressorts des cours d'appel ou encore les zones de défense. Leur découpage peut varier d'un ministère à l'autre. Force est de constater la grande hétérogénéité de cette pratique en France.

2. Pratique de la déconcentration

a. Évolution de la déconcentration

155 Inaugurée très progressivement par l'administration capétienne, une **pratique centralisatrice** a été poursuivie avec succès par nombre de grands serviteurs de la monarchie, au premier rang desquels le cardinal de Richelieu. Sous la Révolution, il y eut bien des tentatives de dévolution du pouvoir aux autorités locales. Mais elles furent de courte durée, et, comme l'a montré Alexis de Tocqueville dans *L'Ancien Régime et la Révolution* (1856), la

pérennité de la centralisation a été assurée. L'indivisibilité de la République, principe intangible du jacobinisme triomphant, ainsi que la proclamation de l'égalité des citoyens, qui suppose un ensemble d'instruments pour supprimer les privilèges, ont concouru efficacement à cet ancrage. D'ailleurs, sous Bonaparte, premier consul, la loi du 28 pluviôse an VIII (17 février 1800) a rétabli une énergique centralisation qui a modelé les grands traits des institutions administratives françaises jusqu'à nos jours. La preuve est ainsi apportée de l'imbrication entre la pratique administrative et certaines conceptions politiques de l'État.

Historiquement, l'**apparition du concept de déconcentration** se situe **au cours de la seconde moitié du XIXe siècle** et il est d'usage de le faire remonter aux deux décrets impériaux, improprement intitulés de « décentralisation », du 25 mars 1852 et du 13 avril 1861. C'est au juriste Léon Aucoc que reviendra, en 1869, la formulation du terme même de déconcentration (G. Sautel, « Vocabulaire et exercice du pouvoir administratif : aux origines du terme « déconcentration » », in *Mélanges G. Burdeau*, LGDJ, 1977, p. 981). Par la suite, la déconcentration ne s'est développée que lentement, les administrations centrales ayant quelque peine à consentir au sacrifice. En fait, la politique de déconcentration s'est heurtée à un mouvement contraire qui a tendu à renforcer les compétences des administrations centrales sous l'effet conjugué, d'une part, de l'intervention croissante de l'État à un échelon global dans le domaine de l'économie et, d'autre part, du caractère de plus en plus technique de l'action administrative, ainsi qu'en raison de l'unification européenne qui a placé l'échelon national, donc central, en intermédiaire obligé entre la norme européenne et la sphère des entreprises et des individus.

La déconcentration a cependant trouvé son assise, en 1982, avec les **décrets n°s 389 et 390 du 10 mai relatifs aux pouvoirs des préfets de département et de région.**

Plus tard, la loi sur l'administration territoriale de la République du 6 février 1992, puis la **charte de la déconcentration**, du 1er juillet de la même année, et la loi du 4 février 1995, concernant l'aménagement et le développement du territoire, l'ont confortée. En fait, **depuis le début des années 1990, la déconcentration est** devenue un axe politique important des gouvernements successifs, même si à chaque fois est réaffirmé le **rôle de l'État en région, centré sur les enjeux stratégiques,** distingué de **celui en département,** échelon de **mise en œuvre des politiques publiques,** en particulier en matière de sécurité et de solidarité.

À noter : Le décret n° 92-604 du 1er juillet 1992 portant charte de la déconcentration a été abrogé en 2015. Une nouvelle charte fixant les principes de l'organisation déconcentrée des services de l'État a été publiée avec le décret n° 2015-510 du 7 mai 2015 qui prévoit notamment la mise en place d'une « conférence nationale de l'administration territoriale de l'État », chargée d'animer les relations entre administrations centrales et services déconcentrés et de veiller à l'application de la charte, en rassemblant notamment les secrétaires généraux des ministères et les préfets de région (art. 17 et 18 du décret).

b. Organisation de la déconcentration

156 La **loi n° 92-125 du 6 février 1992** relative à l'administration territoriale de la République précise en son article 4 que : « Pour exercer leurs missions, les **services déconcentrés des administrations civiles de l'État** sont, sauf disposition législative contraire ou exception prévue par décret en Conseil d'État, organisés dans le cadre des circonscriptions territoriales suivantes :

- **circonscription régionale** ;
- **circonscription départementale** ;
- **circonscription d'arrondissement.** »

L'article précité ajoute : « L'évolution des limites des collectivités territoriales est sans incidence sur les circonscriptions administratives de l'État. »

Le **décret n° 92-604 du 1er juillet 1992** modifié portant charte de la déconcentration a fixé les rôles respectifs des échelons déconcentrés de l'État : région (article 3), département (article 4), arrondissement (article 5). **La circonscription régionale est le niveau de droit commun du pilotage des politiques publiques.** La **circonscription départementale est chargée de la mise en œuvre de ces politiques publiques,** au plus près des administrés et du territoire.

Relancée au début des années 2000 en parallèle à l'approfondissement de la décentralisation, la réforme de l'administration territoriale de l'État s'est appuyée sur plusieurs textes réglementaires qui en ont déterminé les dispositions normatives, dont :

- **Décret n° 2004-374 du 29 avril 2004 (modifié)** relatif aux pouvoirs des préfets, à l'organisation et à l'action des services de l'État dans les régions et départements ;
- **Décret n° 2009-1484 du 3 décembre 2009** relatif aux directions départementales interministérielles.

Une nouvelle charte de la déconcentration a été publiée en 2015 avec le **décret n° 2015-510 du 7 mai 2015**. Ce texte s'inscrit dans la continuité du décret fondateur de 1992 dont il reprend l'intitulé, tout en en actualisant et en approfondissant la portée. L'approfondissement de la déconcentration est réalisé dans la nouvelle charte autour de quatre axes qui ont été présentés comme suit dans le compte-rendu du conseil des ministres du 6 mai 2015 :

- **une définition générale de la déconcentration**, qui vise à une action coordonnée de l'ensemble des administrations civiles et établissements publics de l'État, afin de renforcer la capacité de l'État à agir efficacement sur les territoires en unifiant son action ;
- **le renversement du principe d'organisation**, en reconnaissant l'initiative au niveau local, et la nécessité pour les administrations centrales d'adapter leurs modes de fonctionnement aux enjeux de l'administration déconcentrée. Cela peut autoriser des organisations différentes selon les territoires, en fonction des réalités locales (principe de modularité) ;
- **l'affirmation de principes opérationnels**. Parmi ceux-ci figurent l'obligation faite aux administrations centrales d'adresser aux services des objectifs non plus annuels mais pluriannuels, qui soient hiérarchisés et coordonnés, de la limitation du nombre de circulaires, l'instauration d'études d'impact préalables à l'édiction de textes prescriptifs pour les services, la déconcentration budgétaire, afin d'assurer aux responsables de budgets opérationnels de programme déconcentrés une capacité suffisante pour affecter les moyens en fonction des priorités qui leur sont fixées, la déconcentration en matière de ressources humaines et les mutualisations, utiles à un meilleur fonctionnement des services et des établissements publics de l'État disposant d'une implantation territoriale ;

- **la création de dispositifs pratiques permettant de s'assurer du respect des principes énoncés.** Une nouvelle instance de gouvernance et de dialogue entre administrations centrales et chefs de services déconcentrés, la **conférence nationale de l'administration territoriale de l'État** (CNATE), est créée à cette fin. Présidée par le secrétaire général du Gouvernement, elle comprendra les secrétaires généraux des ministères, les préfets de région, un recteur, un directeur régional des finances publiques et un directeur général d'agence régionale de santé. Elle veillera à la bonne application de la charte et sera saisie, notamment par les préfets de région, de toute proposition d'adaptation et de projets de mutualisation.

Actualité : **Au conseil des ministres du 4 mars 2015, une nouvelle réforme de l'administration territoriale de l'État a été annoncée.** En effet, la loi du 16 janvier 2015 relative à la délimitation des régions, aux élections régionales et départementales et modifiant le calendrier électoral a instauré, au 1er janvier 2016, treize régions issues du regroupement des vingt-deux régions métropolitaines. Elle implique à son tour une réforme de l'organisation des services de l'État en région par application du principe selon lequel les principes de décentralisation et de déconcentration s'accompagnent mutuellement. Dans un contexte de ressources financières limitées, l'État devra repenser ses missions prioritaires, ce qui devrait le conduire à concevoir des recentrages, gage possible d'une plus grande efficacité.

Pour engager cette nécessaire réflexion trois inspections générales ont rendu public en avril 2015 un rapport sur *L'évolution de l'organisation régionale de l'État consécutive à la nouvelle délimitation des régions* (http://www.gouvernement.fr). Elles tentent de repenser le fonctionnement de l'État territorial dans les cinq ans à venir (2016-2021) en proposant en particulier de placer le préfet de région à la tête d'un « véritable état-major régional », sans que cela étonne vraiment. Au fond, l'État est toujours à la recherche d'un modèle d'administration territoriale et s'interroge sur la meilleure façon de faire du neuf avec du vieux dans un pays sur-administré par tradition (et par faiblesse ?).

- **Pouvoirs des préfets :**

Selon l'article 1er du décret n° 2004-374 du 29 avril 2004 : « Le préfet de région dans la région, le préfet de département dans le département, est **dépositaire de l'autorité de l'État**. Ils ont la charge des **intérêts nationaux** et du **respect des lois**. Ils représentent le Premier ministre et chacun des ministres. Ils veillent à l'exécution des règlements et des décisions gouvernementales.

Ils **dirigent, sous l'autorité des ministres** et dans les conditions définies par le présent décret, **les services déconcentrés des administrations civiles de l'État.** »

À l'échelon régional, **le préfet de région** est dorénavant responsable du **pilotage des politiques nationales et communautaires.** À ce titre, il **a autorité sur le préfet de département** dans la conduite des politiques publiques, à l'exception des matières qui relèvent de la compétence propre de ce dernier (contrôle de légalité, droit des étrangers, ordre public). En outre, le préfet de région **peut évoquer**, par arrêté et pour une durée limitée, toute ou partie d'**une compétence du préfet de département** à des fins de coordination régionale. **Responsable** de droit commun des **budgets opérationnels de programme** pour les services placés sous son autorité, le préfet de région gère les moyens en fonction des besoins et des enjeux des territoires. Il dispose en outre d'un secrétariat général pour les affaires régionales qui coordonne l'action des services de l'État au niveau régional et gère les fonds européens.

Quant au **préfet de département**, il dispose d'une **compétence générale de mise en œuvre des politiques**, au contact direct des élus et des partenaires de l'État, **dans le cadre fixé par le préfet de région.** Dépositaire de l'autorité de l'État dans le département, il **exerce seul** la responsabilité de l'**ordre public** et de la **sécurité des populations** (coordination par le préfet de zone de défense et de sécurité), du **contrôle de légalité** et du **droit des étrangers.**

On notera que **le préfet est destinataire de toutes les correspondances**, quelle qu'en soit la forme, émanant **des administrations centrales ou des services déconcentrés de l'État et adressées aux collectivités territoriales** et à leurs établissements publics **ainsi qu'aux services**, organismes et agents relevant **de l'État.** Les chefs des services déconcentrés des administrations civiles de l'État ainsi que les responsables des organismes et agents relevant de l'État adressent sous le couvert du préfet leurs correspondances, quelle qu'en soit la forme, destinées aux administrations centrales et aux services déconcentrés des administrations civiles de l'État.

- Dispositions relatives au préfet de région :

Le préfet de région est le préfet du département où se trouve le chef-lieu de la région.

Il a autorité sur les préfets de département (sauf dans certaines matières : contrôle administratif, ordre public, droit d'asile).

Le préfet de région est **assisté dans l'exercice de ses fonctions d'un secrétaire général pour les affaires régionales** et des chefs ou responsables des services déconcentrés des administrations civiles de l'État à compétence régionale.

Le préfet de région a autorité sur les chefs des services déconcentrés.

Le préfet de région préside le comité de l'administration régionale (il assiste le préfet de région dans l'exercice de ses attributions).

Le comité de l'administration régionale est composé :

1° Des préfets de département ;

2° Du ou des recteurs d'académie ;

3° Du directeur régional des finances publiques ;

4° Du secrétaire général placé auprès du préfet du département où se situe le chef-lieu de la région ;

5° Du secrétaire général pour les affaires régionales ;

6° Du directeur régional de l'alimentation, de l'agriculture et de la forêt ;

7° Du directeur régional de l'environnement, de l'aménagement et du logement ;

8° Du directeur régional de la jeunesse, des sports et de la cohésion sociale ;

9° Du directeur régional des entreprises, de la concurrence, de la consommation, du travail et de l'emploi ;

10° Du directeur régional des affaires culturelles ;

11° Le cas échéant, du directeur interrégional de la mer.

Le directeur général de l'agence régionale de santé est membre du comité de l'administration régionale.

- Dispositions relatives au préfet de département :

Le préfet de département est **assisté** dans l'exercice de ses fonctions :

1° D'un secrétaire général ;

2° D'un directeur de cabinet ;

3° Des sous-préfets d'arrondissement (le sous-préfet d'arrondissement est le délégué du préfet dans l'arrondissement. Il assiste le préfet dans la représentation territoriale de l'État. Le préfet peut lui confier des missions particulières, temporaires ou permanentes, le cas échéant hors de l'arrondissement) ;

4° Des chefs des services déconcentrés des administrations civiles de l'État dans le département et la région et du commandant du groupement de gendarmerie départementale ;

5° Des responsables des unités et délégations territoriales des services déconcentrés des administrations civiles de l'État dans la région ;

6° Du directeur départemental des services d'incendie et de secours ;

7° Eventuellement, d'un ou plusieurs chargés de mission.

Le préfet de département est également assisté dans l'exercice de ses fonctions du directeur général de l'agence régionale de santé et du responsable de sa délégation territoriale dans le département.

Le préfet de département **préside le collège des chefs de service.**

Le collège des chefs de service est principalement composé :

1° Du ou des préfets délégués, le cas échéant ;

2° Des sous-préfets ;

3° Des chefs des services déconcentrés des administrations civiles de l'État placés sous son autorité ;

4° Du directeur départemental des finances publiques ;

5° Du directeur académique des services de l'éducation nationale agissant sur délégation du recteur d'académie ;

6° Du commandant du groupement de gendarmerie départementale ;

7° Du directeur départemental des services d'incendie et de secours ;

8° Des directeurs de préfecture ;

9° Du responsable de la délégation territoriale de l'agence régionale de santé dans le département.

Biblio. somm. : J.-M. Pontier, « Le nouveau préfet », *AJDA* 2010, p. 819 ; égal. C. comptes, Rapp. public thématique, *La conduite par l'État de la décentralisation*, oct. 2009.

– **Organisation des services de l'État dans la région :**

Les services déconcentrés de l'État comprennent les **huit structures** suivantes :

la direction régionale de l'alimentation, de l'agriculture et de la forêt (DRAAF), née de la fusion de la direction régionale de l'agriculture et de la forêt et de la direction régionale des services vétérinaires (décrets n° 2008-1406 du 19 décembre 2008 et n° 2010-429 du 29 avril 2010) ;

la direction régionale de l'environnement, de l'aménagement et du logement (DREAL), issue de la fusion de la direction régionale de l'équipement, de la direction régionale de l'environnement et de la direction régionale de l'industrie, de la recherche et de l'environnement, à l'exception des missions relatives au développement industriel et de métrologie (décret n° 2009-235 du 27 février 2009) ;

la direction régionale des entreprises, de la concurrence, de la consommation, du travail et de l'emploi (DIRECCTE), commune aux ministères de l'économie, de l'industrie, de l'emploi et du travail et qui comprend trois pôles (1/ politique du travail, 2/ entreprises, emploi et économie, 3/ concurrence, consommation, répression des fraudes et métrologie) et des unités territoriales (décret n° 2009-1377 du 10 novembre 2009) ;

la direction régionale de la jeunesse, des sports et de la cohésion sociale (DRJSCS), née de la fusion de la direction régionale de la jeunesse et des sports, de la direction régionale des affaires sanitaires et sociales en matière de cohésion sociale et de la direction régionale de l'Agence nationale pour la cohésion sociale et l'égalité des chances (décret n° 2009-1540 du 10 décembre 2009) ;

la direction régionale des affaires culturelles (DRAC), créée par la fusion de la direction régionale des affaires culturelles et des services départementaux de l'architecture et du patrimoine (décret n° 2010-633 du 8 juin 2010) ;

la direction régionale des finances publiques (DRFiP), chargée notamment du contrôle financier déconcentré des administrations de l'État et de l'expertise économique et financière des investissements publics, et qui assure, dans le département où est situé le chef-lieu de région, la mise en œuvre des missions relevant de la direction départementale (décret n° 2009-707 du 16 juin 2009) ;

l'agence régionale de santé (ARS), regroupant sept organismes compétents en matière de santé dont la direction régionale des affaires sanitaires et sociales en ce qui concerne ses services sanitaires (loi n° 2009-879 du 21 juillet 2009 portant réforme de l'hôpital et relative aux patients, à la santé et aux territoires et décret n° 2010-336 du 31 mars 2010) ;

le rectorat d'académie. (v. C. éduc.).

Biblio. somm. : F. Chauvin, « La nouvelle administration régionale de l'État », *AJDA* 2010. 825.

- Organisation des services de l'État dans le département :

Depuis 2009, existent des **directions départementales interministérielles (DDI)**, services déconcentrés de l'État relevant du Premier ministre et placés sous l'autorité du préfet de département (décret n° 2009-1484 du 3 décembre 2009 relatif aux directions départementales interministérielles).

En principe, un département est doté de **deux DDI** :

une **direction départementale des territoires** (DDT) ou, dans les départements du littoral, d'une direction départementale des territoires et de la mer (DDTM) ;

une **direction départementale de la cohésion sociale et de la protection des populations** (DDCSPP).

Par exception, trois DDI sont instituées dans les départements énumérés en annexe I au décret du 3 décembre 2009 :

une **direction départementale des territoires** (DDT) ou, dans les départements du littoral, une direction départementale des territoires et de la mer (DDTM) ;

une **direction départementale de la cohésion sociale** (DDCS) ;

une **direction départementale de la protection des populations** (DDPP).

Sous l'autorité du préfet de département, les DDI mettent en œuvre des politiques définies par le Gouvernement dont le pilotage et la coordination sont assurés par le préfet de région, assisté des directions régionales. Le préfet arrête l'organisation de chaque direction départementale interministérielle dans son département conformément aux orientations du Premier ministre.

À **noter** : Outre les deux ou trois DDI, les services déconcentrés de l'État comprennent :

- les **services départementaux de l'éducation nationale** (qui sont dirigées par des directeurs académiques des services de l'éducation nationale) ;
- les services chargés de la sécurité intérieure de la police et de la gendarmerie nationales ;
- la **direction départementale des finances publiques** (issues de la fusion des anciennes directions des services fiscaux et trésoreries générales) ;
- les **unités territoriales** (UT) **des directions régionales** (UT DIRECCTE, UT DRAC, UT DREAL) ;
- la **délégation départementale de l'agence régionale de santé** (ARS).

> **Biblio. somm.** : C. Guettier, « L'administration départementale de l'État », *AJDA* 2010. 831.

B. La décentralisation

1. Définition de la décentralisation

157 **Bases constitutionnelles.** Ni la **Constitution de 1958**, à l'origine, ni même celle de 1946, n'ont employé le terme de « décentralisation ». Il est vrai que l'expression évoque plutôt un phénomène octroyé par l'État et non la reconnaissance d'une véritable liberté (A. Roux, « Le statut constitutionnel des collectivités locales », *RFD adm.* 1992, p. 435). Or, ces constitutions ont préféré introduire la notion de **libre administration des collectivités territoriales** en affirmant que celles-ci « s'administrent librement par des conseils élus » (art. 87 Const. 1946 et **art. 72 al. 3 Const. 1958**). Cette conception de la place des collectivités territoriales est radicalement nouvelle puisqu'est ainsi reconnu un véritable droit à leur profit, au même titre qu'aux hommes et aux citoyens, et que ce droit est proclamé sous la forme d'une liberté qui peut être revendiquée, y compris contre l'État. La charge symbolique et politique de l'expression et de cette consécration est extrêmement forte. Dans ce contexte, on comprend dès lors que le terme de « décentralisation » ait pu paraître au départ passablement réducteur.

Mais la décentralisation a fini par acquérir ses propres lettres de noblesse à la faveur de la pratique qui a été la sienne à partir du début des années quatre-vingt. La **révision constitutionnelle de 2003** a donc enregistré ce qui est désormais un acquis de l'expérience, caractérisée entre autres par la disparition de la tutelle du préfet, la création de la région, le développement de l'intercommunalité et la consécration des particularismes territoriaux (Loi constitutionnelle n° 2003-276 du 28 mars 2003 relative à l'organisation décentralisée de la République, dont l'article 1er procède à l'inscription dans la Constitution du principe selon lequel **l'« organisation » de la République est « décentralisée »**). La décentralisation en France apparaît bien aujourd'hui comme une évolution irréversible de l'organisation territoriale française. Le droit et le fait se sont rejoints.

158 **Décentralisation et déconcentration.** Avec la déconcentration, comme avec la décentralisation, le préfixe « dé » exprime dans les deux cas l'idée que l'on part du centre pour aller vers la périphérie, et non l'inverse. Mais là s'arrêtent les similitudes. En effet, alors qu'avec la déconcentration, c'est toujours l'État qui agit, par l'intermédiaire de ses fonctionnaires, même si c'est au travers de services plus proches des citoyens, avec la décentralisation un véritable transfert d'attributions s'opère de l'État à des institutions administratives juridiquement distinctes de lui, bénéficiant, sous sa surveillance, d'une certaine autonomie de gestion. Avec la décentralisation, la décision n'est donc plus prise au nom et pour le compte de l'État par l'un de ses agents, mais au nom et pour le compte d'une institution publique représentant une communauté d'intérêts (collectivité territoriale ou établissement public) par un organe qui émane d'elle. C'est là une différence essentielle avec la technique de déconcentration. En cela, la décentralisation apparaît comme **une modalité d'exercice de l'autorité** à l'intérieur du système administratif **beaucoup plus radicale et politique que la déconcentration.** Elle donne une certaine mesure de la liberté politique accordée aux citoyens.

159 **Décentralisation et fédéralisme.** En tout état de cause, on ne saurait confondre décentralisation et fédéralisme.

Tout d'abord, selon l'approche classique, le fédéralisme permet la **gestion d'affaires politiques par les États fédérés**, alors que la décentralisation n'autorise que l'**exercice de pouvoirs adminis-**

tratifs par les collectivités décentralisées. Il est vrai que ce premier critère de distinction est peu évident, car, en pratique, il est parfois difficile d'établir une césure franche entre les affaires politiques et les affaires administratives.

Quant au second critère, il est relatif au droit applicable : dans un État fédéral, **l'État fédéré sécrète le droit qui lui est applicable** à partir des compétences que lui reconnaît la constitution fédérale, alors que **la collectivité décentralisée est soumise à des règles de droit dont elle n'a pas la maîtrise.** C'est ainsi, par exemple, que l'alinéa 3 de l'article 72 de la Constitution dispose que si les collectivités territoriales de la République s'administrent librement, c'est « dans les conditions prévues par la loi ».

Enfin, le dernier critère de distinction concerne le contrôle de la force publique : **l'État fédéré** fait reposer la force exécutoire de ses décisions sur la **maîtrise d'une force publique** qui lui est propre, alors que la **collectivité décentralisée** ne peut utiliser des **éléments matériels de coercition** que dans la mesure où les autorités centrales **de l'État** ou leur représentant l'acceptent et dans des conditions prévues à cet effet. L'utilisation de la force publique dans le cadre de l'exercice des **pouvoirs de police municipale** constitue une illustration classique de cette situation (v. égal. L. n° 99-291, 15 avr. 1999 relative aux polices municipales, qui donne un cadre législatif aux polices mises en place par les municipalités pour assurer l'exécution des arrêtés des maires et constater par des procès-verbaux les contraventions à ces arrêtés, ainsi qu'un certain nombre de contraventions au code de la route ; le pluriel et non le singulier tient là au fait qu'en pratique les maires décident largement du format et de la doctrine d'emploi du service qu'ils vont mettre en place dans leur commune ; voir en ce sens Sénat, Rapp. d'information n° 782 (2011-2012), *De la police municipale à la police territoriale : mieux assurer la tranquillité publique*, sept. 2012).

160 **Éléments constitutifs de la décentralisation.** Définir ce que n'est pas la décentralisation n'est pas suffisant. Quels sont ses éléments constitutifs ?

– **Tout d'abord, l'institution décentralisée doit se voir reconnaître la personnalité juridique** pour pouvoir posséder un patrimoine propre, être sujet de droits et d'obligations et bénéficier de l'autonomie financière. De plus, elle doit pouvoir gérer des affaires propres distinctes de celles prises en charge par l'administration de l'État. Sous cet aspect, la décentralisation est souvent louée pour sa vertu civique, en tant qu'instrument d'éducation politique des citoyens. Ne jouerait-elle pas le rôle d'un substitut limité de l'impraticable démocratie directe ?

Mais, en pratique, les **collectivités locales** ne disposent comme **affaires propres** que celles que l'État veut bien considérer comme telles (*cf.* art. 72 al. 3 Const. 1958 : les collectivités territoriales s'administrent librement « dans les conditions prévues par la loi »). Quant aux **établissements publics**, autre forme de décentralisation (v. ss 171 s.), ils sont soumis au **principe de « spécialité »** dont le contenu est aussi déterminé par les lois et règlements. L'État conserve ainsi la maîtrise du processus de transfert des compétences. En fait, les problèmes si importants de planification, d'aménagement du territoire et d'urbanisme se concilient sans doute assez mal avec la notion d'« affaires locales » (ainsi, par exemple, en matière d'aménagement du territoire, **l'État conserve plusieurs instruments d'intervention** : l'outil réglementaire, avec la détermination des zones éligibles aux aides nationales et européennes ; l'outil financier, avec les contrats État-région et la régulation de la fiscalité locale ; l'outil administratif, avec la localisation des services publics).

– **Ensuite, les autorités décentralisées doivent aussi disposer d'une indépendance personnelle** vis-à-vis de l'État. Sous cet aspect, le **principe de l'élection**, bien qu'il ne soit pas en théorie indispensable à la décentralisation, permet d'éviter toute subordination. Il est très largement mis en œuvre dans les collectivités locales, dont les organes sont élus au suffrage universel par les populations qu'ils sont chargés d'administrer. En revanche, dans les établissements publics, l'élection n'est pas généralisée : si les conseils et le président sont élus dans les universités, il arrive que, dans certains cas, l'exécutif se réserve dans les statuts de l'organisme la faculté de nommer les organes de direction (ex. : sur l'organisation de la SNCF, établissement public national à caractère industriel et commercial, v. C. transp., art. L. 2102-7 s.).

À **noter** : En application de l'article 1er de l'ordonnance n° 58-1136 du 28 novembre 1958 portant loi organique concernant les nominations aux emplois civils et militaires de l'État., il est également pourvu en conseil des ministres notamment aux emplois de direction dans certains établissements publics (comme par ex. : président du Centre national de la recherche scientifique ou le président de la SNCF), quand leur importance justifie l'inscription sur une liste dressée par décret en conseil des ministres (voir sur ce point le décret n° 59-587 du 29 avril 1959, modifié à de nombreuses reprises). La loi constitutionnelle n° 2008-724 du 23 juillet 2008 a complété l'article 13 de la Constitution par un alinéa aux termes duquel le pouvoir de nomination du président de la République s'exerce, pour certains emplois et fonctions particulièrement importants pour la vie économique et sociale de la Nation, après avis public de la commission permanente compétente de chaque assemblée. Le président de la République ne peut procéder à une nomination lorsque l'addition des votes négatifs dans chaque commission représente au moins trois cinquièmes des suffrages exprimés au sein des deux commissions. La loi organique n° 2010-837 et la loi n° 2010-838 du 23 juillet 2010 fixent, respectivement, la liste des emplois et fonctions soumis à cette obligation et les commissions parlementaires chargées de se prononcer sur chacun d'eux.

– **Enfin, les institutions décentralisées doivent pouvoir disposer de moyens propres suffisants** (humains, techniques et financiers) pour réduire leur dépendance à l'égard de l'État. En pratique, l'autonomie financière est souvent relative, les collectivités locales et les établissements publics devant faire appel à des concours financiers de l'État dont les modalités peuvent être définies de façon plus ou moins contraignante.

Le malaise des finances locales. On observe, par exemple, que de nombreux impôts locaux ont été progressivement remplacés par des dotations de l'État (ainsi, la vignette auto qui était perçue par les départements a été supprimée pour les particuliers en 2000). Depuis la fin des années 1990, la politique d'allégement d'impôts pour les ménages s'est traduite de la sorte par la suppression de recettes fiscales pour les collectivités locales, qui ont alors été remplacées par des dotations de l'État. Il en est résulté une perte d'autonomie décisionnelle pour les élus (depuis 1999, la part des recettes fiscales dans les recettes de fonctionnement des collectivités locales est passée de 60 % à 49 %, les régions étant d'ailleurs les plus pénalisées puisque leurs recettes fiscales ne représentent plus que 37 % de leur budget). Or, une dépendance excessive par rapport à l'État ne viderait-elle pas de sa substance l'autonomie locale, contrevenant ainsi à l'article 72 de la Constitution ? En effet, il n'y aurait pas de libre administration si, faute de pouvoir déterminer le taux de l'impôt, une collectivité territoriale ne pouvait arbitrer entre une charge nouvelle entraînant un surcroît d'imposition et le *statu quo*. Quelle est sur le sujet la position du Conseil constitutionnel ? Celui-ci statue en fait au cas par cas. Pour savoir si le seuil de « dépendance critique » est ou non dépassé au regard des exigences constitutionnelles il apprécie l'effet de la suppression eu égard au montant de la ressource en cause par rapport à l'ensemble des recettes (v., par ex., CC, décision n° 2000-432 DC, 12 juill. 2000, *L. fin. rect. pour 2000* : en l'espèce, il a été relevé que la suppression de la part régionale de la taxe d'habitation abaissait de 44 % à 37 % la part des recettes fiscales des régions dans leurs recettes totales hors emprunt ; cette proportion a toutefois été jugée encore suffisante pour considérer que la réforme critiquée ne réduisait pas la marge de manœuvre fiscale des régions au point d'entraver leur libre administration). Où donc se situe précisément la limite au remplacement des impôts locaux par des dotations de l'État ?

On reste donc dans l'expectative. Aussi, l'inquiétude des élus locaux est légitime car en outre rien ne garantit que leurs collectivités pourront toujours compter sur les compensations de l'État. De plus, l'État, proportionnellement plus endetté que les collectivités, tend à rééquilibrer les termes de l'échange en sa faveur en mettant en place de nouveaux transferts (allocation personnalisée d'autonomie pour les départements, transports ferroviaires pour les régions, etc.), sans nécessairement assurer à due proportion les transferts de ressources. Il est vrai, il n'existe pas de règle de valeur constitutionnelle obligeant l'État à compenser « à l'euro l'euro » un transfert de compétences, pas plus d'ailleurs qu'une mesure d'exonération d'impôt local. Mais n'y a-t-il pas un risque de compromettre à terme la continuité de services publics locaux ou l'ordre public et de porter ainsi atteinte à des principes de valeur constitutionnelle ?

À noter : Voir l'article 72-2 de la Constitution dans sa rédaction issue de la révision constitutionnelle de 2003 (Loi constitutionnelle n° 2003-276 du 28 mars

2003) qui offre aux collectivités territoriales des garanties sur leur autonomie financière :

« Les collectivités territoriales bénéficient de ressources dont elles peuvent disposer librement dans les conditions fixées par la loi.

« Elles peuvent recevoir tout ou partie du produit des impositions de toutes natures. La loi peut les autoriser à en fixer l'assiette et le taux dans les limites qu'elle détermine.

« **Les recettes fiscales et les autres ressources propres des collectivités territoriales représentent, pour chaque catégorie de collectivités, une part déterminante de l'ensemble de leurs ressources.** La loi organique fixe les conditions dans lesquelles cette règle est mise en œuvre.

« Tout transfert de compétences entre l'État et les collectivités territoriales s'accompagne de l'attribution de ressources équivalentes à celles qui étaient consacrées à leur exercice. Toute création ou extension de compétences ayant pour conséquence d'augmenter les dépenses des collectivités territoriales est accompagnée de ressources déterminées par la loi.

« La loi prévoit des dispositifs de péréquation destinés à favoriser l'égalité entre les collectivités territoriales. »

Voir égal. **Loi organique n° 2004-758 du 29 juillet 2004** prise en application de l'article 72-2 de la Constitution relative à l'autonomie financière des collectivités territoriales.

Cela étant, il faut voir par ailleurs qu'à l'origine les lois de décentralisation ont conféré aux collectivités locales le droit d'élaborer et de réaliser leurs budgets sans véritable limite financière. Alors que le budget de l'État est en déficit au premier euro d'emprunt, un budget local est réputé équilibré, le financement bancaire contribuant à cet équilibre. Ce facteur a indéniablement banalisé le recours à la dette, dont la charge en capital et même en intérêts pouvait être indéfiniment différée, sans aucune incidence sur les budgets. Cette myopie financière des décideurs locaux, des services de l'État et aussi des banques, a été alimentée par le fait que le système comptable local ne donnait lieu à aucune norme d'analyse financière. Or, toutes les collectivités ont fortement accru leurs compétences et certaines d'entre elles, comme les communes, ont même souvent dépassé le cadre de leurs compétences primaires pour s'intéresser à tout ce qui touche à la vie de la cité. Au début des années 1990, le choc largement médiatisé du surendettement des communes a fini par interpeller l'ensemble des parties prenantes et en premier lieu l'État, qui a dû abonder, par des subventions d'équilibre, les premières situations de crise (comme à Angoulême ou à Briançon, par exemple). Les ministères ont alors cherché à prévenir la reconduction de tels risques. Les collectivités se sont vu imposer de nouvelles normes : comptabilité des engagements, publication d'une annexe consolidée aux comptes, réglementation des marchés et délégations, et surtout la réforme comptable M14 qui a visé à éviter les « fuites en avant » budgétaires. Quant aux prêteurs, ils ont également davantage encadré les décisions de politique publique de leurs clients en imposant aux villes en situation délicate des « protocoles financiers », véritables mises sous tutelle des élus par leurs bailleurs de fonds. Cependant, c'est souvent le contribuable local qui a payé la sortie de crise, une partie de cette augmentation de la pression fiscale ayant été masquée par le développement de l'intercommunalité à fiscalité propre : les communautés ont levé une fiscalité additionnelle sans que les communes ne baissent leurs propres taux d'imposition.

Sur les risques pris par des collectivités territoriales en matière d'emprunt.

Pour bénéficier de taux bas, des responsables locaux ont souscrit des **emprunts** qualifiés de **« toxiques »** en raison de leurs conséquences néfastes sur les budgets locaux. Il s'agit d'emprunts financiers, souscrits avant 2009, qui, sous une apparence classique, reposent en réalité sur des indices sous-jacents fortement volatils et difficilement négociables. Si le prix à payer était une part de risque, celle-ci a souvent été mal comprise de la part des élus. La plupart pensaient sincèrement obtenir des conditions avantageuses de façon durable qui leur offriraient plus de marge de manœuvre budgétaire dans l'intérêt de leur commune, à un moment où, par ailleurs, l'État leur donnait de plus en plus de responsabilités dans le cadre de la décentralisation. Lorsque les taux d'intérêt ont connu une évolution défavorable que les collectivités n'ont pu, ou su, anticiper, leurs finances en ont particulièrement souffert (Voir : Ass. Nat., Rapport n° 4030 fait au nom de la commission d'enquête sur les produits financiers à risque souscrits par les acteurs publics locaux, 2012 ; égal. Rapp. Publ. annuel C. comptes, 2009).

Certaines collectivités, comme le département de Seine-Saint-Denis et la ville de Saint-Étienne, ont obtenu en justice une renégociation de la dette. De nombreux contentieux ont été effectivement portés devant les tribunaux.

Si l'État a créé un **fonds de soutien** dans le cadre de la loi de finances initiale pour 2014 (art. 92 de la **loi n° 2013-1278 du 29 décembre 2013** de finances pour 2014) afin d'apporter une aide aux collectivités territoriales les plus fortement affectées par ces emprunts dont elles resteraient porteuses, il s'est par ailleurs rendu compte que ces contentieux pourraient finalement coûter fort cher aux banques concernées, qu'il a décidé d'aider elles aussi en procédant à une **validation législative** des contrats de prêts en cause – évitant de la sorte d'avoir à leur venir en aide sous une forme sonnante et trébuchante. La loi n° 2014-844 du 29 juillet 2014 relative à la sécurisation des contrats de prêts structurés souscrits par les personnes morales de droit public a été soumise au Conseil constitutionnel qui l'a jugée conforme à la Constitution par application de sa jurisprudence sur les lois de validation (CC, décision n° 2014-695 DC du 24 juillet 2014).

Pour l'avenir, l'article 32 de la **loi n° 2013-672 du 26 juillet 2013** de séparation et de régulation des activités bancaires, codifié à l'article L. 1611-3-1 du CGCT, fixe le **cadre juridique du recours à l'emprunt** pour les collectivités territoriales, leurs groupements et leurs établissements publics. Il tend à prévenir la souscription d'emprunts à risque, en n'autorisant que celle de produits remplissant des conditions limitativement énumérées.

De surcroît, la **loi n° 2014-58 du 27 janvier 2014** de modernisation de l'action publique territoriale et d'affirmation des métropoles a introduit également des dispositions visant à encadrer l'endettement des collectivités territoriales (v. art. 92 et 93).

2. Formes de la décentralisation

161 Il est usuel de **distinguer deux formes** de la décentralisation : celle qui intéresse les collectivités territoriales, et que l'on qualifie alors de « **décentralisation territoriale** » (**a**), et celle qui s'applique aux établissements publics, appelée aussi « **décentralisation fonctionnelle** » (**b**) ou encore « décentralisation par service ».

a. La décentralisation territoriale

162 La forme originelle de la décentralisation est celle de la décentralisation territoriale. Il s'agit alors d'une technique qui consiste à octroyer le statut de personne morale de droit public à des collectivités géographiques infra-étatiques, en donnant à leurs agents, généralement désignés par l'élection, des compétences d'auto-administration. En particulier, l'article 72 de la Constitution de 1958, qui figure dans son titre XII intitulé « Des collectivités territoriales », n'est qu'un rappel des principes en la matière. Pourtant, **cette forme de décentralisation ne s'est imposée durablement que récemment dans le paysage des institutions administratives françaises.** En outre, on relève **un phénomène nouveau** qui la caractérise : **la tendance à la contractualisation des rapports de droit** dans le cadre de la décentralisation.

1) Évolution de la décentralisation territoriale en France

163 On a dit combien l'image d'une administration centralisée était liée à la tradition étatique française. Il serait toutefois parfaitement abusif d'en déduire que la France n'a connu aucune décentralisation avant une époque récente. Sans remonter plus avant, on relève que la diffusion de l'idéal démocratique a conduit la IIIe République, au cours de ses deux premières décennies, à mettre en place certains éléments fondamentaux de la décentralisation territoriale qui subsistent encore aujourd'hui (L. 10 août 1871 pour le département et L. 5 avr. 1884 pour la commune). Cependant, ces textes n'ont pas pour autant instauré une décentralisation complète. L'institution d'une tutelle stricte et la dévolution de pouvoirs importants aux préfets sont, parmi d'autres, comme autant d'indices du caractère transactionnel des grandes lois de cette période, qui matérialisent plutôt un compromis entre la tradition centralisatrice et les revendications libérales. Il faudra attendre plus d'un siècle avant de passer à la vitesse supérieure (P. Bodineau et M. Verpeaux, *Histoire de la décentralisation*, 2e éd., PUF, coll. « Que sais-je ? », 1997 ; J.-M. Ohnet, *Histoire de la décentralisation française*, Livre de poche, 1996).

164 **Le « saut qualitatif » de 1982.** À partir de 1982, la politique de décentralisation a reçu une impulsion décisive, d'aucuns n'hésitant pas à parler alors de « saut qualitatif ».

Auparavant, les communes disposaient d'un conseil élu au suffrage universel et d'un maire élu en son sein. Mais leurs attributions et leurs ressources, définies pour l'essentiel par l'État, étaient encore restreintes. Il en allait de même pour les départements. En outre, si leurs conseils étaient également élus, leur exécutif, malgré une intention contraire formulée dans la Constitution de 1946, ne procédait pas de l'élection. En effet, il était confié à un fonctionnaire d'État puissant et nommé par le gouvernement, le préfet, qui était en même temps le chef des services « extérieurs » des ministères dans le département. Par ailleurs, les uns et les autres étaient soumis à une tutelle étroite des autorités de l'État, qui pouvaient selon les cas leur imposer des normes, leur attribuer des subventions, annuler ou approuver leurs décisions, ou même, en cas de carence, se substituer à elles.

Une série de textes de 1982 et des années suivantes a profondément modifié ce système. Ce qui frappe en l'espèce c'est le caractère global de la démarche entreprise. Cinq types de mesures caractéristiques ont été pris :

- création d'une nouvelle collectivité territoriale, la **région** ;
- **généralisation du principe électif**, par son extension aux départements et aux régions, et édiction d'un statut de l'élu local ;
- forte augmentation au profit des collectivités territoriales de leurs compétences et de leurs moyens humains et financiers avec **transfert de services et de ressources** corrélatifs au transfert **de pouvoirs** ;
- établissement d'un statut de la **fonction publique territoriale**, inspiré de celui de la fonction publique de l'État ;
- enfin, remplacement d'un contrôle exercé par des autorités administratives, essentiellement les préfets, par des **contrôles confiés à des juridictions**, les tribunaux administratifs pour les actes administratifs, et les chambres régionales des comptes, créées à cette occasion, pour les actes financiers.

165 **Un mouvement continu.** Processus d'aménagement du territoire français, la décentralisation permet de transférer des compétences administratives de l'État vers les collectivités locales. Elle a été érigée en **principe constitutionnel** à l'article 1er de la Constitution **en 2003** qui déclare que l'« organisation » de la République est « décentralisée » (Loi constitutionnelle n° 2003-276 du 28 mars 2003 relative à l'organisation décentralisée de la République).

Ce mouvement qui n'a cessé de se développer en France depuis le début des années quatre-vingt permet à l'État de tenter à chaque fois de se recentrer sur ses missions prioritaires. Mais cette politique s'inscrivant aussi de plus en plus fréquemment dans un contexte financier particulièrement contraint, elle tend souvent à faire en sorte que les charges publiques soient redistribuées et partagées avec des collectivités territoriales dont les responsables sont élus démocratiquement. L'équilibre est à chaque fois difficile à trouver et suscite polémiques et controverses politiques. Sa mise en œuvre appelle en tout cas une vigilance particulière pour que la décentralisation, technique de liberté au départ, ne finisse pas par devenir une source d'inégalités territoriales et de fractures sociales, au risque de fragiliser dangereusement le vouloir-vivre ensemble.

Nul doute par ailleurs qu'avec ses 101 départements, ses 36 700 communes, ses 13 régions et ses 2 600 groupements intercommunaux, la France soit devenue le champion d'une « décentralisation pâtissière » : avec l'empilement de quatre échelons administratifs locaux, de compétences partagées, concurrentes mais aussi souvent redondantes, et de financements croisés, la France est souvent décrite sur le plan administratif comme un « millefeuille territorial ». Cette organisation est peu lisible pour le citoyen et nuit à l'efficacité de l'action publique des territoires.

Force est de constater que, depuis le début des années 2000, chaque nouvelle majorité politique accédant au pouvoir suprême s'efforce d'apporter sa contribution à la réforme territoriale qui devient ainsi une véritable « toile de Pénélope », les alternances conduisant à remettre sans cesse l'ouvrage sur le métier.

Actualité : Après un premier volet ouvert en janvier 2014, avec la loi dite de modernisation de l'action publique territoriale et d'**affirmation des métropoles (loi n° 2014-58 du 27 janvier 2014)**, la nouvelle majorité issue des élections présidentielle et à l'Assemblée nationale du printemps 2012 a dessiné une **nouvelle carte des régions**, réduites désormais à treize au lieu des vingt-deux qui préexistaient (**loi n° 2015-29 du 16 janvier 2015**). Au début de l'année 2015 le Parlement vient d'entamer la discussion d'un **projet de loi portant nouvelle organisation territoriale de la République** (NOTRe) qui vise une fois encore à tenter de clarifier l'organisation fonctionnelle de l'administration territoriale.

2) La tendance à la contractualisation des rapports de droit

166 **Une tendance marquée.** La politique de décentralisation entreprise au début des années 1980 ne saurait pour autant être réduite à cet ensemble, aussi impressionnant soit-il, de textes législatifs et réglementaires. En effet, elle a aussi donné lieu à de nouvelles pratiques au sein des institutions administratives concernées. À côté de l'acte unilatéral classique, la technique contractuelle a pris une place de tout premier plan pour encadrer les rapports de toutes sortes qui se sont établis entre elles (N. Poulet-Gibot Leclerc, « La contractualisation des relations entre les personnes publiques », *RFD adm.* 1999, p. 551). Ce phénomène de contractualisation des rapports de droit semble même caractériser une tendance marquée dans la production normative actuelle tant il s'est développé sous des formes variées en matière de décentralisation.

Il est vrai que le procédé contractuel connaît à l'époque contemporaine un véritable essor aussi bien dans les relations entre personnes publiques que dans les rapports noués entre personnes publiques et partenaires privés. L'une des causes de ce phénomène tient sans doute au fait qu'il permet de corriger les inconvénients qui peuvent résulter de l'uniformité de la règle de droit dans une société de plus en plus complexe. On peut ajouter aussi que le manque de ressources financières pour réaliser certaines dépenses d'investissement d'envergure a favorisé le recours au secteur privé pour trouver des financements dans le cadre de nombreux contrats classiques comme les concessions de travaux ou plus innovants comme les contrats de partenariat public-privé (construction de nouvelles prisons, par exemple).

167 **Critiques.** Mais on relève aussi que si l'État a substitué dans de nombreux domaines le contrat à l'acte unilatéral, cela a tenu encore à sa volonté de mieux faire accepter ses interventions par les administrés ou par les autres collectivités publiques. Le contrat est alors devenu un véritable instrument de réforme de la société et de l'Administration. Force est toutefois de constater que la multiplication des procédures contractuelles n'est pas sans risque pour la cohérence des politiques. Sans oublier qu'il y a aussi là le signe d'une intensification possible du processus de centralisation (Dans son rapport public pour 1993, le Conseil d'État avait souligné que « le système de relations contractuelles entre collectivités publiques actuellement en vigueur est (...) davantage placé sous le signe des rapports de force et d'une certaine opacité, que sous celui du droit et de la transparence » ; *EDCE*, n° 45, p. 97).

Cette tendance à la contractualisation fait ainsi l'objet de critiques sérieuses. On lui reproche par exemple d'être un moyen pour l'État de faire prendre en charge par les collectivités locales des dépenses qui, normalement, devraient lui incomber. Le procédé aboutit également à provoquer des enchevêtrements de compétences. En effet, on constate que le contrat peut contribuer à mettre en cause la répartition des compétences telle qu'elle ressort des lois, si du moins le contrat a pour objet de transférer, même pour une petite partie, la compétence de la collectivité titulaire à celle qui ne l'est pas. On note, en outre, que le recours au contrat n'est pas parfois sans favoriser une certaine dilution des responsabilités, ou encore d'être un moyen de tutelle indirecte de l'État sur les collectivités locales ou des collectivités locales entre elles.

168 **Pratique**. Quels que soient l'importance et le bien-fondé de ces critiques, la tendance à la contractualisation n'est en aucune façon remise en cause pour l'heure. Le procédé contractuel est ainsi utilisé comme technique d'encadrement, par **exemple** dans les cas suivants :

- les **contrats d'établissement entre l'État et les universités**. Selon l'article L. 711-1 du code de l'éducation : « Les activités de formation, de recherche et de documentation des établissements font l'objet de contrats pluriannuels d'établissement ». Progressivement, depuis 1989, l'État et les universités ont développé des relations contractuelles qui ont permis de faire évoluer leurs relations et ont contribué à de notables progrès dans d'importants domaines, tels que l'élaboration de politiques scientifiques et de recherche universitaire, le développement des formations professionnelles, l'amélioration de la situation des bibliothèques, la vie étudiante ou encore le développement des relations internationales.

- les **contrats de plan État-région**. Selon l'article 11 de la loi n° 82-653 du 29 juillet 1982 portant réforme de la planification : « **L'État peut conclure avec** les collectivités territoriales, **les régions**, les entreprises publiques ou privées et éventuellement d'autres personnes morales, **des contrats de plan comportant des engagements réciproques** des parties en vue de l'exécution du plan et de ses programmes prioritaires. / Ces contrats portent sur les actions qui contribuent à la réalisation d'objectifs compatibles avec ceux du plan de la nation. Ils définissent les conditions dans lesquelles l'État participe à ces actions. / **Le contrat de plan conclu entre l'État et la région définit les actions que l'État et la région s'engagent à mener conjointement par voie contractuelle pendant la durée du plan.** Il précise les conditions de conclusion ultérieure de ces contrats. / Des contrats particuliers fixent les moyens de mise en œuvre des actions définies dans le contrat de plan. **Le représentant de l'État dans la région est chargé de préparer pour le compte du gouvernement le contrat de plan** et les contrats particuliers entre l'État et les régions. (...) ». Puis l'article 12 de la loi du 29 juillet 1982 précitée précise : « **Les contrats de plan (...) sont réputés ne contenir que des clauses contractuelles** » (sur le contentieux administratif qui a pu naître à propos de ces contrats de plan État-région, voir notamment : CE, Ass., 8 janv. 1988, *Min. Plan et Aménag. terr. c/ Cnté urb. Strasbourg*, n° 74361. - CE, 25 oct. 1996, *Assoc. Estuaire-Écologie*, n° 169557).

Actualité : **La nouvelle génération de contrats de plan État-Région 2015-2020** a été lancée. C'est la sixième du genre depuis l'institution de la formule. L'État s'est engagé à contractualiser une enveloppe totale de 12,5 milliards d'euros durant la période. Cinq orientations prioritaires ont été retenues pour cette nouvelle génération de CPER : l'enseignement supérieur et la recherche ; l'innovation, les filières d'avenir et l'usine du futur ; la couverture du territoire en très haut débit et le développement des usages du numérique ; la transition écologique et énergétique ; les mobilités multimodales. Les différents contrats qui ont été signés en 2014-2015 sont présentés sur le site : http://www.territoires.gouv.fr

169 **Constitutionnalité du procédé. Le Conseil constitutionnel a reconnu aux personnes publiques une très large possibilité de nouer avec d'autres personnes publiques des relations de type contractuel.** En effet, dans la **décision n° 83-160 DC du 19 juillet 1983**, *Convention fiscale avec la Nouvelle-Calédonie* (*Rec.* p. 43 ; *AJDA* 1984, p. 28, note J.-P. Jarnevic ; *JCP* 1985, II, 20352, note H. Labayle ; *RD publ.* 1986, p. 395, note L. Favoreu), alors qu'il s'agissait d'apprécier la constitutionnalité d'une loi approuvant une convention fiscale conclue entre le gouvernement de la République française et le conseil de gouvernement de la Nouvelle-Calédonie (convention qui avait pour objet d'éviter les doubles impositions et l'évasion fiscale), le Conseil constitutionnel a déclaré :

« Considérant que, de façon générale, aucun principe ou règle de valeur constitutionnelle ne s'oppose à ce que l'État passe des conventions avec les diverses collectivités territoriales de la République telles que les communes, les départements, les régions ou les territoires d'outre-mer ;

« Considérant que, de même, aucun principe ou règle de valeur constitutionnelle ne s'oppose à ce que de telles conventions aient pour objet d'harmoniser l'action des administrations respectives de l'État, d'une part, et des collectivités territoriales, d'autre part, dans l'exercice des compétences qui leur sont dévolues en vertu de la Constitution et de la loi ;

« Considérant que de telles conventions, de pur droit interne, puisent leur force obligatoire à l'égard du gouvernement, des administrations et des juridictions dans la loi française en vigueur ; que le législateur, qui n'est soumis qu'à l'autorité de la Constitution, ne peut s'interdire lui-même, que ce soit unilatéralement ou conventionnellement, de modifier la loi en vigueur ; que, par suite, de telles conventions ne peuvent avoir ni pour objet ni pour effet de restreindre l'exercice des compétences conférées au législateur par la Constitution. »

Il ressort de cette décision que l'État a la possibilité, « de façon générale » (la compétence contractualisée était pourtant particulièrement sensible puisqu'elle portait en l'espèce sur la « matière » fiscale), d'avoir recours au procédé contractuel dans ses relations avec les collectivités territoriales. De plus, ces conventions peuvent porter sur l'exercice des compétences, avec cette réserve finale que ces conventions ne sauraient restreindre les compétences conférées au législateur par la Constitution.

Précisions : Une loi ne saurait renvoyer à une convention la définition même des compétences : CC, décision n° 94-358 DC du 26 janvier 1995, *Loi d'orientation pour l'aménagement et le développement du territoire*, *D.* 1997. 119, obs. J. Trémeau ; *ibid.* 124, obs. J. Pini ; *ibid.* 125, obs. E. Oliva ; *ibid.* 139, obs. F. Mélin-Soucramanien ; *RFDA* 1995. 780, étude B. Mathieu. – La convention sur l'exercice des compétences ne saurait avoir pour effet de créer une tutelle d'une collectivité territoriale sur une autre : CC, décision n° 2008-567 DC du 24 juillet 2008, *Loi relative aux contrats de partenariat*, *RFDA* 2008. 1233, chron. A. Roblot-Troizier et T. Rambaud.

b. La décentralisation fonctionnelle

1) Définition

170 La décentralisation fonctionnelle se caractérise comme **un procédé consistant à octroyer à certains services publics la qualité de personne publique, en associant parfois agents et usagers à la gestion de ceux-ci.** Elle répond donc d'abord à un souci d'efficacité : assurer une répartition aussi satisfaisante que possible des fonctions au sein de l'Administration.

Mais la décentralisation fonctionnelle pose **problème**, parce que précisément **son caractère décentralisateur est incertain.** Le professeur Charles Eisenmann a montré que la décentralisation par services n'est qu'une technique d'administration qui peut s'appliquer autant à des services de l'État central qu'à des services des collectivités locales. La décentralisation fonctionnelle n'est donc pas autre chose qu'une technique de gestion administrative qui a comme seul point commun avec la véritable décentralisation (la décentralisation territoriale) l'octroi de la personnalité morale de droit public à certaines entités (C. Eisenmann, *Centralisation et décentralisation. Esquisse d'une théorie générale*, LGDJ, 1948, p. 25 s.).

Dans une telle hypothèse, les pouvoirs publics ont en réalité pratiqué **une « déconcentration camouflée »** (selon l'expression du professeur R. Chapus, *Droit administratif général*, t. 1, Montchrestien, 15e éd., 2001, n° 561), en plaçant certains services dans une situation d'autonomie de gestion. Le choix de la décentralisation, préférée à la déconcentration, n'est alors certainement pas exempt de toute préoccupation politique. En effet, les autorités étatiques peuvent se retrancher derrière l'autonomie juridique que la personnalité morale donne au service décentralisé pour ne pas avoir à supporter la responsabilité de certains choix faits par le service. Or, il suffit que la tutelle sur le service soit suffisamment étroite pour dicter en fait à ses dirigeants les choix politiques globaux intéressant leur secteur d'activité. Cela permet de comprendre que la décentralisation fonctionnelle est un instrument commode pour le pouvoir central : elle peut permettre d'opérer certains choix politiques tout en atténuant notablement les responsabilités qu'ils supposent.

En revanche, on est en présence d'**une authentique opération de décentralisation lorsque les institutions concernées ont ou se voient reconnaître un certain substratum humain.** Il s'agit alors de permettre à un ensemble de personnes d'assurer la gestion des affaires correspondant à la spécialité de l'institution, par l'intermédiaire de leurs représentants en principe élus. C'est le cas, par exemple, avec les **universités**, qui entrent dans la **catégorie juridique des établissements publics.**

2) Illustration : l'établissement public

171 Cette forme de décentralisation fonctionnelle ou encore « par services » se définit comme **un service public doté d'une personnalité juridique** distincte de celle de la personne publique générale

qui l'a créé. L'octroi de la personnalité morale, qui la distingue des services en régie directe (la régie est un mode d'organisation permettant aux collectivités de prendre en charge une activité dans le cadre de leurs propres services, avec leur personnel, leurs biens (matériels, locaux, etc.) et leur budget), est le seul réel trait commun entre les établissements publics, dont la diversité est grande et les critères de reconnaissance souvent imprécis.

En principe rattachés à une collectivité publique, **ils sont nationaux** (environ 800) **ou locaux** (il en existe plusieurs milliers ; observons que si les établissements publics de santé sont bien des établissements publics locaux, ce rattachement historique à une collectivité territoriale se limite pratiquement à la présidence du conseil d'administration, l'administration, la gestion et le pilotage du système hospitalier échappant largement aux collectivités locales au profit de l'État et des organismes de sécurité sociale).

Ils interviennent **dans les secteurs les plus divers : économique** (SNCF ; RATP) ; **financier** (Caisse des dépôts et consignations ; Agence de financement des infrastructures de transports de France) ; **social** (hôpitaux ; centres communaux d'action sociale) ; **culturel** (lycées ; universités ; musées) ; etc.

> **Biblio. somm. :** *Les établissements publics*, Étude CE, oct. 2009 (sur le site internet du Conseil d'État).

172 **Quels sont les critères d'identification de l'établissement public ?** Personnes morales de droit public, autres que l'État et les collectivités territoriales, spécialement chargées d'une ou plusieurs missions de service public, les établissements publics peuvent être identifiés à partir des critères suivants :

- **la personnalité morale et l'autonomie.** Qualifiés souvent par les textes d'établissements « dotés de la personnalité civile et de l'autonomie financière », ils disposent d'organes propres : assemblée délibérante (souvent dénommée conseil d'administration) et président (ou directeur). En outre, ils ont des biens propres et un budget autonome. Leur conseil d'administration accueille souvent en son sein des représentants de la collectivité de rattachement, des usagers et du personnel, ce qui favorise la participation de l'ensemble des personnes intéressées à la gestion ;

- **le contrôle.** L'autonomie entraîne un contrôle dit de « tutelle », exercé par la collectivité de rattachement sur les actes et les personnes. Selon le principe : « pas de tutelle sans texte », le contrôle (administratif, financier) ne se présume pas et demeure subordonné à l'existence de règles formelles de nature législative ou réglementaire. En pratique, ce contrôle varie en intensité selon les établissements et leur autonomie est plus ou moins grande ;

- **la spécialité.** Les compétences de l'établissement public sont des compétences d'attribution limitativement énumérées. Ce ne sont pas des compétences générales de droit commun comme celles des collectivités territoriales. Aussi le juge peut-il être conduit à sanctionner tout dépassement de ce champ spécifique de compétence (ex. : une caisse de crédit municipal ne saurait faire des opérations de prêts avec des commerçants). Mais la jurisprudence tend plutôt à interpréter avec souplesse ce principe (ex. : la diversification des activités de certains grands établissements publics notamment à caractère industriel et commercial).

173 **Quelles sont les règles qui président à leur création ?** En vertu de l'article 34 de la Constitution de 1958, qui consacre leur existence, la création des établissements publics est partagée entre les pouvoirs législatif et réglementaire. Le législateur est seul compétent pour créer de nouvelles catégories d'établissements publics et pour fixer leurs « règles constitutives », c'est-à-dire celles « qui dessinent l'épure de la catégorie, les lignes essentielles de son architecture, celles qui donneront à la catégorie son allure générale » (R. Chapus, *Droit administratif général*, t. 1, Montchrestien, 15e éd., 2001, n° 532 ; v. égal. O. Dugrip, « La notion de « règles concernant la création des catégories d'établissements publics » dans la jurisprudence du Conseil constitutionnel et du Conseil d'État », in *Mélanges R. Drago*, Economica, 1996, p. 369). Relève en revanche du pouvoir réglementaire la création d'établissements publics entrant dans une catégorie préexistante. En tout état de cause, une catégorie peut parfaitement ne comporter qu'un exemplaire unique (solution admise dès l'origine pour la RATP ; v. CC, déc. n° 59-1 L du 27 nov. 1959).

Mais qu'entend-on par « catégories d'établissements publics » ? Selon le Conseil constitutionnel, appartiennent à une même catégorie les établissements publics « dont l'activité s'exerce territorialement sous la même tutelle administrative » (mais ici seule la prise en compte de la notion de « rattachement territorial » permet d'opérer des différenciations entre diverses catégories) et qui ont une « spécialité analogue » (CC, déc. n° 79-108 L du 25 juill. 1979, *ANPE*). Mais le critère tiré du caractère administratif ou industriel et commercial des établissements concernés ne constitue plus un élément de définition de l'appartenance à une même catégorie (cela s'explique car les règles constitutives d'un établissement public ne comportent pas nécessairement l'indication de ce caractère, qui peut au surplus être modifié par un acte réglementaire, sous le contrôle du juge administratif). Autrement dit, la forme de l'établissement public importe peu à ce stade. Mais quelles sont ces formes ?

174 **Sous quelles formes peuvent apparaître les établissements publics ?** La classification essentielle distingue les **établissements publics administratifs** (EPA) et les **établissements publics industriels et commerciaux** (EPIC) (E. Fatôme, « À propos de la distinction entre les établissements publics à caractère administratif et les établissements publics à caractère industriel et commercial », in *Mélanges R. Chapus*, Montchrestien, 1992, p. 171).

En pratique, on constate un certain brouillage des situations qui tient au fait que le caractère d'EPIC est parfois donné à des établissements ne faisant ni commerce ni industrie, dans le seul but de leur accorder une plus grande souplesse de gestion. Aussi, il arrive que le juge procède à une requalification de l'établissement public par rapport au texte (réglementaire) de création (ex. : lorsqu'un EPIC exerce en réalité une activité purement administrative ; v. TC, 24 juin 1968, *Sté Distilleries bretonnes et Sté d'approvisionnements alimentaires*, *Leb.* p. 801, concl. Gegout ; *AJDA* 1969, p. 311, note A. de Laubadère).

175 **Quel est le régime juridique applicable aux établissements publics ?** Le principe est que celui des EPA est fortement imprégné de droit public : personnel composé d'agents publics, règles de la comptabilité publique, actes administratifs unilatéraux, contrats

administratifs. Celui des EPIC est, au contraire, marqué par le droit privé. Toutefois, dans la réalité, le régime est souvent « mixte » : pour faciliter leur gestion, les EPA peuvent parfois recourir à des modes de gestion privée et les EPIC restent largement soumis au droit public (acte de création, exclusion de l'arbitrage et de la faillite, bénéfice de l'expropriation pour cause d'utilité publique, etc.). Mais la situation se complique lorsqu'on est en présence d'un établissement public « à visage inversé » (un EPIC gérant un service public administratif ou un EPA gérant un service public industriel et commercial) ou encore d'un établissement public « à double visage » (cas lorsqu'un EPA ou un EPIC exerce à la fois des activités administratives et des activités industrielles et commerciales, comme les chambres de commerce et d'industrie [EPA] qui représentent les intérêts des professionnels [SPA] et exploitent des installations portuaires et aéroportuaires [SPIC]).

176 **Le statut d'établissement public peut parfois apparaître comme un obstacle au développement des activités prises en charge.** Aussi, il arrive que sa **transformation en structure de droit privé** soit effectuée, avec toutes les conséquences juridiques et contentieuses que cette nouvelle situation peut entraîner.

Exemples : Tel a été le cas pour **EDF** qui est passé du statut d'établissement public à celui de société anonyme en 2004 (L. n° 2004-803 du 9 août 2004, art. 24 ; art. L. 111-67 du code de l'énergie). Tel a été le cas également pour l'établissement public « **Aéroport de Paris** » (ADP) que le législateur a érigé en société anonyme (L. n° 2005-357 du 20 avr. 2005), ou bien encore pour **La Poste** qui a été transformée à compter du 1er mars 2010 en une société anonyme (L. n° 2010-123 du 9 févr. 2010 relative à l'entreprise publique La Poste et aux activités postales).

À noter : Le statut des EPIC, qui bénéficient d'une garantie implicite illimitée de la part de l'État, fait difficulté selon la Cour de justice de l'Union européenne car il peut constituer une « aide d'État » illicite, tout particulièrement pour ceux exerçant une activité dans un secteur concurrentiel ; v. CJUE 3 avr. 2014, *République Française c/ Commission européenne*, aff. C-559/12 P.

§ 2. Les techniques de contrôle

177 Elles sont principalement au nombre de deux et correspondent chacune aux deux techniques d'organisation des rapports entre le centre et la périphérie que sont la déconcentration et la décentralisation. Dans le premier cas, il s'agit du **pouvoir hiérarchique (A)**. Dans le second cas, on parle du **pouvoir de tutelle (B)**.

A. Le pouvoir hiérarchique

178 Au cœur de la déconcentration, il y a le pouvoir hiérarchique (N. Poulet-Gibot Leclerc, « Le pouvoir hiérarchique », *RFD adm.* 2007, p. 508). C'est donc particulièrement dans le cadre de l'État que son exercice est le plus remarquable. Ainsi, par exemple, le pouvoir hiérarchique règle les rapports entre les membres du gouvernement et les préfets, ou encore entre le maire, agent de l'État, et le préfet (par exemple, organisation des élections ; en effet, selon l'article L. 2131-5 CGCT, le représentant de l'État dans le département peut exercer son pouvoir hiérarchique sur les actes du maire lorsque celui-ci agit comme agent de l'État dans la commune en application des articles L. 2122-27 et L. 2122-34 CGCT) ou le procureur de la République (par exemple, exercice de la police judiciaire).

Le pouvoir hiérarchique se déploie effectivement au sein d'une même personne de droit public. Il équivaut alors à l'ensemble des pouvoirs appartenant à une autorité administrative supérieure vis-à-vis des compétences et attributions des autorités ou agents qui lui sont subordonnés (Ce qui n'est pas le cas du Premier ministre dans ses rapports avec les autres membres du gouvernement, à l'égard desquels il ne dispose pas du pouvoir hiérarchique ; v. CE, 12 nov. 1965, *Cie marchande Tunisie*, *Leb.* p. 602 ; *AJDA* 1966, p. 167, concl. Questiaux). Sa définition est ainsi centrée sur l'idée de subordination. **Quels sont les éléments qui le composent (1) ? Selon quelles modalités s'exerce-t-il (2) ?**

1. Les composantes du pouvoir hiérarchique

179 Les composantes du pouvoir hiérarchique relèvent de l'idée que l'institution hiérarchique est indispensable à toute forme d'organisation administrative.

C'est ainsi que le pouvoir hiérarchique implique notamment un pouvoir général sur l'emploi et la carrière des agents, dans le respect des lois et règlements en vigueur (nomination, notation, promotion, avancement, affectation et mutation, etc.), ou encore un pouvoir disciplinaire. Mais il prend tout son relief avec les mesures suivantes qui consistent pour l'autorité supérieure à **adresser des instructions à ses subordonnés** (**a**), à **annuler leurs décisions** (**b**) ou à **les réformer** au besoin (**c**).

a. Le pouvoir d'instruction

180 Ce pouvoir permet au chef de service de prendre à destination des autorités et agents subordonnés des notes, aussi appelées « **circulaires** ».

Les circulaires désignent l'ensemble des actes par lesquels les chefs de service, et notamment les ministres, adressent leurs instructions, recommandations et explications aux personnels dont ils dirigent l'action. Le plus souvent, elles expliquent la manière dont les textes doivent être appliqués.

En principe, les circulaires sont des actes purement internes à l'administration et, par suite, ne sont pas susceptibles de faire l'objet d'un recours pour excès de pouvoir. Toutefois, dans la pratique, ces actes ont souvent des effets directs ou indirects sur les tiers, ce qui pose la question de leur publicité, de leur opposabilité aux tiers ou encore des recours qui peuvent être exercés contre eux.

Le **décret n° 2008-1281 du 8 décembre 2008** relatif aux conditions de publication des instructions et circulaires a apporté des précisions sur le régime juridique des circulaires. Pour pouvoir être applicable et pour permettre aux services de s'en prévaloir à l'égard des administrés, une circulaire doit être publiée notamment sur un site Internet rattaché au Premier ministre (www.circulaires.gouv.fr). Ce texte règle ainsi la question de la publicité des circulaires. Mais il ne suffit pas pour autant à leur donner une base juridique : pour qu'une circulaire puisse légalement édicter une véritable règle de droit, encore faut-il qu'un autre texte, loi ou décret, ait donné compétence à son auteur à cet effet – ce qui n'est pas toujours le cas.

On rappellera en effet que les ministres ne disposent pas du pouvoir réglementaire, qui appartient au Premier ministre et, par exception au président de la République (voir art. 13 et 21 de la Constitution). Ils ne peuvent prendre de texte à caractère réglementaire qu'en application d'habilitations législatives ou réglementaires expresses dans des domaines déterminés ou, en application de la jurisprudence *Jamart* (CE, sect., 7 février 1936, voir site du Conseil d'État : http://www.conseil-État.fr), pour l'organisation de leurs services.

La légalité des circulaires peut être contestée devant le juge administratif selon des modalités qui ont été redéfinies par le **Conseil d'État** dans sa décision de section ***Mme Duvignères*** du **18 décembre 2002** (n° 233618). Lorsque la circulaire a, par son contenu, une valeur « impérative », elle peut faire l'objet d'un recours pour excès de pouvoir. La distinction entre les circulaires impératives et non impératives s'est substituée à l'ancienne distinction entre circulaires réglementaires et interprétatives, issue de la décision *Notre-Dame du Kreisker* du 29 janvier 1954. En vertu de cette dernière jurisprudence, le recours pour excès de pouvoir n'était ouvert qu'aux circulaires réglementaires, c'est-à-dire aux circulaires qui fixaient des règles de droit et modifiaient l'ordonnancement juridique.

Selon la jurisprudence *Duvignères* (2002) :

L'interprétation que l'autorité administrative donne, notamment par voie de circulaires ou d'instructions, des lois et règlements qu'elle a pour mission de mettre en œuvre n'est pas susceptible d'être déférée au juge de l'excès de pouvoir lorsque, étant dénuée de caractère impératif, elle ne saurait, quel qu'en soit le bien-fondé, faire grief.

En revanche, les dispositions impératives à caractère général d'une circulaire ou d'une instruction font grief, tout comme le refus de les abroger.

Le recours formé contre les dispositions impératives à caractère général d'une circulaire ou d'une instruction doit être accueilli :

a) Si ces dispositions fixent, dans le silence des textes, une règle nouvelle entachée d'incompétence ;

b) Si l'interprétation qu'elles prescrivent d'adopter méconnaît le sens et la portée des dispositions législatives ou réglementaires qu'elle entend expliciter ;

c) Si cette interprétation réitère une règle contraire à une norme juridique supérieure.

b. Le pouvoir d'annulation

181 Il permet au supérieur hiérarchique de faire disparaître de l'ordonnancement juridique les décisions du subordonné (v., par ex., CE, sect., 16 nov. 1992, *Ville Paris*, req. n° 96016, *AJDA* 1993. 54, concl. Legal ; *RFDA* 1993. 602, note J. Morand-Deviller et D. Moréno). L'annulation ayant, conformément à sa nature, un effet rétroactif, ces décisions seront réputées n'être jamais intervenues.

c. Le pouvoir de réformation

182 En l'espèce, le supérieur hiérarchique remplace la décision du subordonné par une autre décision émanant de lui et plus ou moins différente de la décision initiale. La réformation n'ayant pas d'effet rétroactif, la décision du supérieur ne remplacera celle du subordonné que pour l'avenir (sauf hypothèse du « retrait », mais aux conditions légales ou jurisprudentielles applicables ; v. égal. CE 11 févr. 2015, req. n° 369110, *AJDA* 2015. 1200, chron. J. Lessi et L. Dutheillet de Lamothe).

d. Observation

183 Le pouvoir hiérarchique n'emporte pas, sauf texte exprès, le pouvoir de substitution, c'est-à-dire que le chef de service n'a pas en principe le droit d'agir à la place de son subordonné, si ce dernier n'est pas intervenu (Voici un exemple de texte qui prévoit un pouvoir de substitution : art. L. 2122-34 CGCT : « Dans le cas où le maire, en tant qu'agent de l'État, refuserait ou négligerait de faire un des actes qui lui sont prescrits par la loi, le représentant de l'État dans le département peut, après l'en avoir requis, y procéder d'office par lui-même ou par un délégué spécial »). Le professeur Gaston Jèze expliquait cette particularité en disant que « la hiérarchie a justement pour objet d'assurer automatiquement un double examen des affaires ». Cette garantie disparaîtrait si le pouvoir de substitution était la règle.

2. Les modalités d'exercice du contrôle hiérarchique

a. Le pouvoir hiérarchique s'exerce « de plein droit »

184 En effet, l'autorité supérieure en est investie, sans qu'un texte soit nécessaire, ce pouvoir étant lié à sa qualité de supérieur hiérarchique. D'ailleurs, le Conseil d'État le compte parmi les « principes généraux du droit public » (CE, Sect., 30 juin 1950, *Quéralt, Leb.* p. 413 ; *D.* 1951, J. p. 593, note F. Marion ; *Dr. soc.* 1951, p. 246, concl. Delvolvé ; *S.* 1951, 3, 85, note J.-M. Auby. – CE, Sect., 30 mai 1975, *Min. Trav., Leb.* p. 329. – CE, 5 févr. 1982, *Cahen, Leb.* p. 60).

b. Le pouvoir hiérarchique peut s'exercer « sans cause déterminée »

185 Cela signifie que l'autorité supérieure peut agir aussi bien pour des raisons d'**opportunité** que pour des raisons de **légalité**, qu'il s'agisse pour elle d'intervenir au titre de son pouvoir d'instruction ou bien de réformation ou encore d'annulation. Dès lors, il y a là un avantage pour l'administré que n'offre pas l'intervention du juge, qui ne statue qu'en légalité.

c. Le pouvoir hiérarchique peut être exercé spontanément ou sur demande

186 Autrement dit, il peut être mis en œuvre par le supérieur **de façon spontanée ou** encore **sur recours d'un administré** (on parle alors de recours hiérarchique). Dans ce dernier cas, l'autorité administrative statue en tant que telle, c'est-à-dire par acte administratif. Selon une jurisprudence traditionnelle, ce recours est ouvert de plein droit, même si un texte ne l'indique pas. En outre, à la différence du recours juridictionnel, le recours hiérarchique permet d'invoquer des arguments non seulement de légalité mais aussi d'opportunité pour essayer d'obtenir de l'Administration qu'elle rapporte ou modifie sa décision. Enfin, son exercice avant l'expiration du délai de recours contentieux permet à celui qui entend contester une décision de bénéficier d'une prorogation de ce délai.

Mais en cas de recours contentieux ultérieur, il importe de prendre garde : si le supérieur hiérarchique a annulé ou réformé la décision de son subordonné, cette dernière disparaît et la décision du supérieur se substitue à celle du subordonné. C'est alors cette décision du supérieur qu'il convient de déférer au juge compétent. Si, en revanche, le supérieur a confirmé la décision du subordonné, il n'y a plus de substitution. Dans ce cas, les deux décisions coexistent et dans l'hypothèse où le juge est saisi, il convient de les déférer l'une et l'autre à ce juge.

B. Le pouvoir de tutelle

187 L'expression n'est sans doute pas des mieux choisies. Désignerait-elle un mode de gestion des biens de personnes incapables ou mineures au sens du droit civil ? En réalité, dans le domaine des institutions administratives, la tutelle concerne un type de contrôle exercé le plus souvent par le pouvoir central et dans tous les cas au nom du pouvoir central, sur une personne morale autre que l'État – soit une collectivité locale, un établissement public, ou même parfois un organisme privé assumant une mission de service public – pour faire respecter la légalité et préserver l'intérêt national au regard des intérêts locaux ou particuliers. On le voit, il n'y a là rien de commun avec la tutelle de droit privé.

La tutelle a-t-elle vécu dans le droit des institutions décentralisées ? En apparence, une réponse partiellement positive semble pouvoir être apportée. En effet, la loi de décentralisation du 2 mars 1982 a posé le principe de la suppression des tutelles administratives et financières sur les communes, les départements et les régions ainsi que sur l'ensemble des établissements publics locaux. Autrement dit, la tutelle ne subsisterait donc que dans le cas des établissements publics de l'État et de certaines personnes morales de droit privé.

En vérité, **l'expression de « contrôle administratif »** qui **lui est préférée**, et qui figure d'ailleurs **dans le texte même de la Constitution de 1958** dans son article 72, a une signification très générale. De plus, les textes sur la décentralisation ont mis en place des mécanismes de contrôle qui traduisent toujours les relations d'inégalité entre l'État et les collectivités territoriales ou leurs établissements publics. Autrement dit, comme l'a observé à juste titre le professeur René Chapus (R. Chapus, *Droit administra-*

tif général, t. 1, Montchrestien, 15e éd., 2001, n° 563), « supprimer (en partie) ce qu'un mot désigne n'est pas supprimer ou proscrire ce mot ». C'est la raison pour laquelle, dans les développements qui suivent, nous utiliserons le terme de tutelle, dont nous étudierons, tout d'abord, **les éléments caractéristiques** (**1**), avant de voir selon quelles **modalités** ce pouvoir est exercé (**2**).

1. Les éléments caractéristiques du pouvoir de tutelle

188 Le pouvoir de tutelle est un pouvoir de contrôle qui est confié au préfet pour veiller à ce que les autorités décentralisées du et dans le département exercent correctement leurs compétences. En effet, la décentralisation administrative ne doit pas remettre en cause la souveraineté de l'État, qui veille par ailleurs à ce que les lois de la République soient appliquées partout de la même façon. En conséquence, un contrôle doit pouvoir être exercé par des organes de l'État sur les actes des collectivités décentralisées, afin de s'assurer qu'elles agissent bien dans le cadre imparti (v. art. 72, *in fine*, Const. 1958 : « Dans les collectivités territoriales de la République, le représentant de l'État, représentant de chacun des membres du gouvernement, à la charge des intérêts nationaux, du contrôle administratif et du respect des lois »).

Ce contrôle peut varier en étendue et en intensité selon les époques : contrôles avant la prise de décision (il peut s'agir d'un contrôle avant son édiction ou avant son entrée en vigueur) ou seulement juste après ; contrôles de légalité ou d'opportunité ; contrôles confiés à des agents de l'État ou à des juridictions saisies par les autorités de tutelle ; etc.

Ce contrôle est gouverné par les **principes** suivants.

Tout d'abord, **l'autorité chargée de ce contrôle ne détient que les pouvoirs dont elle a été expressément investie par les textes.** Cette idée explique les adages : « la tutelle ne se présume pas », « pas de tutelle sans texte, ni au-delà des textes ». Autant de formules qui signifient que les textes relatifs à la tutelle sont d'interprétation étroite.

Ensuite, au titre de ses pouvoirs de tutelle, et dans la mesure où, comme nous venons de le voir, les textes ont précisé ce que

l'autorité de tutelle a la faculté de faire, cette dernière **ne peut user que des pouvoirs suivants :**

- **pouvoir d'annulation**, qui entraîne la disparition rétroactive des décisions de l'autorité décentralisée ; il se peut aussi que l'autorité de tutelle ne dispose pas directement de ce pouvoir d'annulation, mais seulement de la faculté de saisir une autre autorité qui pourra seule provoquer l'annulation des décisions de l'autorité décentralisée ;
- **pouvoir d'approbation**, dont l'exercice conditionne le caractère exécutoire de la décision prise ;
- **pouvoir d'autorisation** : à la différence du pouvoir d'approbation qui intéresse des décisions prises mais dont le caractère exécutoire est subordonné à leur approbation, le pouvoir d'autorisation intervient plus en amont puisqu'il se rapporte à des mesures envisagées par les autorités décentralisées qui ne pourront décider que si elles obtiennent l'autorisation nécessaire ;
- **pouvoir de substitution d'action**, qui peut être mis en œuvre en cas d'abstention d'agir de l'autorité décentralisée (v., par ex., art. L. 2131-5 CGCT à propos du pouvoir de substitution que le représentant de l'État dans le département tient, notamment en matière de police, des articles L. 2215-1 s. CGCT ; v. égal. art. L. 3221-5 CGCT). Il y a là une différence de principe importante avec le pouvoir hiérarchique. On précisera encore que lorsque ce pouvoir de substitution s'exerce, la mesure décidée par l'autorité de tutelle est considérée comme prise au nom de l'institution décentralisée, ce qui explique que les actions contentieuses en légalité et en responsabilité doivent être dirigées contre cette dernière.

En revanche, l'autorité de tutelle ne dispose **ni** du **pouvoir de réformation** (car il est moins respectueux de l'autonomie que le pouvoir d'annulation) **ni** du **pouvoir d'instruction** (car il supprimerait toute autonomie du pouvoir de décision).

Enfin, la collectivité ou l'établissement sous tutelle possédant la personnalité juridique, il en résulte que **l'autorité décentralisée peut saisir le juge** afin de vérifier la légalité des mesures ainsi prises par l'autorité de tutelle (CE, 18 avr. 1902, *Cne Néris-les-Bains*, *GAJA*), comme elle peut aussi mettre en cause la responsabilité de l'État pour les préjudices causés par l'exercice de son pouvoir de tutelle. Il y a là encore une différence importante avec le pouvoir hiérarchique.

2. Les modalités d'exercice du pouvoir de tutelle

189 Le dernier alinéa de l'article 72 de la Constitution de 1958 pose le principe que dans les collectivités territoriales de la République, le représentant de l'État a notamment la charge du « contrôle administratif ».

S'agissant du contrôle ainsi opéré sur les actes des collectivités locales et de leurs établissements publics, la philosophie de la réforme intervenue en 1982, dans le cadre de la relance du processus de décentralisation, est simple : à un régime d'approbation préalable assorti du pouvoir d'annulation, et parfois animé par des considérations d'opportunité, a succédé pour l'essentiel un contrôle *a posteriori*, fondé sur l'examen de la légalité de l'acte dont il revient désormais au seul juge administratif de sanctionner le non-respect. Il s'agit là d'un changement majeur.

Il n'en demeure pas moins que certains éléments de continuité avec l'ancien système ont subsisté, au point que certains observateurs ont pu considérer que cette réforme s'était traduite par une transformation de la tutelle plutôt que par son allégement. En tout état de cause, force est de constater que des cas de tutelle par substitution demeurent, comme en matière de police administrative, ou encore de tutelle par approbation préalable. Et si l'on prend l'exemple du contrôle budgétaire, on constate que le mécanisme créé par les textes sur la décentralisation confère au représentant de l'État dans le département ou dans la région des prérogatives importantes, qui ne sont pas sans évoquer parfois l'ancienne tutelle par substitution.

La différence entre la situation actuelle et celle qui prévalait antérieurement est donc moins tranchée qu'on pouvait le supposer. Prenons-en la mesure en étudiant successivement **la tutelle administrative (a)**, puis **la tutelle budgétaire (b)**.

a. La tutelle administrative

1) Les exigences constitutionnelles en matière de tutelle administrative

190 Le contrôle de tutelle exercé par le représentant de l'État, aux termes du dernier alinéa de l'**article 72 de la Constitution**, constitue une des façons d'assurer la prééminence des intérêts natio-

naux sur les intérêts locaux et de faire prévaloir l'unité de l'ordre juridique français. Mais ce contrôle doit, par ailleurs, tenir compte du principe constitutionnel de libre administration et ne pas lui porter une atteinte excessive.

C'est à propos de la loi de décentralisation votée au début de l'année 1982 que le Conseil constitutionnel a précisé solennellement quelles étaient les limites que le législateur ne devait pas franchir en matière de contrôle des collectivités locales (CC, déc. n° 82-137 DC du 25 févr. 1982).

Initialement, le législateur avait souhaité supprimer toute tutelle et avait organisé un contrôle des actes qui laissait, au moins provisoirement, le représentant de l'État dans l'impossibilité potentielle de vérifier la légalité des actes. Le Conseil constitutionnel a alors rappelé que la loi devait respecter « les prérogatives de l'État énoncées à l'alinéa 3 (art. 72 Const.) (qui) ne peuvent être ni restreintes ni privées d'effet, même temporairement ». Il était dès lors inconstitutionnel de prévoir que les actes des collectivités locales seraient exécutoires de plein droit « avant même leur transmission au représentant de l'État, c'est-à-dire alors qu'il n'en connaît pas la teneur ». Aussi, la transmission comme condition du caractère exécutoire des actes a été l'élément principal de la loi modificative du 22 juillet 1982 adoptée pour combler les lacunes en matière de contrôle, qui avaient été occasionnées par la promulgation de la loi du 2 mars 1982 à la suite de la décision précitée.

Cette décision a cependant reconnu qu'il était possible au législateur de limiter l'intervention du représentant de l'État à un simple rôle d'examen de la légalité des actes et de saisine de la juridiction administrative, sans avoir la compétence de statuer lui-même sur cette légalité, à la différence du régime en vigueur avant 1982. En fait, dans la mesure où ce représentant peut saisir le juge pour faire respecter l'intégralité des objectifs fixés à l'article 72, la Constitution n'est pas méconnue. Ainsi, le « contrôle administratif » dont il est question dans cette disposition constitutionnelle peut se limiter à un contrôle juridictionnel provoqué par l'autorité administrative qui représente l'État.

- **Ce contrôle est-il pour autant obligatoire ou constitue-t-il une simple faculté pour ce représentant de l'État ?** Dans sa décision du 25 février 1982, le Conseil constitutionnel avait évoqué « la faculté de soumettre au contrôle juridictionnel », qui était reconnue au représentant de l'État. Le terme de « faculté » pouvait laisser entendre que le préfet n'était pas obligé de saisir le juge, même dans l'hypothèse où il constaterait une illégalité et que, de la même manière, il pourrait renoncer, par le biais du désistement, à une action contentieuse déjà engagée, s'il obtenait satisfaction de la part de la collectivité territoriale.

Toutefois, le Conseil constitutionnel semble être revenu à une interprétation plus contraignante de l'article 72 de la Constitution dans une décision du 21 janvier 1994 (CC, déc. n° 93-335 DC du 21 janv. 1994, *Urbanisme et construction*), dans laquelle il considère que l'équilibre général sur lequel repose le contrôle de légalité des actes des collectivités territoriales que le représentant de l'État est « tenu » d'assurer en vertu du troisième alinéa de l'article 72 de la Constitution (devenu aujourd'hui le sixième et dernier alinéa) est rompu par une disposition de la loi examinée qui modifiait les conditions de délai en matière de déféré préfectoral (il s'agissait de remettre en cause la jurisprudence *Brasseur* du Conseil d'État définie dans un arrêt de section, CE 25 janv. 1991, req. n° 80969, *Lebon* 23, concl. Stirn ; *JCP* 1991, II, 21654, note J. Moreau ; *AJDA* 1991, p. 395, chron. R. Schwartz et C. Maugüé ; *RFD adm.* 1991, p. 587, concl. Stirn et note J.-C. Douence : le refus de déférer un acte constitue une décision insusceptible de recours contentieux ; or, si le refus est inattaquable, cela implique que le préfet n'est lié par aucune obligation). En précisant que le représentant de l'État était « tenu », le Conseil constitutionnel a indirectement voulu montrer que la mission de ce représentant était inscrite dans la Constitution et qu'il ne pouvait pas l'exercer en toute liberté ou au gré des circonstances (solution confirmée par CC, déc. n° 96-373 DC du 9 avr. 1996, *L. org. portant statut autonomie Polynésie française*, consid. n° 14 ; mais le professeur René Chapus paraît plutôt sceptique quant à la réalité de cette obligation : R. Chapus, *Droit administratif général*, t. 1, Montchrestien, 15e éd., 2001, n° 581).

- Cependant, le contrôle ainsi exercé par le représentant de l'État n'est pas sans limites. Il doit effectivement respecter son corollaire, contenu à l'alinéa 3, qui est relatif à la libre administration des collectivités territoriales. C'est ce qui ressort en particulier de la décision du Conseil constitutionnel rendue le 20 janvier 1993 (CC, déc. n° 92-316 DC, *Prévention corruption, RFD adm.* 1993, p. 902, note D. Pouyaud). Dans la loi relative à la prévention de la corruption et à la transparence de la vie économique et des procédures publiques, le législateur avait institué la suspension automatique, pendant trois mois, de l'exécution des actes des collectivités locales en matière d'urbanisme, de marchés et de conventions de délégation de services publics lorsque le représentant de l'État demande au juge administratif le sursis à exécution. Le Conseil a alors estimé que ces dispositions privaient « ainsi de garanties suffisantes l'exercice de la libre administration des collectivités locales », parce qu'elles permettaient au représentant de l'État de provoquer à tout moment, jusqu'à ce que le juge administratif intervienne, la suspension des actes dans des domaines importants relevant de la compétence de ces collectivités.

Sur ce dernier point, la jurisprudence du Conseil constitutionnel n'est cependant pas aussi implacable qu'on pourrait le croire. Nous en voulons pour preuve une décision du 26 janvier 1995 (CC, déc. n° 94-358 DC, *L. orientation aménagement et développement territoire*), dans laquelle le Conseil n'a rien trouvé à redire à une disposition similaire, mais qui limitait le délai de suspension à un mois, sous réserve, en outre, que le représentant de l'État saisisse le tribunal administratif dans les dix jours à compter de la réception de l'acte (Cette disposition est désormais codifiée aux articles L. 2131-6, al. 4 ; L. 3132-1, al. 5 et L. 4142-1, al. 4, CGCT). La ligne de partage entre ce qui est constitutionnel et ce qui ne l'est pas passe donc par cette différence de délai. Cette solution d'équilibre entre la libre administration et l'obligation de contrôle peut paraître bien subtile.

2) Le régime juridique du déféré préfectoral

191 **La loi de décentralisation du 2 mars 1982**, modifiée par celle du 22 juillet 1982, a mis en place un nouveau mécanisme de contrôle des actes administratifs des collectivités territoriales et de leurs

établissements publics. Il s'agit d'un contrôle de légalité exercé par les juridictions administratives mais déclenché à l'initiative du préfet : le déféré préfectoral (art. L. 2131-6, L. 3132-1 et L. 4142-1 CGCT).

Biblio. somm. : J.-F. Brisson, « Le contrôle de légalité : à la recherche des illusions perdues », *AJDA* 2005, p. 206 ; I. Diallo, « L'avenir du déféré préfectoral en droit public français », *AJDA* 2005, p. 2438.

- **Nature juridique.** Selon la jurisprudence du Conseil d'État la plus récente, celui-ci a jugé qu'« eu égard à son objet, **un déféré préfectoral formé à l'encontre d'un contrat relève du contentieux de pleine juridiction** » (CE, 23 déc. 2011, n° 348647. Dès lors, s'agissant de l'office du juge ainsi saisi, il appartient au juge, lorsqu'il constate l'existence de vices entachant la validité du contrat, d'en apprécier les conséquences ; il lui revient, après avoir pris en considération la nature de l'illégalité éventuellement commise, soit de prononcer la résiliation du contrat ou de modifier certaines de ses clauses, soit de décider de la poursuite de son exécution, éventuellement sous réserve de mesures de régularisation par la collectivité contractante, soit enfin, après avoir vérifié si l'annulation du contrat ne porterait pas une atteinte excessive à l'intérêt général ou aux droits des cocontractants, d'annuler, totalement ou partiellement, le cas échéant avec un effet différé, le contrat).

À noter : Jusqu'à cette décision du Conseil d'État de 2011, sa jurisprudence était fixée par une décision de 1991 (CE, Sect., 26 juill. 1991, *Cne Sainte-Marie*, *AJDA* 1991, p. 693, chron. C. Maugüé et R. Schwartz), selon laquelle la nature juridique du déféré préfectoral était celle d'un recours pour excès de pouvoir, qui est soumis au régime de ce dernier, du moins dans la mesure où les textes et éventuellement la jurisprudence ne le soumettaient pas à des règles particulières (auteur du recours ; actes pouvant être attaqués). En conséquence, il ne pouvait se fonder que sur l'illégalité de l'acte attaqué (des moyens relevant du contentieux de pleine juridiction ne seraient pas recevables) ; en outre, il ne pouvait être demandé au juge que l'annulation totale ou partielle de l'acte contesté.

- **Quels sont les actes qui peuvent faire l'objet d'un déféré préfectoral ?** La question mérite d'être posée car la loi du 2 mars 1982 a établi une liste d'actes devant être obligatoirement transmis au représentant de l'État afin de le mettre à même d'exercer son contrôle de légalité.

Cette liste figure aujourd'hui aux articles L. 2131-2, L. 3131-2 et L. 4141-2 CGCT. Les actes des collectivités territoriales (il faut ajouter les établissements publics de coopération intercommunale, car selon l'art. L. 5211-4 CGCT, les lois et règlements concernant le contrôle administratif des communes leur sont applicables) soumis à l'obligation de transmission sont les suivants (cette transmission constituant par ailleurs une condition de leur caractère exécutoire) : délibérations des assemblées locales ; décisions prises par délégation de l'assemblée délibérante ; décisions réglementaires ou individuelles prises par le maire dans l'exercice de son pouvoir de police ou par le président du conseil départemental dans l'exercice de son pouvoir de police afférent à la gestion du domaine du département ; actes à caractère réglementaire pris par les autorités communales, départementales ou régionales ; conventions relatives aux marchés, aux emprunts et conventions de concession ou d'affermage des services publics locaux ainsi que contrats de partenariat ; décisions individuelles relatives à la nomination, à l'avancement de grade, à la mise à la retraite d'office ou encore au licenciement d'agents. Il faut ajouter également le permis de construire et autres autorisations d'utilisation du sol ainsi que le certificat d'urbanisme.

La liste est longue. Trop longue ? Il faut le croire car le législateur a déjà pris des mesures ponctuelles de « déclassement » d'actes transmissibles. Ainsi, par exemple, bien que par principe les conventions relatives aux marchés conclus par les autorités décentralisées fassent obligatoirement l'objet d'une transmission au représentant de l'État, l'article 11 de la loi n° 2001-1168 du 11 déc. 2001 portant mesures urgentes de réformes à caractère économique et financier, dite « loi MURCEF », a prévu que « les marchés passés sans formalité préalable en raison de leur montant » ne seraient pas soumis à l'obligation de transmission. Il s'est agi, alors, selon un parlementaire, de ne pas « surcharger, pour une plus-value somme toute modeste, les services des préfectures ». Plus récemment, la loi n° 2004-809 du 13 août 2004 relative aux libertés et responsabilités locales a poursuivi sur cette pente et exclu une nouvelle série d'actes du champ de cette obligation de transmission. Ainsi, les décisions réglementaires et individuelles relatives à la circulation et au stationnement, prises par le maire ou le président du conseil départemental dans l'exercice de leur pouvoir de police ne sont plus désormais soumises à l'obligation de transmission (v. égal. Ord. n° 2009-1401, 17 nov. 2009 portant simplification de l'exercice du contrôle de légalité, prise sur le fondement de l'article 120 de la loi n° 2009-526 du 12 mai 2009 de simplification et de clarification du droit et d'allégement des procédures).

- **Faut-il considérer que le déféré préfectoral n'est susceptible de jouer qu'à l'égard des actes transmissibles en vertu de la loi ?** (À noter que, selon la jurisprudence, l'accomplissement de la formalité de la transmission résulte, non de l'envoi par la collectivité, mais de la réception effective de l'acte par le représentant de l'État) *A contrario*, faut-il estimer que les actes non transmissibles, c'est-à-dire ceux ne figurant pas dans la liste fixée par le législateur (sanctions disciplinaires mineures, mesures de gestion courante des services, etc.), ne peuvent être déférés au juge administratif par le préfet ?

Le Conseil d'État a éclairci la situation en jugeant que si le législateur a prévu expressément que le représentant de l'État défère au tribunal administratif les actes soumis à l'obligation de transmission qu'il considère comme illégaux, il n'a pas entendu pour autant limiter la prérogative dont dispose le préfet à ces seuls actes. Autrement dit, tous les actes de droit public émanant des collectivités décentralisées peuvent faire l'objet d'un tel recours (CE 4 nov. 1994, *Dpt Sarthe*, req. n° 99643, *AJDA* 1994. 898, concl. Maugüé ; en revanche, sont exclus du dispositif : les actes accomplis par le maire en tant qu'agent de l'État, ainsi que les actes de droit privé pour lesquels la juridiction administrative est incompétente). Cette interprétation doit être approuvée car, non seulement l'intention du législateur n'a pas été d'attacher un quelconque effet juridique, au plan de l'action contentieuse du préfet, à la distinction entre les actes soumis à transmission et les autres, mais on est en présence d'une simplification bienvenue dans la mesure où elle aboutit à unifier le régime des recours.

Ceci étant précisé, **le préfet dispose donc d'une large possibilité pour contester devant le tribunal administratif les décisions prises dans le cadre des institutions décentralisées.** Il en va ainsi, tout d'abord, pour les délibérations et décisions explicites adoptées par un organe délibérant ou par un organe exécutif, et ce même si ces actes présentent un caractère purement préparatoire (acte ouvrant ou jalonnant une procédure sans la clore). En effet, si un tel acte ne peut faire l'objet d'un recours pour excès de pouvoir, cette règle ne joue pas dans le cadre du déféré préfectoral, du moins s'il est appuyé sur les « vices propres » de l'acte en cause (CE, ass., 15 avr. 1996, *Synd. CGT hospitaliers Bédarieux*, req. n° 120273, *AJDA* 1996. 366, chron. J.-H. Stahl et D. Chauvaux ; *RFDA* 1996. 1169, concl. Combrexelle).

Le préfet a, en outre, la faculté de demander aux autorités locales de se conformer au principe de légalité et d'attaquer les décisions, même implicites, par lesquelles les collectivités territoriales refusent de donner suite à la demande du préfet. Ce dernier peut ainsi provoquer la naissance d'une décision locale qu'il pourra ensuite déférer devant la juridiction administrative (CE, sect., 28 févr. 1997, *Cne Port*, req. n° 167483, *AJDA* 1997. 476 ; *ibid.* 421, chron. D. Chauvaux et T.-X. Girardot ; *RFDA* 1997. 1190, concl. Stahl ; *ibid.* 1198, note J.-C. Douence ; comm. A. Marceau et M. Verpeaux, *D.* 1998. Chron. 409). Le contrôle de légalité n'est donc pas un simple contrôle passif, susceptible de ne saisir que les décisions spontanément prises par les autorités locales. Il laisse place à des initiatives plus actives, permettant au préfet de demander aux collectivités de se conformer à la règle de droit et de déférer, en cas de refus, la position prise par les autorités locales. Cette forme de contrôle actif habilite le préfet, par exemple, à demander à une autorité locale d'abroger un règlement illégal et à déférer le refus opposé devant le tribunal administratif (CE 15 mars 1996, *Cne Busy*, req. n° 113884) ; à demander d'abroger un acte non réglementaire non créateur de droits devenu illégal à la suite d'un changement de circonstances et à déférer le refus ; à demander de retirer une décision créatrice de droits illégale à la condition qu'elle ne soit pas devenue définitive et à déférer le refus ; à demander d'émettre un ordre de reversement pour recouvrer des sommes qui ont été irrégulièrement versées et à déférer le refus opposé par la collectivité territoriale (CE, Sect., 28 févr. 1997, *Cne Port*, préc.).

Le préfet peut encore déférer à la juridiction administrative tous les contrats de droit public passés par les collectivités décentralisées, qu'ils soient ou non soumis à l'obligation de transmission.

La jurisprudence *Département de Tarn-et-Garonne* (CE, Ass., 4 avril 2014, n° 358994)

Le Conseil d'État a apporté les précisions suivantes concernant les recours du préfet contre un contrat administratif dans le cadre de son contrôle de légalité.

Il a jugé « qu'indépendamment des actions dont disposent les parties à un contrat administratif et des actions ouvertes devant le juge de l'excès de pouvoir contre les clauses réglementaires d'un contrat ou devant le juge du référé contractuel sur le fondement des articles L. 551-13 et suivants du code de justice administrative, **tout tiers à un contrat administratif** susceptible d'être lésé dans ses intérêts de façon suffisamment directe et certaine par sa passation ou ses clauses **est recevable à former devant le juge du contrat un recours de pleine juridiction contestant la validité du contrat ou de certaines de ses clauses non réglementaires qui en sont divisibles** ; **que cette action devant le juge du contrat est également ouverte (...) au représentant de l'État dans le département dans l'exercice du contrôle de légalité** ; que les requérants peuvent éventuellement assortir leur recours d'une demande tendant, sur le fondement de l'article L. 521-1 du code de justice administrative, à la suspension de l'exécution du contrat ; que ce recours doit être exercé, y compris si le contrat contesté est relatif à des travaux publics, dans un délai de deux mois à compter de l'accomplissement des mesures de publicité appropriées, notamment au moyen d'un avis mentionnant à la fois la conclusion du contrat et les modalités de sa consultation dans le respect des secrets protégés par la loi ; que **la légalité du choix du cocontractant, de la délibération autorisant la conclusion du contrat et de la décision de le signer, ne peut être contestée qu'à l'occasion du recours ainsi défini** ; que, toutefois, **dans le cadre du contrôle de légalité, le représentant de l'État dans le département est recevable à contester la légalité de ces actes devant le juge de l'excès de pouvoir jusqu'à la conclusion du contrat, date à laquelle les recours déjà engagés et non encore jugés perdent leur objet** ».

Le Conseil d'État a également ajouté que « **le représentant de l'État dans le département** et les membres de l'organe délibérant de la collectivité territoriale ou du groupement de collectivités territoriales concerné, **compte tenu des intérêts dont ils ont la charge**, peuvent **invoquer tout moyen à l'appui du recours ainsi défini** ; que les autres tiers ne peuvent invoquer que des vices en rapport direct avec l'intérêt lésé dont ils se prévalent ou ceux d'une gravité telle que le juge devrait les relever d'office »

- **Quelques particularités procédurales concernant la suspension de l'acte attaqué dans le cadre d'un déféré préfectoral.** Comme le déféré préfectoral d'un acte n'est pas suspensif de son caractère exécutoire, **le préfet s'est vu reconnaître la possibilité par les textes d'assortir son recours d'une demande de suspension de l'acte dans des conditions dérogatoires au droit commun.** Le préfet a ainsi la faculté d'assortir son déféré de conclusions à fin de suspension, qui seront accueillies s'il existe un « doute sérieux » quant à la légalité de la mesure contestée. La **suspension** est en effet **de droit** dans un tel cas (sur le référé suspension de droit commun, où le juge des référés « peut ordonner » la suspension, v. art. L. 521-1 CJA). Ce régime vaut pour tous les déférés, qu'ils soient dirigés contre un acte soumis à l'obligation de transmission ou contre un acte non soumis à cette obligation (CE 16 déc. 1994, *Préf. Haut-Rhin*, req. n° 116564).

De plus, il existe au profit du représentant de l'État un **mécanisme de suspension automatique** prévu dans les conditions suivantes : Article L. 554-2 du code de justice administrative : « Les **actes** pris par les communes **en matière d'urbanisme, de marchés, de contrats de partenariat et de délégations de service public déférés par le représentant de l'État** en application de l'article L. 2131-6 du code général des collectivités territoriales **sont suspendus** dans les conditions prévues par l'alinéa 4 de l'article L. 2131-6 du même code ci-après reproduit : "Art. L. 2131-6, alinéa 4. - Jusqu'à ce que le président du tribunal administratif ou le magistrat délégué par lui ait statué, **la demande de suspension en matière d'urbanisme, de marchés et de délégation de service public formulée par le représentant de l'État dans les dix jours à compter de la réception de l'acte entraîne la suspension de celui-ci.** Au terme d'un délai d'un mois à compter de la réception, si le juge des référés n'a pas statué, l'acte redevient exécutoire." »

Enfin, on signalera que selon l'article L. 554-3 du code de justice administrative : « La **demande de suspension présentée par le représentant de l'État à l'encontre d'un acte** d'une commune, d'un département ou d'une région, **de nature à compromettre l'exercice d'une liberté publique ou individuelle** obéit aux règles définies par les cinquième et sixième alinéas de l'article L. 2131-6, les sixième et septième alinéas de l'article L. 3132-1, ainsi que les cinquième et sixième alinéas de l'article L. 4142-1 du code général des collectivités territoriales, reproduits ci-après : "Art. L. 4142-1, alinéas 5 et 6. - Lorsque l'acte attaqué est de nature à compromettre l'exercice d'une liberté publique ou individuelle, le président du tribunal administratif ou le magistrat délégué à cet effet en prononce la **suspension dans les quarante-huit heures.** La **décision relative à la suspension** est **susceptible d'appel devant le Conseil d'État dans la quinzaine de la notification.** En ce cas, le président de la section du contentieux du Conseil d'État ou un conseiller d'État délégué à cet effet statue dans un délai de quarante-huit heures. / L'appel des jugements du tribunal administratif ainsi que des décisions relatives aux demandes de suspension prévues aux alinéas précédents, rendus sur recours du représentant de l'État, est présenté par celui-ci." »

- **Le délai pour déférer.** Le préfet dispose d'un **délai de deux mois** pour déférer au tribunal administratif les actes des collectivités territoriales et de leurs établissements publics dont il estime qu'ils méconnaissent le principe de légalité. Le juge administratif fait ici **application au déféré préfectoral des règles générales** qui gouvernent les délais en procédure administrative contentieuse.

Si **pour les actes non soumis obligatoirement à transmission,** le délai court selon les **règles du droit commun,** c'est-à-dire à compter du jour de la publication ou de l'affichage de l'acte, **pour les actes soumis à l'obligation de transmission,** le **délai** du déféré est **déclenché par l'accomplissement de la formalité de transmission.**

Il convient, par ailleurs, de préciser que **deux mécanismes sont de nature à proroger le délai du déféré. En premier lieu, le préfet peut demander à l'institution décentralisée de lui transmettre des documents complémentaires,** s'il estime ces documents nécessaires à l'examen de la légalité des actes transmis. Une telle demande, si elle est formulée avant l'expiration du délai de deux mois, conserve le délai imparti au préfet pour déférer (CE, sect., 13 janv. 1988, *Mutuelle générale personnels collectivités locales et* *établissements*, req. n° 68166, *Lebon* 6, concl. Roux), pour autant que les documents demandés soient effectivement indispensables à l'exercice du contrôle de légalité (CE 31 mars 1989 *Cne Septèmes-les-Vallons*, req. n° 80272, *AJDA* 1989. 547, note J.-B. Auby ; CE 31 mars 1989, *Comm. Rép. rég. Languedoc-Roussillon*, req. n° 83329). Un nouveau délai de deux mois court à compter de la réception par le préfet des documents demandés ou de la naissance d'une décision implicite de refus résultant du silence gardé pendant deux mois par l'autorité locale.

En second lieu, l'exercice par le préfet d'un **recours gracieux** conserve également le délai de déféré (CE 16 mai 1984, *Cne Vigneux-sur-Seine*, req. n° 19816 ; CE 18 avr. 1986, *Comm. Rép. Ille-et-Vilaine*,req. n° 62470 ; CE 8 juill. 1992, *District Freyming-Merlebach*, req. n° 132488). Toute demande de réexamen adressée à la collectivité territoriale par le préfet ou le sous-préfet, dès lors qu'elle invoque l'illégalité de l'acte transmis, est regardée par le juge comme étant un recours gracieux qui prolonge le délai de recours. Un nouveau délai de deux mois court à compter du refus explicite de l'autorité locale de rapporter l'acte transmis (CE, sect., 6 déc. 1995, *Préf. Morbihan*, req. n° 168618) ou du refus implicite résultant du silence gardé pendant un délai de deux mois par l'exécutif de la collectivité (CE, sect., 6 déc. 1995, *Préf. Deux-Sèvres c/ Cne Neuvy-Bouin*, req. n° 127841, *RFDA* 1996. 328, note J.-C. Douence). Conformément aux principes habituels de la procédure contentieuse, le délai n'est conservé que par un seul recours gracieux ; un second recours gracieux ne peut avoir pour effet de conserver une nouvelle fois le délai de recours (CE, sect., 6 déc. 1995, *Préf. Morbihan*, préc.).

Chacun de ces deux mécanismes – demande de documents complémentaires et recours gracieux – peut être actionné par le préfet. Il peut même les combiner, en présentant d'abord une demande de transmission complémentaire – si elle est utile à l'examen de la légalité de l'acte transmis – puis un recours gracieux visant à ce que l'acte soit rapporté. La mise en œuvre successive de ces deux mécanismes conserve alors le délai de recours, à la condition qu'ils se succèdent sans que le délai n'expire (CE 4 nov. 1996, *Dpt Dordogne*, req. n° 114956, *AJDA* 1997. 185, concl. Maugüé). Cette solution devrait permettre d'éviter les contentieux inutiles.

- **Une particularité : le déféré sur demande.** Prévu par les textes (v. art. L. 2131-8, L. 3132-3 et L. 4142-3 CGCT), il suppose qu'une personne physique ou morale, lésée par un acte local (qu'il s'agisse d'un acte donnant lieu à transmission à l'autorité préfectorale ou non), qu'elle pourrait attaquer devant le juge, demande au préfet d'exercer un déféré contre cet acte (v., par ex., CE 23 avr. 1997, *Ville Caen c/ Paysant*, *AJDA* 1997. 518, concl. Pécresse). Cette personne évite ainsi de préparer et de déposer un recours pour excès de pouvoir ; elle peut également, si le préfet fait un déféré accompagné d'une demande de sursis, bénéficier du régime favorable accordé à cette demande. En tout cas, le refus du préfet d'effectuer le déféré n'est pas une décision susceptible de recours pour excès de pouvoir (CE, Sect., 25 janv. 1991, *Brasseur*, *Leb.* p. 23, concl. Stirn). Mais la demande adressée au préfet dans le délai du recours contentieux proroge ce délai jusqu'à l'intervention de la décision explicite ou implicite du préfet se prononçant sur la demande (même arrêt ; cependant, en cas de désistement du préfet en cours d'instance, le Conseil d'État a jugé qu'il n'y avait pas de nouvelle prorogation au profit de l'administré, solution qui pourrait singulièrement réduire l'intérêt de cette procédure ; CE, 6 déc. 1999, *Sté Aubettes SA*, req. n° 196403, *CJEG* 2000, p. 158, concl. Savoie ; *RFDA* 2000. 1242, note B. Seiller ; égal. O. Lesobre, « Quel avenir pour le déféré préfectoral sur demande ? », *JCP* 2001, I, n° 308).

b. La tutelle budgétaire

1) Le maintien d'une tutelle budgétaire renouvelée

192 **Évolution.**

- **État des lieux avant la réforme de la décentralisation de 1982.** Présenté comme une atteinte insupportable au principe de l'autonomie locale par une partie de la doctrine et de la classe politique, irritée par l'emploi du mot « tutelle », qui renvoyait à une relation inégalitaire entre un tuteur (le préfet) et des mineurs (les collectivités locales), le régime d'approbation préalable des actes budgétaires et financiers des collectivités locales, en vigueur avant 1982, était en fait globalement admis par les élus locaux. Ce régime, qui avait été considérablement assoupli, au point d'être presque vidé de sa rigueur, n'inquiétait plus guère les élus locaux auxquels le dialogue quotidien avec le préfet apportait un sentiment de sécurité juridique : avant la décentralisation, la décision locale était soit une codécision avec le préfet dans le cas des actes soumis à son approbation, soit une décision négociée pour les autres catégories d'actes.

En réalité, si la « tutelle » préfectorale était ainsi tolérée par les élus locaux, il n'en allait pas de même du contrôle exercé par les comptables publics qui constituait un motif d'irritation très répandu. Dans leur action quotidienne, ces comptables pouvaient soit retarder la mise en œuvre d'une décision locale en demandant, avant de procéder au paiement, des pièces justificatives sans cesse plus variées et nombreuses, soit opposer à l'élu local un refus de paiement équivalant à une remise en cause d'une décision politique.

– Le système issu de la réforme de la décentralisation intervenue à partir de 1982. Il s'est efforcé de remédier à cette situation. Toutefois, comme d'autres États en Europe, la France est confrontée au dilemme qui découle de la nécessité de concilier deux mouvements en apparence contradictoire : d'une part, une aspiration générale à l'autonomie locale qui se traduit par un processus de réduction des contrôles sur les collectivités locales et, d'autre part, les difficultés budgétaires et financières de l'État qui renforcent la propension naturelle des gouvernements successifs à surveiller l'évolution des budgets locaux et à mettre en place des mécanismes de contrôle régulier de l'emploi des fonds publics.

Tenant compte de ces réalités, le législateur a, tout d'abord, introduit des mécanismes novateurs dans le contrôle des actes budgétaires et financiers des collectivités décentralisées. C'est ainsi qu'il a consacré le principe du caractère immédiatement exécutoire des actes des collectivités locales, y compris leurs délibérations budgétaires et leurs décisions financières. Désormais, celles-ci sont exécutoires de plein droit, dès qu'elles ont fait l'objet des mesures de publicité requises et d'une transmission au représentant de l'État. Le contrôle s'exerce donc *a posteriori* et ne porte que sur la légalité des actes. À cette occasion, s'il apparaît au préfet que l'acte est entaché d'illégalité, il doit demander son annulation au juge administratif dans le cadre d'un déféré dont nous avons étudié les caractéristiques dans les développements précédents. Ce mécanisme de contrôle n'est toutefois pas le seul en vigueur. En effet, et c'est la seconde innovation de la loi fondatrice du 2 mars 1982 dans le domaine du contrôle des actes budgétaires et financiers des institutions administratives décentralisées, de nouvelles juridictions spécialisées ont émergé : les **chambres régionales des comptes.**

À noter : Des chambres « territoriales » des comptes ont été créées aux fins de contrôler les budgets et les comptes des collectivités de Nouvelle-Calédonie et de Polynésie française, de Mayotte, Saint-Barthélemy, Saint-Martin et Saint-Pierre-et-Miquelon ; mais Mayotte reste rattaché à la chambre régionale des comptes de la Réunion et Saint-Pierre-et-Miquelon à la chambre régionale des comptes d'Île-de-France ; de même les magistrats chargés de vérifier les comptes des collectivités de Saint-Barthélemy et de Saint-Martin sont ceux de la chambre régionale des comptes de la Guadeloupe.

193 **Les chambres régionales et territoriales des comptes** (CRTC). Elles constituent des **juridictions indépendantes** qui ont surgi quasiment *ex nihilo* dans le paysage institutionnel (Art. 84 s., L. n° 82-213 du 2 mars 1982 relative aux droits et libertés des collectivités locales).

Alors que l'on décomptait une chambre par région au départ, le réseau a été resserré par la loi du 13 décembre 2011 (Loi n° 2011-1862 du 13 décembre 2011 relative à la répartition des contentieux et à l'allégement de certaines procédures juridictionnelles). Désormais, il existe **vingt chambres régionales des comptes** – dont 5 en outre-mer, auxquelles s'ajoutent **cinq chambres territoriales des comptes.**

Les chambres régionales en outre-mer

Les chambres régionales des comptes de la **Guadeloupe**, de la **Guyane** et de la **Martinique** ont le même président, les mêmes assesseurs et le ou les mêmes représentants du ministère public. Il en va de même pour les chambres régionales des comptes de La **Réunion** et de **Mayotte**.

Les chambres territoriales des comptes

La chambre territoriale des comptes de **Saint-Pierre-et-Miquelon** a le même président, les mêmes assesseurs, le ou les mêmes représentants du ministère public près une chambre et le même siège que la chambre régionale des comptes d'Ile-de-France. La chambre territoriale des comptes de **Saint-Barthélemy** et la chambre territoriale des comptes de **Saint-Martin** ont le même président, les mêmes assesseurs, le ou les mêmes représentants du ministère public près une chambre et le même siège que la chambre régionale des comptes de la Guadeloupe (Art. L. 252-13 du code des juridictions financières – CJF).

Il est institué une chambre territoriale des comptes de la **Polynésie française**, dont le siège est à Papeete (Art. R. 272-1 CJF), et une chambre territoriale des comptes de la **Nouvelle-Calédonie**, dont le siège est à Nouméa (Art. R. 262-1 CJF).

Les chambres régionales et territoriales des comptes (CRTC) **exercent**, à l'égard des collectivités territoriales et des organismes publics qui en relèvent, les mêmes **missions de jugement des comptes des comptables publics** et de **l'examen de la gestion** que la Cour des comptes pour l'État.

À noter : **L'apurement administratif** a été maintenu (Art. L. 211-2 CJF). La chambre régionale des comptes juge dans son ressort les comptes de sa compétence produits par les comptables publics. Elle juge également les comptes des personnes qu'elle a déclarées comptables de fait. La loi n° 2011-1862 du 13 décembre 2011 – modifiant le code des juridictions financières – a prévu un relèvement des seuils de l'apurement administratif, c'est-à-dire du contrôle effectué par les services du Trésor public pour les petites communes, la chambre demeurant compétente pour les comptes les plus importants.

Font l'objet d'un apurement administratif par les autorités compétentes de l'État désignées par arrêté du ministre chargé du budget en particulier :

- les comptes des communes dont la population n'excède pas 5 000 habitants ou dont le montant des recettes ordinaires figurant au dernier compte administratif est inférieur à trois millions d'euros, ainsi que ceux de leurs établissements publics ;

- les comptes des établissements publics de coopération intercommunale dont la population n'excède pas 10 000 habitants et dont le montant des recettes ordinaires figurant au dernier compte administratif est inférieur à cinq millions d'euros.

Les chambres régionales et territoriales des comptes (CRTC) **exercent en outre, principalement à la demande du préfet**, une **mission de contrôle budgétaire des collectivités territoriales et de leurs établissements publics**. En effet, si une chambre régionale et territoriale des comptes juge, dans son ressort, l'ensemble des comptes des comptables publics des collectivités territoriales et de leurs établissements publics (jugement des comptes ;

contrôle de l'apurement administratif des comptes, condamnation des comptables à l'amende) – la Cour des comptes statuant en appel (art. L. 211-1 CJF) -, elle « concourt au contrôle budgétaire des collectivités territoriales et de leurs établissements publics » (Art. L. 211-7 CJF ; Art. LO. 252-10 et 11 CJF ; Art. LO. 262-12 et 13 CJF ; Art. LO. 272-14). **C'est cette mission qui va nous retenir** dans les passages suivants. Les conditions de ce contrôle sont celles que prévoit le code général des collectivités territoriales auxquelles le code des juridictions financières renvoie.

On observera au préalable que la chambre régionale ou territoriale des comptes rend en l'espèce un avis budgétaire dans lequel elle formule des propositions de rétablissement budgétaire. Cet avis de contrôle budgétaire est adressé à l'assemblée délibérante de la collectivité qui le rend public. Il s'agit là d'une fonction originale.

En effet, et c'est un autre aspect de la réforme entreprise à partir de 1982, le nouveau régime mis en place a effectivement laissé subsister certains éléments caractéristiques du système antérieur. En particulier, le pouvoir de substitution d'action du préfet a été non pas supprimé ni même allégé, mais organisé selon des modalités nouvelles. Il s'exerce désormais en liaison avec les chambres régionales et territoriales des comptes. **Dans le cadre de cette « tutelle financière », ces dernières n'interviennent d'ailleurs pas comme des juridictions, mais véritablement en qualité d'autorités administratives indépendantes.** En conséquence, les mesures qu'elles prennent relèvent en premier ressort de la compétence des tribunaux administratifs (CE, 23 mars 1984, *Org. gestion écoles Couëron*, req. n° 56053).

2) Les modalités de la tutelle budgétaire

194 Le préfet n'exerce plus aujourd'hui un contrôle préalable des actes des collectivités locales, d'ailleurs très atténué au fil du temps. Toutefois, il demeure, en sa qualité constitutionnelle de responsable du « contrôle administratif », un acteur majeur du contrôle des actes, tant administratifs que financiers ou budgétaires, des collectivités territoriales et de leurs établissements publics. Dans le contrôle *a posteriori* des actes budgétaires des institutions décentralisées, il intervient avec la chambre régionale des comptes

et la collectivité concernée dans les « situations de crise » suivantes.

- **Si le budget n'est pas adopté avant le 15 avril de l'exercice auquel il s'applique, ou avant le 30 avril de l'année du renouvellement des organes délibérants** (Art. L. 1612-2 CGCT) : Le représentant de l'État dans le département saisit sans délai la chambre régionale des comptes qui, dans le mois, et par un avis public, formule des propositions pour le règlement du budget. Le représentant de l'État règle le budget et le rend exécutoire. Si le représentant de l'État dans le département s'écarte des propositions de la chambre régionale des comptes, il assortit sa décision d'une motivation explicite.

- **Lorsque le budget d'une collectivité territoriale n'est pas voté en équilibre réel** (Art. L. 1612-5 CGCT) : La chambre régionale des comptes, saisie par le représentant de l'État dans un délai de trente jours à compter de la transmission prévue aux articles L. 2131-1, L. 3131-1 et L. 4141-1 CGCT, le constate et propose à la collectivité territoriale, dans un délai de trente jours à compter de la saisine, les mesures nécessaires au rétablissement de l'équilibre budgétaire et demande à l'organe délibérant une nouvelle délibération. La nouvelle délibération, rectifiant le budget initial, doit intervenir dans un délai d'un mois à partir de la communication des propositions de la chambre régionale des comptes. Si l'organe délibérant ne s'est pas prononcé dans le délai prescrit, ou si la délibération prise ne comporte pas de mesures de redressement jugées suffisantes par la chambre régionale des comptes, qui se prononce sur ce point dans un délai de quinze jours à partir de la transmission de la nouvelle délibération, le budget est réglé et rendu exécutoire par le représentant de l'État dans le département. Si celui-ci s'écarte des propositions formulées par la chambre régionale des comptes, il assortit sa décision d'une motivation explicite.

À noter : Le budget de la collectivité territoriale est en équilibre réel lorsque la section de fonctionnement et la section d'investissement sont respectivement votées en équilibre, les recettes et les dépenses ayant été évaluées de façon sincère, et lorsque le prélèvement sur les recettes de la section de fonctionnement au profit de la section d'investissement, ajouté aux recettes propres de cette section, à l'exclusion du produit des emprunts, et éventuellement aux dotations des comptes d'amortissements et de provisions, fournit des ressources suffisantes pour couvrir le remboursement en capital des annuités d'emprunt à échoir au cours de l'exercice. Art. L. 1612-4 CGCT.

- Lorsque le compte administratif fait l'objet d'un rejet par l'assemblée délibérante (Art. L. 1612-12 CGCT) : L'arrêté des comptes de la collectivité territoriale est constitué par le vote de l'organe délibérant sur le compte administratif présenté selon le cas par le maire, le président du conseil départemental ou le président du conseil régional après transmission, au plus tard le 1er juin de l'année suivant l'exercice, du compte de gestion établi par le comptable de la collectivité territoriale. Le vote de l'organe délibérant arrêtant les comptes doit intervenir au plus tard le 30 juin de l'année suivant l'exercice. Le compte administratif est arrêté si une majorité des voix ne s'est pas dégagée contre son adoption.

Lorsque le compte administratif fait l'objet d'un rejet par l'assemblée délibérante, le projet de compte administratif joint à la délibération de rejet tel que présenté selon le cas par le maire, le président du conseil départemental ou le président du conseil régional, s'il est conforme au compte de gestion établi par le comptable, après avis rendu sous un mois par la chambre régionale des comptes, saisie sans délai par le représentant de l'État, est substitué au compte administratif.

- Lorsque l'arrêté des comptes des collectivités territoriales fait apparaître dans l'exécution du budget, après vérification de la sincérité des inscriptions de recettes et de dépenses, un déficit (Art. L. 1612-14 CGCT) : Si ce déficit est égal ou supérieur à 10 % des recettes de la section de fonctionnement s'il s'agit d'une commune de moins de 20 000 habitants et à 5 % dans les autres cas, la chambre régionale des comptes, saisie par le représentant de l'État, propose à la collectivité territoriale les mesures nécessaires au rétablissement de l'équilibre budgétaire, dans le délai d'un mois à compter de cette saisine.

Lorsque le budget d'une collectivité territoriale a fait l'objet des mesures de redressement prévues, le représentant de l'État dans le département transmet à la chambre régionale des comptes le budget primitif afférent à l'exercice suivant.

Si, lors de l'examen de ce budget primitif, la chambre régionale des comptes constate que la collectivité territoriale n'a pas pris de mesures suffisantes pour résorber ce déficit, elle propose les mesures nécessaires au représentant de l'État dans le département dans un délai d'un mois à partir de la transmission prévue précédemment. Le représentant de l'État règle le budget et le rend exécutoire. S'il s'écarte des propositions formulées par la chambre régionale des comptes, il assortit sa décision d'une motivation explicite.

- **Lorsque la chambre régionale des comptes saisie, soit par le représentant de l'État dans le département, soit par le comptable public concerné, soit par toute personne y ayant intérêt, constate qu'une dépense obligatoire n'a pas été inscrite au budget ou l'a été pour une somme insuffisante** (Art. L. 1612-15 CGCT) : Ne sont obligatoires pour les collectivités territoriales que les dépenses nécessaires à l'acquittement des dettes exigibles et les dépenses pour lesquelles la loi l'a expressément décidé. Si la chambre régionale des comptes saisie, soit par le représentant de l'État dans le département, soit par le comptable public concerné, soit par toute personne y ayant intérêt, constate qu'une dépense obligatoire n'a pas été inscrite au budget ou l'a été pour une somme insuffisante, elle opère cette constatation dans le délai d'un mois à partir de sa saisine et adresse une mise en demeure à la collectivité territoriale concernée.

Si, dans un délai d'un mois, cette mise en demeure n'est pas suivie d'effet, la chambre régionale des comptes demande au représentant de l'État d'inscrire cette dépense au budget et propose, s'il y a lieu, la création de ressources ou la diminution de dépenses facultatives destinées à couvrir la dépense obligatoire. Le représentant de l'État dans le département règle et rend exécutoire le budget rectifié en conséquence. S'il s'écarte des propositions formulées par la chambre régionale des comptes, il assortit sa décision d'une motivation explicite.

SECTION 2
LES RAPPORTS HORIZONTAUX

195 **Le cadre local n'est pas vraiment adapté aux exigences du développement.** Le **nombre trop important de niveaux d'administration** en France entraîne une dispersion des ressources ainsi que des moyens financiers et matériels des collectivités décentralisées. Leur incapacité à assumer certaines missions les a alors conduites à se **regrouper sous diverses formes.**

Cette **coopération** existe ainsi **entre départements** sous la forme « d'ententes » et de « conférences interdépartementales » (art. L. 5411-1 et 2, art. L. 5421-1 à 6 CGCT), qui débattent de questions d'intérêt interdépartemental mais sans pouvoir prendre de décisions exécutoires (toutefois, les « institutions ou organismes interdépartementaux » prévus à l'art. L. 5421-1 CGCT sont des établissements publics, investis de la personnalité civile et de l'autonomie financière).

Cette **coopération** existe également **entre régions** sous la forme d'« institutions d'utilité commune interrégionales » et d'« d'ententes interrégionales » (art. L. 5611-1 et art. L. 5621-1 à 9 CGCT), établissements publics formés à la demande de plusieurs régions limitrophes et disposant de compétences attribuées par les régions.

Le système des « ententes » n'a en fait aucun caractère contraignant pour les collectivités. Il est tributaire de leur volonté. L'expérience est d'ailleurs restée modeste. Mais au fond, ce manque d'élan à la base tient peut-être au fait que les régions comme les départements n'ont pas été pensés lors de leur découpage pour devenir des collectivités territoriales mais des circonscriptions, relais de l'action de l'État. Ce processus n'était pas destiné à faire naître des solidarités locales librement consenties.

Toutefois, **la situation évolue aujourd'hui d'une façon substantielle.** En effet, la tendance actuelle est à l'**intensification de la coopération** non seulement entre collectivités appartenant à la même catégorie, mais aussi entre collectivités de niveaux différents, laquelle prend d'ailleurs des formes de plus en plus variées, comme, par exemple, avec les « **syndicats mixtes** » (prévus par D. 20 mai 1955), qui sont des établissements publics permettant de rapprocher des collectivités de niveaux différents (Art. L. 5721-1 s. CGCT). Par ailleurs, la coopération peut également s'inscrire dans le cadre d'une **politique contractuelle**, comme avec les contrats de plan État-collectivités locales, qui sont liés à la politique d'aménagement du territoire (v. ss 168).

Cependant, les **rapports horizontaux** entre collectivités territoriales se sont **essentiellement** développés **entre les communes.** C'est donc tout particulièrement dans ce cadre que se situeront nos développements. Ceux-ci s'ordonneront autour des deux points suivants : tout d'abord, nous nous interrogerons sur **les bases sur lesquelles reposent ces rapports** (**§ 1**), pour ensuite examiner **la façon dont il a été procédé à leur institutionnalisation** (**§ 2**).

§ 1. Les bases des rapports horizontaux

196 Par le **grand nombre de** ses **communes**, la France occupe incontestablement une place originale dans l'Union européenne. À l'époque de l'Europe des « douze », la France comptait à elle seule plus de communes que les onze autres États membres réunis, soit 36 763 communes au recensement général de 1990 (36 551 en métropole). La très grande majorité d'entre elles avait moins de 2 500 habitants, alors que seulement 103 communes dépassaient les 50 000 habitants. Ce phénomène a d'ailleurs eu tendance à s'accentuer au fil du temps : près du tiers des communes comptent moins de 200 habitants (10 763 au total), contre 25 % il y a quarante ans et 12 % il y a un siècle.

L'histoire administrative depuis 1789 est pourtant marquée par de **nombreuses tentatives de regroupement communal.** Ainsi, déjà devant l'Assemblée constituante, Thouret, Siéyès et Condorcet plaidèrent pour la création de quelque 6 500 grandes municipalités. Mais ce fut la position de Mirabeau qui l'emporta. Celui-ci défendit avec succès la création d'une municipalité dans chacune des 44 000 paroisses de l'Ancien Régime (au final, le nombre total fut cependant réduit à 38 000). Cette organisation administrative fut vite contestée et différents projets cherchèrent à reconsidérer le découpage territorial afin de réduire le nombre des communes. Mais des résistances historiques et sociales firent continuellement obstacle à une telle entreprise.

Aujourd'hui, la coopération entre les communes est reconnue comme une nécessité qui permet de dépasser les inconvénients de la division du territoire. L'**intercommunalité** répond ainsi à un objectif de rationalisation économique de l'organisation territoriale (le développement de l'intercommunalité a été favorisé notamment par la loi n° 92-125 du 6 février 1992 relative à l'administration territoriale de la République et la L. n° 99-586 du 12 juill. 1999 relative au renforcement et à la simplification de la coopération intercommunale dite « loi Chevènement »).

Ménageant les susceptibilités, les textes législatifs et réglementaires qui interviennent en matière d'intercommunalité tentent alors de réaliser un compromis entre, d'une part, la nécessité de mettre en place des institutions capables de gérer de manière efficace des services publics et de répondre aux besoins d'intérêt général de la population et, d'autre part, le respect de la libre administration des communes. **La recherche de la formule adaptée** (**B**) suppose **au préalable la définition d'un territoire pertinent** (**A**).

A. La définition d'un territoire pertinent

197 Pour déterminer la validité du territoire intercommunal, l'État n'a pas cherché à imposer aux autorités locales un cadre unique et arbitraire. Il a préféré leur laisser l'appréciation de leur périmètre de regroupement. C'est alors que les acteurs concernés vont tenter de définir le territoire de la structure de regroupement, tantôt par référence à des **critères géographiques**, tantôt en se fondant sur l'existence de **solidarités résultant de l'histoire**, du produit des rivalités ou des alliances.

- **Le choix du territoire peut, tout d'abord, reposer sur des critères objectifs**. La recherche porte alors sur l'éventuelle existence d'une **cohérence géographique**. Il est ainsi souvent fait référence aux **données hydrologiques** : bassin versant, vallée, rivière ou fleuve, étang, lac. Les **caractéristiques géologiques** sont également utilisées : plateau, massif, etc. Il s'agira alors, par exemple, de se regrouper pour l'aménagement d'un fleuve ou d'une rivière ou la mise en valeur touristique d'un massif montagneux.

Par ailleurs, le critère de la **densité de population** peut être employé. L'« aire urbaine » s'impose alors comme la notion intercommunale par excellence en milieu urbain. Selon la définition de l'Institut national de la statistique et des études économiques (INSEE) : « Une aire urbaine ou « grande aire urbaine » est un ensemble de communes, d'un seul tenant et sans enclave, constitué par un pôle urbain (unité urbaine) de plus de 10 000 emplois, et par des communes rurales ou unités urbaines (couronne périurbaine) dont au moins 40 % de la population résidente ayant un emploi travaille dans le pôle ou dans des communes attirées par celui-ci. » (http://www.insee.fr).

En l'espèce, les solidarités locales se retrouvent exprimées dans les relations entre les villes-centre et leur périphérie. La ville-centre est souvent le siège des activités industrielles ou tertiaires, le lieu où est située la majeure partie des services publics : équipements scolaires, sportifs, culturels, services sociaux, etc. Les communes « dortoirs », fiscalement moins bien dotées, doivent gérer la présence de populations plus ou moins défavorisées socialement, travaillant le plus souvent à l'extérieur de leur territoire.

La métropole

Dans l'**exposé des motifs** du texte qui allait devenir la **loi n° 2014-58 du 27 janvier 2014** de modernisation de l'action publique territoriale et d'affirmation des métropoles – qui a abouti à la **création d'un nouvel établissement public de coopération intercommunale à fiscalité propre : la métropole**, on pouvait lire le passage suivant (*Source* : http://www.legifrance.gouv.fr) :

« Les grandes aires urbaines françaises sont caractérisées depuis plusieurs années par l'émergence de grandes agglomérations intégrées, soumises par ailleurs à une concurrence importance des autres métropoles européennes.

« Aujourd'hui, plus de 60 % de la population réside dans une aire urbaine de plus de 100 000 habitants et l'on assiste à un progressif rééquilibrage entre Paris et les grandes métropoles régionales.

« À partir d'analyses diverses et concordantes, de la délégation interministérielle à l'aménagement du territoire et à l'attractivité régionale (DATAR) notamment, l'organisation métropolitaine des territoires montre une organisation « en système, structurées par des pôles (espaces urbains centraux, villes moyennes, etc.) et des liens fonctionnels efficaces » représentant aujourd'hui « les lieux essentiels de la croissance française » (DATAR, « Une nouvelle ambition pour l'aménagement du territoire, Documentation française, 2009). La métropole rassemble des fonctions diversifiées, notamment des fonctions tertiaires supérieures. Elle rayonne sur son environnement régional, national et international et fonctionne en réseau avec les autres grandes villes et les villes moyennes qui l'entourent.

« Les villes françaises, malgré d'indéniables atouts, ont besoin d'affirmer leurs fonctions économiques afin de mieux s'intégrer dans la compétition économique des villes européennes.

« Depuis les années quatre-vingt-dix, des lois successives se sont efforcées de proposer un cadre intercommunal adapté à la montée en puissance du fait urbain.

« Toutefois, si le développement urbain s'inscrit depuis lors dans un tel cadre intercommunal, les organisations retenues apparaissent encore inadaptées pour conduire les politiques de développement à une échelle européenne qui se caractérise par une concurrence en termes d'attractivité.

« Aussi a-t-il paru opportun au Gouvernement de développer les potentialités des grandes agglomérations françaises en refondant le statut de la métropole instituée par la loi n° 2010-1563 du 16 décembre 2010 de réforme des collectivités territoriales.

« Cette nouvelle catégorie d'établissement public de coopération intercommunale est destinée à regrouper plusieurs communes d'un seul tenant et sans enclave et qui s'associent au sein d'un espace de solidarité pour élaborer et conduire ensemble un projet d'aménagement et de développement économique, écologique, éducatif, culturel et social de leur territoire afin d'en améliorer la compétitivité et la cohésion à l'échelle nationale et européenne. »

- **En zone rurale, les solidarités locales s'appuient davantage sur une logique du vivant** que sur une rationalité administrative. D'ailleurs, **ni le canton**, qui n'a pas de personnalité morale et reste réduit à la fonction de circonscription électorale pour la désignation des conseillers départementaux (si le mode de scrutin pour élire les conseillers départementaux a été modifié en 2013, la circonscription électorale est restée le canton : Les électeurs de chaque canton du département élisent au conseil départemental deux membres de sexe différent, qui se présentent en binôme de candidats ; art. L. 191 du code électoral ; Loi n° 2013-403 du 17 mai 2013 relative à l'élection des conseillers départementaux, des conseillers municipaux et des conseillers communautaires, et modifiant le calendrier électoral), **ni l'arrondissement**, qui est le ressort de la sous-préfecture, ne se sont imposés comme **cadres** généraux **pertinents de coopération intercommunale.** C'est l'utilisation des « **pays** », espaces intermédiaires entre le département et le canton, qui a eu à un moment les faveurs du législateur.

Apparus dans un premier temps de manière informelle au cours des années 1970 sous la forme associative, **les « pays » ont été institutionnalisés par la loi n° 95-115 du 4 février 1995** d'orientation pour l'aménagement et le développement du territoire qui les a définis comme un regroupement de communes ou d'intercommunalités à fiscalité propre exprimant « la communauté d'intérêts économiques, culturels et sociaux de ses membres » et constituant « le cadre de l'élaboration d'un projet commun de développement durable destiné à développer les atouts du territoire considéré et à renforcer les solidarités réciproques entre la ville et l'espace rural » (Art. 22 de la loi n° 95-115 du 4 février 1995). La loi n° 99-533 du 25 juin 1999 d'orientation pour l'aménagement et le développement durable du territoire a modifié la procédure de création des pays, en prévoyant l'intervention du préfet de région pour arrêter le périmètre d'étude, en les dotant d'un conseil de développement composé de représentants des milieux économiques, sociaux, culturels et associatifs et d'une charte exprimant le projet commun de développement durable qu'ils visent à mettre en œuvre.

Il existait, au 1er janvier 2008, 371 pays, dont 345 reconnus par l'autorité préfectorale, qui couvraient 81 % du territoire français représentant 47 % de la population française. Ils se sont constitués principalement sous la forme de syndicats mixtes (46,6 %), d'associations (30,5 %), d'EPCI ou de fédérations d'EPCI (8,1 %) ou de groupements d'intérêt public – GIP – (4,6 %).

Principalement, mais non exclusivement, tournées vers les territoires ruraux, ces structures ont croisé ou recouvert parfois les périmètres d'intercommunalités, ceux des parcs naturels régionaux, ceux des pôles d'excellence rurale ou ceux des schémas de cohérence territoriale.

Cependant, il a été constaté que si le rôle des pays dans la mise en place de l'intercommunalité devait être reconnu, ils ne présentaient plus, près de quinze ans plus tard, la même utilité dans la perspective de l'achèvement et de la rationalisation de la carte intercommunale et ajoutaient même, au contraire, à la complexité du paysage institutionnel, comme l'ont relevé plusieurs rapports successifs (Ass. Nat., Rapp. d'information n° 1153 (2007-2012), *Pour un big-bang territorial,* oct. 2008, p. 98 ; Rapport du Comité pour la réforme des collectivités locales, présidé par M. Édouard Balladur, remis au président de la République, mars 2009, p. 75 ; Rapport d'étape n° 264 (2008-2009) de la mission temporaire du Sénat sur l'organisation et l'évolution des collectivités territoriales, p. 27).

L'article 51 de la loi n° 2010-1563 du 16 décembre 2010 de réforme des collectivités territoriales a finalement abrogé l'article 22 de la loi du 4 février 1995 afin de supprimer le régime juridique spécifique auquel obéissent les pays. Les structures qui les portent continueront cependant d'exister, qu'il s'agisse d'associations, de GIP ou de syndicats mixtes. En revanche, la coordination des collectivités territoriales qu'elles organisaient n'aura plus lieu que de manière informelle ou sur la base du droit commun, le cas échéant dans un cadre contractuel.

La suppression de la catégorie juridique des pays s'est d'ailleurs articulée avec l'interdiction de subordonner l'octroi d'une subvention à l'appartenance à un EPCI ou un syndicat mixte, qui a répondu à une des dérives constatées de l'organisation des pays, parfois utilisés par la région ou le département pour établir une tutelle indirecte sur les projets des communes ou des intercommunalités en les obligeant, pour recevoir un financement, à intégrer le syndicat mixte ou l'association de pays (Art. L. 1111-4, *in fine*, CGCT : « L'attribution par une collectivité territoriale à une autre collectivité territoriale d'une aide financière ne peut être subordonnée à des conditions tenant à l'appartenance de la collectivité bénéficiaire à une association, à un établissement public de coopération intercommunale ou à un syndicat mixte, existant ou à créer. »).

B. La recherche d'une formule adaptée

198 Dès la mise en place des communes à la fin du XVIIIe siècle, les premières critiques ont été formulées envers les insuffisances du découpage territorial choisi. La Constitution de l'an III (1795) distingua trois catégories de communes selon leur taille et créa des « municipalités de canton » regroupant les communes de moins de 5 000 habitants. L'expérience se solda par un échec. Celui-ci pesa fortement sur les différentes tentatives de regroupements entreprises au XIXe, notamment sous la IIIe République, dont aucune ne put aboutir.

Si l'on met à part une loi du régime de Vichy en date du 28 février 1942, qui instituait des comités départementaux de coordination des services municipaux et départementaux chargés de recenser les communes dont la faiblesse de la population et des ressources justifiait la suppression et prévoyait la constitution d'associations de communes facultatives ou, le cas échéant, obligatoires, il fallut attendre la Ve République pour que de nouvelles solutions globales soient recherchées.

En fait, de ces différentes expériences il ressort que **toute formule tendant à mettre en cause l'identité communale semble irrémédiablement vouée à l'échec** (**1**), et que **la recherche de la formule adaptée passe par le recours à des solutions préservant au contraire cette identité** (**2**).

1. L'échec des formules mettant en cause l'identité communale

199 Les élus locaux éprouvent d'évidentes réticences envers toutes formules visant à porter atteinte à l'identité communale. Ce désaveu est d'ailleurs sans doute plus fort chez les élus que chez les populations concernées, désormais plus mobiles que par le passé. Force est de constater que si plusieurs solutions ont été imaginées, elles n'ont guère suscité l'enthousiasme.

– **La loi n° 71-588 du 16 juillet 1971 sur les fusions et regroupements de communes :**

Cette loi – appelée aussi « loi Marcellin », du nom du ministre de l'intérieur qui l'avait défendue – a bénéficié à l'époque d'un environnement favorable en ce sens que dans la même période, plusieurs voisins européens de la France entreprenaient la même démarche, avec un réel succès

Exemples à l'étranger : La réorganisation territoriale menée entre 1968 et 1978 en **Allemagne** s'est traduite par une division par trois du nombre des communes qui sont passées de 24 438 en 1965 à 8 414 après la réforme. Au **Royaume-Uni**, la fusion des collectivités territoriales a été réalisée dans le cadre de la réforme générale des collectivités locales survenue en 1972, les fusions autoritaires opérées à cette occasion ayant eu pour effet de les réduire de 1 520 à 522. De même, en **Belgique**, une procédure de fusions obligatoires a été conduite à partir de la loi du 30 décembre 1975, réduisant de 2 359 à 596 le nombre des communes.

Soutenue par ces expériences étrangères, cette loi aurait dû connaître le succès. Elle a néanmoins incontestablement échoué. En effet, bien que largement encouragée par l'État, cette formule n'a pas été couronnée de succès, comme le prouvent les données chiffrées : sur les 3 682 fusions prévues, concernant 10 143 communes, il n'y en eut que 897 regroupant 2 217 communes, qui se sont réalisées entre 1972 et 1978 ; on doit souligner, en outre, que depuis cette date, un certain nombre de collectivités ont retrouvé leur liberté par « défusion » (entre 1971 et 2009, on compte 180 « défusions » qui ont abouti à la création de 243 communes).

Pourtant, le dispositif législatif avait prévu que la fusion ne pouvait résulter que d'un **acte d'adhésion**, d'une manifestation de volonté (Étant entendu que seules des communes limitrophes peuvent fusionner). Au départ, une **consultation de la population**. En effet, selon la loi, « les personnes inscrites sur les listes électorales municipales sont consultées sur l'opportunité de la fusion de communes » (il était précisé que les dépenses résultant de la consultation étaient à la charge de l'État). Ensuite, lorsque cette consultation avait été organisée, la fusion n'était prononcée par **arrêté préfectoral** que si le projet avait recueilli l'accord de la majorité absolue des suffrages exprimés correspondant à un nombre de voix au moins égal au quart des électeurs inscrits dans l'ensemble des communes concernées. Mais une commune ne pouvait être contrainte à fusionner si la consultation faisait apparaître que les deux tiers des suffrages exprimés représentant au moins la moitié des électeurs inscrits dans cette commune avaient manifesté leur opposition au projet.

Par ailleurs, les communes pouvaient opter entre **deux types de fusion**. Tout d'abord, la **fusion simple**, résultant d'un accord des conseils municipaux intéressés, créait une nouvelle entité communale faisant « table rase » des éléments propres à chacune des communes fusionnées. Par convention, il était établi la dénomination, les limites, le chef-lieu, les conditions de rattachement du personnel et des biens de la nouvelle commune. S'agissant ensuite de la **fusion-association**, elle permettait aux conseils municipaux des communes qui en faisaient la demande de bénéficier du statut de communes associées. Celui-ci leur donnait la possibilité de conserver leur nom, un « maire délégué » et leur fonction de « section électorale ». De ce fait, la formule rencontra davantage de succès (entre 1971 et 2009, 943 fusions ont été prononcées, aboutissant à la suppression de 1 343 communes ; mais comme dans le même temps les « défusions » ont entraîné la création de 243 communes, le nombre de communes réellement supprimé s'est établi à 1 100).

Malgré des éléments incitatifs (réversibilité de la fusion ; avantages fiscaux et financiers pour les communes fusionnées) et toutes les précautions déployées pour ne pas heurter la susceptibilité des élus locaux, les réticences et les résistances aux fusions ont persisté. Plusieurs raisons d'ordre technique peuvent certes expliquer cet échec : la fusion ne requérant qu'une majorité simple des conseils municipaux sans consultation de la population, certaines fusions ont été acquises à des majorités trop étroites pour engager durablement les destinées des communes intéressées ; les communes associées se sont estimées sous-représentées dans le conseil municipal de la commune regroupée ; la gestion du patrimoine foncier et forestier a paru également susciter des controverses ; enfin, la globalisation des concours de l'État (DGF, DGE), puis la réforme de la fiscalité locale de 1980 ont pu atténuer le sentiment de la nécessité du regroupement communal. Il s'y est ajouté le fait que beaucoup de fusions ont été engagées non pas autour de projets communs mais pour bénéficier de la majoration des subventions pour réalisation d'équipements. Mariages de raison plus que d'amour !

- La loi n° 2010-1563 du 16 décembre 2010 de réforme des collectivités territoriales et la substitution au régime des fusions de communes de celui de la commune nouvelle (art. 25) :

Tirant les leçons de l'échec de la loi du 16 juillet 1971, la loi n° 2010-1563 du 16 décembre 2010 de réforme des collectivités territoriales a tenté de relancer le mouvement en mettant en place un nouveau régime permettant la création d'une « commune nouvelle » en lieu et place de plusieurs anciennes communes sur la base d'un consensus local, exprimé par les conseils municipaux ou par une consultation référendaire. En outre, le législateur a spécifiquement prévu la faculté pour des communes membres d'un même établissement public de coopération intercommunale (EPCI) à fiscalité propre, ayant ainsi développé une expérience de vie en commun, d'approfondir leurs collaborations en transformant ce périmètre intercommunal en commune nouvelle.

Si les communes fusionnées avant la loi demeurent régies par le droit en vigueur antérieurement, sauf si elles décident d'adopter le régime juridique des **communes nouvelles**, ces dernières constituent une **forme particulière de commune**, et non des collectivités territoriales à statut particulier au sein de l'article 72 de la Constitution. Elles demeurent effectivement régies par la plupart des règles applicables aux communes de droit commun.

En fait, la commune nouvelle s'analyse comme **un simple outil supplémentaire au service du regroupement communal**, venant s'ajouter – sans prétendre s'y substituer – aux établissements publics de coopération intercommunale (EPCI). Le rapporteur du projet de loi de 2010 remarquait ainsi : « la commune nouvelle ne doit être conçue ni comme un mécanisme concurrent de l'intercommunalité, ni même comme un aboutissement de la démarche intercommunale. Loin de s'opposer à cette dernière, les dispositions relatives aux communes nouvelles apparaissent plutôt comme son complément nécessaire : elles pourraient par exemple **permettre de réduire le nombre de communes d'un EPCI dans le but, non de se substituer à l'établissement, mais d'améliorer son fonctionnement** » (Ass. Nat., Rapport n° 2516 fait par

M. Dominique Perben au nom de la commission des Lois, sur le projet de loi de réforme des collectivités territoriales, mai 2010).

Le constat est effectivement que si les majorités successives au Parlement ont fait le choix de favoriser les regroupements au sein d'intercommunalités, pour diminuer les coûts de gestion et mutualiser les équipements et les services, force est de constater que le nombre de communes n'a pas été réduit pour autant. Or, cette fragmentation du tissu communal a fini par rendre complexe la gouvernance des intercommunalités. L'idée est donc de voir comment renforcer l'intercommunalité tout en rapprochant les communes au sein de « communes nouvelles ». Celles-ci permettront-elles d'atteindre cet objectif (M. Boulet, « Les communes nouvelles, remède à l'émiettement communal ? », *AJCT* 2011, p. 456) ?

En fait, le problème est à nouveau apparu de la **méfiance des élus pour ce dispositif** (au 31 décembre 2013, seulement une douzaine de communes nouvelles avaient été créées, toutes mises en place sur la base d'un consensus et de délibérations concordantes des conseils municipaux intéressés) et la question s'est posée de voir **comment assurer aux communes intéressées que ce regroupement permettra à tous les élus municipaux de trouver une place dans la nouvelle architecture institutionnelle.**

L'idée de la « commune nouvelle » n'a pas été abandonnée par la majorité issue des urnes au printemps 2012, mais l'alternance politique a conduit à remettre l'ouvrage sur le métier.

– La loi n° 2015-292 du 16 mars 2015 relative à l'amélioration du régime de la commune nouvelle, pour des communes fortes et vivantes :

La discussion de ce texte s'est inscrite dans un contexte politique particulier, marqué à la fois par l'annonce d'une baisse des dotations aux collectivités par le gouvernement et l'examen d'un projet de loi portant nouvelle organisation territoriale de la République (NOTRe) qui prévoit des EPCI de plus grande taille. Ces éléments de conjoncture ont incité le législateur à tenter d'améliorer le régime de la commune nouvelle [voir dans le code général des collectivités territoriales : art. L. 2113-1 (création d'une commune nouvelle) ; art. L. 2113-2 à L. 2113-9-1 (procédure de création) ; art. L. 2113-10 à L. 2113-19 (création, au sein d'une commune nouvelle, de communes déléguées) ; art. L. 2113-20 à L. 2113-22 (dotation globale de fonctionnement)].

Le dispositif législatif saura-t-il séduire ? La loi instaure une période transitoire jusqu'au prochain renouvellement des conseils municipaux en 2020, pendant laquelle l'ensemble des conseillers municipaux des communes historiques pourront siéger au sein de la nouvelle assemblée délibérante (Art. L. 2113-7 CGCT). Elle va aussi permettre au maire de l'ancienne commune en fonction au moment de la création de la commune nouvelle de devenir de droit maire délégué jusqu'au prochain renouvellement du conseil municipal (Art. L. 2113-12-2 CGCT). Sur le plan financier, certains avantages sont consentis pour les projets qui recevront une mise en œuvre rapide (promesse d'une stabilisation temporaire de la DGF malgré une tendance générale baissière (Art. L. 2113-20 CGCT) ; bonification incitative de la DGF pour certaines communes cibles (*ibid.*) ; etc. ; v. M. Le Roux, « La loi du 16 mars 2015, un second souffle pour les communes nouvelles », *AJDA* 2015. 1266). Laissons le temps au temps...

2. Le recours à des formules préservant l'identité communale

200 Particulièrement méfiants envers tous mécanismes contraignants de coopération, les élus locaux se sont tournés pour l'essentiel vers les formules préservant d'abord l'identité communale. Sous cet aspect, plusieurs situations se présentent : tantôt on est en présence d'une **coopération informelle** (**a**), tantôt d'une **coopération contractuelle** (**b**), tantôt d'une **coopération institutionnelle** (**c**).

a. La coopération informelle

201 En l'espèce, les communes qui préfèrent définir elles-mêmes les modalités de leur coopération et bénéficier d'une latitude dans l'organisation de celle-ci, peuvent opter alors plutôt en faveur d'une **formule totalement dégagée de toute contrainte structurelle** encadrant le déroulement des relations intercommunales, et, par là, de procédures préétablies déterminant le contenu de la coopération. En fait, on est ici plutôt en présence d'**une simple**

coordination pour régler certains problèmes ponctuels ne requérant pas la mise en place d'une structure stable disposant de personnel et de ressources financières. Les moyens matériels nécessaires sont alors assurés par les services d'une des communes (secrétariat, local, personnel technique).

L'exemple du « réseau de villes »

Il s'agit d'une forme de coopération souple fondée sur des délibérations concordantes des instances délibérantes compétentes, qui associe d'autres acteurs publics et économiques. Le « réseau de villes » a pour objet de réunir des villes autour de projets communs et de coordonner leurs efforts d'équipement et de développement (D'un côté, des réseaux de villes permettent à des villes moyennes d'unir leurs forces pour atteindre un seuil métropolitain ; de l'autre, des « chartes d'objectifs » permettent à des métropoles de se positionner dans l'espace européen et de développer leurs fonctions tertiaires internationales). Toutefois, il n'est pas institutionnalisé. Son fonctionnement repose sur un comité de pilotage et une charte d'objectifs. Il n'assure la maîtrise d'ouvrage d'aucune opération.

b. La coopération contractuelle

202 Il est de plus en plus fréquent que la coopération intercommunale emprunte des voies contractuelles. Cela participe d'un **phénomène général de contractualisation des relations entre acteurs publics** (E. Fatôme et J. Moreau, « Les relations contractuelles entre collectivités publiques. L'analyse juridique dans le contexte de la décentralisation », *AJDA* 1990, p. 142). En l'espèce, le contrat présente en particulier des possibilités élargies d'adaptation des instruments de coopération aux évolutions des situations locales. C'est ce qui explique notamment le succès rencontré par cette formule.

Les objets et les contenus des contrats intercommunaux sont ainsi multiples : contrats de villes, d'étang, de baie, de rivière, etc. Ils ont à la fois pour objectifs de protéger les écosystèmes, de permettre le développement du tourisme et des activités spécifiques de ces zones. Il est vrai que certains d'entre eux ne sont que des déclarations d'intentions et ne comportent pas d'obligations véritablement contractuelles à la charge des parties. D'ailleurs, de ce dernier point de vue, il peut être délicat de qualifier juridiquement ces accords d'intercommunaux car il arrive qu'ils ne soient signés que par les seuls partenaires qui s'engagent à apporter un financement : l'État, un ou plusieurs départements, la région, etc.

L'exemple des chartes intercommunales de développement et d'aménagement

La loi n° 83-8 du 7 janvier 1983 relative à la répartition de compétences entre les communes, les départements, les régions et l'État a créé cet outil conventionnel de coopération intercommunale. Les dispositions les concernant sont codifiées dans le code général des collectivités territoriales.

- Les principes suivants résultent de l'article L. 5223-1 CGCT :

Les communes peuvent élaborer et approuver des **chartes** intercommunales de développement et d'aménagement qui **définissent** les perspectives à moyen terme de leur développement économique, social et culturel, **déterminent** les programmes d'action correspondants, **précisent** les conditions d'organisation et de fonctionnement des équipements et services publics.

Sur proposition des communes intéressées, les **périmètres des zones** concernées sont **arrêtés par le représentant de l'État dans le département**, après avis du conseil départemental. Dans le cas d'agglomérations de plus de 100 000 habitants ou d'ensembles de communes situées dans plusieurs départements, le représentant de l'État dans la région arrête le périmètre après avis du conseil régional et des conseils départementaux concernés.

Les communes s'associent pour l'élaboration de leur charte et déterminent les modalités de concertation avec l'État, la région, le département et les principaux organismes professionnels, économiques ou sociaux qui le demandent.

- L'article L. 5223-2 CGCT précise :

Les chartes peuvent servir de base à des conventions avec le département, la région ou l'État pour la réalisation des projets et programmes qu'elles ont définis. En zone rurale, les chartes intercommunales se substituent aux plans d'aménagement rural.

c. La coopération institutionnelle

203 L'intercommunalité contractuelle et l'intercommunalité institutionnelle ne s'opposent pas. Elles sont souvent associées et complémentaires. Mais la seconde permet aussi de dépasser la première et de tendre vers certaines formes plus intégratives, sans pour autant porter atteinte à l'identité communale. Quant au cadre juridique dans lequel elle est susceptible d'évoluer, il n'est pas seulement celui offert par le droit public. La coopération institutionnelle se développe aussi à partir de structures de droit privé.

1) Les institutions de droit privé

204 Les structures de droit privé permettent à la puissance publique de se dégager des règles spécifiques du droit public, notamment en matière de création, de composition des organes, de rédaction des statuts, etc. Dans le cas notamment des communes, cela leur donne le sentiment d'une maîtrise beaucoup plus grande de la structure.

Lorsque les communes veulent bénéficier de la personnalité morale d'une institution, elles ont la faculté d'avoir recours en particulier à l'**association.** Cette structure peut assurer l'exécution ou la gestion d'équipements publics ou de services publics. Créée en application de la loi du 1er juillet 1901, l'association est soumise exceptionnellement au droit administratif pour ce qui concerne en particulier les modalités d'attribution de subventions et le contrôle des comptes.

Les communes peuvent également utiliser une autre structure comme cadre institutionnel de coopération : la **société d'économie mixte locale** (SEML), qui est une société anonyme. Son régime juridique est codifié, pour la partie législative, aux articles L. 1521-1 s. du CGCT.

Son objet est ainsi précisé à l'article L. 1521-1 CGCT : « Les communes, les départements, les régions et leurs groupements peuvent, dans le cadre des compétences qui leur sont reconnues par la loi, créer des sociétés d'économie mixte locales qui les associent à une ou plusieurs personnes privées et, éventuellement, à d'autres personnes publiques **pour réaliser des opérations d'aménagement, de construction, pour exploiter des services publics à caractère industriel ou commercial, ou pour toute autre activité d'intérêt général** (...) ». On trouve ainsi des SEM pour la réalisation d'une zone d'aménagement concerté (ZAC), le développement d'activités de loisirs et de tourisme, la protection d'espaces naturels, etc.

Mais selon l'article 1522-1 CGCT : « Les collectivités territoriales et leurs groupements détiennent, séparément ou à plusieurs, plus de la moitié du capital de ces sociétés et des voix dans les organes délibérants. » À l'inverse, « La participation des actionnaires autres que les collectivités territoriales et leurs groupements ne peut être inférieure à 15 % du capital social. » (Art. L. 1522-2 CGCT).

Il est par ailleurs possible pour les SEML d'« intervenir pour des personnes qui ne participent pas à leur capital » (art. L. 1523-1 CGCT).

2) Les institutions de droit public

205 **Certaines d'entre elles sont dépourvues de la personnalité juridique** et permettent de mettre en œuvre une **« coopération » minimum.** C'est ainsi que le code général des collectivités territoriales

propose des procédés restreints de coopération comme les « **ententes** » et « **conférences** » intercommunales (Art. L. 5221-1 et L. 5221-2 CGCT ; v. égal. pour les départements, art. L. 5411-1 et L. 5411-2 CGCT ; les ententes interrégionales sont quant à elles des établissements publics, v. L. 5621-1 à L. 5621-9 CGCT). Simple et facile à mettre en œuvre, cette formule semble toutefois peu utilisée en raison de l'absence de moyens propres. Tel n'est pas en revanche le cas de l'établissement public.

L'établissement public de coopération intercommunale (EPCI). Cette formule n'est pas exclusive des précédentes. En effet, elle peut se combiner notamment avec la création d'une association, l'utilisation d'une SEM ou encore la signature d'un contrat. Ainsi, par exemple, plusieurs communes ont la faculté de se regrouper et de créer un syndicat intercommunal à vocation scolaire, qui est un établissement public, chargé de la gestion des intérêts scolaires de ces communes. À son tour, cet organisme de droit public peut mettre en place un centre aéré, une cantine ou une garderie, dont la gestion sera confiée à des associations diverses, comme une association de parents d'élèves.

À **partir de 1959, la législation s'est orientée pour l'essentiel dans un sens favorable à la création de ces établissements publics** lorsqu'il s'est agi de réfléchir aux voies et moyens pour inciter les collectivités territoriales à s'unir afin de pouvoir mieux faire face aux exigences du développement local. Dotés de la personnalité juridique, ces établissements peuvent ainsi regrouper des communes, mais aussi des départements ou des régions, voire, pour certains d'entre eux, des collectivités de catégories différentes et des établissements publics.

Si ces établissements publics de coopération se rattachent bien à la catégorie générique des établissements publics, la diversification de leurs missions leur donne toutefois une certaine **allure de collectivités territoriales**. Sorte d'hybrides, ils sont alors parfois désignés par l'expression « d'établissements publics territoriaux ».

Quant à la nature juridique de ces établissements publics, la jurisprudence présume leur **caractère administratif** (CE, 1er juill. 1927, *de Ribains*, *Leb.* p. 735 ; TC, 14 mai 1990, *Épx Laperrouze et MAIF c/ Cnté urb. Lyon et GAN*, *Leb.* p. 393). Alors qu'ils exercent parfois de multiples compétences de nature différente, ces établissements publics apparaissent donc comme des organismes dont la mission reste fondamentalement administrative.

Soumis au principe de spécialité, en tant qu'établissements publics, les établissements publics de coopération intercommunale ne peuvent intervenir que dans les domaines que leur attribuent leurs statuts. Mais par ailleurs, depuis un arrêt de principe du Conseil d'État du 16 octobre 1970, *Commune de Saint-Vallier*, les relations entre ces établissements et les communes adhérentes sont régies par le **principe d'exclusivité** : les communes sont totalement dessaisies des compétences qu'elles ont transférées (CE, 13 oct. 1978, *Cne Vénissieux*, n° 02907 ; CE, 1er avr. 1994, *Cne Réau*, n° 146946 ; CE, 14 janv. 1998, *Cnté urb. Cherbourg*, n° 161661 ; CAA Bordeaux, 24 juin 2003, *Sté SVE Onyx*, n° 99BX00156). Cela peut faire difficulté lorsque l'établissement de coopération intercommunale a été doté de compétences aussi larges que le développement économique, l'aménagement ou encore l'équilibre social de l'habitat. En pratique, le concours de compétences est souvent privilégié en l'espèce (en particulier dans le cadre d'une politique contractuelle), dans la mesure où une répartition stricte des attributions paraît parfois délicate à effectuer. Il n'en demeure pas moins qu'une application à la lettre des principes de spécialité et d'exclusivité fait peser un doute sur la légalité de ces actions conjointes et finit par engendrer une certaine insécurité juridique et un risque contentieux.

§ 2. L'institutionnalisation des rapports horizontaux

206 Inexorablement, le dynamisme de la coopération intercommunale s'est conjugué avec une **multiplication des structures institutionnelles**, qu'il conviendra de présenter dans un premier temps (**A**), avant de constater le **caractère contrasté du bilan de la coopération intercommunale** (**B**).

A. Les formes diversifiées de la coopération intercommunale

207 Le problème du regroupement éventuel des communes a été soulevé dès 1789 : Thouret, Siéyès et Condorcet se prononcèrent alors pour la mise en place d'un territoire couvert de 6 500 municipalités, tandis que Mirabeau s'y opposa. Le débat sous-jacent était le suivant : pour Thouret, la démocratie était plus forte dans les grandes communes, qui paraissaient mieux adaptées pour permettre l'expression populaire. Pour Mirabeau, le maintien des structures éparpillées permettait de mieux contrôler les citoyens, ce qui garantissait au pouvoir central une plus grande sérénité. Exercice de la démocratie locale, présence tutélaire d'un État centralisé, ces enjeux de l'intercommunalité restent encore présents dans le débat politique aujourd'hui. Mais il s'agit aussi de nos jours de rechercher la taille optimale de gestion de la structure locale. De ce point de vue, le législateur semble pour le moins hésitant. À défaut de vouloir trancher, il s'est souvent contenté d'ajouter à l'existant.

Les formes d'institutionnalisation de la coopération intercommunale sont effectivement nombreuses. Comment s'y retrouver ? Une présentation procédant par simple juxtaposition ne rendrait pas compte de la dynamique qui est à l'œuvre. En effet, si la coopération intercommunale s'est progressivement affirmée comme une réponse adaptée à l'émiettement communal, elle a évolué vers des formules plus ambitieuses tendant à faciliter la mise en œuvre de projets d'aménagement et de développement économique. Ainsi, à côté d'une **intercommunalité de services classique (1)** est apparue **une intercommunalité de projets beaucoup plus novatrice (2)**.

1. L'intercommunalité de services

208 Il s'agit en l'espèce d'une intercommunalité destinée à assurer la gestion en commun de services publics locaux (eau, assainissement, voirie, ordures ménagères ; mais aussi activités scolaires et périscolaires, tourisme, activités sportives et culturelles, création et équipement de zones d'activités industrielles ou artisanales, etc.). Les établissements publics de coopération intercommunale

reposent ici avant tout sur une **logique associative** qui reste **très souple**. Cette formule à succès est mise en œuvre par les **syndicats intercommunaux** (v. art. L. 5212-1 s. CGCT).

– **Le syndicat intercommunal d'hier à aujourd'hui.** Ce syndicat est un établissement public de coopération intercommunale associant des communes « en vue d'œuvres ou de services d'intérêt intercommunal » (Art. L. 5212-1 CGCT).

C'est le plus ancien des établissements publics de coopération intercommunale. Pour remédier aux conséquences du morcellement excessif du territoire, le législateur a créé des structures de coopération intercommunale dès la fin du XIXe siècle. C'est ainsi que la **loi du 22 mars 1890** a institué le syndicat de communes, établissement public doté d'un minimum d'autonomie, chargé de gérer des services publics intercommunaux. En particulier, il permet d'adapter la gestion communale, soit aux nécessités techniques (électrification, adduction d'eau, etc.), soit à certaines activités qui, par leur nature, débordent les limites territoriales des communes (transport, urbanisme, assainissement). Le développement de cette structure syndicale fut toutefois modeste, la règle de l'unanimité des conseils municipaux présidant à sa constitution empêchant très certainement un véritable essor de la coopération intercommunale à cette époque.

L'ordonnance n° 59-29 du 5 janvier 1959 a finalement autorisé la création d'un syndicat intercommunal à vocation unique (SIVU), non plus à l'unanimité, mais à la majorité qualifiée. La formule retenue – deux tiers au moins des conseils municipaux représentant au moins la moitié de la population totale, ou l'inverse – allait connaître une réelle postérité puisqu'elle fut utilisée pour toutes les structures ultérieures. Surtout, la définition de cette majorité qualifiée requise pour la création d'un groupement inaugurait une ère nouvelle de l'intercommunalité, dans laquelle l'intérêt communautaire transcende les intérêts particuliers : en donnant à un ensemble de communes la possibilité d'obliger une commune à entrer dans un réseau de liens, de droits et d'obligations solidaires, l'ordonnance de 1959 mettait fin à la liberté communale érigée comme dogme intangible en matière d'organisation du territoire. La même ordonnance permettait également la constitution de syndicats à vocation multiple (SIVOM), mais restait, pour cette nouvelle formule, fidèle à la règle de l'unanimité : ce n'est qu'ultérieurement, avec la **loi du 31 décembre 1970**, que les conditions de création de syndicats de communes furent unifiées, en étendant aux SIVOM les règles de majorité qualifiée.

Une transformation importante du statut syndical a été effectuée par la **loi n° 88-13 du 5 janv. 1988**, qui a institué le « **syndicalisme à la carte** », appelé encore le « syndicalisme à géométrie variable ». En l'espèce, une commune peut adhérer à un syndicat pour une partie seulement des compétences exercées par celui-ci (Art. L. 5212-16 CGCT). S'est trouvée ainsi institutionnalisée une formule de coopération intercommunale souvent pratiquée par les communes, en marge des textes. Cette souplesse se retrouve dans la faculté de retrait puisqu'une commune peut être autorisée par le représentant de l'État dans le département après avis de la commission départementale de la coopération intercommunale à se retirer du syndicat « si, par suite d'une modification de la réglementation ou de la situation de la commune au regard de cette réglementation, la participation de cette commune au syndicat est devenue sans objet » (Art. L. 5212-29 CGCT).

- **L'avenir du syndicat intercommunal**. Début 2014, on a dénombré 13408 syndicats intercommunaux. Mais on note une diminution sensible de leur nombre. En effet, celui-ci a baissé de près de 10 % sur les deux années 2012 et 2013 contre 4 % sur les deux exercices précédents (2010 et 2011). Cette diminution concerne essentiellement les syndicats à vocation unique (SIVU), qui restent les plus nombreux avec 8979 unités - or, ils étaient plus de 10 000 début 2012. Quant aux syndicats à vocation multiple (SIVOM), on en compte 1 233 [Chiffres de la Direction générale des collectivités terrioriales, *Les collectivités locales en chiffres*, sur *http://www.collectivites-locales.gouv.fr/*].

En fait, la situation est contrastée. Le nombre de syndicats diminue, mais de façon différenciée selon les départements qui ne recourent pas tous identiquement à l'outil syndical. Si l'on prend l'exemple des syndicats en matière scolaire ou en matière d'eau, on observe de grandes disparités dans leur répartition géographique. Il semble que ce soit pour l'essentiel des raisons historiques qui justifient le phénomène. Mais au-delà de ce constat, on note qu'une dynamique est à l'œuvre. En effet, certains départements ont lancé un travail de rationalisation de ces structures, au point par exemple que l'on ne compte plus de syndicat à vocation scolaire dans des départements comme la Vendée ou le Cantal, tandis que les départements du Nord et de Charente-Maritime ont renoncé au syndicat de communes compétent en matière d'adduction d'eau.

Que révèlent au juste ces données chiffrées ? On assiste en réalité à un vaste mouvement de recomposition de la carte intercommunale justifié notamment par le fait que l'exercice de certaines compétences, comme celles qui concernent les réseaux : eau, gaz et électricité, nécessite d'importants investissements en termes d'infrastructures que de petits syndicats ne semblent pouvoir assumer.

Dans l'exposé des motifs du projet de loi n° 636 (2013-2014) portant nouvelle organisation territoriale de la République, sur lequel délibère le Parlement au printemps 2015, le Gouvernement préconise un renforcement des moyens de l'intercommunalité (art. 14 à 23 du projet de loi) ayant pour objectif « la poursuite du mouvement de regroupement de communes pour disposer au 1er janvier 2017 d'intercommunalités dont la taille correspondra aux réalités vécues et qui posséderont les moyens nécessaires pour offrir aux populations le niveau de service auquel celles-ci aspirent ». L'effet de taille est donc clairement recherché.

Des dissolutions, modifications de périmètre ou fusions de syndicats seront donc décidées dans le cadre de la refonte de la carte intercommunale, à partir de schémas départementaux de coopération intercommunale (SDCI) révisés à court terme (en principe avant le 31 décembre 2015). La rationalisation de la carte des syndicats de communes sera alors entreprise par la réduction de leur nombre, particulièrement dans les domaines de l'eau potable, de l'assainissement, des déchets, du gaz, de l'électricité et des transports.

Actualité : L'article 16 du projet de loi portant nouvelle organisation territoriale de la République (en discussion au Parlement au printemps 2015) prévoit une procédure de dissolution des syndicats de communes, au centre de laquelle se trouve le préfet – l'ensemble des opérations préconisées devant être achevé au 31 décembre 2016, est-il précisé *in fine*.

Mais au fond, les dispositifs juridiques mis en œuvre ne sont en réalité qu'un nouvel avatar d'une politique publique en faveur de formules d'intégration plus soutenue des communes au sein de la structure qui les regroupe. Le passage d'une intercommunalité de services à une véritable intercommunalité de projets en est l'enjeu.

2. L'intercommunalité de projets

209 Nous venons de noter la diminution du nombre des syndicats intercommunaux dans la période la plus récente. Cette tendance s'explique par un mouvement de fond : la migration vers des EPCI à fiscalité propre, qui sont la forme que prend en France l'intercommunalité de projets.

En l'espèce, les établissements publics de coopération intercommunale répondent à une logique non plus associative mais fédérative et s'inscrivent dans une volonté d'intégration plus exigeante ou, tout au moins, répondent à un souci d'assurer l'administration d'un ensemble cohérent de compétences sur un même territoire intercommunal. La coopération est ainsi orientée vers l'aménagement de l'espace, le développement économique et la répartition des ressources et des charges entre les communes membres.

Cette catégorie, qui a regroupé de 1959 à 1999 les **districts**, les **communautés urbaines**, les **communautés et syndicats d'agglomération nouvelle**, les **communautés de communes** et les **communautés de villes**, ne comptait toutefois que 1 679 EPCI au 1er janvier 1999 (qui concernaient tout de même 19 090 communes et 33,1 millions d'habitants, soit 55 % de la population). La loi n° 99-586 du 12 juillet 1999 relative au renforcement et à la simplification de la coopération intercommunale est venue modifier ce menu en ajoutant la **communauté d'agglomération** (art. 1er s.) et en supprimant à l'avenir les districts (art. 50 s.) et les communautés de villes (art. 56 s.) [M. Degoffe, « Le renforcement et la simplification de la coopération intercommunale », *AJDA* 1999, p. 911]. Point commun de ces groupements : par rapport à l'intercommunalité de services, le processus est ici d'une toute autre dimension. **Plusieurs grandes étapes** permettent de le caractériser : 1959 (**a**), 1966 (**b**), 1992 (**c**) et 2010-2014 (**d**).

a. L'étape de 1959

210 **L'ordonnance n° 59-30 du 5 janvier 1959** a été toute aussi novatrice que l'ordonnance n° 59-29 (préc.) du même jour qui autorisa la création d'un syndicat intercommunal à vocation unique, non plus à l'unanimité, mais à la majorité qualifiée. Cependant, alors que les syndicats demeuraient une structure temporaire, dotée d'une compétence restreinte, l'ordonnance n° 59-30 inaugurait les débuts de l'intercommunalité de projets, en créant un nouveau cadre de coopération, le **district urbain** (L. 31 déc. 1970 a supprimé le qualificatif « urbain », ce qui a permis d'instituer aussi le district dans les zones rurales et semi-rurales ; on en dénombrait 318 en 1996, mais 316 en 1997 et 310 en 1998).

Cet établissement public de coopération intercommunale s'est distingué alors du syndicat de communes par deux caractéristiques essentielles, qui en ont fait une structure sensiblement plus intégrée. D'une part, il a été doté non seulement des compétences énumérées dans sa décision institutive ou de celles éventuellement transférées ultérieurement, mais aussi de **compétences obligatoires déterminées par la loi** : gestion des services de logement et gestion des centres de secours contre l'incendie. D'autre part, il a eu la possibilité d'opter pour un **régime de fiscalité propre**, possibilité transformée en obligation par l'article 92 de la loi de finances pour 1990 du 29 décembre 1989. Personne fiscale à part entière, le district pouvait voter, sous forme de fiscalité additionnelle, les taux d'imposition aux quatre taxes directes locales et bénéficiait, au titre du régime de fiscalité propre, d'une attribution de dotation globale de fonctionnement. En tant que personne fiscale, il pouvait en outre instituer un régime d'abattement de taxe d'habitation distinct de celui des communes membres et prendre des décisions d'exonération de taxe professionnelle et de taxe foncière sur les propriétés bâties.

Ainsi, l'ordonnance du 5 janvier 1959 a créé une formule moderne d'intercommunalité, qui n'est plus la simple émanation d'une volonté des communes de mettre en commun un projet de services, mais acquiert au contraire une véritable autonomie, une capacité de réfléchir autour d'un véritable projet communautaire. D'une notion d'intercommunalité de services, on est ainsi passé à une notion d'intercommunalité de projets.

b. L'étape de 1966

211 Bien que qualifié au départ d'urbain, le district montra rapidement ses limites pour résoudre les problèmes propres à l'administration des grandes agglomérations. Aussi, la **loi du 31 décembre 1966** institua alors un nouveau type d'établissement public de coopération intercommunale réservé alors aux agglomérations de plus de 50 000 habitants (seuil démographique abaissé à 20 000 habitants en 1992, puis relevé à 500 000 habitants en vertu de l'art. 5, L. n° 99-586, 12 juill. 1999, préc.), la **communauté urbaine** (art. L. 5215-1 s. CGCT), dont la formule est extrêmement intégrée, en termes de compétences (l'art. L. 5215-20 CGCT sur **les compétences de « plein droit »** des communautés urbaines dresse une liste comprenant sept rubriques principales elles-mêmes sous-divisées en plusieurs items).

De plus, dès l'origine, la communauté urbaine s'est vue dotée d'une **fiscalité propre**. Il convient de noter, par ailleurs, que la loi du 31 décembre 1966 renouait avec une tradition quelque peu autoritaire puisqu'elle prévoyait d'office la création de communautés urbaines dans quatre des plus grandes agglomérations françaises. À cet égard, elle annonçait la loi du 16 juillet 1971 sur la fusion des communes.

Chiffres. Au 1er janvier 2015, on comptait 9 communautés urbaines, qui regroupaient 201 communes et une population de 2 322 898 habitants.

Le nombre de communautés urbaines en France a été plus élevé puisque l'on en a compté jusqu'à 16 entre 2009 et 2011. Mais si leur nombre a décru par la suite c'est parce que certaines d'entre elles ont évolué vers de nouvelles formes statutaires créées par la loi.

Source : Chiffres 2015 de la Direction générale des collectivités locales – http://www.collectivites-locales.gouv.fr

c. L'étape de 1992

212 Après la **création des communautés urbaines en 1966**, le thème de la coopération intercommunale est tombé plus ou moins en désuétude pendant vingt-cinq ans. La réflexion sur l'organisation

territoriale s'est alors centrée sur deux projets d'envergure : le premier fut la fusion de communes et le second la décentralisation. Or, les **lois décentralisatrices de 1982 et 1983** ont volontairement laissé de côté le chantier de la coopération intercommunale, sauf pour le cas particulier des **« villes nouvelles » (loi du 13 juillet 1983)**. L'article 1er de la loi du 2 mars 1982 s'est ainsi borné à constater que le problème de la coopération restait posé, renvoyant à une loi ultérieure le soin de lui apporter une solution. **Le chantier de la coopération intercommunale ne sera véritablement repris que dix ans plus tard**, le temps pour la décentralisation de se mettre en place et de rôder ses procédures.

- **La loi du 13 juillet 1983** portant modification du statut des agglomérations nouvelles. Cette loi institue les communautés d'agglomération nouvelle et les syndicats d'agglomération nouvelle (Art. L. 5332-1 s. CGCT) pour les besoins spécifiques des « villes nouvelles ». À ce titre, ces établissements publics de coopération intercommunale constituent un cas à part du secteur de l'intercommunalité.

L'évolution rapide du taux d'urbanisation en France, perçue par les pouvoirs publics aux alentours des années 1960, s'est traduite dans le IVe Plan national (1962-1965) par la définition de la politique des « métropoles d'équilibre », et dans le Ve Plan national (1966-1970) par le lancement de la politique des **« villes nouvelles »**, qui a poursuivi deux objectifs principaux : organiser le développement des banlieues de certaines grandes agglomérations ; créer des unités offrant logement, travail et loisirs. Mais ces opérations furent effectuées sur le territoire de communes existantes, ce qui posa le problème des rapports entre ces communes et la nouvelle structure créée, à laquelle il fallut d'ailleurs donner une organisation. Il fut donc nécessaire de prévoir des structures administratives transitoires pour « construire » et en même temps gérer une collectivité nouvelle en évolution.

La politique des **« villes nouvelles »** a déterminé la réalisation de neuf agglomérations nouvelles à partir de 1970, dont cinq en région Île-de-France (Cergy-Pontoise, Évry, Melun Sénart, Marne-la-Vallée, Saint Quentin-en-Yvelines) et quatre en province

(L'Isle-d'Abeau en Isère, Rives-de-l'Étang-de-Berre dans les Bouches-du-Rhône, le Vaudreuil en Seine-Maritime et Villeneuve d'Ascq dans le Nord). Leur statut fut d'abord déterminé par la **loi n° 70-610 du 10 juillet 1970**, dite loi Boscher. Celle-ci avait prévu que la création de l'agglomération nouvelle serait décidée par un décret en Conseil d'État qui définirait, après consultation des collectivités locales intéressées, un périmètre d'urbanisation. Quant à l'aménagement des agglomérations nouvelles, il était confié à deux types d'organismes :

- les **établissements publics d'aménagement**, chargés d'effectuer des études urbaines dans le périmètre d'étude de la ville nouvelle (élaboration des documents de planification urbaine), des acquisitions foncières (création de zones d'aménagement différé), de la viabilisation et de l'aménagement de terrains (mise en état des sols, voirie, assainissement) et de définir les conditions d'intervention des promoteurs et investisseurs publics ou privés (en outre, ces établissements publics ont été chargés de réaliser des équipements publics par délégation pour le compte soit des collectivités locales, soit de l'État) ;
- les **syndicats communautaires d'aménagement**, chargés d'exercer d'office dans la zone d'agglomération nouvelle les compétences obligatoires et facultatives des communautés urbaines couvrant la plus grande partie des domaines de l'urbanisme, de l'aménagement et de l'équipement.

La loi du 10 juillet 1970 étant une loi très centralisatrice, le processus de décentralisation commencé en 1982 en a imposé la révision. La **loi n° 83-636 du 13 juillet 1983** tenta alors de consacrer un nouvel équilibre entre le principe de l'autonomie communale et les impératifs d'intérêt national qui s'attachent à ces agglomérations nouvelles. Quant à l'organisation institutionnelle, le législateur de 1983 a prévu qu'à l'intérieur du périmètre d'urbanisation, le choix est ouvert entre **trois formules** : Les communes intéressées par la création d'une agglomération nouvelle peuvent ainsi décider de **fusionner** entre elles pour constituer une commune unique. Si elles n'optent pas pour une telle intégration, elles doivent se regrouper au sein d'un organisme de coopération intercommunale. Ces organismes sont déterminés par la loi. Ce sont les **syndicats d'agglomération nouvelle** (SAN – le syndicat est composé de délégués désignés par les conseils municipaux et fonctionne comme un syndicat de communes ordinaire, dont les compétences sont limitées aux plans d'urbanisme et à la gestion des équipements créés) et les **communautés d'agglomération nouvelle** (CAN – la CAN est administrée par un conseil élu au suffrage universel direct).

Mais communautés et syndicats d'agglomération nouvelle sont des structures provisoires. Il est mis **fin** à ce régime juridique particulier, complété par un régime financier tout aussi spécial, lorsque, par décret, il est constaté que les opérations de construction et d'aménagement sont terminées. **La structure de gestion** (SAN ou CAN) est alors **transformée**, sur proposition de l'organe délibérant, **en communauté d'agglomération** (art. L. 5341-2 CGCT). Si la transformation en communauté d'agglomération n'aboutit pas, le SAN ou la CAN reste régi par les dispositions spécifiques qui leur sont applicables (L. Laluque, « Vers la fin des villes nouvelles », *AJDA* 2004, p. 915).

Chiffres. Au 1er janvier 2015, on comptait 3 syndicats d'agglomération nouvelle qui regroupaient 15 communes et une population de 148 674 habitants.

Ce nombre diminue progressivement. Il a été divisé par deux depuis 2005, date à laquelle on comptait 6 SAN qui regroupaient 34 communes et 352 573 habitants.

Source : Chiffres 2015 de la Direction générale des collectivités locales – http://www.collectivites-locales.gouv.fr

– La loi d'orientation du 6 février 1992 relative à l'administration territoriale de la République. On le voit à travers cet exemple des villes nouvelles, l'intercommunalité est bien entrée dans l'ère de la coopération de projets. Elle a désormais changé de perspectives : elle s'est orientée plus nettement vers le développement économique et est souvent perçue comme une réponse possible aux difficultés d'aménagement du territoire. Ce phénomène va s'accroître car il est de plus en plus patent que les contraintes techniques nationales ou européennes imposent aux communes de ne plus mener une action isolée. Conscient de ces contraintes, le législateur, avec la loi d'orientation du 6 février 1992 relative à l'administration territoriale de la République, va relancer le processus de la coopération intercommunale en essayant de l'adapter aux nouvelles exigences. Sous cet aspect, la principale innovation de cette loi réside dans la **création de deux structures nouvelles** : la **communauté de communes** et la **communauté de villes**, dotées chacune de compétences originales et surtout d'une fiscalité novatrice.

L'intercommunalité de 1992 renoue avec l'intercommunalité fédérative, qui était celle des districts de 1959 – même si par la suite ils ont perdu ce fil directeur – et surtout celle des communautés urbaines de 1966, en centrant davantage son objectif sur le développement économique. Pour cela, elle dote la **communauté de villes**, réservée aux agglomérations de plus de 20 000 habitants, d'un système fiscal original, la taxe professionnelle unique, inspiré de celui des syndicats d'agglomération nouvelle. L'instauration de ce mécanisme constitue une innovation essentielle dans l'histoire de l'intercommunalité. Le système de la **taxe professionnelle unique** permet en effet à la communauté de villes de mener une action solidaire sur le plan économique, dans l'objectif de remédier aux disparités de richesse entre communes. Les compétences des communautés de villes, résolument tournées vers les actions de développement économique et d'aménagement de l'espace communautaire, sont définies comme un corollaire indispensable de cette fiscalité novatrice.

Quant à la **communauté de communes**, réservée à l'origine au monde rural, elle se présente par rapport à la communauté de villes, comme une **formule** beaucoup **plus souple**, aux compétences moins nombreuses et définies de manière plus sommaire. Relevant, sans aucun doute, d'une intercommunalité de projets, elle a toutefois été conçue dès l'origine comme la formule la moins intégrée, ne nécessitant aucun critère de seuil démographique – contrairement à la communauté de villes qui requiert une population de 20 000 habitants – bénéficiant d'une fiscalité « classique », de type fiscalité additionnelle. Toutefois, le législateur, en 1992, n'a pas oublié, même pour les communautés de communes, que l'exigence essentielle de la coopération intercommunale réside actuellement dans un aménagement du territoire plus harmonieux, mieux à même de lutter contre les inégalités. Il a, dès lors, donné aux communautés de communes la possibilité de se doter des outils adéquats en matière de développement économique, par l'instauration de la **taxe professionnelle de zone.** La communauté de communes peut ainsi décider, à la majorité des deux tiers de ses membres, d'instituer une taxe professionnelle unique sur une ou plusieurs zones d'activités économiques. La taxe professionnelle de zone permet alors de circonscrire le développement économique sur un certain périmètre, correspondant à un pôle technologique, industriel ou commercial.

Chiffres. La catégorie des communautés de villes ayant été supprimée par la loi du 12 juillet 1999 relative au renforcement et à la simplification de la coopération intercommunale (suppression par transformation des communautés de villes en communautés d'agglomération ou en communautés de communes), on ne mentionnera ici que la situation des communautés de communes. **Au 1er janvier 2015,** on comptait **1 884 communautés de communes** qui regroupaient **31 116 communes** et une population de **26 906 507 habitants.**

Le nombre de communautés de communes diminue car si on prend les chiffres de 2005, on constate qu'il y a dix ans on comptait 2 342 communautés de communes. Mais celles-ci regroupaient moins de communes qu'aujourd'hui (29 166 communes en 2005) et également moins d'habitants (25 133 760 en 2005).

Source : Chiffres 2015 de la Direction générale des collectivités locales – http://www.collectivites-locales.gouv.fr

– La loi n° 99-586 du 12 juillet 1999 relative au renforcement et à la simplification de la coopération intercommunale. Poursuivant l'objectif de promouvoir la taxe professionnelle en milieu urbain et la mise en commun des compétences structurantes pour l'agglomération, la loi du 12 juillet 1999 a prévu la création d'un nouvel avatar de la formule de l'établissement public de coopération intercommunale : la **communauté d'agglomération** (Art. L. 5216-1 s. CGCT).

La **notion d'agglomération** est identifiée selon trois critères : le bassin d'emploi, l'existence d'un espace territorial homogène et un champ de compétences qui favorise l'intercommunalité de projet. Ainsi, une communauté d'agglomération pourra être créée sous réserve que trois conditions soient remplies : une population totale regroupée d'au moins 50 000 habitants, l'existence d'une commune-centre de 15 000 habitants, un territoire d'un seul tenant et sans enclave formant un ensemble urbain (Ces seuils démographiques ont été assouplis dans certaines configurations ; voir l'article L. 5216-1 CGCT)

Quant aux compétences, la loi a doté la communauté d'agglomération de quatre compétences obligatoires considérées comme stratégiques pour le développement urbain (le développement économique, l'aménagement de l'espace) et pour la cohésion urbaine (logement, politique de la ville). De plus, outre ces quatre compétences obligatoires, la communauté d'agglomération devra opter pour au moins trois des cinq compétences prévues par la loi à titre optionnel qui concernent la mise en place de réseaux techniques (voirie, assainissement et eau), les équipements (culturels et sportifs) et l'environnement.

Par ailleurs, la communauté d'agglomération devra bâtir son projet commun autour d'une **taxe professionnelle unique**, ce qui n'interdira pas de percevoir un complément de ressources sous la forme d'une fiscalité additionnelle à la fiscalité communale. Enfin, afin notamment de favoriser la création de communautés d'agglomération, le législateur a prévu de doter les nouvelles structures d'une dotation globale de fonctionnement.

Chiffres. Au 1er janvier 2015, on comptait 226 communautés d'agglomération qui regroupaient 4 744 communes et une population de 25 889 681 habitants.

Le nombre de communautés d'agglomération augmente car si on prend les chiffres de 2005, on constate qu'il y a dix ans on comptait 162 communautés d'agglomération, qui regroupaient 2 753 communes et 20 397 780 habitants.

Source : Chiffres 2015 de la Direction générale des collectivités locales – http://www.collectivites-locales.gouv.fr

d. L'étape de 2010-2014

213 **Le fait métropolitain.** Le développement du phénomène urbain est le fruit d'un processus qui s'est déroulé sur les trois derniers quarts du XXe siècle. Il a conduit plus de 60 % de la population à résider dans une aire urbaine de plus de 100 000 habitants. On a assisté en parallèle « à un progressif rééquilibrage entre Paris et les grandes métropoles régionales » (étude d'impact du projet de loi de modernisation de l'action publique territoriale et d'affirmation des métropoles, 2013). Comment juridiquement adapter les structures locales afin de valoriser les atouts de cette nouvelle

donne ? Les pouvoirs publics s'y sont employés tout particulièrement sous la Ve République.

- **La politique des « métropoles d'équilibre »**. En 1964, la DATAR avait souhaité encourager la constitution de huit grandes villes en « métropoles » susceptibles de contrebalancer l'importance, jugée écrasante, de Paris. Il s'est agi de permettre à ces villes de disposer des services et infrastructures leur permettant d'assurer elles-mêmes leur développement sans faire appel à la capitale. Leur influence devait également s'étendre sur leur région. Les villes concernées étaient Lille-Roubaix-Tourcoing, Nancy-Metz-Thionville, Lyon-Saint-Etienne-Grenoble, Aix-Marseille, Toulouse, Bordeaux, Nantes-Saint-Nazaire et Strasbourg. Cette politique des métropoles d'équilibre paraît bien aujourd'hui avoir porté ses fruits. Les villes concernées bénéficient en effet aussi bien d'un véritable effet d'entraînement sur leur territoire (liens économiques, aire d'attraction des universités) que d'une visibilité à l'échelle nationale, voire européenne (aéronautique à Toulouse, recherche à Grenoble, sciences du vivant à Lyon).

La question métropolitaine se pose toutefois en termes différents à présent. Il s'agit moins de transférer vers les régions des activités localisées à Paris que d'assurer la croissance commune de ces métropoles et de les adapter aux conditions d'une compétition qui se joue aujourd'hui au plan international. Les métropoles françaises ressentent le besoin de « passer à la vitesse supérieure ». Elles s'interrogent notamment sur une **adaptation de leur outil de gouvernance**, la communauté urbaine, créée en 1966, face aux compétences qu'elles exercent aujourd'hui ou se sentent capables d'exercer. Notamment sur le plan du développement économique, ne pourraient-elles pas recevoir par délégation des compétences qui, ailleurs, relèvent plutôt du niveau départemental ou régional ?

- **Quel statut spécifique donner pour ce nombre limité de grandes agglomérations françaises ? La réponse a été apportée par le législateur qui a institué la métropole.**

Il s'agit d'un établissement public de coopération intercommunale (EPCI) qui a été **créé initialement par la loi n° 2010-1563 du 16 décembre 2010 de réforme des collectivités territoriales.**

La **loi n° 2014-58 du 27 février 2014** de modernisation de l'action publique territoriale et d'affirmation des métropoles **en a étendu le dispositif** « de droit commun » **et a institué des métropoles à statut particulier** : le Grand Paris, Lyon et Aix-Marseille-Provence.

C'est dans ce cadre juridique que le 1er janvier 2015 ont vu le jour les métropoles de Rennes, Bordeaux, Toulouse, Nantes, Brest, Lille, Rouen, Grenoble, Strasbourg et Montpellier. Créée également le 1er janvier 2015, la Métropole de Lyon est en réalité une collectivité territoriale à part entière et dispose d'un statut particulier. Celles du Grand Paris et d'Aix-Marseille-Provence verront le jour au 1er janvier 2016.

Création de la métropole : (Art. L. 5217-1 CGCT)

La métropole est un établissement public de coopération intercommunale à fiscalité propre regroupant plusieurs communes d'un seul tenant et sans enclave au sein d'un espace de solidarité pour élaborer et conduire ensemble un projet d'aménagement et de développement économique, écologique, éducatif, culturel et social de leur territoire afin d'en améliorer la cohésion et la compétitivité et de concourir à un développement durable et solidaire du territoire régional. Elle valorise les fonctions économiques métropolitaines, ses réseaux de transport et ses ressources universitaires, de recherche et d'innovation, dans un esprit de coopération régionale et interrégionale et avec le souci d'un développement territorial équilibré.

Au 1er janvier 2015, sont transformés par décret en une métropole les établissements publics de coopération intercommunale à fiscalité propre qui forment, à la date de la création de la métropole, un ensemble de plus de 400 000 habitants dans une aire urbaine, au sens de l'Institut national de la statistique et des études économiques, de plus de 650 000 habitants. [Sont concernées : Nice (qui était déjà une métropole au sens de la loi du 16 décembre 2010), les communautés urbaines de Toulouse, Lille, Bordeaux, Nantes et Strasbourg ainsi que les communautés d'agglomération de Grenoble, Rennes et Rouen].

Sous réserve d'un accord exprimé par deux tiers au moins des conseils municipaux des communes intéressées représentant plus de la moitié de la population totale de celles-ci ou par la moitié au moins des conseils municipaux des communes représentant les deux tiers de la population, peuvent obtenir par décret le statut de métropole, à leur demande :

1° Les établissements publics de coopération intercommunale à fiscalité propre qui forment, à la date de la création de la métropole, un ensemble de plus de 400 000 habitants et dans le périmètre desquels se trouve le chef-lieu de région [cas de Montpellier] ;

2° Les établissements publics de coopération intercommunale, non déjà mentionnés plus haut, centres d'une zone d'emplois de plus de 400 000 habitants, au sens de l'Institut national de la statistique et des études économiques, et qui exercent en lieu et place des communes les compétences énumérées au I de l'article L. 5217-2 CGCT à la date de l'entrée en vigueur de la loi n° 2014-57 du 27 janvier 2014 de modernisation de l'action publique territoriale et d'affirmation des métropoles. [Brest et dix-huit autres communautés étaient, en 2009, selon l'INSEE au centre d'une zone d'emplois de plus de 400 000 habitants].

La création de la métropole est prononcée par décret. Ce décret fixe le nom de la métropole, son périmètre, l'adresse de son siège, ses compétences à la date de sa création ainsi que la date de prise d'effet de cette création. La métropole est créée sans limitation de durée.

Compétences de la métropole :

La métropole exerce **de plein droit**, en lieu et place des communes membres, les compétences suivantes (Art. L. 5217-2 CGCT) :

1° En matière de développement et d'aménagement économique, social et culturel ;

2° En matière d'aménagement de l'espace métropolitain ;

3° En matière de politique locale de l'habitat ;

4° En matière de politique de la ville ;

5° En matière de gestion des services d'intérêt collectif ;

6° En matière de protection et de mise en valeur de l'environnement et de politique du cadre de vie.

Lorsque l'exercice de ces compétences est subordonné à la reconnaissance de leur intérêt métropolitain, celui-ci est déterminé à la majorité des deux tiers du conseil de la métropole. Il est défini au plus tard deux ans après l'entrée en vigueur du décret prononçant la création de la métropole. À défaut, la métropole exerce l'intégralité des compétences transférées.

À cet ensemble impressionnant s'ajoutent également des compétences déléguées par l'État ou attribuées conventionnellement par la région et le département.

Organes de la métropole :

- Le **conseil de la métropole** est présidé par le **président du conseil de la métropole**. Il est composé de **conseillers métropolitains** (Art. L. 5217-6 CGCT).

- Une **conférence métropolitaine** est instituée : il s'agit d'une instance de coordination entre la métropole et les communes membres, au sein de laquelle il peut être débattu de tous sujets d'intérêt métropolitain ou relatifs à l'harmonisation de l'action de ces collectivités. Cette instance est présidée de droit par le président du conseil de la métropole et comprend les maires des communes membres. Elle se réunit au moins deux fois par an, à l'initiative du président du conseil de la métropole ou à la demande de la moitié des maires, sur un ordre du jour déterminé (Art. L. 5217-8 CGCT).

- Un **conseil de développement** réunit les représentants des milieux économiques, sociaux, culturels, éducatifs, scientifiques et associatifs de la métropole. Il s'organise librement. Il est consulté sur les principales orientations de la métropole, sur les documents de prospective et de planification et sur la conception et l'évaluation des politiques locales de promotion du développement durable du territoire. Il peut donner son avis ou être consulté sur toute autre question relative à la métropole (Art. L. 5217-9 CGCT).

Chiffres. Au 1er janvier 2015, on comptait 11 métropoles* qui regroupaient 453 communes et une population de 6 303 722 habitants : Lille, Bordeaux, Toulouse, Nantes, Nice, Rouen, Strasbourg, Grenoble, Montpellier, Rennes, Brest.

*La métropole de Lyon n'est pas juridiquement un établissement public de coopération intercommunale mais une collectivité territoriale à statut particulier.

Source : Chiffres 2015 de la Direction générale des collectivités locales – http://www.collectivites-locales.gouv.fr

B. Le bilan contrasté de la coopération intercommunale

214 La coopération intercommunale représente aujourd'hui un fait remarquable puisque la couverture du territoire par des structures intercommunales est quasiment intégralement assurée.

Chiffres. Au 1er janvier 2015, on comptait 2 133 groupements du type EPCI à fiscalité propre qui regroupaient 36 588 communes (sur les 36 658 que compte la France) et une population de 62 918 202 habitants.

Si à ce jour 70 communes sont encore hors intercommunalité - dont Paris - cette situation ne devrait pas durer pour la capitale qui rentrera prochainement dans le rang à son tour.

Source : Chiffres 2015 de la Direction générale des collectivités locales - http://www.collectivites-locales.gouv.fr

Mais l'intercommunalité à fiscalité propre, qui a connu un essor incontestable depuis 1999, fait face aussi à une importante masse d'analyses critiques qui se concentrent essentiellement sur son coût. L'intercommunalité est soupçonnée d'être un facteur de hausse de la fiscalité locale. À cela s'ajoute le débat récurrent sur la pertinence de ses périmètres, sur le mode de désignation de ses instances délibérantes qui est jugé insuffisamment démocratique, sur la difficulté d'une répartition efficace des compétences entre établissements publics de coopération intercommunale et communes membres qui passe pour insurmontable tant que les communes existeront. On s'inquiète aussi de voir que les économies d'échelle espérées ne sont pas encore tangibles.

Ainsi, en dépit de son dynamisme, force est de constater aussi les **faiblesses** qui affectent le processus de regroupement intercommunal. Celles-ci apparaissent à la fois **dans l'organisation de l'intercommunalité (1)** et **dans son fonctionnement (2)**.

1. Les faiblesses dans l'organisation de l'intercommunalité

215 Elles tiennent à une **double insuffisance** : celle relative, tout d'abord, à la **rationalisation du système (a)** ; celle concernant ensuite sa **démocratisation (b)**. On verra toutefois que des remèdes sont progressivement apportés.

a. La rationalisation insuffisante du système

216 Parmi les critiques les plus sérieuses portées sur le système, certaines tiennent à l'absence de **rationalisation de la carte de la coopération intercommunale**. En effet, on a constaté tout d'abord que les communes ont adhéré très souvent à plusieurs syndicats à la fois, chacune de ces structures ayant un champ territorial spécifique adapté à la fonction gérée. Mais à ce **phénomène d'atomisation de l'intercommunalité**, tenant à la multiplication des structures appartenant à une même catégorie, s'est ajouté un **phénomène de sédimentation de l'intercommunalité**, qui tient à une politique de multiplication des catégories d'établissements de coopération bien souvent sans rapport étroit avec la diversité des missions exercées. Cette intercommunalité « à la carte » a contribué à brouiller singulièrement le paysage institutionnel.

Il est vrai que si certains périmètres d'EPCI peuvent manquer de pertinence, cette situation n'est pas sans rapport avec les conditions qui ont pu présider à leur naissance. Effectivement, on a parfois décelé un caractère « défensif » dans certains regroupements devant permettre aux communes adhérentes d'échapper à la contrainte de devoir rejoindre des formules redoutées. De même, on n'ignore pas les « effets d'aubaine » recherchés par certaines communes qui ont davantage été sensibles à des surcroîts de dotations d'État qu'aux opportunités d'exercer en commun des politiques de manière effective.

Toutefois, face à cette instrumentalisation le législateur n'est pas resté inactif. C'est ainsi que par la **loi du 16 décembre 2010** de réforme des collectivités territoriales il a eu pour objectif **l'achèvement de la couverture intégrale du territoire par des établissements publics de coopération intercommunale à fiscalité propre** et le **renforcement de la cohérence des périmètres intercommunaux** par la suppression des enclaves et discontinuités territoriales avant le 1er juin 2013. Au-delà de cette date, si le représentant de l'État dans le département a constaté la persistance de communes en situation d'isolement, enclavées ou en discontinuité avec leur établissement public de coopération intercommunale (EPCI) à fiscalité propre de rattachement, la loi lui a permis de mettre fin à ces situations par une procédure spécifique, codifiée à L. 5210-1-1 CGCT, consistant dans l'établissement d'un **schéma départemental de coopération intercommunale** devant prévoir les modalités de rationalisation des périmètres des établissements publics de coopération intercommunale existants. Ce schéma est élaboré par le représentant de l'État dans le département en concertation avec les élus concernés et une commission départementale de la coopération intercommunale (Art. L. 5211-42 s. CGCT) ; il est enfin arrêté par décision du représentant de l'État [Toutefois, s'agissant du principe de couverture intégrale, la loi de 2010 a soustrait de cette obligation Paris et les trois départements de la petite couronne (Hauts-de-Seine, Seine-Saint-Denis et Val-de-Marne), lesquels seront traités dans le cadre de la **loi n° 2014-58 du 27 janvier 2014** de modernisation de l'action publique territoriale et d'affirmation des métropoles qui crée la **« métropole du Grand Paris »** au 1er janvier 2016 sous la forme d'un établissement public de coopération intercommunale à fiscalité propre à statut particulier (Art. L. 5219-1 s. CGCT)].

Comme nous l'avons vu plus haut, la quasi-totalité du territoire national est désormais couverte par des établissements publics de coopération intercommunale à fiscalité propre.

À noter : Les EPCI à fiscalité propre ont eux-mêmes une taille désormais plus importante et englobent des populations plus nombreuses grâce aux orientations des schémas départementaux de coopération intercommunale qui ont porté l'objectif d'une taille minimale des EPCI, hors zone de montagne, à 5 000 habitants. En 2014, 29 % des EPCI à fiscalité propre regroupent aujourd'hui plus de 20 000 habitants, 58 % plus de 10 000 habitants et seuls 13 % sont composés de moins de 5 000 habitants. En deux ans, le nombre moyen de communes regroupées dans un EPCI à fiscalité propre augmente de plus de trois unités : 17 communes début 2014 contre 13,7 début 2012.

Source : Étude d'impact du projet de loi portant nouvelle organisation territoriale de la République, juin 2014, p. 80.

b. La démocratisation insuffisante du système

217 Il s'agit là d'une critique récurrente. La question de la démocratisation des instances de coopération locale n'est pourtant pas de pure forme. Elle se pose tout particulièrement dans le cadre de l'intercommunalité de projet, fondée sur des compétences intégrées et une fiscalité autonome. Le poids démographique et finan-

cier de cette intercommunalité a fini par atteindre un seuil critique suffisant pour qu'émerge dans le débat public, au-delà des enjeux liés aux aspects financiers et fiscaux et des modalités de la coopération (méthodes de regroupement, opérationnalité des structures), en particulier, celui plus stratégique du déficit démocratique des instances de coopération intercommunale. N'est-il pas contestable de conférer à des assemblées ne disposant pas de la légitimité d'une élection au premier degré des pouvoirs de plus en plus importants, dont celui de lever l'impôt ? Ce débat est aujourd'hui en partie devenu vain du fait des réformes qui ont été réalisées après 2010 et qui s'analysent comme des avancées démocratiques notables. Pour décrire la situation telle qu'elle résulte du droit positif en vigueur, il convient d'abord de distinguer le cas des syndicats de communes et celui des EPCI à fiscalité propre, avant de présenter les nouvelles modalités de l'élection des délégués communaux siégeant dans ces derniers établissements.

– **Organe délibérant des syndicats de communes.** Selon l'article L. 5211-7 CGCT, « Les syndicats de communes sont administrés par un organe délibérant composé de délégués élus par les conseils municipaux des communes membres dans les conditions prévues à l'article L. 2122-7 » (ce dernier article est relatif à l'élection du maire : celui-ci est élu au scrutin secret et à la majorité absolue ; si, après deux tours de scrutin, aucun candidat n'a obtenu la majorité absolue, il est procédé à un troisième tour de scrutin et l'élection a lieu à la majorité relative ; en cas d'égalité de suffrages, le plus âgé est déclaré élu). L'élection des délégués n'a donc pas lieu au suffrage universel direct. Nous sommes en présence d'élus d'élus.

– **Organe délibérant des établissements publics de coopération intercommunale à fiscalité propre.** Selon l'article L. 5211-6 CGCT, « Les métropoles, communautés urbaines, communautés d'agglomération et communautés de communes sont administrées par un organe délibérant composé de délégués des communes membres élus dans le cadre de l'élection municipale au suffrage universel direct pour toutes les communes dont le conseil municipal est élu au scrutin de liste, dans les conditions fixées par la loi. »

– **L'élection des conseillers communautaires. La loi n° 2013-403 du 17 mai 2013** relative à l'élection des conseillers départementaux, des conseillers municipaux et des conseillers communautaires, et modifiant le calendrier électoral a effectivement introduit une modification remarquable.

Désormais, les **conseillers communautaires** qui composent l'organe délibérant des **communautés de communes**, des **communautés d'agglomération**, des **communautés urbaines** et des **métropoles** sont **élus au suffrage universel direct**, par fléchage (calqué sur le mode de scrutin applicable à Paris, Lyon et Marseille) et l'ont été, pour la première fois, en mars 2014, dans les communes de plus de 1 000 habitants, à l'occasion des élections municipales. Le principe de l'élection des conseillers communautaires au suffrage universel direct a d'abord été voté dans le cadre de la loi portant réforme des collectivités territoriales du 16 décembre 2010. La loi électorale du 17 mai 2013 a organisé les modalités de cette élection, codifiées dans le code électoral.

On note tout d'abord que selon l'article L. 273-3 du code électoral, les conseillers communautaires sont élus pour la même durée que les conseillers municipaux de la commune qu'ils représentent et renouvelés intégralement à la même date que ceux-ci. Ensuite, on observe que le mode de désignation des conseillers communautaires varie selon qu'ils représentent des communes de 1 000 habitants et plus ou de moins de 1 000 habitants. Cette distinction est importante car l'élection au suffrage universel direct des conseillers communautaires ne vaut que pour le premier cas.

À noter : Le Conseil d'État juge qu'« il résulte des dispositions des articles L. 273-3, L. 273-6 et L. 273-8 du code électoral que, si l'élection des conseillers communautaires et celle des conseillers municipaux sont distinctes, elles se déroulent à l'occasion d'un seul scrutin ; il appartient au juge électoral, saisi d'une contestation de l'élection des conseillers municipaux, de tirer, même d'office, les conséquences sur l'élection des conseillers communautaires d'une rectification des résultats du scrutin municipal à laquelle il est conduit à procéder ; ainsi, l'annulation de l'élection d'une personne en qualité de conseiller municipal implique nécessairement l'annulation de son élection en qualité de conseiller communautaire, alors même que les protestataires n'ont pas présenté de conclusions en ce sens. » ; CE, 29 avr. 2015, n° 385344.

• **Dispositions spéciales aux communes de 1 000 habitants et plus :**

- Article L. 273-6 du code électoral : **Les conseillers communautaires** représentant les communes de 1 000 habitants et plus au sein des organes délibérants des communautés de communes, des communautés d'agglomération, des communautés urbaines et des métropoles **sont élus en même temps que les conseillers municipaux** et figurent sur la liste des candidats au conseil municipal.

- Article L. 273-8 du code électoral : **Les sièges de conseiller communautaire sont répartis entre les listes** par application aux suffrages exprimés lors de cette élection des règles prévues à l'article L. 262 (v. ci-dessous). Pour chacune des listes, les sièges sont attribués dans l'ordre de présentation des candidats.

Article L. 262 du code électoral :

Au premier tour de scrutin, il est attribué à la liste qui a recueilli la majorité absolue des suffrages exprimés un nombre de sièges égal à la moitié du nombre des sièges à pourvoir, arrondi, le cas échéant, à l'entier supérieur lorsqu'il y a plus de quatre sièges à pourvoir et à l'entier inférieur lorsqu'il y a moins de quatre sièges à pourvoir. Cette attribution opérée, les autres sièges sont répartis entre toutes les listes à la représentation proportionnelle suivant la règle de la plus forte moyenne, sous réserve de l'application des dispositions du troisième alinéa ci-après.

Si aucune liste n'a recueilli la majorité absolue des suffrages exprimés au premier tour, il est procédé à un deuxième tour. Il est attribué à la liste qui a obtenu le plus de voix un nombre de sièges égal à la moitié du nombre des sièges à pourvoir, arrondi, le cas échéant, à l'entier supérieur lorsqu'il y a plus de quatre sièges à pourvoir et à l'entier inférieur lorsqu'il y a moins de quatre sièges à pourvoir. En cas d'égalité de suffrages entre les listes arrivées en tête, ces sièges sont attribués à la liste dont les candidats ont la moyenne d'âge la plus élevée. Cette attribution opérée, les autres sièges sont répartis entre toutes les listes à la représentation proportionnelle suivant la règle de la plus forte moyenne, sous réserve de l'application des dispositions du troisième alinéa ci-après.

Les listes qui n'ont pas obtenu au moins 5 % des suffrages exprimés ne sont pas admises à répartition des sièges.

Les sièges sont attribués aux candidats dans l'ordre de présentation sur chaque liste.

Si plusieurs listes ont la même moyenne pour l'attribution du dernier siège, celui-ci revient à la liste qui a obtenu le plus grand nombre de suffrages. En cas d'égalité de suffrages, le siège est attribué au plus âgé des candidats susceptibles d'être proclamés élus.

- Article L. 273-9 du code électoral :

I. - La **liste des candidats aux sièges de conseiller communautaire** figure de manière distincte **sur le même bulletin que la liste des candidats au conseil municipal dont elle est issue.**

Sous réserve du II, la présentation de la liste des candidats au conseil municipal et à l'organe délibérant de l'établissement public de coopération intercommunale à fiscalité propre est soumise aux règles suivantes :

1° La liste des candidats aux sièges de conseiller communautaire comporte un nombre de candidats égal au nombre de sièges à pourvoir, augmenté d'un candidat supplémentaire si ce nombre est inférieur à cinq et de deux dans le cas inverse ;

2° Les candidats aux sièges de conseiller communautaire figurent dans l'ordre de présentation dans lequel ils apparaissent sur la liste des candidats au conseil municipal ;

3° La liste des candidats aux sièges de conseiller communautaire est composée alternativement de candidats de chaque sexe ;

4° **Tous les candidats présentés dans le premier quart de la liste des candidats aux sièges de conseiller communautaire doivent figurer, de la même manière et dans le même ordre, en tête de la liste des candidats au conseil municipal** ;

5° **Tous les candidats aux sièges de conseiller communautaire doivent figurer au sein des trois premiers cinquièmes de la liste des candidats au conseil municipal.**

II. - Lorsque le nombre de sièges de conseiller communautaire à pourvoir, augmenté en application du 1° du I, excède les trois cinquièmes du nombre de sièges de conseiller municipal à pourvoir, la liste des candidats aux sièges de conseiller communautaire reprend l'ordre de présentation de la liste des candidats au conseil municipal.

- **Dispositions spéciales aux communes de moins de 1 000 habitants :**

- Article L. 273-11 du code électoral : **Les conseillers communautaires** représentant les communes de moins de 1 000 habitants au sein des organes délibérants des communautés de communes, des communautés d'agglomération, des communautés urbaines et des métropoles **sont les membres du conseil municipal désignés dans l'ordre du tableau.**

On voit donc que ce dispositif continue à entretenir un lien fort entre les communes membres et l'EPCI auquel elles ont adhéré. De fortes contraintes pèsent sur le choix de l'électeur qui n'est pas là en présence d'un système lui permettant de participer à une élection pleinement autonome. Cela permet de préserver la cohérence de la gouvernance de cette administration locale. Pour aller plus loin, il faudra sans doute aller ailleurs et reconsidérer le statut des formes de la coopération intercommunale. La mise en concurrence d'assemblées locales puisant aux mêmes sources de la légitimité démocratique ouvre un vaste débat qui dépasse le cadre de ces développements.

2. Les faiblesses dans le fonctionnement de l'intercommunalité

218 Elles tiennent à la **complexité du régime juridique** (**a**) et **du régime fiscal** de l'intercommunalité (**b**).

a. La complexité du régime juridique de l'intercommunalité

219 L'intercommunalité a connu un incontestable développement et a permis véritablement de répondre à une attente des élus. Il est cependant apparu que la coopération intercommunale souffre d'un dispositif trop complexe qui constitue un **obstacle à une réelle solidarité communale**, tant en milieu rural qu'en milieu urbain. Beaucoup d'élus, et *a fortiori* beaucoup de citoyens comprennent mal ce qui différencie un groupement d'un autre, et quelles sont les compétences et les responsabilités de chacun. Il faut reconnaître que le législateur a parfois contribué à rendre la compréhension du système intercommunal plus ardue, en ne cadrant pas d'une manière suffisamment précise les différentes formules proposées. La superposition des législations n'a pas permis d'attribuer à chaque formule une identité forte, capable de fédérer autour d'elle un type de communes clairement déterminé. Ainsi, par exemple, des communautés urbaines ont pu voir le jour dans des zones relativement peu urbanisées.

Un **effort de simplification du droit existant** est donc apparu nécessaire. Certes, la parution en 1996 du code général des collectivités territoriales a permis une première remise en ordre des règles juridiques et la mise en évidence des principes communs aux différentes catégories (v. cinquième partie du CGCT sur la « coopération locale » dont le livre II traite de la « coopération intercommunale », avec ses articles L. 5210-1 s. relatifs aux établissements publics de coopération intercommunale). Mais ce travail de codification à droit constant n'a, dans le même temps, que davantage souligné la complexité des règles applicables.

Exemple : La police de la circulation et du stationnement. Selon l'article L. 2213-1 CGCT (dans sa rédaction antérieure à sa modification en 2014), « Le maire exerce la police de la circulation sur les routes nationales, les routes départementales et les voies de communication à l'intérieur des agglomérations, sous réserve des pouvoirs dévolus au représentant de l'État dans le département sur les routes à grande circulation. »

Mais lorsqu'un EPCI à fiscalité propre est compétent en matière de voirie, il a été prévu la possibilité d'un exercice conjoint de cette police de la circulation et du stationnement par le président de l'EPCI à fiscalité propre et les maires des communes membres. Cette disposition introduite par la loi n° 2004-809 du 13 août 2004 a été ensuite modifiée par la loi n° 2010-1563 du 16 décembre 2010 afin de renforcer l'intégration intercommunale. Il a alors été prévu la possibilité d'un transfert de cette police spéciale au président d'un EPCI à fiscalité propre compétent en matière de voirie – transfert volontaire, décidé par arrêté préfectoral après accord unanime des maires des communes membres (ou d'un accord des maires des communes membres à la majorité qualifiée dans les communautés urbaines) et du président de l'EPCI à fiscalité propre (art. L. 5211-9-2 CGCT).

Des difficultés d'application de ce dispositif sont apparues pour l'exercice de la police de la circulation et du stationnement à l'extérieur des agglomérations. En effet, il n'existait pas de police spéciale de la circulation sur les voies du domaine public routier communal ou intercommunal situées en dehors de l'agglomération. Ainsi, sur une voie du domaine public routier communal ou intercommunal située hors agglomération mais sur le territoire de sa commune, le maire édictait les mesures nécessaires en matière de circulation sur le fondement du pouvoir de police générale que lui confère l'article L. 2212-2 CGCT. Or, dans la mesure où le pouvoir de police générale du maire ne peut pas être transféré, il en résulte une dichotomie pour l'exercice du pouvoir de police en ce qui concerne les voies communales et intercommunales situées sur le territoire de la commune selon que l'on se situe à l'intérieur ou à l'extérieur de l'agglomération. La conséquence pratique est d'ailleurs que cette limite freine sérieusement les transferts de la police spéciale de la circulation au niveau intercommunal.

Cette situation ne va pas dans le sens qui permettrait un approfondissement de l'intégration par l'intercommunalité. Son manque de cohérence nuit à l'efficience de l'action publique locale qui gagnerait à ce qu'au niveau des services intercommunaux soient effectivement regroupés les moyens nécessaires au pilotage de l'intégralité d'une politique publique déterminée.

Ne conviendrait-il pas alors de réfléchir à une harmonisation du régime juridique applicable aux voies communales et intercommunales situées sur le territoire de la commune, à l'intérieur comme à l'extérieur de l'agglomération ? Celle-ci ne devrait-elle pas bénéficier au président de l'EPCI à fiscalité propre ? Enfin, une automaticité du transfert au bénéfice du président de l'EPCI à fiscalité propre déjà compétent en matière de voirie, sauf opposition des maires des communes membres, ne serait-elle pas de nature à favoriser davantage ce type de transfert que l'actuel mécanisme qui est construit sur l'initiative des maires des communes membres (un tel transfert automatique existe déjà depuis la loi n° 2010-1563 du 16 décembre 2010 de réforme des collectivités territoriales pour le transfert des polices spéciales relatives à la réglementation de l'assainissement, de la collecte des déchets ménagers et du stationnement des résidences mobiles des gens du voyage) ?

À noter : La loi n° 2014-58 du 27 janvier 2014 de modernisation de l'action publique territoriale et d'affirmation des métropoles (art. 62) est venue consacrer en partie cette solution en reconnaissant au maire un pouvoir de police spéciale de la circulation sur les voies communales et intercommunales à l'extérieur des agglomérations (art. L. 2213-1 CGCT), puis en prévoyant que lorsqu'un établissement public de coopération intercommunale à fiscalité propre est compétent en matière de voirie, les maires des communes membres transfèrent au président de cet établissement leurs prérogatives en matière de police de la circulation et du stationnement (art. L. 5211-9-2 CGCT).

Biblio. somm. : Sur ces transferts, voir également M. Quesnel, « Le transfert de pouvoirs de police du maire au président d'EPCI, symbole des nouveaux enjeux de l'intercommunalité », *Dr. adm.* 2015, n° 5, *Étude*, p. 11.

b. La complexité du régime fiscal de l'intercommunalité

220 La complexité du régime juridique des établissements publics de coopération intercommunale tient également à leur fiscalité. Il existe effectivement une large palette de mécanismes fiscaux à la disposition des groupements qui donne indiscutablement une grande souplesse à leur gestion. Néanmoins, cette multiplicité n'aide pas à la bonne compréhension du système par les citoyens, alors même que les établissements publics de coopération intercommunale prélèvent des impôts et que les sommes en jeu sont importantes.

Par ailleurs, les dispositifs proposés ne sont pas toujours en adéquation avec le niveau d'intégration impliqué par chaque formule. Ainsi, avant 1999, les communautés urbaines, dotées de compétences nombreuses, avaient la faculté, et non l'obligation, d'opter pour le régime de taxe professionnelle unique (Dans le régime fiscal de la taxe professionnelle à taux unique, l'EPCI est substitué aux communes membres pour l'application des dispositions relatives à la taxe professionnelle ; il est donc appelé à en voter le taux et à en percevoir le produit ; les communes membres ne conservent de compétences que pour la fiscalité relative aux trois taxes sur les ménages : foncier bâti et non bâti, taxe d'habitation) ; or, aucune des douze communautés urbaines existant alors n'avait choisi cette option, préférant conserver le mécanisme de fiscalité additionnelle. À l'inverse, les communautés de villes (avant leur suppression en 1999), dont les compétences étaient, en théorie, moindres, étaient obligatoirement assujetties au régime de la taxe professionnelle unique. Il est vrai, leur nombre se compta sur les doigts d'une seule main...

Pourtant, l'unification du taux de la taxe professionnelle devait permettre de réduire les concurrences souvent abusives entre communes pour attirer les entreprises. Avec ce régime fiscal, les choix d'implantation d'activités sont dès lors guidés par des critères qualitatifs et non plus financiers. Le nombre d'établissements dotés de la taxe professionnelle resta néanmoins faible, puisqu'au 1er janvier 1999, seulement 98 établissements publics de coopération intercommunale étaient soumis à ce régime fiscal sur 1679 EPCI à fiscalité propre.

Avec la loi du 12 juillet 1999 (art. 80 à 110), la fiscalité des établissements publics de coopération intercommunale a été revue dans un objectif de simplification : les groupements fortement intégrés ont été ainsi obligatoirement soumis au régime de la **taxe professionnelle unique** (TPU), corollaire indispensable des compétences dont ils héritent en matière de développement économique. La communauté de communes garde le choix entre fiscalité additionnelle et taxe professionnelle unique. Néanmoins, si elle choisit de passer en taxe professionnelle unique, elle est obligée d'exercer les compétences concernant les actions de développement économique. De cette manière, par une meilleure adéquation du mécanisme fiscal au niveau d'intégration requis pour chaque formule et aux compétences attribuées, le texte a entendu redonner une logique à l'ensemble de l'édifice.

À noter : La taxe professionnelle a été supprimée en 2010 et a été remplacée par la contribution économique territoriale (CET). La CET, principal impôt économique local, est composée de deux impositions : la cotisation foncière des entreprises (CFE) et la cotisation sur la valeur ajoutée des entreprises (CVAE). La CFE correspond à l'ancienne part foncière de la taxe professionnelle : le taux de CFE est voté librement par les assemblées délibérantes des communes ou des EPCI, sous réserve des règles de liens entre les taux des taxes directes locales. Quant à la CVAE, le bloc communal reçoit 26,5 % de la CVAE perçue sur son territoire, les départements et les régions respectivement 48,5 % et 25 % de celle perçue sur leur territoire. La suppression de la taxe professionnelle ayant pu entraîner une baisse des rentrées fiscales pour les collectivités et établissements bénéficiaires, le législateur a prévu des mécanismes compensateurs, comme la dotation de compensation de la réforme de la taxe professionnelle (art. 78 de la loi n° 2009-1673 du 30 décembre 2009 de finances pour 2010).

Chiffres : Au 1er janvier 2015, sur 2 133 EPCI à fiscalité propre, on comptait 1 309 d'entre eux à avoir choisi la fiscalité professionnelle unique (*Source* : Chiffres 2015 de la Direction générale des collectivités locales – http://www.collectivites-locales.gouv.fr).

SECONDE PARTIE

LE RÉGIME JURIDIQUE DES INSTITUTIONS ADMINISTRATIVES

221 Comme le rappelle J. Chevallier (J. Chevallier, *Science administrative*, 2e éd., PUF, coll. « Thémis », 1994, p. 101), « dans la pensée libérale, l'Administration est considérée comme un appareil spécialisé et professionnalisé, dont la mission est de préparer et d'exécuter les choix qui relèvent de la compétence exclusive des décideurs politiques. Ni élue, ni responsable, elle ne dispose d'aucune légitimité propre. » L'auteur démontre qu'elle est en outre définie par un statut de double subordination.

Ainsi, **sur le plan fonctionnel**, tout d'abord, **les tâches administratives ne seraient jamais initiales, mais toujours secondes par rapport aux tâches politiques**. Le rôle de l'Administration est, en amont, d'éclairer les choix du pouvoir politique en lui fournissant les données techniques et les informations nécessaires ; en aval, d'appliquer les décisions prises, en les adaptant aux circonstances concrètes et aux cas particuliers. En revanche, l'Administration est censée être dépourvue de toute emprise sur les orientations. Cette séparation rigoureuse, jugée seule compatible avec le principe démocratique, est aussi, selon la doctrine libérale, indispensable à la bonne marche des affaires.

Sur le plan organique, ensuite, la distinction des tâches administratives et des tâches politiques tout à la fois présuppose et entraîne une séparation tranchée de ceux qui en sont respectivement chargés. Les fonctions administratives et les fonctions politiques seraient exercées dans les sociétés contemporaines par deux types d'hommes, insérés dans deux types de structures : les premières par les « fonctionnaires », dans le cadre d'une « organisation bureaucratique » ; les secondes par les « élus », dans le cadre d'un « système représentatif ». **L'Administration** est ainsi **un appareil institutionnalisé et hiérarchisé, composé de fonctionnaires permanents et spécialisés ; le pouvoir politique est au contraire exercé par des non-professionnels, soumis aux incertitudes de l'élection.**

Or, selon le professeur J. Chevallier, la **pratique institutionnelle** apporte un **démenti partiel** à cette approche. En effet, non seulement il n'existe aucun critère satisfaisant de délimitation des tâches politiques et administratives, mais la différenciation des organes apparaît tout aussi fragile. Sur ce dernier point, on constate effectivement que **des élus politiques sont appelés à jouer un rôle administratif à tous les niveaux** : au sommet, gouvernement et administration forment un bloc, dont les structures et les actes ne sont pas dissociables ; à la base, la décentralisation aboutit à une administration prise en charge par des élus.

Plan. Il y a donc en réalité **imbrication totale du politique et de l'administratif à tous les niveaux.** Les rôles sont complémentaires au sein de ce système « politico-administratif », l'Administration faisant « partie intégrante de l'espace du politique » (J. Chevallier, *op. cit.*, p. 107). C'est précisément ce que nous permettra de montrer l'étude du **régime juridique des institutions administratives qui relèvent de l'État** (CHAPITRE 1) **et de l'administration locale décentralisée** (CHAPITRE 2).

CHAPITRE 1

Les institutions administratives de l'État

222 L'État est non seulement un **appareil politique**, mais il est aussi une **entité administrative**. Sous ce dernier aspect, il est organisé sous la forme d'un ensemble de services administratifs dont les activités ont vocation à s'exercer sur l'ensemble du territoire national, ce qui différencie l'État des collectivités territoriales qui n'interviennent que sur une portion de ce territoire. De plus, cette universalité de l'État est aussi fonctionnelle, puisqu'à la différence des établissements publics soumis au principe de spécialité, l'État peut intervenir dans tous les domaines. Il a en effet la compétence de sa compétence. Soulignons au passage que cette universalité de l'État va d'ailleurs bien au-delà de l'ordre administratif, puisque l'État est aussi législateur et juge.

L'histoire de cette administration de l'État est étroitement liée à l'histoire de la formation même de l'État. En effet, pour lutter contre les tendances centrifuges qui ont toujours plus ou moins affecté l'histoire du pays, l'État a construit en France un modèle d'administration centralisée, à laquelle il a conféré de nombreuses prérogatives exorbitantes du droit privé. Ces prérogatives de puissance publique sont régies par un droit d'autorité et de contrainte construit autour des notions d'intérêt général et d'ordre public :

le droit administratif. Face à une diversité ressentie comme une menace de désagrégation, **l'appareil administratif de l'État** a ainsi eu pour **mission** de jouer le rôle d'une **force centripète** destinée à créer du lien et à **assurer l'unité de l'ensemble**.

Relayant de la sorte l'autorité de l'État, cette administration s'est alors structurée en formations diversifiées. En effet, dans le schéma de son organisation, l'administration de l'État comprend tout d'abord un ensemble d'autorités et de services centraux d'où partent les grandes impulsions. Mais pour rapprocher les services de l'État des citoyens, et donc pour mieux avoir la maîtrise d'un espace administratif devenu de plus en plus complexe, l'État s'est adapté en multipliant les centres de décisions locaux dépendant de lui. C'est ainsi qu'à partir d'une **administration centrale de l'État** (SECTION 1) s'est développé tout un réseau d'**administrations locales de l'État** étroitement liées à la précédente (SECTION 2).

SECTION 1
L'ADMINISTRATION CENTRALE DE L'ÉTAT

223 Pour exercer leurs tâches, les **autorités administratives de l'État** disposent de moyens et de services qui sont organisés d'abord à l'**échelon central**. Il convient ici de préciser que le caractère central d'un service n'est pas nécessairement lié à sa localisation dans la capitale. En effet, ce qui est déterminant du caractère central, c'est l'existence, à partir d'un lieu donné, d'une compétence s'exerçant directement sur l'ensemble du territoire. Ainsi, une institution administrative peut être centrale, alors même qu'elle est installée en province, comme, par exemple, le service des naturalisations du ministère de l'intérieur situé à Rezé près de Nantes.

Étudier l'administration centrale de l'État revient tout d'abord à s'intéresser aux plus hautes autorités de l'État, qui sont tout à la fois **autorités politiques et administratives**. Or, ce dualisme fonctionnel est animé d'une même dynamique. En effet, il incombe à ces autorités supérieures de définir les grandes orientations de l'action publique. Mais cette administration dite active a été conduite à effectuer des choix de plus en plus techniques, à la mesure de l'extension de l'interventionnisme étatique. Aussi, au nom d'une certaine conception de l'efficacité de l'action administrative, il a été mis en place divers **organes chargés** non seulement de lui **donner avis et conseils** autorisés pour l'éclairer, mais aussi d'**assurer des fonctions de contrôle et d'évaluation des décisions** par souci du respect de la norme et nécessité de gérer au mieux les deniers publics. Ainsi, à côté des « **institutions administratives d'encadrement** », qui détiennent le pouvoir de décision (**§ 1**), sont apparues ce que nous appelons des « **institutions administratives d'accompagnement** » (**§ 2**).

§ 1. Les institutions administratives d'encadrement

224 La définition des politiques administratives appartient à des autorités suprêmes qui exercent à la fois des fonctions politiques et administratives. Ces institutions administratives d'encadrement sont chargées d'imprimer à la machine administrative le mouvement qui est supposé, par hypothèse, traduire la volonté générale et servir l'intérêt général. Elles sont représentées par des organes dont les uns assument **une fonction éminente d'impulsion** (**A**), tandis que les autres sont investis de **pouvoirs supérieurs de gestion** (**B**).

A. Les organes d'impulsion

225 En vertu de la Constitution du 4 octobre 1958, le pouvoir d'impulsion de l'activité administrative au sommet de l'État appartient au **président de la République** et au **Premier ministre**. La combinaison des articles 13, 20 et 21 de ce texte, relatifs respectivement aux attributions du président, du gouvernement et du Premier ministre, débouche effectivement sur un « **bicéphalisme administratif** ». Toutefois, comme l'a observé le Doyen Vedel (G. Vedel, préf. à l'ouvrage J. Massot, *Alternance et cohabitation sous la*

Ve République, Études Doc. fr., 1997, p. 10), « la traduction d'une Constitution en institutions n'obéit pas, même dans un État de droit, à une logique sans alchimie ».

Ainsi, en **période de coïncidence des majorités présidentielle et parlementaire**, la pratique du régime politique de la Ve République a conduit le président de la République à orienter l'action administrative du gouvernement, au besoin par le moyen de lettres-directive adressées au Premier ministre, alors que ce dernier s'est trouvé cantonné plutôt dans la charge qui consiste à assurer la coordination interministérielle et à opérer éventuellement les arbitrages nécessaires en cas de concurrence entre plusieurs ministres. En revanche, les **périodes de cohabitation** tendent à favoriser la mise en place de formes particulières de dyarchie administrative au niveau de l'exécutif et sont donc source de conflits potentiels.

Mais ce qu'il faut bien voir, c'est que ces différents schémas sont rendus possibles par le fait que les actes d'administration émanant du président de la République sont pour la plupart soumis à contreseing ministériel (art. 19 Const.). Nous sommes donc en présence de **pouvoirs** qui sont **juridiquement partagés** entre les deux têtes de l'exécutif. Quelles sont ici les **règles applicables** (**1**) ? **Comment ce pouvoir d'impulsion est-il mis en œuvre** au sein des instances qui sont chargées de la donner (**2**) ?

1. Le partage du pouvoir d'impulsion

226 Le pouvoir administratif suprême est exercé à l'intérieur de deux domaines essentiels : d'une part, en **matière réglementaire** (**a**), d'autre part, **en matière de nomination** aux emplois civils et militaires de l'État (**b**).

a. Le pouvoir réglementaire

227 L'une des innovations de la Constitution de 1958 par rapport à celle de 1946 est de redonner au président de la République une compétence pour signer les textes de portée générale délibérés en Conseil des ministres, compétence dont la Constitution de 1946 l'avait dépouillé au profit du président du conseil. Selon l'article 13, alinéa 1er, de la Constitution de 1958 : « Le président de la République signe les ordonnances et les décrets délibérés en

Conseil des ministres ». Les **ordonnances** sont des textes pris par le pouvoir exécutif dans une matière relevant du domaine législatif et dans les cas et conditions prévus aux articles 38, 47 et 47-1 de la Constitution. Quant aux **décrets délibérés en Conseil des ministres**, il s'agit d'actes pris, soit en vertu d'un texte, soit parce que le décret modifie un texte précédemment délibéré en conseil des ministres.

Avec de telles dispositions, peut-on dire que l'on est ainsi revenu à la compétence de droit commun que l'article 3 de la loi constitutionnelle du 25 février 1875 donnait au président de la République ? Il semble *a priori* que cette compétence appartienne au Premier ministre, puisque le président de la République n'est compétent que si le projet de règlement est délibéré, sous sa présidence, en conseil des ministres (les mesures prises « en conseil des ministres » relèvent de la compétence du président de la République ; v. R. Chapus, *Droit administratif général*, t. 1, Montchrestien, 15e éd., 2001, n° 260).

- Il est arrivé que certains **décrets réglementaires** soient **signés par le président alors qu'ils n'avaient pas été soumis au conseil des ministres.** On pouvait alors considérer qu'ils émanaient d'une autorité incompétente, en conséquence du texte même de la Constitution. Mais, en vertu de la jurisprudence administrative, l'irrégularité disparaît si le Premier ministre, appelé à les contresigner, y a effectivement apposé sa signature. Ils sont alors considérés comme des actes du Premier ministre (CE, Ass., 27 avr. 1962, *Sicard et a.* ; du même jour, *Synd. nat. élèves-conseillers et conseillers travail et législation sociale*, *Leb.* p. 279 ; *AJDA* 1962, p. 284, chron. J.-M. Galabert et M. Gentot ; CE, 11 mai 1990, *Féd. gén. fonctionnaires FO*, *Leb.* p. 121 ; v. égal. P. Avril, « Les décrets réglementaires du président de la République non délibérés en conseil des ministres », *AJDA* 1976, p. 116).

Pour le Conseil d'État, le contreseing du Premier ministre, autorité compétente, suffit donc à régulariser l'acte litigieux au regard des règles de compétence. Il faut considérer alors qu'en l'espèce le contreseing donné par le Premier ministre est en réalité une véritable signature et non un simple contreseing (P. Delvolvé, *L'acte administratif*, Sirey, 1983, n° 449, p. 188-189). La signature du président de la République devient surabondante et n'entache pas l'acte d'illégalité. Le vice d'incompétence n'est pas constitué. En bonne logique, le Conseil d'État exige alors le contreseing des « ministres chargés de l'exécution » des actes du Premier ministre en application de l'article 22 de la Constitution, et non simplement des « ministres responsables », ce qui eut été le cas si le président avait valablement pris le décret.

Grâce à cette position de principe, le président de la République est épargné. En neutralisant l'effet de sa signature sur le jeu normatif, le Conseil d'État ne s'oppose pas à une pratique à laquelle il confère toutefois une pure valeur symbolique. Ce faisant, il ne fait pas obstacle à ce que le président de la République exerce un droit de regard qu'il s'est accordé sans fondement exprès. Il autorise de la sorte une extension de la capacité d'intervention du président de la République, à cette réserve près, mais elle a son importance, que si le Premier ministre souhaite modifier l'acte incompétemment signé par le président de la République, il peut juridiquement passer outre l'intervention de ce dernier. Cette solution présente alors l'avantage d'éviter tout blocage institutionnel.

- Si le président de la République peut ainsi apposer sa signature sur des décrets qui ne passent pas en conseil des ministres, en revanche, il doit signer les **ordonnances et décrets délibérés en conseil des ministres**, selon l'article 13 de la Constitution (ils comportent, dans les visas, la mention : « le Conseil des ministres entendu »).

À noter : Un décret doit être délibéré en conseil des ministres dès lors qu'un texte le prévoit. Ce texte peut être :

- **une disposition constitutionnelle** : l'article 13 de la Constitution dispose ainsi que certains fonctionnaires, parmi lesquels les ambassadeurs, les préfets et les directeurs des administrations centrales, sont nommés en conseil des ministres et l'article 36 que l'état de siège est décrété en conseil des ministres ;

- **une loi organique ou ordinaire** : en vertu de l'article 42 de l'ordonnance organique du 22 décembre 1958 relative au statut de la magistrature, les traitements des magistrats sont fixés par décret en conseil des ministres ; l'article 8 de la loi du 11 janvier 1984 portant statut général de la fonction publique d'État prévoit que doivent être délibérés en conseil des ministres les décrets portant statuts particuliers de certains corps de fonctionnaires ;

- **un décret** : le décret n° 59-178 du 22 janvier 1959 dispose que les attributions des ministres sont fixées par décrets en conseil des ministres.

Cette obligation de signer ne signifie pas que le président a nécessairement compétence liée (comme l'écrit G. Carcassonne, « la preuve que le chef de l'État peut refuser de signer des ordonnances, c'est qu'il l'a fait » ; G. Carcassonne, *La Constitution*, Éd. du Seuil, 1996, p. 97), mais qu'un acte non revêtu de sa signature, alors qu'il a été délibéré en conseil des ministres, est illégal pour ce motif. À ce stade s'est alors posée la question de savoir quelle était l'étendue de la compétence du président de la République. Le Conseil d'État lui a reconnu une sphère d'intervention singulièrement large, repoussant d'autant les risques d'incompétence du chef de l'État (CE, ass., 10 sept. 1992, *Meyet*, n° 140376 ; *Leb.* p. 327, concl. Kessler ; *AJDA* 1992, p. 643, chron. C. Maugüé et R. Schwartz ; *RD publ.* 1992, p. 1822, note A.-M. Le Bos-Le Pourhiet ; *D.* 1993, J., p. 293, note O. Gohin ; *JCP* 1993, I, 3645, note E. Picard ; *RFD adm.* 1993, p. 55, note D. Pouyaud).

En effet, en ce qui concerne les décrets en Conseil des ministres, on pouvait penser que la compétence réglementaire du président de la République était limitée aux hypothèses où l'intervention du conseil des ministres est juridiquement prescrite (CE 16 oct. 1987, *Synd. autonome enseignants médecine*, *Leb.* p. 311 ; v. égal. R. Chapus, « Le statut des décrets réglementaires délibérés en Conseil des ministres », *D.* 1988, Chron., p. 199). Or, telle n'a pas été la solution retenue par le Conseil d'État dans sa jurisprudence la plus récente. En effet, il a considéré que tous les décrets effectivement délibérés en conseil des ministres sont ou deviennent de la compétence du président de la République. Par suite, ces décrets ne peuvent plus être modifiés que par cette même autorité (CE, 23 mars 1994, *CE Régie nat. usines Renault*, req. n° 112565, *AJDA* 1994, p. 904, note M.-T. Viel ; 27 avr. 1994, *Allamigeon et Pageaux*, req. n° 147203, *AJDA* 1994, p. 904, avec la note préc. Mais un décret en conseil des ministres peut disposer que la réglementation présidentielle intervenue sera abrogée ou modifiée par décret du Premier ministre : CE, 9 sept. 1996, *Collas*, req. n° 140970, *D.* 1997, J. p. 129, note O. Gohin ; en effet, afin d'éviter un « effet de cliquet », il est possible d'introduire dans un décret délibéré en conseil des ministres en dehors de toute obligation légale un article final prévoyant que ce décret pourra être modifié par décret simple ou par décret en Conseil d'État ; de même, dans le cas d'un décret dont seules certaines dispositions devaient être délibérées en conseil des ministres, un article final peut prévoir que les autres dispositions seront modifiées par décret).

Cette **définition formelle et non matérielle des décrets en conseil des ministres** aboutit à renverser le partage des compétences qui semblait exister en l'espèce entre le président de la République et le Premier ministre. Désormais – du moins en dehors des périodes de cohabitation – le président de la République devient l'autorité détentrice de la compétence de droit commun, alors que le Premier ministre se voit cantonné dans le rôle d'une autorité d'attribution. On voit tout l'avantage que le président de la République pourrait tirer de cette solution à l'approche d'une période de cohabitation en signant de nombreux décrets en conseil des ministres pour verrouiller une bonne partie du pouvoir réglementaire du futur Premier ministre. Sous cet aspect, le Conseil d'État légalise une pratique institutionnelle selon laquelle en période de fait majoritaire, le président de la République, maître de l'ordre du jour du conseil des ministres qu'il préside (D. Turpin, « La présidence du conseil des ministres », *RD publ.* 1987, p. 873), peut inscrire tout projet de décret ne relevant pas normalement de sa compétence d'attribution en vertu d'une prescription constitutionnelle, législative ou même réglementaire. Le président de la République obtient ainsi la possibilité de fixer lui-même la compétence de sa compétence en matière réglementaire (dans la mesure toutefois où une loi n'a pas expressément renvoyé au Premier ministre le soin de prendre des mesures d'application).

b. Le pouvoir de nomination

228 Le président de la République intervient largement pour les nominations d'un certain nombre de hauts fonctionnaires de l'État (Ph. Yolka, « Le pouvoir de nomination du chef de l'État sous la Ve République », *RD publ.* 1999, p. 719). La liste de ces nominations résulte d'une cascade de textes : article 13 de la Constitution, ordonnance n° 58-1136 du 28 novembre 1958 portant loi organique concernant les nominations aux emplois civils et militaires de l'État, décret en conseil des ministres sur le fondement de l'article 1er de l'ordonnance précédente. À y regarder de plus près, cette liste comprend pour partie des nominations dans des grades de certains corps de fonctionnaires, et pour une autre partie des nominations dans des emplois ; avec cette différence importante que dans le premier cas la compétence présidentielle est pratiquement liée par les règles statutaires applicables à ces corps (sauf s'il s'agit de nominations au « tour extérieur »), alors que dans le second cas, au contraire, le choix du président est discrétionnaire.

En effet, la **compétence du président** est **liée** lorsqu'il intervient sur le fondement de l'article 2 de l'ordonnance du 28 novembre 1958 pour nommer par décret les membres du Conseil d'État et de la Cour des comptes, les magistrats de l'ordre judiciaire, les professeurs de l'enseignement supérieur et les officiers des trois armes, au moment de leur nomination et de la promotion de grade. Il nomme également, à leur entrée en fonction, les membres des corps dont le recrutement est assuré par l'École nationale d'administration et l'École polytechnique.

Pour ce qui est des **nominations discrétionnaires** intervenant en conseil des ministres, leur liste recoupe largement celle des emplois supérieurs pour lesquels les nominations sont dites « à la décision du gouvernement » (liste résultant actuellement du D. n° 85-779, 24 juill. 1985, lui-même pris en conseil des ministres sur le fondement de L. 11 janv. 1984). En l'espèce, le président n'est pas tenu de suivre les propositions qui lui sont faites par les ministres ou par le Premier ministre. Il s'agit, en premier lieu, en vertu de l'article 13 de la Constitution, des ambassadeurs, préfets, représentants du gouvernement dans les territoires d'outre-mer, recteurs et directeurs des administrations centrales ; en deuxième lieu, en vertu de l'article 1er de l'ordonnance du 28 novembre 1958 précitée, des emplois de procureur général près la Cour de cassation, près la Cour des comptes et près la Cour d'appel de Paris ; en troisième lieu, en vertu du même texte, « des emplois de direction dans les établissements publics, les entreprises publiques et les sociétés nationales quand leur importance justifie leur inscription sur une liste dressée par décret en conseil des ministres » (Décret n° 59-587 du 29 avril 1959 : ce décret a été modifié à plusieurs reprises ; il comprend aujourd'hui un peu moins d'une centaine d'emplois) ; enfin, toujours en vertu de l'article 1er de l'ordonnance précitée, des emplois pour lesquels un texte particulier prévoit cette procédure.

On notera qu'à l'issue de la **réforme constitutionnelle** de juillet **2008**, l'**article 13 de la Constitution** a été complété par les dispositions suivantes : « Une loi organique détermine les emplois ou fonctions, autres que ceux mentionnés au troisième alinéa (il s'agit des conseillers d'État, du grand chancelier de la Légion d'honneur, des ambassadeurs et envoyés extraordinaires, des conseillers maîtres à la Cour des comptes, des préfets, des représentants de l'État dans les collectivités d'outre-mer régies par l'article 74 et en Nouvelle-Calédonie, des officiers généraux, des recteurs des académies et des directeurs des administrations centrales), pour lesquels, en raison de leur importance pour la garantie des droits et libertés ou la vie économique et sociale de la Nation, le **pouvoir de nomination du président de la République** s'exerce **après avis public de la commission permanente compétente de chaque assemblée**. Le président de la République ne peut procéder à une nomination lorsque l'addition des votes négatifs dans chaque commission représente au moins trois cinquièmes des suffrages exprimés au sein des deux commissions. La loi détermine les commissions permanentes compétentes selon les emplois ou fonctions concernés. » (La loi organique n° 2010-837 et la loi n° 2010-838 du 23 juillet 2010 fixent, respectivement, la liste des emplois et fonctions soumis à cette obligation et les commissions parlementaires chargées de se prononcer sur chacun d'eux).

2. La mise en œuvre du pouvoir d'impulsion

229 Elle relève de structures diverses dont les unes sont rattachées à l'Élysée (**a**), alors que d'autres dépendent de **Matignon** (**b**).

a. L'Élysée

230 Aucune règle de droit positif ne prévoit l'organisation de la Présidence. Le président de la République choisit en toute liberté la structure et les hommes. Cette personnalisation ne porte en fait que sur les proches collaborateurs du chef de l'État, soit 20 à 60 personnes selon les présidents, alors que l'ensemble des services de l'Élysée (commandement militaire, protocole, correspondance présidentielle, intendance, service de l'administration et de la conservation des résidences présidentielles, etc.) représente un peu plus de huit cents personnes.

Les effectifs de la présidence de la République

Ils s'élevaient à 858 équivalents temps plein (ETP) au 1er janvier 2013 et à 854 au 1er juillet 2013, ils ont été ramenés à 836 ETP au 1er janvier 2014 puis à 829 au 1er juillet 2014, l'objectif de l'année 2015 se situant à 828.

Sur un budget de fonctionnement de l'ordre de 105 millions d'euros environ, la masse salariale est proche de 70 millions d'euros.

La répartition des effectifs entre les **personnels mis à disposition** par les administrations et organismes publics et les **contractuels** recrutés directement par la présidence de la République est respectivement de 83 % (688) et 17 % (141) des ETP. La répartition en termes de masse salariale est respectivement de 57 millions d'euros pour les premiers et de 11 millions d'euros pour les seconds. Les personnels mis à disposition le sont contre remboursement au titre de conventions qui en précisent notamment les modalités ; les agents contractuels recrutés par la présidence sont rémunérés sur son budget. Les deux premiers ministères pourvoyeurs sont ceux de l'intérieur (333 mises à disposition) et de la défense (104 mises à disposition) – compte tenu des effectifs nécessaires à la sécurité du palais de l'Elysée.

Source : Ass. Nat., Rapport n° 2260 sur le projet de loi de finances pour 2015, Annexe n° 36 : Pouvoirs publics, oct. 2014.

Voir également sur son site Internet le rapport de la Cour des comptes sur *Les comptes et la gestion des services de la présidence de la République* (parution en principe en juillet).

1) L'entourage immédiat du président de la République

231 En mars 2015, l'entourage immédiat du président de la République comprend :

- un secrétaire général
- un secrétaire général adjoint
- un directeur du cabinet
- un directeur adjoint de cabinet
- un chef du cabinet
- un chef adjoint du cabinet
- un conseiller spécial Affaires économiques et financières multilatérales, Sherpa et européennes

- un conseiller diplomatique
- un conseiller relation avec le Parlement et les élus
- un conseiller Presse et communication
- un chef de l'état-major particulier

Le **secrétariat général** est une courroie de transmission entre le président et l'appareil d'État. Il comprend un **secrétaire général**, plus proche collaborateur du président, et son adjoint, ainsi que des conseillers techniques spécialisés, qui suivent les affaires des différents ministères, tandis que des chargés de mission ont des tâches plus ponctuelles. Il impulse également l'action du cabinet.

Le **cabinet** est le successeur de la « maison civile » des chefs d'État antérieurs à 1958. Son importance varie selon la densité politique que le président accorde à ses activités. Il comprend un **directeur** entouré de plusieurs conseillers techniques ou chargés de mission et un **chef de cabinet** qui est chargé d'organiser la vie quotidienne et l'activité de représentation du président (agenda, réceptions, déplacements).

Quant à **l'état-major particulier**, il comprend des officiers. Il assiste le président dans ses fonctions de chef des armées (art. 15 de la Constitution) et joue, en matière militaire, un rôle comparable à celui du secrétariat général dans les secteurs civils.

2) Les organes collégiaux relevant du président de la République

232 En lien avec les fonctions du chef de l'État, chef des Armées, le code de la défense mentionne le **conseil de défense et de sécurité nationale** (CDSN) – Art. R* 1122-1 à R* 1122-5 – **et deux formations spécialisées** de ce conseil, à savoir : le **conseil national du renseignement** (Art. R* 1122-6 à D. 1122-8-1) et le **conseil des armements nucléaires** (Art. R* 1122-9 à R* 1122-10).

- le **conseil de défense et de sécurité nationale** (CDSN) : Le conseil de défense et de sécurité nationale définit les orientations en matière de programmation militaire, de dissuasion, de conduite des opérations extérieures, de planification des réponses aux crises majeures, de renseignement, de sécurité économique et énergétique, de programmation de sécurité intérieure concourant à la sécurité nationale et de lutte contre le terrorisme. Il en fixe les priorités. Article R* 1122-1 du code de la défense.

Dans sa formation plénière, le conseil de défense et de sécurité nationale comprend, outre le président de la République, qui le préside : le Premier ministre ; le ministre de la défense ; le ministre de l'intérieur ; le ministre chargé de l'économie ; le ministre chargé du budget ; le ministre des affaires étrangères, et, s'il y a lieu, sur convocation du président, d'autres ministres pour les questions relevant de leur responsabilité. Art. R* 1122-2 du code de la défense.

- le **conseil national du renseignement** : Il constitue une formation spécialisée du conseil de défense et de sécurité nationale, qui est chargé de définir les orientations stratégiques et les priorités en matière de renseignement. Il établit la planification des moyens humains et techniques des services spécialisés de renseignement. Art. R* 1122-6 du code de la défense.

Siègent au conseil national du renseignement, sous la présidence du président de la République, le Premier ministre, les ministres et les directeurs des services spécialisés de renseignement dont la présence est requise par l'ordre du jour ainsi que le coordonnateur national du renseignement. Art. R* 1122-7 du code de la défense.

Nommé par décret en conseil des ministres, **le coordonnateur national du renseignement** conseille le président de la République dans le domaine du renseignement. Art. R* 1122-8 du code de la défense. Aux côtés du coordonnateur national du renseignement plusieurs services forment avec lui « **la communauté française du renseignement** ». Art. D. 1122-8-1 du code de la défense.

La communauté française du renseignement

Elle est particulièrement étoffée en France. Auprès du président de la République, on trouve un **conseil national du renseignement** et un **coordonnateur du renseignement**, lequel coordonne les **six principaux services** constituant la communauté française du renseignement :

Relevant directement du ministre de la Défense :

- la **direction générale de la sécurité extérieure** (DGSE), chargée de l'espionnage et du contre-espionnage à l'extérieur du territoire national. C'est un service « civil », au sens où il est rattaché à l'autorité politique civile et distinct de tout état-major militaire. Selon l'article D. 3126-2 du code de la défense : « La direction générale de la sécurité extérieure a pour mission, au profit du gouvernement et en collaboration étroite avec les autres organismes concernés, de rechercher et d'exploiter les renseignements intéressant la sécurité de la France, ainsi que de détecter et d'entraver, hors du territoire national, les activités d'espionnage dirigées contre les intérêts français afin d'en prévenir les conséquences. »

- la **direction de la protection et de la sécurité de la défense** (DPSD), chargée de la sécurité du personnel, des informations, du matériel et des installations sensibles.

Relevant de l'état-major des armées, au sein du ministère de la Défense :

- la **direction du renseignement militaire** (DRM), chargée du renseignement tactique et stratégique sur les théâtres et les futurs théâtres d'opération de l'armée.

Relevant directement du ministre de l'Intérieur :

- la **direction générale de la sécurité intérieure** (DGSI), chargée du contre-espionnage et de la lutte antiterroriste. Le **décret n° 2014-445 du 30 avril 2014** relatif aux missions et à l'organisation de la **direction générale de la sécurité intérieure** a créé au ministère de l'Intérieur cette direction, rattachée directement au ministre et reprenant les missions de renseignement et de police judiciaire jusque-là dévolues à la **direction centrale du renseignement intérieur** (DCRI) qui était rattachée à la direction générale de la police nationale ; la nouvelle DGSI a ainsi gagné en autonomie budgétaire et de gestion. Elle s'est substituée à la **direction centrale du renseignement intérieur** (DCRI), née en 2008 de la fusion de la **direction de la surveillance du territoire** (DST) et de la **direction centrale des renseignements généraux** (RG).

Relevant de la tutelle du ministère de l'Économie :

- la **direction nationale du renseignement et des enquêtes douanières** (DNRED), service à compétence nationale, chargé des enquêtes douanières et des mouvements de marchandises douteux.

- le **service Traitement du renseignement et de l'action contre les circuits financiers clandestins** (TRACFIN), service à compétence nationale, chargé du renseignement sur les circuits financiers douteux et clandestins.

- le **conseil des armements nucléaires** : Le conseil des armements nucléaires constitue une formation spécialisée du conseil de défense et de sécurité nationale, qui est chargé de définir les orientations stratégiques et de s'assurer de l'avancement des programmes en matière de dissuasion nucléaire. Art. R* 1122-9 du code de la défense.

Siègent au conseil des armements nucléaires, sous la présidence du président de la République, le Premier ministre, le ministre de la défense, le chef d'état-major des armées, le délégué général pour l'armement et le directeur des applications militaires du commissariat à l'énergie atomique. Art. R* 1122-10 du code de la défense.

b. Matignon

233 Le chef du gouvernement, en personne ou par l'intermédiaire de ses collaborateurs, dirige effectivement la machine administrative de l'État. L'intensité de son pouvoir d'impulsion est certes susceptible de variations selon que le régime fonctionne sur la base des principes du présidentialisme majoritaire ou de ceux de la cohabitation. En tout état de cause, le Premier ministre joue un rôle moteur au cœur de l'appareil d'État. C'est la raison pour laquelle il dispose de services administratifs nombreux et puissants.

1) L'entourage immédiat du Premier ministre

234 Il comprend tout d'abord le **cabinet civil.** Avec à sa tête un directeur, il comprend des conseillers techniques, assistés de chargés de mission, qui sont les correspondants spécialisés des membres du gouvernement et de leurs cabinets. Ils assurent en principe l'unité de l'action du gouvernement, transmettent les instructions du Premier ministre, canalisent les propositions des ministres et arbitrent les conflits entre ministères.

Les effectifs du cabinet du Premier ministre.

Ils s'élevaient au 31 août **2013** à 490 personnes, dont **67 au cabinet** et 423 en charge des fonctions support. Au 31 août **2014**, on dénombrait 479 personnes dont **55 membres du cabinet** et 424 personnels en charge des fonctions support. (*Source* : Ass. Nat., Rapport n° 2260 sur le projet de loi de finances pour 2015).

À cela s'ajoute un **cabinet militaire**, qui assiste le Premier ministre pour les affaires de défense (Art. L. 1131-1 du code de la défense : « Le Premier ministre dirige l'action du Gouvernement en matière de sécurité nationale. Le Premier ministre responsable de la défense nationale exerce la direction générale et la direction militaire de la défense. (...) Le Premier ministre prépare et coordonne l'action des pouvoirs publics en cas de crise majeure. (...) »).

235 À la différence des structures précédentes, le **secrétariat général du gouvernement** (SGG) est un service administratif dont le personnel est permanent. Créé par un décret du 31 janvier 1935 (mais de nombreuses tentatives avaient été faites avant cette date pour essayer d'organiser des services jugés indispensables à l'action du chef du gouvernement ; v. R. Py, *Le secrétariat général du gouvernement*, Notes et Études doc. n° 4779, Doc. fr., 1985, p. 9 s.), le SGG comprend des chargés de mission qui y assurent des activités

strictement techniques (**Effectif** : 335 « équivalent temps plein annuel travaillé » (ETPT) dans le projet de loi de finances pour 2015) : préparation des dossiers de réunions interministérielles, documentation juridique et administrative, contrôle de régularité juridique des projets de lois et de décrets, suivi du programme de travail du gouvernement et de la procédure législative (le SGG œuvre de conserve notamment avec le Conseil constitutionnel, auquel il adresse, au nom du gouvernement, des « observations », en réplique à la saisine parlementaire ; celles-ci sont d'ailleurs désormais publiées au *Journal officiel* depuis CC, déc. n° 94-350 DC du 20 déc. 1994, *Statut fiscal Corse*).

À sa tête se trouve un **secrétaire général du gouvernement**, assisté d'un directeur. Il exerce un rôle spécifique qui va au-delà des compétences qui viennent d'être énumérées. Il intervient comme acteur essentiel dans toute l'organisation du travail gouvernemental. En particulier, il prépare l'ordre du jour du conseil des ministres, en relation étroite avec le secrétaire général de l'Élysée, transmet aux ministres les instructions du Premier ministre sur l'attitude à prendre au sein du gouvernement, est consulté sur un grand nombre de nominations administratives importantes. La permanence dont il jouit souligne son importance. En effet, depuis la Libération, on ne compte que neuf titulaires, d'André Ségalat à Marc Guillaume nommé en 2015 (tous étant des membres du Conseil d'État).

2) Les services rattachés au Premier ministre

236 Pour donner une mesure de leur importance quantitative, il y a lieu de relever ici la différence numérique entre les services de la présidence de la République, qui comptent un millier de personnels, et les 8 000 fonctionnaires rattachés au Premier ministre à travers des formules variées et variables. Si l'on s'en tient aux seules structures stables de cette vaste nébuleuse, on peut faire état des services présentés ci-dessous.

237 En matière de politique extérieure, deux secrétariats généraux assistent le Premier ministre.

Il s'agit, tout d'abord, du **secrétariat général de la défense et de la sécurité nationale** (SGDSN). Service du Premier ministre chargé de la coordination interministérielle en matière de défense et de sécurité nationale, le SGDSN se situe au point de convergence de l'ensemble des dossiers intéressant la sécurité intérieure et extérieure de la France (D. n° 2009-1657, 24 déc. 2009 ; art. R* 1132-1 s. du code de la défense). En particulier, « en liaison avec les départements ministériels concernés, il suit l'évolution des crises et des conflits internationaux pouvant affecter les intérêts de la France en matière de défense et de sécurité nationale et étudie les dispositions susceptibles d'être prises. Il est associé à la préparation et au déroulement des négociations ou des réunions internationales ayant des implications sur la défense et la sécurité nationale et est tenu informé de leurs résultats » (Art. R* 1132-3 du code de la défense).

La sécurité des systèmes d'information

Le secrétaire général de la défense et de la sécurité nationale a, en propre, la **mission** de proposer au Premier ministre et de mettre en œuvre la politique du Gouvernement **en matière de sécurité des systèmes d'information.** Il dispose à cette fin du service à compétence nationale **Agence nationale de la sécurité des systèmes d'information** (ANSSI), créée le 7 juillet 2009 et qui lui est rattachée (décret n° 2009-834). La sécurité des systèmes d'information est en effet devenue un des enjeux majeurs de la sécurité et de la défense de l'État.

Il s'agit ensuite du **secrétariat général des affaires européennes** (SGAE). Au plan externe, celui-ci est l'intermédiaire obligé de toutes les administrations françaises avec les services de l'Union européenne ; au plan interne, il est chargé de préparer la transposition des directives européennes en normes nationales dans les délais requis.

238 Le **secrétariat général pour la modernisation de l'action publique** (SGMAP). Créé par le décret n° 2012-1198 du 30 octobre 2012, ce secrétariat général est placé sous l'autorité du Premier ministre et **regroupe des activités très différentes : la direction interministérielle pour la modernisation de l'action publique** (DIMA) (Via la réunion de comités interministériels de l'action publique (CIMAP), la DIMAP est placée au service de la modernisation des services publics afin qu'ils contribuent en particulier à la simplification administrative, au redressement des finances publiques et à la compétitivité de l'économie), **la direction interministérielle des systèmes d'information et de communication**

de l'État (DISIC) qui gère les réseaux de communication de l'État, dont le réseau interministériel de l'État (RIE) et enfin **la mission** Etalab dont **l'objet** est de **soutenir l'ouverture et le partage des données publiques.**

239 **L'information d'origine gouvernementale** est assurée par la **direction de l'information légale et administrative** (DILA). Placée sous l'autorité du Premier ministre et rattachée au secrétaire général du Gouvernement, elle est née de la fusion entre la Documentation française et la Direction des Journaux officiels (Décret n° 2010-31 du 11 janvier 2010).

Missions de la direction de l'information légale et administrative (DILA)

(Art. 2, D. 11 janv. 2010 préc.) La direction de l'information légale et administrative est **garante de l'accès au droit**. Elle veille à ce que les citoyens disposent des informations nécessaires à leurs démarches administratives ainsi qu'à la connaissance de leurs droits et de leurs obligations. Elle contribue à la **transparence de la vie publique**, économique et financière. Elle propose au Premier ministre les mesures utiles pour coordonner l'action des administrations de l'État dans ces domaines.

À ce titre, elle est chargée des **tâches suivantes** :

1° Elle **diffuse l'ensemble des données dont la publication est obligatoire** en vertu des lois et des règlements ou qui nécessitent des garanties particulières de fiabilité.

2° Elle **assure la conception et le fonctionnement de services d'information** utilisant différents supports qui permettent aux citoyens de connaître leurs droits et obligations et facilitent leurs démarches (comme www.service-public.fr) ; elle met à la disposition du public un service de renseignement par téléphone (comme le « 3939 ») ;

3° Elle **favorise l'accès des citoyens à la vie publique et au débat public par l'édition et la diffusion de publications**, la mise à disposition de documents et d'espaces de diffusion sur Internet ; à cet effet, elle peut agir comme imprimeur, éditeur ou diffuseur pour le compte d'administrations et d'organismes publics ou publier pour son compte propre des périodiques et ouvrages de vulgarisation sous la marque éditoriale de la Documentation française ;

4° Elle **prépare la politique interministérielle dans le domaine de la diffusion légale**, de l'information administrative et de l'édition publique ; elle assure, à ce titre, le secrétariat du conseil d'orientation de l'édition publique et de l'information administrative.

Quant au **service d'information du gouvernement** (SIG) – service du Premier ministre sous l'autorité directe duquel il est placé – son action consiste à servir de **relais entre le gouvernement et**

l'opinion en organisant aussi bien les campagnes gouvernementales en direction de l'opinion qu'à l'inverse, les études de mesure de l'opinion publique sur l'action de l'exécutif.

240 Les questions d'administration générale relèvent de la **Direction générale de l'administration et de la fonction publique** (DGAFP), créée par l'ordonnance du 9 octobre 1945, qui lui a donné pour mission de concevoir et de mettre en place une politique d'ensemble de la fonction publique, en particulier dans le domaine des ressources humaines. Elle est **rattachée fonctionnellement au Premier ministre et mise à disposition du ministère chargé de la fonction publique**. Elle apporte au gouvernement et aux ministères une **expertise** en matière de règles statutaires, de rémunération, de retraites, de temps de travail, d'action sociale. Elle exerce par ailleurs sa **tutelle sur les écoles administratives interministérielles** (Instituts régionaux d'administration, École nationale d'administration). Elle est également responsable du **suivi du dialogue social** avec les organisations syndicales.

Chiffres. Selon l'INSEE, au 31 décembre **2013**, la **fonction publique** emploie près de **5,6 millions de salariés**, dont 2,47 dans la fonction publique d'État, 1,95 dans la fonction publique territoriale, et 1,17 dans la fonction publique hospitalière.

La direction générale de l'administration et de la fonction publique comprend un service et trois sous-directions (arrêté du 10 avril 2012 relatif à l'organisation de la direction générale de l'administration et de la fonction publique) :

- le service du pilotage et des politiques transversales ;
- la sous-direction de l'animation interministérielle des politiques de ressources humaines ;
- la sous-direction des rémunérations, de la protection sociale et des conditions de travail ;
- la sous-direction des statuts et de l'encadrement supérieur.

Biblio. somm. : Sénat, *Rapp. d'information* n° 441 (2004-2005), « La direction générale de l'administration et de la fonction publique (DGAFP) : quel pilotage pour la fonction publique ? », juin 2005.

241 **La coordination des politiques de l'État concernant l'aménagement du territoire.** Une administration dédiée : **le Commissariat général à l'égalité des territoires (CGET)**, a été créé par un décret n° 2014-394 du 31 mars 2014. Deux arrêtés en date du 30 mai 2014 ont précisé son organisation et celle de ses directions et sous-directions. Issu du regroupement de la Délégation à l'aménagement du territoire et à l'attractivité régionale (DATAR), du Secrétariat général du Comité interministériel des villes (SGCIV) et de l'Agence nationale pour la cohésion sociale et l'égalité des chances (ACSé), le CGET est un service du Premier ministre à vocation interministérielle. Cette mutualisation permet de rompre avec une approche sectorielle des politiques publiques pour privilégier une réflexion transversale et une convergence de moyens.

Le Commissariat général à l'égalité des territoires (CGET) est composé de trois grands pôles :

– la direction de la ville et de la cohésion urbaine, qui conçoit et met en œuvre la politique de la ville et pilote l'élaboration des contrats de ville ;

– la direction des stratégies des territoires, qui supervise la remise à plat de la géographie d'intervention et assure des missions d'observation qui permettent de concevoir stratégiquement la politique d'égalité des territoires ;

– la direction du développement des capacités des territoires, qui pilote la politique d'égalité des territoires pour les territoires à enjeux, les territoires fragiles, en mutation, s'appuyant sur des outils de contractualisation.

Il comprend aussi trois missions transversales :

– la mission « Contractualisation des partenariats territoriaux », chargée de coordonner les démarches contractuelles et d'assurer les relations avec les collectivités territoriales et les associations nationales d'élus locaux ;

– la mission « Affaires européennes », qui favorise les échanges et coopérations avec les institutions de l'Union européenne concernant la politique d'égalité des territoires ;

– la mission de coordination de l'action interministérielle et sectorielle, qui est chargée de la coordination et du suivi du travail interministériel concernant les politiques d'égalité des territoires.

242 **La prospective auprès du Premier ministre.** Le **Commissariat général à la stratégie et à la prospective** (CGSP), créé en avril 2013, s'est substitué au Centre d'analyse stratégique (CAS). Le 16 juin 2014, le CGSP a pris le nom de **« France Stratégie »**. *France Stratégie* est chargé de coordonner les activités d'un réseau de plusieurs organismes qui lui sont associés. Le commissariat

général s'organise, pour l'exercice de ces activités, en quatre **départements sectoriels** : le département économie-finances, le département développement durable, le département travail-emploi, le département questions sociales. Il comporte également deux services transversaux, le service édition/communication et le service débats, partenariats, affaires internationales. Un secrétariat général assure la gestion des fonctions transverses du commissariat et des organismes du réseau.

Conçu à la fois comme un outil de concertation au service du débat social et citoyen, et un outil de pilotage stratégique au service de l'exécutif, le commissariat général travaille en réseau avec les organismes suivants :

- le Centre d'études prospectives et d'informations internationales ;
- le Conseil d'analyse économique ;
- le Conseil d'orientation des retraites ;
- le Conseil d'orientation pour l'emploi ;
- le Haut Conseil de la famille ;
- le Haut Conseil pour l'avenir de l'assurance maladie ;
- le Haut Conseil du financement de la protection sociale ;
- le Conseil national de l'industrie ;
- le Centre d'études prospectives et d'informations internationales.

243 Enfin, sont parfois considérés comme « services » du Premier ministre des établissements publics qui relèvent de son autorité, mais qui disposent de la personnalité juridique, comme par exemple **l'École nationale d'administration** (ENA).

L'École nationale d'administration (ENA) est un **établissement public administratif de l'État**, placé **sous la tutelle du Premier ministre**, laquelle est **co-exercée par la Direction générale de l'administration et de la fonction publique** (DGAFP). Son siège se situe à Strasbourg, où l'essentiel de ses activités est regroupé depuis 2005. L'ENA a été créée en 1945 avec pour mission d'assurer le recrutement et la formation initiale des hauts fonctionnaires de l'État (**Concours** : Le nombre de places s'élève à 43 pour le concours externe, 38 pour le concours interne et 9 pour le troisième concours). Deux principes essentiels ont été posés par l'ordonnance du 9 octobre 1945 dont l'École devait garantir la mise en œuvre : celui de la **professionnalisation de la formation des futurs cadres supérieurs** et dirigeants de l'État, et celui de la **démocratisation du recrutement de la haute fonction publique**.

B. Les organes de gestion

244 Il s'agit ici de l'ensemble des organismes qui servent la politique définie par les autorités suprêmes étudiées plus haut. Ils ont donc pour fonction de traduire une politique en action administrative (v. art. 3, Décr. n° 2015-510, 7 mai 2015, portant charte de la déconcentration). Leurs éléments caractéristiques communs tiennent tout d'abord au fait qu'ils n'ont pas de personnalité juridique distincte de celle de l'État, qu'ils sont ensuite placés sous l'autorité d'un ministre et qu'enfin leurs compétences s'appliquent à l'ensemble du territoire (v. art. 2, D. n° 2015-510, 7 mai 2015, préc.). Les services concernés se distinguent ainsi des services déconcentrés et des administrations décentralisées. La formule s'identifie aux **administrations centrales des ministères (1)** et aux **services à compétence nationale (2)** (art. 2, D. n° 2015-510, 7 mai 2015, préc.). On observera que leur organisation doit aujourd'hui faire des efforts particuliers d'adaptation face aux exigences de l'**intégration européenne (3)**.

1. Les administrations centrales des ministères

245 Après avoir rappelé que « placées sous l'autorité du Premier ministre et de chacun des ministres, les administrations civiles de l'État se composent, d'une part, d'administrations centrales et de services à compétence nationale, d'autre part, de services déconcentrés », le **décret n° 2015-510 du 7 mai 2015 portant charte de la déconcentration** précise dans son article 2 que « sont confiées aux administrations centrales et aux services à compétence nationale les seules missions qui présentent un caractère national ou dont l'exécution, en vertu de la loi, ne peut être déléguée à un échelon territorial ».

– **Rôle des administrations centrales de l'État.** Après avoir présenté ainsi l'articulation générale des administrations de l'État, le décret précité, en son article 3, s'attache à décrire le rôle des administrations centrales en ces termes :

« I. - Les administrations centrales assurent, au niveau national, un rôle de conception, d'animation, d'appui des services déconcentrés, d'orientation, d'évaluation et de contrôle.

À cette fin, elles participent à l'élaboration des projets de loi et de décret et préparent et mettent en œuvre les décisions du Gouvernement et de chacun des ministres, notamment dans les domaines suivants :

1° La définition et le financement des politiques nationales, le contrôle de leur application, l'évaluation de leurs effets ;

2° L'organisation générale des services de l'État et la fixation des règles applicables en matière de gestion des personnels ;

3° La détermination des objectifs de l'action des services à compétence nationale, des services déconcentrés et des organismes publics rattachés à l'État, auxquels elles fixent des directives pluriannuelles ; pour les services déconcentrés de l'État, ces directives sont déclinées au niveau des circonscriptions territoriales de l'État ;

4° L'apport des concours techniques qui sont nécessaires aux services déconcentrés et l'évaluation des résultats obtenus.

II. - Elles peuvent **également se voir confier des missions opérationnelles** qui présentent un caractère national. »

- Relations entre les administrations centrales et les services déconcentrés de l'État. Selon l'article 10 du décret du 7 mai 2015 précité, « Les administrations centrales maîtrisent, hiérarchisent, coordonnent et formalisent leurs **directives et instructions aux administrations déconcentrées.** Les secrétaires généraux des ministères veillent à ce que les directives et instructions adressées aux administrations déconcentrées soient cohérentes avec les directives nationales d'orientation et sont chargés de la transmission des directives et instructions adressées aux administrations déconcentrées. / Les administrations centrales rendent compte de l'utilisation des informations collectées aux services déconcentrés contributeurs. ».

On relève ainsi dans le texte cité en référence l'obligation faite aux administrations centrales d'adresser aux services des objectifs non plus annuels mais pluriannuels, hiérarchisés et coordonnés (v. art. 9, Décr. 7 mai 2015, préc.), qui doivent donner davantage de cohérence aux instructions adressées aux services déconcentrés en faisant du secrétaire général de chaque ministère le canal unique de leur diffusion. Il prévoit par ailleurs une obligation d'une étude d'impact spécifique pour tous les textes ayant une incidence sur les services déconcentrés (v. art. 8, Décr. 7 mai 2015, préc.).

- **Organisation des administrations centrales.** L'organisation des services d'administration centrale est régie par le décret n° 87-389 du 15 juin 1987 (modifié).

Les services d'administration centrale des ministères sont organisés en **directions, services** et **sous-directions** (l'organisation des services centraux de chaque ministère en directions générales, directions et services est fixée par décret. L'organisation des directions générales, directions et services des administrations centrales en sous-directions est fixée par un arrêté du ministre concerné). Ces subdivisions internes peuvent varier d'un ministère à l'autre. Il en est même qui ne disposent pas de services propres, mais font appel « en tant que de besoin » aux services placés sous l'autorité hiérarchique d'un autre ministre.

L'**organisation générale de chaque ministère** est fixée et modifiée par un décret du chef de gouvernement contresigné par le ou les ministres chargés de son exécution. En fait, de tels décrets se bornent à fixer le nombre, la dénomination et les attributions des directions. Il appartient ensuite aux ministres de préciser, par arrêté, l'organisation et le fonctionnement internes de chacune d'elles.

Exemple : L'administration centrale du ministère de l'intérieur

(Décret n° 2013-728 du 12 août 2013 portant organisation de l'administration centrale du ministère de l'intérieur et du ministère des outre-mer)

L'administration centrale du ministère de l'intérieur comprend (art. 1er, décret préc.) :

a) Le secrétariat général ;

b) La direction générale des collectivités locales ;

c) La direction générale de la police nationale ;

d) La direction générale de la gendarmerie nationale ;

e) La direction générale des étrangers en France ;

f) La direction générale de la sécurité civile et de la gestion des crises ;

g) La direction générale des outre-mer ;

h) La délégation à la sécurité et la circulation routières.

À noter :

La direction des libertés publiques et des affaires juridiques (DLPAJ) a été rattachée au secrétariat général.

Par ailleurs, une **direction générale de la sécurité intérieure** (DGSI) a été créée par le décret du 30 avril 2014. Elle reprend les missions de la direction centrale du renseignement intérieur créée le 1er juillet 2008, elle-même issue du rapprochement de la Direction Centrale des Renseignements Généraux née en 1907 et de la Direction de la Surveillance du Territoire créée en 1944. Le décret du 30 avril 2014 précise le périmètre des missions de la DGSI en son article premier selon les termes suivants : « La direction générale de la sécurité intérieure est un service actif de la police nationale. Elle est chargée, sur l'ensemble du territoire de la République, de rechercher, de centraliser et d'exploiter le renseignement intéressant la sécurité nationale ou les intérêts fondamentaux de la Nation ».

Voir égal. : http://www.interieur.gouv.fr

Les secrétaires généraux des ministères (v. Décret n° 2014-834 du 24 juillet 2014 relatif aux secrétaires généraux des ministères, qui a introduit dans le décret du 15 juin 1987 les articles 3-1 à 3-8). L'institution des secrétaires généraux de ministères est ancienne (elle est vieille de plus de deux siècles). Elle avait toutefois disparu du paysage administratif français sous l'effet combiné, d'une part, de l'affirmation progressive des droits du Parlement et de son corollaire la responsabilité ministérielle, d'autre part, de la spécialisation croissante des administrations et la montée en puissance des cabinets ministériels. Deux exceptions subsistaient : au ministère des Affaires étrangères (où l'emploi constitue un des éléments de la permanence du ministère, alors que le ministre est appelé par ses fonctions à effectuer de nombreux déplacements, et est en même temps l'expression de l'unité du corps des diplomates) et au ministère de la Défense (où il structure et renforce le « pôle civil » du ministère face aux états-majors et à la direction générale pour l'armement). *A priori*, il s'agissait là de situations particulières difficilement reproductibles dans d'autres ministères tant il paraissait malaisé pour l'institution de trouver sa place entre le politique, d'une part, incarné par le ministre et son cabinet, et, d'autre part, les fonctions techniques, incarnées par les directions.

L'idée sera cependant reprise à la faveur de l'échec retentissant, fin 1999, du projet de fusion des administrations fiscales engagé au ministère de l'Économie, des Finances et de l'Industrie. Le rôle du secrétaire général devait être de fluidifier le fonctionnement du ministère et de faire prévaloir toutes les fois que nécessaire la dimension horizontale des dossiers touchant à son organisation, son budget et à ses moyens (effectivement ce ministère comptait alors dix-huit directions et directions générales, dont sept directions à réseau territorial, et comprenait six services d'inspection et de contrôle ; tout cela s'est traduit à la longue par un défaut de pilotage et un excès de cloisonnement). Tel a été l'objet du décret n° 2000-429 du 23 mai 2000 qui a institué un secrétaire général au ministère de l'économie, des finances et de l'industrie. Recevant ses pouvoirs du ministre et ne rendant des comptes qu'à celui-ci, il s'est retrouvé dans la position de l'ultime échelon d'arbitrage, sans aucune interface du cabinet, dans les domaines qui lui sont confiés. Ensuite, à partir de cette expérience, l'idée de doter d'autres ministères d'un secrétaire général a commencé à faire son chemin, à la faveur d'ailleurs de la nouvelle loi organique n° 2001-692 du 1er août 2001 relative aux lois de finances à laquelle il convenait de donner son plein effet (afin de renforcer la cohésion de l'action administrative et de promouvoir un véritable pilotage budgétaire ; v. « Réformes budgétaires et réformes de l'État », *RFAP*, n° 117, 2006 ; égal. B. Pêcheur, « Le renouveau des secrétaires généraux de ministère », *Cah. fonct. publ.*, juill.-août 2006, p. 7).

Missions du secrétaire général d'un ministère :

Article 3-2 (décr. n° 87-389 du 15 juin 1987 modifié) : Le secrétaire général **assure une mission générale de coordination des services et de modernisation du ministère.** Il peut être chargé, par arrêté du ministre, de missions de coordination particulières, portant sur certains dossiers, ou l'activité de certains services.

Article 3-3 : Le secrétaire général est responsable, dans la limite de ses attributions, de la bonne insertion du ministère dans le **travail interministériel.** Il reçoit du Premier ministre une lettre de mission, contresignée par le ministre sous l'autorité duquel il est placé, qui précise les objectifs qui lui sont assignés en ce qui concerne la contribution du ministère au travail interministériel.

Article 3-4 : Le secrétaire général **propose les évolutions dans l'organisation et le fonctionnement du ministère** qui permettent de rendre celui-ci plus économe en moyens et plus souple dans son adaptation aux nouvelles conditions d'exercice des missions. Il veille en particulier à la qualité de la politique du ministère et des opérateurs qui en relèvent, en matière de gestion budgétaire, immobilière et des achats.

Article 3-5 : Le secrétaire général **exerce une mission de conseil et d'évaluation** concernant le recours par le ministère à des agences et des opérateurs ainsi que pour l'exercice de la tutelle sur les établissements publics rattachés au ministère.

Article 3-6 : Le secrétaire général **veille à la qualité des relations qu'entretiennent l'administration centrale et les services déconcentrés**. Il promeut les bonnes pratiques. Il a une mission de régulation des conditions dans lesquelles des instructions sont adressées aux services et des remontées d'information leur sont demandées. Il peut être chargé de piloter ou de coordonner lui-même les relations avec tout ou partie des services.

Article 3-7 : Le secrétaire général **promeut la modernisation de la politique de gestion des ressources humaines** et veille à la qualité du dialogue social au sein du ministère. Il est responsable, pour le ministère, de la politique interministérielle d'identification, de diversification et de formation des futurs cadres dirigeants.

Article 3-8 : Sauf dérogation prévue par décret et sans préjudice d'autres attributions qui peuvent lui être conférées par le décret régissant l'organisation du ministère, le secrétaire général a la **responsabilité**, pour l'ensemble du ministère, des **fonctions transverses** suivantes :

1° **La fonction financière** ;

2° Le **contrôle de gestion** et le pilotage des dispositifs de contrôle interne ;

3° La politique ministérielle de gestion des **ressources humaines** ;

4° Les **achats et marchés** ; l'immobilier ;

5° La politique de développement des **systèmes d'information** ;

6° Le **conseil juridique** ;

7° L'**information** et la **communication** ;

8° La coordination de la **tutelle sur les opérateurs relevant du ministère**.

Chaque ministre identifie, à partir d'un rapport du secrétaire général, les progrès à réaliser et l'échéancier à suivre pour améliorer la mutualisation des fonctions transversales.

Le développement des services centraux des ministères, en relation avec divers phénomènes comme l'augmentation des missions qui incombent à l'État et leur technicité accrue, a fini par poser le **problème de la coordination intraministérielle**. L'institution des **cabinets ministériels** s'est imposée dans tous les ministères comme instrument de coordination de la volonté du ministre par les services. Ce qui n'est pas d'ailleurs sans donner lieu parfois à quelques frictions avec les directeurs d'administration centrale lorsque les interventions du cabinet tendent à les court-circuiter (O. Schrameck, *Dans l'ombre de la République. Les cabinets ministériels*, Dalloz, 2006).

2. Les services à compétence nationale

246 La **catégorie juridique** des services à compétence nationale, distincte de celle des administrations centrales et des services déconcentrés, a été instituée par le **décret** n° 97-464 du **9 mai 1997.** Leur nombre s'est accru progressivement et 101 étaient recensés au 1er septembre 2011 (B. Delaunay, « Les services à compétence nationale », *Dr. adm.* 2009, Études, n° 7).

Il s'agit de **services** dont les **attributions** ont un **caractère national** – à la différence des services déconcentrés -, et dont l'exécution ne peut être déléguée à un échelon territorial (selon l'article 2 du décret n° 2015-510 du 7 mai 2015 portant charte de la déconcentration, « Sont confiées aux administrations centrales et aux services à compétence nationale les seules missions qui présentent un caractère national ou dont l'exécution, en vertu de la loi, ne peut être déléguée à un échelon territorial ».). Mais ils se distinguent également des services centraux, car leurs **missions** ont un **« caractère opérationnel »** et, pour ceux placés sous l'autorité d'un ministre, ils bénéficient d'une certaine autonomie. En effet, selon l'article 4 du décret du 7 mai 2015 : « Les services à compétence nationale peuvent se voir confier des **fonctions** de gestion, d'études techniques ou de formation, des **activités** de production de biens ou de prestation de services ainsi que toute autre **mission opérationnelle** qui présente un **caractère national** et correspond aux attributions du ministre sous l'autorité duquel ils sont placés ». Il est ensuite renvoyé à un décret en Conseil d'État le soin de fixer les principes d'organisation des services à compétence nationale.

On notera que les services à compétence nationale ont été mis en place initialement par le décret du 9 mai 1997 dans un **souci de réorganisation de l'administration.** Le texte venait modifier la loi du 6 février 1992 relative à l'administration territoriale de la République, qui ne distinguait que deux types d'administrations : les administrations centrales et déconcentrées. Ils ont été envisagés comme des outils permettant d'assumer des missions de conception, d'animation et d'évaluation des politiques publiques.

Création. Les services à compétence nationale rattachés directement au ministre dont ils relèvent sont créés par **décret**. Les services à compétence nationale rattachés à un directeur d'administration centrale, à un chef de service ou à un sous-directeur sont créés par **arrêté** du ministre dont ils relèvent. Toutefois, ils sont créés par décret lorsqu'ils exercent des compétences par délégation du ministre. Le **décret** ou l'**arrêté** qui porte création du service à compétence nationale fixe les **missions** et l'**organisation générale** de celui-ci.

Exemples – Services à compétence nationale :

- **Service interministériel :**

Décret n° 2015-144 du 9 février 2015 portant création d'un service à compétence nationale à caractère interministériel dénommé « centre interministériel de services informatiques relatifs aux ressources humaines ». Ce service à compétence nationale interministériel relève des **ministres chargés du budget et de la fonction publique** ; il est rattaché conjointement au **directeur** du budget, au **directeur** général des finances publiques et au **directeur** général de l'administration et de la fonction publique.

- **Service rattaché à un ministre :**

Décret n° 2014-1566 du 22 décembre 2014 portant création d'un service à compétence nationale dénommé « Unité Information Passagers » (UIP), qui est rattaché au **ministre** chargé des douanes et placé auprès du directeur général des douanes et droits indirects.

- **Service rattaché à un directeur :**

Arrêté du 4 août 2010 portant création d'un service à compétence nationale dénommé « École nationale des finances publiques », rattaché au **directeur** général des finances publiques.

- **Service rattaché à deux directeurs :**

Arrêté du 29 décembre 2009 portant création du service à compétence nationale du musée d'archéologie nationale et domaine national de Saint-Germain-en-Laye, rattaché au **directeur** de l'architecture et du patrimoine et au **directeur** des musées de France.

- **Service rattaché à un chef de service :**

Arrêté du 22 avril 2015 portant création d'un service à compétence nationale dénommé « guichet entreprises », rattaché au **chef du service** de la compétitivité, de l'innovation et du développement des entreprises de la direction générale des entreprises.

- **Service rattaché à un sous-directeur :**

Arrêté du 29 octobre 2007 portant création d'un service à compétence nationale dénommé « direction nationale du renseignement et des enquêtes douanières », rattaché au **sous-directeur** des affaires juridiques, du contentieux, du contrôle et de la lutte contre la fraude de la direction générale des douanes et droits indirects.

3. L'adaptation des administrations centrales à l'intégration européenne

247 L'originalité des traités européens tient notamment au fait que l'applicabilité directe du droit de l'Union européenne est le principe, à moins que la nature ou le contenu de telle disposition ne le permettent. En effet, le **droit de l'Union européenne**, contrairement au droit international, dispose d'une force de pénétration sans égale dans l'ordre juridique interne. Or, en l'absence d'une autre sanction à l'encontre des États prise à l'initiative des États partenaires ou de la Commission que le recours en manquement (art. 258 à 260 du Traité sur le fonctionnement de l'Union européenne), **il appartient notamment aux administrations nationales d'en assurer elles-mêmes l'effectivité**, d'autant plus que, contrairement aux États centralisés et même à certains États fédéraux, l'administration de l'UE ne dispose pas de services extérieurs sur le territoire des États membres. Il revient donc aux administrations nationales de jouer ce rôle sur leurs territoires respectifs, ministères et administrations territoriales étant autant des organes de mise en œuvre du droit de l'Union que la Commission de Bruxelles.

L'adaptation de l'administration à l'intégration européenne a ainsi présenté un caractère stratégique pour assurer le succès de cette intégration. Chaque ministère, a dû se doter des services compétents pour gérer l'appartenance de la France aux Communautés, puis à l'Union.

Mais il ne s'agit **pas seulement** pour l'administration d'intervenir **en aval**. Il lui importe **également** de pouvoir être présente très **en amont dans le processus décisionnel**. En effet, les élargissements de l'Union européenne, les réformes institutionnelles dont elle a été l'objet et la profonde mutation du mode de « gouvernance européenne » qui en résulte dans une Union qui compte désormais 28 États membres et un peu plus de 500 millions d'habitants ont profondément renouvelé les enjeux et les méthodes (au 1er janvier 2013, la population de l'Union européenne à 28 comptait 505,7 millions d'habitants selon Eurostat). C'est ainsi que les réformes au sein de l'Union européenne sont toujours précédées de larges consultations préalables menées notamment à travers des communications, des « Livres verts », des « Livres blancs » ou des questionnaires souvent diffusés sur Internet. Il est alors essentiel de pouvoir réagir pendant cette période de maturation des propositions de texte car c'est précisément durant cette phase que les marges de négociation et d'influence sont les plus importantes. Les orientations politiques doivent donc être sollicitées dès ce stade. À défaut, le risque est de s'opposer trop tard ou encore de s'en remettre à l'Union pour trancher, en même temps que des enjeux européens, des débats nationaux français et d'aliéner une partie de l'opinion à la cause européenne, sans pour autant préserver le crédit des institutions nationales. Dans cette perspective, il faut prendre conscience que le temps européen est un « temps long » et qu'un changement de la culture administrative et politique française, qui privilégie le « temps court », s'avère nécessaire.

Au stade interministériel, **deux administrations d'état-major ont été créées** pour **permettre aux administrations françaises de parler d'une seule voix dans les instances de l'Union européenne** (Comité des représentants permanents (Coreper) et Conseil) :

- il s'agit, tout d'abord, à Paris, du **secrétariat général des affaires européennes** (SGAE), qui est une administration de mission (environ 200 agents) placée sous l'autorité directe du Premier ministre (D. n° 2005-1283, 17 oct. 2005 relatif au comité interministériel sur l'Europe et au secrétariat général des affaires européennes). Créé en 1948 pour gérer les aides du plan Marshall sous le nom de *secrétariat général du Comité interministériel pour les questions de coopération économique extérieure* (SGCI), ce dernier s'est développé au fil de la construction européenne comme instance de coordination entre les ministères. En octobre 2005, lui a succédé avec les mêmes attributions, le secrétariat général des affaires européennes. Son organisation interne repose sur des secteurs correspondant aux compétences de l'Union européenne (actuellement le SGAE comprend dix-neuf secteurs opérationnels qui recouvrent l'ensemble des domaines d'activité de l'UE). Voir : http://www.sgae.gouv.fr

Attributions du secrétariat général des affaires européennes

(Décret n° 2005-1283 du 17 octobre 2005 relatif au comité interministériel sur l'Europe et au secrétariat général des affaires européennes, art. 2)

1° Sous réserve de la responsabilité du ministre des affaires étrangères au titre de la politique étrangère et de sécurité commune :

a) Il **instruit et prépare les positions qui seront exprimées par la France** au sein des institutions de l'Union européenne ainsi que de l'Organisation de coopération et de développement économiques. Il assure la coordination interministérielle nécessaire à cet effet. Il transmet les instructions du Gouvernement aux agents chargés de l'expression des positions françaises auprès de ces institutions ;

b) Il veille à la mise en œuvre, par l'ensemble des départements ministériels, des engagements souscrits par le Gouvernement dans le cadre des institutions européennes ;

c) Il **assure**, avec le secrétariat général du Gouvernement, **la mise en œuvre des procédures qui incombent au Gouvernement pour l'application de l'article 88-4 de la Constitution** (cette disposition prévoit les modalités d'information et de participation du Parlement à la politique européenne sous forme de « résolutions européennes ») ;

d) Il assure le secrétariat du comité interministériel sur l'Europe (sous la présidence du Premier ministre, le comité interministériel sur l'Europe est chargé d'examiner les questions relatives à la participation de la France à l'Union européenne ; il comprend le ministre des affaires étrangères, le ministre chargé de l'économie et des finances, le ministre chargé des affaires européennes ainsi que les autres membres du Gouvernement intéressés par son ordre du jour ; art. 1er, D. 2005-1283, préc.) ;

2° Il assure, en liaison avec le secrétariat général du Gouvernement, le suivi interministériel de la transposition des directives et des décisions-cadres ;

3° Il coordonne, avec le ministre chargé des affaires européennes, le dispositif interministériel permettant l'information du Parlement européen sur les positions de négociations du Gouvernement ;

4° Il coordonne le dispositif interministériel de suivi de la présence française au sein des institutions européennes.

- il s'agit, ensuite, à Bruxelles, de la **représentation permanente de la République française auprès de l'Union européenne,** qui est l'interface entre les autorités françaises et les institutions de l'Union européenne. Il s'agit d'une structure interministérielle constituée d'une centaine de conseillers issus de tous les ministères concernés par les activités de l'Union européenne, autour du représentant permanent de la France auprès de l'UE. La représentation permanente participe à Bruxelles à l'élaboration et à la conduite de l'ensemble des politiques de l'Union européenne.

Dans ce cadre, les conseillers de la représentation permanente expriment les positions de la France dans les instances préparant les réunions du Conseil des Ministres. En sens inverse la représentation permanente informe quotidiennement de façon précise les autorités françaises sur l'état des discussions européennes sur les questions en cours. Elle ne peut recevoir d'instruction que par l'intermédiaire du SGAE, les correspondances à destination des institutions européennes devant être transmises par la représentation permanente sur instruction du SGAE. En retour, elle informe par le SGAE les différents ministères de ce qui se prépare à Bruxelles et participe à la coordination interministérielle. Voir : http://www.rpfrance.eu

Observation concernant l'administration d'État :

Le recours à la formule de l'« agence » et des « opérateurs »

On a assisté en France à une multiplication des **« agences »** et **« opérateurs de l'État »**, qui a rendu plus complexe le pilotage de l'action de l'État.

- **Les « agences de l'État »** est une notion générique regroupant un ensemble d'entités hétérogènes par leur statut juridique (public ou privé), leurs activités, leur taille et leur lien avec l'État. Ce qui explique des recensements parfois différents, selon le périmètre retenu.

- **Les opérateurs de l'État** sont une catégorie spécifique d'agences. Un opérateur de l'État est un organisme qui répond plus précisément aux trois critères suivants : une activité de service public qui puisse explicitement se rattacher à la mise en œuvre d'une politique de l'État ; un financement assuré majoritairement par celui-ci directement sous forme de subventions ou indirectement via des ressources affectées, notamment fiscales ; un contrôle direct de l'État. Au sens de la loi de finances, ils bénéficient d'un financement majoritairement assuré par l'État, sous forme de subventions ou de taxes affectées. Annexé au projet de loi de finances pour 2015, le « jaune » consacré aux opérateurs de l'État recense 570 organismes qualifiés d'opérateurs. On apprend en particulier que cinq missions regroupent plus de 80 % des opérateurs (« Recherche et enseignement supérieur » (287 opérateurs) ; « Culture » (74 opérateurs) ; « Écologie », développement et mobilité durables (39 opérateurs) ; « Enseignement scolaire » (35 opérateurs) ; « Solidarité », insertion et égalité des chances (27 opérateurs)). Les financements alloués aux opérateurs au titre du PLF 2015 se sont élevés à 49 milliards d'euros, avec un total global de 450 665 emplois comptabilisés.

Des rapports et études se sont fait l'écho de cette prolifération anarchique :

- **Rapport de l'Inspection générale des finances, L'État et ses agences, 2012 :** Ce rapport constate en particulier qu'« en l'absence de stratégie, l'État paraît être allé trop loin dans son démembrement, et doit désormais rationaliser le paysage de ses agences ».

- **Étude annuelle 2012 du Conseil d'État** : ***Les agences : une nouvelle gestion publique ?*****, La Documentation française, 2012** : Cette étude voit dans les agences un « impensé de la réforme de l'État ». Aussi le Conseil d'État tente-t-il dans son étude de définir « les grandes lignes d'une doctrine d'emploi des agences qui fait aujourd'hui largement défaut ».

Une circulaire du Premier ministre du 9 avril 2013 (n° 5647) est intervenue pour tenter de limiter la création de nouvelles agences ainsi que de rationaliser l'ensemble des organismes existants. Elle clarifie l'encadrement du recours aux agences en énumérant les critères le justifiant (spécialité des missions ; gain d'efficacité et d'efficience ; expertise ; partenariat avec des acteurs de la société civile et les collectivités territoriales ; nécessité d'une certaine autonomie). La circulaire fixe l'obligation de réaliser une étude d'opportunité et d'impact avant toute création de nouvelles agences.

Des **comités interministériels pour la modernisation de l'action publique** (CIMAP) ont été réunis pour entreprendre une rationalisation du paysage institutionnel mais aussi pour rénover le pilotage de ces organismes, afin d'optimiser leur rôle dans la mise en œuvre des politiques publiques. Sur les recommandations qui ont pu être faites, en **janv. 2014**, par le groupe de travail interministériel relatif aux agences et opérateurs de l'État, voir le site : http://www.modernisation.gouv.fr

§ 2. Les institutions administratives d'accompagnement

248 Ces institutions administratives d'accompagnement se caractérisent par les fonctions qu'elles assument auprès de l'administration active. En l'espèce, il est possible de distinguer les **organes de consultation** (**A**) et les **organes d'inspection** (**B**).

A. Les organes de consultation

249 Les organes consultatifs placés auprès des administrations centrales sont, aujourd'hui, extrêmement nombreux. Ce développement de l'administration consultative n'est-il pas d'ailleurs devenu quelque peu excessif ? N'y a-t-il pas là un risque de dilution des responsabilités ? Ne doit-on pas craindre le danger d'une paralysie de l'action administrative si la nécessité de consulter se systématise ?

Un certain nombre de ces organismes sont en fait les fruits de la démocratie d'opinion, tandis que d'autres sont des vestiges de l'Histoire. Sans doute conviendrait-il de manifester davantage de pugnacité pour remettre en cause certaines de ces institutions qui encombrent parfois le paysage institutionnel et nuisent à la performance de l'État.

La lutte contre les commissions ou instances consultatives à l'efficacité non avérée.

« La lutte contre les commissions ou instances consultatives à l'efficacité non avérée, est un combat de long terme, fait d'avancées progressives et de vigilance constante » ont observé des députés auteurs d'une proposition de loi visant à supprimer diverses commissions administratives à caractère consultatif dont l'existence est prévue par la loi (AN, proposition de loi n° 2074, juill. 2014).

Le **décret n° 2006-672 du 8 juin 2006** relatif à la création, à la composition et au fonctionnement de commissions administratives à caractère consultatif a déjà donné le ton en prévoyant dans son article 2 le principe selon lequel « Sauf lorsque son existence est prévue par la loi, (...) une commission est créée par décret pour une durée maximale de cinq ans. Cette création est précédée de la réalisation d'une étude permettant notamment de vérifier que la mission impartie à la commission répond à une nécessité et n'est pas susceptible d'être assurée par une commission existante. Cette commission peut être renouvelée (...). »

Depuis, à intervalles plus ou moins réguliers, le gouvernement procède à un toilettage lorsque poussé par la nécessité de réaliser des économies budgétaires il se résout à faire disparaître les « conseils », « commissions », « observatoires » et autres « comités Théodule » (pour reprendre l'expression du Général de Gaulle) dont il apparaît en particulier qu'ils n'ont tenu aucune réunion récemment ou qui doublonnent avec d'autres instances.

Le fruit de ce mouvement de rationalisation, véritable travail de Sisyphe, est souvent impressionnant comme l'attestent les décrets pris portant suppression desdites commissions administratives. Voir, par exemple : **décret n° 2014-132 du 17 février 2014** qui procède à la **suppression de trente-trois commissions administratives** à caractère consultatif, ou encore le **décret n° 2013-420 du 23 mai 2013** qui en a fait disparaître **soixante-quatre**.

L'étude qui suit porte sur les organes de consultation qui interviennent au plus haut niveau auprès des autorités centrales de l'État et dont l'existence est prévue par la Constitution. Sous cet aspect, deux organismes majeurs émergent. Il s'agit tout d'abord du **Conseil d'État (1)**, puis du **Conseil économique, social et environnemental (2)**.

1. Le Conseil d'État

250 À la fin de l'année 1999, le Conseil d'État a atteint les deux cents ans d'âge, sa charte organique étant datée du 4 nivôse an VIII (25 décembre 1799). Mais le principe de sa création remonte à la Constitution du 22 frimaire an VIII (13 décembre 1799), dont l'article 52 disposait : « Sous la direction des consuls, un Conseil d'État est chargé de rédiger les projets de lois et les règlements d'administration publique et de résoudre les difficultés qui s'élèvent en matière administrative ». Toute l'évolution ultérieure du Conseil d'État est contenue dans cette simple phrase, puisqu'elle distingue nettement les deux compétences reconnues, dès l'origine, au grand corps de l'État qui est l'héritier de l'ancien Conseil du Roi. Il apparaît ainsi, dès sa naissance, comme le conseiller du gouvernement en matière législative et réglementaire, ce qui explique alors son allégeance à l'égard des consuls, chefs du pouvoir exécutif ; mais il fait aussi figure de juge du contentieux administratif, encore que, sur ce point, la formule de l'an VIII demeure, intentionnellement peut-être, assez vague.

En fait, initialement, la **fonction consultative du Conseil d'État** a été prépondérante. Ainsi, **de 1800 à 1815**, il fut étroitement associé à l'**élaboration des grands codes** qui ont construit le puissant édifice de la législation napoléonienne (*Le Conseil d'État et le Code civil*, Journées d'étude bicentenaire Code civil, *éd. Journaux officiels*, vol. 2, 2005). Ensuite, tout au long du XIXe siècle, ce rôle législatif et réglementaire marquera une tendance à s'atténuer, sans disparaître pour autant. Il ne reprendra tout son lustre qu'au lendemain de la deuxième guerre mondiale, lorsque l'**ordonnance du 31 juillet 1945** réaffirmera solennellement, dans son article 21, que « le Conseil d'État participe à la confection des lois et ordonnances (...). Il prépare et rédige les textes qui lui sont demandés ». En réalité, à mesure que la loi, selon une évolution caractéristique dans tous les grands États modernes, a relevé de plus en plus de l'initiative gouvernementale, le Conseil d'État a vu se développer sa fonction de conseiller du pouvoir, elle-même déjà très étendue en matière réglementaire en raison de l'accroissement sensible de l'interventionnisme étatique. Pour en rendre compte, il conviendra, tout d'abord, de préciser comment le Conseil d'État exerce cette fonction administrative (**a**) et, ensuite, de tracer le cadre à l'intérieur duquel cette fonction est organisée (**b**).

a. La saisine du Conseil d'État dans l'exercice de sa fonction administrative

1) Dans certains cas, la consultation par le gouvernement est obligatoire

251 Ainsi, en vertu de l'**article 39, alinéa 2, de la Constitution de 1958**, « les **projets de lois** sont délibérés en Conseil des ministres après avis du Conseil d'État ». Cette disposition édicte en l'espèce une obligation de consulter à la charge du gouvernement, sans toutefois faire naître une obligation de se conformer à l'avis rendu. Pour la première fois le 19 mars 2015, à l'occasion de la présentation du projet de loi relatif au renseignement, les avis du Conseil d'État sur les projets de loi ont été rendus publics à l'issue du Conseil des ministres qui en a délibéré et ils ont été joints au projet déposé au Parlement (les avis du Conseil d'État sont publiés sur le site Legifrance).

À noter : Cette compétence du Conseil d'État – mais facultative cette fois-ci – a été étendue aux propositions de loi, en application du dernier alinéa de l'article 39 de la Constitution, issu de la révision constitutionnelle du 23 juillet 2008, qui dispose que le président d'une assemblée peut soumettre pour avis au Conseil d'État, avant son examen en commission, une proposition de loi déposée par l'un des membres de cette assemblée, sauf si ce dernier s'y oppose ; en conséquence, l'article L. 112-1 du Code de justice administrative prévoit que le Conseil d'État « émet un avis sur les propositions de loi, déposées sur le bureau d'une assemblée parlementaire et non encore examinées en commission, dont il est saisi par le président de cette assemblée ».

Selon le Rapport public 2014 du Conseil d'État (p. 161), depuis la mise en place de la réforme jusqu'en 2013, ce sont 14 propositions de loi que le Conseil d'État a examinées (une en 2009, deux en 2010, cinq en 2011 et six en 2013 – cinq à l'initiative du président du Sénat et une à celle du président de l'Assemblée nationale).

Il en va de même avec l'**article 38 de la Constitution**, qui fixe le régime des **ordonnances**, sachant que « le gouvernement peut, pour l'exécution de son programme, demander au Parlement de prendre par ordonnances, pendant un délai limité, des mesures qui sont normalement du domaine de la loi ». Le texte précise alors que ces ordonnances « sont prises en Conseil des ministres, après avis du Conseil d'État ».

Biblio. somm. : Sénat, Direction de la Séance, *Les ordonnances prises sur le fondement de l'article 38 de la Constitution*, févr. 2014, http://www.senat.fr

Sont également soumis de façon obligatoire à l'avis du Conseil d'État, en vertu de l'**article 37, alinéa 2, de la Constitution**, les **projets de décrets** modifiant des textes de forme législative intervenus en matière réglementaire avant l'entrée en vigueur de la Constitution de la Ve République.

Par ailleurs, l'assimilation de la **« loi du pays » en Nouvelle-Calédonie** à la loi de l'État a conduit à la consultation préalable du Conseil d'État pour les « projets » de loi du pays (Art. 100, al. 1er et 2, L. org. n° 99-909, 19 mars 1999 relative à la Nouvelle-Calédonie ; art. L. 112-6 CJA ; cette consultation préalable du Conseil d'État est même étendue, de façon originale, aux « propositions » de loi du pays ; le Rapport public 2014 du Conseil d'État fait état de 30 lois du pays dont a eu ainsi à connaître celui-ci).

De façon plus générale, une **consultation obligatoire du Conseil d'État** s'impose pour tous textes pour lesquels une **disposition législative** prévoit qu'ils seront soumis au Conseil d'État.

À noter : Dans les visas d'un décret pour lequel l'intervention du Conseil d'État a été jugée nécessaire, on trouve l'emploi de la formule : « le Conseil d'État entendu » ; mais dès qu'il porte une telle mention, le décret en cause ne peut plus être modifié que par un texte de même niveau, même si aucun texte législatif ou réglementaire antérieur n'avait initialement imposé l'intervention d'un décret en Conseil d'État (v. CE, Ass., 3 juill. 1998, *Synd. nat. environnement CFDT et a.*, n° 177248 ; *AJDA* 1998, p. 843 et p. 780, chron. F. Raynaud et P. Fombeur). Il est intéressant de relever ici qu'en vertu de la jurisprudence, est considéré comme un cas d'incompétence celui où le gouvernement n'a pas respecté une obligation de ne décider qu'après avis du Conseil d'État : cette solution permet alors à ce dernier de traiter comme un moyen d'ordre public le moyen tiré de la méconnaissance de cette obligation (CE, Ass., 9 juin 1978, *SCI 61-67 bd Arago*, n° 02403).

2) En dehors des cas énumérés ci-dessus, la consultation du Conseil d'État reste facultative

252 Il est toujours loisible aux membres du gouvernement de solliciter l'avis juridique du Conseil d'État sur les **décrets simples**, qui ne sont ni des décrets en Conseil d'État, ni des décrets en conseil des ministres. Ces décrets comportent la mention « après avis du Conseil d'État, » et non, comme pour les décrets en Conseil d'État, « Le Conseil d'État entendu, ». En présence d'un décret simple, il sera possible ultérieurement de le modifier sans nouvelle saisine du Conseil d'État.

Le gouvernement peut également solliciter l'**avis** du Conseil d'État **sur l'interprétation** à donner à certaines **dispositions législatives** ou même adresser des **demandes d'éclaircissement de décisions de la juridiction administrative** (Art. L. 112-2 CJA : « Le Conseil d'État peut être consulté par le Premier ministre ou les ministres sur les difficultés qui s'élèvent en matière administrative. »).

Il peut aussi lui confier une étude sur une question donnée. Parmi les missions qui incombent au Conseil d'État les **études réalisées à la demande du Premier ministre** tiennent une place importante. En particulier, ces études, pilotées par la section du rapport et des études, sont une source d'information synthétique et de réflexion prospective propre, le cas échéant, à éclairer et à enrichir le débat public. Ainsi, par exemple, en 2013, deux études ont été menées, l'une concernant le rescrit (« sécuriser les initiatives et les projets »), l'autre l'application du nouveau principe « silence de l'administration vaut acceptation ».

À noter : Sur le fondement de l'article 19 de la loi organique n° 2011-333 du 29 mars 2011 relative au Défenseur des droits, celui-ci « peut demander au vice-président du Conseil d'État (...) de faire procéder à toutes études ». En 2013, le Défenseur des droits a ainsi saisi le vice-président du Conseil d'État d'une demande d'étude portant sur diverses questions relatives à l'application du principe de neutralité religieuse dans les services publics.

Dans l'exercice de sa fonction de conseiller du gouvernement, **le Conseil d'État a la faculté de faire lui-même des propositions qui seront publiées** dans son **rapport annuel** préparé par la section du rapport et des études (Art. L. 112-3 CJA : « Le Conseil d'État peut, de sa propre initiative, appeler l'attention des pouvoirs publics sur les réformes d'ordre législatif, réglementaire ou administratif qui lui paraissent conformes à l'intérêt général. »). C'est ainsi qu'ont été abordées les questions suivantes : *Droit au logement, droit du logement* (2009), *L'eau et son droit* (2010), *Consulter autrement, participer effectivement* (2011), *Les agences : une nouvelle gestion publique ?* (2012), *Le droit souple* (2013), *Le numérique et les droits fondamentaux* (2014).

b. L'organisation des formations administratives du Conseil d'État

1) Les structures

253 Pour remplir ces missions particulièrement lourdes, le Conseil d'État comprend **cinq sections administratives** (section de l'intérieur, section des finances, section des travaux publics, section sociale et section de l'administration – dernière créée, par le décret du 6 mars 2008), auxquelles a été ajoutée en 1985 la **section du rapport et des études.** C'est un arrêté du Premier ministre et du garde des Sceaux, pris sur proposition du vice-président du Conseil d'État, qui répartit entre les cinq premières sections les affaires ressortissant aux différents départements ministériels. Cette répartition est susceptible d'être modifiée lors des évolutions intervenant dans la composition du gouvernement et les attributions de ses membres.

À noter : En 2013, les sections administratives ont examiné 962 textes : la section de l'intérieur a examiné 401 textes, la section des finances 132, la section des travaux publics 173, la section sociale 124 et la section de l'administration 132 (ces statistiques figurent dans le rapport public du Conseil d'État publié chaque année par la Documentation française).

2) La procédure

254 Dans l'exercice de ses attributions administratives et législatives, le Conseil d'État délibère soit en sections, soit en sections réunies, soit en commissions où les différentes sections intéressées sont représentées, soit en assemblée générale (art. R. 123-1 CJA).

Dans la **procédure habituelle,** l'**une des sections administratives** est consultée et s'exprime au nom du Conseil d'État. Toutefois, **dans certains cas,** interviennent des **formations plus solennelles** : le vice-président du Conseil d'État peut **réunir à la section administrative compétente une des autres sections** pour l'examen d'une affaire déterminée ; s'il y a lieu de réunir plus de deux sections, il est constitué une **commission** où les sections intéressées, y compris, le cas échéant, la section du contentieux, sont représentées ; le vice-président en fixe la composition (art. R. 123-10 CJA). La formation la plus solennelle est l'**assemblée générale,** qui peut se réunir soit en formation **plénière** (c'est-à-dire réunissant tous les conseillers d'État ; pour sa composition,

v. art. R. 123-13 CJA), soit en formation **ordinaire** (formation plus restreinte ; pour sa composition, v. art. R. 123-14 CJA).

À noter : En 2013, l'assemblée générale du Conseil d'État a examiné 72 textes, rendu 11 avis et publié 5 rapports d'étude.

En cas d'**urgence** constatée par une décision spéciale du Premier ministre, l'examen d'un texte est soumis à la **commission permanente** (art. R. 123-21 à R. 123-23 CJA).

À noter : En 2013, la commission permanente du Conseil d'État a examiné 10 textes.

En tout état de cause, les **avis et délibérations du Conseil d'État** étant destinés ici au seul gouvernement, la règle du secret avait été consacrée par l'article 6 de la loi n° 78-753 du 17 juillet 1978 portant diverses mesures d'amélioration des relations entre l'Administration et le public, qui exclut les avis du Conseil d'État des documents administratifs communicables. Sauf si le Premier ministre en décide autrement, les avis sur les projets de textes ne devaient donc pas être divulgués à l'extérieur, et notamment à la presse. À l'avenir il devrait en aller autrement puisqu'à l'occasion de ses vœux aux Corps constitués prononcés le 20 janvier **2015**, le président de la République, M. François Hollande, a annoncé que les avis du Conseil d'État seraient **dorénavant rendus publics** : « J'ai décidé de rompre avec une tradition séculaire des secrets qui entourent les avis du Conseil d'État », a déclaré le président de la République. « Le Conseil d'État est le conseil juridique du gouvernement et son avis est d'intérêt public, et donc son expertise sera rendue publique. Le Conseil d'État, par ses avis, informera les citoyens mais éclairera aussi les débats parlementaires » (par ailleurs, le Conseil d'État a mis en accès libre sur son site internet quelque 3 500 références d'avis inédits, rendus depuis 1947).

2. Le Conseil économique, social et environnemental

255 Consacré par le **Titre XI de la Constitution de 1958** (art. 69 à 71), et siégeant à Paris au Palais d'Iéna, le Conseil économique, social et environnemental est **une assemblée consultative** placée auprès des pouvoirs publics (Dénommé initialement « Conseil écono-

mique et social », il s'est enrichi du terme « environnemental » à la faveur de la réforme constitutionnelle du 23 juillet 2008).

Constitution :

Article 69, al. 1er : « Le Conseil économique, social et environnemental, saisi par le Gouvernement, donne son **avis** sur les projets de loi, d'ordonnance ou de décret ainsi que sur les propositions de loi qui lui sont soumis. »

Article 70 : « Le Conseil économique, social et environnemental peut être **consulté** par le Gouvernement et le Parlement sur tout problème de caractère économique, social ou environnemental. Le Gouvernement peut également le **consulter** sur les projets de loi de programmation définissant les orientations pluriannuelles des finances publiques. Tout plan ou tout projet de loi de programmation à caractère économique, social ou environnemental lui est soumis pour **avis**. ».

Représentant les « forces vives de la nation », ses **233 membres** sont nommés pour un mandat de cinq ans – ils ne peuvent accomplir plus de deux mandats consécutifs – après avoir été désignés par les organisations socioprofessionnelles les plus représentatives de la société civile et par le gouvernement.

À noter : Le Conseil économique, social et environnemental comprend :

- 140 membres au titre de la vie économique et du dialogue social ;
- 60 membres au titre de la cohésion sociale et territoriale et de la vie associative ;
- 33 membres au titre de la protection de la nature et de l'environnement.

À ces 233 conseillers s'ajoutent 72 membres de section nommés par le Gouvernement qui tiennent un rôle d'expert auprès de l'une des neuf sections qui les accueillent, étant précisé que s'ils participent aux travaux de leur section dans les mêmes conditions que les membres du CESE, ils ne peuvent voter que sur les études car le vote sur les rapports et avis est réservé aux membres du conseil.

La présence de ces membres de section a fait l'objet de critiques récurrentes. Ainsi, dans son rapport remis au président de la République en janv. 2009 (« Pour une réforme du Conseil économique, social et environnemental »), M. Dominique-Jean Chertier, membre du Conseil, proposait même de supprimer cette catégorie de conseillers, dans la mesure où elle avait été « sinon conçue, du moins vécue, tantôt comme un lot de consolation pour ceux qui n'ont pu obtenir un siège de conseiller ou comme marchepied pour ceux qui aspireraient à le devenir, tantôt comme une variable d'ajustement permettant aux groupes les plus restreints en effectifs d'être présents dans toutes les sections actuelles ». Il jugeait également que les personnalités désignées par le gouvernement étaient perçues comme des « conseillers de second rang » dont la présence, peu compréhensible par le grand public, fragilis[ait] [la] représentativité et la légitimité du Conseil.

Le mécanisme a toutefois été maintenu, mais ajusté. Ainsi, des « personnalités associées » désignées par le Gouvernement à raison de leur qualité, de leur compétence ou de leur expérience peuvent, dans des conditions fixées par décret en Conseil d'État, être appelées à apporter leur expertise pour une mission et une durée déterminées (le nombre maximal de personnalités pouvant être nommées dans chaque section est plafonné à huit).

Le Conseil est investi d'une triple **mission** : favoriser la collaboration des principales activités du pays, contribuer à l'information des assemblées parlementaires, enfin, ce qui nous intéresse ici, éclairer le gouvernement par ses avis rendus sur les problèmes économiques, sociaux et environnementaux du pays.

a. Historique

256 Si la création officielle du Conseil national économique, organe d'étude autonome réunissant producteurs, consommateurs et techniciens dans un rôle purement consultatif, date du 16 janv. 1925, l'idée remonte au XVIIe siècle, lorsque le roi Henri IV entreprit de réorganiser les institutions. Mais avec la période révolutionnaire souffle un vent de liberté qui aura pour conséquence la suppression, le 16 février 1791, de toutes les organisations professionnelles (corporations) au nom du libéralisme économique. Le 14 juin de cette année-là, la loi Le Chapelier interdisait toute association entre gens d'un même métier et toute coalition. Il faudra attendre le Consulat pour que des organisations représentatives de la vie économique aient à nouveau droit de cité. Mais **c'est en 1946 que pour la première fois l'institution est consacrée par la Constitution** ; et c'est avec la Constitution de 1958 que sont ajoutés à la dénomination du Conseil économique d'abord le terme de « social » (en 1958), puis celui d'« environnemental » (en 2008).

Lors de l'installation du Conseil économique et social, le 27 juin 1959, Michel Debré, premier Premier ministre du général de Gaulle, affirma sa volonté d'établir une réelle collaboration avec le Conseil, ce qui se confirma dans la pratique puisque quinze saisines furent demandées par le gouvernement Debré en trois ans. Mais en 1962, avec le remplacement de Michel Debré par Georges Pompidou, les relations entre le gouvernement et le Conseil se distendirent. Ainsi, le gouvernement Pompidou ne saisit que douze fois en six ans le Conseil et encore sur des sujets mineurs. Il fut même envisagé de le fusionner avec le Sénat, projet qui fut inséré dans le référendum soumis aux Français par le général de Gaulle le 27 avril 1969. Mais l'entreprise échoua. En fait, **le Conseil économique et social eut fréquemment des relations plus ou moins délicates avec les gouvernements** qui se sont succédé jusqu'à présent **sous la Ve République.**

Dénué de la « légitimité des urnes » et insusceptible d'exercer, fût-ce partiellement, la souveraineté nationale, le Conseil a été également victime de l'intense concurrence des instances comparables qui ont été créées, au fil du temps, par le pouvoir réglementaire ou par le législateur et qui interviennent dans ses domaines de compétence.

Sa composition a fait l'objet par ailleurs de vives critiques qui ont pointé son manque de représentativité et son inadaptation aux réalités sociales (ces critiques ont, le plus souvent, été résolues par une augmentation du nombre total de ses membres : ainsi, si la réforme opérée par la loi organique n° 84-499 du 27 juin 1984 a restructuré les groupes présents au Conseil, notamment afin de mieux représenter les salariés et de permettre aux représentants de l'économie sociale de s'exprimer au sein du Conseil, ce fut au prix d'un accroissement sensible du nombre de conseillers, qui passa de 200 à 230).

Pour mieux asseoir la légitimité du Conseil et lui permettre d'être plus directement en contact avec les attentes des citoyens, une **réforme** est apparue nécessaire. Par la **loi constitutionnelle du 23 juillet 2008**, le constituant s'est engagé dans cette voie, en décidant, d'une part, d'enrichir les compétences du Conseil (en y incluant les problématiques environnementales) et, d'autre part, de le rendre accessible à la fois aux assemblées parlementaires (le Conseil peut désormais être saisi par le Parlement de tout « problème » entrant dans son champ de compétence) et aux citoyens (par voie de pétition, les citoyens pourront en effet demander au Conseil de prendre position sur une question donnée).

b. Organisation

257 À la tête du Conseil économique, social et environnemental se trouve un **président** élu par ses pairs selon des règles fixées par le règlement intérieur du Conseil, qui est approuvé par décret. Il

assure une fonction de représentation à l'extérieur du Conseil ; il dirige les travaux du Conseil avec le **bureau** et prend les décisions relatives à l'administration du Conseil avec le concours d'un **secrétaire général.**

Au sein du Conseil, les membres se répartissent en **groupes.** Cette notion correspond à des regroupements d'intérêts communs et à la reconnaissance de finalités communes. Pour éviter la création d'un trop grand nombre de groupes, leur nombre est limité à dix-huit par le règlement intérieur du Conseil. On peut les classer en trois catégories. La première se constitue sur la base des organisations professionnelles (salariés ou employeurs) qui les ont désignés comme représentants. La seconde catégorie réunit des conseillers qui, bien que désignés par des organisations différentes, travaillent dans un secteur ou une forme d'activité commune, comme le groupe de l'agriculture, par exemple. Enfin, la dernière catégorie concerne les conseillers qui se regroupent selon leur mode de désignation comme, par exemple, le groupe des personnalités qualifiées nommées par le gouvernement.

Par ailleurs, le Conseil économique, social et environnemental compte neuf **sections**, chaque section comprenant au maximum vingt-neuf conseillers (sections : affaires sociales, travail, économies régionales et aménagement du territoire, cadre de vie, finances, relations extérieures, activités productives et recherche, agriculture et alimentation et, enfin, questions économiques générales et conjoncture). **Les sections constituent le cadre de travail opérationnel du Conseil.** Elles sont chargées par le bureau du Conseil de préparer les avis, les rapports et les études à la demande du gouvernement ou à l'initiative du Conseil. Les conseillers de la section sont désignés par le bureau sur proposition des groupes et approbation de l'assemblée plénière. Mais, selon l'ordonnance n° 58-1360 du 29 décembre 1958 portant loi organique relative au Conseil économique, social et environnemental (art. 12), « des personnalités associées désignées par le Gouvernement à raison de leur qualité, de leur compétence ou de leur expérience peuvent, en outre, dans des conditions fixées par décret en Conseil d'État, être appelées à y apporter leur expertise pour une mission et une durée déterminées ». Ces « **personnalités associées** », au nombre total de 72 (à raison de huit par section), n'ont pas la qualité et le statut de conseillers. **Nommées « pour une mission et une durée déterminées »**, il faut les distinguer des quarante « personnalités qualifiées » – désignées par décret en Conseil des ministres, pris sur le rapport du Premier ministre -, qui elles sont des conseillers.

Enfin, sur convocation du président, les membres du Conseil économique, social et environnemental se réunissent en **assemblée plénière** au cours de séances qui sont publiques. À cette occasion, est entendu l'exposé du rapporteur au nom de la section, qui présente le résumé des travaux accomplis sur la demande d'avis. Ensuite, une discussion générale s'engage pendant laquelle, s'il est présent, le ministre concerné par le sujet débattu peut intervenir. La séance se poursuit avec l'examen du projet d'avis, de ses amendements, des explications de vote et se termine par le vote de l'ensemble du projet d'avis par les conseillers.

Les **avis et études** du Conseil économique, social et environnemental sont transmis au Premier ministre par les soins du bureau du Conseil. Ils font l'objet d'une **publication** particulière dans la série « Documents administratifs » du *Journal officiel*. En outre, selon l'article 4 de l'ordonnance n° 58-1360 du 29 décembre 1958 portant loi organique relative au Conseil économique, social et environnemental, « chaque année, le Premier ministre fait connaître la suite donnée aux avis du Conseil ». Cette prescription s'applique aussi bien aux cas dans lesquels le Conseil est obligatoirement saisi qu'à ceux dans lesquels sa consultation est facultative, ou encore aux avis qu'il émet de sa propre initiative. Il s'agit en effet des trois cas de saisine du Conseil.

c. Saisine

258 Tandis que la Constitution a prévu les cas de **saisine** du Conseil économique, social et environnemental, notamment **par le gouvernement**, l'article 3 de l'ordonnance n° 58-1360 du 29 décembre 1958 précitée a **également** envisagé la possibilité pour le Conseil de **s'autosaisir** afin d'appeler l'attention du gouvernement sur les réformes qui lui paraissent de nature à favoriser la réalisation des objectifs qui entrent dans le champ de ses réflexions.

À noter : En son alinéa 3, l'article 69 de la Constitution, révisée en 2008, a introduit une innovation dans le mode de fonctionnement du Conseil économique, social et environnemental (CESE). En effet, il prévoit que ce dernier « peut être saisi par voie de pétition dans les conditions fixées par une loi organique ». Il ajoute qu'« après examen de la pétition, (le CESE) fait connaître au Gouvernement et au Parlement les suites qu'il propose d'y donner ». Par cette disposition, il s'agit de faciliter l'intervention directe de la « société civile » dans le débat public.

La première expérience n'a pas été particulièrement concluante. En effet, le CESE a jugé irrecevable la **pétition** déposée par des **opposants au « Mariage pour tous »** le 15 février 2013. Les 700 000 signataires demandaient à l'époque au CESE de se prononcer sur le projet de loi sur l'ouverture au mariage pour les couples d'homosexuels. Jean-Paul Delevoye, président du CESE, avait estimé la pétition irréprochable sur la forme mais « irrecevable sur le fond » invoquant l'article 69 de la Constitution et l'article 2 de l'ordonnance du 29 décembre 1958 rappelant que « la saisine du CESE pour avis sur un projet de loi relève exclusivement du Premier ministre ».

Toutefois, le **tribunal administratif de Paris** a annulé la délibération du bureau du CESE en date du 26 février 2013 déclarant irrecevable la pétition déposée le 15 février 2013 par laquelle les pétitionnaires demandaient l'avis du Conseil sur le projet de loi ouvrant le mariage aux couples du même sexe et sur son contenu. Le tribunal a estimé qu'il ne résulte d'aucun texte que la question posée par une telle pétition ne puisse porter sur un projet de loi, y compris lorsque celui-ci est en cours d'examen par le Parlement et alors que ce mode de saisine ne constitue pas une procédure consultative sur des projets de lois et n'a pas d'incidence sur la procédure parlementaire. En revanche, le tribunal a rejeté la demande d'injonction tendant à ce que le bureau du CESE déclare la pétition recevable, dès lors que cette pétition a perdu son objet à la date du jugement en raison de la promulgation, le 17 mai 2013, de la loi ouvrant le mariage aux couples de personnes du même sexe. TA, Paris, 30 juin 2014, n° 1305796/6. Appel en cours.

1) La saisine gouvernementale

259 L'une des missions principales du Conseil économique, social et environnemental est de donner des avis au gouvernement (Dans ce cas, le Conseil ne peut être saisi que par le Premier ministre, par une lettre de saisine préparée par les soins du secrétariat général du gouvernement ; il ne peut en aucun cas être directement saisi par un ministre). La saisine du Conseil est en principe facultative, mais devient obligatoire dans certains cas.

- **La saisine facultative**. Selon l'article 69 de la Constitution, « Le Conseil économique, social et environnemental, saisi par le Gouvernement, donne son avis sur les projets de loi, d'ordonnance ou de décret ainsi que sur les propositions de loi qui lui sont soumis. » L'article 70 ajoute : « Le Conseil économique, social et environnemental peut être consulté par le Gouvernement et le Parlement sur tout problème de caractère économique, social ou environnemental. Le Gouvernement peut également le consulter sur les projets de loi de programmation définissant les orientations pluriannuelles des finances publiques. ».

Si le gouvernement décide de consulter le Conseil, c'est pour bénéficier de l'avis des experts et des personnes qualifiées réunis au sein du Conseil sur des sujets techniques, mais aussi, et c'est l'objectif le plus important, afin de faire réagir les partenaires sociaux et associatifs sur un sujet au cœur des tensions de la société.

- **La saisine obligatoire.** Selon l'article 70 de la Constitution, le Conseil économique, social et environnemental est obligatoirement saisi pour avis, par le Premier ministre, de « tout plan ou tout projet de loi de programmation à caractère économique, social ou environnemental », à l'exception des lois de finances et des lois de financement de la sécurité sociale (on compte en moyenne une saisine facultative pour deux saisines obligatoires).

À noter : Le Conseil constitutionnel a jugé, dans la décision n° 2005-512 DC du 21 avril 2005 relative à la loi d'orientation et de programme pour l'avenir de l'école, que l'on doit entendre par « loi de programme à caractère économique ou social » une loi qui fixe des objectifs qualitatifs et quantitatifs à l'action de l'État en matière économique et sociale. En revanche, le caractère financier de ces objectifs n'est plus indispensable, puisque l'ordonnance organique du 2 janvier 1959, qui liait les notions de « programme » et d'« autorisation de programme », est aujourd'hui abrogée et que la loi organique du 1er août 2001 relative aux lois de finances (LOLF) est silencieuse sur ce point.

2) L'autosaisine

260 En dehors des demandes du gouvernement, le Conseil économique, social et environnemental peut s'autosaisir. En effet, selon l'article 3 de l'ordonnance du 29 décembre 1958, « le Conseil économique, social et environnemental peut, de sa propre initiative, appeler l'attention du gouvernement (et du Parlement) sur les réformes qui lui paraissent nécessaires ». Concernant ces autosaisines, il faut remarquer que ces travaux représentent la **majorité**

des **rapports publiés** par le Conseil. Cette tendance est la conséquence, en fait, d'un certain « vide » laissé par l'exécutif qui a toujours la liberté de saisir le Conseil mais ne l'utilise qu'avec parcimonie. « Curieux paradoxe que celui d'un organe consultatif au service des pouvoirs publics dont la principale activité consiste à s'auto-consulter » (Rapp. D.-J. Chertier au président de la République, janv. 2009, « Pour une réforme du Conseil économique, social et environnemental », p. 7).

Biblio. somm. : « Entretien avec J. Mattéoli, président du Conseil économique et social », *RD publ.*, n° spéc. quarantième anniversaire Ve République, 1998, p. 1321 ; Sén., Rapp. info. n° 389 (2008-2009), « La réforme du Conseil économique, social et environnemental : une chance à saisir », mai 2009.

B. Les organes d'inspection

261 Dans une « Administration de droit », le contrôle de l'action administrative s'impose, notamment en ce qui concerne la régularité juridique des décisions. Cette vérification est confiée à la vigilance d'organismes juridictionnels, comme, entre autres, le Conseil d'État ou la Cour des comptes. Mais, selon la tradition administrative française, une large place est également faite au contrôle non juridictionnel de l'Administration.

Ce contrôle prend des formes variées. Il peut s'agir, par exemple, du contrôle hiérarchique exercé par le supérieur sur ses subordonnés. Mais ce type de contrôle peut s'avérer insuffisant au regard des impératifs d'efficacité, de rationalité et de régularité de l'action administrative. Pour garantir l'objectivité et la qualité technique du contrôle interne, des **corps d'inspection** ont alors été mis en place (**1**), dont les **fonctions** se sont diversifiées et enrichies avec le temps (**2**).

1. La création de corps d'inspection

262 À l'heure actuelle, on note une très **grande dispersion** en France des services d'inspection générale. Il y en aurait plus d'une vingtaine, regroupant selon l'estimation la plus basse près de 2 000 inspecteurs et chargés de mission en activité. Ces corps sont chargés de conduire, pour le compte du Premier ministre, les études, rapports ou missions d'inspection de son choix.

La **création des premières inspections générales** remonte à la **fin de l'Ancien Régime** (Jean-Pierre Rioux, *Deux cents ans d'inspection générale 1802-2002*, Fayard, 2002). Aujourd'hui, les inspections générales rivalisent pour s'attribuer la filiation directe la plus précoce. L'Inspection générale de l'administration du ministère de l'Intérieur (IGA) et l'Inspection générale des affaires sociales (IGAS) invoquent l'une et l'autre Necker qui, en 1782, nomma le docteur Colombier, inspecteur général des hôpitaux civils et des maisons de force du Royaume. Quant au Conseil général des ponts et chaussées, qui assure la fonction d'inspection générale du ministère de l'équipement, du logement et de l'environnement, il estime, quant à lui, qu'il est l'héritier direct de l'assemblée des inspecteurs généraux des ponts et chaussées régulièrement réunie à partir de 1747 par Trudaine, intendant et grand commis du Royaume (Par un décret du 9 juillet 2008, le Conseil général des ponts et chaussées et le Service de l'inspection générale de l'environnement ont été regroupés au sein d'une nouvelle instance intitulée Conseil général de l'environnement et du développement durable (CGEDD)).

Quoi qu'il en soit, les inspections générales ne forment **pas un bloc homogène**. En effet, il n'y a rien de comparable entre l'Inspection générale des finances, grand corps de l'État dont la création par l'arrêté du 19 fructidor an IX, remonte au Consulat, et l'Inspection générale des anciens combattants.

Les unes ont une vocation interministérielle, recrutent à la sortie de l'École nationale d'administration, et sont des « viviers » pour les hauts emplois de l'administration, du secteur parapublic ou privé. C'est le cas de l'Inspection générale des finances (qui a pour mission de vérifier le bon emploi des fonds qui proviennent de l'impôt, ce qui lui donne le droit de procéder à des vérifications inopinées dans toutes les administrations, toutes les entreprises publiques et à peu près tous les services publics), de l'Inspection générale des affaires sociales (qui depuis 2007 se retrouve rattachée à huit ministères différents) et de l'Inspection générale de l'administration (qui dispose d'une compétence générale en matière de contrôle, d'audit et d'étude des services centraux et déconcentrés).

Les autres ont un champ d'investigation **strictement ministériel** et sont le débouché des corps exerçant dans les services contrôlés.

Néanmoins, il y a, dans l'administration d'État en France, une mission d'inspection clairement identifiable à travers ses **fonctions plurielles.**

2. Les fonctions des corps d'inspection

263 Les différents corps d'inspection sont susceptibles d'assurer des fonctions aujourd'hui très diverses.

Exemple. Décret n° 2003-729 du 1er août 2003 portant organisation de l'inspection générale des affaires culturelles, art. 1er :

« Placée sous l'autorité directe du ministre chargé de la culture, l'inspection générale de l'administration des affaires culturelles assure une mission générale de contrôle, d'audit, d'étude, de conseil et d'évaluation à l'égard des services centraux et déconcentrés, des services à compétence nationale, des établissements publics nationaux et, dans le cadre des lois et règlements, des organismes relevant du ministre chargé de la culture ou bénéficiant d'un concours direct ou indirect des services de ce ministère.

Elle **concourt à l'évaluation des politiques publiques** culturelles ainsi qu'à l'appréciation du coût, du résultat et de l'efficacité des moyens mis en œuvre pour conduire les actions engagées par le ministère chargé de la culture. »

On peut regrouper ces fonctions autour des notions de **contrôle** (**a**), d'**audit** (**b**), de **conseil** (**c**), et d'**évaluation** (**d**).

a. La fonction de contrôle

264 La fonction de contrôle des inspections générales est le fondement initial de leur mission. Elle repose sur des investigations approfondies, menées *a posteriori*. Pour l'exercice du contrôle « sur pièces et sur place », selon la formule consacrée, les inspections générales utilisent les méthodes et techniques éprouvées qui permettent un examen direct des dossiers, du courrier, des pièces comptables, des documents de toute nature. Elles font, principalement à partir de cet examen, un **diagnostic de la gestion contrôlée** et établissent un rapport au ministre auquel elles sont directement rattachées. Ainsi en va-t-il, par exemple, de l'inspection d'un centre de finances publiques par l'Inspection générale des finances (IGF), d'une préfecture ou d'un secrétariat général pour l'administration de la police par l'Inspection générale de

l'administration du ministère de l'Intérieur (IGA), d'une caisse de sécurité sociale ou d'une association faisant appel à la générosité publique par l'Inspection générale des affaires sociales (IGAS) ou encore d'un rectorat ou de la comptabilité d'une université par l'inspection générale de l'administration de l'éducation nationale et de la recherche (IGAENR), etc.

Si elle exige des techniques approfondies de contrôle administratif et financier, cette mission est relativement simple dans sa définition, si ce n'est dans sa conduite. L'objectif est de **déceler les erreurs de gestion ou de confondre les fonctionnaires indélicats**. Mais en même temps, ce contrôle, qui est nécessaire au fonctionnement d'un État de droit, est aussi apparu comme un moyen de collecter des informations et, par voie de conséquence, un instrument de régulation du fonctionnement de l'organisation inspectée.

b. La fonction d'audit

265 Effet de mode ou non, toutes les inspections générales disent faire aujourd'hui de l'audit. Sur les traces des cabinets de consultants, l'auditeur dans l'administration fait d'abord un état des lieux, une analyse de l'existant afin de **vérifier que les résultats obtenus correspondent à l'objectif fixé**. Il vérifie que les prescriptions juridiques, financières et techniques sont bien respectées, que les moyens consacrés l'ont été de façon optimale, évalue les points forts, les points faibles, les risques de l'organisation et dégage les recommandations pour améliorer le dispositif d'ensemble.

À la différence du contrôle, l'audit est commandé par un prescripteur et l'auditeur doit respecter des **obligations déontologiques** sur les personnes, les moyens, les politiques suivies. Il y a là, pour les inspections générales, une pratique professionnelle nouvelle qui se caractérise par une démarche fondée sur l'écoute.

Exemple. Au mois de juillet 2012, l'**inspection générale de l'administration de l'éducation nationale et de la recherche** a adopté une **charte** qui formalise les **principes déontologiques** qu'elle applique dans la conduite de ses missions et de ses activités. Un collège de déontologie composé de trois personnes veille, aux côtés du chef du service de l'IGAENR, à son respect. Voir : http://www.enseignementsup-recherche.gouv.fr (charte sur la page de l'IGAENR).

c. La fonction de conseil

266 À la différence de l'audit, le conseil n'implique pas que l'auditeur soit lié au prescripteur par un cahier des charges précis. Mise à part cette importante distinction, le conseil est, dans les faits, proche de l'audit. Dans ces situations, le concours des inspections générales est sollicité le plus souvent par un service déconcentré qui rencontre une difficulté particulière, en général d'ordre organisationnel, voire de personnels. Il ne s'agit pas de prendre en faute un agent ou un service, mais de coopérer avec lui, de **rechercher une solution à ses difficultés sans s'attarder à souligner les faiblesses des hommes ou du système.** L'inspection générale livre alors son diagnostic et émet des recommandations.

Éloignée de la mission de contrôle, cette activité des inspections générales se situe dans les perspectives tracées par la réforme de l'État et la modernisation de la gestion publique. Il est possible de distinguer trois domaines qui s'offrent plus particulièrement à la fonction de conseil : la mise en place du contrôle de gestion dans les services déconcentrés mais aussi dans les directions d'administration centrale ou les établissements publics ; la méthodologie de l'étude d'impact ; la gestion prévisionnelle des personnels et la politique d'encadrement, d'autant que beaucoup d'inspections générales ont, dans leurs missions régulières, la charge de l'évaluation des cadres supérieurs des services déconcentrés.

d. La fonction d'évaluation

267 Il s'agit là sans doute du domaine le plus prometteur pour les inspections générales. Ces évaluations, qui peuvent être ministérielles ou interministérielles, couvrent un champ plus large que celui de l'audit. Le jugement autorisé par l'évaluation est essentiellement fondé sur l'**impact de la politique évaluée sur les usagers** et les citoyens ou sur la perception qu'ils en ont. Les missions d'évaluation des politiques publiques sont destinées, soit à encadrer la mise en place d'un dispositif nouveau souhaité par l'autorité publique, soit à corriger une politique en place. On est loin ici du simple contrôle. Il faut du temps, de la méthode et une approche fréquemment pluridisciplinaire. En outre, l'évaluation

des politiques publiques étant par nature interministérielle, elle doit, à cette fin, mobiliser des moyens lourds.

Aujourd'hui, les inspections générales investissent largement cette activité. Il est révélateur que désormais les textes mettant en place de nouveaux dispositifs de politique publique prévoient systématiquement une évaluation de la part des inspections générales.

Section 2
L'administration locale de l'État

268 Le développement de l'administration locale de l'État est lié à la mise en œuvre du **principe de déconcentration** (v. ss 149 s.), qui consiste en un aménagement de l'exercice des compétences au sein d'une même personne morale. Plus précisément, il implique un transfert du pouvoir de décision d'une autorité supérieure vers une autorité inférieure qui lui reste hiérarchiquement subordonnée.

La nécessité d'un tel principe de déconcentration s'est tout particulièrement fait sentir au niveau de l'État, car il est apparu difficilement concevable que les services centraux soient seuls habilités à décider. En effet, il en résulterait inévitablement un encombrement à l'origine de retards dans l'édiction des mesures indispensables et, bien souvent, une inadaptation de celles-ci en raison d'un éloignement qui ne permettrait pas de percevoir et de prendre en compte les contraintes particulières liées à certaines situations locales.

La mise en œuvre de la déconcentration a trouvé ses origines pour l'essentiel **sous le Second Empire**, les décrets du 25 mars 1852 et du 13 avril 1861 habilitant les préfets à prendre une centaine de mesures incluses jusque-là dans les prérogatives ministérielles. Puis le mouvement de déconcentration s'est essoufflé et ne connaîtra guère d'avancées significatives par la suite, à l'exception d'un décret du 5 novembre 1926, largement inspiré par des considérations budgétaires.

C'est en fait **sous la Ve République** que l'accélération de la déconcentration est devenue une tâche prioritaire. Ainsi, par exemple, les **décrets** n° 64-251 et n° 64-252 **du 14 mars 1964** ont institué à l'échelon régional des préfets chargés de tâches de coordination. Cette réforme a permis de procéder un peu plus tard à une importante déconcentration en matière d'investissements publics (D. n° 70-1047, 13 nov. 1970). Quant aux **décrets** n° 82-389 et n° 82-390 **du 10 mai 1982**, ils ont été certes occultés par la décentralisation de l'époque, mais les représentants de l'État dans les départements et les régions n'en ont pas moins reçu par ces textes de nouvelles prérogatives qui sont venues compenser l'allégement de la tutelle administrative et la perte de leur qualité d'exécutif des collectivités territoriales. Ultérieurement, le **décret** n° 92-604 **du 1er juillet 1992**, portant **charte de la déconcentration**, est venu concrétiser les bases d'une nouvelle organisation administrative de l'État qui avaient été jetées quelques mois plus tôt par la loi d'orientation pour l'administration territoriale de la République (L. n° 92-125, 6 févr. 1992).

Le sujet reste toujours d'actualité un peu plus de vingt ans plus tard alors qu'une **nouvelle charte de la déconcentration** a vu le jour (**Décret n° 2015-510 du 7 mai 2015**). Il faut dire que la déconcentration s'est retrouvée prise en étau entre deux mouvements contradictoires qui se sont conjugués : d'une part, s'est poursuivi le mouvement de décentralisation et de réorganisation territoriale de la République, dont la dernière étape a été la création de grandes régions (Loi n° 2015-29 du 16 janvier 2015 relative à la délimitation des régions, aux élections régionales et départementales et modifiant le calendrier électoral : la loi a réduit le nombre de régions de 22 à 13 ; six conservent le même périmètre, tandis que les sept autres, qui seront créées le 1er janvier 2016, sont issues du regroupement de seize anciennes régions) ; d'autre part, la loi organique relative aux lois de finances (LOLF) du 1er août 2001 a renforcé le pouvoir des administrations centrales. Il convenait donc de repenser les marges de manœuvre qu'il importe de donner à l'État au niveau local pour la mise en œuvre des politiques publiques.

Toutefois, si la déconcentration a incontestablement progressé, surtout dans sa dimension interministérielle et en termes de renforcement des pouvoirs préfectoraux, il convient de relever que ces incontestables avancées juridiques et pratiques risquent peut-être d'être insidieusement remises en cause par la modernisation de l'administration de l'État.

Exemple : Le développement de l'usage de la messagerie électronique. Il a incontestablement amélioré la rapidité et la qualité de l'information des services déconcentrés. Mais il contribue aussi à remettre en cause la règle selon laquelle toute correspondance entre l'administration centrale et les services déconcentrés doit passer « sous le couvert » du préfet (Art. 56 du décret n° 2004-374 du 29 avril 2004 relatif aux pouvoirs des préfets, à l'organisation et à l'action des services de l'État dans les régions et départements : « Les chefs des services déconcentrés des administrations civiles de l'État ainsi que les responsables des organismes et agents relevant de l'État adressent sous le couvert du préfet leurs correspondances, quelle qu'en soit la forme, destinées aux administrations centrales et aux services déconcentrés des administrations civiles de l'État. »). On observe de même que les intranets ministériels, qui ne sont pas accessibles aux autres services de l'État, se déploient beaucoup plus vite que les systèmes d'information territoriaux (SIT), à caractère interministériel. Le développement des téléprocédures et des centres d'appel peut également menacer la déconcentration s'il s'accompagne d'une centralisation du traitement des demandes.

On le voit, la réforme de la déconcentration n'est pas « un long fleuve tranquille » ! Toutefois, les principes qui régissent l'organisation et le fonctionnement des administrations concernées sont déjà solidement établis, aussi bien au niveau des **cadres d'action** (**§ 1**), qu'en ce qui concerne les **autorités d'administration** (**§ 2**).

§ 1. Les cadres d'action

269 L'article 1er de la charte de la déconcentration du 7 mai 2015 (décr. n° 2015-510) rappelle que la déconcentration « consiste à confier aux échelons territoriaux des administrations civiles de l'État le pouvoir, les moyens et la capacité d'initiative pour animer, coordonner et mettre en œuvre les politiques publiques définies au niveau national et européen, dans un objectif d'efficience, de modernisation, de simplification, d'équité des territoires et de proximité avec les usagers et les acteurs locaux. » **Quels sont ces échelons territoriaux des administrations civiles de l'État ?**

Pour exercer leurs missions, les services déconcentrés des administrations civiles de l'État sont, sauf disposition législative contraire ou exception prévue par décret en Conseil d'État, organisés dans le cadre des circonscriptions territoriales suivantes (art. 4, L. orientation n° 92-125, 6 févr. 1992, relative à l'administration territoriale de la République) : **circonscription régionale (A), départementale (B)** et **d'arrondissement (C)**. À ces cadres territoriaux de droit commun s'ajoutent effectivement quelques **situations particulières (D)**.

A. La circonscription régionale

270 La circonscription régionale est conçue comme le **pivot de l'administration déconcentrée de l'État** dans les territoires.

Selon l'article 5 de la charte de la déconcentration du 7 mai 2015 (décr. n° 2015-510) :

« Sauf disposition législative contraire ou exception prévue par décret en Conseil d'État, la circonscription régionale est l'échelon territorial :

1° De l'animation et de la coordination des politiques de l'État ;

2° De la mise en œuvre des politiques nationales et de l'Union européenne en matière d'emploi, d'innovation, de recherche, de culture, de statistiques publiques, de développement économique et social, et d'aménagement durable du territoire ;

3° De la coordination des actions de toute nature intéressant plusieurs départements de la région ;

4° De la conduite d'actions de modernisation des services déconcentrés dans les domaines de la simplification de leur activité administrative et de l'amélioration de leurs relations avec les usagers ;

5° De la définition du cadre stratégique de la politique immobilière des services déconcentrés de l'État.

Elle constitue également un échelon de programmation et de répartition des crédits de l'État ainsi que de contractualisation des programmes pluriannuels entre l'État et les collectivités locales. »

– **Le tracé des régions a pour origine** le **découpage du territoire métropolitain en vingt** et une **circonscriptions d'action régionale** par le **décret** n° 60-516 du 2 juin 1960. Ces circonscriptions, devenues régions administratives en 1964, ont servi également de support aux établissements publics territoriaux institués en 1972 (L. n° 72-619, 5 juill. 1972) et transformés en collectivités territoriales dix ans plus tard (L. n° 82-213, 2 mars 1982). Entre-temps, la Corse est devenue la vingt-deuxième région métropolitaine retenue pour l'implantation des services de l'État et la réforme a été étendue outre-mer. On voit ici comment la déconcentration a préexisté à la décentralisation et l'a rendue possible. Cela illustre la connexion qui existe entre les deux mouvements.

– **Le cadre de la circonscription régionale n'est pas immuable dans son tracé.** Les variations géographiques ne sont pas sans lien avec le phénomène que nous venons de relever d'articulation entre déconcentration et décentralisation. La délimitation des cadres territoriaux utilisés par les services déconcentrés obéit à des règles fixées par l'ordonnance n° 45-2604 du 2 novembre 1945 dont les dispositions ont été introduites dans le code général des collectivités territoriales. Or, cette insertion s'explique justement car le choix retenu a consisté à faire coïncider, dans la mesure du possible, les limites géographiques de ces collectivités territoriales avec celles des circonscriptions administratives de l'État. En conséquence, il n'est pas possible de modifier les unes sans déplacer les autres.

Pour preuve, après le redécoupage des régions, dont le nombre en métropole est passé de 22 à 13 avec la loi du 16 janvier 2015 (préc.), l'architecture territoriale des services de l'État dans les territoires a dû évoluer. L'État a effectivement prévu de réduire d'autant le nombre de ses préfectures de région. Pour accomplir cette mission, le ministre de l'intérieur a nommé au printemps 2015 sept préfets dits « préfigurateurs » (ont été désignés des préfets en poste directement concernés, à savoir ceux d'Alsace, d'Aquitaine, de Bourgogne, de Midi-Pyrénées, de Haute-Normandie, du Nord-Pas-de-Calais et de Rhône-Alpes). D'ici à la fin juillet 2015, leur objectif est double : d'une part, concevoir la répartition de l'ensemble des actuelles directions et de leurs agents sur le nouveau territoire régional ; d'autre part, arrêter le choix du siège des futurs chefs-lieux des sept nouvelles régions issues du regroupement de seize anciennes régions (le choix des chefs-lieux ne sera toutefois définitif qu'en juillet 2016, après les élections régionales des 6 et 13 décembre 2015, les conseils nouvellement élus devant se prononcer sur les choix du gouvernement, étant précisé qu'en cas de désaccord d'une assemblée régionale sur le futur siège de la préfecture, l'État aura le dernier mot). Cette refonte du cadre territorial des services de l'État en région affectera également les académies (Neuf « recteurs coordonnateurs » ont été chargés de rendre, à l'été 2015, « des projets de convergence », autrement dit de refondre la carte des académies), ainsi que les agences régionales de santé (sept directeurs généraux ont ainsi été choisis pour configurer les futures agences régionales de santé qui auront pour périmètre les nouvelles régions).

B. La circonscription départementale

271 Selon l'article 6 de la charte de la déconcentration du 7 mai 2015 (décr. n° 2015-510),« Sauf disposition législative contraire ou exception prévue par décret en Conseil d'Etat, la circonscription départementale est l'échelon territorial de mise en œuvre des politiques nationales et de l'Union européenne. » Alors que, en tant que collectivité territoriale, l'avenir du département a semblé un temps compromis (au début de l'année 2014 le président de la République avait exprimé le souhait que l'échelon départemental (comme collectivité décentralisée) soit supprimé au plus tard à l'échéance de 2021 ; dans son discours de politique générale du 8 avril suivant, le Premier ministre Manuel Valls avait abondé en ce sens ; mais le sujet a perdu de son évidence au printemps 2015, plus a avancé la discussion au Parlement du projet de loi portant « nouvelle organisation territoriale de la République »), force est de constater qu'en tant qu'échelon de l'administration déconcentrée de l'État le département se voit consacré par ce décret de 2015.

- **Le découpage de la France en départements** a été décidé à la fin de l'année **1789** et réalisé par un décret du 26 février 1790. Depuis lors, il a été largement tributaire des grandeurs et vicissitudes de l'histoire nationale. Pourtant, si l'on excepte les modifications liées à des annexions et à des cessions de territoires (on citera entre autres la perte puis la réintégration de l'« Alsace-Lorraine » ou encore l'indépendance de l'Algérie), il apparaît qu'il n'a jamais été bouleversé mais simplement adapté pour prendre en compte des phénomènes d'urbanisation (réorganisation de la région parisienne en 1964 ; création en 2015 de la métropole de Lyon, collectivité territoriale à statut particulier, sur une partie du territoire du département du Rhône) ou des particularismes locaux (divisions de la Corse en deux départements en 1975 ; en 2007, les communes insulaires de Saint-Barthélemy et de Saint-Martin ont été détachées du département de la Guadeloupe et transformées en collectivités d'outre-mer (COM) distinctes ; Mayotte dans l'océan Indien est devenu le 101e département en 2011).

– Limites territoriales et chef-lieu du département.

Selon l'article L. 3112-1 CGCT : « Les limites territoriales des départements sont modifiées par la loi après consultation des conseils départementaux intéressés, le Conseil d'Etat entendu. Toutefois, lorsque les conseils départementaux sont d'accord sur les modifications envisagées, celles-ci sont décidées par décret en Conseil d'Etat. »

Selon l'article L. 3112-2 CGCT : « Le **transfert du chef-lieu** d'un département est décidé par **décret en Conseil d'Etat**, après consultation du conseil départemental des conseils municipaux de la commune siège du chef-lieu et de celle où le transfert du chef-lieu est envisagé » (sur le contentieux né à l'occasion du transfert du chef-lieu du département du Var de Draguignan à Toulon, v. CE, Ass., 26 nov. 1976, *Soldani*, n° 97328 ; *AJDA* 1977, p. 26 et 33, chron. M. Nauwelaers et L. Fabius).

– Regroupement de départements.

La procédure est décrite à l'article L. 3114-1 CGCT en ces termes :

I. - **Plusieurs départements** formant, dans la même région, un territoire d'un seul tenant peuvent, par délibérations concordantes de leurs conseils départementaux, **demander à être regroupés en un seul département.** L'avis du comité de massif compétent est requis dès lors que l'un des départements intéressés comprend des territoires de montagne au sens de l'article 3 de la loi n° 85-30 du 9 janvier 1985 relative au développement et à la protection de la montagne. Son avis est réputé favorable s'il ne s'est pas prononcé à l'expiration d'un délai de quatre mois suivant la notification par le représentant de l'État des délibérations des conseils départementaux intéressés. Par dérogation aux articles L. 3121-9 et L. 3121-10, la demande de regroupement de départements prévue au premier alinéa est inscrite à l'ordre du jour du conseil départemental à l'initiative d'au moins 10 % de ses membres.

II. - **Le Gouvernement** ne peut **donner suite** à la demande que si ce projet de regroupement recueille, dans chacun des départements concernés, l'accord de la majorité absolue des suffrages exprimés, correspondant à un nombre de voix au moins égal au quart des électeurs inscrits. Cette consultation des électeurs est organisée selon les modalités définies à l'article LO 1112-3, au second alinéa de l'article LO 1112-4, aux articles LO 1112-5 et LO 1112-6, au second alinéa de l'article LO 1112-7 et aux articles LO 1112-8 à LO 1112-14. Un arrêté du ministre chargé des collectivités territoriales fixe la date du scrutin, qui ne peut intervenir moins de deux mois après la transmission de la dernière délibération prévue au I du présent article.

III. - **Le regroupement est décidé par décret en Conseil d'État.**

C. La circonscription d'arrondissement

272 Selon l'article 7 de la charte de la déconcentration du 7 mai 2015 (décr. n° 2015-510), « Sauf disposition législative contraire ou exception prévue par décret en Conseil d'Etat, l'arrondissement est le cadre territorial de l'animation du développement local et de l'action administrative locale de l'Etat. » (Cet arrondissement ne doit pas être confondu avec les subdivisions de communes telles que Paris, Lyon et Marseille).

- **La subdivision des départements en arrondissements.** Elle remonte à la **loi du 28 pluviôse an VIII** (17 février 1800). Cette circonscription a servi d'emblée à l'implantation des **sous-préfectures**, avec à leur tête un **sous-préfet**, qui est alors **entouré d'un conseil**, d'abord nommé puis élu. Malgré cela, cet échelon d'administration ne pourra s'imposer comme cadre de décentralisation. La personnalité morale ne lui sera pas accordée et les

conseils d'arrondissement, peu actifs, ne survivront pas à la seconde guerre mondiale.

- **Création et suppression d'arrondissements.** Le **découpage initial** des arrondissements a été profondément **modifié sous la IIIe République** à l'occasion d'une réforme réalisée en 1926, essentiellement pour des raisons budgétaires (suppression de 106 arrondissements). Mais la carte des arrondissements est aussi susceptible d'évoluer en sens inverse par des créations nouvelles (au **1er janvier 2015**, le **nombre des arrondissements** est de **336** : 323 en métropole et 13 en outre-mer, tandis que le **nombre de sous-préfectures** est de **235** : 227 en métropole et 8 en outre-mer – la différence venant du fait qu'il y a des arrondissements sans sous-préfecture : ceux des chefs-lieux du département). Il est vrai que ces opérations sont d'autant plus faciles à réaliser que le **tracé des arrondissements** ne coïncide pas avec les cadres géographiques des collectivités territoriales.

Selon l'article L. 3113-1 CGCT : « Les **créations et suppressions** d'arrondissements sont décidées par **décret en Conseil d'État** après consultation du conseil départemental. Les **modifications des limites territoriales** des arrondissements sont décidées par le **représentant de d'État dans la région**, après consultation du conseil départemental. / Le **transfert du chef-lieu d'un arrondissement** est décidé par **décret en Conseil d'État**, après consultation du conseil départemental et des conseils municipaux de la commune siège du chef-lieu et de celle où le transfert du chef-lieu est envisagé. »

- **La question du devenir de l'arrondissement.** On constate que l'absence de coïncidence entre le tracé des arrondissements et celui des collectivités territoriales explique **un certain délaissement actuel de l'arrondissement**, car la tendance des administrations étatiques consiste plutôt à calquer leur organisation sur celle des collectivités territoriales afin de faciliter l'établissement de relations et la mise en œuvre des contrôles. Or, à la différence du département et de la région, l'arrondissement n'est pas un cadre de décentralisation.

Il faut dire que le réseau actuel des sous-préfectures implantées dans les arrondissements n'a été que très peu modifié depuis la réforme de 1926, alors même que de nombreux arrondissements ont depuis connu des évolutions majeures sur les plans économique et démographique. Avec le temps, certains territoires sont devenus « suradministrés », quand d'autres, en zone rurale notamment, nourrissent un sentiment d'abandon, suite à la fermeture ou à l'éloignement des services publics. Dans ce contexte, la question de la rénovation du réseau infra-départemental de l'administration de l'État est régulièrement posée depuis plusieurs années.

> **Biblio. somm. :** Cour des comptes, Rapport public annuel 2015, « Le réseau des sous-préfectures : entre *statu quo* et expérimentation », févr. 2015, p. 383 s.

À noter : Le ministère de l'Intérieur pourrait privilégier comme piste de réforme la transformation des sous-préfectures dans les zones fortement urbanisées en « **Maisons de l'État** », chargées de la délivrance des titres. Cette solution peut effectivement être pertinente dans les grandes agglomérations où les fonctions d'accueil du public sont importantes, mais où la présence continue d'un haut fonctionnaire de l'État n'apparaît pas indispensable dans l'arrondissement. La décision n° 38 du comité interministériel pour la modernisation de l'action publique (CIMAP) du 17 juillet 2013 a prévu la détermination d'un cadre national d'action, sous la forme d'un cahier des charges, précisant les « modalités de regroupement des services infra-départementaux au sein de "Maisons de l'État" » (http://www.modernisation.gouv.fr). Les Maisons de l'État devraient donc être appelées à se multiplier.

D. Les cadres territoriaux particuliers

273 Il en est de deux sortes. **Les uns sont dérogatoires** aux cadres de droit commun que nous venons de présenter (**1**). Il faut **ensuite** ajouter le cas **spécifique de la commune** qui est l'échelon de base de l'administration déconcentrée en France, même si cela peut étonner tant son rattachement à l'administration décentralisée fait poids (**2**).

1. Les cadres territoriaux dérogatoires

274 La loi d'orientation du 6 février 1992 pour l'administration territoriale de la République (art. 4) a admis qu'il soit dérogé au principe de l'organisation des administrations déconcentrées dans le cadre des régions, départements ou arrondissements. Cependant, ces exceptions doivent être prévues par des dispositions législa-

tives ou des décrets en Conseil d'État. L'objectif visé est d'éviter la prolifération des **circonscriptions spécialisées** délimitées en fonction des tâches à accomplir par les services de l'État. Déjà, dans le passé, il a été décidé de procéder à leur **harmonisation** pour simplifier la carte administrative. Les circonscriptions d'action régionale, délimitées en **1960** (v. D. n° 60-516, 2 juin 1960) et devenues plus tard les régions, ont été retenues pour constituer le cadre de référence. À défaut de pouvoir coïncider avec elles, les circonscriptions spécialisées doivent résulter de leur addition ou de leur subdivision sans jamais chevaucher leurs limites.

À l'examen, on constate que les possibilités de **dérogation** aux règles d'organisation territoriale des services sont utilisées par plusieurs ministères.

Ainsi, parce que certains découpages sont le fruit de l'histoire ancienne, il est difficile de les moderniser. La France administrative est conservatrice ! Par exemple, s'agissant des **ressorts des cours d'appel**, ceux-ci sont au nombre de 32 en métropole, pour 22 régions administratives (qui ne seront plus que 13 à partir du 1er janvier 2016 du fait de la réforme territoriale issue de la loi du 16 janvier 2015). Aussi, on observe que la région Rhône-Alpes relève de quatre cours d'appel : Lyon, Grenoble, Chambéry et Nîmes. Quant à la cour d'appel de Rennes, et donc son parquet général, elle a compétence à la fois sur la région Bretagne et le département de Loire-Atlantique, situé en région Pays de la Loire. Cette dernière région relève, pour ses autres départements, de la cour d'appel d'Angers.

On peut faire la même observation avec **les académies** qui sont les circonscriptions administratives du ministère chargé de l'éducation et de celui chargé de l'enseignement supérieur et de la recherche. Ces circonscriptions, créées en 1808, étaient calquées à l'origine sur le ressort des cours d'appel. Mais outre qu'aujourd'hui ce lien est rompu, ces circonscriptions ont un caractère dérogatoire : ainsi, la métropole compte 26 académies (auxquelles s'ajoutent les quatre des régions monodépartementales d'outre-mer), la région Île-de-France en comptant à elle seule trois, et les régions Provence-Alpes-Côte d'Azur et Rhône-Alpes en comptant deux.

Le découpage administratif obéit également à des logiques fonctionnelles qui peuvent conduire à des organisations complexes. Il en va de la sorte pour **la douane**. En effet, la direction générale des douanes et des droits indirects (DGDDI) s'est développée suivant une logique d'implantation davantage commandée par le réseau des axes de circulation que par une volonté de couverture territoriale, du fait de sa triple mission : réguler les échanges internationaux, arrêter et réprimer les flux illégaux de biens et valeurs, encaisser les droits indirects sur différents produits et services, notamment les carburants. Ainsi, le territoire national a été divisé en douze « directions inter-régionales », dont deux seulement coïncident avec une région (Provence-Alpes-Côte d'Azur et Languedoc-Roussillon) et une correspond à la seule emprise de l'aéroport de Roissy.

Cette organisation complexe caractérise encore **la police**, dont le découpage des zones d'interventions n'a rien d'un jardin à la française. Si la sûreté urbaine est organisée sur une base départementale, la police judiciaire est, elle, fondée sur une base interrégionale, mais ne correspondant pas aux régions classiques. Bien plus, l'organisation de la police judiciaire coïncide rarement avec le ressort d'une cour d'appel : tantôt elle en recouvre deux, tantôt elle comprend des parties de plusieurs ressorts alors que ses agents travaillent largement sous le contrôle des parquets ou des juges.

Au pays de Descartes, cela peut surprendre. Dans son rapport public thématique : *L'organisation territoriale de l'État*, juill. 2013 (p. 107), la Cour des comptes a estimé de façon générale que cet enchevêtrement de différentes circonscriptions administratives « suscite, au plan local, une comitologie excessive et des échelons de coordination qui superposent les hiérarchies. Elle induit des coûts de coordination importants, parfois un éparpillement des ressources humaines d'autant plus problématique que les effectifs se réduisent, et, au total, une perte d'efficacité. »

2. L'échelon de la commune

275 **La commune** est la **cellule de l'administration déconcentrée la plus proche du citoyen**. L'État n'y dispose cependant pas d'un agent propre nommé par lui. Il emprunte à la commune l'un de

ses organes : **le maire**, qui va donc cumuler les fonctions de représentant de la commune personne morale décentralisée pour lesquelles il a été élu par le conseil municipal et celles d'**agent de l'État** (P. Cassia, « Le maire, agent de l'État », *AJDA* 2004, p. 245). À ce titre, il dispose d'attributions importantes dans les domaines administratif et judiciaire. Aussi les exerce-t-il tantôt sous l'autorité du préfet tantôt sous celle du procureur de la République.

- **Les attributions du maire exercées sous l'autorité hiérarchique du préfet**

Selon les **articles L. 2122-27 et suivants du Code général des collectivités territoriales**, il s'agit de la **publication** et de l'**exécution des lois et règlements** dans la commune ; de l'**organisation des élections** (organisation matérielle des scrutins, aménagement des salles, permanence aux bureaux de vote, révision des listes électorales) ; de la **légalisation des signatures** (authentification des certificats, des diplômes – cette fonction est également exercée par les commissariats de police) ; de la **délivrance de certificats** (de domicile, de concubinage, etc.) ; de la **délivrance dans certains cas de permis de construire au nom de l'État** (lorsque la commune n'est pas dotée d'un plan local d'urbanisme) ; de l'application des **mesures de sûreté générale** et de la mise en œuvre de **certaines polices spéciales**.

- **Les attributions du maire exercées sous l'autorité du procureur de la République**

En qualité d'**officier d'état civil** (art. L. 2122-32 CGCT ; cette fonction concerne également les adjoints), le maire est responsable du service de l'état civil : il célèbre les mariages, enregistre les naissances et les décès, délivre des copies et extraits de registres. L'exercice de ces fonctions est placé sous le contrôle de l'autorité judiciaire (TC, 17 juin 1991, *Maadjel*, *Leb.* p. 465).

En qualité d'**officier** de **police judiciaire** (art. L. 2122-31 CGCT, cette fonction concerne également les adjoints), il constate les infractions et en dresse procès-verbal, lorsqu'il s'agit de contraventions ou de crimes et délits flagrants (dans les autres cas, il enregistre les plaintes et dénonciations qu'il transmet au procureur de la République). En fait, cette dernière fonction a un caractère subsidiaire : sauf circonstance exceptionnelle, elle n'est remplie qu'en cas d'absence de commissariat de police ou de brigade de gendarmerie à proximité.

• **L'exercice par le maire de ses attributions en qualité d'agent de l'État**

Compétences au nom de l'État. Ces **compétences du maire** lui sont attribuées **en propre** au nom de l'État. Elles ne peuvent être exercées par le conseil municipal. Toutefois, aucun texte ne fait obstacle à ce que le maire délègue les fonctions qu'il exerce au nom de l'État aux **adjoints**, voire à des membres du conseil municipal (par application de l'article L. 2122-18 CGCT). De plus, en cas d'absence, de suspension ou de révocation du maire, il reviendra à un **suppléant** d'exercer provisoirement les fonctions du maire, qu'elles soient communales ou étatiques (art. L. 2122-17 CGCT ; CE, 18 juin 1969, *Mercier*, *Leb.* T., p. 756). Néanmoins, la qualité d'officier d'État civil étant conférée aux adjoints par l'article L. 2122-32 CGCT, ces derniers exercent de telles fonctions sans qu'il soit besoin qu'une délégation leur soit donnée par le maire (CE, sect., 11 oct. 1991, *Ribaute et Balanca*, req. n° 92742, *AJDA* 1991. 883, chron. C. Maugüé et R. Schwartz). De ce fait, le maire ne peut légalement retirer aux adjoints que des délégations consenties pour des matières autres que l'État civil (CE, 25 oct. 1996, *Cne Montredon-Labessonnie*,req. n° 170151 ; cette solution paraît transposable à la qualité d'officier de police judiciaire).

Critères. S'agissant des différentes attributions « administratives » ainsi exercées par le maire au nom de l'État, on constate, d'une part, qu'elles ne sont pas nécessairement gravées une bonne fois pour toutes dans le marbre (ainsi, par exemple, les opérations de recensement, qui étaient effectuées par le maire en tant qu'agent de l'État, ne le sont plus depuis que la loi du 27 février 2002 (art. L. 2122-21-10°) a chargé le maire de procéder aux enquêtes de recensement au nom de la commune) ; d'autre part, que leur identification même n'est pas toujours aisée à opérer. C'est bien sûr simple si le législateur ou le pouvoir réglementaire ont exprimé clairement leur volonté en ce sens (par ex., v. art. L. 581-21 C. envir. à propos de la délivrance par le maire « au nom de l'État » des autorisations en matière de publicité, enseignes et pré-enseignes ; art. R. 24 et R. 25 C. élect., à propos de la délivrance par le maire, au nom de l'État, des cartes électorales). Mais il arrive que l'absence de dispositions textuelles expresses laisse planer le doute. La **jurisprudence administrative** a alors dégagé des **critères d'identification**. C'est ainsi que le juge va rechercher, au besoin, si l'opération à laquelle participe le maire possède un objet d'intérêt général, auquel cas elle est considérée comme exercée **au nom de l'État** (Exemple : dans le cadre de la loi du 28 mars 1882 sur l'enseignement primaire, le maire est chargé de dresser la liste de tous les enfants soumis à l'obligation scolaire qui résident dans la commune ; en l'espèce, les intéressés sont appréhendés en tant qu'usagers du système scolaire et non comme résidents de la commune ; aussi, la compétence du maire présente ici un caractère d'intérêt supra communal, ce qui confère au maire la qualité d'agent de l'État). À ce critère de l'objet de la mesure prise s'ajoute parfois le critère de la marge de manœuvre laissée au maire pour son exécution. Ainsi, lorsqu'une disposition confère une telle marge de manœuvre, le maire doit être regardé comme agissant **au nom de la commune** ; *a contrario*, il sera considéré comme agissant au nom de l'État (par exemple, c'est parce que le II de l'article L. 581-4 du code de l'environnement dispose que le maire « peut » interdire les publicités sur des immeubles présentant un caractère esthétique, historique ou pittoresque que les arrêtés municipaux doivent être considérés comme étant pris au nom de la commune).

Contrôle hiérarchique. Lorsque **le maire** agit en qualité d'**agent de l'État**, il **entre** alors **dans les hiérarchies administratives de celui-ci**. Dès lors, lorsque le maire agit, par exemple, sous le contrôle hiérarchique du préfet, ce dernier exerce un tel contrôle sur les actes (contrôle de légalité et d'opportunité) et dispose d'un pouvoir disciplinaire susceptible d'atteindre le maire pour sanctionner ses manquements (art. L. 2122-16 CGCT ; égal. B. Seiller, « Le pouvoir disciplinaire sur les maires », *AJDA* 2004, p. 1637). De même, lorsque le maire agit en qualité d'officier d'État civil, il est soumis aux observations ou injonctions que le procureur de la République peut lui adresser (art. 53 C. civ.). Il en va encore de la sorte lorsqu'il agit en qualité d'officier de police judiciaire, auquel cas il est placé sous la surveillance du procureur général près la cour d'appel (art. 38 C. proc. pén.).

Contentieux. Les actions du **maire** agissant **au nom de l'État** sont susceptibles d'être l'objet d'un **contentieux juridictionnel**. Celui-ci est porté tantôt devant le juge administratif, tantôt devant le juge judiciaire, selon la nature de la mission exercée (administrative ou judiciaire ; à titre d'illustration, v., par ex., S. Duroy, « Le contentieux des actes de l'état civil », *RD publ.* 1993, p. 1710), voire selon que l'action se rattache à l'organisation ou au fonctionnement de la justice judiciaire (selon les principes posés par la jurisprudence *Préf. Guyane*, TC, 27 nov. 1952, *GAJA*). Mais il faut savoir que le maire agissant comme autorité de l'État et non comme autorité communale n'a pas qualité pour demander l'annulation au juge administratif d'un acte pris au nom de l'État par le préfet en ses lieu et place (CE, 21 juin 1961, *Maire Thionville, Leb.* p. 422). Cette irrecevabilité s'explique par la règle selon laquelle les agents publics ne peuvent pas demander la censure des mesures qu'ils ont prises ou préparées. Cependant, la commune reste recevable à demander l'annulation d'un acte pris par le maire au nom de l'État. Dans ce cas, le conseil municipal doit adopter une délibération autorisant le maire (!) à former un recours pour excès de pouvoir pour que celui-ci soit considéré comme déposé au nom de la commune. En ce qui concerne plus spécifiquement le contentieux de la responsabilité, il faut noter que celui-ci concerne l'État et non la commune lorsque le maire cause un dommage dans l'exercice d'une mission exercée pour le compte de l'État (CE, 26 oct. 1973, *CPAM travailleurs salariés Somme, Leb.* p. 600 : à propos de litiges mettant en cause la procédure de délivrance d'un permis de construire au nom de l'État).

§ 2. Les autorités d'administration

276 Au plan local, les **autorités d'administration** qui font partie de l'appareil d'État sont nombreuses et dotées de compétences variées (v. Cour des comptes, *L'organisation territoriale de l'État*, Rapport public thématique, juill. 2013 : rapport critique qui fait

état de « recompositions fortes mais des défauts de cohérence », d'« une gouvernance mal assurée » et d'« une gestion des ressources humaines inadaptée »). Pour tenter d'en établir le recensement, on peut chercher à les regrouper précisément en fonction de leurs attributions. En effet, il apparaît à l'examen que certaines d'entre elles exercent des **compétences** très **générales** (**A**), alors que d'autres sont plus **spécialisées** (**B**).

A. Les autorités d'administration générale

277 Depuis l'an VIII, le pouvoir central est représenté dans les départements par les préfets, dénommés « commissaires de la République » à certains moments de l'histoire préfectorale, comme en 1848, puis entre 1982 et 1988. Ils ont été également institués à l'échelon régional par la réforme administrative de 1964.

Compte tenu de l'importance de leurs tâches, accrue par la déconcentration et le développement de l'interministérialité (Certains ministres sont chargés d'attributions importantes pour la politique de la nation sans disposer pour autant de services propres sur le territoire, et en particulier au niveau départemental ; ils doivent alors s'appuyer, pour agir, sur l'autorité interministérielle des préfets chargés de mobiliser tous les services de l'État), les **préfets** (**1**) sont entourés de **collaborateurs** (**2**) sur lesquels leur autorité a été renforcée.

1. Les préfets

278 Les Constitutions de 1946 (art. 30) et de 1958 (art. 13) ont maintenu expressément le titre de préfet. Quant à l'article 72, dernier alinéa, de la Constitution, en faisant mention du « représentant de l'État » « dans les collectivités territoriales de la République », il a entendu marquer la territorialisation de cette éminente institution étatique. Institué par la loi du 28 pluviôse an VIII (17 février 1800), le préfet fut effectivement conçu à l'origine comme l'instrument essentiel de l'administration de l'État dans le département. Puis, à partir du décret n° 64-252 du 14 mars 1964, cette institution fut étendue au niveau régional avec la création des préfets de région.

Préfets de région et préfets de département sont en grande partie régis par des **dispositions communes** (**a**), auxquelles s'ajoutent des **dispositions spécifiques** élaborées en fonction des missions imparties à chaque échelon d'administration par la charte de la déconcentration (**b**).

a. Les dispositions communes aux préfets de région et de département

279 Les préfets de région, qui sont eux-mêmes préfets des départements où sont implantés les chefs-lieux de région, et les préfets de département sont soumis à des **dispositions statutaires** identiques. Ils assurent également plusieurs **missions** identiques.

Textes : D. n° 2004-374, 29 avr. 2004 relatif aux pouvoirs des préfets, à l'organisation et à l'action des services de l'État dans les régions et départements, modifié par D. n° 2010-146, 16 févr. 2010 ; art. 131 et 132, L. n° 2004-809, 13 août 2004 relative aux libertés et responsabilités locales ; D. n° 2015-510, 7 mai 2015 portant charte de la déconcentration.

1) Statut préfectoral

280 Le **statut actuel** des préfets est fixé par le **décret n° 64-805 du 29 juillet 1964**, plusieurs fois **modifié**.

Le statut des préfets a été modifié notamment par un décret n° 2009-176 du 16 février 2009, qui vise à :

- renforcer l'**ouverture** et la **diversification du recrutement**, en ouvrant plus largement le corps aux fonctionnaires non issus des viviers traditionnels que constituent le corps des administrateurs civils et celui des sous-préfets ;

- à maintenir l'**attractivité des fonctions** de préfet, en prévoyant un rééchelonnement indiciaire et en augmentant le nombre de postes donnant droit à un placement hors classe.

À noter : Le décret du 29 juillet 1964 a été modifié par le décret n° 2011-1208 du 29 septembre 2011 qui a porté de sept à dix le nombre de préfets pouvant être nommés sur des emplois supérieurs comportant une mission de service public relevant du gouvernement. Au sein de ces dix postes, trois sont réservés à des sous-préfets et administrateurs civils justifiant d'une ancienneté de vingt-cinq ans de services publics, dont trois années au moins en qualité de sous-préfet nommé sur un poste territorial ou en qualité de secrétaire général pour les affaires régionales. Par ailleurs, le décret de 2011 a modifié les conditions de titularisation dans le corps des préfets, en ajoutant une disposition permettant de titulariser au terme d'une année d'activité dans le corps un préfet hors cadre qui aurait exercé au moins six mois les fonctions de préfet territorial.

281 **La nomination** en qualité de préfet est effectuée par décret du président de la République en conseil des ministres, sur proposition du Premier ministre et du ministre de l'intérieur. La liberté de choix de l'exécutif est variable mais toujours importante : les **2/3e**, au moins, des préfets sont choisis parmi les sous-préfets et les administrateurs civils qui remplissent certaines conditions (D. n° 64-805, 29 juill. 1964, art. 2) ; **1/3e**, au plus, de l'effectif des préfets servant dans des postes territoriaux est désigné discrétionnairement sans condition d'appartenance à la fonction publique (D. n° 64-805, 29 juill. 1964, art. 6).

Affectation. La nomination implique l'affectation à un **poste territorial.** Cependant, des nominations peuvent être prononcées, dans la limite de dix postes, sur des emplois supérieurs comportant une **mission de service public relevant du gouvernement.** Les intéressés sont alors placés sur un emploi de **préfet « hors cadre »** pour une durée maximale de trois ans qui peut être prolongée de deux ans (D. n° 64-805, 29 juill. 1964, art. 1er). **Chiffres** : En **2013**, sur 250 préfets, 127 seulement étaient affectés à un poste territorial, 37 étaient détachés, 12 en disponibilité, 1 en dehors des cadres, et 75 étaient dans la **position dite « hors cadre »** ; celle-ci recouvre des situations très diverses : préfets en attente d'une affectation territoriale, préfets exerçant des fonctions au ministère de l'intérieur, préfets exerçant des fonctions en dehors du ministère de l'intérieur, mais restant rémunérés par ce dernier, préfets nommés en mission de service public. Des dérives du « hors-cadre » sont parfois constatées. (Source : Sénat, Avis n° 114 (2014-2015), Projet de loi de finances pour 2015 : Administration générale et territoriale de l'État, nov. 2014).

À noter : La Cour des comptes a émis, dans un référé transmis au gouvernement en juillet 2014, des observations sur la gestion du corps préfectoral. Ses observations critiques ont porté sur quatre points :

- une action limitée par la **brièveté des affectations territoriales** (la durée moyenne de fonctions des préfets dans un poste territorial, qui était en 2006 de deux ans et six mois, a diminué pour se stabiliser autour de deux ans depuis 2010 ; 24,3 mois en 2013),

- un **nombre significatif de préfets hors cadre** (cette situation spécifique apparaissant dans de nombreux cas comme une alternative critiquable à la mise à disposition ou au détachement sans justification),

- le **cas particulier des préfets en mission de service public** (l'existence de postes de préfets n'ayant pas vocation à exercer dans des fonctions territoriales paraissant peu compatible avec la bonne gestion d'un corps à vocation territoriale, la Cour des comptes propose la suppression pure et simple de cette voie d'accès au corps des préfets),

- la **question posée du remplacement du statut de préfet par un cadre d'emploi fonctionnel** du fait de l'existence d'un nombre significatif de préfets n'ayant pas d'affectation territoriale (la Cour des comptes propose d'explorer la voie consistant à créer un cadre d'emplois fonctionnels pour pourvoir les postes de préfet territorial, comme pour les autres emplois de responsabilité, ce qui impliquerait la mise en extinction corrélative du corps dans sa définition actuelle).

Titularisation (D. n° 64-805, 29 juill. 1964, art. 4 et 5). Les préfets qui ont accompli au moins six mois d'exercice de leur fonction en poste territorial peuvent, sur leur demande, être titularisés après une année d'activité dans le corps des préfets. Quant aux préfets nommés hors cadre, moins de six mois après leur première affectation territoriale ou pour occuper des emplois supérieurs comportant une mission de service public relevant du gouvernement, ils peuvent, sur leur demande, être titularisés après deux années d'activité dans le corps des préfets. La titularisation en qualité de préfet est prononcée par décret du président de la République sur proposition du Premier ministre et du ministre d'État, ministre de l'Intérieur.

282 **Les garanties** qui sont accordées aux fonctionnaires en général sont, pour la plupart, refusées aux préfets (D. n° 64-805, 29 juill. 1964, art. 15). Ils ne bénéficient ni du droit de grève, ni du droit syndical dont l'absence est quelque peu compensée par la liberté d'association, utilisée pour créer l'Association du corps préfectoral et des hauts fonctionnaires du ministère de l'Intérieur. Des sanctions disciplinaires peuvent être prononcées à l'encontre des préfets sans l'intervention d'un conseil de discipline tandis que leurs opinions politiques, philosophiques et religieuses peuvent figurer dans leur dossier.

283 **Le déroulement de carrière** dépend largement du bon vouloir de l'exécutif qui peut, à son gré, révoquer les préfets ou les muter d'une circonscription à l'autre, dans la mesure où ils occupent des **emplois** « à la décision du gouvernement » (L. n° 84-16, 11 janv. 1984, art. 25 et Décr. n° 85-779, 24 juill. 1985, art. 1er). Toutefois,

la professionnalisation du corps est venue progressivement nuancer cette vulnérabilité pour en corriger certains abus.

Par ailleurs, dans certaines limites, le pouvoir a également la possibilité de les placer **hors cadre** pour accomplir des missions auprès des pouvoirs publics (v. ss 281), de les mettre en position de service **détaché** ou en **disponibilité dans l'intérêt du service** (Décr. n° 64-805, 29 juill. 1964, art. 10 à 14 ; le nombre des préfets titulaires placés en service détaché ou en disponibilité avec traitement ne peut toutefois excéder 30 % de l'effectif total du corps). De leur côté, sous certaines conditions d'âge et d'ancienneté, les préfets peuvent demander le bénéfice d'un **congé spécial** qui leur permet de quitter leurs fonctions à des conditions avantageuses avant d'être admis à la retraite (Décr. n° 97-818, 4 sept. 1997 ; le nombre maximum des congés spéciaux susceptibles d'être accordés en vertu de ce décret est toutefois fixé à trois). Cette faculté peut notamment être utilisée quand ils n'ont plus la faveur du pouvoir politique.

2) Fonctions préfectorales

284 Entité abstraite servant de support permanent au pouvoir, l'État s'incarne en pratique dans des individus concrets. Au plan local, ce « visage de l'État », c'est tout particulièrement le préfet. Mais l'État, c'est aussi à un moment donné un gouvernement. De là, la double fonction de représentation du préfet : **représentation de l'État** et **représentation du gouvernement**, comme l'exprime l'article 72, *in fine*, de la Constitution de 1958 (« Dans les collectivités territoriales de la République, le représentant de l'État, représentant de chacun des membres du Gouvernement, a la charge des intérêts nationaux, du contrôle administratif et du respect des lois »).

Décret n° 2004-374 du 29 avril 2004,
relatif aux pouvoirs des préfets, à l'organisation et à l'action
des services de l'État dans les régions et départements, art. 1er

« Le préfet de région dans la région, le préfet de département dans le département, est dépositaire de l'autorité de l'État.

« Ils ont la charge des intérêts nationaux et du respect des lois.

« Ils représentent le Premier ministre et chacun des ministres.

« Ils veillent à l'exécution des règlements et des décisions gouvernementales.

« Ils dirigent, sous l'autorité des ministres et dans les conditions définies par le présent décret, les services déconcentrés des administrations civiles de l'État. »

285 **La fonction de représentation de l'État.** La fonction de représentation de l'État se décompose en trois sous-ensembles : la fonction de symbolisation, la fonction de régulation et la fonction de prescription.

- ***La fonction de symbolisation.*** Le préfet symbolise tout d'abord la **permanence de l'État.** Souvent, l'architecture majestueuse même des immeubles préfectoraux traduit bien le pouvoir qui y a son siège. D'ailleurs, selon une tradition bien ancrée en France, les cortèges revendicatifs ne se trompent pas d'itinéraires et savent aboutir aux grilles de la préfecture, soumises parfois à de rudes épreuves.

Ensuite, comme l'administration de l'État tout entière, le préfet incarne **« l'intérêt général »**, conçu comme l'expression de l'identité collective de la société. À ce titre, il a notamment pour mission de permettre aux citoyens de participer à la promotion des intérêts publics en dépassant la seule considération des intérêts privés, locaux ou catégoriels. C'est ainsi que dans la politique de l'environnement, il s'appuiera sur les associations et engagera la concertation avec les élus. De même, il cherchera à promouvoir l'action de défense, civile ou économique, des élus, des citoyens et des entreprises. Ou bien encore, il contribuera à l'élaboration concertée des programmes d'aménagement ou d'infrastructures dans leurs différents stades, tout particulièrement à l'occasion des enquêtes publiques.

- ***La fonction de régulation.*** Le préfet exerce une fonction de régulation aux multiples facettes.

Cette fonction s'exprime tout d'abord à travers le pouvoir de **contrôle des normes**, qui revêt une importance d'autant plus grande que les attributions de l'État se recentrent du fait du développement des politiques de décentralisation ou de dérégulation. D'ailleurs, la Constitution de la Ve République a expressément confié au préfet la charge du « contrôle administratif » (art. 72, *in fine*). En l'espèce, le préfet vérifie la régularité du fonctionnement des instances publiques ou privées qui utilisent des moyens de puissance publique ou qui ont recours à des crédits publics.

D'une façon générale, le préfet est chargé du contrôle de légalité vis-à-vis des collectivités décentralisées (déféré des actes devant la juridiction administrative ou saisine de la chambre régionale des comptes). Ce contrôle de régularité conduit également le préfet à délivrer des **agréments** qui certifient l'authenticité (agrément préfectoral pour exercer certaines professions réglementées : ambulance, auto-école, etc.), la qualité (agrément préfectoral pour exercer une activité de services à la personne), la conformité (agrément préfectoral pour les feux d'artifice), ou encore à déclencher des **inspections** de contrôle et de vérification, en cas de mauvais fonctionnement d'un organisme.

En cas de crise ouverte et de rupture consommée, la fonction de modération conduit le préfet à exercer une véritable mission pacificatrice. Ainsi, par exemple, en cas de troubles graves, le préfet peut mettre en œuvre des **plans d'urgence** pour faire face à un sinistre, une grève générale dans les services publics ou pour la lutte contre le terrorisme (plan Vigipirate, par exemple). L'implication des préfets peut même aller jusqu'aux pouvoirs élargis par la **législation sur l'état d'urgence**, soit en cas de péril imminent résultant d'atteintes graves à l'ordre public, soit en cas d'événements présentant, par leur nature et leur gravité, le caractère de calamité publique (Loi n° 55-385 du 3 avril 1955 relatif à l'état d'urgence).

- ***La fonction de prescription.*** Le préfet dispose du **pouvoir de prescription juridique**. Il a la possibilité d'édicter unilatéralement des actes, qui s'imposent aux administrés avec force obligatoire (**arrêtés préfectoraux** : arrêté préfectoral réglementant l'exercice de la pêche en eau douce ; arrêté préfectoral annuel d'ouverture et de fermeture de la chasse ; etc.).

Mais le pouvoir d'exigibilité détenu par le représentant de l'État n'aurait pas de sens s'il n'était pas assorti de garanties appropriées, permettant à l'Administration d'obtenir la bonne exécution de ses décisions quelles qu'elles soient. Des **poursuites pénales** peuvent être exercées à l'encontre des contrevenants, soit sur la base de textes particuliers, soit par application de l'article R.

610-5 du code pénal (« La violation des interdictions ou le manquement aux obligations édictées par les décrets et arrêtés de police sont punis de l'amende prévue pour les contraventions de la 1re classe. »). Des **sanctions administratives** sont aussi parfois instituées, qui donnent à l'Administration la possibilité de réprimer elle-même les comportements non conformes (la suspension administrative du permis de conduire peut être décidée par le préfet soit pour des raisons médicales, soit à la suite d'une infraction commise dans son département). Mais le préfet détient aussi le privilège du **recours à la force matérielle**, lequel reste néanmoins soumis par la jurisprudence à de strictes conditions (le préfet peut accorder le concours de la force publique pour une expulsion locative).

286 **La fonction de représentation du gouvernement**. La représentation consiste pour le préfet à décider au nom de l'État, aux lieu et place et pour le compte du gouvernement. Juridiquement, la représentation repose en effet sur la notion de délégation confiée par le gouvernement à son « délégué » (selon l'expression figurant initialement à l'article 72 de la Constitution de 1958, avant sa modification intervenue en mars 2003, où le terme « représentant de l'État » lui a été substitué). Le représentant agit dans l'exercice des droits de l'État et pour la défense des intérêts nationaux dont le gouvernement a la charge.

Quelles sont les missions que le préfet est chargé d'exécuter lorsqu'il intervient en qualité de représentant du gouvernement ? Selon le dernier alinéa de l'article 72 de la Constitution de 1958 : « Dans les collectivités territoriales de la République, le représentant de l'État, représentant de chacun des membres du gouvernement, à la charge des intérêts nationaux, du contrôle administratif et du respect des lois ». Ce texte ne peut servir, du fait de son insertion dans cet article et au sein du Titre XII consacré aux collectivités territoriales, à définir toutes les attributions des représentants territoriaux de l'État. Ainsi, par exemple, leurs compétences dans le cadre de l'administration déconcentrée ne peuvent trouver leur fondement dans ces dispositions qui paraissent réservées aux relations entre les collectivités territoriales et l'État. Sur ce point, la Constitution de 1958 présente une grande différence avec le texte de 1946, dont l'article 88 citait l'ensemble des attributions des « délégués du gouvernement », aussi bien en matière de contrôle administratif des collectivités qu'en ce qui concerne « la coordination de l'activité des fonctionnaires de l'État ».

La représentation du gouvernement correspond en réalité à la mise en œuvre des politiques voulues par la nation. Tout d'abord, il exerce une délégation de nature interministérielle ; ensuite, il est chargé de conduire les politiques nationales ; enfin, il assure la direction générale de l'action des services de l'État.

- ***La nature interministérielle de la fonction préfectorale.*** Le préfet représente effectivement « le Premier ministre et chacun des ministres » (Décr. n° 2004-374, 29 avr. 2004 relatif aux pouvoirs des préfets, à l'organisation et à l'action des services de l'État dans les régions et départements, art. 1er). Il n'est plus seulement le délégué du ministre de l'Intérieur, chargé de l'ordre public et des relations avec les collectivités locales, comme autrefois. À ce titre, le préfet a en principe seul qualité pour recevoir les délégations des ministres chargés des Administrations civiles de l'État et les pouvoirs de décision relatifs aux attributions des services déconcentrés des administrations civiles de l'État (D. n° 2004-374, art. 16). De plus, il dirige, sous l'autorité des ministres et dans les conditions définies par le décret du 29 avril 2004, les services déconcentrés des administrations civiles de l'État (D. n° 2004-374, art. 1er). Par ailleurs, sur le plan financier, le préfet est en principe le seul ordonnateur secondaire des services déconcentrés des administrations civiles de l'État (D. n° 2004-374, art. 20), c'est-à-dire que les ministres ne peuvent déléguer des crédits budgétaires qu'en faveur du seul représentant préfectoral habilité à engager le budget de l'État dans les limites des dotations déconcentrées.

On constate d'ailleurs que plus aucune action publique n'est l'apanage d'un service, d'un ministère ou d'une collectivité. La dimension interministérielle impose l'intervention de l'autorité déconcentrée agissant au nom de tous les ministres. Ainsi, par exemple, dans le domaine des politiques en faveur de l'emploi, le préfet doit faire travailler ensemble plusieurs services déconcentrés (travail, formation, éducation, etc.).

- ***La conduite des politiques nationales***. Elle résulte de la compétence du préfet, qui est chargé de veiller « à l'exécution des règlements et des décisions gouvernementales » (D. n° 2004-374, 29 avr. 2004, art. 1er). Il s'agit de mettre en œuvre les priorités de la nation en fonction des choix du gouvernement qui « détermine et conduit la politique de la nation » (art. 20, Const. 1958). L'action se développe à plusieurs niveaux.

L'**aménagement du territoire** a pour objectif d'harmoniser et d'encourager le développement et la répartition des équipements et des activités sur l'ensemble du territoire, en valorisant les atouts et en réduisant les handicaps. Ces équilibres ne peuvent être atteints qu'avec la participation des différents partenaires. Ainsi, le dialogue engagé par le préfet de région avec le président du conseil régional permet d'aboutir au croisement des ambitions, des priorités et des moyens, dans la démarche concertée du contrat de plan État-Région. De même, le préfet de département élabore avec le président du conseil départemental des politiques qui mobilisent tous les décideurs sur un projet d'ensemble (logement, action sociale, etc.).

En outre, les politiques de **développement économique**, encourageant la modernisation des entreprises, l'exportation, l'innovation technologique, et les politiques de solidarité, concernant la formation, la culture, la qualification, l'insertion, etc., constituent certains des axes majeurs de l'action des représentants de l'État, responsables de l'efficacité des actions publiques sur le terrain, et, en tout cas, appelés à répondre des carences de l'État.

- ***La direction générale de l'action des services de l'État***. Jusqu'à la réforme de l'administration territoriale de l'État lancée en 2007 dans le cadre de la révision générale des politiques publiques, il existait entre le niveau régional et le niveau départemental plus de trente-cinq directions, services ou délégations qui concouraient ainsi à l'exercice des missions de l'État. L'articulation entre le niveau régional et le niveau départemental, voire les niveaux infra-départementaux, était spécifique à chaque réseau, conduisant, par ailleurs, à un enchevêtrement inextricable de relations horizontales, transversales ou verticales. Il était donc indispensable de réduire le nombre de structures, de simplifier l'organisation et de regrouper les services en fonction des missions.

Au niveau régional, à un schéma éparpillé qui juxtaposait des structures de taille et missions excessivement hétéroclites et qui impliquait pour le préfet une importante activité de coordination interservices au détriment des activités de pilotage et de conception, succède un schéma reposant sur des périmètres de compétence correspondant globalement aux missions des ministères dans l'organisation gouvernementale. Cette restructuration des services va contribuer à alléger le travail de coordination du préfet et lui permettre de se consacrer davantage au pilotage des politiques publiques.

À noter : Les services régionaux sont au nombre de huit : la direction régionale des entreprises, de la concurrence, de la consommation, du travail et de l'emploi ; la direction régionale de l'environnement, de l'aménagement et du logement ; la direction régionale de la jeunesse, des sports et de la cohésion sociale ; la direction régionale de l'alimentation, de l'agriculture et de la forêt ; la direction régionale de la culture ; la direction régionale des finances publiques ; le rectorat ; quant à l'agence régionale de santé, il s'agit d'un établissement public de l'État à caractère administratif.

Au niveau départemental, la réorganisation des services de l'État a été conçue en fonction des besoins des citoyens sur le territoire et non, comme dans les régions, selon les lignes de découpage des périmètres ministériels. Les nouvelles **directions départementales interministérielles**, créées par fusion des nombreux services existants précédemment, sont des **services rattachés au Premier ministre et non pas à un ministère en particulier**, et sont **placés sous l'autorité directe des préfets** (art. 1er, D. n° 2009-1484, 3 déc. 2009 relatif aux directions départementales interministérielles). Le décret du 3 décembre 2009 précise les missions de ces dernières. C'est ainsi que son article 8 dispose en particulier que « Sous l'autorité du préfet de département, elles mettent en œuvre des politiques définies par le gouvernement dont le pilotage et la coordination sont assurés par le préfet de région, assisté des directions régionales ».

À noter : **Les directions départementales interministérielles (DDI)** sont au nombre de deux ou trois selon que le département franchit ou non la barre des 400 000 habitants, sans que d'ailleurs la règle ait une portée absolue. Chaque département dont la population dépasse ce seuil compte une DDT (direction départementale des territoires), une DDCS (direction départementale de la cohésion sociale) et une DDPP (direction départementale de la protection des populations) ; dans les départements plus petits, ces deux dernières sont fusionnées dans une DDCSPP. Dans les départements possédant une façade maritime, existent des directions départementales des territoires et de la mer (DDTM) qui, outre les compétences ordinaires des DDT, détiennent certaines attributions sur la zone littorale.

Les directions départementales sont organisées indépendamment de la structure du gouvernement, et avec des domaines de compétences très larges. La DDT (ou DDTM) traite de toutes les actions de l'État ayant un impact territorial. Les deux autres, DDCS et DDPP (ou la DDCSPP), assurent, d'une part, toutes les missions contribuant à la cohésion sociale et, d'autre part, les missions de veille sanitaire et de sécurité dans le domaine de l'alimentation et de la protection des consommateurs ainsi que les missions contribuant à la santé animale.

Pour éviter que l'État ne donne une image troublée de lui-même vis-à-vis de ses interlocuteurs élus et des citoyens, le **préfet** est chargé d'assurer la cohérence des actions et la cohésion des services. À cet effet, il dispose d'une **autorité de caractère hiérarchique**. En effet, les préfets de département comme de région détiennent le pouvoir de direction des administrations civiles de l'État dans leur circonscription. Cette prérogative leur est officiellement reconnue par le décret du 29 avril 2004 (D. n° 2004-374, art. 17), qui explicite une solution déjà sous-jacente dans les mesures arrêtées dès 1964. Il en résulte que chacun d'eux a autorité directe sur les chefs des services déconcentrés, les délégués ou les correspondants de ces administrations, quelles que soient la nature et la durée des fonctions qu'ils exercent. Ce pouvoir se traduit en particulier par une intervention dans la **notation** (art. 31, D. n° 2004-374, 29 avr. 2004 : « Le préfet adresse annuellement à l'autorité investie du pouvoir de nomination une évaluation sous forme d'appréciation littérale ainsi qu'une proposition de notation pour chaque chef de service déconcentré des administrations civiles de l'État placé sous son autorité. Il est informé de la note définitivement attribuée. ») et la **règle du « sous-couvert »** pour la transmission du courrier (art. 55, D. 2004-374, 29 avr.

2004 : « Le préfet est destinataire de toutes les correspondances, quelle qu'en soit la forme, émanant des administrations centrales ou des services déconcentrés de l'État et adressées aux collectivités territoriales et à leurs établissements publics ainsi qu'aux services, organismes et agents relevant de l'État »).

Par exception, certaines administrations civiles ou certaines activités échappent aux préfets (D. n° 2004-374, 29 avr. 2004, art. 32 et 33). Il s'agit :

- des services relevant du **garde des Sceaux**, des organismes ou missions à caractère juridictionnel ainsi que ceux chargés du contrôle des comptes ;

- de diverses interventions des **administrations économiques et financières** : entrent dans ce cadre le paiement des dépenses publiques, la détermination de l'assiette et le recouvrement des impôts et des recettes publiques, les évaluations domaniales et la fixation des conditions financières des opérations de gestion et d'aliénation des biens de l'État, enfin, la tenue des comptes publics et les modalités d'établissement des statistiques ;

- des missions relatives au contenu et à l'organisation de l'**action éducative** ainsi qu'à la gestion des personnels et des établissements qui y concourent ;

- des actions d'inspection de la législation du **travail** ;

- de certaines attributions exercées par les agences régionales de santé.

b. Les dispositions spécifiques aux préfets de région et de département

1) Les dispositions spécifiques aux préfets de région

287 **Le préfet de région est le préfet du département où se trouve le chef-lieu de la région**, ainsi que l'affirme l'article 7 du décret du 29 avril 2004.

- **Consécration de la prééminence du préfet de région sur le préfet de département.** Cela ressort clairement du décret n° 2010-146 du 16 février 2010 qui a modifié le décret du 29 avril 2004. Rappelons ici qu'engagée dans le cadre de la révision générale des politiques publiques (RGPP), la réforme de l'administration territoriale (RéATE), entrée en vigueur en 2008, a posé les principes d'un nouvel équilibre des compétences préfectorales. La région a été consacrée comme niveau de pilotage des politiques publiques nationales et communautaires, alors que le département a été désigné comme niveau de mise en œuvre de ces politiques publiques. Une relation nouvelle entre préfet de région et préfet de département en a découlé.

Depuis, d'autres réformes ont accompagné cette réorganisation territoriale de l'État. C'est ainsi qu'il a été décidé de regrouper les compétences et missions des directions départementales et régionales, ainsi que de mutualiser leurs moyens : le nombre de services déconcentrés régionaux est alors passé de 21 à 8, et celui des services départementaux de 13 à 10. La stabilisation de ce cadre n'est toutefois pas encore définitive. Des réflexions sont en cours sur la réforme à conduire de l'administration déconcentrée pour accompagner la réforme territoriale récemment décidée (réduction du nombre des régions par la loi du 16 janvier 2015), sur l'approfondissement de la déconcentration dans le domaine des ressources humaines et en matière budgétaire, ou bien encore sur le renouvellement de la carte des services publics au niveau infra-départemental (**Biblio. somm. :** Sénat, Rapp. d'information n° 753 (2013-2014), *La marche en avant de l'administration préfectorale*, de Mme Michèle ANDRÉ, juill. 2014).

Décret n° 2004-374 du 29 avril 2004 (modifié) relatif aux pouvoirs des préfets, à l'organisation et à l'action des services de l'État dans les régions et départements, art. 2 :

Le **préfet de région** est le garant de la cohérence de l'action de l'État dans la région. Il **a autorité sur les préfets de département**, sauf dans les matières définies aux articles 10 (contrôle de légalité), 11 (ordre public) et 11-1 (entrée et de séjour des étrangers, droit d'asile). L'autorité du préfet de région sur les préfets de département ne peut être déléguée.

Le préfet de région est responsable de l'exécution des politiques de l'État dans la région, sous réserve des compétences de l'agence régionale de santé, ainsi que de l'exécution des politiques communautaires qui relèvent de la compétence de l'État.

À cet effet, les préfets de département prennent leurs décisions conformément aux instructions que leur adresse le préfet de région.

Le préfet de région peut également évoquer, par arrêté, et pour une durée limitée, tout ou partie d'une compétence à des fins de coordination régionale.

Dans ce cas, il prend les décisions correspondantes en lieu et place des préfets de département.

- Attributions du préfet de région.

• Le préfet de région est responsable de l'exécution des politiques de l'État dans la région, sous réserve des compétences de l'agence régionale de santé, ainsi que de l'exécution des politiques communautaires qui relèvent de la compétence de l'État (Art. 2 du décret du 29 avril 2004).

Le préfet de région s'appuie tout particulièrement sur le **secrétariat général pour les affaires régionales (SGAR)**, au sein duquel a été créé un bureau des affaires européennes (selon l'art. 1er D. n° 2009-587, 25 mai 2009, le secrétaire général pour les affaires régionales veille à la cohérence de la mise en œuvre des politiques de l'Union européenne qui relèvent du niveau régional et met en œuvre certaines d'entre elles ; il peut également mettre en œuvre certaines politiques européennes qui relèvent du niveau interrégional lorsque le préfet de région en a été désigné coordonnateur).

• Le préfet de région **assure le contrôle administratif de la région**, de ses établissements publics et des établissements publics interrégionaux qui ont leur siège dans la région (Art. 4 du décret du 29 avril 2004). Il veille à l'exercice régulier de leurs compétences par les autorités de la région. Il assure également, sous réserve de dispositions particulières, le contrôle administratif des établissements et organismes publics de l'État dont l'activité ne dépasse pas les limites de la région.

• Le préfet de région **arrête**, après consultation du comité de l'administration régionale, **le projet d'action stratégique de l'État dans la région** (Art. 5 du décret du 29 avril 2004). Son élaboration résulte d'un travail partenarial entre le secrétariat général pour les affaires régionales (SGAR), les préfets de département et leurs services, les directions régionales, établissements publics et agences de l'État. Il est ensuite validé en comité de l'administration régionale (il réunit aux côtés du préfet de région les préfets de département, les directeurs régionaux et le secrétaire général pour les affaires régionales) puis transmis aux services du Premier ministre. Ce document a vocation à proposer les adaptations des principales politiques nationales et européennes aux enjeux territoriaux. Sa mise en œuvre opérationnelle incombe au niveau départemental désormais largement interministériel.

• **Le préfet de région et le contrat de plan État-région.** Le préfet de région s'efforce de concilier la politique nationale de développement économique et social avec celle de la région en négociant le **contrat de plan État-région** qu'il signe avec elle au nom de l'État (Créés par la loi du 29 juillet 1982, portant réforme de la planification, les contrats de plan – aujourd'hui dénommés contrats de plan État-région (CPER) – sont des engagements sur la programmation et le financement pluriannuels de projets importants ; d'une durée de sept ans, il y en a eu plusieurs générations, celle qui couvre la période 2014-2020 étant la 6e).

Actualité : Le Premier ministre a adressé en 2013 aux préfets de région plusieurs circulaires pour définir l'architecture et le contenu des prochains **contrats de plan 2014-2020**. L'année 2014 a donc été une année de transition, car il s'est agi d'achever les contrats de projets 2007-2013 en assurant la continuité des investissements, tout en préparant les futurs contrats. L'élaboration des nouveaux contrats est alors conduite en deux phases : d'abord une phase de réflexion stratégique et de co-construction État-Régions, puis une phase de négociation financière du contrat, pour laquelle les préfets de région reçoivent un mandat de négociation.

• **Le préfet de région et l'investissement public.**

Actualité : Au printemps **2015**, dans le cadre des mesures de soutien à l'investissement public décidées par l'exécutif, le Premier ministre a demandé, dans une **circulaire du 27 avril**, à chaque **préfet de région** d'installer la **conférence régionale sur l'investissement public** destinée à « mobiliser et coordonner les interventions de l'ensemble des acteurs concernés par l'investissement public dans les territoires ». Cette conférence doit recenser « l'ensemble des programmes de travaux susceptibles d'être engagés à court terme et d'induire de l'activité dans le secteur des travaux publics, porteur d'emplois potentiels ». Elle servira aussi à « faire émerger les plans pluriannuels d'équipement pour les exercices à venir et lever tous les freins au lancement des projets d'investissements ».

Présidée par le préfet de région, la conférence réunit les représentants des services et agences de l'État (direction régionale des finances publiques (DRFIP), agence de l'environnement et de la maîtrise de l'énergie (Ademe), agence nationale pour la rénovation urbaine (Anru), Banque publique d'investissement (BPI), directions régionales de la Caisse des Dépôts, agences de l'eau), des collectivités territoriales et de la sphère économique. Du côté des collectivités, on trouve le président du conseil régional, les présidents des conseils départementaux ainsi que les principales intercommunalités et les représentants des communes, en particulier les plus grandes. Le monde économique sera représenté par le président du Conseil économique, social et environnemental, les présidents des chambres consulaires et éventuellement les responsables des associations patronales concernées directement par la question de l'investissement public.

Les groupes de travail auront pour mission d'examiner les grands projets d'infrastructures, notamment dans les domaines suivants : mobilité durable ; renouvellement urbain et rural et solidarité entre les territoires ; numérique, enseignement supérieur, recherche et innovation ; transition écologique et énergétique ; innovation et investissements d'avenir.

Les conférences régionales de l'investissement public, qui concluront leurs travaux au début du mois de septembre 2015, disposeront alors d'« un panorama de la situation de l'investissement public », de même que d'un bilan et d'un calendrier de réalisation des décisions en matière d'investissement dans la région.

2) Les dispositions spécifiques aux préfets de département

288 **Les attributions des préfets de département** sont très étendues car, depuis sa création, cette circonscription est le cadre normalement utilisé pour les interventions des services de l'État et la charte de la déconcentration n'a pas remis en cause cette vocation. Il s'ensuit que le préfet apparaît comme le **dépositaire privilégié de l'autorité de l'État** (l'importance de cette mission explique que la présidence des cérémonies publiques soit confiée au préfet de département en l'absence du chef de l'État et de membres du gouvernement ; D. n° 89-655, 13 sept. 1989, art. 3 ; modifié par D. n° 95-1037, 21 sept. 1995), détient des **pouvoirs généraux de mise en œuvre des politiques publiques et de gestion des services.**

Toutefois, comme nous l'avons vu (v. ss 287), le décret n° 2010-146 du 16 février 2010, modifiant le décret du 29 avril 2004, a consacré la **prééminence du préfet de région sur le préfet de département. Ce pouvoir hiérarchique s'exerce notamment au travers d'un pouvoir d'évocation** : le préfet de région peut se saisir de dossiers relevant normalement des préfets de département, dès lors qu'il l'estime nécessaire pour garantir la coordination à l'échelle régionale (le préfet de département conserve toutefois une compétence générale exclusive dans certains domaines : ordre public, sécurité, droit des étrangers). **L'autorité du préfet de département s'en est trouvée corrélativement sen-**

siblement limitée : il est en effet largement soumis aux décisions du préfet de région, ce dernier étant désormais compétent pour fixer la répartition des moyens entre les différentes directions départementales interministérielles.

• **Politiques nationales et communautaires** (Art. 9, D. (modifié) n° 2004-374 du 29 avril 2004 relatif aux pouvoirs des préfets, à l'organisation et à l'action des services de l'État dans les régions et départements). Le préfet de département **met en œuvre les politiques nationales et communautaires, sous l'autorité du préfet de région.**

• **Contrôle administratif** (Art. 10, D. 29 avr. 2004, préc.). Le préfet de département assure le **contrôle administratif** du département, des communes, des établissements publics locaux et des établissements publics interdépartementaux qui ont leur siège dans le département. Il veille à l'exercice régulier de leurs compétences par les autorités du département et des communes. Il assure également, sous réserve de dispositions particulières, le contrôle administratif des établissements et organismes publics de l'État dont l'activité ne dépasse pas les limites du département.

La **réforme de l'administration territoriale (RéATE)**, entrée en vigueur en 2008, a modifié les modalités du contrôle de légalité, mission essentielle des services préfectoraux, permettant d'assurer la sécurité juridique des actes des collectivités territoriales. **Le contrôle de légalité a été réformé** à la fois dans son **organisation**, pour être centralisé en préfecture, et dans son **champ**, par une réduction de son périmètre sur les domaines jugés les plus sensibles. Les effectifs des sous-préfectures dédiés au contrôle ont donc été regroupés au chef-lieu du département, les sous-préfectures n'étant cependant pas complètement déchargées du contrôle des actes : leur transmission s'effectue par le sous-préfet qui sélectionne ceux qui sont prioritaires.

Le contrôle de légalité par les préfets

La circulaire ministérielle du 25 janvier 2012 *relative à la **définition nationale des priorités en matière de contrôle de légalité*** a défini un certain nombre de priorités. Au niveau national, trois secteurs comportant des enjeux plus élevés pour l'État ont été arrêtés : la commande publique, l'urbanisme et la fonction publique territoriale. Par ailleurs, le préfet définit des priorités locales en fonction des observations qui ont pu être relevées par ses services lors de contrôles antérieurs, de l'actualité locale ou de la sensibilité de certains projets.

Chiffres en 2013 :

- Le **taux effectif de contrôle** des actes ressort à 22,6 % en 2013 (soit 1 183 232 actes contrôlés sur 5 242 948 actes transmis – la télétransmission des actes *via* le système d'information « ACTES » se développe progressivement et permet de réaliser des gains d'efficience : 34 % des actes ont été transmis en 2013 via cette application).

- Les **actes prioritaires** représentent 77,7 % du total contrôlé (919 371 actes).

- **En matière contentieuse et précontentieuse**, 28 466 **recours gracieux** ont été adressés aux exécutifs locaux. À ces recours gracieux, il faut ajouter 38 645 autres interventions (lettres pédagogiques, mails, contacts téléphoniques).

- 53 % des actes ont ainsi été retirés ou modifiés à la suite des initiatives des services préfectoraux.

- 696 **déférés** et 407 **demandes de suspension** ont été déposés.

- Enfin, 71,8 % des **décisions juridictionnelles** ont été favorables à l'État.

Source : Ass. Nat., Rapport n° 2260 sur le projet de loi de finances pour 2015, Annexe n° 3 : Administration générale et territoriale de l'État, oct. 2014.

• **Ordre public** (Art. 11, D. 29 avr. 2004, préc.). Le préfet de département **a la charge de l'ordre public et de la sécurité des populations.** Il est responsable, dans les conditions fixées par les lois et règlements relatifs à l'organisation de la défense et de la sécurité nationale, de la préparation et de l'exécution des mesures de sécurité intérieure, de sécurité civile et de sécurité économique qui concourent à la sécurité nationale. Il est tenu informé par l'autorité militaire de toutes les affaires qui peuvent avoir une importance particulière dans le département.

Le maintien de l'ordre public est une des tâches essentielles du préfet de département. Il dispose à cette fin d'un **pouvoir de police administrative générale** dans sa circonscription. Longtemps fondée sur les dispositions législatives du 22 déc. 1789 et du 8 janv. 1790 relatives à l'administration départementale (CE, 27 nov. 1974, *Min. Int. c/ Bertranuc, Leb.* p. 584), cette prérogative est aujourd'hui clairement établie par l'article 34-I, al. 4, de la loi du 2 mars 1982 (v. égal. art. L. 2215-1 et L. 3221-5 CGCT, à propos des pouvoirs de substitution du préfet).

De **nombreuses polices administratives spéciales**, organisées par divers textes, relèvent également de la compétence préfectorale. Elles concernent le secteur des transports (circulation automobile, aéroports, chemins de fer) ou encore des activités comme la pêche, la chasse, les mines et carrières, les établissements classés pour la protection de la nature et de l'environnement, etc. Elles peuvent aussi viser des catégories particulières d'individus (malades mentaux, étrangers, etc.).

On notera que le préfet de département a **autorité sur le commandant du groupement de gendarmerie départementale** dans le domaine relevant de ses compétences (ordre public et police administrative) – cet aspect est à mettre en rapport avec le rattachement de la gendarmerie nationale au ministère de l'intérieur.

Par ailleurs, le préfet devant également assurer en permanence le respect par les communes et les départements des sujétions qui leur sont imposées dans l'intérêt de la **défense nationale**, le préfet bénéficie, pour mener à bien ces tâches, des conseils d'un délégué militaire départemental. En outre, en cas de crise, il peut aussi constituer un centre opérationnel de défense.

• **Police des étrangers** (Art. 11-1, D. 29 avr. 2004, préc.). Le préfet de département est **compétent en matière d'entrée et de séjour des étrangers ainsi qu'en matière de droit d'asile**. Un arrêté conjoint du ministre de l'intérieur et du ministre chargé de l'asile peut donner compétence, dans plusieurs départements, à un préfet de département et, à Paris, au préfet de police, pour statuer sur les demandes d'admission au séjour, au titre de l'asile, présentées par des étrangers se trouvant à l'intérieur du territoire français.

• **Gestion du patrimoine immobilier** (Art. 42, D. 29 avr. 2004, préc.). Le préfet de département met en œuvre dans le département la stratégie immobilière arrêtée par le préfet de région. Dans le cadre de la stratégie fixée par le préfet de région, il est responsable de la valorisation du patrimoine immobilier et de la préservation des intérêts patrimoniaux de l'État dans le département. Il gère, au nom de l'État, les **cités administratives** situées dans le département et les implantations communes à plusieurs services de l'État.

2. Les collaborateurs des préfets

289 Les collaborateurs des préfets ne peuvent recevoir de ceux-ci des délégations de pouvoir, mais simplement des **délégations de**

signature (D. n° 204-374, 29 avr. 2004, art. 38 et 43). À la différence des premières, les secondes conservent à l'autorité délégante le droit d'intervenir dans les affaires, objet de la délégation. Il s'agit ainsi de préserver les prérogatives préfectorales dont la mise en œuvre permet d'imposer, à la fois, le développement des actions interministérielles et l'unité de vue au sein de l'appareil d'État qui serait menacée par une déconcentration mal contrôlée. La solution s'applique à tous les collaborateurs des préfets, qu'ils exercent dans les **préfectures**, dans les **sous-préfectures** ou à la tête des **services déconcentrés de l'État**.

a. Dans les préfectures

290 L'organisation des préfectures n'est pas partout parfaitement identique, mais les principaux collaborateurs du préfet restent le **secrétaire général** et le **directeur de cabinet**. Dans quelques cas particuliers, on trouve également des **préfets adjoints**.

1) Le secrétaire général

291 Institué par la loi du 28 pluviôse an VIII (art. 7) dans chaque préfecture de département, le **secrétaire général** est un sous-préfet. Adjoint direct du préfet, il est habilité à le suppléer en cas d'absence ou d'empêchement et peut recevoir des délégations de signature en toutes matières (D. n° 2004-374, 29 avr. 2004, art. 43). Le secrétaire général a surtout vocation à prendre en charge les actions interministérielles mais, en pratique, il assure également le contrôle administratif des collectivités locales, l'administration de l'arrondissement chef-lieu et la gestion des personnels.

À la préfecture du chef-lieu de la région, on trouve un **secrétaire général pour les affaires régionales** qui est souvent, mais pas obligatoirement, un sous-préfet (D. n° 2009-587, 25 mai 2009 relatif aux missions des secrétaires généraux pour les affaires régionales).

Missions du secrétaire général pour les affaires régionales.

Il assiste le préfet de région dans l'exercice de ses missions. Sous son autorité, il exerce les fonctions suivantes :

1° Il **coordonne l'action des services régionaux de l'État** et veille à l'articulation de celle-ci avec celle des services départementaux ;

2° Il **veille à la cohérence de la mise en œuvre des politiques nationales** et de celles **de l'Union européenne** qui relèvent du niveau régional et met en œuvre certaines d'entre elles ; il peut également mettre en œuvre certaines politiques nationales ou européennes qui relèvent du niveau interrégional lorsque le préfet de région en a été désigné coordonnateur (on notera que le SGAR est chargé d'une grande partie de la gestion des **fonds européens** (FEDER, FSE, etc.) sur le territoire régional) ;

3° Il **anime l'action des services régionaux de l'État dans les domaines des études**, de l'évaluation et de l'utilisation des technologies de l'information et de la communication ;

4° Il **coordonne la mise en œuvre des actions d'information et de communication de l'État** relatives aux politiques publiques dans la région, en relation avec le service d'information du Gouvernement ;

5° Il anime et coordonne l'organisation et la mise en œuvre des fonctions mutualisées des services de l'État en région ;

6° Il organise et anime une plate-forme d'appui interministériel à la gestion des ressources humaines.

En cas d'absence ou d'empêchement, le préfet de région est suppléé par le secrétaire général pour les affaires régionales. Mais en cas de vacance momentanée du poste de préfet de région, c'est le préfet du rang le plus élevé en fonction dans la région qui assure l'intérim (D. n° 2004-374, 29 avr. 2004, art. 39).

2) Le directeur de cabinet

292 Le **directeur de cabinet** est mentionné dans de brèves dispositions du décret n° 2004-374 du 29 avril 2004 relatif aux pouvoirs des préfets, à l'organisation et à l'action des services de l'État dans les régions et départements. Il en résulte simplement que le préfet de département peut lui donner délégation de signature pour les matières relevant de ses attributions (D. n° 2004-374, art. 43). En pratique, il s'agit généralement d'un sous-préfet à qui le représentant de l'État délègue des missions de confiance. Elles concernent principalement :

- des tâches de **relations publiques** mais également des affaires politiques ou à caractère confidentiel ;

- des activités intéressant la **sécurité** et l'autorité de l'État (protection civile, défense, transmission).

3) Les préfets délégués

293 Le décret n° 2005-1621 du 22 décembre 2005 a créé des **préfets délégués pour l'égalité des chances**. La nomination de ces préfets

a lieu dans les départements les plus concernés par les « violences urbaines », afin de coordonner l'action de l'État avec les élus et le milieu associatif. Selon le décret qui les institue, « le préfet délégué pour l'égalité des chances assiste le préfet de département pour toutes les missions concourant à la coordination et à la mise en œuvre de la politique du gouvernement en matière de cohésion sociale, d'égalité des chances et de lutte contre les discriminations. À ce titre, il participe à la mise en œuvre des actions visant à l'intégration des populations immigrées résidant en France » (sur les règles de suppléance et d'intérim du préfet, v. art. 45, D. n° 2004-374, 29 avr. 2004). Lorsque dans les départements où sont institués de tels préfets, le secrétaire général est un préfet (en application de l'article 13 du décret du 29 avril 2004), le préfet, secrétaire général, peut exercer les fonctions de préfet délégué pour l'égalité des chances.

Par ailleurs, hormis le cas particulier du **préfet de police à Paris** et du préfet de police des Bouches-du-Rhône (Décr. n° 2012-1151 du 15 oct. 2012), il existe dans quelques départements un **préfet délégué pour la sécurité et la défense** chargé d'assister le préfet en matière de direction, de contrôle des services de police et de coordination opérationnelle des forces intervenant dans ce secteur (C'est lui et non le secrétaire général de la préfecture qui supplée le représentant de l'État en cas de besoin ; D. 2004-374, 29 avr. 2004, art. 45). « Le préfet délégué pour la sécurité et la défense assiste le préfet de zone pour toutes les missions concourant à la sécurité et à l'ordre publics, à la sécurité civile et à la défense de caractère non militaire » (Art. R. 1311-15 du code de la défense). En pratique, chaque zone de défense et de sécurité métropolitaine (il en existe actuellement sept) est dirigée par un préfet de zone de défense et de sécurité, qui est le préfet de région du siège de la zone (pour la zone de l'Île-de-France, il s'agit du préfet de police). Le préfet de zone est assisté dans ses missions de défense et de sécurité par un haut fonctionnaire. Ce haut fonctionnaire, membre du corps préfectoral, porte le titre de secrétaire général de zone de défense et de sécurité dans les zones de sécurité Île-de-France et Sud, et de préfet délégué pour la défense et la sécurité dans les autres zones. Un officier général de zone de défense et de sécurité est chargé de coordonner les moyens interarmées, aidé, dans chaque département, du délégué militaire départemental.

À noter : Le décret n° 2012-1151 du 15 octobre 2012 a créé un **préfet délégué en charge du projet métropolitain Marseille-Provence**. Nommé auprès du préfet des Bouches-du-Rhône, « il a pour mission de préparer, d'impulser et de coordonner les initiatives de l'État nécessaires à la préfiguration et à la mise en œuvre du projet métropolitain Marseille-Provence ».

b. Dans les sous-préfectures

294 Dans **l'administration territoriale de l'État**, il revient en principe aux **sous-préfets** d'administrer les **arrondissements**, circonscriptions dans lesquelles sont implantées les sous-préfectures. L'article 7 de la charte de la déconcentration (Décr. n° 2015-510 du 7 mai 2015) précise que « Sauf disposition législative contraire ou exception prévue par décret en Conseil d'État, l'arrondissement est le cadre territorial de l'animation du développement local et de l'action administrative locale de l'État. » Le propos est très général. Or, si la France compte environ 240 arrondissements territoriaux ayant à leur tête un sous-préfet, ils sont loin d'être tous identiques : quoi de commun par exemple entre les arrondissements de Palaiseau ou de Saint-Germain-en-Laye dont la population dépasse 500 000 habitants et ceux de Castellane ou Barcelonnette avec leurs 8 000 habitants ? Des réflexions sont en cours pour supprimer certaines sous-préfectures (remplacées alors par de simples antennes de la préfecture), transformer d'autres en « maisons de l'État » (dont le rôle se limite alors à assurer des prestations de proximité, comme la délivrance des titres lorsque celle-ci implique la venue des usagers, la validation des dossiers pour la délivrance de cartes d'identité et de passeports, et certaines procédures spécifiques aux associations et à la police administrative), ou bien encore faire évoluer le statut des sous-préfets pour leur permettre de diriger plusieurs arrondissements (v., le rapport au Premier ministre de Jean-Marc Rebière et Jean-Pierre Weiss, *La stratégie d'organisation à cinq ans de l'administration territoriale de l'État*, juill. 2013). Mais force est de constater que lorsque l'on évoque l'organisation des sous-préfectures en France, on soulève une question qui n'est pas seulement de nature administra-

tive, mais représente également un problème politique. Les sous-préfets, comme les préfets, sont les représentants de l'État dans les différentes parties du territoire national. Faire évoluer leur positionnement, leur nombre et leur implantation conduit naturellement à s'interroger sur le rôle futur de l'État et sur l'intérêt qu'il porte aux territoires.

Rapports de la Cour des comptes

Dans plusieurs rapports, la Cour des comptes, après avoir fait le constat de la réduction de leurs missions traditionnelles, a recommandé d'adapter la carte des arrondissements et la gestion des sous-préfectures aux réalités actuelles. En ce sens, voir le chapitre de son rapport public de 2012 intitulé « Les sous-préfectures » ; son enquête de 2013 sur l'organisation territoriale de l'État (Cour des comptes, Rapport public thématique, *L'organisation territoriale de l'État*, juill. 2013) ; le chapitre de son rapport public de 2015 intitulé « Le réseau des sous-préfectures : entre *statu quo* et expérimentation » (févr. 2015).

Statut des sous-préfets. Le statut des sous-préfets s'apparente à celui des préfets quant aux obligations qui leur sont imposées et aux droits qui leur sont reconnus (v. D. n° 64-260, 14 mars 1964, modifié). Nommés par décret du président de la République, ils sont recrutés normalement dans les corps issus de l'École nationale d'administration, plus particulièrement celui des administrateurs civils. En grande partie pour pallier des difficultés de recrutement, l'éventail des choix a été plusieurs fois élargi afin de permettre la nomination de fonctionnaires de catégorie A, issus notamment des préfectures, ou de candidats titulaires de l'un des diplômes requis pour le premier concours d'entrée à l'ENA et remplissant les conditions générales d'accès à la fonction publique.

Attributions des sous-préfets. Selon l'article 14 du décret du 29 avril 2004 (modifié par D. n° 2010-146, 16 févr. 2010), le sous-préfet d'arrondissement est le « délégué » du préfet dans l'arrondissement. À ce titre, « il assiste le préfet dans la représentation territoriale de l'État et, sous son autorité :

« 1° Il veille au **respect des lois et règlements** et concourt au **maintien de l'ordre public** et à la sécurité des populations ;

« 2° Il **anime et coordonne l'action, dans l'arrondissement, des services de l'État**. Ces dispositions s'appliquent à la gendarmerie nationale, dans les limites compatibles avec son statut militaire ;

« 3° Il participe à l'exercice du **contrôle administratif** et au **conseil aux collectivités territoriales.** »

Il est ajouté que « le préfet peut lui confier des missions particulières, temporaires ou permanentes, le cas échéant hors de l'arrondissement ».

c. Dans les services déconcentrés

1) Les chefs des services civils déconcentrés de l'État

295 Ils assistent les **préfets dans l'exercice de leurs fonctions** et peuvent recevoir des délégations de signature dans les matières qui relèvent de leurs attributions (D. n° 2004-374, 29 avr. 2004, art. 38 et 43). Si les nécessités de l'interministérialité ont conduit à accroître leur subordination à l'autorité préfectorale, cette évolution a été compensée en partie par l'institution et le développement de mécanismes de concertation dont les résultats ont été l'extension des attributions de la conférence administrative régionale, créée dès 1964 (dénommée désormais « comité de l'administration régionale »), et la mise en place d'un collège des chefs de service à l'échelon départemental.

2) Le comité de l'administration régionale

296 Le **comité de l'administration régionale** (art. 35 et 36, D. n° 2004-374, 29 avr. 2004 modifié, relatif aux pouvoirs des préfets, à l'organisation et à l'action des services de l'État dans les régions et départements) est le **« conseil d'administration » de l'État en région.** C'est le lieu de délibération collégiale des décisions stratégiques et le cadre dans lequel le préfet de région s'assure de la cohérence de l'action de l'État dans la région et de la mise en œuvre des priorités gouvernementales.

- **Composition.** Selon l'article 35 du décret du 29 avril 2004, **le préfet de région préside le comité de l'administration régionale** qui est composé : 1° des préfets de département ; 2° du ou des recteurs d'académie ; 3° du directeur régional des finances publiques ; 4° du secrétaire général placé auprès du préfet du département où se situe le chef-lieu de la région ; 5° du secrétaire général pour les affaires régionales ; 6° du directeur régional de l'alimentation, de l'agriculture et de la forêt ; 7° du directeur régional de l'environnement, de l'aménagement et du logement ; 8° du directeur régional de la jeunesse, des sports et de la cohésion sociale ; 9° du directeur régional des entreprises, de la concurrence, de la consommation, du travail et de l'emploi ; 10° du directeur régional des affaires culturelles ; 11° le cas échéant, du directeur interrégional de la mer. Le directeur général de l'agence régionale de santé est membre du comité de l'administration régionale. Le préfet de région associe, en tant que de besoin, les responsables d'établissements publics et services de l'État ayant leur siège dans la région ou dont l'activité s'exerce au-delà de la région. Il peut proposer aux chefs de cour et de juridiction d'assister aux travaux du comité de l'administration régionale. Il peut inviter toute personne qualifiée à être entendue. Enfin, le secrétariat du comité de l'administration régionale est assuré par le secrétaire général pour les affaires régionales.

- **Rôle.** Selon l'article 36 du décret du 29 avril 2004, **le comité de l'administration régionale assiste le préfet de région dans l'exercice de ses attributions.** Il est consulté sur les orientations stratégiques de l'État dans la région. Il examine les moyens nécessaires à la mise en œuvre des politiques de l'État.

À ce titre, **il est consulté sur l'utilisation de tous les crédits ouverts au profit des services de l'État en région**, sous réserve des dispositions de l'article 33 (missions exclues) et notamment : 1° les projets d'application territoriale des programmes proposés par les directeurs des services déconcentrés des administrations civiles de l'État et les projets de schémas d'organisation financière associés. À l'issue de cet examen, le préfet de région transmet un avis aux ministres concernés ; 2° les projets de **répartition des emplois et des crédits entre les départements** ; 3° les moyens mis à disposition des services déconcentrés des administrations civiles de l'État présents dans les départements ; 4° le plan interministériel de gestion prévisionnelle en matière de **ressources humaines** élaboré par chaque plate-forme d'appui interministériel à la gestion des ressources humaines ; 5° les schémas pluriannuels de **stratégie immobilière** (mentionnés à l'art. 42) proposés par les préfets de département préalablement à leur approbation par le préfet de région ; 6° le schéma régional organisant la **mutualisation des moyens** entre services de l'État (mentionné à l'art. 23-1) préalablement à son approbation par le préfet de région.

À ce titre également, **le comité de l'administration régionale examine** : 1° les comptes rendus périodiques sur l'utilisation des crédits de l'État mis à disposition des préfets de département ; 2° les comptes rendus périodiques du directeur régional des finances publiques sur l'utilisation des crédits de l'État dans la région ; 3° le bilan de l'exécution de la programmation de l'année précédente ; 4° le respect des objectifs de performance et principalement ceux associés à l'annexe relative aux projets annuels de performance prévue par le a du 5° de l'article 51 de la loi organique du 1er août 2001 sur les lois de finances et au plan d'action stratégique de l'État dans la région.

Le **comité de l'administration régionale peut, également, être consulté sur** : 1° les modalités de mise en œuvre territoriale des programmes définis au deuxième alinéa de l'article 7 de la loi organique du 1er août 2001 précitée ; 2° les conditions d'organisation et de fonctionnement des services de l'État dans la région ; 3° la préparation et l'exécution des conventions relevant du niveau régional et des conventions d'application des contrats liant l'État et la région, ainsi que la préparation et l'exécution des programmes nationaux ou européens concernant la région.

3) Le collège des chefs de service

297 **Présidé par le préfet de département**, il n'a été institué qu'en 1992.

- **Composition.** Selon l'article 40 du décret du 29 avril 2004, le préfet de département préside le **collège des chefs de service** qui est composé : 1° du ou des préfets délégués, le cas échéant ; 2° des sous-préfets ; 3° des chefs des services déconcentrés des administrations civiles de l'État placés sous son autorité ; 4° du directeur départemental des finances publiques ; 5° de l'inspecteur d'académie, directeur des services départementaux de l'éducation nationale ; 6° du commandant du groupement de gendarmerie départementale ; 7° du directeur départemental des services d'incendie et de secours ; 8° des directeurs de préfecture ; 9° du responsable de la délégation territoriale de l'agence régionale de santé dans le département. Il peut associer le directeur général de l'agence régionale de santé ou son représentant. Il peut également associer les chefs ou responsables des services déconcentrés des administrations civiles de l'État dans la région. En outre, il associe, en tant que de besoin, les responsables d'établissements publics et services de l'État ayant leur siège dans le département. Il peut aussi proposer aux chefs de juridiction d'assister aux travaux du collège des chefs de service. Enfin, il peut inviter toute personne qualifiée à être entendue.

- **Rôle.** Selon l'article 41 du décret du 29 avril 2004, le **collège des chefs de service** est consulté sur les conditions de mise en œuvre des politiques de l'État dans le département et les conditions d'organisation et de fonctionnement des services de l'État, en vue de la réalisation d'actions communes et de la mutualisation de leurs moyens. Il est précisé que le directeur départemental des finances publiques fait un compte rendu périodique de l'utilisation des crédits de l'État dans le département au collège des chefs de service.

B. Les autorités d'administration spéciale

298 Leurs **domaines d'intervention** sont variés (**1**). Quant à leurs **modalités d'intervention**, elles présentent quelques spécificités qu'il conviendra également de présenter (**2**).

1. Domaines d'intervention

299 Ils sont relativement éclatés. Sans prétendre à l'exhaustivité, on peut toutefois essayer de les regrouper autour de trois types d'activités dominantes : les **activités régaliennes** (**a**), les **activités de prestation** (**b**) et les **activités liées à l'aménagement de l'espace** (**c**).

a. Activités régaliennes

1) Domaine de la défense et de la sécurité

300 **Organisation territoriale de la défense.** La France est divisée en sept **zones de défense**, avec à leur tête un officier général de zone de défense, placé sous l'autorité directe du chef d'état-major des armées. Cet **officier général** exerce les responsabilités de conseiller militaire du préfet de zone. Il est responsable de la coor-

dination des moyens des trois armées et des services interarmées contribuant à la défense civile.

Le général commandant la région de gendarmerie, implantée au siège de la zone de défense, assiste le préfet de zone pour tout ce qui concerne la participation de la gendarmerie aux missions de défense civile.

Dans chacune des zones de défense, le comité interarmées de zone de défense, présidé par l'officier général de zone de défense, est chargé d'étudier :

1° Les menaces et les risques susceptibles d'affecter la zone de défense ;

2° Les mesures de coordination des actions des forces armées en matière de défense militaire ;

3° Les **mesures de coordination** de l'action des armées pour les concours qu'elles fournissent **en matière de défense civile** et la cohérence de ces concours avec l'action de la gendarmerie.

Dans chaque département, un délégué militaire départemental représente l'officier général de zone de défense. Il est **conseiller militaire du préfet de département** pour l'exercice de ses responsabilités de défense. **Le commandant de groupement de gendarmerie départementale** assiste le préfet pour tout ce qui concerne la participation de la gendarmerie aux missions de défense civile.

301 **La gendarmerie.** Elle fait partie intégrante des forces armées (art. R. 3225-1 du code de la défense ; 96 000 personnels en 2015). En conséquence, même si elle veille au maintien de l'ordre dans les communes où la police n'est pas étatisée, elle garde vocation à participer à la défense du territoire. Les forces territoriales de ce corps constituent la **gendarmerie départementale** qui est, avec la **gendarmerie mobile** (qui intervient en renfort du dispositif territorial des forces de l'ordre), une des deux principales composantes de la gendarmerie nationale. La référence expresse au département dans la dénomination du corps provient du fait que ce ressort géographique est retenu pour l'implantation des groupements de gendarmerie. Il n'en reste pas moins que l'échelon régional sert d'assise aux escadrons de gendarmerie.

À noter : Le groupement, échelon de commandement de la gendarmerie au niveau d'un département, est subdivisé en compagnies. En règle générale, on trouve une compagnie de gendarmerie départementale par arrondissement. Commandées par des officiers, les compagnies sont divisées en brigades territoriales réparties sur le territoire selon une logique de proximité.

L'action des unités territoriales est complétée par celle de diverses **unités à vocation particulière**, comme **les unités de recherches** (brigades de recherches, brigades départementales de renseignements et d'investigations judiciaires, sections de recherches), qui se consacrent exclusivement à la police judiciaire.

La **loi n° 2009-971 du 3 août 2009** relative à la gendarmerie nationale a défini le statut et les missions de la gendarmerie et a organisé son **rattachement au ministre de l'Intérieur**, tout en **préservant son statut militaire** (v. O. Gohin et X. Latour, « La gendarmerie nationale, entre unité fonctionnelle et identité organique », *AJDA* 2009, p. 2270).

Article L. 3225-1 **du code de la défense** : « Sans préjudice des attributions de l'autorité judiciaire pour l'exercice de ses missions judiciaires, et de celles du ministre de l'intérieur pour l'exercice de ses missions civiles, **la gendarmerie nationale est placée sous l'autorité du ministre de la défense pour l'exécution de ses missions militaires**, notamment lorsqu'elle participe à des opérations des forces armées à l'extérieur du territoire national. / **Le ministre de la défense participe à la gestion des ressources humaines de la gendarmerie nationale** dans des conditions définies par décret en Conseil d'État et exerce à l'égard des personnels militaires de la gendarmerie nationale les attributions en matière de discipline. »

302 **La police.** Les activités opérationnelles de la police nationale sont assurées par quatre **directions centrales** organisées **en « tuyaux d'orgue »** selon un héritage de l'histoire :

– la **direction centrale de la sécurité publique** (DCSP), qui assume à titre principal la mission d'assurer la sécurité des personnes, des biens et des institutions. Par son maillage territorial, elle est le principal outil de la police nationale dans la lutte contre la petite et moyenne délinquance. Elle est engagée en première ligne contre les violences urbaines et contre l'insécurité routière et constitue un instrument important de la prévention. Constituant la plus importante direction active de la police nationale, elle compte le plus grand nombre de **« gardiens de la paix »**. Tous les **commissariats** de France lui sont rattachés ;

– la **direction centrale de la police aux frontières** (DCPAF) veille au respect des règles relatives à la circulation transfrontière.

Elle anime et coordonne au plan national, par l'intermédiaire de l'office central pour la répression de l'immigration irrégulière et de l'emploi d'étrangers sans titre, la lutte contre la délinquance en ces domaines ;

– la **direction centrale de la police judiciaire** (DCPJ) qui a pour mission de lutter contre la criminalité organisée, la grande délinquance et la drogue. Elle dispose également à cet effet d'offices centraux spécialisés.

– la **direction centrale des compagnies républicaines de sécurité** (DCCRS) et ses 61 unités mobiles constituent la réserve de la police nationale. Outre les opérations de maintien de l'ordre, auxquelles elle concourt, en particulier avec la DCSP, elle participe à la sécurisation de la population dans les zones sensibles ainsi qu'à l'aide aux personnes (sécurité routière, en mer et en montagne).

Une organisation plus intégrée de la police nationale devrait pouvoir être développée. Outre la convergence des différentes directions de la police nationale, des réorganisations internes à chacune d'elles sont souhaitables. C'est ainsi que la direction centrale de la sécurité publique a déjà cherché à rationaliser son organisation en regroupant les circonscriptions de sécurité publiques en districts. Des coordinations zonales permettent également de concentrer l'action des services de sécurité publique dans certaines zones. Quant à la direction centrale de la police aux frontières, elle a aussi adapté son administration territoriale pour faire en sorte d'être présente sur l'ensemble du territoire, au moyen de directions interdépartementales.

2) Domaine de l'économie et des finances

303 **Les services déconcentrés de la direction générale des finances publiques.** Ils sont constitués des directions départementales des finances publiques, des directions régionales des finances publiques, des directions spécialisées des finances publiques et des directions locales des finances publiques (ces dernières uniquement outre-mer) – Décret n° 2009-707 du 16 juin 2009 relatif aux services déconcentrés de la direction générale des finances publiques. Avec la fusion en 2008 de la direction générale de la comptabilité publique et de la direction générale des impôts, deve-

nue la direction générale des finances publiques (D. n° 2008-310, 3 avr. 2008), la rationalisation des structures administratives du ministère des finances a conduit ainsi au remplacement du trésorier-payeur général et du directeur départemental des services fiscaux par un nouvel administrateur des finances publiques.

304 **Les douanes.** Rattachée au ministère de l'économie, des finances et du commerce extérieur, la douane assure trois principales missions :

- une mission fiscale,
- une mission de soutien à la compétitivité économique des entreprises,
- une mission de protection et de lutte contre la fraude.

Les **services centraux** de la direction générale des douanes et droits indirects (DGDDI) disposent de douze **directions interrégionales**, qui regroupent deux à six **directions régionales** (soit un total de 42 directions régionales) et de quatre directions régionales garde-côtes.

Les effectifs de la douane française, soit environ 17 000 agents, sont répartis sur l'ensemble du territoire métropolitain et d'outre-mer en deux secteurs d'activité : celui des « opérations commerciales et de l'administration générale » et celui de la « surveillance ».

Site de la douane : http://www.douane.gouv.fr/

b. Activités de prestation

1) Domaine de l'éducation et des affaires culturelles

305 **L'éducation nationale.** Elle est organisée dans le cadre des **académies**, où siègent les **recteurs** depuis 1806, et celui des départements, où se trouvent les **directeurs académiques des services de l'éducation nationale** (DASEN) – nouvelle appellation depuis 2012 des inspecteurs d'académie. Ces responsables bénéficient d'une forte déconcentration, traditionnelle à l'échelon académique et plus récente à l'échelon départemental où elle a été renforcée pour mettre en cohérence les compétences des services de l'État et des collectivités territoriales après la décentralisation qui, pourtant importante en ce domaine, n'a pas entraîné une partition des administrations étatiques.

Les **missions du directeur académique** :

- Il a une compétence générale pour l'organisation du **premier degré**, tant public que privé. Cette organisation concerne la gestion des élèves, des professeurs des écoles et des inspecteurs de l'éducation nationale, ainsi que la pédagogie et la répartition des moyens humains et financiers. Le budget de fonctionnement, les locaux et la gestion du personnel technique et ouvrier sont de la compétence des services de la mairie.

- Pour ce qui est des **collèges**, il est compétent pour l'orientation, l'affectation et le suivi des élèves ainsi que pour la pédagogie d'ordre général (en dehors des disciplines qui relèvent directement du rectorat) ; la gestion individuelle et collective des personnels n'est pas de son ressort, même s'il représente l'échelon hiérarchique direct pour les personnels de direction.

- Quant aux **lycées**, le directeur académique a une compétence générale concernant le traitement du quotidien des élèves (leur affectation, le suivi de leur scolarité). En revanche, il n'est que force de propositions pour la carte des formations proposées dans le département. Enfin, il reste l'échelon hiérarchique direct pour les personnels de direction.

306 **L'administration de la jeunesse et des sports.** Elle a été réorganisée par le décret n° 94-169 du 25 février 1994 (modifié par D. n° 2009-1540, 10 déc. 2009 relatif à l'organisation et aux missions des directions régionales de la jeunesse, des sports et de la cohésion sociale). **Elle comprend des directions régionales** dites « de la jeunesse, des sports et de la cohésion sociale » qui rassemblent l'ensemble des services et des missions relevant des politiques sociales (ex-DRASS hors santé) ainsi que de la jeunesse et des sports. Le directeur agit tantôt sous l'autorité du préfet, tantôt sous celle du ministre chargé de la Jeunesse et des Sports (délivrance des diplômes).

Au niveau départemental, la **réorganisation** de l'**administration déconcentrée** (opérée par D. n° 2009-1484, 3 déc. 2009 relatif aux directions départementales interministérielles) a fait **disparaître les anciennes directions départementales**. Désormais, la nouvelle architecture est constituée par une organisation à deux directions dans tous les départements de moins de 400 000 habitants, avec une direction des territoires et une direction de la cohésion sociale et de la protection des populations. Au-dessus de ce seuil, le préfet peut décider de créer une troisième direction, dite « de la protection des populations », la direction de la cohésion sociale devenant une direction à part. C'est la direction départementale de la cohésion sociale qui est chargée de traiter l'ensemble des questions liées à la cohésion sociale, qui incluent notamment les actions en faveur de la jeunesse et des sports. Elle regroupe ainsi les compétences autrefois exercées par la direction départementale de la jeunesse et des sports.

307 **L'administration de la culture.** Elle a, par nature, un rôle d'animation qui ne nécessite pas des structures étoffées. Les **directions régionales des affaires culturelles** (DRAC) n'ont d'ailleurs été implantées sur l'ensemble du territoire qu'en 1977 (J.-L. Bodiguel, *L'implantation du ministère de la Culture en région. Naissance et développement des directions régionales des affaires culturelles*, Doc. fr., 2000). Elles sont des services déconcentrés relevant du ministère chargé de la culture (Décret n° 2010-633 du 8 juin 2010 relatif à l'organisation et aux missions des directions régionales des affaires culturelles). Dans chaque région, la direction régionale des affaires culturelles est créée par la fusion de la direction régionale des affaires culturelles, d'une part, et des services départementaux de l'architecture et du patrimoine, d'autre part. La direction régionale des affaires culturelles comprend un siège et des unités territoriales. L'exercice des compétences de la direction régionale des affaires culturelles ne fait pas obstacle aux pouvoirs propres que détiennent les architectes des Bâtiments de France en vertu des lois et règlements en vigueur.

Ses **missions** sont définies aux articles 2 et 3 du décret n° 2010-633 précité. On note en particulier que la direction régionale des affaires culturelles est chargée de conduire la politique culturelle de l'État dans la région et les départements qui la composent, notamment dans les domaines de la connaissance, de la protection, de la conservation et de la valorisation du patrimoine, de la promotion de l'architecture, du soutien à la création et à la diffusion artistiques dans toutes leurs composantes, du développement du livre et de la lecture, de l'éducation artistique et culturelle et de la transmission des savoirs, de la promotion de la diversité culturelle et de l'élargissement des publics, du développement de l'économie de la culture et des industries culturelles, de la promotion de la langue française et des langues de France.

2) Domaine de l'emploi

308 **L'administration du travail et de l'emploi.** Elle a été régie par le décret n° 94-1166 du 28 décembre 1994 jusqu'à son abrogation par le décret n° 2009-1377 du 10 novembre 2009 relatif à l'organisation et aux missions des **nouvelles directions régionales des entreprises, de la concurrence, de la consommation, du travail et de l'emploi.** Dans le cadre de la réorganisation de l'administration territoriale de l'État, ces dernières sont des services déconcentrés communs au ministère de l'économie, de l'industrie et de l'emploi et au ministère du travail, des relations sociales, de la famille, de la solidarité et de la ville.

Dans chaque région, la direction régionale des entreprises, de la concurrence, de la consommation, du travail et de l'emploi exerce, sous l'autorité du préfet de région et, pour les missions relevant de sa compétence, sous l'autorité fonctionnelle du préfet de département (mais à l'exception, d'une part, de celles relatives aux actions d'inspection de la législation du travail et, d'autre part, des pouvoirs d'enquête et d'investigation exercés sous le contrôle de l'autorité judiciaire), les missions définies à l'article 2 du décret n° 2009-1377 précité, notamment en matière de politique du travail et celles relatives aux actions d'inspection de la législation du travail. Chaque direction régionale des entreprises, de la concurrence, de la consommation, du travail et de l'emploi comprend plusieurs pôles, dont un pôle « politique du travail ».

Dans les départements, les directions départementales du travail et de l'emploi disparaissent et sont remplacées par des unités territoriales (UT) des directions régionales des entreprises, de la concurrence, de la consommation, du travail et de l'emploi, qui ne sont pas intégrées aux directions départementales. Ces services sont placés sous l'autorité fonctionnelle des préfets de département, lesquels ont autorité directe sur ces unités départementales des services régionaux lorsqu'elles traitent de dossiers relevant de domaines de leur compétence.

3) Domaine de l'assistance et de la solidarité

309 **Le domaine sanitaire et social.** À l'origine, les directions régionales et départementales des affaires sanitaires et sociales ont été le fruit d'une évolution engagée pour unifier progressivement un secteur dont la gestion était trop éclatée. Ce fut d'abord la réunion des services préfectoraux de la population et de l'aide sociale avec l'administration départementale de la santé (D. n° 64-783, 30 juill. 1964). Puis, en **1977**, eut lieu une restructuration caractérisée surtout par la **création des directions régionales**, chargées essentiellement de tâches de planification, de programmation et d'allocation de ressources. Ce rôle a été confirmé par le décret n° 94-1046 du 6 décembre 1994 intervenu pour redéfinir les missions des services.

S'agissant des **directions départementales**, elles ont été l'objet d'un important **démantèlement** en **1982** en raison d'une forte **décentralisation** dans leur secteur (L. n° 83-663, 22 juill. 1983), qui a entraîné un transfert de moyens et nécessité une nouvelle réorganisation des administrations. Par la suite, la **mise en place des agences régionales de l'hospitalisation** (ARH) **en 1996**, dans le cadre de la réforme de l'hospitalisation publique et privée (Ord. n° 96-346, 24 avr. 1996), réalisée pour obtenir une meilleure maîtrise des dépenses de santé, a modifié les modalités de fonctionnement des directions des affaires sanitaires et sociales. Elles ont agi tantôt sous les ordres des directeurs d'agence, tantôt sous l'autorité des préfets qui ont conservé des attributions dans leur secteur.

La révision générale des politiques publiques, mise en œuvre dans le domaine sanitaire et social par la **loi du 21 juillet 2009** portant réforme de l'hôpital et relative aux patients, à la santé et aux territoires, a entraîné la **suppression des directions régionales des affaires sanitaires et sociales au 1er avril 2010** (seule la région Île-de-France a conservé une DRASS à titre transitoire). **Leurs activités sont réparties entre trois organismes** : la mission nationale de contrôle des organismes de protection sociale, au travers de sept antennes interrégionales (Paris, Marseille, Bordeaux, Rennes, Lille, Lyon, et Nancy) qui reprend les attributions liées à la tutelle et au contrôle des organismes de protection sociale ; les **agences régionales de santé** (ARS), instituées à la place des agences régionales de l'hospitalisation par la loi du 21 juillet 2009 (préc.), qui ont repris, à partir d'avril 2010, les attributions touchant à la santé publique, ainsi qu'au secteur médico-social, et qui sont représentées par une délégation territoriale ; les directions régionales de la jeunesse, des sports et de la cohésion sociale, qui sont chargées, depuis le 1er janv. 2010, des attributions touchant à l'action sociale, à l'aide sociale et aux questions de formation professionnelle.

310 **L'administration territoriale des anciens combattants et victimes de guerre.** Elle a été longtemps constituée par des directions interdépartementales, devenues directions régionales en 1994. Elle veille au respect de la législation applicable aux personnes visées (emplois réservés, pensions, etc.). À l'échelon départemental, on ne trouve généralement que des services déconcentrés de l'office national des anciens combattants et victimes de guerre (établissement public administratif à caractère national sous tutelle du ministère de la défense ; art. D. 431 s. du code des pensions militaires d'invalidité et des victimes de la guerre) – les conseils départementaux pour les anciens combattants et victimes de guerre et la mémoire de la Nation (Art. R. 573 du code des pensions militaires d'invalidité et des victimes de la guerre) -, mais il ne faut pas exclure, le cas échéant, l'existence de services de soins gratuits, de centres d'expertise ou de contentieux.

311 **Les déléguées régionales aux droits des femmes.** Elles sont apparues en 1975 après la création d'un secrétariat d'État à la condition féminine. Rattachées au cabinet du préfet, elles travaillent en liaison avec le secrétariat général pour les affaires régionales. Leur tâche consiste à mettre en œuvre la politique gouvernementale dans leur secteur et à coordonner l'action des chargées de missions départementales à la direction départementale de la cohésion sociale.

À noter : Il résulte de l'article 7 du décret n° 2009-587 du 25 mai 2009 relatif aux missions des secrétaires généraux pour les affaires régionales, les principes suivants : le délégué régional aux droits des femmes et à l'égalité est chargé de développer, au niveau régional, la prise en compte des droits des femmes et de l'égalité entre les femmes et les hommes dans l'ensemble des politiques de l'État et de mener toutes les actions nécessaires à cette fin auprès des collectivités territoriales, des organismes socio-économiques et des associations. Il anime et coordonne le réseau des chargés de mission départementaux aux droits des femmes et à l'égalité, placés sous l'autorité des préfets.

c. Activités d'aménagement de l'espace

1) Domaine de l'équipement et de l'aménagement du territoire

312 **L'équipement.** À l'origine, l'administration déconcentrée de l'équipement a résulté de la fusion en 1967 des services des ponts et chaussées et des directions de la construction : elle a été implantée à l'échelon départemental et à l'échelon régional. Ayant initialement vocation à coiffer le secteur du bâtiment et des travaux publics, elle a disposé en réalité de compétences étendues (réseau routier, urbanisme, transports, etc.) et a assuré des tâches très variées (maîtrise d'œuvre ou d'ouvrage, expertise technique, participation au contrôle administratif). Cependant, la majorité des interventions des directions départementales a été assurée pour le compte des collectivités territoriales, ce qui n'a pas été sans susciter des difficultés lors de la décentralisation en 1982. En effet, leur partition exigée par les lois de décentralisation a été très délicate. En raison du caractère très limité des transferts de personnel (5 % des effectifs), les mises à disposition ont d'abord été nombreuses (65 % des agents).

La situation a évolué. C'est ainsi qu'**en 2009 le législateur a transféré aux départements les parcs de l'équipement** (L. n° 2009-1291, 26 oct. 2009 relative au transfert aux départements des parcs de l'équipement et à l'évolution de la situation des ouvriers des parcs et ateliers ; C. Guettier, « Le transfert aux départements des parcs de l'équipement », *RLCT* janv. 2010, p. 25).

La même année, l'administration départementale de l'État a été réorganisée par le décret n° 2009-1484 **du 3 décembre 2009** qui a institué de **nouvelles directions interministérielles.** Créées par fusion des nombreux services existants précédemment, elles sont des services déconcentrés, interministériels, rattachés au Premier ministre et non pas à un ministère en particulier, placés sous l'autorité directe des préfets (l'article 8 de ce décret dispose en particulier que « sous l'autorité du préfet de département, elles mettent en œuvre des politiques définies par le gouvernement dont le pilotage et la coordination sont assurés par le préfet de région, assisté des directions régionales »). Parmi ces directions, il y a lieu de relever l'institution de la **direction départementale des territoires** qui traite de l'ensemble des politiques à impact territorial qui étaient jusque-là conduites notamment par les directions départementales de l'équipement (DDE) et par les directions départementales de l'agriculture et de la forêt (DDAF) (C. Guettier, « L'administration départementale de l'État », *AJDA* 2010, p. 831).

313 **L'aménagement du territoire.** Pour la mise en œuvre de la politique d'aménagement du territoire, des institutions spécifiques ont été créées sous l'égide de la DATAR (Délégation à l'aménagement du territoire et à l'action régionale), laquelle est devenue en 2006 la Délégation interministérielle à l'aménagement et à la compétitivité des territoires (DIACT ; D. n° 2005-1791, 31 déc. 2005), puis l'acronyme DATAR a été repris en 2009, pour désigner cette fois-ci la Délégation interministérielle à l'aménagement du territoire et à l'attractivité régionale (D. n° 2009-1549, 14 déc. 2009). Aujourd'hui, le Commissariat général à l'égalité des territoires (CGET) a pris sa suite (Décret n° 2014-394 du 31 mars 2014) ; il est rattaché au Premier ministre, avec une vocation interministérielle.

Le **Commissariat général à l'égalité des territoires** comprend trois grands pôles organisés en directions d'administration centrale : la direction de la ville et de la cohésion urbaine ; la direction des stratégies territoriales ; la direction du développement des capacités des territoires. Chacune anime un **réseau interministériel et territorial** en fonction de son champ de compétences (pour davantage de détails, voir le site Internet du commissariat général à l'égalité des territoires : http://www.cget.gouv.fr).

2) Domaine de l'agriculture

314 **L'administration de l'agriculture et des forêts.** À l'origine, celle-ci a été organisée autour de **directions régionales** et de **directions départementales**, qui au-delà de la mise en œuvre de la politique agricole ont contribué plus largement à l'aménagement de l'espace rural et ont apporté leur concours aux collectivités territoriales.

Mais ce schéma n'a pas résisté à la **réorganisation de l'administration territoriale de l'État en 2009**. C'est ainsi que la **nouvelle direction départementale des territoires**, instituée par le décret n° 2009-1484 du 3 décembre 2009 relatif aux directions départementales interministérielles, traite des politiques à impact territorial sur le socle constitué notamment par les directions départementales de l'équipement (DDE) et par les directions départementales de l'agriculture et de la forêt (DDAF), lesquelles disparaissent.

Au niveau régional subsiste en revanche **une direction régionale de l'alimentation, de l'agriculture et de la forêt** (DRAAF) qui fait ainsi partie des huit nouveaux « services » régionaux.

2. Modalités d'intervention

315 Les administrations spécialisées fonctionnent normalement sous l'autorité du préfet territorialement compétent, le représentant de l'État étant le véritable pivot de la déconcentration. Le **droit commun** des relations entre les préfets et les administrations spécialisées est actuellement fixé par le décret du 29 avril 2004 qui a donné aux représentants de l'État dans les régions et les départements un pouvoir de direction sur les services civils déconcentrés à leur échelon (**a**), tout en réservant **quelques cas particuliers** qui font l'objet de dispositions spéciales (**b**).

a. Les solutions de droit commun

316 **Les préfets de région et de département disposent sur les administrations civiles de l'État dans leur circonscription d'un ensemble de prérogatives** qu'énumère le décret n° 2004-374 du 29 avril 2004, mais qui ont pour la plupart été établies par des textes antérieurs, notamment les décrets n° 64-250 et n° 64-251 du 14 mars 1964. Il en résulte que :

- les **pouvoirs de décision** appartenant aux chefs des services déconcentrés, en application de dispositions réglementaires ou de délégations ministérielles, ont été transférés aux préfets qui bénéficieront seuls à l'avenir des mesures de déconcentration (D. n° 2004-374, art. 15) ;

- sauf exceptions limitativement énumérées, les préfets président de plein droit toutes les **commissions administratives** qui intéressent les services déconcentrés organisés dans leur ressort territorial (D. n° 2004-374, art. 57) ;

- les **correspondances** échangées entre les services déconcentrés situés à des échelons d'administration différents, entre eux et les services centraux, les organismes publics de l'État ou les collectivités territoriales, sont acheminées théoriquement « sous le couvert » des préfets (D. n° 2004-374, art. 55 et 56) ;

- les représentants de l'État ont, dans leur circonscription, la qualité d'unique **ordonnateur secondaire** des administrations civiles déconcentrées, sauf pour l'exécution des décisions directement liées à l'assiette et au recouvrement des impôts et des recettes publiques (D. n° 2004-374, art. 20) ;

- selon l'article 30 du décret n° 2004-374 du 29 avril 2004, les préfets sont « consultés » par l'autorité compétente préalablement à toute **proposition de nomination**, affectation ou mutation des chefs de service déconcentrés des administrations civiles de l'État et de leurs adjoints. Ils sont également « informés » par leur chef de service des propositions d'affectation ou de mutation des agents qui peuvent recevoir délégation de signature. Quant aux préfets de département, ils sont « consultés » par l'autorité compétente préalablement à toute proposition de nomination, affectation ou mutation d'un sous-préfet dans le département, du directeur départemental de la sécurité publique, ou encore du commandement de groupement de gendarmerie départementale. Par ailleurs, selon l'article 31 du décret du 29 avril 2004, les préfets adressent annuellement à l'autorité investie du pouvoir de nomination une évaluation sous forme d'appréciation littérale ainsi qu'une proposition de notation pour chaque chef de service déconcentré des administrations civiles de l'État placé sous leur autorité. Ils sont « informés » de la note attribuée.

b. Les situations dérogatoires

317 Le décret n° 2004-374 du 29 avril 2004 (art. 33) a prévu **plusieurs exceptions au pouvoir de direction des préfets sur les administrations civiles déconcentrées.** Les administrations ainsi soustraites à l'autorité préfectorale sont alors placées dans des situations dérogatoires au droit commun.

La soustraction à l'autorité préfectorale peut n'être que partielle. C'est le cas, par exemple, des services de **la jeunesse et des sports** dont les directeurs régionaux agissent exceptionnellement sous l'autorité directe du ministre, en matière de formation, dans le cadre de la loi n° 84-610 du 16 juillet 1984 (art. 46) sur les activités physiques et sportives. Il en est de même pour les missions d'**inspection** et de contrôle de l'application de la législation **du travail** opérées dans le cadre de directives ministérielles.

La soustraction à l'autorité préfectorale peut être globale. Ainsi, par exemple, l'**action éducatrice** est soustraite à l'autorité préfectorale, ce qui conduit à faire des recteurs et des inspecteurs d'académie les seuls responsables des services régionaux et départementaux de l'éducation nationale. De même, le principe de séparation des ordonnateurs et des comptables, la spécificité des opérations d'établissement et de recouvrement de l'impôt, fondent les prérogatives des directeurs des **finances publiques** sur les services compétents et, par contrecoup, l'exclusion des préfets de ces secteurs. Il en va de même pour la **justice**.

Dans le domaine de la santé, on notera que si selon l'article L. 1431-1 du code de la santé publique, « Dans chaque région et dans la collectivité territoriale de Corse, une **agence régionale de santé** a pour mission de définir et de mettre en œuvre un ensemble coordonné de programmes et d'actions concourant à la réalisation, à l'échelon régional et infrarégional des objectifs de la politique nationale de santé », il n'en demeure pas moins que pour l'exercice de ses compétences dans les domaines sanitaire et de la salubrité et de l'hygiène publiques, le représentant de l'État territorialement compétent dispose à tout moment des moyens de l'agence. C'est ainsi par exemple que les **services de l'agence** sont **placés pour emploi sous l'autorité du représentant de l'État territorialement compétent** lorsqu'un événement porteur d'un risque sanitaire peut constituer un trouble à l'ordre public (art. L. 1435-1 du code de la santé publique).

CHAPITRE 2

L'administration locale décentralisée

318 Contrairement à la conception anglo-saxonne où la représentation politique est explicitement conçue comme une représentation des « intérêts », il y a une tradition française de réticence au gouvernement représentatif qui remonte à la Révolution et à sa conception unitaire de la société. La volonté de créer une société unifiée, dont l'expression (la « volonté générale ») ne peut être qu'unanime, aboutit à « la conception d'un pouvoir purement commis (...) aussi simple que possible, afin que la volonté générale s'exprime sans intermédiaire » (P. Rosanvallon, « L'opinion et la représentation dans la démocratie moderne », *Pouvoirs locaux*, n° 3, 1989, p. 74) et au dogme de l'indivisibilité de la souveraineté nationale, dont ne sauraient se prévaloir ni une fraction du peuple ni une fraction du territoire (en 1991, le Conseil constitutionnel refusera, au nom de ces principes fondamentaux, la notion de « peuple corse », qui figurait dans le projet de nouveau statut de l'île ; CC, déc. n° 91-290 DC du 9 mai 1991, *Loi portant statut de la collectivité territoriale de Corse*). Dans un tel cadre, la représentation devient un pis-aller.

Mais avec la reconnaissance des partis politiques comme lieux d'expression légitime de la diversité de l'opinion, la démocratie de représentation s'est néanmoins structurée au cours du XIXe siècle. Le pouvoir « délégué » par la majorité des citoyens a même fini par conférer aux élus une légitimité et une liberté d'action absolues, sans autre limite que le respect de la loi. S'est alors posée la question des limites de cette démocratie représentative. Les défenseurs de la décentralisation se sont immiscés dans les débats, comme Tocqueville, sous la Monarchie de Juillet, pour qui la « vertu politique de l'autonomie locale n'est pas seulement de constituer une école de la démocratie » mais de « réaliser un équilibre indispensable des pouvoirs » (A. de Tocqueville, *De la démocratie en Amérique*, t. 1, 1re part., chap. 5). Cette vision de communautés locales servant de terrain d'apprentissage de la vie publique et de contrepoids au risque d'un « despotisme du gouvernement d'État » (*ibid.*) devait finir par s'imposer et justifier, de la fin du XIXe siècle aux lendemains de la seconde guerre mondiale, la reconnaissance d'une démocratie locale vouée à la gestion des « affaires » de la commune et du département.

Sous la Ve République, on a pu constater l'amorce d'un mouvement en faveur d'un approfondissement de la démocratie locale. Sous quelle forme ? En 1976, le Rapport Guichard, « *Vivre ensemble* », a appelé à prendre en compte « les aspirations des Français à participer aux décisions concernant leur vie quotidienne », plaidant de la sorte en faveur de l'introduction d'un mode de délibération locale qui ne se limite pas à de simples procédures de délégation. Il a alors été pris progressivement conscience du fait que les institutions et les procédures du gouvernement représentatif contribuent localement à exclure le citoyen des processus de décision, de façon d'autant moins acceptable que l'évolution de la société et la volonté de rapprocher l'Administration des administrés impliquent des pratiques démocratiques moins distanciées (L. Blondiaux, G. Marcou, F. Rangeon (dir.), *La démocratie locale : représentation, participation et espace public*, PUF, 1999). Comment l'équilibre entre **démocratie participative** (SECTION 1) et **démocratie représentative** (SECTION 2) se concrétise-t-il aujourd'hui au sein des institutions administratives locales décentralisées ?

Section 1
Une démocratie participative

319 La démocratie locale reste pour l'essentiel l'affaire des élus. S'il est administré de plus près, le citoyen est rarement associé au processus de décision des assemblées locales, où la prééminence des fonctions exécutives et le cumul des mandats consacrent le pouvoir d'une élite de « professionnels de la politique » (P. Sadran). La démocratie locale est ainsi « l'otage » du fonctionnement traditionnel de la démocratie représentative de « délégation ». En effet, en dehors de **l'élection des instances locales (§ 1)**, les expérimentations ou les initiatives locales visant à améliorer le fonctionnement de la démocratie locale par des **procédés de consultation du public (§ 2)** ou de **participation des habitants à la vie locale (§ 3)** demeurent limitées.

§ 1. L'élection des instances locales

320 On a longtemps considéré que les élections locales étaient des élections administratives situées en marge du champ politique. En réalité, on a pu constater depuis les années 1970 une **politisation des scrutins locaux**. En effet, les élections locales sont devenues un enjeu politique que soulignent les grands leaders nationaux et que s'efforcent de décoder les spécialistes de sociologie électorale. Pour l'électeur lui-même, la relation entre élections locales et nationales est assurée par une localisation identique de la représentation : la petite commune a son député et la ville moyenne dispose parfois de plusieurs parlementaires. Ce phénomène est encore accentué par le cumul des mandats (même si aujourd'hui sa légitimité est de plus en plus remise en cause, ce qui conduit à la mise en place de dispositifs législatifs d'« endiguement »).

Certes, des nuances s'imposent : d'une part, on constate que l'électorat des grandes villes est plus politisé que celui des zones rurales ; d'autre part, on relève que, de façon générale, le facteur politique n'a pas totalement effacé le localisme des élections municipales ou départementales.

En fait, ces différents éléments s'additionnent et expliquent largement l'intérêt soutenu que porte aux élections locales le corps social et qui se traduit par une participation souvent significative aux différents scrutins locaux.

Mais la participation des citoyens ne s'exprime pas de la même façon pour la désignation des différentes instances. En effet, si les **assemblées des collectivités locales sont élues directement par les populations** qu'elles sont chargées d'administrer (**A**), en revanche, **la participation des citoyens reste indirecte** dans le **processus de désignation des autres instances locales** (**B**).

A. La participation directe des citoyens

321 Selon l'article 72, alinéa 3, de la Constitution du 4 octobre 1958, les collectivités territoriales « s'administrent librement par des conseils élus ». En pratique, les assemblées locales sont désignées au suffrage universel direct. C'est effectivement le cas pour **l'élection des conseillers municipaux** (**1**), **des conseillers départementaux** (**2**) et **des conseillers régionaux** (**3**).

1. L'élection des conseillers municipaux

a. Dispositions applicables à toutes les communes

1) Composition des conseils et durée du mandat des conseillers

322 **Composition des conseils municipaux.** Le code électoral (art. L. 225 C. élect.) renvoie ici au code général des collectivités territoriales qui fixe le nombre des conseillers municipaux (art. L. 2121-2 CGCT), conformément au tableau ci-après :

COMMUNES	NOMBRE DES MEMBRES du conseil municipal
De moins de 100 habitants	7
De 100 à 499 habitants	11
De 500 à 1 499 habitants	15
De 1 500 à 2 499 habitants	19
De 2 500 à 3 499 habitants	23
De 3 500 à 4 999 habitants	27
De 5 000 à 9 999 habitants	29
De 10 000 à 19 999 habitants	33

De 20 000 à 29 999 habitants	35
De 30 000 à 39 999 habitants	39
De 40 000 à 49 999 habitants	43
De 50 000 à 59 999 habitants	45
De 60 000 à 79 999 habitants	49
De 80 000 à 99 999 habitants	53
De 100 000 à 149 999 habitants	55
De 150 000 à 199 999 habitants	59
De 200 000 à 249 999 habitants	61
De 250 000 à 299 999 habitants	65
Et de 300 000 et au-dessus	69

Durée du mandat des conseillers municipaux. Les conseillers municipaux sont élus pour **six ans.** Lors même qu'ils ont été élus dans l'intervalle, ils sont renouvelés intégralement au mois de mars à une date fixée au moins trois mois auparavant par décret pris en conseil des ministres. Ce décret convoque en outre les électeurs (Art. L. 227 C. élect.).

2) Dispositions spéciales à l'exercice par les ressortissants d'un État membre de l'Union européenne autre que la France du droit de vote pour l'élection des conseillers municipaux

323 La **loi organique n° 98-404 du 25 mai 1998** déterminant les conditions d'application de l'article 88-3 de la Constitution relatif à l'exercice par les citoyens de l'Union européenne résidant en France, autres que les ressortissants français, du droit de vote et d'éligibilité aux élections municipales a introduit des dispositions particulières qui ont été codifiées aux articles LO. 227-1 et suivants. du code électoral.

Désormais, les citoyens de l'Union européenne résidant en France, autres que les citoyens français, peuvent participer à l'élection des conseillers municipaux dans les mêmes conditions que les électeurs français, sous certaines réserves fixées par la loi. Ainsi, les citoyens de l'Union européenne sont considérés comme résidant en France s'ils y ont leur domicile réel ou si leur résidence y a un caractère continu (Art. LO. 227-1 C. élect.).

Pour exercer leur droit de vote, les personnes ci-dessus visées doivent être inscrites, à leur demande, sur une liste électorale complémentaire (v. art. LO 227-3 C. élect.). Elles peuvent demander leur inscription si elles jouissent de leur capacité électorale dans leur État d'origine et si elles remplissent les conditions légales autres que la nationalité française pour être électeurs et être inscrites sur une liste électorale en France (art. LO. 227-2 C. élect.). Des sanctions sont prévues en cas de fraude (Art. LO. 227-5 C. élect.).

3) Conditions d'éligibilité et inéligibilités

324 - **Condition d'âge.** Nul ne peut être élu conseiller municipal s'il n'est âgé de dix-huit ans révolus (Art. L. 228 C. élect.).

- **Condition d'attache.** Sont éligibles au conseil municipal tous les électeurs de la commune et les citoyens inscrits au rôle des contributions directes ou justifiant qu'ils devaient y être inscrits au 1er janvier de l'année de l'élection. Toutefois, dans les communes de plus de 500 habitants, le nombre des conseillers qui ne résident pas dans la commune au moment de l'élection ne peut excéder le quart des membres du conseil. Dans les communes de 500 habitants au plus, ce nombre ne peut excéder quatre pour les conseils municipaux comportant sept membres et cinq pour les conseils municipaux comportant onze membres (Art. L. 228 C. élect.).

- **Cas des ressortissants des États membres de l'Union européenne autres que la France.**

Sont éligibles au conseil municipal les ressortissants des États membres de l'Union européenne autres que la France qui (Art. LO. 228-1 C. élect.) :

a) Soit sont inscrits sur la liste électorale complémentaire de la commune ;

b) Soit remplissent les conditions légales autres que la nationalité française pour être électeurs et être inscrits sur une liste électorale complémentaire en France et sont inscrits au rôle d'une des contributions directes de la commune ou justifient qu'ils devaient y être inscrits au 1er janvier de l'année de l'élection.

L'article LO. 230-2 du code électoral précise que « Ne peuvent être conseillers municipaux (...) les ressortissants des États membres de l'Union européenne autres que la France déchus du droit d'éligibilité dans leur État d'origine. »

- **Cas des députés et des sénateurs.** Ils sont éligibles dans toutes les communes du département où ils ont été candidats (Art. L. 229 C. élect.).

- **La loi prévoit un certain nombre d'inéligibilités absolues.** En effet, ne peuvent être conseillers municipaux (Art. L. 230 C. élect.) :

1° Les individus privés du droit électoral ;

2° Les majeurs placés sous tutelle ou sous curatelle.

- **Des inéligibilités particulières frappent certains agents publics** (Art. L. 231 C. élect.) :

C'est ainsi que ne sont pas éligibles dans le ressort où ils exercent ou ont exercé leurs fonctions depuis moins de trois ans les préfets de région et les préfets, depuis moins d'un an les sous-préfets, les secrétaires généraux de préfecture, les directeurs de cabinet de préfet, les sous-préfets chargés de mission auprès d'un préfet et les secrétaires généraux ou chargés de mission pour les affaires régionales ou pour les affaires de Corse.

De même, ne peuvent être élus conseillers municipaux dans les communes situées dans le ressort où ils exercent ou ont exercé leurs fonctions depuis moins de six mois :

1° Les magistrats des cours d'appel ;

2° Les membres des tribunaux administratifs et des chambres régionales des comptes ;

3° Les officiers des armées de terre, de mer et de l'air, dans les communes comprises dans le ressort de leur commandement territorial ;

4° Les magistrats des tribunaux de grande instance et d'instance ;

5° Les fonctionnaires des corps actifs de la police nationale ;

6° Les comptables des deniers communaux agissant en qualité de fonctionnaire et les entrepreneurs de services municipaux ;

7° Les directeurs et les chefs de bureau de préfecture et les secrétaires en chef de sous-préfecture ;

8° Les personnes exerçant, au sein du conseil régional, du conseil départemental, de la collectivité territoriale de Corse, de Guyane ou de Martinique, d'un établissement public de coopération intercommunale à fiscalité propre ou de leurs établissements publics, les fonctions de directeur général des services, directeur général adjoint des services, directeur des services, directeur adjoint des services ou chef de service, ainsi que les fonctions de directeur de cabinet, directeur adjoint de cabinet ou chef de cabinet en ayant reçu délégation de signature du président, du président de l'assemblée ou du président du conseil exécutif (**À noter** : Rappelant que les inéligibilités sont d'interprétation stricte, le Conseil d'État juge que « les agents de la fonction publique hospitalière qui exercent dans ces établissements les fonctions mentionnées par ces dispositions ne sont pas inéligibles lorsqu'ils y ont été nommés par décision d'une autorité de l'État » ; CE, 29 avr. 2015, n° 382923) ;

9° En tant que chargés d'une circonscription territoriale de voirie : les ingénieurs en chef, ingénieurs divisionnaires et ingénieurs des travaux publics de l'État, les chefs de section principaux et chefs de section des travaux publics de l'État.

Les **agents salariés communaux** ne peuvent être élus au conseil municipal de la commune qui les emploie. Ne sont pas compris dans cette catégorie ceux qui, étant fonctionnaires publics ou exerçant une profession indépendante, ne reçoivent une indemnité de la commune qu'à raison des services qu'ils lui rendent dans l'exercice de cette profession, ainsi que, dans les communes comptant moins de 1 000 habitants, ceux qui ne sont agents salariés de la commune qu'au titre d'une activité saisonnière ou occasionnelle.

À noter : Les délais mentionnés ci-dessus ne sont pas opposables aux candidats qui, au jour de l'élection, auront été admis à faire valoir leurs droits à la retraite.

– Cas où la cause de l'inéligibilité survient postérieurement à l'élection :

Tout conseiller municipal qui, pour une cause survenue postérieurement à son élection, se trouve dans un des cas d'inéligibilité prévus par les articles L. 230 et L. 231 est immédiatement déclaré démissionnaire par le préfet, sauf réclamation au tribunal administratif dans les dix jours de la notification, et sauf recours au Conseil d'État (Art. L. 236 C. élect.).

De même, tout conseiller municipal **ressortissant d'un État membre de l'Union européenne autre que la France** qui pour une cause survenue postérieurement à son élection se trouve dans le cas d'inéligibilité prévu par l'article LO. 230-2 est déclaré démissionnaire d'office par le représentant de l'État dans le département (Art. LO. 236-1 C. élect.).

4) Incompatibilités

325 Le régime des incompatibilités applicable aux conseillers municipaux est fixé comme suit par le code électoral.

- **Les fonctions de conseiller municipal sont incompatibles avec l'exercice de certaines fonctions administratives** (Art. L. 237 C. élect.) :

1° De préfet ou sous-préfet et de secrétaire général de préfecture ;

2° De fonctionnaire des corps de conception et de direction et de commandement et d'encadrement de la police nationale ;

3° De représentant légal des établissements communaux ou intercommunaux hospitaliers dans la ou les communes de rattachement de l'établissement où il est affecté.

Les personnes qui seraient élues membres d'un conseil municipal ont, à partir de la proclamation du résultat du scrutin, un délai de dix jours pour opter entre l'acceptation du mandat et la conservation de leur emploi. À défaut de déclaration adressée dans ce délai à leurs supérieurs hiérarchiques, elles seront réputées avoir opté pour la conservation dudit emploi.

- **Le mandat de conseiller municipal est également incompatible** avec l'exercice d'un emploi salarié au sein du centre communal d'action sociale de la commune (Art. L. 237-1 C. élect.).

- **La loi précise également que « Nul ne peut être membre de plusieurs conseils municipaux »** (Art. L. 238 C. élect.). Toute personne qui s'est portée candidate et a été élue dans plusieurs circonscriptions électorales municipales le même jour perd de plein droit ses mandats de conseiller municipal. Tout membre d'un conseil municipal élu postérieurement conseiller dans une autre circonscription électorale municipale cesse d'appartenir au premier conseil municipal.

- La loi précise en outre que dans les communes de plus de 500 habitants, le nombre des **ascendants et descendants, frères et sœurs**, qui peuvent être simultanément membres du même conseil municipal est limité à deux.

- **Le cas du ressortissant d'un État de l'Union européenne**, dont nous avons vu plus haut que le droit de vote lui est reconnu en France pour les élections municipales à certaines conditions, fait l'objet d'un **régime particulier au regard du droit des incompatibilités** (Art. LO. 238-1 C. élect.). En effet, le ressortissant d'un État de l'Union européenne autre que la France ne peut être membre d'un conseil municipal en France et membre dans un autre État de l'Union de l'organe délibérant d'une collectivité territoriale de base. Si le ressortissant n'a pas démissionné d'un de ses deux mandats incompatibles dans un délai de dix jours à compter du jour où l'incompatibilité est connue, il est immédiatement déclaré démissionnaire par le préfet, sauf les recours prévus devant la juridiction administrative.

- **Cas où l'incompatibilité survient postérieurement à l'élection** (Art. L. 239 C. élect.). Tout conseiller municipal qui, pour une cause survenue postérieurement à son élection, se trouve dans un de ces cas d'incompatibilité (mentionnés au présent paragraphe), est immédiatement déclaré démissionnaire par le préfet, sauf réclamation au tribunal administratif dans les dix jours de la notification, et sauf recours au Conseil d'État.

À noter : Le Conseil constitutionnel rappelle dans sa jurisprudence « que si le législateur peut prévoir des incompatibilités entre mandats électoraux ou fonctions électives et activités ou fonctions professionnelles, la restriction ainsi apportée à l'exercice de fonctions publiques doit être justifiée, au regard des exigences découlant de l'article 6 de la Déclaration de 1789, par la nécessité de protéger la liberté de choix de l'électeur ou l'indépendance de l'élu contre les risques de confusion ou de conflits d'intérêts ». Il dispose là d'une grille d'analyse qui lui permet ainsi de connaître de dispositifs législatifs déjà en vigueur dans le cadre de la question prioritaire de constitutionnalité de l'article 61-1 de la Constitution. Pour une application ayant abouti à une déclaration d'inconstitutionnalité partielle, voir : CC, décision n° 2014-432 QPC du 28 novembre 2014, M. Dominique de L. [Incompatibilité des fonctions de militaire en activité avec un mandat électif local].

5) Contentieux

326 **Tout électeur** et **tout éligible** a le droit d'arguer de nullité les opérations électorales de la commune devant le tribunal administratif. **Le préfet**, s'il estime que les conditions et les formes légalement prescrites n'ont pas été remplies, peut également déférer les opérations électorales au tribunal administratif (Art. L. 248 C. élect.).

Le **tribunal administratif** statue, sauf recours au Conseil d'État (Art. L. 249 C. élect.).

Le recours au **Conseil d'État** contre la décision du tribunal administratif est ouvert soit au préfet, soit aux parties intéressées. Les conseillers municipaux proclamés restent en fonctions jusqu'à ce qu'il ait été définitivement statué sur les réclamations (Art. L. 250 C. élect.).

Toutefois, le tribunal administratif peut, en cas d'annulation d'une élection pour manœuvres dans l'établissement de la liste électorale ou irrégularité dans le déroulement du scrutin, décider, nonobstant appel, la **suspension du mandat** de celui ou de ceux dont l'élection a été annulée. En ce cas, le Conseil d'État rend sa décision dans les trois mois de l'enregistrement du recours (hors ce cas, le Conseil d'État rend sa décision dans les six mois qui suivent l'enregistrement du recours). À défaut de décision définitive dans ce délai, il est mis fin à la suspension (Art. L. 250-1 C. élect.).

Dans le cas où l'annulation de tout ou partie des élections est devenue définitive, l'assemblée des électeurs est convoquée dans un délai qui ne peut excéder trois mois, à moins que l'annulation n'intervienne dans les trois mois qui précèdent le renouvellement général des conseils municipaux (Art. L. 251 C. élect.).

b. Dispositions spéciales aux communes de moins de 1 000 habitants

327 Le mode de scrutin pour l'élection des conseillers municipaux n'est pas le même selon que la commune compte moins de 1 000 habitants ou bien 1 000 habitants et plus. Ce seuil était fixé à 3 500 habitants jusqu'à ce que la loi n° 2013-403 du 17 mai 2013 relative à l'élection des conseillers départementaux, des

conseillers municipaux et des conseillers communautaires, et modifiant le calendrier électoral l'abaisse (il s'est appliqué pour la première fois lors du renouvellement général des conseils municipaux les 23 et 30 mars 2014). La conséquence est que le régime électoral qui va être présenté dans les passages suivants voit son champ d'application se réduire.

1) Mode de scrutin

328 Les membres des conseils municipaux des communes de moins de 1 000 habitants sont élus au **scrutin majoritaire** (Art. L. 252 C. élect.).

Il s'agit d'un **scrutin à deux tours** qui se présente comme suit (Art. L. 253 C. élect.) :

- Nul n'est élu au **premier tour** de scrutin s'il n'a réuni : 1° La majorité absolue des suffrages exprimés ; 2° Un nombre de suffrages égal au quart de celui des électeurs inscrits.

- Au **deuxième tour** de scrutin, l'élection a lieu à la majorité relative, quel que soit le nombre des votants. Si plusieurs candidats obtiennent le même nombre de suffrages, l'élection est acquise au plus âgé.

Les candidats peuvent **se présenter de façon isolée ou groupée** (Art. L. 255-3 C. élect.). Pour le second tour de scrutin, seuls peuvent se présenter les candidats présents au premier tour, sauf si le nombre de candidats au premier tour est inférieur au nombre de sièges à pourvoir.

Une **déclaration de candidature** est obligatoire au premier tour du scrutin pour tous les candidats et, au second tour, pour les candidats qui ne se sont pas présentés au premier tour (Art. L. 255-4 C. élect.).

Lors du **dépouillement**, sont valables les bulletins déposés dans l'urne comportant plus ou moins de noms qu'il n'y a de conseillers à élire (Art. L. 257 C. élect.). Les derniers noms inscrits au-delà de ce nombre ainsi que les noms des personnes qui n'étaient pas candidates ne sont pas décomptés (*ibid.*).

2) Remplacement des conseillers municipaux

329 Lorsque le conseil municipal a perdu, par l'effet des vacances survenues, le tiers de ses membres, il est, dans le délai de trois mois à dater de la dernière vacance, procédé à des **élections complé-**

mentaires (Art. L. 258 C. élect.). Toutefois, dans l'année qui précède le renouvellement général des conseils municipaux, les élections complémentaires ne sont obligatoires qu'au cas où le conseil municipal a perdu plus de la moitié de ses membres (*ibid.*).

c. Dispositions spéciales aux communes de 1 000 habitants et plus

1) Mode de scrutin

330 Les conseillers municipaux sont élus au **scrutin de liste à deux tours**, avec dépôt de **listes** comportant **autant de candidats que de sièges à pourvoir**, sans adjonction ni suppression de noms et sans modification de l'ordre de présentation (Art. L. 260 C. élect.), sous réserve de l'application des dispositions prévues au deuxième alinéa de l'article L. 264 (au second tour, les listes peuvent être modifiées. En effet, le principe est que seules peuvent se présenter au second tour les listes ayant obtenu au premier tour un nombre de suffrages au moins égal à 10 % du total des suffrages exprimés ; cependant, ces listes peuvent être modifiées dans leur composition pour comprendre des candidats ayant figuré au premier tour sur d'autres listes sous réserve que celles-ci ne se présentent pas au second tour et qu'elles aient obtenu au premier tour au moins 5 % des suffrages exprimés ; en cas de modification de la composition d'une liste, l'ordre de présentation des candidats peut également être modifié).

La **commune** forme une **circonscription électorale unique** (Art. L. 261 C. élect.).

Une **déclaration de candidature** est obligatoire pour chaque tour de scrutin. La **liste** est **composée alternativement d'un candidat de chaque sexe** (Art. L. 264 C. élect.).

Le **scrutin** est dit **« mixte »** dans la mesure où la répartition des sièges a lieu en mêlant des aspects majoritaires et proportionnels. Toutefois les premiers sont dominants afin d'assurer une certaine stabilité dans l'exercice de la gouvernance (Art. L. 262 C. élect.) :

- **Au premier tour de scrutin**, il est attribué à la liste qui a recueilli la majorité absolue des suffrages exprimés un nombre de sièges égal à la moitié du nombre des sièges à pourvoir, arrondi, le cas échéant, à l'entier supérieur lorsqu'il y a plus de quatre sièges à pourvoir et à l'entier inférieur lorsqu'il y a moins de quatre sièges à pourvoir. Cette attribution opérée, les autres sièges sont répartis entre toutes les listes à la représentation proportionnelle suivant la règle de la plus forte moyenne, sous réserve de l'application des dispositions du troisième alinéa ci-après.

- **Si aucune liste n'a recueilli la majorité absolue des suffrages exprimés au premier tour**, il est procédé à un **deuxième tour**.

- **Seules peuvent se présenter au second tour** les listes ayant obtenu au premier tour un nombre de suffrages au moins égal à 10 % du total des suffrages exprimés (Art. L. 264 C. élect.). Ces listes peuvent être modifiées dans leur composition pour comprendre des candidats ayant figuré au premier tour sur d'autres listes sous réserve que celles-ci ne se présentent pas au second tour et qu'elles aient obtenu au premier tour au moins 5 % des suffrages exprimés. En cas de modification de la composition d'une liste, l'ordre de présentation des candidats peut également être modifié. Les candidats ayant figuré sur une même liste au premier tour ne peuvent figurer au second tour que sur une liste (le choix de la liste sur laquelle ils sont candidats au second tour est notifié à la préfecture ou à la sous-préfecture par la personne ayant eu la qualité de responsable de la liste constituée par ces candidats au premier tour).

- **Au second tour**, il est attribué à la liste qui a obtenu le plus de voix un nombre de sièges égal à la moitié du nombre des sièges à pourvoir, arrondi, le cas échéant, à l'entier supérieur lorsqu'il y a plus de quatre sièges à pourvoir et à l'entier inférieur lorsqu'il y a moins de quatre sièges à pourvoir. En cas d'égalité de suffrages entre les listes arrivées en tête, ces sièges sont attribués à la liste dont les candidats ont la moyenne d'âge la plus élevée. Cette attribution opérée, les autres sièges sont répartis entre toutes les listes à la représentation proportionnelle suivant la règle de la plus forte moyenne.

- Les **listes qui n'ont pas obtenu au moins 5 % des suffrages exprimés** ne sont pas admises à répartition des sièges.

- Les **sièges** sont **attribués** aux candidats **dans l'ordre de présentation** sur chaque liste. Si **plusieurs listes ont la même**

moyenne pour l'attribution du dernier siège, celui-ci revient à la liste qui a obtenu le plus grand nombre de suffrages. En cas d'égalité de suffrages, le siège est attribué au plus âgé des candidats susceptibles d'être proclamés élus.

2) Remplacement des conseillers municipaux

331 Les règles en la matière sont fixées à l'article L. 270 du code électoral.

- **Règle du suivant de liste.** Le candidat venant sur une liste immédiatement après le dernier élu est appelé à remplacer le conseiller municipal élu sur cette liste dont le siège devient vacant pour quelque cause que ce soit. La constatation, par la juridiction administrative, de l'inéligibilité d'un ou plusieurs candidats n'entraîne l'annulation de l'élection que du ou des élus inéligibles. La juridiction saisie proclame en conséquence l'élection du ou des suivants de liste.

Si le candidat ainsi appelé à remplacer le conseiller municipal se trouve de ce fait dans l'un des cas d'incompatibilité mentionnés à l'article L. 46-1 (Cette disposition organise une réglementation du cumul des mandats locaux en interdisant le cumul de plus de deux mandats locaux), il dispose d'un délai de trente jours à compter de la date de la vacance pour faire cesser l'incompatibilité en démissionnant de l'un des mandats visés par ces dispositions. À défaut d'option dans le délai imparti, le remplacement est assuré par le candidat suivant dans l'ordre de la liste.

- **Renouvellement du conseil municipal.** Lorsque les dispositions précédentes ne peuvent plus être appliquées, il est procédé au renouvellement du conseil municipal :

1° Dans les trois mois de la dernière vacance, si **le conseil municipal a perdu le tiers de ses membres** (toutefois, dans l'année qui précède le renouvellement général des conseils municipaux, les élections complémentaires ne sont obligatoires qu'au cas où le conseil municipal a perdu plus de la moitié de ses membres) ;

2° **Pour toute élection du maire ou des adjoints**, et avant la convocation pour cette élection, il est procédé aux élections qui peuvent être nécessaires lorsque le conseil municipal est incomplet (Art. L. 2122-8 et L. 2122-14 CGCT).

2. L'élection des conseillers départementaux

332 Il y a dans chaque département un **conseil départemental** (nouveau donné au conseil général par la loi n° 2013-403 du 17 mai 2013 relative à l'élection des conseillers départementaux, des conseillers municipaux et des conseillers communautaires, et modifiant le calendrier électoral) qui **représente** la **population et** les **territoires** qui le composent (Art. L. 3121-1 CGCT).

a. Composition des conseils départementaux et durée du mandat des conseillers

333 **Des élections binômales dans le cadre du canton.** Les électeurs de **chaque canton** du département élisent au conseil départemental **deux membres de sexe différent** (afin de promouvoir la parité), qui se présentent en **binôme de candidats** dont les noms sont ordonnés dans l'ordre alphabétique sur tout bulletin de vote imprimé à l'occasion de l'élection (Art. L. 191 C. élect.)

Nombre de cantons. Le nombre de cantons dans lesquels sont élus les conseillers départementaux est égal, pour chaque département, à **la moitié du nombre de cantons existant au 1er janvier 2013**, arrondi à l'unité impaire supérieure si ce nombre n'est pas entier impair (le redécoupage des cantons a été effectué par décrets entre les 13 et 27 février 2014 ; il y a désormais 2 054 cantons au lieu des 4 035 antérieurement ; mais le nombre total de conseillers départementaux passe de 4 035 à 4 108 du fait du binômage). Le nombre de cantons dans chaque département comptant plus de 500 000 habitants ne peut être inférieur à dix-sept ; il ne peut être inférieur à treize dans chaque département comptant entre 150 000 et 500 000 habitants (Art. L. 191-1 C. élect.) – [Après la modification des limites des cantons opérées en 2014, le département qui a le moins de cantons est celui du Territoire de Belfort (9 cantons pour une population légale de 142 911 habitants) ; celui qui en a le plus est le département de la Gironde avec 33 cantons pour 1 449 245 habitants].

À noter : Selon l'article L. 3113-2 CGCT, pour la modification des limites territoriales des cantons il convient de se conformer aux règles suivantes : a) Le territoire de chaque canton est défini sur des bases essentiellement démographiques ; b) Le territoire de chaque canton est continu ; c) Est entièrement comprise dans le même canton toute commune de moins de 3 500 habitants. Il est précisé qu'il ne peut être apporté à ces règles « que des exceptions de portée limitée, spécialement justifiées, au cas par cas, par des considérations géographiques ; ou par d'autres impératifs d'intérêt général ». C'est au juge administratif qu'il appartient en dernier lieu d'apprécier si besoin.

Durée du mandat. Les conseillers départementaux sont **élus** pour **six ans** ; ils sont rééligibles. Les conseils départementaux se **renouvellent intégralement** (la réforme de 2013 a ainsi abrogé le renouvellement triennal par moitié qui était une caractéristique du scrutin départemental jusqu'ici). Les élections ont lieu au mois de **mars** (Art. L. 192 C. élect.)

b. Mode de scrutin

334 Il est fixé par l'article L. 193 du code électoral. Il s'agit d'un **scrutin majoritaire binôminal à deux tours.**

Premier tour de scrutin. Nul binôme de candidats n'est élu au conseil départemental au premier tour de scrutin s'il n'a réuni : 1° La majorité absolue des suffrages exprimés ; 2° Un nombre de suffrages égal au quart de celui des électeurs inscrits.

Second tour de scrutin. En cas de second tour, nul binôme ne peut être **candidat** s'il ne s'est présenté au premier tour et s'il n'a obtenu un nombre de suffrages égal au moins à 12,5 % du nombre des électeurs inscrits (Art. L. 210-1 C. élect.). Dans le cas où un seul binôme de candidats remplit ces conditions, le binôme ayant obtenu après celui-ci le plus grand nombre de suffrages au premier tour peut se maintenir au second. Dans le cas où aucun binôme de candidats ne remplit ces conditions, les deux binômes ayant obtenu le plus grand nombre de suffrages au premier tour peuvent se maintenir au second.

Au second tour, l'élection a lieu à la majorité relative, quel que soit le nombre des votants. Si plusieurs binômes de candidats obtiennent le même nombre de suffrages, l'élection est acquise au binôme qui comporte le candidat le plus âgé.

c. Conditions d'éligibilité et inéligibilités

335 Les articles L. 194 à L. 205 du code électoral fixent le régime applicable. On en retiendra les points saillants suivants.

- **Condition d'âge.** Nul ne peut être élu conseiller départemental s'il n'est âgé de dix-huit ans révolus (Art. L. 194 C. élect.).

- **Condition d'attache.** Sont éligibles au conseil départemental tous les citoyens inscrits sur une liste électorale ou justifiant qu'ils devaient y être inscrits avant le jour de l'élection, qui sont domiciliés dans le département, et ceux qui, sans y être domiciliés, y sont inscrits au rôle d'une des contributions directes au 1er janvier de l'année dans laquelle se fait l'élection, ou justifient qu'ils devaient y être inscrits à ce jour, ou ont hérité depuis la même époque d'une propriété foncière dans le département (Art. L. 194 C. élect.).

- **Inéligibilités liées à l'exercice de certaines fonctions** (Art. L. 195 C. élect.). Ne peuvent être élus membres du conseil départemental :

1° Les préfets dans le département où ils exercent ou ont exercé leurs fonctions depuis moins de trois ans ; les sous-préfets, secrétaires généraux, directeurs de cabinet de préfet ou sous-préfets chargés de mission auprès d'un préfet, ainsi que les secrétaires en chef de sous-préfecture, dans le département où ils exercent ou ont exercé leurs fonctions depuis moins d'une année ;

2° Les magistrats du siège et du parquet des cours d'appel, dans le ressort de la juridiction où ils exercent ou ont exercé depuis moins d'un an ;

3° Les membres des tribunaux administratifs ainsi que les magistrats et les secrétaires généraux des chambres régionales des comptes, dans le ressort de la juridiction où ils exercent ou ont exercé depuis moins d'un an ;

4° Les magistrats des tribunaux de grande instance et d'instance, dans le ressort de la juridiction où ils exercent ou ont exercé depuis moins d'un an ;

5° Les officiers des armées de terre, de mer et de l'air dans l'étendue de toute circonscription comprise dans le ressort où, dotés d'un commandement territorial, ils ont exercé leur autorité depuis moins d'un an ;

6° Les fonctionnaires des corps actifs de police dans les cantons où ils exercent ou ont exercé leurs fonctions depuis moins d'un an ;

7° Dans les départements où ils exercent ou ont exercé leurs fonctions depuis moins d'un an : les ingénieurs en chef, ingénieurs en chef adjoints et ingénieurs des ponts et chaussées ;

8° Les ingénieurs du service ordinaire des mines, dans les cantons où ils exercent ou ont exercé leurs fonctions depuis moins d'un an ;

9° Les recteurs d'académie, dans tous les départements compris dans l'académie où ils exercent ou ont exercé depuis moins d'un an ;

10° Les inspecteurs d'académie et les inspecteurs de l'enseignement primaire dans le département où ils exercent ou ont exercé leurs fonctions depuis moins d'un an ;

11° Les agents et comptables de tout ordre agissant en qualité de fonctionnaire, employés à l'assiette, à la perception et au recouvrement des contributions directes ou indirectes, et au paiement des dépenses publiques de toute nature, dans le département où ils exercent ou ont exercé leurs fonctions depuis moins d'un an ;

12° Les directeurs départementaux et inspecteurs principaux des postes et télécommunications, dans le département où ils exercent ou ont exercé leurs fonctions depuis moins d'un an ;

13° Les ingénieurs en chef chargés de la direction d'un établissement du service des manufactures de tabac, les inspecteurs des manufactures de tabac et les directeurs du service de la culture et des magasins de tabac, dans le département où ils exercent ou ont exercé leurs fonctions depuis moins d'un an ;

14° Les ingénieurs en chef, ingénieurs principaux, ingénieurs des travaux et autres agents du génie rural, des eaux et des forêts dans les cantons où ils exercent ou ont exercé leurs fonctions depuis moins d'un an ;

15° Les inspecteurs des instruments de mesure dans les cantons où ils exercent ou ont exercé leurs fonctions depuis moins d'un an ;

16° Les directeurs départementaux et inspecteurs de l'action sanitaire et sociale dans le département où ils exercent ou ont exercé leurs fonctions depuis moins d'un an ;

17° Les directeurs et chefs de service régionaux des administrations civiles de l'État dans les départements où ils exercent ou ont exercé leurs fonctions depuis moins d'un an ;

18° Les membres du cabinet du président du conseil départemental et du président du conseil régional, les directeurs généraux, les directeurs, les directeurs adjoints, les chefs de service et les chefs de bureau de conseil départemental et de conseil régional dans la circonscription où ils exercent ou ont exercé leurs fonctions depuis moins d'un an ;

19° Les membres du cabinet du président de l'Assemblée et les membres du cabinet du président du conseil exécutif de Corse, les directeurs généraux, les directeurs, directeurs adjoints, chefs de service et chefs de bureau de la collectivité territoriale de Corse et de ses établissements publics dans les départements de la Corse-du-Sud et de la Haute-Corse, s'ils y exercent leurs fonctions ou les ont exercées depuis moins d'un an.

À noter : Les délais mentionnés aux troisième (2°) à vingtième (19°) alinéas ci-dessus ne sont pas opposables aux candidats qui, au jour de l'élection, auront été admis à faire valoir leurs droits à la retraite.

- **Inéligibilités à caractère absolu** (À noter : on parle d'inéligibilité « absolue » lorsque celle-ci empêche de se faire élire dans quelque circonscription que ce soit ; elle est « relative » lorsqu'elle empêche de se faire élire seulement dans certaines d'entre elles) : Sont inéligibles les personnes privées de leur droit d'éligibilité par décision judiciaire en application des lois qui autorisent cette privation (Art. L. 199 C. élect.) ; de même, ne peuvent être élus les majeurs placés sous tutelle ou sous curatelle (Art. L. 200 C. élect.).

- **Cas où la cause de l'inéligibilité survient postérieurement à l'élection.** Tout conseiller départemental qui, pour une cause survenue postérieurement à son élection, se trouve dans un des cas d'inéligibilité ou se trouve frappé de l'une des incapacités qui font perdre la qualité d'électeur, est déclaré démissionnaire par le représentant de l'État dans le département, sauf réclamation au tribunal administratif dans les dix jours de la notification, et sauf recours au Conseil d'État (Art. L. 205 C. élect.).

d. Incompatibilités

336 Les articles L. 206 à L. 210 du code électoral fixe le régime des incompatibilités applicable. On retiendra en particulier les points suivants :

- **Fonctions administratives incompatibles.** Le mandat de conseiller départemental est incompatible, dans le département, avec les fonctions d'architecte départemental, d'ingénieur des travaux publics de l'État, chef de section principal ou chef de section des travaux publics de l'État chargé d'une circonscription territoriale de voirie, d'employé des bureaux de la préfecture ou d'une sous-préfecture et, généralement, de tous les agents salariés ou subventionnés sur les fonds départementaux. La même incompatibilité existe à l'égard des représentants légaux des établissements départementaux ou interdépartementaux hospitaliers, dans le ou les départements de rattachement de l'établissement où ils sont affectés, et à l'égard des entrepreneurs de services départementaux (Art. L. 207 C. élect.). Le mandat de conseiller départemental est également incompatible, dans toute la France, avec notamment les fonctions de militaire de carrière (Art. L. 206 C. élect.).

- **Fonctions électives incompatibles.** Nul ne peut être titulaire de plus d'un mandat de conseiller départemental (Art. L. 208 C. élect.).

- **Cas où l'incompatibilité survient postérieurement à l'élection.** Tout conseiller départemental qui, pour une cause survenue postérieurement à son élection, se trouve dans un des cas d'incompatibilité est déclaré démissionnaire par le représentant de l'État dans le département, sauf réclamation au tribunal administratif dans les dix jours de la notification, et sauf recours au Conseil d'État (Art. L. 210 C. élect.).

e. Remplacement des conseillers départementaux

337 Le régime applicable ressort de l'article L. 221 du code électoral.

- En cas de **démission d'office** ou en cas d'**annulation de l'élection** d'un candidat ou d'un binôme de candidats, il est procédé à une **élection partielle** dans le délai de trois mois à compter de cette déclaration ou de cette annulation.

- Le conseiller départemental dont le siège devient vacant pour toute **autre cause** que celles qui viennent d'être mentionnées est

remplacé par la personne élue en même temps que lui à cet effet. **Si le remplacement d'un conseiller n'est plus possible**, il est procédé à une **élection partielle** au scrutin uninominal majoritaire dans le délai de trois mois suivant la vacance.

- En cas de **vacance simultanée des deux sièges** du **même canton**, et si le remplacement n'est plus possible, les deux sièges sont renouvelés par une **élection partielle** dans le délai de trois mois.

- Si **deux sièges** deviennent **vacants successivement** dans le **même canton**, que le remplacement n'est plus possible et que la période de dépôt des candidatures pour le premier tour du scrutin visant au remplacement du premier siège vacant n'est pas encore close, les deux sièges sont renouvelés par une **élection partielle** dans le délai de trois mois suivant la dernière vacance.

À noter : Il n'est procédé à aucune élection partielle dans les six mois précédant le renouvellement général des conseils départementaux.

f. Contentieux

338 **Ordre juridictionnel compétent.** Les protestations électorales sont portées devant la juridiction administrative dans les conditions suivantes.

Requérants. Les élections peuvent être arguées de nullité par tout électeur du canton, par les candidats, par les membres du conseil départemental et par le préfet, devant le tribunal administratif (Art. L. 222 C. élect.).

Sort des conseillers élus en cas de recours contentieux. Le conseiller départemental ou les conseillers départementaux élus restent en fonctions jusqu'à ce qu'il ait été définitivement statué sur la réclamation (Art. L. 223 C. élect.).

Toutefois, selon l'art. L. 223-1 C. élect., le tribunal administratif peut, en cas d'annulation d'une élection pour manœuvres dans l'établissement de la liste électorale ou irrégularité dans le déroulement du scrutin, décider, nonobstant appel, la **suspension des mandats** des élus du canton dont l'élection est annulée. En ce cas, le Conseil d'État rend sa décision dans les trois mois de l'enregistrement du recours. À défaut de décision définitive dans ce délai, il est mis fin à la suspension.

En dehors des cas précédents, le **Conseil d'État** rend sa décision dans les six mois qui suivent l'enregistrement du recours.

3. L'élection des conseillers régionaux

339 Les conseillers régionaux élus en mars 2010 seront remplacés en décembre 2015. Ces élections vont se dérouler dans un cadre substantiellement renouvelé puisque la **loi n° 2015-29 du 16 janvier 2015** relative à la délimitation des régions, aux élections régionales et départementales et modifiant le calendrier électoral a réduit le nombre de régions métropolitaines de 22 à 12, plus la Corse (À noter : le mode de scrutin reste toutefois le même qu'auparavant).

a. Composition des conseils régionaux et durée du mandat des conseillers

340 Les conseillers régionaux sont élus pour **six ans** ; ils sont **rééligibles** (Art. L. 336 C. élect.). Les conseils régionaux **se renouvellent intégralement**. Les élections ont lieu en même temps que le renouvellement général des conseils départementaux – cette concomitance est destinée à lutter contre l'abstention électorale qui a tendance à prospérer lorsque se multiplient les scrutins (il est toutefois dérogé à cette simultanéité en 2015 où les élections départementales ont eu lieu les 22 et 29 mars 2015, tandis que les élections régionales sont fixées en décembre de la même année).

Effectif des conseils régionaux
et nombre de candidats par section départementale
(Code électoral – Annexe Tableau n° 7)
(L. n° 2015-29 du 16 janv. 2015, art. 5)

Région	Effectif du conseil régional	Département	Nombre de candidats par section départementale
Alsace, Champagne - Ardenne et Lorraine	169	Ardennes	11
		Aube	11
		Marne	19
		Haute-Marne	8
		Meurthe-et-Moselle	24
		Meuse	8

		Moselle	34
		Bas-Rhin	35
		Haut-Rhin	25
		Vosges	14
Aquitaine, Limousin et Poitou - Charentes	183	Charente	13
		Charente-Maritime	22
		Corrèze	10
		Creuse	6
		Dordogne	15
		Gironde	48
		Landes	14
		Lot-et-Garonne	12
		Pyrénées-Atlantiques	23
		Deux-Sèvres	14
		Vienne	16
		Haute-Vienne	14
Auvergne et Rhône-Alpes	204	Ain	18
		Allier	11
		Ardèche	11
		Cantal	6
		Drôme	15
		Isère	34
		Loire	22
		Haute-Loire	8
		Métropole de Lyon	37
		Puy-de-Dôme	19
		Rhône	14
		Savoie	13
		Haute-Savoie	22
Bourgogne et Franche - Comté	100	Côte-d'Or	21
		Doubs	21
		Jura	11
		Nièvre	10
		Haute-Saône	10
		Saône-et-Loire	22
		Yonne	14
		Territoire de Belfort	7
Bretagne	83	Côtes-d'Armor	17
		Finistère	25

		Ille-et-Vilaine	28
		Morbihan	21
Centre	77	Cher	11
		Eure-et-Loir	15
		Indre	9
		Indre- et-Loire	20
		Loir- et-Cher	12
		Loiret	22
Guadeloupe	41	Guadeloupe	43
Île-de-France	209	Paris	42
		Seine-et-Marne	25
		Yvelines	27
		Essonne	24
		Hauts-de-Seine	30
		Seine-Saint-Denis	29
		Val-de-Marne	25
		Val-d'Oise	23
Languedoc - Roussillon et Midi - Pyrénées	158	Ariège	6
		Aude	12
		Aveyron	10
		Gard	22
		Haute-Garonne	38
		Gers	7
		Hérault	32
		Lot	7
		Lozère	4
		Hautes-Pyrénées	9
		Pyrénées-Orientales	15
		Tarn	13
		Tarn-et-Garonne	9
Nord - Pas-de-Calais et Picardie	170	Aisne	17
		Nord	76
		Oise	25
		Pas-de-Calais	44
		Somme	18
Basse - Normandie et Haute - Normandie	102	Calvados	23
		Eure	20
		Manche	17
		Orne	11

		Seine-Maritime	41
Pays de la Loire	93	Loire-Atlantique	35
		Maine-et-Loire	22
		Mayenne	10
		Sarthe	17
		Vendée	19
Provence - Alpes - Côte d'Azur	123	Alpes - de - Haute-Provence	6
		Hautes-Alpes	6
		Alpes-Maritimes	29
		Bouches - du-Rhône	51
		Var	27
		Vaucluse	16
La Réunion	45	La Réunion	47

b. Mode de scrutin

341 Il est fixé par l'article L. 338 du code électoral. C'est un **scrutin « mixte » de liste** (avec des aspects majoritaires et de la représentation proportionnelle) **à deux tours**, les listes devant dans leur composition respecter la **parité** (le nombre de candidats figurant sur les sections départementales de chaque liste est fixé conformément au tableau n° 7 annexé au code électoral (v. ss 340), étant précisé qu'**au sein de chaque section, la liste est composée alternativement d'un candidat de chaque sexe** ; Art. L. 346 C. élect.).

Listes. Les listes sont **« bloquées »** : il ne peut y avoir ni adjonction, ni suppression de noms, ni modification de l'ordre de présentation. En outre, chaque liste est constituée d'**autant de sections qu'il y a de départements** dans la région. Une **déclaration de candidature** est obligatoire pour chaque liste de candidats avant chaque tour de scrutin (Art. L. 346 C. élect.).

Le mode de calcul est un peu compliqué. Aussi après avoir présenté les règles applicables nous illustrerons par un exemple chiffré qui fera mieux comprendre le mécanisme qui se déroule en deux temps :

- 1er temps : Attribution des sièges entre les listes au niveau de la région.

• **Premier tour.** Au premier tour de scrutin, il est attribué à la liste qui a recueilli la majorité absolue des suffrages exprimés un nombre de sièges égal au quart du nombre des sièges à pourvoir, arrondi à l'entier supérieur. Cette attribution opérée, les autres sièges sont répartis entre toutes les listes à la représentation proportionnelle suivant la règle de la plus forte moyenne.

Si aucune liste n'a recueilli la majorité absolue des suffrages exprimés au premier tour, il est procédé à un second tour. Seules peuvent se **présenter au second tour** les listes ayant obtenu au premier tour un nombre de suffrages au moins égal à 10 % des suffrages exprimés. Dans le cas où une seule liste remplit cette condition, la liste ayant obtenu après celle-ci le plus grand nombre de suffrages au premier tour peut se maintenir au second. Dans le cas où aucune liste ne remplit cette condition, les deux listes ayant obtenu le plus grand nombre de suffrages au premier tour peuvent se maintenir au second. La composition de ces listes peut être modifiée pour comprendre les candidats ayant figuré au premier tour sur d'autres listes, sous réserve que celles-ci aient obtenu au premier tour au moins 5 % des suffrages exprimés et ne se présentent pas au second tour. En cas de modification de la composition d'une liste, le titre de la liste et l'ordre de présentation des candidats peuvent également être modifiés. Il est précisé que les candidats ayant figuré sur une même liste au premier tour ne peuvent figurer au second tour que sur une même liste. Le choix de la liste sur laquelle ils sont candidats au second tour est notifié à la préfecture de région par le candidat tête de la liste sur laquelle ils figuraient au premier tour (Art. L. 346 C. élect.).

• **Second tour.** Il est attribué à la liste qui a obtenu le plus de voix un nombre de sièges égal au quart du nombre des sièges à pourvoir, arrondi à l'entier supérieur. En cas d'égalité de suffrages entre les listes arrivées en tête, ces sièges sont attribués à la liste dont les candidats ont la moyenne d'âge la plus élevée. Cette attribution opérée, les autres sièges sont répartis entre toutes les listes à la représentation proportionnelle suivant la règle de la plus forte moyenne (si plusieurs listes ont la même moyenne pour l'attribution du dernier siège, celui-ci revient à la liste qui a obtenu le plus grand nombre de suffrages. En cas d'égalité de suffrages, le siège est attribué au plus âgé des candidats susceptibles d'être proclamés élus).

À **noter** : Les listes qui n'ont pas obtenu au moins 5 % des **suffrages exprimés** ne sont pas admises à la répartition des sièges.

- 2e **temps : Répartition des sièges entre les sections départementales** (Art. L. 338-1 C. élect.).

• **Les sièges attribués à chaque liste** en application de l'article L. 338 (cf. *supra* le début de ce paragraphe) **sont répartis entre les sections départementales** qui la composent au prorata des voix obtenues par la liste dans chaque département. Cette attribution opérée, les sièges restant à attribuer sont répartis entre les sections départementales selon la règle de la plus forte moyenne. Si plusieurs sections départementales ont la même moyenne pour l'attribution du dernier siège, celui-ci revient à la section départementale qui a obtenu le plus grand nombre de suffrages. En cas d'égalité de suffrages, le siège est attribué au plus âgé des candidats susceptibles d'être proclamés élus. Les sièges sont attribués aux candidats dans l'ordre de présentation sur chaque section départementale.

• **Nombre minimum de sièges par département.** Si, après la répartition des sièges, un département dont la population est inférieure à 100 000 habitants ne compte pas au moins deux conseillers régionaux, un ou plusieurs sièges attribués à la liste arrivée en tête au niveau régional sont réattribués à la ou aux sections départementales de cette liste afin que chaque département dispose de deux sièges au moins. Si, après la répartition des sièges, un département dont la population est égale ou supérieure à 100 000 habitants ne compte pas au moins quatre conseillers régionaux, un ou plusieurs sièges attribués à la liste arrivée en tête au niveau régional sont réattribués à la ou aux sections départementales de cette liste afin que chaque département dispose de quatre sièges au moins. Le ou les sièges ainsi réattribués correspondent au dernier siège ou aux derniers sièges attribués à la liste arrivée en tête au niveau régional et répartis entre les sections départementales (sous réserve du cas où les départements prélevés seraient attributaires d'un seul ou de deux sièges si le département compte une population de moins de 100 000 habitants, ou de moins de cinq sièges si le département compte au moins 100 000 habitants).

Exemple chiffré : Il est tiré du Rapport du sénateur Patrice Gélard sur le projet de loi relatif à l'élection des conseillers régionaux et des représentants au Parlement européen ainsi qu'à l'aide publique aux partis politiques, n° 192, Sénat (session ordinaire de 2002-2003) - [Extrait].

Soit une **région** composée de **5 départements** (D1, D2, D3, D4 et D5) dont le **conseil régional** comporte **85 membres** et dans laquelle **4 listes** sont candidates au second tour dans les conditions suivantes :

	Voix	%
L 1	543 059	45,7 %
L 2	145 472	12,2 %
L 3	372 879	31,4 %
L 4	127 541	10,7 %
Total	1 188 951	100 %

La répartition des sièges entre les listes concurrentes : le nombre de sièges à répartir est de 85.

La liste L 1 arrivée en tête, obtient les 22 sièges de la prime majoritaire (25 % des 85 sièges).

Les 63 autres sièges sont répartis à la proportionnelle avec répartition des restes à la plus forte moyenne :

- la répartition à la proportionnelle conduit à attribuer 60 sièges : 28 à la liste L 1 (45,7 % de 63), 7 à la liste L 2 (12,2 % de 63), 19 à la liste L 3 (31,4 % de 63) et 6 à la liste L 4 (10,7 % de 63) ;

- les 3 sièges restants sont attribués selon la méthode de la plus forte moyenne et bénéficient aux listes L 1 (1), L 3 (1) et L 4 (1).

Au total, la répartition des sièges est la suivante :

	Sièges	%
L 1	51	60 %
L 2	7	8 %
L 3	20	24 %
L 4	7	8 %
Total	85	100 %

La répartition des sièges entre les sections départementales de chaque liste :

Les sièges attribués à chaque liste sont répartis entre les sections départementales qui la composent au prorata des voix obtenues par la liste dans chaque département. Cette attribution opérée, les sièges restant à attribuer sont répartis entre les sections départementales selon la règle de la plus forte moyenne.

La répartition des 51 sièges de la liste L 1 :

	Résultats de la liste par département		Sièges répartis à la proportionnelle	Sièges répartis à la plus forte moyenne	Total
	Voix	Voix en %			
D 1	86 792	15,98 %	8		8
D 2	218 161	40,17 %	20	1	21
D 3	79 384	14,62 %	7		7
D 4	50 351	9,27 %	4	1	5
D 5	108 371	19,96 %	10		10
Total	543 059	100,00 %	49	2	51

Les 51 sièges de la liste L 1 sont d'abord répartis entre les sections départementales au prorata des voix que cette liste a obtenues dans chaque département. 49 sièges sont ainsi attribués. Les 2 derniers le sont à la plus forte moyenne.

La répartition des 7 sièges de la liste 2 : il est procédé de la même manière pour la liste L 2.

	Résultats de la liste par département		Sièges répartis à la proportionnelle	Sièges répartis à la plus forte moyenne	Total
	Voix	Voix en %			
D 1	14 744	10,14 %	0		0
D 2	53 144	36,53 %	2	1	3
D 3	15 713	10,80 %	0	1	1
D 4	19 601	13,47 %	0	1	1
D 5	42 270	29,06 %	2		2
Total	145 472	100,00 %	4	3	7

La répartition des 20 sièges de la liste L 3 :

	Résultats de la liste par département		Sièges répartis à la proportionnelle	Sièges répartis à la plus forte moyenne	Total
	Voix	Voix en %			
D 1	67 855	18,20 %	3	1	4
D 2	136 723	36,67 %	7	1	8
D 3	45 354	12,16 %	2		2
D 4	42 774	11,47 %	2		2
D 5	80 173	21,50 %	4		4
Total	372 879	100,00 %	18	2	20

La répartition des 7 sièges de la liste L 4 :

	Résultats de la liste par département		Sièges répartis à la proportionnelle	Sièges répartis à la plus forte moyenne	Total
	Voix	Voix en %			
D 1	20 512	16,08 %	1		1
D 2	51 827	40,64 %	2	2	4
D 3	11 913	9,34 %	0		0
D 4	20 466	16,05 %	1		1
D 5	22 823	17,89 %	1		1
Total	127 541	100,00 %	5	2	7

Au total, les résultats sont les suivants :

	L 1	L 2	L 3	L 4	Total	Rappel du nombre d'élus par département avant 1999
D 1	8	0	4	1	13	12
D 2	21	3	8	4	36	36
D 3	7	1	2	0	10	10
D 4	5	1	2	1	9	10
D 5	10	2	4	1	17	17
Total	51	7	20	7	85	85

c. Conditions d'éligibilité et inéligibilités

342 **Condition d'âge.** Nul ne peut être élu conseiller régional s'il n'est âgé de dix-huit ans révolus (Art. L. 339 C. élect.).

Condition d'attache. Sont éligibles au conseil régional tous les citoyens inscrits sur une liste électorale ou justifiant qu'ils devaient y être inscrits avant le jour de l'élection, qui sont domiciliés dans la région ou ceux qui, sans y être domiciliés, y sont inscrits au rôle d'une des contributions directes au 1er janvier de l'année dans laquelle se fait l'élection, ou justifient qu'ils devaient y être inscrits à ce jour (Art. L. 339 C. élect.).

Inéligibilités en rapport avec certaines fonctions administratives. Le code électoral (Art. L. 340 C. élect.) renvoie aux dispositions applicables en l'espèce aux conseillers départementaux (voir art. L. 195) et ajoute le cas des fonctionnaires placés auprès du représentant de l'État dans la région et affectés au secrétariat général pour les affaires régionales en qualité de secrétaire général ou de chargé de mission.

Inéligibilités absolues. Les cas visés (Art. L. 340 C. élect.) sont les mêmes que pour les conseillers départementaux (À noter : on parle d'inéligibilité « absolue » lorsque celle-ci empêche de se faire élire dans quelque circonscription que ce soit ; elle est « relative » lorsqu'elle empêche de se faire élire seulement dans certaines d'entre elles).

Cas où la cause de l'inéligibilité survient postérieurement à l'élection. Tout conseiller régional qui, pour une cause survenue postérieurement à son élection, se trouve dans un cas d'inéligibilité ou se trouve frappé d'une des incapacités qui font perdre la qualité d'électeur, est déclaré démissionnaire d'office par arrêté du représentant de l'État dans la région, sauf recours au Conseil d'État dans les dix jours de la notification (Art. L. 341 C. élect.).

d. Incompatibilités

343 **On retrouve là un certain nombre d'incompatibilités déjà applicables aux conseillers départementaux.** C'est le cas pour les incompatibilités avec certaines fonctions administratives (Art. L. 195 et L. 46 C. élect.).

Il existe également des incompatibilités propres aux conseillers régionaux.

Ainsi, nul ne peut être membre de plusieurs conseils régionaux. À défaut de leur avoir fait connaître son option dans les trois jours de son élection, le conseiller régional élu dans plusieurs régions est déclaré démissionnaire de ses mandats par arrêtés des représentants de l'État dans les régions où il a été élu. Ces arrêtés peuvent être contestés dans les dix jours suivant leur notification devant le Conseil d'État (Art. L. 345 C. élect.).

Par ailleurs, il est précisé que le mandat de conseiller régional est incompatible avec les fonctions d'agent salarié de la région. La même incompatibilité existe à l'égard des entrepreneurs des services régionaux ainsi qu'à l'égard des agents salariés des établissements publics et agences créés par les régions (Art. L. 343 C. élect.).

Procédure à suivre en cas d'incompatibilité (Art. L. 344 C. élect.). Tout conseiller régional qui, **au moment de son élection**, est placé dans une situation d'incompatibilité dispose d'un délai d'un mois à partir de la date à laquelle son élection est devenue définitive pour démissionner de son mandat ou mettre fin à la situation incompatible avec l'exercice de celui-ci. Il fait connaître son option par écrit au représentant de l'État dans la région, qui en informe le président du conseil régional. À défaut d'option dans le délai imparti, il est réputé démissionnaire de son mandat ; cette démission est constatée par arrêté du représentant de l'État dans la région.

Si la cause d'incompatibilité survient **postérieurement à l'élection**, le droit d'option est ouvert dans les mêmes conditions. À défaut d'option dans le délai d'un mois à compter de la date à laquelle est survenue la cause d'incompatibilité, le conseiller régional est déclaré démissionnaire de son mandat par arrêté du représentant de l'État dans la région.

Les arrêtés du représentant de l'État dans la région peuvent être contestés dans les dix jours suivant leur notification devant le **Conseil d'État**.

e. Remplacement des conseillers régionaux

344 **Règle du suivant de liste.** Le candidat venant sur une liste immédiatement après le dernier élu dans la même section départementale est appelé à remplacer le conseiller régional élu sur cette liste

dont le siège devient vacant pour quelque cause que ce soit (Art. L. 360 C. élect.).

Durée du mandat du remplaçant. Le mandat de la personne ayant remplacé un conseiller régional dont le siège était devenu vacant expire lors du renouvellement du conseil régional qui suit son entrée en fonction.

Cas de renouvellement intégral. Lorsque ces dispositions sur le remplacement ne peuvent être appliquées, le siège demeure vacant jusqu'au prochain renouvellement du conseil régional. Toutefois, si le tiers des sièges d'un conseil régional vient à être vacant par suite du décès de leurs titulaires, il est procédé au renouvellement intégral du conseil régional dans les trois mois qui suivent la dernière vacance pour cause de décès, sauf le cas où le renouvellement général des conseils régionaux doit intervenir dans les trois mois suivant ladite vacance.

f. Contentieux

345 **Recours devant le Conseil d'État.** Les élections au conseil régional peuvent être contestées dans les dix jours suivant la proclamation des résultats par tout candidat ou tout électeur de la région devant le Conseil d'État statuant au contentieux. Le même droit est ouvert au représentant de l'État dans la région s'il estime que les formes et conditions légalement prescrites n'ont pas été respectées (Art. L. 361 C. élect.).

À noter : Le conseiller régional dont l'élection est contestée reste en fonction jusqu'à ce qu'il ait été définitivement statué sur la réclamation (Art. L. 362 C. élect.).

Annulation des opérations électorales. En cas d'annulation de l'ensemble des opérations électorales dans une région, il est procédé à de nouvelles élections dans cette région dans un délai de trois mois (Art. L. 363 C. élect.).

B. La participation indirecte des citoyens

346 Les titulaires du pouvoir de direction dans les institutions administratives locales sont les élus des élus des assemblées locales. Ils ne sont pas désignés directement par les électeurs. Ils sont

choisis par les assemblées locales (1), en leur sein (2), et, **en principe, au scrutin majoritaire (3)**, lors de la première réunion qui suit les élections. Certaines spécificités, qu'il conviendra de préciser, sont toutefois attachées à l'élection des équipes de direction propres à chaque niveau d'administration.

1. L'élection de l'appareil de direction par l'assemblée locale

a. L'élection du maire et des adjoints

347 Les organes dirigeants de la commune sont effectivement élus par le conseil municipal dont ils relèvent. Cette règle est également appliquée pour la désignation des présidents et bureaux des établissements publics de coopération intercommunale, qui sont soumis aux dispositions valables pour le maire et les adjoints.

1) Le maire

348 Il procède de l'élection et non, comme ce fut le cas un temps, d'une nomination par une autorité de l'État (l'élection du maire remonte à 1882). Mais il appartient au conseil municipal d'élire le maire (art. L. 2122-4 CGCT) et non directement aux citoyens.

349 **Conditions de l'élection.** Cette élection intervient entre le vendredi et le dimanche suivant l'élection du conseil municipal et, également, lorsqu'il y a lieu d'élire un nouveau maire suite au décès, à la démission ou à la révocation du maire en place. Dans ce dernier cas, il faut, éventuellement, compléter le conseil municipal si des vacances existent ; mais si tous les postes de conseillers doivent être, en principe, pourvus, le quorum exigé pour la séance de l'élection est celui habituellement requis pour les séances du conseil, à savoir la présence de la majorité des membres en exercice. La séance du conseil municipal consacrée à l'élection du maire (et des adjoints) ne doit pas comporter d'autres points à l'ordre du jour. Elle est présidée par le plus âgé des membres du conseil (et, pour l'élection des adjoints, par le maire élu).

Le maire et les adjoints sont élus au scrutin secret et à la majorité absolue (art. L. 2122-7 CGCT). Si après deux tours de scrutin, aucun candidat n'a obtenu la majorité absolue, il est procédé à un troisième tour de scrutin et l'élection a lieu à la majorité relative. En cas d'égalité de suffrage, le plus âgé est déclaré élu.

350 **Durée du mandat.** Le maire est élu pour six ans, c'est-à-dire pour la durée du mandat du conseil (art. L. 2122-10 CGCT) et lorsqu'il remplace un maire en cours de mandat, pour le temps du mandat du conseil restant à courir. Ainsi, l'assemblée ne peut forcer un maire à abandonner ses fonctions.

Abrégement du mandat. Le mandat du maire est susceptible d'être abrégé :

- par **démission volontaire** adressée au préfet (art. L. 2122-15, al. 1, CGCT) ;

- par l'intervention, postérieure à l'élection, d'une **inéligibilité** ou d'une **incompatibilité** ;

- par **révocation**, intervenant sur décret motivé pris en conseil des ministres, en cas de négligence grave, incapacité manifeste ou refus d'exercer ses fonctions (une suspension d'un mois, prononcée par arrêté du ministre de l'intérieur, précède souvent la révocation ; v. art. L. 2122-16 CGCT. – À noter : le juge de l'excès de pouvoir exerce un contrôle normal sur les motifs d'un décret du président de la République révoquant un maire en application de l'article L. 2122-16 CGCT ; CE, 2 mars 2010, n° 328843. – Par ailleurs, par sa décision n° 2011-210 QPC du 13 janv. 2012, le Conseil constitutionnel a déclaré conformes à la Constitution les dispositions de l'article L. 2122-16 CGCT) ;

- par suite d'une **décision définitive de la juridiction administrative** rectifiant les résultats de l'élection municipale : en effet, dans les communes de 1 000 habitants et plus, le mandat du maire (et des adjoints) prend fin de plein droit lorsque la juridiction administrative, par une décision devenue définitive, a rectifié les résultats de l'élection des conseillers municipaux de telle sorte que la majorité des sièges a été attribuée à une liste autre que celle qui avait bénéficié de cette attribution lors de la proclamation des résultats à l'issue du scrutin (art. L. 2122-10, al. 2, CGCT).

351 **Contentieux.** L'élection du maire et des adjoints doit être rendue publique par affichage dans un délai de vingt-quatre heures et elle peut être attaquée devant le juge administratif dans les mêmes conditions que les réclamations dirigées contre l'élection des conseillers municipaux (art. L. 2122-13 CGCT). En cas d'annulation de l'élection du maire et des adjoints, le conseil municipal,

s'il est au complet, est convoqué pour procéder au remplacement dans le délai de quinzaine (art. L. 2122-14 CGCT). S'il y a lieu de compléter le conseil, il est procédé à des élections complémentaires dans la quinzaine de la vacance et le nouveau maire est élu dans la quinzaine qui suit.

2) Les adjoints

352 En même temps que le maire, pour la même durée et à chaque fois qu'il y a lieu d'élire un maire (comme les adjoints suivent toujours le sort du maire, il y a lieu à nouvelle élection de tous les adjoints si le maire vient à changer, quelle que soit la cause), le conseil municipal doit élire, en son sein, un ou plusieurs adjoints au maire et, avant de procéder à cette élection et immédiatement après l'élection du maire, le conseil doit fixer le nombre des adjoints au maire qui ne doit pas excéder 30 % de l'effectif légal du conseil municipal (art. L. 2122-2 CGCT).

Dans les communes de moins de 1 000 habitants, les adjoints sont élus un par un et leur élection se déroule suivant les mêmes règles que celles applicables à l'élection du maire (art. L. 2122-7-1 CGCT). Une fois élus, les adjoints prennent rang dans l'ordre du tableau qui est donc déterminé en fonction de l'ordre de l'élection (élection du premier adjoint, élection du deuxième adjoint, etc.). Le code général des collectivités territoriales prévoit également la possibilité d'élire des adjoints spéciaux (en cas de fusion de communes ou de difficultés de communication avec une partie de la commune ; art. L. 2122-3 CGCT).

Dans les communes de 1 000 habitants et plus, l'élection des adjoints au maire a fait l'objet d'une réforme par la loi n° 2007-128 du 31 janvier 2007 tendant à promouvoir l'égal accès des femmes et des hommes aux mandats électoraux et fonctions électives. Selon l'article L. 2122-7-2 CGCT : « Dans les communes de 1 000 habitants et plus, les adjoints sont élus au scrutin de liste à la majorité absolue, sans panachage ni vote préférentiel. Sur chacune des listes, l'écart entre le nombre de candidats de chaque sexe ne peut être supérieur à un. Si, après deux tours de scrutin, aucune liste n'a obtenu la majorité absolue, il est procédé à un troisième tour de scrutin et l'élection a lieu à la majorité relative. En cas d'égalité de suffrages, les candidats de la liste ayant la moyenne d'âge la plus élevée sont élus. En cas d'élection d'un seul adjoint, celui-ci est élu selon les règles prévues à l'article L. 2122-7 » (il s'agit alors du scrutin uninominal).

b. L'élection du président du conseil départemental et de la commission permanente

353 La loi du 2 mars 1982 a totalement modifié la situation du **président du conseil départemental** : celui-ci est devenu, à la place du préfet, le véritable chef du département, collectivité locale décentralisée. Dans ses fonctions nouvelles, il est alors assisté par un « bureau », et non plus par la « commission départementale », qui a été supprimée. La disparition de cette dernière et l'élargissement considérable des pouvoirs du président du conseil départemental ont fondamentalement bouleversé l'institution de ce « bureau », qui est devenu un organe essentiel de l'administration départementale.

Il convient de relever que la loi d'orientation du 6 février 1992 relative à l'administration territoriale de la République a de nouveau modifié les appellations pour désigner les organes qui entourent le président du conseil départemental. En effet, la loi a prévu dans son article 37 que le mot « bureau » est remplacé dans les différentes lois de décentralisation par celui de « **commission permanente** ». Celle-ci est composée du président du conseil départemental, de quatre à quinze vice-présidents (sous réserve que le nombre de ceux-ci ne soit pas supérieur à 30 % de l'effectif du conseil), et éventuellement d'un ou plusieurs autres membres (art. L. 3122-4 CGCT).

Toutefois, la notion de « **bureau** » réapparaît sous une autre forme (art. L. 3122-8 CGCT) : le « bureau » désigne désormais le président du conseil départemental et les membres de la « commission permanente » qui ont reçu délégation de la part du président du conseil départemental (le bureau comprend bien les vice-présidents ; mais en sont exclus les vice-présidents qui n'ont pas reçu délégation du président du conseil départemental ; en font partie, en revanche, les membres de la commission permanente qui auront reçu délégation du président du conseil départemental et qui ne sont pas vice-présidents).

1) L'élection du président du conseil départemental

354 Là encore, il appartient au **conseil départemental** d'élire son président (art. L. 3122-1 CGCT) et non directement aux citoyens. Le président est élu pour une durée de **six ans** lors de la réunion de droit qui suit chaque renouvellement général.

Pour cette élection, le conseil départemental ne peut délibérer que si les deux tiers de ses membres sont présents. Si cette condition n'est pas remplie, la réunion se tient de plein droit trois jours plus tard. La réunion peut alors avoir lieu sans condition de quorum.

Mode de scrutin : Le président est élu à la majorité absolue des membres du conseil départemental. Si cette élection n'est pas acquise après les deux premiers tours de scrutin, il est procédé à un troisième tour de scrutin et l'élection a lieu à la majorité relative des membres du conseil départemental. En cas d'égalité des voix, l'élection est acquise au bénéfice de l'âge.

2) L'élection des autres membres de la commission permanente

355 Aussitôt après l'élection du président, et sous sa présidence, le conseil général fixe le nombre des **vice-présidents** (entre quatre et quinze vice-présidents, sous réserve que le nombre de ceux-ci ne soit pas supérieur à 30 % de l'effectif du conseil, est-il précisé à l'article L. 3122-4 CGCT) et **éventuellement des autres membres** de la commission permanente (art. L. 3122-5, al. 1er, CGCT).

Les membres de la commission permanente autres que le président sont élus au **scrutin de liste.** Chaque conseiller départemental peut présenter une liste de candidats, qui doit être **composée alternativement d'un candidat de chaque sexe** (art. L. 3122-5, al. 2, CGCT).

Les membres de la commission permanente autres que le président sont nommés pour la **même durée que le président** (art. L. 3122-5, *in fine*, CGCT). Mais, en cas d'élection d'un nouveau président du conseil départemental, à la suite de toute vacance du siège, la commission permanente doit être intégralement renouvelée dans le délai d'un mois prévu à l'alinéa 1er de l'article L. 3122-2 CGCT.

Par ailleurs, **en cas de vacance** de siège de membre de la commission permanente autre que le président, le conseil départemental peut décider de compléter la commission permanente (art. L. 3122-6 CGCT). À défaut d'accord, il est procédé au renouvellement intégral des membres de la commission permanente autres que le président.

c. L'élection du président du conseil régional et de la commission permanente

356 Comme dans le cas du département, les instances de direction au niveau régional comprennent **le président du conseil régional** et la **commission permanente** – qui est composée du président du conseil régional, de quatre à quinze vice-présidents (sous réserve que le nombre total de ses membres ne soit pas supérieur au tiers de l'effectif du conseil régional) et éventuellement d'un ou plusieurs autres membres (art. L. 4133-4, al. 2, CGCT). S'y ajoute également le **bureau** – qui est formé du président, des vice-présidents et, le cas échéant, des membres de la commission permanente ayant reçu délégation du président (art. L. 4133-8 CGCT).

1) Élection du président du conseil régional

357 Selon l'article L. 4133-1 CGCT, « **le conseil régional élit son président** lors de la réunion de droit qui suit chaque renouvellement ». Il est ajouté : « pour cette élection, il est présidé par son doyen d'âge, le plus jeune membre faisant fonction de secrétaire ». De plus : « le conseil régional ne peut dans ce cas délibérer que si les deux tiers de ses membres sont présents. Si cette condition n'est pas remplie, la réunion se tient de plein droit trois jours plus tard. La réunion peut alors avoir lieu sans condition de quorum » (J.-P. Courtejaire et M. Verpeaux, « L'élection des présidents des assemblées locales et le quorum », *AJDA* 2004, p. 954).

Le président est élu à la majorité absolue des membres du conseil régional pour une **durée de six ans**.

Mode de scrutin : Si cette élection n'est pas acquise après les deux premiers tours de scrutin, il est procédé à un troisième tour de scrutin et l'élection a lieu à la majorité relative des membres du conseil régional. En cas d'égalité des voix, l'élection est acquise au bénéfice de l'âge.

À noter : Nul ne peut être élu président s'il n'a, préalablement à chaque tour de scrutin, remis aux membres du conseil régional, par l'intermédiaire du doyen d'âge, une déclaration écrite présentant les grandes orientations politiques, économiques et sociales de son action pour la durée de son mandat (le Conseil constitutionnel a jugé (CC, décision n° 98-397 DC du 6 mars 1998, Loi relative au fonctionnement conseils régionaux) que le dépôt d'une telle déclaration constitue une « formalité substantielle », mais que l'obligation qu'elle comporte « ne saurait être regardée comme conférant au mandat du président du conseil régional, non plus qu'à celui des autres membres du conseil, un caractère impératif »).

2) Élection des autres membres de la commission permanente

358 Selon l'article L. 4133-4 CGCT, « **le conseil régional élit les membres de la commission permanente** ». Celle-ci est composée du président du conseil régional, de quatre à quinze vice-présidents, et éventuellement d'un ou plusieurs autres membres, sous réserve que le nombre total de ses membres ne soit pas supérieur au tiers de l'effectif du conseil régional.

En vertu de l'article L. 4133-5 CGCT, « aussitôt après l'élection du président et sous sa présidence, le conseil régional fixe le nombre des vice-présidents et des autres membres de la commission permanente » et procède à leur désignation selon une procédure détaillée dans ce même article (scrutin de liste, chaque liste devant être composée alternativement d'un candidat de chaque sexe ; L. n° 2007-128, 31 janv. 2007 tendant à promouvoir l'égal accès des femmes et des hommes aux mandats électoraux et fonctions électives). Les membres de la commission permanente autres que le président sont nommés **pour la même durée que le président**. L'article L. 4133-6 CGCT règle le cas des vacances de sièges de membres de la commission permanente autres que le président.

2. L'élection de l'appareil de direction parmi les membres de l'assemblée locale

a. Le maire et les adjoints

359 Selon l'article L. 2122-1 et 4 CGCT, le maire et les adjoints sont élus par le conseil municipal « parmi ses membres ». Mais dire que le maire et les adjoints sont élus parmi les membres du conseil municipal ne signifie pas pour autant que tous les membres de ce conseil soient éligibles à la fonction de maire ou d'adjoint. Il existe en effet des **inéligibilités** et des **incompatibilités** qui leur sont propres.

1) Inéligibilités

360 Pour le maire et les adjoints, il existe des inéligibilités spécifiques (Rappelons que l'inéligibilité empêche de se porter candidat).

Ainsi, nul ne peut être élu maire s'il n'est âgé de **dix-huit ans révolus** (art. L. 2122-4, al. 1, CGCT ; l'âge d'éligibilité à la fonction de maire a été ramené de vingt et un à dix-huit ans révolus, lors du vote de L. n° 2000-295, 5 avr. 2000 sur le cumul des mandats électoraux et fonctions exécutives, art. 7).

L'article LO. 2122-4-1 CGCT, créé par la loi organique n° 98-404 du 25 mai 1998, précise que « le conseiller municipal qui n'a **pas la nationalité française** ne peut être élu maire ou adjoint, ni en exercer même temporairement les fonctions » – cette disposition s'applique aux citoyens de l'Union européenne, qui n'ont pas la nationalité française, élus dans les conseils municipaux (art. 88-3, Const. 1958).

En outre, ne peut être élu maire (ou adjoint) un **maire** (ou un adjoint) **révoqué** et qui est frappé, pendant un an, d'inéligibilité sauf, si entre-temps, il y a eu un renouvellement général des conseils municipaux (art. L. 2122-16, al. 3, CGCT).

2) Incompatibilités

361 Rappelons que l'incompatibilité oblige à faire un choix entre une activité ou une fonction et l'exercice d'un mandat électoral.

– **Incompatibilités avec certaines activités professionnelles** :

L'article L. 2122-5 CGCT prévoit que « les **agents des administrations** ayant à connaître de la **comptabilité** communale, de l'assiette, du recouvrement ou du contrôle de tous impôts et taxes ne peuvent être maires ou adjoints, ni en exercer même temporairement les fonctions, dans toutes les communes qui, dans leur département de résidence administrative, sont situées dans le ressort de leur service d'affectation. »

L'article L. 2122-5-1 CGCT établit que « **l'activité de sapeur-pompier volontaire** est incompatible avec l'exercice, dans la même commune, des fonctions de maire dans une commune de 3 500 habitants et plus ou d'adjoint au maire dans une commune de plus de 5 000 habitants ».

On notera en outre l'article L. 2122-6 CGCT qui édicte la règle suivante : « Les **agents salariés du maire** ne peuvent être adjoints si cette activité salariée est directement liée à l'exercice du mandat de maire ».

- **Incompatibilités entre fonctions exécutives locales :**

Les fonctions de maire sont **incompatibles** avec l'exercice d'une des **fonctions électives** suivantes : président d'un conseil régional, président d'un conseil départemental.

Tout maire exerçant une fonction le plaçant dans une situation d'incompatibilité cesse de ce fait même d'exercer ses fonctions de maire. En cas de contestation, l'incompatibilité prend effet à compter de la date à laquelle la décision juridictionnelle confirmant l'élection devient définitive (art. L. 2122-4 CGCT).

Selon le Conseil constitutionnel (CC, décision n° 2000-426 DC du 30 mars 2000), il est « loisible au législateur de renforcer les incompatibilités entre fonctions électives, dès lors qu'il (estime) que le cumul de fonctions exécutives locales ne (permet) pas à leur titulaire de les exercer de façon satisfaisante ». Et de préciser que le principe de libre administration des collectivités territoriales « ne fait pas obstacle à ce que le législateur édicte une règle d'incompatibilité entre fonctions exécutives locales dans le but de favoriser leur plein exercice ».

Interdiction de cumul de fonctions exécutives locales et de mandats parlementaires

Textes : Loi organique n° 2014-125 du 14 février 2014 interdisant le cumul de fonctions exécutives locales avec le mandat de député ou de sénateur et Loi n° 2014-126 du 14 février 2014 interdisant le cumul de fonctions exécutives locales avec le mandat de représentant au Parlement européen

La nouvelle législation s'appliquera à compter du premier renouvellement de chaque assemblée suivant le 31 mars 2017. Les parlementaires ne pourront plus être maires, adjoints, présidents ou vice-présidents d'intercommunalité, de conseil départemental, de conseil régional ou d'un syndicat mixte. Prévoyante, la loi interdit le cumul avec « toute autre collectivité territoriale créée par la loi ».

Les parlementaires pourront en revanche continuer à être conseillers municipaux, départementaux ou régionaux.

Fin du libre choix du mandat : Les élus n'auront plus le libre choix du mandat auquel ils renoncent (c'est le cas avant la réforme). En effet, ils devront obligatoirement exercer leur dernier mandat en date. Cela sera valable également pour les élections européennes à partir de 2019. Fini, donc les candidats qui annoncent au préalable leur démission en cas d'élection.

Autre changement : lors de la démission d'un député ou d'un sénateur pour cause de cumul, il ne sera plus organisé une élection partielle. Le suppléant remplacera automatiquement le démissionnaire.

Pas de contournement de la loi : Afin d'éviter des contournements de la loi, sont interdites les délégations de fonctions exécutives à un conseiller municipal, départemental ou régional, par ailleurs député, sénateur ou député européen.

La **loi** entrant **en vigueur** à partir des scrutins suivant le 31 **mars 2017**, les sénateurs élus en 2014 y seront soumis.

b. Le président du conseil départemental

362 L'article L. 3122-3 CGCT prévoit l'**incompatibilité** suivante : « les fonctions de président de conseil départemental sont incompatibles avec l'exercice d'une des fonctions électives suivantes : président d'un conseil régional, maire ». Cette disposition précise que « tout président de conseil départemental exerçant une fonction le plaçant dans une situation d'incompatibilité cesse de ce fait même d'exercer ses fonctions de président de conseil départemental. En cas de contestation, l'incompatibilité prend effet à compter de la date à laquelle la décision juridictionnelle confirmant l'élection devient définitive. »

c. Le président du conseil régional

363 L'article L. 4133-3 du Code général des collectivités territoriales prévoit l'**incompatibilité** suivante : « les fonctions de président de conseil régional sont incompatibles avec l'exercice d'une des fonctions électives suivantes : président d'un conseil départemental, maire, le président du conseil de la métropole de Lyon ». Et il précise que « tout président de conseil régional exerçant une fonction le plaçant dans une situation d'incompatibilité cesse de ce fait même d'exercer ses fonctions de président de conseil régional. En cas de contestation, l'incompatibilité prend effet à compter de la date à laquelle la décision juridictionnelle confirmant l'élection devient définitive ».

3. L'élection de l'appareil de direction au scrutin majoritaire

364 L'élection des membres de l'appareil de direction des institutions administratives locales est généralement acquise au **scrutin majoritaire uninominal à trois tours (a)**. Ce principe admet une **dérogation dans un cas particulier (b)**.

a. Le principe

365 Le mode de scrutin pour l'élection du maire et des adjoints est fixé par les articles L. 2122-7 (le maire), L. 2122-7-1 (les adjoints dans les communes de moins de 1 000 habitants) et L. 2122-7-2 (les adjoints dans les communes de 1 000 habitants et plus) CGCT. Il dispose que le **maire** et les **adjoints** sont élus au **scrutin secret** (le scrutin se déroule à bulletins secrets, comme c'est en principe la règle lorsque le conseil municipal procède à des désignations, mais la séance est publique, encore que rien ne fasse obstacle, pour l'élection du maire et des adjoints, à ce que le conseil se réunisse à huis clos dans les conditions prévues pour ce type de réunion) et à la **majorité absolue.**

Mais, si après deux tours de scrutin, aucun candidat ou aucune liste (pour l'élection des adjoints dans les communes de 1 000 habitants et plus) n'a obtenu la majorité absolue, il est procédé à un troisième tour de scrutin et l'élection a lieu à la **majorité relative** (Dans les communes de 1 000 habitants et plus, l'élection du maire est, en principe, acquise dès le premier tour puisqu'une liste détient la majorité absolue au sein du conseil ; dans les communes de moins de 1 000 habitants l'élection ne nécessite plusieurs tours que si le conseil est très divisé et qu'aucune majorité ne se dégage pour cette élection ; dans ce cas, un maire élu au troisième tour par une majorité relative peut se retrouver dans une situation moins confortable). En cas d'égalité de suffrages, le plus âgé est déclaré élu (dans les communes de 1 000 habitants et plus, en cas d'égalité de suffrages, ce sont les candidats de la liste ayant la moyenne d'âge la plus élevée qui sont élus). En l'espèce, aucun acte de candidature n'est exigé, donc il n'est pas nécessaire d'avoir été candidat aux deux premiers tours pour l'être au troisième.

Ce mode de scrutin est aussi celui utilisé pour l'élection du **président du conseil départemental** (art. L. 3122-1, al. 4, CGCT) et **du conseil régional** (art. L. 4133-1, al. 4, CGCT ; sur l'obligation particulière d'une déclaration écrite au conseil régional, *cf.* art. L. 4133-1, *in fine*, CGCT : « Nul ne peut être élu président s'il n'a, préalablement à chaque tour de scrutin, remis aux membres du conseil régional, par l'intermédiaire du doyen d'âge, une déclaration écrite présentant les grandes orientations politiques, économiques et sociales de son action pour la durée de son mandat »).

Toutefois, pour l'élection du maire et des adjoints, les majorités requises – absolue ou relative – semblent devoir être calculées par rapport au nombre de suffrages exprimés, faute d'autres précisions dans le texte de référence (CE, 7 mars 1980, *Élection maire et adjoint Brignoles*, n° 16577). En revanche, pour l'**élection du président du conseil départemental et du président du conseil régional**, il est expressément ajouté que ces majorités se calculent à partir « des membres du conseil ». Pour ces dernières élections, le calcul de la majorité se fait donc par rapport au nombre total des membres en exercice du conseil concerné, et non pas seulement par rapport au nombre des votants ou des présents et représentés. Ces exigences tendent vers un même objectif : donner aux élus une assise démocratique et représentative et éviter une élection au rabais.

b. La dérogation

366 Il s'agit d'une dérogation de portée limitée. Elle concerne l'**élection des membres de la commission permanente du conseil départemental et du conseil régional autres que le président de ces assemblées**. Le dispositif, qui est proche dans les deux cas (v. art. L. 3122-5 et L. 4133-5 CGCT), doit permettre d'assurer la représentation des minorités, mais sans nuire à la constitution d'une équipe politiquement homogène.

Les membres de la commission permanente autres que le président sont élus au **scrutin de liste**. Chaque conseiller (ou « chaque groupe de conseillers », est-il ajouté pour le conseil régional) peut présenter une liste de candidats, qui doit être composée alternativement d'un candidat de chaque sexe (pour le conseil régional, il est précisé : « Un groupe de conseillers qui ne dispose pas de membres de chaque sexe en nombre suffisant peut compléter sa liste par des candidats de même sexe »). Le dispositif se présente comme suit :

Les listes sont déposées auprès du président dans l'heure qui suit la décision du conseil relative à la composition de la commission permanente. Si, à l'expiration de ce délai, une seule liste a été déposée, les différents sièges de la commission permanente sont alors pourvus immédiatement dans l'ordre de la liste et il en est donné lecture par le président.

Dans le cas contraire, le conseil procède d'abord à l'**élection de la commission permanente**, à la **représentation proportionnelle** à la plus forte moyenne, sans panachage ni vote préférentiel. Les sièges sont attribués aux candidats dans l'ordre de présentation sur chaque liste. Si plusieurs listes ont la même moyenne pour l'attribution du dernier siège, celui-ci revient à la liste qui a obtenu le plus grand nombre de suffrages. En cas d'égalité de suffrages, le siège est attribué au plus âgé des candidats susceptibles d'être proclamés élus. Si le nombre de candidats figurant sur une liste est inférieur au nombre de sièges qui lui reviennent, le ou les sièges non pourvus sont attribués à la ou aux plus fortes moyennes suivantes.

Après la répartition des sièges de la commission permanente, le conseil procède à l'**élection des vice-présidents** au **scrutin de liste** à la **majorité absolue**, sans panachage ni vote préférentiel. Sur chacune des listes, l'écart entre le nombre des candidats de chaque sexe ne peut être supérieur à un. Si, après deux tours de scrutin, aucune liste n'a obtenu la majorité absolue, il est procédé à un troisième tour de scrutin et l'élection a lieu à la **majorité relative**. En cas d'égalité de suffrages, les candidats de la liste ayant la moyenne d'âge la plus élevée sont élus.

§ 2. La consultation du public

367 Il faut bien se rendre à l'évidence : en dehors des périodes électorales, la participation des citoyens aux affaires locales reste souvent assez médiocre. L'histoire du système local en France permet d'en comprendre l'une des raisons. En effet, sa construction s'est faite au cours du XIXe siècle dans le cadre du régime représentatif. En l'espèce, les autorités locales disposent d'un mandat représentatif et n'ont donc aucun compte à rendre aux citoyens dans

l'intervalle des élections. Leur liberté d'action est ainsi complète vis-à-vis d'eux. Ce mécanisme vise à assurer la stabilité du système, que renforce en outre la longueur du mandat des élus.

Puis, **sous la Ve République**, on a assisté au timide développement d'**autres formes de participation que des élections périodiques**. Cette évolution n'est pas sans lien avec l'établissement de procédés de démocratie semi-directe au niveau national, comme avec le référendum sur l'organisation des pouvoirs publics de l'article 11 de la Constitution. Mais responsables nationaux et élus locaux ont manifesté une grande méfiance à l'égard d'un tel bouleversement de la tradition politique, leur position étant confortée par une certaine indifférence de la population elle-même voire par le risque de désaveu. Pour les consultations locales organisées par les collectivités territoriales, en particulier les communes, elles ont longtemps été annulées par le juge administratif, qui considérait qu'en transférant aux électeurs leur responsabilité pour régler les affaires de leur collectivité, les assemblées délibérantes prenaient, en l'absence de base légale, des décisions illégales pour incompétence négative (Arguant du fait qu'il résultait de l'article 72 de la Constitution que les collectivités locales s'administrent librement par des « conseils élus », il était admis que si le vote d'un conseil municipal était susceptible d'être précédé d'une consultation du public, celle-ci ne pouvait être qu'une demande d'avis ; v. M. Verpeaux, « Le "référendum local" et la Constitution », in *Cah. Cons. const.*, n° 12, 2002).

Le **principe de la participation des citoyens à la vie locale** a fini par être explicitement posé avec la **loi n° 82-213 du 2 mars 1982** relative aux droits et libertés des communes, des départements et des régions, dont l'article premier disposait que des lois ultérieures viendront préciser « le développement de la participation des citoyens ».

Mais ce n'est que **dix ans plus tard**, avec la **loi n° 92-125 du 6 février 1992** relative à l'administration territoriale de la République, que fut autorisée la **consultation des électeurs sur toutes les décisions prises par les autorités municipales pour régler les affaires de la compétence de la commune**. L'initiative de cette consultation devait relever d'une proposition du maire, d'une demande écrite de la moitié des conseillers municipaux dans les communes de moins de 3 500 habitants ou du tiers des conseillers municipaux dans les communes de 3 500 habitants et plus.

Trois ans plus tard, la **loi n° 95-115 du 4 février 1995** d'orientation pour l'aménagement et le développement du territoire introduisit deux innovations majeures : d'une part, elle donna aux **établissements publics de coopération intercommunale** la faculté de consulter les électeurs de leurs communes membres sur les affaires relevant de leur compétence en matière d'**aménagement** ; d'autre part, elle posa le principe de l'initiative populaire, en permettant à un cinquième des électeurs inscrits sur les listes électorales de demander au conseil municipal ou à l'organe délibérant d'un établissement public de coopération intercommunale d'organiser une consultation sur une **opération d'aménagement** relevant de sa compétence. Cependant, dans tous les cas, les résultats de la consultation revêtent la valeur d'un **simple avis.**

En fait, le **recours aux consultations locales** est resté très **encadré**. Ainsi, aucune consultation ne pouvait avoir lieu à partir du 1er janvier de l'année civile qui précède l'année du renouvellement général des conseils municipaux ni durant les campagnes électorales précédant les élections au suffrage universel direct ou indirect. De plus, deux consultations portant sur un même objet ne pouvaient intervenir dans un délai inférieur à deux ans, et un délai d'un an devait s'écouler entre deux consultations. Aussi les consultations locales restèrent-elles **peu nombreuses** (près d'une centaine de consultations auraient été organisées entre 1995 et 1999).

C'est alors qu'à l'occasion de son discours prononcé à Rouen le 10 avril 2002, le président de la République, M. Jacques Chirac, candidat à sa propre réélection, s'exprima en ces termes : « La Constitution doit renforcer le rôle des citoyens en prévoyant l'institution du référendum local. Il est normal et souhaitable que les citoyens, à l'initiative de leurs élus, puissent faire directement, eux-mêmes, les grands choix qui commandent l'évolution de leur cadre de vie, les infrastructures, les aménagements et les politiques locales. Je sais qu'il faudra faire en sorte que tout ceci ne risque pas de paralyser l'action des municipalités, bien entendu, mais il faut redonner un souffle également à tout ce qui vient des citoyennes et des citoyens, d'une commune ou d'une région ou d'un département ». L'année suivante, la **loi constitutionnelle n° 2003-276 du 28 mars 2003** relative à l'organisation décentralisée de la République permit notamment de donner aux collectivités territoriales la faculté de soumettre à la décision de leurs électeurs, par la voie du référendum, les projets de délibération ou d'acte relevant de leur compétence, tout en confiant à une loi organique le soin d'en déterminer les conditions de mise en œuvre.

Mais ne nous leurrons pas : si les procédés destinés à permettre à la population de participer plus activement à la vie locale sont aujourd'hui assez diversifiés dans leur objet, leur encadrement juridique demeure strict, ce qui les rend peu propices pour aboutir à un tel résultat. Un tableau général de la situation fait apparaître **deux principaux types d'instruments**, les uns étant à l'initiative des autorités nationales (**A**), les autres des autorités locales (**B**).

A. Les instruments à l'initiative des autorités nationales

368 Plusieurs **dispositions de la Constitution** prévoient des **consultations locales** à l'initiative des **autorités nationales**. Ces consultations peuvent être décisionnelles dans certains cas. On mentionnera les exemples suivants :

– **La consultation des « populations intéressées » en cas de cession, échange ou adjonction de territoire.** Selon le dernier alinéa de **l'article 53 de la Constitution de 1958** « nulle cession, nul échange, nulle adjonction de territoire n'est valable sans le consentement des populations intéressées ». Dans une décision du 30 décembre 1975, le Conseil constitutionnel a jugé que « les dispositions de cet article doivent être interprétées comme étant applicables, non seulement dans l'hypothèse où la France céderait à un État étranger ou bien acquerrait de celui-ci un territoire, mais aussi dans l'hypothèse où un territoire cesserait d'appartenir à la

République pour constituer un État indépendant ou y être rattaché » (CC, décision n° 75-59 DC du 30 déc. 1975, *Loi relative aux conséquences de l'autodétermination des îles des Comores*).

À noter : En l'espèce, une loi du 23 novembre 1974 organisa une consultation d'autodétermination des populations des Comores, en prévoyant la consultation « des populations » et non « de la population », afin de permettre un décompte des suffrages île par île ; le scrutin qui eut lieu fin décembre de la même année aboutit à une quasi-unanimité en faveur de l'indépendance dans les îles de la Grande Comore, d'Anjouan et de Mohéli (94,56 %), tandis que la population de Mayotte se prononça à une majorité de 63,82 % en faveur du maintien dans la République française ; la loi du 31 décembre 1975 relative aux conséquences de l'autodétermination des îles des Comores (validée par le Conseil constitutionnel dans sa décision précitée) mit fin à l'appartenance à la République française des îles de Grande Comore, d'Anjouan et de Mohéli et organisa deux consultations à Mayotte, la première pour demander à ses habitants s'ils entendaient rester Français (le maintien de Mayotte dans la République fut ainsi adopté à la quasi-unanimité) et la seconde pour les inviter à déterminer leur statut au sein de la République (le projet de départementalisation n'aboutit qu'au début de la décennie des années 2010).

- Lorsqu'il est envisagé de **créer une collectivité territoriale dotée d'un statut particulier** ou de **modifier son organisation**, le dernier alinéa de **l'article 72-1 de la Constitution de 1958** permet à la loi d'organiser une **consultation des « électeurs inscrits dans les collectivités intéressées »**.

À noter : Sur ce fondement, est intervenue la loi n° 2003-486 du 10 juin 2003 organisant une consultation des électeurs de Corse sur la modification de l'organisation institutionnelle de la Corse. Le projet de statut consistait à substituer une collectivité territoriale unique, subdivisée en deux conseils territoriaux dépourvus de la personnalité morale, à la collectivité territoriale de Corse et aux deux départements de Haute-Corse et de Corse-du-Sud. Le scrutin organisé le 6 juillet 2003 a été négatif : 51 % des électeurs de l'île se prononçant contre le projet de statut. Si ce résultat revêtait la valeur d'un simple avis, le gouvernement a néanmoins aussitôt indiqué qu'il en tiendrait compte.

- **La modification des limites des collectivités territoriales** peut également donner lieu à la **consultation des électeurs** dans les **conditions prévues par la loi**, selon le **dernier alinéa de l'article 72-1 de la Constitution**. On constate que la **loi n° 2015-29 du 16 janvier 2015** relative à la délimitation des régions, aux élections régionales et départementales et modifiant le calendrier électoral, qui a procédé à un **important redécoupage**

de certaines régions métropolitaines par regroupement de plusieurs d'entre elles, est intervenue sans consultation préalable des électeurs. Citant la dernière phrase du dernier alinéa de l'article 72-1 de la Constitution, le **Conseil constitutionnel** a jugé lors de l'examen de cette loi dans le cadre de son contrôle *a priori* « que ni ces dispositions ni aucune autre exigence constitutionnelle n'imposent la consultation des collectivités territoriales préalablement au dépôt d'un projet ou à l'adoption d'une loi modifiant leurs délimitations territoriales » (CC, **déc. n° 2014-709 DC du 15 janv. 2015**). Par cette rédaction, le Conseil constitutionnel a également refusé de reconnaître l'existence d'un principe fondamental reconnu par les lois de la République imposant la consultation préalable des collectivités territoriales (consid. n° 5, déc. préc.), ce que l'on comprend car la faculté de consultation des électeurs prévue par le texte ne saurait permettre de consacrer un quelconque principe de consultation obligatoire. Quant à la critique concernant la méconnaissance des stipulations de la Charte européenne de l'autonomie locale, elle a été évacuée par le Conseil constitutionnel qui a rappelé sa jurisprudence constante sur le sujet : « il n'appartient pas au Conseil constitutionnel, saisi en application de l'article 61 de la Constitution, d'examiner la conformité d'une loi aux stipulations d'un traité ou d'un accord international » (consid. n° 4, déc. préc.).

À noter : Le Conseil constitutionnel a jugé que la dernière phrase du troisième alinéa de l'article 72-1 de la Constitution, selon laquelle « La modification des limites des collectivités territoriales peut (...) donner lieu à la consultation des électeurs dans les conditions prévues par la loi » constitue une « habilitation donnée au législateur », laquelle « n'institue pas un droit ou une liberté qui puisse être invoqué à l'appui d'une question prioritaire de constitutionnalité sur le fondement de l'article 61-1 de la Constitution » ; CC, décision n° 2010-12 QPC du 2 juillet 2010, Commune de Dunkerque [Fusion de communes].

– **Outre-mer.** Depuis la réforme constitutionnelle du 28 mars 2003, **l'article 72-4, alinéa 2, de la Constitution** prévoit que « le président de la République, sur proposition du gouvernement pendant la durée des sessions ou sur proposition conjointe des deux assemblées, publiées au Journal officiel, peut décider de **consulter**

les électeurs d'une collectivité territoriale située outre-mer sur une question relative à son organisation, à ses compétences ou à son régime législatif».

Exemple. Le **référendum sur la départementalisation de Mayotte du 29 mars 2009** est entré dans ce cadre. La question à laquelle les électeurs devaient répondre était : « Approuvez-vous la transformation de Mayotte en une collectivité unique appelée « Département », régie par l'article 73 de la Constitution, exerçant les compétences dévolues aux départements et aux régions d'outre-mer ? ». Le « oui » l'a emporté avec 95 % des suffrages exprimés, le taux de participation ayant été de 61 %.

Par ailleurs, selon le **premier alinéa de l'article 72-4 de la Constitution**, « aucun **changement**, pour tout ou partie de l'une des collectivités mentionnées au deuxième alinéa de l'article 72-3, **de l'un vers l'autre des régimes prévus par les articles 73 et 74**, ne peut intervenir sans que le **consentement des électeurs** de la collectivité ou de la partie de collectivité intéressée ait été préalablement recueilli (...) » (l'art. 72-3 concerne la Guadeloupe, la Guyane, la Martinique, La Réunion, Mayotte, Saint-Barthélemy, Saint-Martin, Saint-Pierre-et-Miquelon, les îles Wallis et Futuna et la Polynésie française ; l'art. 73 concerne l'outre-mer soumis au principe de l'assimilation législative ; l'art. 74 vise l'outre-mer soumis au principe de la spécialité législative).

Exemple. Le **10 janvier 2010**, une consultation entrant dans ce cadre fut organisée en Guyane et en Martinique afin de leur proposer une autonomie, en passant sous le statut de collectivité d'outre-mer au lieu de celui du département et de la région.

Guyane. À la question : « Approuvez-vous la transformation de la Guyane en une collectivité d'outre-mer régie par l'article 74 de la Constitution, dotée d'une organisation particulière tenant compte de ses intérêts propres au sein de la République ? », il fut répondu « non » par 70 % des suffrages exprimés, mais avec une abstention très forte (51,8 % des inscrits).

Martinique. À une question comparable, il fut répondu également négativement (78,8 % des suffrages exprimés ; avec une abstention de 44, 6 % des inscrits).

Par ailleurs, le **dernier alinéa de l'article 73 de la Constitution** dispose que « la **création par la loi d'une collectivité se substituant à un département et une région d'outre-mer ou l'institution d'une assemblée délibérante unique pour ces deux collectivités** ne peut intervenir sans qu'ait été recueilli, selon les formes prévues au second alinéa de l'article 72-4 (préc.), le **consentement des électeurs** inscrits dans le ressort de ces collectivités ».

Exemple. Le 24 janvier 2010, la Guyane et la Martinique furent à nouveau consultées après la réponse négative donnée le 10 janvier précédent (voir ci-dessus). Cette fois-ci le cadre juridique était celui du dernier alinéa de l'article 73 de la Constitution.

Guyane. À la question : « Approuvez-vous la création en Guyane d'une collectivité unique exerçant les compétences dévolues au département et à la région tout en demeurant régie par l'article 73 de la Constitution ? », il fut répondu « oui » par 57 % des suffrages exprimés (mais une abstention de 72,5 % des inscrits).

Martinique. À la même question, il fut répondu également « **oui** » par 68 % des suffrages exprimés (et également une abstention importante : 64 % des inscrits).

B. Les instruments à l'initiative des autorités locales

369 Au titre de la participation des électeurs aux décisions locales décidée par les autorités des collectivités concernées, le code général des collectivités territoriales fait état du « **référendum local** » (art. LO 1112-1 à 14 CGCT) et de la « **consultation des électeurs** » (art. L. 1112-15 à 22 CGCT). La pratique n'offre toutefois en France rien de comparable par exemple à la Suisse. Parce que le système de démocratie locale est dans l'Hexagone d'abord de nature représentative, on note une assez grande réticence de la part des élus locaux pour donner voix au chapitre à leurs concitoyens entre deux élections. De plus, les sujets environnementaux qui pourraient être traités par cette voie ne le sont pas ou peu car ils débordent de leur cadre d'origine en acquérant souvent les caractéristiques d'enjeux nationaux voire internationaux – que l'on songe par exemple à la construction d'un barrage ou d'un aéroport. De façon générale un problème local qui représente un enjeu de société au-delà du lieu qui l'a vu naître pose à son tour la question de savoir si les habitants dudit lieu sont bien les seuls à devoir le trancher. Le référendum local et la consultation n'apparaissent donc pas nécessairement comme des techniques parfaitement opportunes. On le voit, des limites sérieuses peuvent ainsi contribuer à en faire un usage parcimonieux. Le dispositif

juridique applicable, que nous allons présenter, n'incite peut-être pas non plus à en favoriser le recours tant son encadrement semble contraignant par certains aspects.

1. Le référendum local

370 L'article 72-1, alinéa 2, de la **Constitution de 1958** ouvre aux collectivités territoriales la faculté d'organiser, dans des conditions déterminées par une loi organique, des **référendums locaux** sur des projets de délibération ou d'acte relevant de leur compétence (v. égal. L. org. n° 2003-705, 1er août 2003 relative au référendum local ; CC, déc. n° 2003-482 DC du 30 juill. 2003, *L. org. relative au référendum local* ; D. n° 2005-433, 4 mai 2005, complétant les dispositions des articles LO 1112-1 à LO 1112-14 CGCT relatives au référendum local). Les deux innovations introduites à ce sujet par la **révision constitutionnelle du 28 mars 2003** ont tenu :

- d'une part, à l'**extension aux départements, régions, collectivités à statut particulier et collectivités d'outre-mer** régies par le principe de spécialité législative de la faculté d'organiser un référendum (les **groupements de collectivités territoriales**, en particulier les établissements publics de coopération intercommunale à fiscalité propre, ne peuvent en revanche recourir à ce type de référendum ; ils conservent néanmoins la faculté d'organiser des consultations locales : elles ont d'abord été limitées aux opérations d'aménagement, puis étendues à compter du 1er janvier 2005 à l'ensemble des décisions que l'organe délibérant ou le président de l'établissement sont appelés à prendre pour régler les affaires de la compétence de cet établissement ; art. L. 5211-49 CGCT) ;

- d'autre part, à la **valeur décisionnelle** des résultats du scrutin.

a. Le recours au référendum

371 **La décision de soumettre un projet à référendum appartient à l'assemblée délibérante ; mais l'initiative est partagée entre l'assemblée délibérante et l'exécutif.** En effet, selon l'article LO 1112-1 CGCT, l'assemblée délibérante d'une collectivité territoriale a compétence pour soumettre à référendum local « tout

projet de délibération tendant à régler une affaire de la compétence de cette collectivité », tandis que, selon l'article LO 1112-2 CGCT, il appartient au seul exécutif de la collectivité concernée de proposer à l'assemblée délibérante de cette collectivité de soumettre à référendum local « tout projet d'acte relevant des attributions qu'il exerce au nom de la collectivité » – à l'exception toutefois des projets d'acte individuel [s'agissant de cette réserve, le Conseil constitutionnel a jugé « qu'il résulte des débats parlementaires sur la révision constitutionnelle du 28 mars 2003 que le législateur organique, en excluant les actes individuels du champ du référendum local, en raison tant du régime juridique particulier de tels actes que du risque d'atteinte aux droits individuels que leur adoption par référendum pourrait comporter, n'a pas méconnu les limites de l'habilitation conférée par la Constitution » (CC, déc. n° 2003-482 DC du 30 juill. 2003, préc. ; égal. TA Limoges, 25 sept. 2006, *Floret*, *AJDA* 2007, p. 85, note M. Verpeaux]. S'agissant des **électeurs**, en revanche, ils n'ont pas de droit d'initiative en la matière, sauf à exercer leur droit de pétition afin de demander à l'assemblée délibérante d'y recourir, mais sans être assurés que cette demande sera nécessairement débattue en séance.

b. L'organisation du scrutin

372 **Les pouvoirs de l'assemblée délibérante en matière d'organisation du scrutin.** Selon l'article LO 1112-3 CGCT, l'assemblée délibérante de la collectivité territoriale, par la même délibération que celle décidant de soumettre à référendum un projet de délibération ou d'acte, détermine les modalités d'organisation du référendum local, fixe le jour du scrutin, convoque les électeurs et précise le projet d'acte ou de délibération soumis à l'approbation des électeurs.

1) Une liberté encadrée

373 **La détermination du jour du scrutin.** Comme cela ressort de l'article LO 1112-3 CGCT, un délai de deux mois au moins doit être prévu entre la transmission au préfet de la délibération décidant d'organiser le référendum et le jour du scrutin.

L'organisation matérielle du scrutin est confiée aux communes, quelle que soit la collectivité ayant décidé de recourir

au référendum. En effet, selon l'article LO 1112-4, alinéa 2, CGCT : « les maires organisent le scrutin ». Que se passe-t-il si un maire refuse de procéder à cette organisation ? Le représentant de l'État, après l'en avoir requis, y procédera d'office.

Les conditions de prise en charge des dépenses liées à l'organisation du référendum. Elles sont déterminées par l'article LO 1112-5 CGCT dont il ressort que « les dépenses liées à l'organisation du référendum constituent une dépense obligatoire de la collectivité territoriale qui l'a décidée ». À ce titre, ces dépenses seraient susceptibles d'être inscrites au budget de la collectivité en cause, puis mandatées d'office par le représentant de l'État en cas de carence. Il est également précisé que « les dépenses résultant des assemblées électorales tenues dans les communes pour l'organisation d'un référendum décidé par une autre collectivité territoriale leur sont remboursées par cette collectivité de manière forfaitaire, au moyen d'une dotation calculée en fonction du nombre des électeurs inscrits dans la commune et du nombre des bureaux de vote qui y sont installés. Les tarifs de cette dotation sont fixés par décret ».

2) Périodes d'interdiction

374 L'article LO 1112-6 CGCT interdit tout d'abord l'organisation d'un référendum les jours de certains scrutins dont il fixe la liste, ainsi que pendant une période précédant ces scrutins.

C'est ainsi que :

- une collectivité territoriale ne peut organiser de référendum local :

1° à compter du premier jour du sixième mois précédant celui au cours duquel il doit être procédé au renouvellement général ou au renouvellement d'une série des membres de son assemblée délibérante ;

2° pendant la campagne ou le jour du scrutin prévus pour des consultations organisées dans son ressort sur le fondement du dernier alinéa de l'article 72-1, de l'article 72-4 et du dernier alinéa de l'article 73 de la Constitution ;

- de même, aucune collectivité territoriale ne peut organiser de référendum local pendant la campagne ou les jours du scrutin prévus pour :

1° le renouvellement général ou le renouvellement d'une série des membres des assemblées délibérantes des collectivités territoriales ;

2° le renouvellement général des députés ;

3° le renouvellement de chacune des séries des sénateurs ;

4° l'élection des membres du Parlement européen ;

5° l'élection du président de la République ;

6° un référendum décidé par le président de la République.

L'article LO 1112-6 CGCT exclut également l'organisation d'un référendum en cas de dissolution de l'assemblée délibérante de la collectivité territoriale l'ayant décidé, de démission de tous ses membres ou d'annulation définitive de leur élection.

Enfin, l'article LO 1112-6 CGCT exclut l'organisation de plusieurs référendums locaux portant sur un même objet dans un délai inférieur à un an.

Et pour que les choses soient claires, l'article LO 1112-6 CGCT précise que « la délibération organisant un référendum local devient caduque dans les cas prévus au présent article ».

3) Campagne électorale

375 **Durée.** La campagne en vue du référendum local est ouverte le deuxième lundi précédant le scrutin à zéro heure. Elle est close la veille du scrutin à minuit (art. LO 1112-9 CGCT).

Organisation. La campagne est organisée par la collectivité territoriale ayant décidé de recourir au référendum local.

Modalités d'habilitation des partis et groupements politiques à participer à la campagne. Avec un luxe de détails impressionnant, l'article LO 1112-10 CGCT précise ce point. On épargnera donc le lecteur auquel on conseillera de se reporter directement à ladite disposition s'il souhaite en savoir davantage.

4) Électeurs autorisés à participer au scrutin

376 Aux termes de l'article **LO 1112-11 CGCT,** « seuls peuvent participer au scrutin les électeurs de nationalité française inscrits, dans les conditions prévues par les articles L. 30 à L. 40 du code électoral, sur les listes électorales de la collectivité territoriale ayant décidé d'organiser le référendum et, pour un référendum local décidé par une commune, les ressortissants d'un État membre de l'Union européenne inscrits, dans les conditions prévues aux articles LO 227-1 à LO 227-5 du même code, sur les listes électorales complémentaires établies pour les élections municipales ». Ainsi, on observe, d'une part, que **seuls peuvent participer au scrutin les électeurs de la collectivité territoriale et non ses habitants** ; d'autre part, les **ressortissants des États membres de l'Union européenne n'ont la possibilité de participer qu'aux seuls référendums organisés par les communes**, dans la mesure

où ils se sont vu reconnaître le droit de vote et d'éligibilité aux élections municipales en application de l'article 88-3 de la Constitution.

5) Conditions d'adoption du projet de délibération ou d'acte

377 Selon l'article LO 1112-7 CGCT, « le projet soumis à référendum local est adopté si la moitié au moins des électeurs inscrits a pris part au scrutin et s'il réunit la majorité des suffrages exprimés ». Ce seuil de 50 % des inscrits pouvant être difficile à atteindre n'incite-t-il pas à renoncer d'avance à recourir à cette procédure ?

Ensuite, le texte adopté par voie de référendum doit être soumis aux règles de publicité et de contrôle applicables à une délibération de l'assemblée délibérante de la collectivité ou à un acte de son exécutif.

c. Le contrôle de légalité

378 Trois types de contrôle sont possibles : une procédure de déféré préfectoral destinée à empêcher l'organisation d'un référendum illégal ; un contrôle de la légalité du texte adopté par les électeurs et un contrôle de la régularité du scrutin.

1) Procédure de déféré préfectoral destinée à empêcher l'organisation d'un référendum illégal

379 Selon l'article LO 1112-3 CGCT, l'exécutif de la collectivité territoriale doit transmettre au représentant de l'État dans un délai maximum de huit jours la délibération relative au référendum (délibération relative au projet soumis à référendum et qui en détermine les modalités d'organisation). Ensuite, le représentant de l'État dispose d'un délai de dix jours à compter de la réception de la délibération pour la déférer au tribunal administratif s'il l'estime illégale. Il peut alors assortir son recours d'une demande de suspension.

Le président du tribunal administratif ou le magistrat délégué par lui statue dans un délai d'un mois, en premier et dernier ressort, sur la demande de suspension. Il est fait droit à cette demande si l'un des moyens invoqués paraît, en l'état de l'instruction, propre à créer un doute sérieux quant à la légalité de l'acte attaqué ou du projet de délibération ou d'acte soumis à référendum (on le voit, le juge peut donc examiner aussi bien la légalité de la délibération organisant le scrutin que la légalité du projet d'acte ou de délibération soumis à référendum).

Lorsque la délibération organisant le référendum local ou le projet de délibération ou d'acte soumis à référendum est de nature à compromettre l'exercice d'une liberté publique ou individuelle, le président du tribunal administratif ou le magistrat délégué par lui en prononce la suspension dans les quarante-huit heures.

2) Contrôle de la légalité du texte adopté par référendum

380 L'article LO 1112-7, alinéa 2, CGCT ayant précisé que « le texte adopté par voie de référendum est soumis aux règles de publicité et de contrôle applicables à une délibération de l'assemblée délibérante de la collectivité ou à un acte de son exécutif », faut-il convenir qu'il n'a pas à être soumis à l'obligation de transmission au représentant de l'État (pour un avis contraire, v. P. Delvolvé, « Le référendum local », *RFD adm.* 2004, p. 16) ? Un contrôle de légalité reste en tout cas possible, soit sous la forme d'un déféré préfectoral, soit sous celle d'un recours pour excès de pouvoir dans les conditions de droit commun. Toutefois, l'aménagement d'un contentieux référendaire distinct du contentieux propre au contrôle de la décision oblige à écarter des irrégularités pouvant être invoquées à l'encontre de la décision adoptée celles qui tiennent aux opérations de référendum.

3) Contrôle de la régularité du scrutin

381 Selon l'article LO 1112-14 CGCT, « la régularité du référendum local peut être contestée dans les conditions, formes et délais prescrits pour les réclamations contre l'élection des membres de l'assemblée délibérante de la collectivité territoriale ayant décidé de l'organiser ». Le contentieux référendaire est donc le même que le contentieux électoral local. Ainsi, la juridiction compétente sera le tribunal administratif en premier ressort et le conseil d'État en appel s'il s'agit d'un référendum communal ou départemental. Ce sera le Conseil d'État en premier et dernier ressort s'il s'agit d'un référendum régional. De plus, les délais de recours seront plus courts que dans le contentieux général (cinq jours pour les électeurs et quinze jours pour le préfet s'il s'agit de référendums départementaux et communaux : art. R. 113 et R. 119 C. élect. ; dix jours en cas de référendums régionaux : art. L. 361 C. élect.).

Enfin, les pouvoirs du juge sont ici plus larges, puisqu'il peut procéder aussi bien à la réformation des résultats qu'à leur annulation.

Biblio. somm. : P. Delvolvé, « Le référendum local », *RFD adm.* 2004, p. 7 ; J.-P. Duprat, « La prudente avancée du référendum local dans la loi organique du 1er août 2003 », *AJDA* 2003, p. 1862 ; M. Verpeaux, « Référendum local, consultations locales et Constitution », *AJDA* 2003, p. 540.

2. La consultation des électeurs

382 Les articles L. 1112-15 à L. 1112-22 CGCT reprennent, sous réserve d'adaptations, les dispositions antérieurement applicables aux consultations des électeurs organisées dans les communes (anciens art. L. 2142-1 à 8 CGCT abrogés à compter du 1er janv. 2005). Mais cette fois-ci, le champ des consultations locales est élargi, puisque désormais toutes les collectivités territoriales, et non plus seulement les communes, peuvent organiser de telles consultations, étant entendu que celles-ci sont susceptibles alors d'être organisées sur tout ou partie du territoire de la collectivité concernée.

- **Objet des consultations locales.** Ces consultations peuvent porter sur toute décision relevant de la compétence de la collectivité territoriale, qu'il s'agisse d'une décision de l'exécutif ou de l'assemblée délibérante, d'un projet d'acte individuel ou réglementaire (art. L. 1112-15 CGCT). Le champ est vaste mais pas illimité. Sous cet aspect, la jurisprudence administrative qui prévalait antérieurement reste d'actualité.

Ainsi, par exemple, il a été jugé que les compétences du maire agissant au nom de l'État sont exclues du champ des consultations locales (CE, Sect., 29 déc. 1995, *Geniteau*, n° 154028 : les décisions des autorités municipales sur lesquelles les électeurs de la commune peuvent être consultés sont celles qui relèvent soit de la compétence du conseil municipal, soit des compétences propres du maire agissant au nom de la commune). De même, est illégale une consultation relative au principe du maintien sur le territoire national de populations étrangères, matière qui relève de la compétence de l'État en vertu de l'ordonnance du 2 novembre 1945 modifiée, relative aux conditions d'entrée et de séjour des étrangers en France (CE, 16 nov. 1994, *Cne Awala-Yalimapo*, n° 148995). Est également illégale la consultation des électeurs d'une commune sur l'opportunité d'un projet d'autoroute ne relevant pas de sa compétence, alors même qu'un tel projet pourrait avoir des conséquences sur des affaires relevant de la compétence de la commune (CE, 16 déc. 1994, *Cne Avrillé*, n° 146832).

– **Périodes d'interdiction des consultations locales.** En l'espèce, les dispositions de l'article LO 1112-6 CGCT sur le référendum local sont applicables à la consultation des électeurs (v. ss 374). Il est ajouté que pendant le délai d'un an à compter de la tenue d'un référendum local ou d'une consultation des électeurs à l'initiative d'une collectivité territoriale, celle-ci ne peut organiser une autre consultation portant sur le même objet. Ainsi, curieusement, en combinant ces dispositions avec celles de l'article LO 1112-6 CGCT, qui interdisent à une collectivité territoriale d'organiser plusieurs référendums locaux portant sur un même objet dans un délai inférieur à un an, un référendum pourrait donc être organisé moins d'un an après la tenue d'une consultation ayant le même objet, mais non l'inverse.

– **Initiative populaire.** Selon l'article L. 1112-16 CGCT, consacré à l'initiative populaire et au droit de pétition, les électeurs d'une collectivité territoriale ont la faculté de demander à son assemblée délibérante d'organiser une consultation « sur toute affaire relevant de la décision de cette assemblée ». Cette précision a pour effet d'exclure du dispositif les décisions relevant de la compétence de l'exécutif.

Seuils requis. Dans les communes, la demande doit émaner du cinquième des électeurs inscrits sur les listes électorales et du dixième des électeurs dans les autres collectivités territoriales, chaque électeur ne pouvant adresser qu'une seule demande par an à une même collectivité.

Enfin, conformément au premier alinéa l'article 72-1 de la Constitution, qui reconnaît aux électeurs le droit de demander mais non d'obtenir l'inscription à l'ordre du jour de l'assemblée délibérante de leur collectivité d'une question relevant de sa compétence, l'article L. 1112-16, *in fine*, CGCT rappelle que « la décision d'organiser la consultation appartient à l'assemblée délibérante de la collectivité territoriale ».

– L'assemblée délibérante reprend la main après une initiative populaire. Le dernier mot lui appartient. Autrement dit, l'assemblée compétente n'est pas tenue de donner suite à une demande de consultation émanant d'une partie de la population (par le passé, le juge avait toutefois exigé que la délibération soit motivée, quitte à ne procéder ici qu'à un contrôle restreint des motifs ; v. TA Versailles, 23 oct. 2001, *Assoc. Les Amis de la terre du val d'Ysieux*, *AJDA* 2002, p. 45, note Y. Jegouzo). Si l'assemblée décide de donner suite à la demande de consultation, il lui revient alors :

- d'arrêter le principe et les modalités d'organisation de la consultation ;
- d'indiquer expressément, dans sa délibération, que cette consultation ne constitue qu'une demande d'avis ;
- de fixer le jour du scrutin et de convoquer les électeurs.

Par le passé, le Conseil d'État avait affirmé explicitement que la délibération par laquelle un conseil municipal décide de mettre en œuvre la procédure de consultation constitue, alors même que cette consultation n'est qu'une demande d'avis, non une mesure préparatoire mais une décision faisant grief susceptible de faire l'objet d'un recours pour excès de pouvoir (CE, 16 déc. 1994, *Cne Avrillé*, n° 146832). Cette jurisprudence reste d'actualité.

– Transmission de la délibération au représentant de l'État aux fins de contrôle. Cette délibération est transmise deux mois au moins avant la date du scrutin au représentant de l'État. Si celui-ci l'estime illégale, il dispose d'un délai de dix jours à compter de sa réception pour la déférer au tribunal administratif. Il peut alors assortir son recours d'une demande de suspension.

Dans ce cas, le président du tribunal administratif ou le magistrat délégué par lui statue dans un délai d'un mois, en premier et dernier ressort, sur la demande de suspension. Il est fait droit à cette demande si l'un des moyens invoqués paraît, en l'état de l'instruction, propre à créer un doute sérieux quant à la légalité du projet soumis à consultation.

Lorsque la délibération organisant la consultation est de nature à compromettre l'exercice d'une liberté publique ou individuelle, le président du tribunal administratif ou le magistrat délégué par lui en prononce la suspension dans les quarante-huit heures.

- **Rôle éventuel d'informateur du représentant de l'État.** En effet, lorsqu'une délibération émane de l'assemblée délibérante d'une collectivité territoriale autre que la commune, elle doit alors être notifiée par le représentant de l'État dans cette collectivité, dans un délai de quinze jours, aux maires des communes dans lesquelles la consultation serait prévue, sauf s'il était fait droit à sa demande de suspension.

- **Organisation du scrutin.** Elle incombe aux maires. D'ailleurs, si un maire refuse de procéder à cette organisation, le représentant de l'État, après l'en avoir requis, y procède d'office. Ces dispositions sont analogues à celles prévues par l'article LO 1112-4 CGCT pour les référendums décisionnels locaux (v. ss 373).

- **Dépenses liées à l'organisation de la consultation des électeurs.** Elles constituent une dépense obligatoire de la collectivité territoriale qui l'a décidée. En particulier, les dépenses résultant des assemblées électorales tenues dans les communes pour l'organisation d'une consultation décidée par une autre collectivité territoriale leur sont remboursées par cette collectivité de manière forfaitaire, au moyen d'une dotation calculée en fonction du nombre des électeurs inscrits dans la commune et du nombre des bureaux de vote qui y sont installés. Les tarifs de cette dotation sont fixés par décret.

- **Électeurs autorisés à participer au scrutin.** En l'espèce, les dispositions de l'article LO 1112-11 CGCT sur le référendum local sont applicables à la consultation des électeurs (v. ss 376).

- **Soumission du projet à la consultation des électeurs.** Les électeurs font connaître par « oui » ou par « non » s'ils approuvent le projet de délibération ou d'acte qui leur est présenté. Après avoir pris connaissance du résultat de la consultation, l'autorité compétente de la collectivité territoriale arrête sa décision sur l'affaire qui en a fait l'objet. En effet, s'agissant d'une consultation revêtant la valeur d'un simple avis, quel que soit le taux de participation, la décision finale revient à l'autorité compétente de la collectivité territoriale, c'est-à-dire, selon l'objet du scrutin, soit l'exécutif soit l'assemblée délibérante. En outre, à ce stade, en aucun cas cette autorité locale ne doit se sentir liée par le résultat de la consultation. S'il en allait autrement, cela reviendrait pour elle à renoncer à l'exercice de ses compétences. Le juge administratif sanctionne d'ailleurs toute consultation qui revient à conférer un pouvoir de décision à des organes qui ne sont pas d'origine élective (v. TA Saint-Denis de la Réunion, 2 août 1982, *Hubert-Delisle*, *JCP* 1983, II, n° 19994, note F. Miclo).

§ 3. La participation des habitants à la vie locale

383 Les articles L. 2143-1 à L. 2143-3 CGCT sont relatifs à la « participation des habitants à la vie locale ». Celle-ci s'institutionnalise à travers les organismes de proximité suivants qui sont tous de nature purement consultative : les **conseils de quartiers** (**A**), les **comités consultatifs sur les problèmes d'intérêt communal** (**B**) et les **commissions communales pour l'accessibilité** (**C**).

A. Les conseils de quartier

384 Sur le terrain de la démocratie participative, il s'agit là d'une innovation introduite par la loi du 27 février 2002 relative à la démocratie de proximité. Le législateur a institué le « quartier » comme territoire de base de la démocratie de proximité dans les agglomérations et a doté chaque quartier d'un « conseil de quartier ». La formule est prévue dans les communes de plus de 20 000 habitants, mais elle n'est obligatoire que pour celles dont la population dépasse 80 000 habitants.

- **Composition.** Le conseil municipal en fixe la dénomination, la composition et les modalités de fonctionnement (art. L. 2143-1 CGCT ; un adjoint chargé de quartier connaît de toute question intéressant à titre principal le ou les quartiers dont il a la charge ;

il veille à l'information des habitants et favorise leur participation à la vie du quartier). Le conseil municipal peut affecter aux « conseils de quartier » un local et leur allouer chaque année des crédits pour leur fonctionnement.

– **Rôle.** Les « conseils de quartier » peuvent être consultés par le maire et lui faire des propositions sur toute question concernant le quartier ou la ville. Le maire peut également les associer à l'élaboration, à la mise en œuvre et à l'évaluation des actions intéressant le quartier, en particulier celles menées au titre de la politique de la ville.

À noter : Dans chaque commune soumise à l'obligation de création d'un conseil de quartier, le maire peut décider que le conseil citoyen prévu à l'article 7 de la loi n° 2014-173 du 21 février 2014 de programmation pour la ville et la cohésion urbaine se substitue au conseil de quartier. Ce conseil citoyen est mis en place dans chaque quartier prioritaire de la politique de la ville. Il est composé, d'une part, d'habitants tirés au sort dans le respect de la parité entre les femmes et les hommes et, d'autre part, de représentants des associations et acteurs locaux. Il est associé à l'élaboration, à la mise en œuvre et à l'évaluation des contrats de ville. Dans ce cadre, l'État apporte son concours à son fonctionnement.

– **Pratique.** La crédibilité de cette institution dépend très largement de l'usage qui peut en être fait. Il appartient aux élus d'éviter qu'elle n'apparaisse comme une simple caisse de résonance des intérêts catégoriels ou un cénacle noyauté par quelques « minorités agissantes », voire une courroie de transmission du maire.

B. Les comités consultatifs sur les problèmes d'intérêt communal

385 Ces comités dont la création n'est pas obligatoire sont institués à l'initiative du conseil municipal sur tout problème d'intérêt communal concernant tout ou partie du territoire de la commune (art. L. 2143-2 CGCT).

– **Composition.** Ils comprennent des personnes qui peuvent ne pas appartenir au conseil, notamment des représentants des associations locales (riverains, associations de défense de l'environnement, associations de commerçants, etc.). Sur proposition du maire, le conseil municipal en fixe la composition pour une durée qui ne peut excéder celle du mandat municipal en cours.

Chaque comité est présidé par un membre du conseil municipal, désigné par le maire.

- **Rôle.** Les comités peuvent être consultés par le maire sur toute question ou projet intéressant les services publics et équipements de proximité et entrant dans le domaine d'activité des associations membres du comité. Ils peuvent par ailleurs transmettre au maire toute proposition concernant tout problème d'intérêt communal pour lequel ils ont été mis en place.

- **Pratique.** La visite des sites Internet des communes permet de se donner une idée de la diversité de leur objet. Il arrive que certaines d'entre elles trouvent là un moyen particulier d'associer plus étroitement à la vie locale des ressortissants étrangers résidant sur leur territoire.

C. Les commissions communales pour l'accessibilité

386 La loi n° 2005-102 du 11 février 2005 relative à l'égalité des chances, à la participation et la citoyenneté des personnes handicapées a prévu, dans son article 46, la création d'une commission communale pour l'accessibilité des personnes en situation de handicap dans les communes de 5 000 habitants et plus (elle apparaît à l'article L. 2143-3 CGCT).

- **Composition.** Dans les communes de 5 000 habitants et plus, il est créé une commission communale pour l'accessibilité composée notamment des représentants de la commune, d'associations ou organismes représentant les personnes handicapées pour tous les types de handicap, notamment physique, sensoriel, cognitif, mental ou psychique, d'associations ou organismes représentant les personnes âgées, de représentants des acteurs économiques ainsi que de représentants d'autres usagers de la ville (À noter : La création d'une commission intercommunale pour l'accessibilité est également obligatoire pour les EPCI compétents en matière de transports ou d'aménagement de l'espace, dès lors qu'ils regroupent 5 000 habitants et plus). Le maire préside la commission et arrête la liste de ses membres.

- **Rôle.** Cette commission dresse le constat de l'état d'accessibilité du cadre bâti existant, de la voirie, des espaces publics et des transports. Elle établit un rapport annuel présenté en conseil municipal et fait toutes propositions utiles de nature à améliorer la mise en accessibilité de l'existant.

- **Pratique.** Dans un rapport sénatorial de 2007, on pouvait lire le propos suivant : « Il semble malheureusement qu'aucun bilan n'ait été réalisé à ce jour sur l'installation effective de ces commissions. Le sondage réalisé par votre commission (des affaires sociales) auprès de quelques départements montre que les préfectures n'ont d'ailleurs pas suivi leur mise en place et en ignore parfois l'existence, ce qui est inquiétant puisque les rapports annuels dressés par chaque commune doivent être transmis au préfet. » (Sénat, Rapp. d'information n° 359 (2006-2007), *Loi handicap : poursuivre la réforme*, juill. 2007).

En **2012**, 87 % des commissions communales pour l'accessibilité aux personnes handicapées étaient installées, selon une information figurant sur le site Internet du ministère chargé du développement durable (www.developpement-durable.gouv.fr / Rubrique Accessibilité).

Depuis, une loi n° 2014-789 du 10 juillet **2014** a habilité le gouvernement à adopter des mesures législatives pour la mise en accessibilité des établissements recevant du public, des transports publics, des bâtiments d'habitation et de la voirie pour les personnes handicapées. Une ordonnance est ainsi venue « modifier la dénomination des commissions communales et intercommunales pour l'accessibilité aux personnes handicapées et élargir leur composition afin de tenir compte de tous les acteurs concernés par un cadre de vie adapté, et compléter leurs missions, dont celle de dresser une liste publique, par voie électronique, des établissements recevant du public et des installations ouvertes au public accessibles ou en cours de mise en accessibilité, que ces derniers relèvent du secteur public ou du secteur privé » (Ord. n° 2014-1090 du 26 sept. 2014). En fait, si les initiatives institutionnelles ne manquent pas en faveur de cette politique publique, ce sont les moyens financiers qui font souvent défaut, surtout en période de disette budgétaire.

SECTION 2
UNE DÉMOCRATIE REPRÉSENTATIVE

387 Comme nous avons pu le vérifier déjà dans les passages précédents, la démocratie locale reste très largement représentative.

Or, cette **représentation** peut prendre des formes variées. En effet, elle peut être **« politique » ou socio-professionnelle.**

Exemple. Au niveau régional, il existe une institution originale : le **conseil économique, social et environnemental régional** (v. art. L. 4134-1 s. CGCT). Placé auprès du conseil régional et du président du conseil régional, il s'agit d'une assemblée consultative – un peu « arche de Noé » – qui a pour fin de représenter les organismes ou activités à caractère économique, social, professionnel, familial, éducatif, scientifique, culturel, sportif de la région, ainsi que des représentants d'associations et fondations agissant dans le domaine de la protection de l'environnement et des personnalités qualifiées, choisies en raison de leur compétence en matière d'environnement et de développement durable. En pratique, il semble bien que la décentralisation, en renforçant le pouvoir des élus régionaux, ait contribué à affaiblir par contrecoup cette institution dont l'origine remonte aux CODER (commissions de développement économique régional) de 1964.

Pour ce qui est de la **représentation « politique »**, elle est assurée par des **organes dirigeants** (**§ 1**) et **délibérants** (**§ 2**), dont nous nous proposons de souligner les principales caractéristiques.

§ 1. Les organes dirigeants

388 L'administration locale décentralisée a fini par s'identifier à ses dirigeants. Comme au niveau national, les organes exécutifs des collectivités locales ont acquis un ascendant sur les assemblées à la tête desquelles ils exercent leurs fonctions. Élus par elles et parmi elles, comme nous l'avons vu précédemment (v. ss 347), ils incarnent pourtant mieux qu'elles la réalité du pouvoir. Cette situation trouve son explication dans l'existence d'un double phénomène qui concerne ces organes dirigeants : d'une part, **la personnalisation du pouvoir** est une réalité très présente au niveau local (**A**) ; d'autre part, **la concentration du pouvoir** l'amplifie (**B**).

A. La personnalisation du pouvoir

389 Cette personnalisation du pouvoir exercé par les exécutifs locaux se traduit tout d'abord, sur le plan politique, par une **présidentialisation des institutions administratives locales** (1). Sur le plan juridique, ensuite, elle a conduit au développement de la **pénalisation de leur responsabilité personnelle** (2).

1. La présidentialisation des institutions administratives locales

390 En France, le modèle d'administration des institutions décentralisées est beaucoup plus proche du régime présidentiel que du régime parlementaire. Pour reprendre des notions classiques, on y retrouve difficilement la collaboration des pouvoirs et surtout l'équilibre des pouvoirs entre l'exécutif et les assemblées qui caractérise, au moins en principe, le régime parlementaire. On est plutôt en présence d'un système présidentialiste fondé sur une séparation des pouvoirs mais caractérisé par la prééminence de l'exécutif.

À l'origine, la IIIe République a consacré et légitimé un « présidentialisme municipal » (C. Sorbets, « Est-il légitime de parler d'un présidentialisme municipal ? », *Pouvoirs*, n° 24, 1983) par les pouvoirs que la loi municipale de 1884 attribuait au maire et les usages qui se sont développés. La décentralisation a depuis étendu le modèle mayoral de gouvernement au département et à la région par le transfert des exécutifs à leur président, selon un modèle proche de celui du pouvoir présidentiel de la Ve République. Le maire ou le président n'est pas politiquement responsable devant son conseil municipal, son conseil départemental ou régional, à l'inverse d'un Premier ministre (À l'exception de la Corse, qui constitue un cas à part en métropole, dont le statut particulier de 1991 a établi la responsabilité du conseil exécutif devant l'assemblée régionale ; v. ss 126. Ce modèle existe également parfois outre-mer : Martinique, v. ss 134 ; Saint-Pierre-et-Miquelon, v. ss 137 ; Polynésie française, v. ss 139 ; Saint-Bathélemy et Saint-Martin, v. ss 140 ; Nouvelle-Calédonie, v. ss 144). Il dispose aussi de l'appareil administratif et les assemblées locales ont surtout un rôle de ratification des décisions prises par le maire ou le président (mais la pratique est parfois plus nuancée : la politisation des élections locales et un mode de scrutin qui accorde une place aux élus de l'opposition par le jeu de la proportionnelle ont accru la fragilité des majorités des maires et présidents au sein des assemblées locales).

La complexité et la technicité de l'action administrative ont certes favorisé le développement du gouvernement d'équipe au sein des appareils locaux de direction. Un statut des élus a d'ailleurs été progressivement introduit afin d'accompagner le mouvement en faveur d'une « professionnalisation » des élus qui s'est dessiné (v. ss 83 s.).

À noter : Cette tendance à la **« professionnalisation » des exécutifs locaux** est à l'œuvre depuis plusieurs années. Au moins trois raisons à cela : La première tient à la vague de décentralisation où les transferts de compétences de l'État vers les collectivités territoriales ont induit un accroissement des tâches à accomplir par les exécutifs locaux. La seconde a trait à la technicisation croissante des tâches à accomplir. La troisième provient de l'apparition, dans la pratique, de nouvelles compétences comme la santé, la réussite éducative, la sécurité et la prévention de la délinquance.

Le système s'est ainsi appuyé sur le mécanisme des délégations accordées aux adjoints et aux membres des bureaux des départements et régions, ou encore sur les directeurs et membres des cabinets. Mais ces nouveaux modes de gestion qui ont amené la mise sur pied d'équipes politico-administratives n'ont pas pour autant provoqué l'émergence d'un véritable gouvernement collégial. Ils n'ont pas entamé l'autorité des édiles locaux soucieux de préserver leur ascendant en exerçant un contrôle continu des structures de pouvoir qu'ils dirigent (la centralité de l'équipe dirigeante est assurée par le contrôle du maire avec, à l'occasion, le retrait de délégation ; A. Mabileau, « De la monarchie municipale à la française », *Pouvoirs*, n° 73, 1995). L'administration locale reste ainsi très largement caractérisée par un phénomène d'exercice fortement personnalisé du pouvoir (Y. Mény, « La République des fiefs », *Pouvoirs*, n° 60, 1992).

Désormais, le chef de l'exécutif local incarne et personnalise la collectivité qu'il dirige. Ce phénomène a entraîné une personnalisation de sa responsabilité, qui a connu un essor tout particulier sous l'angle pénal.

2. La pénalisation de l'action administrative locale

391 Un mouvement général de « pénalisation de la vie collective » s'est développé en France (A. Garapon et D. Salas, *La République pénalisée*, Hachette, 1996, p. 5). Cette tendance a touché aussi bien le droit constitutionnel (v. L. const. 27 juill. 1993 modifiant le régime de la responsabilité pénale des membres du gouvernement à la suite du drame de la transfusion sanguine ; v. égal. *La responsabilité pénale du président de la République*, dir. C. Guettier et A. Le Divellec, L'Harmattan, 2003) que le droit administratif.

Ainsi, par exemple, les maires ont été appelés de plus en plus souvent à répondre personnellement de leurs actions devant le juge pénal, qui tend progressivement à devenir, aux côtés du juge administratif, le juge de l'action administrative. Pour échapper à la condamnation, certains élus locaux pourraient être tentés de se réfugier dans l'inertie. Bien mal leur en prendrait car la négligence tombe aussi sous le coup de la répression pénale. Ne doit-on pas alors s'inquiéter de cette évolution qui tend à faire de la pénalisation de l'action publique un véritable moyen de contrôle de l'action politique ?

Si l'on cherche à approfondir le phénomène, on constate que son développement est lié à **un mouvement de fond (a)**. La **sévérité du dispositif répressif** a toutefois pu paraître **excessive (b)**.

a. La cause du développement de la responsabilité pénale des exécutifs locaux

392 C'est le dysfonctionnement du système démocratique qui a emporté la pénalisation des rapports sociaux et, en particulier, la pénalisation de la responsabilité du maire. La pénalisation devient un des moyens de la démocratie lorsque la responsabilité professionnelle, sociale ou politique n'est plus sanctionnée ou que, plus simplement, toute explication claire et sincère est refusée (v. J. Hermann, « Le juge pénal, juge ordinaire de l'administration ? », *D.* 1998, chron., p. 195).

Il faut bien voir que la responsabilité « civile » de l'Administration a supplanté progressivement la responsabilité personnelle des agents et des élus, qui s'est réduite à des hypothèses marginales (toutefois, selon la jurisprudence *Thépaz* [TC, 14 janv. 1935, n° 00820], si le Tribunal des conflits admet que l'infraction pénale commise par un agent public dans l'exercice de ses fonctions puisse constituer une faute de service, une faute constitutive d'infraction pénale, même s'il s'agit d'une faute de service, permet la mise en jeu de la responsabilité pénale de l'agent). Comme le procès administratif ne permet pas la personnalisation des responsabilités, les victimes n'ont pas hésité alors à saisir le juge pénal. En effet, ne se contentant pas d'une réparation de leur préjudice, mais désirant également que «justice soit rendue» et que le coupable soit nommément désigné et puni, elles ont dirigé aussi leur action vers le juge pénal.

Certes, le code pénal depuis la réforme de 1994 a prévu le principe d'une **responsabilité pénale des personnes morales.** Mais, s'agissant des collectivités territoriales et de leurs groupements, il n'en a prévu l'application que dans le cas d'infractions « commises dans l'exercice d'activités susceptibles de faire l'objet de conventions de délégation de service public » (Art. 121-2, al. 2, C. pén. ; en effet, ne fallait-il pas mettre sur le même terrain en matière de responsabilité une collectivité qui gère en régie la distribution de l'eau et la compagnie privée à laquelle cette gestion a été déléguée ? ; C. Guettier, « La responsabilité pénale des collectivités territoriales en question(s) », in *Mélanges J. Moreau*, Economica, 2003, p. 201).

Pas de responsabilité pénale des collectivités territoriales lorsque les infractions sont commises dans l'exercice d'activités insusceptibles de faire l'objet de conventions de délégation de service public.

Ainsi, le **pouvoir de police du maire** étant insusceptible de faire l'objet d'une convention de délégation, la responsabilité de la personne morale ne pourra pas être engagée lorsque le dommage trouvera sa cause dans la manifestation d'un tel pouvoir, qu'il s'agisse de l'exercice du pouvoir de police générale ou des nombreuses polices spéciales, comme la police des établissements recevant du public, la police des baignades, la police des édifices menaçant ruine, etc.

De même, dans la dramatique affaire du Drac (dont les faits remontent à 1995), la Cour de cassation a jugé que « l'exécution même du service public communal d'animation des classes de découverte suivies par les enfants des écoles publiques et privées pendant le temps scolaire, qui participe du **service de l'enseignement public**, n'est pas, par nature, susceptible de faire l'objet de conventions de délégation de service public » (Cass. crim., 12 déc. 2000, *Bull. crim.*, n° 371, p. 1123 ; *Dr. pén.* 2001, comm. 43, obs. M. Véron ; pour une confirmation par la

Cour de cassation de sa jurisprudence dégagée dans l'affaire du *Drac*, v. Cass. crim., 11 déc. 2001, *D.* 2002, IR, p. 373 : l'obligation incombant à une région de mettre les machines affectées à l'enseignement dispensé dans un lycée technique en conformité avec les prescriptions légales et réglementaires relatives à la sécurité des équipements de travail participe du service de l'enseignement public et n'est pas, dès lors, en raison de sa nature même, susceptible de faire l'objet de conventions de délégation de service public.

Egal. Cass. crim., 6 avr. 2004, *Dpt Orne, AJDA* 2005, p. 446, note P. Le Goff : ne constitue pas une activité susceptible de faire l'objet d'une convention de délégation de service public par un département, et par là même une activité de nature à engager la responsabilité pénale d'une collectivité territoriale, l'organisation du transport scolaire).

En pratique, on ne s'étonnera pas de constater que le mécanisme de responsabilité pénale des collectivités territoriales ne donne lieu qu'à de très rares applications (une circulaire de la Chancellerie en date du 26 janvier 1998, relative à un premier bilan de l'application des dispositions du nouveau Code pénal concernant la responsabilité pénale des personnes morales, recensait à l'époque six décisions intéressant des personnes morales de droit public : trois communes, un syndicat intercommunal et deux établissements publics, *JCP* 1998, II, 20035 ; v. égal. A. Maron et J.-H. Robert, « Cent personnes morales pénalement condamnées », *Dr. pén.* 1998, Chron. n°s 22 et 28).

On le voit, la condamnation de la personne morale ne peut jouer ici le rôle de substitut à la condamnation de la personne physique. D'autant que, comme le précise l'alinéa 3 de l'article 121-2 du code pénal, « la responsabilité pénale des personnes morales n'exclut pas celle des personnes physiques, auteurs ou complices des mêmes faits ».

b. Le dispositif relatif à la responsabilité pénale des exécutifs locaux

393 La sanction pénale se justifie pleinement en cas de faute pénale intentionnelle, caractéristique d'une hostilité délibérée à la norme sociale. Le problème se pose de savoir s'il convient aussi de la faire jouer en cas de faute non intentionnelle, qui se fonde sur la considération que les élus disposent du pouvoir de décision et qu'il leur est en conséquence théoriquement possible d'empêcher le dommage de se réaliser.

- **Avant la loi nº 96-393 du 13 mai 1996**, qui a visé à restreindre la responsabilité pénale pour faits d'imprudence ou de négligence, l'article 121-3 du code pénal énonçait que « les crimes et délits sont intentionnels » ; mais il précisait dans son deuxième alinéa que certaines infractions pouvaient être non intentionnelles lorsque les textes s'y rapportant prévoyaient que l'élément moral du délit était soit une imprudence, soit une négligence. Les tribunaux définissaient alors le contenu du devoir général de prudence et de diligence pesant notamment sur le maire d'une manière sévère, qui semblait proche de l'obligation de résultat (D. Guihal, « La responsabilité pénale des élus locaux en matière d'environnement », *RFD adm.* 1996, p. 536). Il s'en est alors suivi une avalanche de condamnations pénales d'élus pour des faits non intentionnels, reposant sur une imprudence ou une négligence. Ils se sont retrouvés appelés à répondre pénalement, et donc personnellement, de toutes sortes de dommages, y compris les moins prévisibles, survenus sur leur territoire.

- **En 1996**, le législateur est intervenu pour modifier l'article 121-3, alinéa 2, du code pénal. Le texte maintenait l'ancienne rédaction, mais uniquement en ce qui concernait la mise en danger d'autrui, qui permet de réprimer d'une façon spécifique les comportements traduisant un mépris délibéré de la personne humaine (ce délit est défini par l'art. 223-1 C. pén.). Quant au nouvel alinéa 3, qui a trait à « l'imprudence » et à la « négligence », ainsi qu'au « manquement à une obligation de prudence ou de sécurité prévue par la loi ou le règlement », il écartait l'existence d'un délit lorsque « l'auteur des faits a accompli les diligences normales compte tenu, le cas échéant, de la nature de ses missions ou de ses fonctions, de ses compétences ainsi que du pouvoir ou des moyens dont il disposait ».

Ainsi, dans l'appréciation qu'il porte sur la négligence ou l'imprudence, le juge ne doit pas se référer à une sorte de modèle abstrait. Pour apprécier si l'intéressé a accompli les diligences normales, le juge doit apprécier la faute *in concreto* et prendre en compte les critères énumérés par le texte de référence précité. L'imprudence et la négligence restent donc des fautes, mais elles ne peuvent donner lieu à une sanction pénale de l'élu dès lors qu'elles apparaissent excusables au regard des difficultés propres à la mission et aux moyens dont il disposait.

Il convient, en outre, de relever que la loi précitée du 13 mai 1996 avait également modifié le code général des collectivités territoriales pour apporter une protection renforcée aux élus et aux maires en particulier. En effet, l'article L. 2123-34 CGCT disposait : « le maire ou un élu le suppléant ou ayant reçu une délégation ne peut être condamné sur le fondement du 3e alinéa de l'article 121-3 du code pénal pour des faits non intentionnels commis dans l'exercice de ses fonctions que s'il est établi qu'il n'a pas accompli les diligences normales compte tenu de ses compétences, du pouvoir et des moyens dont il disposait ainsi que des difficultés propres aux missions que la loi lui confie » (v. égal. art. L. 3123-28 CGCT, pour le président du conseil général (devenu départemental aujourd'hui) ou un vice-président ayant reçu délégation ; art. L. 4135-28 CGCT, pour le président du conseil régional ou un vice-président ayant reçu délégation ; art. L. 5211-15 CGCT, pour le président des établissements publics de coopération intercommunale et les vice-présidents ayant reçu délégation).

Alors que dans l'article 121-3 du code pénal modifié par la loi du 13 mai 1996 figuraient les termes « le cas échéant », ceux-ci n'apparaissaient pas dans l'article L. 2123-34 CGCT. Cela signifiait que le juge devrait toujours tenir compte de la situation de l'élu (Ainsi, par exemple, un maire ne devrait pas être condamné au seul motif qu'il disposait, pour prévenir un accident, d'un pouvoir qu'il n'a pas utilisé, mais parce que, dans les circonstances propres de l'affaire, il devait manifestement et pouvait mettre en œuvre ce pouvoir). De plus, alors que dans le cas général prévu par le code pénal la preuve des diligences normales incombait à la personne poursuivie, dans le cas particulier des élus locaux c'était à l'accusation d'établir que ces diligences normales n'avaient pas été accomplies (selon l'art. L. 2123-34 CGCT, « le maire ou un élu le suppléant ou ayant reçu délégation ne peut être condamné que s'il est établi (...) »).

- **En pratique**, le juge pénal du fond n'a toutefois pas semblé vouloir faire référence à l'art. L. 2123-34 CGCT. Il ne s'est référé qu'à l'article 121-3 modifié du code pénal. Ainsi, il n'a pas envisagé expressément les « difficultés propres aux missions » que la loi confie à l'élu local (v. CA, Toulouse, 29 janv. 1998, *D.* 1999, J., p. 56, note J. Bénoit ; v. égal. M.-F. Steinle-Feuerbach, « La responsabilité des maires en cas de catastrophe [au regard des procès de *Bruz* et de *Barbotan*] ou la fausse nouveauté de la loi n° 96-393 du 13 mai 1996 », *JCP* 1997, I, 4057). La Cour de cassation elle-même est venue confirmer avec netteté l'**échec de la réforme** dans un arrêt en date du 9 novembre 1998 en déduisant de la constatation de la négligence le non-accomplissement des diligences normales qu'elle s'est refusée tout simplement à caractériser au regard des compétences, du pouvoir et des moyens dont disposait le maire (Cass. crim., 9 nov. 1998, *Dr. adm.* 1999, comm. 269, note R. de Castelnau).

Ainsi, le juge pénal n'a pas paru enclin à vouloir différencier la situation des élus de celle des simples citoyens, alors, pourtant, que de la multiplicité des missions découle, tout particulièrement pour les maires, la nécessité de procéder à des arbitrages compte tenu des moyens humains, matériels et financiers disponibles.

- **Prenant alors acte de cet échec**, et face à la nécessité de répondre aux attentes des décideurs publics, **le législateur a modifié à nouveau le système le 10 juillet 2000.** L'objectif affiché lors des travaux parlementaires était de rendre au droit pénal sa véritable mission de répression, ce qui impliquait de ne condamner que sous des conditions strictement encadrées les auteurs indirects de comportement non intentionnel. La **loi n° 2000-647 du 10 juillet 2000**, tendant à préciser la définition des délits non intentionnels, a ainsi remplacé l'alinéa 3 de l'article 121-3 du code pénal par deux alinéas ainsi rédigés :

« Il y a également délit, lorsque la loi le prévoit, en cas de faute d'imprudence, de négligence ou de manquement à une obligation de prudence ou de sécurité prévue par la loi ou le règlement, s'il est établi que l'auteur des faits n'a pas accompli les diligences normales compte tenu, le cas échéant, de la nature de ses missions ou de ses fonctions, de ses compétences ainsi que du pouvoir et des moyens dont il disposait. »

« Dans le cas prévu à l'alinéa qui précède, les personnes physiques qui n'ont pas causé directement le dommage, mais qui ont créé ou contribué à créer la situation qui a permis la réalisation du dommage ou qui n'ont pas pris les mesures permettant de l'éviter, sont responsables pénalement s'il est établi qu'elles ont, soit violé de façon manifestement délibérée une obligation particulière de prudence ou de sécurité prévue par la loi ou le règlement, soit commis une faute caractérisée et qui exposait autrui à un risque d'une particulière gravité qu'elles ne pouvaient ignorer. »

Ainsi, **en cas de lien indirect entre la faute de négligence et le dommage**, les personnes physiques ne pourront plus être condamnées que s'il est établi qu'elles ont commis une faute qualifiée, laquelle peut revêtir deux formes :

- **la première faute qualifiée** prévue par le texte consiste à violer « de façon manifestement délibérée une obligation particulière de prudence ou de sécurité prévue par la loi ou le règlement ». L'auteur des faits doit donc avoir eu, sinon la volonté, au moins la pleine conscience de méconnaître une obligation de prudence ou de sécurité : un élément intentionnel est réintroduit parmi les éléments constitutifs des infractions non intentionnelles. Par ailleurs, l'obligation doit être particulière, ce qui est censé éviter les mises en cause pénales sur la base de manquement à des obligations définies de manière très générale ;
- **la seconde hypothèse de faute qualifiée** est « la faute caractérisée et qui expose autrui à un risque d'une particulière gravité [que le prévenu] ne pouvait ignorer ». Trois éléments doivent être réunis pour que soit constituée cette faute qualifiée. La faute (d'imprudence ou de négligence) doit être caractérisée, c'est-à-dire, selon les travaux parlementaires, être d'une particulière évidence, d'une particulière intensité, ou encore revêtir un degré certain de gravité. Il faut noter ici que la version finale de cette disposition est bien en deçà du texte voté en première lecture, lequel envisageait une faute d'une exceptionnelle gravité. C'est en revanche le risque induit qui doit être d'une particulière gravité, ce qui résultera de la nature du risque de dommages tels que la mort ou les blessures graves. Enfin, la personne ne pouvait ignorer ce risque : il ne suffira pas de constater qu'elle aurait dû connaître

ce risque, mais qu'elle en avait effectivement une appréhension suffisante (aux termes des travaux parlementaires, la notion de danger que l'on ne pouvait ignorer fait appel à l'équité et au bon sens et doit être appréciée concrètement, conformément à la loi du 13 mai 1996, c'est-à-dire en tenant compte de la nature des missions ou des fonctions de la personne concernée, de ses compétences et des moyens dont elle disposait).

En somme, la distinction posée par le législateur est la suivante :

- **soit la personne physique est l'auteur direct du dommage**, auquel cas la faute simple, telle que définie à l'alinéa 3 de l'article 121-3 (non-accomplissement des diligences normales) suffira à engager sa responsabilité pénale ;

- **soit la personne physique est l'auteur indirect de la faute** qui a causé indirectement le dommage, auquel cas il faudra en outre, pour que sa responsabilité pénale soit engagée, qu'une faute qualifiée (dans l'une ou l'autre de ses variantes) soit démontrée.

B. La concentration du pouvoir

394 **La vie locale reste dominée par la concentration des pouvoirs entre les mains de l'exécutif.** Celui-ci, qu'il s'agisse du maire de la commune ou du président du conseil départemental ou du conseil régional, est à la fois chef de gouvernement, chef de l'administration locale et président de l'assemblée. Ce cumul exceptionnel des pouvoirs, souvent conjugué avec le cumul de plusieurs mandats électifs, fait de cet exécutif la « clé de voûte » du système d'administration locale. Cette forte concentration a pour conséquence un certain manque global de transparence de la gestion locale, les assemblées fonctionnant souvent comme de simples « chambres d'enregistrement » et les élus d'opposition étant largement dépourvus de réels moyens de contrôle. Au total, on se trouve en présence d'un système qui, en l'absence de contre-pouvoirs formalisés, détermine en aval de l'élection une véritable « monarchie locale ». Ce modèle initialement né au niveau communal a été diffusé aux niveaux départemental et régional à la faveur de la décentralisation.

Toutefois, le système local repose aussi sur un principe de séparation stricte entre l'exécutif et l'assemblée délibérante. En effet, si le premier est élu par la seconde, il n'est pas responsable devant elle en ce sens qu'il ne peut être renversé par celle-ci, pas plus qu'il ne peut la dissoudre. Il est vrai que si l'exécutif est chargé notamment d'exécuter les décisions de l'assemblée, il n'en dispose pas moins d'une zone d'action pour laquelle il ne relève pas d'elle (le terme « exécutif » ne doit donc pas être pris au pied de la lettre). Cela concerne évidemment les attributions qu'il peut être conduit à exercer en tant qu'agent de l'État (comme c'est le cas pour le maire ; v. art. L. 2122-27 s. CGCT), mais aussi, en qualité d'autorité décentralisée. Ces **pouvoirs**, qu'ils soient **partagés** (**1**) ou **propres** (**2**), sont quantitativement nombreux et qualitativement importants.

1. Les pouvoirs partagés des exécutifs locaux

a. Au niveau communal

1) Le rôle du maire

395 Le maire intervient tantôt comme exécutif du conseil municipal, tantôt sur délégation de ce dernier. Dans ces deux cas, il agit toujours au nom de la commune.

– **Le maire, agent exécutif du conseil municipal.** Selon l'article L. 2122-21 CGCT : « Sous le contrôle du conseil municipal et sous le contrôle administratif du représentant de l'État dans le département, le maire est chargé, d'une manière générale, d'exécuter les décisions du conseil municipal ». Suit ensuite une liste non exhaustive d'attributions ainsi partagées. Avec le conseil municipal, le maire exerce notamment le pouvoir financier (préparation et exécution du budget, ordonnancement des dépenses communales avec un droit de réquisition sur le comptable de la commune). Il détient ensuite le pouvoir de représentation de la commune dans tous les actes de la vie juridique (ester en justice, passer les marchés, signer les baux, etc.). De plus, il assume le pouvoir patrimonial (conserver et administrer les propriétés de la commune) ainsi que le pouvoir de direction ou de contrôle des établissements publics communaux.

En réalité, le pouvoir du maire obéit davantage à une logique présidentielle que parlementaire. Ainsi, le maire dispose en pratique d'un assez large pouvoir d'appréciation des modalités d'exécution. Par exemple, en matière contractuelle, le maire prépare les contrats après autorisation donnée par le conseil et choisit effectivement les cocontractants qu'il contrôle.

- **Le maire, agent délégué du conseil municipal.** Selon l'article L. 2122-22 CGCT, dans un certain nombre de matières parfois importantes, le conseil municipal peut consentir au maire une « délégation » pour la durée de son mandat, à charge pour lui de rendre compte à chacune des réunions obligatoires du conseil municipal (par exemple, pour effectuer un emprunt). Le conseil municipal peut toujours mettre fin à la délégation. Quant au maire, il ne peut déléguer à ses adjoints une mission qui lui a été déléguée par le conseil municipal au titre de l'article L. 2122-22 CGCT, à moins que celui-ci ne l'y ait autorisé dans sa délibération.

2) Le rôle des adjoints

396 **Les adjoints n'ont pas de compétences propres** car « le maire est seul chargé de l'administration » (art. L. 2122-18 CGCT). Les adjoints ne possèdent donc de pouvoirs que par délégation du maire (**sauf** lorsque les adjoints sont officiers d'**état civil** [art. L. 2122-32 CGCT] car ils tiennent alors leur qualité de la loi et peuvent donc exercer les fonctions correspondantes sans délégation du maire ; v. CE, sect., 11 oct. 1991, *Ribauté et Balanca*, req. n° 92741. Cette situation semble pouvoir être étendue en matière de **police judiciaire**, le maire et les adjoints ayant « la qualité d'officier de police judiciaire », en application de l'article L. 2122-31 CGCT).

En réalité, la collégialité est très relative au niveau de la « municipalité » : le maire demeure libre de ses délégations ; il peut les déterminer, les attribuer et les retirer à son gré (sauf motifs étrangers à la bonne marche de l'administration communale ; sur les conséquences indemnitaires d'un retrait de délégation, v. CE, 29 avr. 1988, *Cne Aix-en-Provence c/ Joissains*, *AJDA* 1988, p. 483, obs. J. Moreau). En particulier, les délégations de signature sont consenties par le maire sans tenir aucun compte de « l'ordre du tableau », qui ne joue qu'en cas de mise en œuvre du mécanisme de la suppléance (art. L. 2122-17 CGCT). En fait, les adjoints ont seulement un droit de priorité initial par rapport aux conseillers municipaux pour l'attribution de délégations consenties par le maire sous sa surveillance et sa responsabilité, et pour exercer la suppléance du maire en cas d'empêchement de celui-ci (mais lorsque le maire retire les délégations qu'il a données à un adjoint, le conseil municipal doit se prononcer sur le maintien de celui-ci dans ses fonctions ; art. L. 2122-18, *in fine*, CGCT).

b. Au niveau départemental

397 En l'espèce, la situation est sensiblement différente de celle rencontrée au niveau communal. En effet, à côté du président du conseil départemental, les membres de la commission permanente exercent en corps des pouvoirs qu'ils ne tiennent pas du président, alors que les adjoints, comme nous venons de le voir, n'ont aucune compétence particulière du fait de leur élection – sauf état civil et police judiciaire. De ce fait, le président du conseil départemental a les coudées moins franches que le maire dans la direction des affaires départementales. En réalité, c'est le « bureau » qui apparaît plus proche de la municipalité (v. art. L. 3122-8 CGCT ; v. ss 353).

1) Le président du conseil départemental

398 L'article L. 3221-1 CGCT a posé le principe nouveau en 1982 selon lequel le président du conseil départemental est désormais « l'organe exécutif du département » et l'article L. 3221-3 CGCT complète cette formule en précisant qu'il est « seul chargé de l'administration ». Mais il partage nombre de ses attributions avec le conseil départemental dont « il prépare et exécute les délibérations » (art. L. 3221-1, al. 2, CGCT). En particulier, le président du conseil départemental est l'ordonnateur des dépenses du département et prescrit en principe l'exécution des recettes départementales (art. L. 3221-2 CGCT) ; il gère le domaine du département (art. L. 3221-4 CGCT) ; il intente les actions au nom du département en vertu de la décision du conseil départemental (art. L. 3221-10, al. 3, CGCT). Toutefois, il a la possibilité de déléguer par arrêté, « sous sa surveillance et sa responsabilité », l'exercice d'une partie de ses fonctions aux vice-présidents et, en l'absence ou en cas d'empêchement de ces derniers, à d'autres membres du conseil départemental (art. L. 3221-3 CGCT).

Cependant, si le président du conseil départemental est bien, à l'image du maire, un agent exécutif, il n'est pas, à sa différence, susceptible de jouer le rôle d'agent délégué, qui est assumé au niveau départemental par la commission permanente (sauf quelques rares cas prévus aux articles L. 3211-2 [emprunts], L. 3221-11 [marchés publics] et L. 3221-12 CGCT [droit de préemption]).

2) La commission permanente

399 Les membres de la commission permanente ont des pouvoirs que ne possède pas la municipalité. Outre que, selon l'article L. 3121-10 CGCT, elle peut provoquer la réunion du conseil départemental, c'est elle qui, en vertu des dispositions de l'article L. 3211-2 CGCT, reçoit délégation du conseil départemental sur toutes matières de sa compétence hormis le vote du budget, le vote sur le compte administratif ou les modifications budgétaires à introduire après observations de la chambre régionale des comptes. En l'espèce, c'est probablement le précédent de l'ancienne commission départementale qui a inspiré ici le législateur.

c. Au niveau régional

400 Comme pour le département, l'attribution à la région d'un exécutif élu est à l'évidence une des modifications les plus importantes réalisées par la loi de décentralisation du 2 mars 1982.

Il n'est pas nécessaire ici de développer les compétences du **président du conseil régional** (v. art. L. 4231-1 s. CGCT) car les dispositions applicables au président du conseil départemental lui sont transposables *mutatis mutandis* (v. ss 398).

On retrouve également la possibilité pour le conseil régional de déléguer une partie de ses attributions à la commission permanente, à l'exception de celles relatives au vote du budget, à l'approbation du compte administratif ou aux modifications budgétaires à introduire après observations de la chambre régionale des comptes (art. L. 4221-5 CGCT). Quant au président du conseil régional, il peut être chargé, par délégation, pour la durée de son mandat, de prendre toute décision concernant la préparation, la passation, l'exécution et le règlement des marchés de travaux, de fournitures et de services qui peuvent être passés sans formalités préalables en raison de leur montant, lorsque les crédits sont inscrits au budget (art. L. 4231-8 CGCT ; il doit en rendre compte au conseil régional et en informer la commission permanente).

2. Les pouvoirs propres des exécutifs locaux

401 Les exécutifs locaux disposent par ailleurs de pouvoirs propres. Certains d'entre eux s'exercent **à l'égard des agents de la collectivité** (**a**), tandis que d'autres s'appliquent **aux administrés** (**b**).

a. À l'égard des agents de la collectivité

402 **Les exécutifs locaux** – maire, président de conseil départemental et régional – **sont chefs de leur administration respective** (v. art. L. 2122-18 CGCT, pour le maire ; art. L. 3221-3 CGCT, pour le président du conseil départemental ; art. L. 4231-3 CGCT, pour le président du conseil régional).

À ce titre, ils peuvent prendre toute une série de mesures individuelles concernant les agents de la collectivité locale à la tête de laquelle ils se trouvent (v., par ex., CE, 9 févr. 1933, *Bénard*, *Leb.* p. 172 : les décisions individuelles concernant les agents communaux ne relèvent que du maire, et non du conseil municipal). Ils ont ainsi le pouvoir de nommer les personnels, de gérer leur carrière, d'exercer sur eux le pouvoir hiérarchique et de les sanctionner.

Toutefois, la compétence des exécutifs locaux à l'égard de leur administration n'est pas générale. Ainsi, par exemple, le conseil municipal reste compétent pour créer ou supprimer les services publics, en fixer les règles générales d'organisation, le **maire** n'ayant compétence que pour prendre les mesures relatives à l'organisation interne des services et à la gestion des agents. En conséquence, la décision de confier les missions assumées par un service municipal à une entreprise privée relève de la seule compétence du conseil municipal (CE, Sect., 6 janv. 1995, *Ville Paris*, n° 93428). De même, la définition des emplois communaux et la fixation de leur nombre sont des éléments de l'organisation des services communaux entrant dans la compétence du conseil municipal (CE, 9 oct. 1995, *Cne Saint-Joseph*, n° 117922). En outre, le maire ne peut nommer ou titulariser des agents dans des emplois qui n'auraient pas été créés ou déclarés permanents par le conseil municipal (CE, 18 mai 1973, *Ville Cayenne*, *Leb.* p. 359 ; v. égal. : CE, sect., 30 oct. 1998, *Ville Lisieux*, n° 149662 ; *Leb.* p. 375, concl. Stahl ; *AJDA*, 1998, p. 969, chron. F. Raynaud et P. Fombeur : recrutement par le maire d'agents contractuels, sans qu'aucune délibération du conseil municipal ne soit intervenue pour créer les emplois ainsi pourvus ; le Conseil d'État vient préciser que de tels contrats sont au nombre des actes dont l'annulation peut être demandée au juge administratif par un tiers y ayant un intérêt suffisant [le Conseil d'État a confirmé cette jurisprudence en jugeant que les recours contre les contrats de recrutement d'agents publics non titulaires relèvent du contentieux de l'excès de pouvoir ; CE, 2 févr. 2015, *Commune d'Aix-en-Provence et M. J.*, n° 373520]).

Quant au président du conseil départemental, s'il est compétent pour prendre les mesures relatives à l'organisation interne des services dont il est le chef et à la gestion de leurs agents, il appartient toutefois au seul conseil départemental de décider de créer ou de supprimer des services publics, d'en fixer les règles générales d'organisation et, de façon générale, de prendre toutes les mesures portant sur la définition des missions remplies par les services du département (CE, Sect., 6 janv. 1995, *Syndicat national des personnels techniques administratifs et de service CGT*, n° 91224).

S'agissant du président du conseil régional, lui aussi n'est pas compétent pour prendre une décision à caractère statutaire relative aux agents de la région (CE, 9 déc. 1987, *Barral et a.*, n° 83537).

b. À l'égard des administrés de la collectivité

403 En l'espèce, les pouvoirs propres des exécutifs locaux sont de deux sortes : ils peuvent délivrer certaines autorisations individuelles et être investis de compétences en matière de police administrative.

1) La délivrance de certaines autorisations

404 Cette compétence a été particulièrement étendue depuis la réforme de la décentralisation en 1982.

Ainsi, par exemple, le maire délivre désormais au nom de la commune les **permis de construire** et les **diverses autorisations**

d'utilisation du sol dans les communes dotées d'un plan local d'urbanisme.

Cependant il existe en l'espèce quelques exceptions qui résultent de l'article L. 422-1 du code de l'urbanisme. Dans ces derniers cas, le permis de construire reste délivré par le maire au nom de l'État ou par le préfet, comme lorsque la commune n'est pas dotée d'un plan local d'urbanisme.

2) L'exercice de pouvoirs de police administrative

405 Les exécutifs locaux ont en principe compétence pour édicter les règlements et mesures individuelles concernant le maintien de l'ordre public. Toutefois, on notera que le président du conseil régional, à la différence du président du conseil départemental – et, a fortiori, du maire – ne détient pas de pouvoir de police. Ainsi, l'article 4231-4 CGCT précise bien qu'il « gère le domaine de la région », mais ne mentionne pas l'exercice de pouvoirs de police afférents à cette gestion, à la différence de ce qu'a fait le législateur pour le président du conseil départemental (comparer avec l'article L. 3221-4 CGCT).

- Le maire, autorité de police.

• ***Étendue des pouvoirs de police du maire.*** En tant qu'autorité de police, le maire est chargé, sous le contrôle administratif du représentant de l'État, de la police municipale, de la police rurale et de l'exécution des actes de l'État qui y sont relatifs (art. L. 2212-1 CGCT).

À noter : L'article L. 5211-9-2 CGCT permet de transférer aux présidents des EPCI le pouvoir de police des maires.

Art. L. 5211-9-2, al. 4 et 5, CGCT :

« Sans préjudice de l'article L. 2212-2 et par dérogation aux articles L. 2213-1 à L. 2213-6-1, lorsqu'un établissement public de coopération intercommunale à fiscalité propre est compétent en matière de voirie, les maires des communes membres transfèrent au président de cet établissement leurs prérogatives en matière de **police de la circulation et du stationnement**.

« Sans préjudice de l'article L. 2212-2 et par dérogation à l'article L. 2213-33, lorsqu'un établissement public de coopération intercommunale à fiscalité propre est compétent en matière de voirie, les maires des communes membres transfèrent au président de cet établissement les prérogatives qu'ils détiennent en matière de **délivrance des autorisations de stationnement sur la voie publique aux exploitants de taxi**. L'autorisation de stationnement peut être limitée à une ou plusieurs communes membres. »

Les buts de la police municipale, énoncés à l'article L. 2212-2 CGCT, sont « le bon ordre, la sûreté, la sécurité et la salubrité publiques ». Le même article donne une liste détaillée mais non limitative des matières dans lesquelles ce pouvoir de police municipale s'exerce. Cette liste témoigne de la diversité et aussi de la complexité des missions ainsi confiées au maire : répression des rixes et disputes, troubles de voisinage, sûreté et commodité de passage sur les voies publiques, personnes atteintes de troubles mentaux, divagation des animaux, etc.

Le maire dispose par ailleurs de pouvoirs de police portant sur des objets particuliers qu'il tient des articles L. 2213-1 s. CGCT, sa compétence pouvant alors être plus strictement limitée. Ainsi, par exemple, à l'intérieur des agglomérations, le maire exerce la police de la circulation sur les routes nationales, les routes départementales et les voies de communication, sous réserve des pouvoirs dévolus au représentant de l'État dans le département sur les routes à grande circulation (art. L. 2213-1 CGCT).

Enfin, le maire dispose de pouvoirs de police spéciale, notamment en ce qui concerne la police rurale, qui lui sont confiés par le code rural.

• *Limites des pouvoirs de police du maire.*

Limites générales. D'une part, le préfet dispose d'un pouvoir de substitution en vertu de l'article L. 2215-1 CGCT, qui l'autorise à prendre pour toutes les communes du département ou pour plusieurs d'entre elles, et dans tous les cas où il n'y aurait pas été pourvu par les autorités municipales, les mesures nécessaires au maintien de la salubrité, de la sûreté et de la tranquillité publiques. Mais lorsqu'une seule commune est en cause, ce pouvoir ne peut être exercé par le préfet qu'après une mise en demeure au maire restée sans résultat. Quand le maintien de l'ordre est menacé dans deux ou plusieurs communes limitrophes, le préfet peut par ailleurs se substituer, par arrêté motivé, aux maires des communes concernées pour exercer les pouvoirs de police relatifs à la répression des atteintes à la tranquillité publique et au maintien du bon ordre dans des endroits où il se fait de grands rassemblements de personnes.

D'autre part, les règlements pris par les autorités supérieures constituent une seconde limite aux pouvoirs du maire en matière de police municipale. Le maire a alors la possibilité de prendre des mesures plus sévères que celles fixées par le règlement (en matière de police de la circulation par exemple), selon une jurisprudence classique (v. CE, 18 avr. 1902, *Commune Néris-les-Bains*, n° 04749). En revanche, il ne peut prendre des arrêtés assouplissant ces règlements. Les mesures plus restrictives doivent être justifiées par des circonstances particulières de temps et de lieu.

En outre, les pouvoirs de police du maire s'exercent dans le cadre légal sous le contrôle du juge administratif. Ainsi, les mesures de police doivent-elles être strictement nécessaires pour assurer l'ordre public mais pas au-delà. Les interdictions générales et absolues sont en principe prohibées. Les mesures en cause doivent respecter le principe d'égalité, les discriminations étant en conséquence illégales. Enfin, le maire ne doit pas commettre de détournement de pouvoir en usant de ses prérogatives dans un but autre que celui en vue duquel elles lui ont été confiées.

Limites spéciales. Certains régimes spéciaux de police peuvent limiter les pouvoirs de police du maire. Ainsi, par exemple, s'agissant de la réglementation de l'implantation des **antennes relais de téléphonie mobile** sur le territoire, le Conseil d'État a reconnu une compétence exclusive aux autorités de l'État ; un maire ne saurait donc réglementer par arrêté leur implantation sur le territoire de sa commune, sur le fondement de son pouvoir de police générale (CE, Ass., 26 oct. 2011, *Commune de Saint-Denis* (n° 326492), *Commune de Pennes-Mirabeau* (n° 329904) et *SFR* (n° 341767)). De même, le Conseil d'État a jugé que le maire, responsable de l'ordre public sur le territoire de sa commune, à qui il appartient de prendre les mesures de police générale nécessaires au bon ordre, à la sûreté, à la sécurité et à la salubrité publiques, ne saurait en aucun cas s'immiscer, par l'édiction d'une réglementation locale, dans l'exercice de la police spéciale de la **dissémination volontaire d'organismes génétiquement modifiés** (OGM), confiée à l'État (art. L. 533-3 s. C. environ.) ; CE, 24 sept. 2012, *Commune de Valence*, n° 342990.

Par ailleurs, dans les communes dotées d'une **police d'État**, le soin de réprimer les atteintes à la tranquillité publique, sauf en ce qui concerne les bruits de voisinage, incombe à l'État. Celui-ci a également la charge du bon ordre quand il se fait occasionnellement de grands rassemblements d'hommes (art. L. 2214-4 CGCT).

Enfin, à Paris, en vertu de l'arrêté des consuls du 12 messidor an VIII, la véritable compétence de police appartient au **préfet de police**. La loi n° 86-1308 du 29 décembre 1986 a néanmoins rapproché les compétences du maire de Paris de celles des maires des communes à police étatisée. Lui ont ainsi été dévolues des compétences en matière de salubrité sur la voie publique, de maintien de l'ordre sur les foires et marchés, de conservation du domaine (art. L. 2512-13 CGCT).

• ***Moyens du maire pour mettre en œuvre ses prérogatives de police***. Dans les zones rurales, la police est spécialement placée sous la surveillance de la gendarmerie nationale et des gardes champêtres. En effet, les communes peuvent avoir un ou plusieurs **gardes champêtres** (art. L. 522-2 C. séc. intérieure), lesquels, outre la police de campagne, sont chargés de rechercher les contraventions aux règlements et arrêtés de police municipale. Ils sont dotés du pouvoir de dresser des procès-verbaux pour constater ces contraventions (art. L. 522-4 C. séc. intérieure).

Dans les communes à **police étatisée**, le maire peut utiliser les personnels de l'État (art. L. 2214-3 CGCT), sur lesquels il n'exerce cependant aucun pouvoir hiérarchique. L'étatisation des corps de police municipaux a connu un mouvement de progression par vagues qui semblait traduire une logique inéluctable en faveur de la prise en charge par l'État de la totalité des forces publiques dans une approche régalienne des activités de sécurité.

Ainsi, après l'intervention de plusieurs lois procédant à des étatisations ponctuelles, la loi du 23 avril 1941 a fixé à 10 000 habitants le seuil démographique à partir duquel l'étatisation était susceptible d'intervenir. Le régime de la police d'État aurait pu se généraliser à partir de 1983, l'article 88 de la loi n° 83-8 du 7 janvier 1983 ayant prévu que l'institution de ce régime serait de droit, sur demande du conseil municipal, sous certaines conditions déterminées par décret en Conseil d'État. Cet article n'ayant jamais reçu application pour des raisons essentiellement budgétaires, les principes de l'étatisation sont actuellement fixés par l'article L. 2214-1 CGCT : « Le régime de la police d'État peut être établi dans une commune en fonction de ses besoins en matière de sécurité. Ces besoins s'apprécient au regard de la population permanente et saisonnière, de la situation de la commune dans un ensemble urbain et des caractéristiques de la délinquance. »

L'article L. 2214-4 CGCT transfère à l'État la responsabilité en matière d'atteintes à la tranquillité publique (sauf en ce qui concerne les troubles de voisinage) et la charge du bon ordre en cas de grands rassemblements occasionnels.

Toutefois, l'étatisation de la police n'a pas freiné le **développement des polices municipales** (v. titre Ier du livre V du code de la sécurité intérieure). V. égal. Sénat, Rapp. d'information n° 782 (2011-2012), *De la police municipale à la police territoriale : mieux assurer la tranquillité publique*, sept. 2012. Une proposition de loi visant à créer des polices territoriales et portant dispositions diverses relatives à leur organisation et leur fonctionnement a été adoptée en 1re lecture par le Sénat le 16 juin 2014 (TA 134).

– Le président du conseil départemental, autorité de police. En l'espèce, le parallèle avec le maire ne peut être poursuivi car les pouvoirs de police administrative du président du conseil départemental sont beaucoup moins diversifiés (il ne dispose pas, comme le maire, d'un pouvoir de police administrative générale). En outre, ils ne sont pas exclusifs. Ainsi, au titre de la gestion du domaine du département, comme le précise l'article L. 3221-4 CGCT, le président du conseil départemental exerce les pouvoirs de police afférents à cette gestion, notamment en ce qui concerne la circulation sur ce domaine (avec la départementalisation de la quasi-totalité de la voirie routière nationale, on prend la mesure de cette mission ; le président est notamment responsable de la viabilité des voies publiques et de la sécurité des circulations), mais sous réserve des attributions dévolues aux maires et au représentant de l'État dans le département ainsi que du pouvoir de substitution de ce dernier prévu à l'article L. 3221-5 CGCT.

§ 2. Les organes délibérants

406 Délibérer ne signifie pas nécessairement prendre des **décisions**. En effet, les assemblées locales peuvent aussi donner des **avis** (v., par ex., art. L. 2121-29, al. 2, CGCT, pour le conseil municipal ; cette consultation étant même susceptible d'être obligatoire, comme, par exemple, celle du conseil régional sur les problèmes de développement et d'aménagement de la région, selon l'article L. 4221-3, al. 1, CGCT). De même, ces assemblées peuvent être conduites à émettre des **vœux**, comme c'est le cas pour les conseils municipaux (v. art. L. 2121-29, *in fine*, CGCT). En fait, l'expression « délibération » renvoie à la fois à un processus de discussion et à son point d'aboutissement.

Vœux du conseil départemental

À la différence de l'article L. 2121-29 CGCT sur les vœux du conseil municipal, l'article L. 3211-1 CGCT ne précise pas que le conseil départemental peut émettre des vœux. Le Conseil d'État l'a toutefois reconnu : CE, 30 déc. 2009, *Département du Gers*, n° 308514 (*AJDA* 2010, p. 734, note M. Verpeaux). Cette solution est en l'espèce d'autant plus intéressante que le vœu formulé n'entrait pas dans les compétences reconnues au conseil départemental. Cependant, le Conseil d'État a jugé que « la circonstance que l'État détienne seul un pouvoir de police spéciale en ce qui concerne les organismes génétiquement modifiés (OGM) et que, par suite, le conseil départemental a délibéré sur un objet étranger à ses attributions, ne suffit pas à rendre illégal un vœu de ce conseil départemental sur l'interdiction des essais et cultures d'OGM qui présente, dans le département en cause où l'activité agricole est significative, un intérêt départemental ». On retiendra donc de cette décision qu'une assemblée locale peut prendre une délibération qui se borne à des vœux, des prises de position ou des déclarations d'intention, même portant sur des objets à caractère politique et qui relèvent de la compétence d'autres personnes publiques, dès lors qu'ils présentent un intérêt local.

Quelles sont alors les règles qui président au **fonctionnement** de ces assemblées lorsqu'elles délibèrent (**A**) ? Quels sont ensuite les **domaines** dans lesquels elles peuvent délibérer – c'est-à-dire, cette fois-ci, décider (**B**) ?

A. Règles de fonctionnement

407 Comme on le sait, les collectivités territoriales s'administrent librement « par des conseils élus » et « dans les conditions prévues par la loi » (art. 72, al. 3, Const. 1958). En application de ce principe, les règles de fonctionnement des assemblées locales trouvent place essentiellement dans la loi.

Toutefois, cette source du droit local n'est pas exclusive. En effet, certaines règles de fonctionnement sont aussi précisées dans le **règlement intérieur** établi par chaque collectivité. Il est même possible que pour certaines règles de fonctionnement le règlement s'impose à l'exclusion de la loi, au nom du principe de libre administration des collectivités territoriales au (v., par ex., Cons. const. n° 98-407 DC du 14 janv. 1999, *Loi relative mode d'élection conseillers régionaux et au fonctionnement des conseils régionaux* : en imposant aux débats de la commission permanente le principe de la publicité, plutôt que de laisser au règlement intérieur du conseil régional le soin de déterminer cette règle de fonctionnement, le législateur a méconnu l'article 72 de la Constitution).

L'élaboration d'un tel règlement intérieur est d'ailleurs obligatoire dans les communes de 3 500 habitants et plus, et ce dans les six mois de l'installation du conseil municipal (art. L. 2121-8 CGCT ; en revanche dans les communes de moins de 3 500 habitants le conseil municipal apprécie librement l'opportunité d'adopter un tel règlement intérieur). L'obligation est également applicable aux conseils généraux et régionaux, qui doivent établir ce règlement intérieur dans le mois qui suit leur renouvellement (art. L. 3121-8 et L. 4132-6 CGCT).

Mais ce règlement intérieur est subordonné au respect de la loi. Sa légalité peut être contestée devant le juge administratif. Quant au juge, il a considéré que la violation de ce règlement peut justifier l'invalidation des délibérations adoptées en méconnaissance de ses dispositions, du moins lorsqu'elles reprennent des exigences législatives ou lorsque le juge leur reconnaît un caractère substantiel.

Jurisprudence. Le Conseil d'État a jugé qu'une disposition d'un règlement intérieur d'un conseil municipal prévoyant la saisine pour avis sur les dates et ordres du jour des séances du conseil municipal institue en principe une **formalité substantielle** (CE, 14 mars 2005, *Commune de Pignan*, n° 272860 : en l'espèce, elle ne trouve toutefois pas à s'appliquer, eu égard à la nature particulière de l'ordre du jour de la séance du conseil municipal litigieuse, qui consistait exclusivement en l'élection du maire et de ses adjoints ; dès lors, la méconnaissance des dispositions du règlement intérieur est, dans les circonstances de l'espèce, sans incidence sur la légalité de l'élection contestée). La **jurisprudence *Danthony*** pourrait trouver là à s'appliquer et fournir une grille d'analyse (CE, ass., 23 déc. 2011, n° 335033 ; égal. X. Domino et A. Bretonneau, « Jurisprudence *Danthony*, bilan après dix-huit mois », *AJDA*, 2013, p. 1733). On rappelle que selon cette jurisprudence : « Si les actes administratifs doivent être pris selon les formes et conformément aux procédures prévues par les lois et règlements, un **vice affectant le déroulement d'une procédure administrative préalable** n'est de nature à entacher d'illégalité la décision prise que s'il ressort des pièces du dossier qu'il a été susceptible d'exercer, en l'espèce, une **influence sur le sens de la décision prise** ou s'il a **privé les intéressés d'une garantie.** »

Le cadre juridique étant ainsi défini, il convient, à présent, de préciser les règles de fonctionnement les plus caractéristiques applicables aux assemblées délibérantes locales, en étudiant plus particulièrement le **régime des réunions** (**1**) et le **régime des séances** (**2**).

1. Le régime des réunions

408 Nous préciserons les règles relatives à la **périodicité des réunions** (**a**) et à la **convocation des conseillers** (**b**).

a. Périodicité

409 **Conseil municipal.** De façon classique, le conseil municipal se réunit au moins une fois par trimestre (art. L. 2121-7 CGCT). Des séances supplémentaires peuvent toutefois avoir lieu sur convocation du maire (art. L. 2121-9, al. 1, CGCT) ou quand la demande motivée lui en est faite par le représentant de l'État ou par le tiers au moins des membres du conseil municipal en exercice dans les communes de 3 500 habitants et plus et par la majorité des conseillers municipaux dans les communes de moins de 3 500 habitants (art. L.. 2121-9, al. 2, CGCT). En cas d'urgence, le représentant de l'État dans le département peut même abréger le délai de convocation qui est de trente jours maximum en cas de convocation sur demande (art. L. 2121-9, in fine, CGCT).

410 **Conseil départemental.** La situation est ici assez comparable à celle du conseil municipal, à quelques différences près toutefois. Le conseil départemental se réunit au moins une fois par trimestre, comme l'assemblée communale, sur convocation de son président (art. L. 3121-9 CGCT). Les membres de la commission permanente et le tiers des conseillers départementaux sont aussi en droit de provoquer la réunion de l'assemblée (mais, dans le dernier cas, sur un ordre du jour déterminé et pour une durée n'excédant pas deux jours ; v. art. L. 3121-10 CGCT). En cas de circonstances exceptionnelles, les conseils départementaux peuvent être réunis par décret.

411 **Conseil régional.** Les solutions retenues en l'espèce sont celles qui sont applicables au conseil départemental (art. L. 4132-8 et 9 CGCT).

b. Convocation

412 **Convocation des conseillers municipaux.** Le régime des convocations est organisé de façon détaillée par la loi en ce qui concerne les conseillers municipaux.

Toute convocation est faite par le maire et comporte obligatoirement la liste des questions portées à l'ordre du jour (art. L. 2121-10 CGCT). Dans les communes de 3 500 habitants et plus, une « note explicative de synthèse » (et non une information exhaustive) sur les affaires qui feront l'objet de la réunion doit être jointe à la convocation (art. L. 2121-12, al. 1, CGCT). Ainsi, un véritable droit à l'information lié au mandat est né, qui ne concerne pas seulement les conseillers municipaux titulaires d'une délégation comme autrefois (v., à ce sujet, la rédaction de l'article L. 2121-13 CGCT).

Jurisprudence. Le Conseil d'État a précisé « qu'il résulte de ces dispositions (art. L. 2121-12 et 13 CGCT) que, dans les communes de 3 500 habitants et plus, la convocation aux réunions du conseil municipal doit être accompagnée d'une **note explicative de synthèse** sur chacun des points de l'ordre du jour ; que le défaut d'envoi de cette note entache d'irrégularité les délibérations prises à moins que le maire n'ait fait parvenir aux conseillers municipaux, en même temps que la convocation, les documents leur permettant de disposer d'une information répondant aux exigences de l'article L. 2121-12 » ; CE, 30 sept. 2009, n° 326230.

Chaque conseiller municipal doit être individuellement prévenu de toute réunion par une convocation adressée par écrit, sous quelque forme que ce soit (sur support papier ou par transmission numérique), et en principe à son domicile, sauf choix d'une autre adresse (art. L. 2121-10 CGCT). Le délai de convocation est de trois jours francs au moins avant le jour de la réunion dans les communes de moins de 3 500 habitants (art. L. 2121-11 CGCT) et de cinq jours francs dans les communes de 3 500 habitants et plus (art. L. 2121-12, al. 3, CGCT ; le non-respect de ces règles entraîne l'illégalité des délibérations, alors même que les conseillers concernés ont été présents ou représentés : CE, 9 mars 2007, *B.*, n° 290687). Sauf urgence, auquel cas le délai de convocation est ramené à un jour franc par le maire. Dans ce cas, il doit en rendre compte dès l'ouverture de la séance au conseil municipal qui se prononce sur l'urgence et peut décider le renvoi de la discussion, pour tout ou partie, à l'ordre du jour d'une séance ultérieure (art. L. 2121-11 et 12, *in fine* CGCT).

413 **Convocation des conseillers départementaux.** Le régime législatif applicable en l'espèce est moins détaillé que dans le cas précédent. Il est fait mention du droit pour tout membre du conseil départemental, dans le cadre de sa fonction, d'être informé des affaires du département qui font l'objet d'une délibération (art. L. 3121-18 CGCT). En outre, il est prévu à l'article L. 3121-19 CGCT que douze jours au moins avant la réunion du conseil départemental, le président adresse aux conseillers départementaux « un rapport, sous quelque forme que ce soit, sur chacune des affaires qui doivent leur être soumises » (**Jurisprudence.** CE, 31 mars 1989, *Gaignault*, *AJDA* 1989, p. 540, concl. Lévis : la méconnaissance de ce délai entache d'illégalité la délibération en raison de l'ampleur qu'elle a présentée dans les circonstances de l'espèce – dissolution d'office d'un syndicat intercommunal). L'urgence peut être invoquée par le président : dans ce cas le délai de convocation peut être abrégé, mais « sans pouvoir être toutefois inférieur à un jour franc » ; de plus, « le président rend compte dès l'ouverture de la séance du conseil départemental, qui se prononce sur l'urgence et peut décider le renvoi de la discussion, pour tout ou partie, à l'ordre du jour d'une séance ultérieure » (art. L. 3121-19 CGCT).

414 **Convocation des conseillers régionaux.** Les dispositions applicables aux conseillers départementaux ont été étendues aux conseillers régionaux (art. L. 4132-17 et 18 CGCT). Il convient juste d'ajouter que « les projets sur lesquels le conseil économique, social et environnemental régional est obligatoirement et préalablement consulté sont adressés simultanément, sous quelque forme que ce soit, aux membres du conseil régional » (art. L. 4132-18 CGCT ; sur le conseil économique, social et environnement régional, v. ss 387).

2. Le régime des séances

415 Nous préciserons les règles relatives à la **tenue des séances** (**a**) et aux **votes et scrutins** (**b**).

a. Tenue des séances

416 **Quorum.** Pour que le **conseil municipal** puisse valablement délibérer, il faut que « la majorité de ses membres en exercice » soit présente à l'ouverture de la séance (art. L. 2121-17, al. 1, CGCT) ; pour le **conseil départemental**, il est précisé que celui-ci ne peut délibérer si « la majorité absolue de ses membres en exercice » n'est présente (v. art. L. 3121-14 CGCT) ; même solution pour le **conseil régional** (art. L. 4132-13, al. 1, CGCT). À défaut, une nouvelle convocation est envoyée qui permet la tenue du conseil, à trois jours au moins d'intervalle, quel que soit le nombre de présents (CGCT, art. L. 2121-17, al. 2 ; art. L. 3121-14, al. 2 ; art. L. 4132-13, al. 2).

417 **Présidence.** Les séances du **conseil municipal** sont présidées par le maire (art. L. 2121-14 CGCT ; sauf en cas d'empêchement ou lorsque le conseil délibère sur le compte administratif ou encore si le maire est personnellement intéressé à une affaire). Le maire détient la police de l'assemblée (art. L. 2121-16 CGCT), conduit les débats et organise les votes. Un dispositif identique existe pour le **conseil départemental** (art. L. 3121-12 CGCT) et le **conseil régional** (art. L. 4132-11 CGCT).

Un **secrétaire** est élu à chaque séance, qui note l'essentiel des débats et les délibérations prises à leur issue (art. L. 2121-15 CGCT ; l'existence du secrétaire est également mentionnée au niveau départemental : v. art. L. 3121-13 CGCT ; et régional :

art. L. 4132-12 CGCT). Ces délibérations sont inscrites au registre des délibérations et sont, rappelons-le (v. ss 190 s.), soumises à l'obligation de transmission au représentant de l'État aux fins d'exercice du contrôle administratif.

418 **Caractère public des séances.** Il est ainsi expressément prévu pour les séances du **conseil municipal** (art. L. 2121-18, al. 1, CGCT), du **conseil départemental** (art. L. 3121-11, al. 1, CGCT) et du **conseil régional** (art. L. 4132-10, al. 1, CGCT) ; leurs séances peuvent même être retransmises par les moyens de communication audiovisuelle (art. L. 2121-18, al. 3 ; art. L. 3121-11, al. 3 ; art. L. 4132-10, *in fine*, CGCT), sauf menace de trouble appréciée par le maire, le président du conseil départemental ou régional qui détiennent la police de l'assemblée.

Mais si les séances sont en principe publiques, il est possible de recourir au **huis clos.** En effet, sur la demande de trois membres ou du maire, le conseil municipal peut décider, sans débat, à la majorité absolue des membres présents ou représentés, qu'il se réunit à huis clos (art. L. 2121-18, al. 2, CGCT). Le huis clos est également possible au niveau départemental et régional : à la demande de cinq membres ou du président, le conseil peut décider, sans débat, à la majorité absolue des membres présents ou représentés, qu'il se réunit à huis clos (art. L. 3121-11, al. 2, et art. L. 4132-10, al. 2, CGCT).

419 **Commissions.** Pour améliorer le fonctionnement du **conseil municipal**, il est possible de créer des commissions chargées de préparer, étudier et proposer des projets de décisions au conseil (art. L. 2121-22 CGCT ; le principe de la formation de ces commissions est également prévu au **niveau départemental** : v. art. L. 3121-22 CGCT ; et au **niveau régional** : art. L. 4132-21 CGCT). Les commissions sont de plein droit présidées par le maire et sont spécialisées dans tel ou tel domaine (finances, urbanisme, affaires sociales, etc.). Dans les communes de plus de 1 000 habitants, il est même prévu (art. L. 2121-22, al. 3, CGCT) que leur composition doit respecter le principe de la représentation proportionnelle « pour permettre l'expression pluraliste des élus au sein de l'assemblée communale ». Ces commissions doivent être distinguées des commissions dites « extra-municipales » qui ne sont pas

composées seulement de conseillers municipaux mais qui sont ouvertes aux habitants de la commune (ce sont des instances de dialogue qui ne sont nullement habilitées à proposer et donc à prendre des décisions ; v. ss 383 s.).

À noter : La parlementarisation du fonctionnement des assemblées locales progresse. C'est ainsi que l'on note la possibilité pour le conseil régional, « lorsqu'un cinquième de ses membres le demande », de délibérer « de la création d'une mission d'information et d'évaluation, chargée de recueillir des éléments d'information sur une question d'intérêt régional ou de procéder à l'évaluation d'un service public régional » (art. L. 4132-21-1 CGCT ; dispositif équivalant pour le conseil départemental : art. L. 3121-22-1 CGCT ; pour le conseil municipal, ce dispositif ne s'applique que dans les communes de 50 000 habitants et plus, et la demande doit émaner d'un sixième des membres du conseil : art. L. 2121-22-1 CGCT).

420 **Groupes d'élus.** L'article L. 2121-28 CGCT a prévu la possibilité de constituer des groupes d'élus dans les **conseils municipaux des communes de plus de 100 000 habitants** (dispositif identique pour les **conseils départementaux** : art. L. 3121-24 CGCT ; et pour les **conseils régionaux** : art. L. 4132-23 CGCT). Ces groupes se constituent par la remise au maire d'une déclaration, signée de leurs membres, accompagnée de la liste de ceux-ci et de leur représentant. Dans les conditions qu'il définit, le conseil peut affecter aux groupes d'élus, pour leur usage propre ou pour un usage commun, un local administratif, du matériel de bureau et prendre en charge leurs frais de documentation, de courrier et de télécommunications. Des personnels administratifs peuvent également leur être éventuellement affectés, à condition toutefois que les incidences financières demeurent dans les limites fixées par la loi.

421 **Droit à l'information des conseillers.** Contribuant à améliorer la réalité des débats et, par là même, le statut en construction des membres de l'opposition, le législateur est intervenu à plusieurs reprises pour mettre en place des moyens d'information nouveaux très largement empruntés au droit parlementaire (D. Landbeck, « L'information des assemblées délibérantes locales : enjeux et difficultés », *AJDA* 2003, p. 1138).

– **Questions orales.** L'article L. 2121-19 CGCT prévoit que les **conseillers municipaux** ont le droit d'exposer, en séance du conseil, des questions orales ayant trait aux affaires de la commune et ceci dans toutes les communes. Les modalités d'exercice d'un tel droit sont fixées soit par le règlement intérieur, lorsqu'il en existe un, soit par une délibération du conseil. Cette solution peut ainsi faciliter la transparence de la vie municipale. Pour le **conseil départemental**, l'article L. 3121-20 CGCT a également prévu une procédure de questions orales ayant trait aux affaires du département. Un dispositif comparable se retrouve au **conseil régional** (art. L. 4132-20 CGCT).

- **Débat budgétaire.** Dans les **communes de 3 500 habitants et plus**, il est prévu qu'un **débat sur les orientations générales du budget de l'exercice, ainsi que sur les engagements pluriannuels envisagés et sur l'évolution et les caractéristiques de l'endettement de la commune** a lieu deux mois avant son examen en conseil municipal. Un tel débat permet de connaître à l'avance les grandes masses budgétaires et donc les priorités de l'action municipale envisagée (art. L. 2312-1 CGCT). De la sorte, les élus peuvent chercher à proposer des solutions alternatives dont l'exposé nourrira le débat. Pour le **conseil départemental**, un dispositif identique est prévu (art. L. 3312-1 CGCT). Pour le **conseil régional**, le dispositif est également le même à la différence près du délai précédant l'examen du budget qui est en l'espèce de « dix semaines » (art. 4312-1 CGCT).

- **Rapport spécial.** L'article L. 3121-21 CGCT précise que chaque année, le président du **conseil départemental** rend compte au conseil départemental, par un rapport spécial qui donne lieu à un débat, de la situation du département, de l'activité et du financement des différents services du département et des organismes qui dépendent de celui-ci. Le rapport donne également l'état d'exécution des délibérations du conseil départemental et la situation financière du département. Mêmes solutions pour le **conseil régional** (art. L. 4132-19 et 20 CGCT ; il convient d'ajouter qu'ici le rapport spécial rend compte en outre de l'état d'exécution du plan régional).

Biblio. somm. : L. Janicot, Les droits des élus, membres des assemblées des collectivités territoriales, Bibl. Droit public, t. 238, LGDJ, 2004.

422 **Dissolution.** Si le fonctionnement normal du **conseil municipal** est rendu impossible, par exemple, du fait de dissensions graves en son sein, il peut être dissout par décret motivé du président de la République pris en conseil des ministres (art. L. 2121-6 CGCT). Il en va de même pour le **conseil départemental** (art. L. 3121-5 CGCT) et pour le **conseil régional** (art. L. 4132-3 CGCT) – dans ces deux derniers cas, on note toutefois qu'en cas de dissolution, le gouvernement « en informe le Parlement dans le délai le plus bref », et il est précisé que « la dissolution ne peut jamais être prononcée par voie de mesure générale ».

Jurisprudence. Voici des exemples dans lesquels le **décret de dissolution** a été jugé légal par le Conseil d'État.

- CE, 3 nov. 1989, n° 66118 : motif tiré de l'interruption du fonctionnement des institutions municipales.

- CE, 4 juin 2007, *Commune du Pêchereau*, n° 295296 : des membres du conseil municipal, dont plusieurs adjoints, ont démissionné en 2002 et 2005 et des élections partielles consécutives à ces démissions ont donné une large majorité au sein de ce conseil aux opposants au maire ; à la date à laquelle est intervenu le décret attaqué, les dissensions existant entre le maire et cette majorité ont notamment fait obstacle à l'adoption du budget primitif de la commune pour 2006 et à celle du compte administratif de 2005 ; dans ces conditions le décret attaqué pouvait légalement, en se fondant sur ces faits dont la matérialité est établie, prononcer la dissolution du conseil municipal au motif que ces dissensions avaient atteint un degré de gravité tel que la gestion administrative de la commune se trouvait mise en péril.

- CE, 23 mars 2011, n° 339145 : des dissensions au sein du conseil municipal avaient notamment fait obstacle à l'adoption du budget primitif principal ainsi que des budgets annexes de la commune pour 2009, et à la suite de la saisine de la chambre régionale des comptes, le budget de la commune avait dû être arrêté par le préfet.

Mais la dissolution doit rester une procédure exceptionnelle et il ne saurait y avoir en l'espèce une quelconque automaticité en cas par exemple d'absence d'adoption, deux années de suite, du budget primitif de la commune ; il conviendra au préalable de relever un « blocage durable, large et manifestement irréversible du fonctionnement de l'assemblée communale mettant en péril la gestion administrative de la commune », et également de constater « l'échec des tentatives de règlement amiable de la situation » (réponse ministérielle à une question parlementaire écrite (Sénat, n° 06347) publiée au *JO* Sénat du 2 oct. 2014).

En cas de dissolution, au niveau communal, est alors nommée par le préfet une **délégation spéciale** de trois à sept membres (selon l'importance démographique de la commune), dont la compétence est limitée « aux actes de pure administration conservatoire ou urgente » (art. L. 2121-35 s. CGCT). De nouvelles élections sont organisées dans les deux mois.

Au niveau départemental, le président du conseil départemental est chargé de « l'expédition des affaires courantes ». Ses décisions ne sont exécutoires qu'avec l'accord du représentant de l'État dans le département. Il est procédé à la réélection du conseil départemental dans un délai de deux mois (art. L. 3121-6 CGCT ; même solution pour le conseil régional : art. L. 4132-4 CGCT).

b. Votes et scrutins

423 Les votes sont des manifestations de volonté de l'assemblée et les scrutins sont les modalités diverses de ces votes.

1) Votes

424 L'état du droit se présente comme suit :

- **Délégations de vote.** Au **conseil municipal**, pour voter, un conseiller empêché d'assister à une séance peut donner à un collègue de son choix pouvoir écrit de voter en son nom. Un même conseiller municipal ne peut toutefois être porteur que d'un seul pouvoir. Celui-ci est toujours révocable et, sauf cas de maladie dûment constatée, il ne peut être valable pour plus de trois séances consécutives (art. L. 2121-20, al. 1, CGCT). Le dispositif applicable au **conseil départemental** est assez voisin, sauf que la délégation ne vaut que pour une seule « réunion » (art. L. 3121-16 CGCT ; même solution pour le **conseil régional** : art. L. 4132-15 CGCT), c'est-à-dire, semble-t-il, pour une seule séance (il conviendrait donc de renouveler la délégation au cas de séances successives). Enfin, un conseiller départemental ou régional ne peut recevoir qu'une seule délégation.

- **Majorité requise.** Les débats au **conseil municipal** débouchent sur des délibérations acquises à la « majorité absolue des suffrages exprimés » (art. L. 2121-20, al. 2, CGCT). Pour le **conseil départemental**, il est précisé que les délibérations sont en principe prises à la « majorité des suffrages exprimés » (art. L. 3121-14, al. 3, CGCT), comme pour les délibérations du **conseil régional** (art. L. 4132-13, *in fine*, CGCT). En pratique, cette différence de rédaction est sans importance. En effet, s'agissant de votes sur des délibérations, dans lesquels seuls sont pris en compte les suffrages exprimés, « pour » ou « contre », mais non les votes blancs, nuls et les abstentions, le choix proposé ne peut être qu'entre deux réponses : « oui » ou « non ». En ce cas, majorité absolue et majorité simple ne font qu'un : pour qu'une proposition soit considérée comme adoptée, il faut que le nombre de suffrages favorables soit supérieur à la moitié du nombre des suffrages exprimés. Sinon la proposition est rejetée. En fait, la distinction entre majorité absolue et majorité simple n'est justifiée qu'en matière électorale : en présence de plus de deux candidats, la majorité absolue peut être exigée tout d'abord (obtenir plus de la moitié des suffrages), la majorité simple suffisant ensuite (avoir plus que les autres).

Notons que lorsqu'il y a partage des voix, et sauf cas de scrutin secret, la voix du président est prépondérante (art. L. 2121-20, al. 3 ; art. L. 3121-15, al. 1, et art. L. 4132-14, al. 1, CGCT). Comme il s'agit d'un privilège attaché à la fonction, et non à la personne, la voix de celui qui le remplace est également prépondérante en cas de partage des voix.

2) Scrutins

425 **Scrutin ordinaire.** Les votes ordinaires peuvent se faire de n'importe quelle façon : par assis ou levé, ou à mains levées, qui est le mode de votation le plus usuel. Le procès-verbal doit mentionner le résultat du vote, mais n'a pas à faire mention du nom des votants.

426 **Scrutin public.** Le vote dans un **conseil municipal** peut avoir lieu au scrutin public à la demande du quart des membres présents à la séance au moment où la demande est formulée. En cas de partage, la voix du président est prépondérante. Le registre des délibérations comporte alors le nom des votants et l'indication du sens de leur vote (art. L. 2121-21, al. 1, CGCT). Au **conseil départemental** (art. L. 3121-15 CGCT) et au **conseil régional** (art. L. 4132-14 CGCT), les solutions sont quasiment identiques, à la différence près que les votes sont recueillis au scrutin public toutes les fois que le sixième des membres présents le demande.

427 **Scrutin secret.** Il peut aussi être voté dans un **conseil municipal** au scrutin secret, soit lorsqu'un tiers des membres présents le réclame (mais un vote au scrutin secret intervenu alors que le tiers

des membres présents ne l'a pas réclamé est de nature à entacher d'illégalité la délibération ainsi adoptée ; CE, 7 nov. 1990, n° 88382), soit lorsqu'il y a lieu de procéder à une nomination ou à une présentation (art. L. 2121-21, al. 2, CGCT). Dans ce dernier cas, si aucun des candidats n'a obtenu la majorité absolue après deux tours de scrutin secret, il est procédé à un troisième tour de scrutin et l'élection a lieu à la majorité relative. À égalité de voix, la loi a précisé que l'élection est acquise « au plus âgé » (art. L. 2121-21, al. 3, CGCT). Notons que s'agissant des votes portant sur des nominations ou des présentations, le conseil municipal peut décider, à l'unanimité, de ne pas procéder au scrutin secret, sauf lorsqu'une disposition législative ou réglementaire a prévu expressément ce mode de scrutin.

Les articles L. 3121-15, alinéa 2, et L. 4132-14, alinéa 2, CGCT, applicables au **conseil départemental et régional**, mentionnent là aussi la règle selon laquelle les votes sur les nominations ont toujours lieu au scrutin secret dans les cas où la loi ou le règlement le prévoit expressément ; mais dans les autres cas, le conseil départemental/régional peut décider à l'unanimité de ne pas procéder au scrutin secret aux nominations.

En cas de scrutin secret, la voix du président n'étant pas prépondérante, on doit considérer que le partage des voix entraîne le rejet de la proposition.

À noter : Le Conseil constitutionnel a déclaré conformes à la Constitution les dispositions de l'article L. 2121-21 du Code général des collectivités territoriales sur le vote secret, en jugeant notamment qu'il ne résulte pas de la combinaison des articles 6 de la déclaration de 1789 et 3 de la Constitution un principe de publicité des séances et des votes lors des délibérations des assemblées locales ; Conseil constitutionnel n° 2015-471 QPC du 29 mai 2015, *Mme Nathalie K.-M.* [Délibérations à scrutin secret du conseil municipal].

B. Attributions

428 Parce qu'elles représentent des collectivités publiques possédant une personnalité juridique largement entendue, les assemblées délibérantes locales exercent des compétences variées. Elles interviennent d'abord en matière budgétaire, compétence qui conditionne l'exercice de la plupart des autres compétences. Elles

statuent également sur la gestion du patrimoine de la collectivité, interviennent pour la création et l'organisation des services publics locaux, prennent des décisions en matière de création et de suppression d'emplois, etc.

Si les principaux domaines de compétence ont rapidement fini par trouver leur maître, faute politiquement de pouvoir parvenir à créer un consensus puissant autour de la suppression de l'un des échelons de l'administration décentralisée, force est de constater que les périmètres ne sont pas immuables. Trente ans après les premiers textes décentralisateurs on observe que le législateur continue avec persévérance de remettre l'ouvrage sur le métier. La France administrative est toujours à la recherche d'un modèle. Les alternances politiques entretiennent ce mouvement perpétuel, ce qui ne saurait étonner tant l'administration du territoire est devenue instrument de conquête et lieu de pouvoir. L'adhésion du citoyen en sort-elle renforcée ? La vision parfois artistiquement technocratique qui résulte de ces réformes à répétition l'éloigne sans doute un peu plus du tableau, sans toutefois le faire sortir du cadre. L'appel démocratique une fois tous les six ans entretient le lien, même si les mobilités d'aujourd'hui diluent l'attachement.

Si l'on tente de saisir le droit positif pour le fixer sur la toile, tel le peintre qui applique des touches de couleur pour donner sens à son œuvre, on est un peu en peine pour y parvenir par un trait net et une forme sûre. L'agitation législative du moment pourrait nous inciter à pratiquer l'approximation en la nourrissant de l'incertitude du lendemain. Mais on peut aussi échapper à cette emprise car le temps a permis l'accumulation d'indices qui donnent aujourd'hui poids et volume à notre sujet. Interrogeons-le et tâchons de cerner les principes qui sous-tendent **l'étendue des compétences (1)**, avant d'explorer la façon dont a été conçue **leur répartition** entre les différents niveaux d'administration **(2)**.

1. L'étendue des compétences

429 L'étendue des compétences de nos collectivités territoriales varie en fonction du rapport que le centre cherche à entretenir avec elles. L'heure est aujourd'hui à la décentralisation, c'est-à-dire aux

transferts de compétence vers cette périphérie qui échappe au pouvoir hiérarchique du centre. Impuissant à pouvoir répondre seul aux attentes sans cesse renouvelées d'administrés-consommateurs, l'État, contraint et forcé, est à la recherche des voies et moyens pour répartir la charge sans perdre la main. Il en résulte des politiques impressionnistes, où se mêlent tentatives hardies et replis conservateurs. La situation actuelle s'organise principalement autour de trois pilliers : Que doit faire chaque niveau d'administration dans ses rapports avec les autres ? C'est la question de **la « clause générale de compétence »** qui est ici posée (**a**). Que peut-on lui laisser faire ? C'est la question ici du contenu à donner à **l'intérêt public local** (**b**). Mais comme ces deux sujets dialoguent entre eux, il faut donc se demander comment ne pas figer les situations. C'est ce qui a conduit à introduire de façon innovante **l'expérimentation dans les politiques de transferts de compétence** (**c**).

a. La « clause générale de compétence »

430 Selon l'alinéa 1er de l'article L. 1111-2 CGCT, « les communes, les départements et les régions règlent par leurs délibérations les affaires de leur compétence ».

Certains auteurs ont excipé de ces dispositions issues de la loi n° 83-8 du 7 janvier 1983, relative à la répartition des compétences entre les communes, les départements, les régions et l'État, pour constater l'abandon législatif de la « clause générale de compétence » des assemblées délibérantes des collectivités territoriales (Ainsi, par exemple, l'intervention communale était traditionnellement commandée par la « clause générale de compétence » résultant du premier alinéa de l'article L. 121-26 du code des communes, devenu l'article L. 2121-29 CGCT, selon lequel « le conseil municipal règle par ses délibérations les affaires de la commune »). L'expression nouvelle « les affaires de leur compétence » a pu sembler, en effet, se substituer aux traditionnelles « affaires locales », pour ne plus faire référence qu'aux seules compétences expressément attribuées par la réforme de la décentralisation au début des années 1980 (J. Moreau, *Administration régionale, départementale et municipale*, 13e éd., Mémento Dalloz, 2002, p. 5).

Toutefois, le juge administratif semble avoir expressément démenti cette interprétation en affirmant que l'article L. 121-26 du code des communes (préc.) n'a pas été abrogé par l'article 1er de la loi du 7 janvier 1983 (CE 11 oct. 1989, *Cne Port-Saint-Louis-du-Rhône c/ Préf. Bouches-du-Rhône*, req. n° 89628 ; CE 11 oct. 1989, *Cne Gardanne*,req. n° 89325). Il a fait sienne l'analyse selon laquelle le conseil municipal peut agir dans tout domaine présentant un intérêt communal sous réserve d'un certain nombre de limites tenant au respect de divers principes généraux (comme le principe de liberté du commerce et de l'industrie), à l'interdiction d'empiéter sur les pouvoirs propres du maire et aux règles législatives de répartition des compétences entre l'État et les différents niveaux de collectivités territoriales.

À la vérité, la « clause générale de compétence » n'a jamais permis aux autorités locales de tout faire. Elle a toujours consisté à ne pas limiter *a priori* l'initiative locale. En fait, il existe dans notre système d'administration locale des compétences prévues et organisées par plusieurs lois, qui coexistent sans difficulté avec une « clause générale de compétence » (J.-M. Pontier, « *Semper manet.* Sur une clause générale de compétence », *RD publ.* 1984, p. 1443 ; J.-P. Pastorel, « Collectivité territoriale et clause générale de compétence », *RD publ.* 2007, p. 51). Ainsi, par exemple, pour répondre à la question de savoir si une commune est compétente pour accorder des aides à la réinsertion en faveur de personnes défavorisées, le Conseil d'État a recherché si les textes de référence, à défaut de prévoir expressément l'intervention des communes dans les dispositifs d'insertion, pouvaient être interprétés comme l'excluant. Tel n'étant pas le cas, il a été conduit à considérer que la « clause générale de compétence » donne aux communes le droit d'intervenir non seulement dans les domaines que la loi leur attribue ou qu'elle ne leur interdit pas expressément, mais aussi dans ceux qu'elle attribue à d'autres personnes publiques sans toutefois leur en assurer l'exclusivité (CE, 29 juin 2001, *Cne Mons-en-Barœul*, *AJDA* 2002, p. 42, note Y. Jegouzo ; égal. D. Roman, « Les collectivités locales et l'insertion sociale. À propos d'une jurisprudence ambiguë », *AJDA* 2002, p. 386). En l'espèce, c'est l'intérêt public local qui prime.

La révision constitutionnelle du 28 mars 2003, elle-même, a permis de renforcer la clause générale de compétence en y adjoignant le principe selon lequel « les collectivités territoriales ont vocation à prendre les décisions pour l'ensemble des compétences qui peuvent le mieux être mises en œuvre à leur échelon ». Cet ancrage constitutionnel renforce la légitimité des collectivités à exercer l'ensemble des compétences qui se caractérisent par un intérêt territorial manifeste. Ainsi, par exemple, il est de l'intérêt de la commune de verser une aide économique à une entreprise qui envisage de s'implanter sur le territoire communal. Mais le département peut également avoir intérêt à ce que l'entreprise, dont le bassin d'emploi est plus large que celui de la commune, se développe. Enfin, la région a tout intérêt à participer à la dynamique économique.

Il faut le reconnaître, la « clause générale de compétence » contribue de la sorte à l'enchevêtrement des compétences et c'est **ce qui peut justifier l'engagement d'une réflexion** pour en éviter les dérives (G. Le Chatelier, « Le débat sur la clause générale de compétence est-il vraiment utile ? », *AJDA* 2009, p. 186). Car si elle apparaît bien comme un potentiel vecteur du dynamisme local, elle peut aussi aboutir à toutes sortes de surenchères dispendieuses en multipliant concurrences et redondances. Force est de constater qu'elle n'a été remise en cause jusqu'à présent que de manière prudente et limitée, les élus locaux sachant brandir à chaque menace toute la symbolique des libertés locales en s'appuyant sur la légitimité démocratique qu'ils incarnent.

Les débats qu'elle a alimentés depuis le début des années 2010 en sont la preuve : En partie supprimée par la **réforme territoriale du 16 décembre 2010**, elle a été restaurée au profit des départements et des régions par la **loi du 27 janvier 2014** de modernisation de l'action publique territoriale et d'affirmation des métropoles. Elle est à nouveau menacée par le **projet de loi portant nouvelle organisation territoriale de la République, en cours d'examen au Parlement début 2015**, qui propose de ne la maintenir que pour les communes. Ce nouvel avatar s'inscrirait alors dans le cadre d'un « nécessaire choc de simplification ». Pour qui sonnera le glas ?

Une piste, prônée par le Sénat, pourrait consister à supprimer la clause générale de compétence des régions et non celle des départements en raison de l'expertise acquise par ces derniers et de la volonté de confier aux régions, non des compétences de gestion qui requièrent proximité et réactivité, mais des responsabilités stratégiques pour préparer les territoires aux évolutions futures et soutenir leur dynamisme. Cette proposition sera-t-elle partagée et emportera-t-elle l'adhésion des régionalistes ?

b. L'intérêt public local

431 **L'intervention des collectivités sur la base de la clause générale de compétences est soumise à l'existence d'un intérêt local à** agir. Or, la définition de l'intérêt local est complexe. Il varie dans le temps et dans l'espace. Il n'est pas le même selon la taille de la collectivité. Son contenu est donc très contingent. En outre, comment le cerner alors que l'empilement des différents niveaux d'administration en brouille singulièrement les contours. Si les collectivités ne peuvent pas empiéter sur les compétences attribuées par la loi à un autre niveau d'administration, l'appréciation de cette limite dépend en fait de son caractère exclusif ou non. En effet, si une compétence n'est pas attribuée de manière exclusive à un niveau d'administration, il devient dès lors possible de faire fructifier sur ce terrain compétences concurrentes ou partagées.

Le juge administratif s'est employé de son côté à identifier cette notion d'intérêt public local, au cas par cas. C'est ainsi que, de longue date, le Conseil d'État a, par exemple, développé toute une jurisprudence sur le nécessaire respect par les collectivités territoriales de l'initiative privée, au nom de la liberté du commerce et de l'industrie (CE, 30 mai 1930, *Chambre syndicale du commerce en détail de Nevers*, *Lebon* 583 ; Nous renvoyons ici aux ouvrages de droit administratif général). Mais s'il en résulte un principe d'interdiction d'intervention de la puissance publique en l'absence de défaillance de l'initiative privée, force est de constater que cette directive générale connaît des atténuations qui ouvrent la porte à certaines pratiques d'interventionnisme économique local.

Sur ce sujet de l'intérêt public local, il ressort de la jurisprudence administrative que le juge écarte les interventions locales

qui n'ont pas pour objet direct de satisfaire un besoin de la population. Ainsi, par exemple, sont rejetées les interventions en vue de prendre en charge un intérêt privé (v., par ex., CE, 17 oct. 1980, *Braesch*, *Leb.* p. 625 : illégalité du financement de l'entretien de voies privatives). Cette ligne de partage offre en pratique la possibilité de dégager des politiques jurisprudentielles « compréhensives ». Ainsi, par exemple, le Conseil d'État a jugé que l'organisation au bénéfice de l'ensemble de la population d'une commune, notamment des jeunes, d'un voyage de découverte en commun, revêtait un intérêt communal (CE, 7 juill. 2004, *Cne Celoux*, n° 254165). Cette solution a tenu en fait aux circonstances de l'espèce : la commune, qui ne comptait pas cent habitants, était géographiquement très isolée, ne bénéficiant que d'assez peu d'ouverture sur l'extérieur, les enfants eux-mêmes ne partant que rarement en vacances. Cette décision, replacée dans son contexte local, s'inscrit dans la suite d'une jurisprudence assez souple, qui admet de façon plutôt libérale le financement de festivités (v. CE, 11 juin 1926, *Raynaud*, *Leb.* p. 591 ; CE, 16 févr. 1940, *Capelle et Union synd. directeurs spectacles Lyon et rég. Sud-Est*, *Leb.* p. 61. À propos de la délibération d'un conseil régional octroyant à une association une subvention en vue du financement d'un équipement dans un pays étranger lointain, v. CAA Paris, 1er déc. 2009, *Rég. Île-de-France*, *AJDA* 2010, p. 329, note Y. Gounin : délibération jugée en l'espèce légale eu égard à son intérêt public local en France).

c. L'expérimentation des transferts de compétences

432 La décentralisation en France est une entreprise au long cours. Pour la mener à bien, il est apparu aux yeux d'un certain nombre d'acteurs qu'il pouvait être **opportun de tester un transfert de compétence pour mieux apprécier l'intérêt de son éventuelle généralisation.** Comme l'expérimentation se heurtait à un certain nombre d'obstacles d'ordre juridique, une **réforme de la Constitution** est intervenue **en 2003** qui s'est traduite par l'introduction de deux dispositions nouvelles : **l'article 37-1 et l'article 72, al. 4** (égal. Loi organique n° 2003-704 du 1er août 2003 relative à l'expérimentation par les collectivités territoriales) :

Constitution du 4 octobre 1958 :

Article 37-1

« La loi et le règlement peuvent comporter, pour un objet et une durée limités, des dispositions à caractère expérimental. »

Article 72, al. 4

« Dans les conditions prévues par la loi organique, et sauf lorsque sont en cause les conditions essentielles d'exercice d'une liberté publique ou d'un droit constitutionnellement garanti, les collectivités territoriales ou leurs groupements peuvent, lorsque, selon le cas, la loi ou le règlement l'a prévu, déroger, à titre expérimental et pour un objet et une durée limités, aux dispositions législatives ou réglementaires qui régissent l'exercice de leurs compétences. »

Si l'expérimentation de l'article 72, alinéa 4, suppose toujours l'intervention de collectivités territoriales, ce n'est pas nécessairement le cas pour celle de l'article 37-1.

- **L'expérimentation de l'article 72, al. 4, de la Constitution** (la procédure en a été fixée par L. org. n° 2003-704, 1er août 2003, déclarée conforme à la Constitution par CC, déc. n° 2003-478 DC du 30 juill. 2003). Elle consiste à expérimenter une nouvelle législation ou une nouvelle réglementation au niveau local en vue de son éventuelle généralisation au niveau national (l'État reprenant la main en fin de course). Les collectivités territoriales ici en sont en quelque sorte à la fois actrices et cobayes. Mais elles sont autorisées à déroger elles-mêmes (bien que dans l'exercice d'une compétence qui leur est déjà acquise) à une norme législative ou réglementaire. Elles exercent ainsi une compétence qui est normative. L'article 72 nouveau de la Constitution permet de la sorte de faire ce qui était impossible auparavant : qu'une collectivité territoriale métropolitaine puisse déroger à la loi (CC, déc. n° 2001-454 DC du 17 janv. 2002, *Loi relative à la Corse*, consid. nos 20 et 21). On notera que dans ce type d'expérimentation, toutes les collectivités remplissant les conditions légales et en faisant la demande dans le délai sont habilitées à expérimenter. La compétence de l'État pour désigner les collectivités volontaires est liée. Enfin, la loi organique du 1er août 2003 a prévu un dispositif contraignant qui s'explique par la nécessité de donner des garanties aux citoyens dans l'hypothèse d'une intervention des collectivités territoriales dérogeant aux dispositions législatives ou réglementaires de droit commun.

Exemple. Une expérimentation-dérogation de l'article 72, al. 4, de la Constitution a été menée à propos du revenu de solidarité active (RSA) avant sa généralisation par la loi n° 2008-1249 du 1er décembre 2008 (Cette loi a institué un revenu de solidarité active qui a remplacé dans les départements le revenu minimum d'insertion et l'allocation de parent isolé). En l'espèce, la généralisation du dispositif a toutefois été annoncée alors que les expérimentations venaient de commencer. Comme a pu le noter une auteure, « une telle mesure, loin de favoriser l'expertise et l'innovation, maintient les acteurs dans un cadre prédéfini qui réduit la portée et l'intérêt de leurs initiatives » (M. Long, « L'expérimentation : un premier bilan décevant pour les collectivités territoriales », *AJDA* 2008, Tribune, p. 1625).

– L'expérimentation de l'article 37-1 de la Constitution. Procédure moins ambitieuse mais plus souple, elle permet des expérimentations plus classiques. Les débats parlementaires lors de la révision de 2003 ont montré que le constituant avait moins cherché ici à innover qu'à sécuriser juridiquement des expérimentations de la nature de celles qui avaient été antérieurement conduites dans le cadre largement entendu de la réforme administrative. En l'espèce, c'est seulement le dispositif législatif prévoyant l'expérimentation qui déroge à une norme. S'il attribue à une collectivité territoriale, le cas échéant, une compétence qui n'est pas normalement de son ressort, celle-ci ne sera pas normative. De plus, alors que dans le cas de l'expérimentation de l'article 72, al. 4, toutes les collectivités remplissant les conditions légales et en faisant la demande dans le délai sont habilitées à expérimenter, ici les collectivités participantes sont celles désignées par le législateur lui-même, ou celles choisies par l'État, ou celles qui passent une convention avec l'État à cet effet. Autrement dit, si la compétence de l'État pour désigner les collectivités volontaires est liée dans le premier type d'expérimentation, ce n'est pas nécessairement le cas dans le second. Enfin, à la différence de ce que nous avons vu dans le premier cas, en l'espèce le degré d'encadrement est nécessairement moins élevé.

La loi n° 2004-809 du 13 août 2004 relative aux libertés et responsabilités locales en a proposé plusieurs applications car certains transferts de compétences suscitaient des interrogations.

Plusieurs articles de cette loi ont ouvert, pour une durée de quatre à cinq ans selon le domaine concerné, des possibilités d'expérimentation pour les collectivités territoriales.

Exemples :

- Art. 86 de la loi. Objet : Création d'établissements publics d'enseignement primaire. Collectivités concernées : Communes et EPCI.

- Art. 59 de la loi. Objet : Mise en œuvre des mesures de protection de l'enfance ordonnées par l'autorité judiciaire. Collectivités concernées : Départements.

- Art. 70 de la loi. Objet : Financement et réalisation d'équipements sanitaires. Collectivités concernées : Régions.

Biblio. somm. : AN, Rapp. info. n° 3199 (juin 2006) sur la mise en application de la loi n° 2004-809 du 13 août 2004 relative aux libertés et responsabilités locales.

2. La répartition des compétences

a. Principes de répartition

433 Selon l'article L. 1111-4, al. 1er, CGCT, « la répartition des compétences entre les collectivités territoriales et l'État s'effectue, dans la mesure du possible, en distinguant celles qui sont mises à la charge de l'État et celles qui sont dévolues aux communes, aux départements ou aux régions de telle sorte que chaque domaine de compétences ainsi que les ressources correspondantes soient affectés en totalité soit à l'État, soit aux communes, soit aux départements, soit aux régions ». Il résulte de ce texte deux principes importants. Tout d'abord, la répartition des compétences doit se faire par « blocs », du moins dans la mesure du possible. Ensuite, les transferts de compétence doivent faire l'objet de compensations. Mais une fois les transferts réalisés, il ne saurait être accepté qu'une collectivité puisse exercer une tutelle sur une autre collectivité. En effet, selon l'article L. 1111-3 CGCT : « la répartition de compétences entre les communes, les départements et les régions ne peut autoriser l'une de ces collectivités à établir ou exercer une tutelle, sous quelque forme que ce soit, sur une autre d'entre elles ».

1) Le principe du transfert par blocs de compétence

434 **Textes.** La loi du 2 mars 1982 a fixé les bases administratives des nouvelles responsabilités locales. **Les lois du 7 janvier et 22 juillet 1983**, notamment, ont réparti et précisé les compétences entre les communes, les départements, les régions et l'État. Constituant le second volet de la politique de décentralisation, ce trans-

fert et cette répartition de nouvelles compétences, qui ont été réalisés au profit des collectivités territoriales, ont conduit à attribuer à chaque niveau territorial une spécialisation.

À la **commune**, tout d'abord, est revenu la maîtrise du sol, l'urbanisme, les équipements de proximité. Quant au **département**, il a vocation à assurer une vaste mission de solidarité sociale et de péréquation. Enfin, la **région** s'est trouvée investie de missions plus prospectives : réflexion, programmation, impulsion en matière économique, de formation professionnelle et d'aménagement.

Pratique. Si la **répartition par « blocs »** est possible dans certains secteurs, comme l'éducation, par exemple, elle est très **largement inapplicable dans des domaines comme l'aménagement du territoire et le développement économique**. Ce sont, en effet, des domaines sans frontières qui couvrent des territoires relevant de la responsabilité de plusieurs collectivités publiques et celles-ci s'estiment fondées, quelles que soient les compétences qui leur sont reconnues, à œuvrer pour le développement local.

En outre, le législateur lui-même a organisé l'exercice par une collectivité locale de compétences appartenant à une autre collectivité. Ainsi, par exemple, la loi n° 83-663 du 22 juillet 1983 a autorisé une commune, par convention, à mettre en œuvre les compétences du département en matière d'action sociale et de santé (art. 33). La même loi a précisé (art. 30) que le département peut confier, toujours par convention, tout ou partie de l'organisation des transports scolaires notamment à des communes, des groupements de communes ou des syndicats mixtes. Dans le même sens, l'article 14-VII de la loi précédemment citée a prévu un mécanisme de transfert conventionnel de compétences pour, en ce qui concerne les collèges et les lycées, les grosses réparations, l'équipement et le fonctionnement. Enfin, on peut encore citer l'article 18 de la loi n° 90-587 du 4 juillet 1990 qui a autorisé l'État, par convention, à confier aux collectivités territoriales ou à leurs groupements, la maîtrise d'ouvrage de constructions ou d'extensions d'établissements d'enseignement supérieur relevant du ministère de l'éducation nationale ou du ministère de l'agriculture.

En dehors de dispositions législatives expresses, de nombreuses techniques, principalement conventionnelles, sont venues modifier et corriger en permanence la répartition législative. En effet, l'imbrication des territoires (que l'on songe au territoire d'une commune qui peut être l'objet de quatre aménageurs superposés : commune, département, région et État ; sans compter l'Union européenne) et la nécessité de recourir à des financements croisés en matière d'investissements (car, bien souvent, les capacités de financement d'une collectivité publique sont insuffisantes) ont conduit à la consécration du **partenariat entre collectivités publiques**. Ses formes sont d'ailleurs variées. Entre le partenariat librement négocié et le partenariat « contraint » aboutissant à un acte dont les termes sont « dictés » par la partie la plus puissante, s'insèrent des procédures très diverses dans leurs modalités comme dans leur contenu. Le partenariat peut ainsi prendre des **formes conventionnelles** (contrats de projet, fonds de concours ; v. par ex. CAA Lyon, 12 nov. 2009, *Cnté cnes Saône Vallée*, *AJDA* 2010, p. 31, note C. Vinet) **ou institutionnelles** (sociétés d'économie mixte, groupements d'intérêt public, structures de coopération intercommunale, etc.).

2) Le principe des transferts de compétence compensés financièrement

435 Les élus locaux ont longtemps critiqué la tendance de l'État à se décharger sur les collectivités locales du poids financier de certaines activités. C'est pourquoi la loi du 7 janvier 1983 avait affirmé, dans son titre III, la « compensation des transferts de compétences ». Désormais, en vertu du quatrième alinéa de l'article 72-2 de la Constitution, inséré par la loi constitutionnelle n° 2003-276 du 28 mars 2003 relative à l'organisation décentralisée de la République, « Tout transfert de compétences entre l'État et les collectivités territoriales s'accompagne de l'attribution de ressources équivalentes à celles qui étaient consacrées à leur exercice ». Cette disposition, qui figure à l'article L. 1614-1 CGCT a ainsi acquis une valeur constitutionnelle.

– **Les modalités de calcul des compensations financières.** Selon le droit en vigueur, codifié aux articles L. 1614-1 s. CGCT, les modalités de calcul du montant des compensations financières afférentes aux transferts de compétences et ayant pour conséquence d'accroître les charges des collectivités territoriales et de leurs groupements répondent aux règles suivantes :

• d'une part, « tout accroissement net des charges résultant des transferts de compétences (...) est accompagné du transfert concomitant par l'État » de ressources « équivalentes aux dépenses effectuées, à la date du transfert, par l'État au titre des compétences transférées et évoluent chaque année, dès la première année, comme la dotation globale de fonctionnement. Elles assurent la compensation intégrale des charges transférées » (art. L. 1614-1 CGCT) ;

• d'autre part, « le montant des dépenses résultant des accroissements et diminutions de charges est constaté pour chaque collectivité par arrêté conjoint du ministre chargé de l'intérieur et du ministre chargé du budget, après avis de la commission consultative sur l'évaluation des charges du comité des finances locales » (art. L. 1614-3 CGCT).

- **Les modalités de versement des compensations financières.** Le code général des collectivités territoriales définit les modalités de la compensation :

• « les charges (...) sont compensées par le transfert d'impôts d'État [...] et, pour le solde, par l'attribution d'une dotation générale de décentralisation » (art. L. 1614-4 CGCT) ;

• « les transferts d'impôts d'État représentent la moitié au moins des ressources attribuées par l'État à l'ensemble des collectivités locales » (art. L. 1614-5 CGCT) ;

• « les pertes de produit fiscal résultant, le cas échéant, pour les départements ou les régions, de la modification, postérieurement à la date des transferts des impôts et du fait de l'État, de l'assiette ou des taux de ces impôts sont compensées intégralement, collectivité par collectivité (...) par des attributions de dotation de décentralisation » (art. L. 1614-5 CGCT).

Les **impôts d'État transférés aux collectivités territoriales** par l'article 99 de la loi du 7 janvier 1983 ont été, pour les départements, d'une part, la taxe sur les véhicules à moteur (vignette) et, d'autre part, les droits d'enregistrement et la taxe de publicité foncière exigibles sur les mutations à titre onéreux (droits de mutation) ; pour les régions, la taxe sur les certificats d'immatriculation des véhicules à moteur (cartes grises). La loi de 1983 a en revanche exclu le financement par la fiscalité des compétences transférées aux communes.

- **Pratique.**

• **Accompagnement financier :**

Passée la première vague des transferts de compétences, les nouveaux transferts n'ont pas donné lieu à des transferts de fiscalité mais à des majorations de dotation générale de décentralisation. L'assiette et le taux des impôts transférés se sont progressivement réduits. Si le Conseil constitutionnel a clairement affirmé que « les règles posées par la loi ne sauraient avoir pour effet de restreindre les ressources fiscales des collectivités territoriales au point d'entraver leur libre administration » (CC, déc. n° 91-298 DC du 24 juill. 1991), il s'est toutefois refusé à définir le seuil en deçà duquel toute nouvelle suppression de recettes fiscales serait considérée comme une entrave à la libre administration. Telles sont les raisons pour lesquelles l'article 72-2 de la Constitution, issu de la révision constitutionnelle du 28 mars 2003, est venu prévoir que les recettes fiscales et les autres ressources propres des collectivités territoriales (c'est-à-dire les produits des domaines et d'exploitation), devront représenter « une part déterminante de l'ensemble de leurs ressources », dans des conditions définies par une loi organique (v. LO n° 2004-758, 29 juill. 2004 prise en application de l'article 72-2 de la Constitution relative à l'autonomie financière des collectivités territoriales).

Mais si l'article 72-2 de la Constitution fixe des règles d'accompagnement financier des dépenses mises à la charge des collectivités territoriales en cas de transfert, de création ou d'extension de compétences, il n'impose pas à l'État de faire varier le niveau des recettes allouées en fonction de l'évolution future des dépenses supportées par les collectivités territoriales. En outre, le principe du transfert de ressources équivalentes au niveau des dépenses mises à la charge des collectivités ne s'applique qu'en cas de transfert de compétences, ce qui par exemple était le cas s'agissant du RMI, mais pas pour ce qui concerne l'aide sociale aux personnes âgées (APA) et l'aide sociale aux personnes handicapées (PCH). Dans cet exemple, la compensation par l'État des dépenses mises à la charge des départements au titre du versement des allocations individuelles de solidarité n'a pas suivi en fait le rythme d'évolution des dépenses. Dans une période de crise économique où les ressources financières et fiscales propres de ces derniers, notamment les droits de mutations à titre onéreux, évoluent de façon moins dynamique, une telle situation conduit inévitablement à un effet de ciseaux.

Chiffres. Selon l'Observatoire décentralisé de l'action sociale (Odas), la **charge nette liée à la politique d'action sociale des départements**, après déduction des apports de l'État, s'élevait en 2013 à 25,9 milliards d'euros, en hausse de 1,1 milliard d'euros par rapport à l'année précédente (*La lettre de l'Odas*, « Financement de l'action sociale : les départements dans l'impasse », juin 2013). La Cour des comptes l'avait souligné dès 2009, le financement de la décentralisation des compétences sociales n'est pas stabilisé (Cour des comptes, *La conduite par l'État de la décentralisation*, 2009). Ce constat reste d'actualité.

• **Transferts d'accompagnement :**

Comme les textes relatifs aux transferts de compétences ont simplement eu pour objet de transférer aux différentes collectivités locales des attributions appartenant antérieurement à l'État, sans affecter la répartition des compétences entre les collectivités elles-mêmes, il a fallu prévoir un **transfert concomitant des services, personnels et biens correspondants.**

Pour les services, la loi n° 83-8 du 7 janvier 1983 a posé les règles suivantes :

- les services déconcentrés de l'État chargés à titre principal de la mise en œuvre d'une compétence relevant du département et de la région devront être dans un certain délai réorganisés et transférés en partie (ce transfert a été réalisé tant bien que mal au cours des années suivantes) ;

- les autres services de l'État qui pourront être nécessaires à l'exercice des compétences transférées aux communes, aux départements et aux régions seront en tant que besoin à la disposition de la collectivité concernée.

S'agissant des personnels concernés par ces opérations de transfert des services déconcentrés de l'État, ils ont reçu un droit d'option entre l'État et la nouvelle collectivité compétente. Toutefois, la mise en œuvre de ce principe a été plus complexe que prévue. Elle s'est heurtée non seulement à l'imbrication des structures (personnels territoriaux travaillant dans les services de l'État) mais aussi parfois aux réticences des personnels en place.

Plus récemment, la loi du 13 août 2004 relative aux libertés et responsabilités locales a prévu des transferts de personnels importants, afin de donner leur pleine cohérence aux transferts de compétences qu'elle organise (plus de 90 000 agents chargés de l'entretien des lycées et des collèges [agents TOS] et plus de 30 000 agents des services de l'équipement ont été transférés aux collectivités). Ces transferts de personnels doivent se dérouler en deux temps, afin de permettre aux collectivités d'exercer les compétences nouvellement transférées en disposant tout de suite du personnel nécessaire tout en assurant aux services concernés une période suffisante pour gérer au mieux le changement de fonction publique de rattachement. Dans un premier temps, les personnels de l'État affectés à des compétences qui sont transférées aux collectivités territoriales sont mis à la disposition des collectivités. Dans un second temps, ces agents sont transférés aux collectivités territoriales. Ce transfert donne lieu à l'exercice d'un droit d'option par les agents : soit ils choisissent d'être intégrés dans la fonction publique territoriale ; soit ils choisissent de demeurer dans la fonction publique de l'État, tout en faisant l'objet d'un détachement sans limitation de durée au profit des collectivités (v., par ex., L. n° 2009-1291, 26 oct. 2009 relative au transfert aux départements des parcs de l'équipement et à l'évolution de la situation des ouvriers des parcs et ateliers).

Quant aux transferts immobiliers, ils ont également accompagné les transferts de compétences. Mais l'état du patrimoine transféré et sans doute un plus grand souci des demandes des usagers ont conduit les collectivités territoriales à engager des travaux d'investissement considérables notamment pour les bâtiments scolaires, ce qui a mis souvent au premier plan les insuffisances de la compensation financière.

3) Le principe de l'interdiction d'établir une tutelle d'une collectivité sur une autre

436 **Cette interdiction apparaissait déjà dans la loi du 2 mars 1982.** Elle a été réitérée avec force dans la loi du 7 janvier 1983 précitée. Elle est le résultat de préoccupations qui s'étaient manifestées, après la suppression de la tutelle, quant au risque de tutelles pouvant être exercées par les départements sur certaines communes, ou encore par les régions sur les départements et certaines communes. Désormais, cette règle a été constitutionnalisée lors de la réforme de 2003. L'article 72, al. 5, prévoit ainsi qu'« aucune collectivité territoriale ne peut exercer une tutelle sur une autre ». Il est toutefois ajouté : « Cependant, lorsque l'exercice d'une compétence nécessite le concours de plusieurs collectivités territoriales, la loi peut autoriser l'une d'entre elles ou un de leurs groupements à organiser les modalités de leur action commune ».

Sont donc prohibés les cas d'intervention d'une collectivité dans le processus d'élaboration d'une décision relevant de la compétence d'une autre, ou encore certaines situations où une collectivité cherche à influencer une autre.

Ainsi, par exemple, il est précisé, en vertu de l'article 2 de la loi du 7 janvier 1983, dans sa rédaction issue de la loi n° 92-125 du 6 février 1992, et aujourd'hui codifié à l'article L. 1111-4 (al. 3) CGCT, que les décisions des collectivités locales « d'accorder ou de refuser une aide financière à une autre collectivité locale ne peuvent avoir pour effet l'établissement ou l'exercice d'une tutelle, sous quelque forme que ce soit, sur celle-ci ». À la question de savoir si l'attribution d'une subvention majorée versée par le budget du département pour travaux d'adduction d'eau potable sous réserve que le réseau soit géré en régie directe constitue une tutelle entre collectivités locales, le Conseil d'État a répondu par la négative en jugeant que « si la délibération litigieuse a entendu, par une modulation du taux des subventions, inciter financièrement les communes ou leurs syndicats à gérer en régie leurs réseaux d'eau et d'assainissement plutôt que de les affermer, elle n'a pas subordonné l'attribution de ces aides à une procédure d'autorisation ou de contrôle » (CE, Ass., 12 déc. 2003, *Dpt Landes*, n° 236442 ; *RFD adm.* 2004, p. 518, concl. Séners et p. 525, note J.-C. Douence).

Le Conseil d'État aurait pu adopter une conception large de la tutelle. Aurait constitué une tutelle toute forme d'interférence d'une collectivité dans les attributions d'une autre (tutelle directe ou indirecte, tutelle juridique, financière ou technique). On sait que cette conception large a été systématisée en particulier dans les textes sur les collectivités locales pris sous la IIIe République. Elle renvoie à l'idée selon laquelle le pouvoir central doit disposer des pouvoirs les plus vastes pour faire prévaloir l'intérêt général qu'incarne l'État face aux intérêts particuliers que représentent les collectivités inférieures. La tutelle correspond alors à tous les mécanismes d'influence de l'État sur ces collectivités. Sous cet aspect, une telle forme de tutelle pourrait bien apparaître fréquemment dans les relations entre les collectivités territoriales elles-mêmes, notamment du fait de leur taille (prééminence de la région sur les petites communes, par exemple). Mais, pragmatique, le Conseil d'État n'a pas souhaité privilégier une telle interprétation. Il a préféré retenir une conception plus étroite, en définissant la tutelle par rapport à ses composantes limitativement énumérées (pouvoir d'annulation, de réformation, de substitution, d'autorisation, d'approbation). Cette solution peut se comprendre car une conception large aurait pu conduire à condamner de façon quasiment systématique tous les mécanismes de financement croisé qui se sont fortement multipliés à la faveur du développement des compétences des collectivités territoriales. En décider ainsi aurait même pu conduire à limiter sérieusement la libre administration des collectivités territoriales.

Par la suite, le législateur est intervenu et est revenu sur cette jurisprudence en prévoyant que « les aides publiques aux communes et groupements de collectivités territoriales compétents en matière d'eau potable ou d'assainissement, ne peuvent être modulées en fonction du mode de gestion du service » (art. L. 2224-11-5 CGCT). Bien mal lui en a pris car le Conseil constitutionnel a déclaré cette disposition contraire à la Constitution (CC, déc. n° 2011-146 QPC du 8 juill. 2011, *Département des Landes [Aides publiques en matière d'eau potable ou d'assainissement]*). En l'espèce, le Conseil a jugé que l'interdiction de moduler des subventions selon le mode de gestion du service d'eau potable et d'assainissement restreignait la libre administration des collectivités territoriales, ici celle des départements, au point de méconnaître les articles 72 et 72-2 de la Constitution.

Il n'y a donc pas de la part du Conseil d'État et du Conseil constitutionnel d'approche dogmatique de ce principe de l'interdiction d'établir une tutelle d'une collectivité sur une autre.

L'avant-dernier alinéa de l'article 72 de la Constitution rend lui-même possibles des synergies entre collectivités. En effet, après avoir posé le principe qu'« Aucune collectivité territoriale ne peut exercer une tutelle sur une autre », il ajoute : « Cependant, lorsque l'exercice d'une compétence nécessite le concours de plusieurs collectivités territoriales, la loi peut autoriser l'une d'entre elles ou un de leurs groupements à organiser les modalités de leur action commune. »

C'est ainsi, en particulier, que **la loi du 27 janvier 2014** de modernisation de l'action publique territoriale et d'affirmation des métropoles **a renforcé la technique du « chef de filat »**, qui peut se définir comme la possibilité de désigner une collectivité, dite chef de file, pour gérer de manière commune une compétence qui nécessite le concours de plusieurs collectivités territoriales ou groupements de celles-ci. Le chef de file a un **rôle de coordination** de l'action commune des collectivités, **à l'exclusion de tout rôle de décision**.

Dans ce cadre, la **région** voit son rôle de chef de file se confirmer ou se renforcer en matière d'aménagement et de développement durable du territoire ; de protection de la biodiversité ; de climat, de qualité de l'air et d'énergie ; de développement économique ; de soutien de l'innovation et de l'internationalisation des entreprises ; d'organisation de l'intermodalité et de complémentarité des modes de transports ; de soutien à l'enseignement supérieur et à la recherche.

Le **département** devient chef de file en matière d'action sociale et de développement social ; de contribution à la résorption de la précarité énergétique ; d'autonomie des personnes et de solidarité des territoires.

Quant à la **commune**, l'accent est mis sur la mobilité durable, l'organisation des services publics de proximité, l'aménagement de l'espace et le développement local.

b. Domaines de compétence

437 S'il est entendu que l'État se doit de conserver les grandes fonctions de souveraineté (affaires étrangères, défense, responsabilité des grands équilibres économiques), pour le reste, une répartition des compétences avec les collectivités territoriales reste concevable. Lors de la réforme de la décentralisation entreprise à partir de 1982, cette répartition a reposé en particulier sur une analyse fonctionnelle cherchant à déterminer, dans chaque secteur, quel niveau peut exercer un rôle dominant.

Il s'est agi ici de traduire en fait le « **principe de subsidiarité** », qui est défini comme la recherche du « niveau adéquat d'exercice des compétences, un niveau supérieur n'étant appelé que dans les cas où les niveaux inférieurs ne peuvent pas exercer eux-mêmes les compétences correspondantes ». Cette « étoile du berger » est depuis venue se nicher au creux des alinéas de l'article 72 de la Constitution (l'art. 72, al. 2, Const. 1958 prévoit ainsi depuis sa refonte en 2003, que « Les collectivités territoriales ont vocation à prendre les décisions pour l'ensemble des compétences qui peuvent le mieux être mises en œuvre à leur échelon » ; v. égal. L. Janicot, « Réflexions sur la notion de compétences propres appliquée aux collectivités territoriales en droit français », *AJDA* 2004, p. 1574).

Sur cette base, l'État aurait pu déléguer aux collectivités territoriales tous les pouvoirs qu'elles sont en mesure d'exercer. En outre, pour des raisons de simplicité, chaque niveau aurait dû recevoir un « bloc de compétence » aussi homogène que possible. En réalité, le législateur n'y est que très imparfaitement parvenu. Rares sont les compétences qui ont pu être qualifiées d'exclusives. **Une « vocation » dominante de chaque niveau** a été le plus souvent mise en avant.

1) Compétences des communes

438 À **la commune** est revenue **la maîtrise du sol**, c'est-à-dire l'essentiel des compétences dans le domaine de l'urbanisme et la responsabilité des équipements de proximité, alors que, depuis 1943, l'urbanisme était, en France, l'affaire de l'État.

À partir du début des années 1980, la décentralisation a consisté en l'espèce en ce que **les conseils municipaux ont reçu**

compétence pour élaborer les schémas directeurs (devenus « schéma de cohérence territoriale ») et les plans d'occupation des sols (dénommés aujourd'hui « plans locaux d'urbanisme »). Dans les communes ainsi dotées d'une carte communale ou d'un plan local d'urbanisme, les permis de construire et, plus généralement, les autorisations d'utilisation des sols (certificats d'urbanisme, déclarations de travaux, permis de démolir, autorisations de lotir) sont délivrés par le maire au nom de la commune. Cette compétence peut être déléguée au président d'un établissement public de coopération intercommunale qui l'exerce alors au nom de l'établissement. Dans les communes dépourvues de ces documents d'urbanisme, le permis de construire est instruit et délivré au nom de l'État qui assume les charges financières afférentes à l'exercice de cette compétence.

Le lien avec l'État n'est donc pas rompu, même là d'ailleurs où la compétence est décentralisée. Ainsi, selon l'article L. 422-8 du code de l'urbanisme : « Lorsque la commune comprend moins de 10 000 habitants et ne fait pas partie d'un établissement public de coopération intercommunale regroupant 10 000 habitants ou plus, ou lorsque l'établissement public de coopération intercommunale compétent regroupe des communes dont la population totale est inférieure à 10 000 habitants, le maire ou le président de l'établissement public compétent peut disposer gratuitement des services déconcentrés de l'État pour l'étude technique de celles des demandes de permis ou des déclarations préalables qui lui paraissent justifier l'assistance technique de ces services. Pendant la durée de cette mise à disposition, les services et les personnels agissent en concertation avec le maire ou le président de l'établissement public qui leur adresse toutes instructions nécessaires pour l'exécution des tâches qu'il leur confie (une convention entre l'État et la collectivité territoriale définit l'étendue et les modalités de cette mise à disposition des services déconcentrés de l'État). / En outre, une assistance juridique et technique ponctuelle peut être gratuitement apportée par les services déconcentrés de l'État, pour l'instruction des demandes de permis, à toutes les communes et établissements publics de coopération intercommunale compétents. »

En fait, l'urbanisme est une compétence qu'il est difficile d'attribuer en exclusivité à une seule personne publique. L'article L. 110 du code de l'urbanisme n'affirme-t-il pas que « Le territoire français est le patrimoine commun de la nation. Chaque collectivité publique en est le gestionnaire et le garant dans le cadre de ses compétences. » ? À l'heure où les questions environnementales sont au cœur des débats de société il est difficilement concevable de laisser aux 36 000 communes de France le soin de définir seules la politique des sols. Il faut à tout le moins un cadre qui s'impose à toutes. Et ce cadre ne peut venir que d'en haut. On comprend dès lors que l'État ait entendu conserver un certain nombre de prérogatives en l'espèce (C'est ainsi que le « schéma de cohérence territoriale » (SCOT) est soumis à l'occasion de son élaboration ou de sa révision aux lois et aux « projets d'intérêt général » (PIG) définis par l'État ainsi qu'à toutes les prescriptions données par l'État notamment dans le cadre des « directives territoriales d'aménagement et de développement durables » (DTADD)).

2) Compétences des départements

439 **Quel avenir pour le département en France ?** La question se pose depuis que l'évocation de sa suppression programmée est entrée dans le discours politique au sommet.

Présentée à plusieurs reprises, notamment par le rapport Attali publié en 2008 (Rapport de la commission pour la libération de la croissance, présidée par Jacques Attali, *300 décisions pour changer la France*, janv. 2008), comme une mesure de simplification du paysage institutionnel susceptible d'améliorer l'efficacité de l'action publique décentralisée ainsi que l'efficience de la gestion des deniers publics, la suggestion a été reprise par le gouvernement au cours de l'année 2014, notamment dans l'exposé des motifs du projet de loi portant nouvelle organisation territoriale de la République où la suppression des départements a été envisagée à l'horizon 2020, avant que le Premier ministre se ravise en reconnaissant au cours d'un débat au Sénat, le 28 octobre 2014, le rôle « indispensable » des conseils départementaux « en matière de protection des populations les plus fragiles et de soutien aux communes ».

En fait, sans vouloir sombrer dans la polémique politicienne, il faut reconnaître que si les élections qui ont eu lieu les 22 et 29 mars 2015 ont conforté l'assise démocratique des conseils départementaux qui ont été renouvelés, il est probable qu'une période vient de s'ouvrir qui est une transition. À l'évidence, les intercommunalités vont se structurer, les régions vont gagner en importance, le tout contribuant à faire évoluer le paysage territorial par glissements successifs. Quelle place alors pour les départements à moyen terme là où par exemple des métropoles auront vu le jour ? Rien ne devrait se faire par des changements brutaux. On connaît la fable : « Patience et longueur de temps / Font plus que force ni que rage. » (« Le Lion et le Rat », Jean de la Fontaine).

Dans le cadre juridique actuel, quelles sont les compétences attribuées au département ? Selon l'article L. 3211-1 CGCT, le conseil départemental « a compétence pour promouvoir les solidarités et la cohésion territoriale sur le territoire départemental, dans le respect de l'intégrité, de l'autonomie et des attributions des régions et des communes. »

Depuis 1983, le processus de décentralisation a conduit à l'affirmation du **rôle du département** dans la **mise en œuvre des politiques d'aide et d'action sociale.**

La **loi du 22 juillet 1983** de répartition des compétences avait ainsi fixé un principe en dotant le département de la **compétence de droit commun en matière d'aide sociale légale** et en laissant à l'État des compétences résiduelles, désormais énumérées à l'article L. 121-7 du code de l'action sociale et des familles.

Puis la **loi du 13 août 2004** relative aux libertés et responsabilités locales est venue réaffirmer et renforcer le rôle du département en lui confiant la mission de **chef de file de l'action sociale.** Elle l'a ainsi chargé de la définition et de la mise en œuvre des politiques d'action sociale sur son territoire mais également de la coordination avec l'ensemble des acteurs amenés à intervenir en la matière. Ce rôle de chef de file est codifié à l'article L. 121-1 du code de l'action sociale et des familles. Il a été décliné à l'article L. 113-2 de ce même code s'agissant de l'action sociale en faveur des personnes âgées.

Ce « chef de filât » confié au département trouve une traduction dans l'**élaboration des documents de planification**, notamment du schéma départemental d'organisation sociale et médico-sociale et du plan départemental d'insertion. Le fait que les centres locaux d'information et de coordination (Clic), qui sont chargés d'assurer une mission de guichet unique auprès des personnes âgées, soient placés sous la responsabilité du département constitue une autre illustration de la mission de coordination confiée au département. De la même façon, les maisons départementales des personnes handicapées (MDPH), créées par la loi du 11 février 2005 (Loi pour l'égalité des droits et des chances, la participation et la citoyenneté des personnes handicapées) et organisées sous la forme de groupements d'intérêts publics (GIP), sont fréquemment adossées aux services départementaux et le conseil départemental est étroitement associé à leur gouvernance, son président assurant la présidence du GIP.

L'affirmation du rôle du département a également trouvé une traduction dans l'**élargissement de ses domaines d'intervention.** La loi du 1er décembre 1988 créant le revenu minimum d'insertion (RMI) lui a ainsi confié la tâche d'accompagner les allocataires avant que la responsabilité et le financement de la prestation ne lui soient entièrement transférés en 2004. Dans le domaine de l'accompagnement des personnes âgées, la gestion de la prestation spécifique dépendance (PSD), créée en 1997, puis celle de l'allocation personnalisée d'autonomie (APA), mise en place en 2002, lui ont été successivement confiées. Depuis 2006, le département assure également le versement de la prestation de compensation du handicap (PCH), qui s'est substituée à l'allocation compensatrice pour tierce personne (ACTP).

Poids financier des dépenses d'action sociale des départements

Selon les données fournies par la direction de la recherche, des études, de l'évaluation et des statistiques (Drees) pour l'année 2012 (Drees, *La protection sociale en France et en Europe en 2012*, juill. 2014), **les dépenses d'action sociale des collectivités territoriales** s'élevaient à cette date à près de **47,1 milliards d'euros**.

Les départements concentrent à eux seuls plus de 86 % de ces dépenses (viennent ensuite les communes pour un peu plus de 13 % et les régions pour l'infime reliquat). Alors qu'elles représentaient environ le quart de leurs charges de fonctionnement au début des années 1980, les dépenses d'action sociale en constituent aujourd'hui plus de 63 % en moyenne. Cette proportion varie d'un département à l'autre et peut atteindre plus de 70 % dans ceux d'entre eux dont les populations sont les plus confrontées à la précarité. Leurs principaux postes de dépenses sont l'insertion (7,9 milliards d'euros en 2012), l'aide sociale à l'enfance (7 milliards d'euros), l'aide sociale aux personnes âgées (6,9 milliards d'euros) et l'aide sociale aux personnes handicapées (6,1 milliards d'euros).

L'évolution dynamique du nombre d'allocataires des allocations individuelles de solidarité – APA, PCH, RSA – a largement contribué à accentuer le poids des dépenses d'aide sociale dans les finances des départements. Selon une étude de l'Observatoire décentralisé de l'action sociale (Odas), le versement de ces allocations représentait ainsi en 2011 43 % de la dépense nette d'action sociale des départements, contre 12 % en 2001 (*Les cahiers de l'Odas,* « Décentralisation et cohésion sociale : contribution de l'Odas au débat sur la réforme de la décentralisation », janv. 2013).

Mais là aussi, s'agissant en particulier des compétences en matière sociale du département, on constate que **le processus de décentralisation n'a pas nécessairement conduit à faire disparaître toute intervention de l'État** dans le domaine de compétence transféré. L'État a ainsi conservé une responsabilité dans la conception des politiques à l'échelle nationale et dans l'élaboration de la réglementation. On relève également que les agences régionales de santé (ARS) assurent une mission de planification, à travers les schémas régionaux de l'organisation médico-sociale (Sroms) et les programmes interdépartementaux d'accompagnement des handicaps et de la perte d'autonomie (Priac), qui doivent dès lors s'articuler avec les documents élaborés au niveau départemental (Voir le rapport publié par la mission d'évaluation et de contrôle des lois de financement de la sécurité sociale (Mecss) du Sénat en février 2014 sur les ARS qui montre que les articulations entre départements et ARS restent perfectibles notamment dans une optique de décloisonnement des politiques publiques ; Rapport au nom de la Mecss n° 400 (2014-2014), « Les ARS : une innovation majeure, un déficit de confiance », févr. 2014).

Par ailleurs, on note que si les lois de décentralisation n'ont confié aux **communes** aucune compétence nouvelle dans le champ de l'action sociale, **celles-ci continuent d'intervenir, principalement à travers les centres communaux d'action sociale**

(CCAS) **et les centres intercommunaux d'action sociale** (CIAS) qui sont chargés d'effectuer chaque année une analyse des besoins sociaux de la population. Sans oublier que les communes, dans le champ de leurs compétences facultatives utilisent leur clause de compétence générale pour développer diverses actions se traduisant notamment par le versement d'aides financières ou la mise en place d'établissements et services intervenant aussi bien dans le domaine social, médico-social que sanitaire.

Il est clair que dans le domaine de l'action sociale, la pluralité d'acteurs à tous les niveaux et leur complexe imbrication rendent nécessaire l'institution d'un chef de file. À qui incombera ce rôle à l'avenir ? Le département ?

c. Compétences des régions

440 **La région, tout comme l'intercommunalité, ne bénéficie pas en France du même attachement de la part des administrés que la commune et le département.** L'Histoire en a décidé ainsi. Pourtant, à l'avenir, on peut faire le pari que ce sont probablement ces deux niveaux d'administration des territoires, nés les derniers, qui auront le vent en poupe. Cette réalité n'est pas encore dans les cœurs ; elle est déjà dans les textes et la pratique administrative. C'est sans doute la raison qui fait que l'on pointe souvent du doigt à leur propos la vision purement technocratique qu'elles représentent. Elles ont encore besoin d'un supplément d'âme.

Il est vrai, s'agissant en particulier de la région, il se dégage de la lecture de l'article L. 4221-1 CGCT, qui présente les compétences du conseil régional, une douce chaleur marmoréenne : le conseil régional « a compétence pour promouvoir le développement économique, social, sanitaire, culturel et scientifique de la région et l'aménagement de son territoire, ainsi que pour assurer la préservation de son identité et la promotion des langues régionales, dans le respect de l'intégrité, de l'autonomie et des attributions des départements et des communes ». Mais il ne faut pas s'y fier. La région est un lieu de pouvoir, sous ses deux espèces : comme administration déconcentrée et décentralisée. Elle le sera encore davantage demain. Nous en voulons pour preuve sa consécration tant par la charte de la déconcentration du 7 mai 2015 (décret n° 2015-510) que par le projet de loi portant nouvelle organisation territoriale de la République (en cours de discussion au Parlement au printemps 2015). Même combat, serions-nous tenté de dire.

Dans un effort de clarification des compétences, ce projet de loi décide tout d'abord de **supprimer la clause de compétence générale des régions** (art. 1er), un an pourtant après son rétablissement dans la « loi Métropoles » (Loi n° 2014-58 du 27 janvier 2014 de modernisation de l'action publique territoriale et d'affirmation des métropoles). Il propose ainsi de limiter la compétence de la région aux domaines expressément prévus par la loi et de supprimer par conséquent la possibilité de contribuer au financement d'opérations d'intérêt régional des autres collectivités et groupements en dehors de ses compétences. Mais en même temps, il affirme le pouvoir réglementaire reconnu à la région dans le cadre de ses compétences. En fait, toute la question sera de savoir quels seront les domaines de compétence que la loi attribuera à la région.

Or la lecture du texte du projet de loi portant nouvelle organisation territoriale de la République fait déjà apparaître une volonté politique de **renforcer l'échelon régional**. C'est ainsi que les articles 2 et 3 du projet de loi réorganisent la politique en faveur du **développement économique** au profit des régions (il s'agit de créer de la sorte un « environnement favorable au développement des entreprises »). De même, l'article 4 tente de clarifier les compétences en matière de **tourisme** pour accroître le rôle des régions. Les articles 5 à 7 en font de même en matière de **déchets** (mise en place d'un plan unique au niveau régional) et d'**aménagement du territoire** (renforcement de la valeur prescriptive des schémas régionaux d'aménagement et de développement durable du territoire – SRADDT). Enfin, les articles 8 à 11 procèdent à une nouvelle répartition des compétences en matière de **transports** au profit des régions et proposent notamment de leur transférer la voirie départementale, afin de réaliser des économies d'échelle dans sa gestion. De même, l'article 12 transfère les **collèges** des départements aux régions. Il restera à ce texte à passer l'épreuve du feu parlementaire.

À défaut de pouvoir dresser un tableau exhaustif de la situation, du fait des incertitudes quant à l'issue de ces débats, on se contentera de faire deux focus, l'un sur les interventions économiques et l'autre sur l'association en matière éducative, pour voir quelle est la place de la région et les évolutions possibles.

• Focus sur les interventions économiques. Quelle place pour la région ?

Depuis les lois de décentralisation de 1982-1983, le **cadre juridique des interventions économiques** en faveur des entreprises accordées par les collectivités territoriales a évolué selon **trois phases** (Sénat, Avis n° 157 (2014-2015) sur le projet de loi portant nouvelle organisation territoriale de la République, déc. 2014) :

- Un premier régime issu de la loi de décentralisation du 2 mars **1982** et de la loi de plan du 7 janvier 1982 a introduit la notion de primauté de la région en matière d'**aides directes** et une grande liberté de toutes les collectivités pour les **aides indirectes** jusqu'en 2002.

- La loi du 27 février **2002** relative à la démocratie de proximité a ensuite institué le rôle de « chef de file » de la région. Le **« chef de filât »** s'exprime principalement par l'obligation de conventionnement pour certains types d'aide et par la nécessité d'obtenir l'accord de la région si une collectivité infra-régionale souhaite créer un dispositif propre. Par ailleurs, la définition des aides directes et indirectes a également évolué puisque la loi a supprimé les primes régionales à l'emploi (PRE) et les primes régionales à la création d'entreprises (PRCE) en leur substituant la notion plus large de **« subventions »**.

- **Le droit en vigueur est issu de la loi du 13 août 2004** relative aux libertés et responsabilités locales, qui a supprimé la distinction entre aides directes et indirectes pour adapter le droit français aux exigences de celui de l'Union européenne. Le régime actuel ne traduit pas de choix tranché en faveur d'une région chef de file incontestable en matière d'interventions économiques. Ainsi les aides indirectes libres ont disparu mais le nombre d'aides à l'immobilier que les collectivités peuvent octroyer sans accord de la région s'est accru.

Dans ce cadre, **les aides publiques aux entreprises font aujourd'hui l'objet d'un contrôle et d'une évaluation très stricts,** permettant de s'assurer de leur ciblage et de leur efficience. Le contrôle de l'efficience des aides se fait à deux stades :

- **avant l'octroi de l'aide**, lors de l'instruction de la demande, les financeurs publics sont tenus de mettre en évidence une défaillance du marché justifiant l'intervention publique. Ils doivent ensuite démontrer l'effet d'incitation de l'aide sur le comportement de l'entreprise en déterminant ce que, en l'absence d'aide publique, l'entreprise aurait effectué sur la thématique ou l'investissement projeté. Cette analyse est multicritères, financiers, de risques, d'impact sur l'environnement, sur la création d'emplois, etc. Enfin, l'aide ne doit pas favoriser l'entreprise au détriment de ses concurrents ;

- **après l'octroi de l'aide**, un suivi à échéance régulières et contractuelles vérifie l'incitativité de l'aide au travers de la réalisation des objectifs du projet et de ses effets. Si les conditions d'incitativité ne sont pas respectées, les financeurs publics peuvent mettre fin à l'aide avant le terme du projet et réclamer le remboursement des indus.

Un rapport annuel est transmis à la Commission européenne le 30 juin de chaque année par chaque État membre, sur l'application des régimes d'aide. En outre, des évaluations des dispositifs d'aides sont menées régulièrement par la Cour des comptes, le Conseil des prélèvements obligatoires et l'Inspection générale des finances.

Le **projet de loi portant nouvelle organisation territoriale de la République** (en cours de discussion au Parlement printemps 2015) comporte plusieurs articles sur le rôle des régions en matière de développement économique : les articles 2 et 3 donnent à la région le premier rôle dans le soutien au développement économique, et son article 6 sur le schéma régional d'aménagement et développement durable du territoire, pour son impact économique.

S'agissant en particulier de **l'article 2 du projet de loi**, on peut lire dans l'exposé des motifs :

« L'article 2 définit l'étendue de la compétence des régions en matière économique. La région est la catégorie de collectivité territoriale qui détient de plein droit la responsabilité de la compétence du développement économique régional. La région définit les orientations en matière de développement économique sur son territoire en adoptant, dans l'année qui suit le renouvellement du conseil régional, un schéma régional de développement économique, d'innovation et d'internationalisation. Ce schéma, à valeur prescriptive, définit les orientations en matière d'aide aux entreprises, de soutien à l'internationalisation, d'aide à l'investissement immobilier des entreprises et d'innovation. Il veille à la complémentarité des actions menées par l'ensemble des collectivités territoriales qui concourent au développement économique et, en particulier, à l'absence de concurrence entre collectivités pour l'implantation des entreprises. Le schéma veillera à ce que les aides des collectivités territoriales et de leurs groupements ne soient pas un vecteur de délocalisation des entreprises au sein de la région et à l'égard des régions limitrophes. »

Il restera à vérifier ce qu'il adviendra de ce texte au fil de la discussion au Parlement. À l'heure où les contraintes budgétaires se font pressantes, il paraît rationnel de consacrer le rôle de chef de file des régions en matière de développement économique. Ce que la raison commande, la politique pourrait-elle l'ignorer ?

• Focus sur l'association en matière éducative. Quelle place pour la région ?

L'éducation est demeurée une compétence de l'État à laquelle les collectivités ne sont qu'associées. En effet, selon l'article L. 211-1 du code de l'éducation, « l'éducation est un service public national, dont l'organisation et le fonctionnement sont assurés par l'État, sous réserve des compétences attribuées par le présent code aux collectivités territoriales pour les associer au développement de ce service public ». Ce rôle prépondérant de l'État en matière d'éducation découle du préambule de la Constitution du 27 octobre 1946 qui dispose en son treizième alinéa que « la Nation garantit l'égal accès de l'enfant et de l'adulte à l'instruction, à la formation professionnelle et à la culture. L'organisation de l'enseignement public gratuit et laïque à tous les degrés est un devoir de l'État. » (Sénat, Avis n° 150 (2014-2015) sur le projet de loi portant nouvelle organisation territoriale de la République, déc. 2014).

Il en résulte ainsi que l'État est seul responsable de l'organisation pédagogique. Il définit les voies de formations, les programmes nationaux et le contenu des enseignements et certifie les connaissances et les compétences par la délivrance des diplômes nationaux, des grades et des titres. L'État a également la charge du recrutement, de la gestion et de la rémunération du personnel enseignant, de l'administration et de l'inspection ainsi que du personnel exerçant dans les établissements secondaires et ne relevant pas du département ou de la région.

Quant aux collectivités territoriales, depuis « l'Acte I » de la décentralisation, elles sont chargées des conditions matérielles de l'enseignement et de l'investissement. Il s'agit en fait d'une responsabilité ancienne pour les **communes** en matière d'enseignement public du premier degré. Pour les **départements** et les **régions** qui sont chargés de l'enseignement secondaire public, les lois de décentralisation de 1983 (loi n° 83-8 du 7 janv. et n° 83-663 du 22 juillet) leur ont attribué la responsabilité de la construction, des grosses réparations et du fonctionnement des collèges (au département) et des lycées (à la région). Parallèlement, en matière de transports scolaires, la loi du 22 juillet 1983 a confié au département la responsabilité de leur organisation pour l'ensemble des élèves en dehors des périmètres de transports urbains. Quant à la **région**, les lois de décentralisation lui ont également confié un rôle stratégique de planification et de pilotage en matière éducative, qui est lié à ses responsabilités en matière de **formation professionnelle** (responsabilités qui ont été réaffirmées par la loi n° 2014-288 du 5 mars 2014 relative à la formation professionnelle, à l'emploi et à la démocratie sociale) et d'**enseignement supérieur** (le rôle de la région dans ce domaine a été actualisé avec loi n° 2013-660 du 22 juillet 2013 relative à l'enseignement supérieur et à la recherche ; les compétences qui lui sont confiées figurent à l'article L. 214-2 du code de l'éducation).

Chiffre. Le rôle croissant des collectivités territoriales en matière d'éducation se traduit par la prise en charge d'un quart environ de la dépense intérieure d'éducation en 2013. *Source : Le coût de l'éducation en 2013. Évaluation provisoire du compte,* Note d'information n° 37 de novembre 2014 de la direction de l'évaluation, de la prospective et de la performance (DEPP) du ministère de l'éducation nationale, de l'enseignement supérieur et de la recherche.

Dans son rapport consacré en 2009 à la conduite par l'État de la décentralisation, la Cour des comptes s'était montrée critique quant au bien-fondé et à la conduite des transferts opérés à l'occasion de la loi du 13 août 2004, qui, bien que confortant un ensemble logique de nature fonctionnelle, ont eu « pour effet à la fois de disperser la gestion de ce personnel [TOS] entre plusieurs collectivités d'un même ressort géographique (...) et de pérenniser la répartition des équipements immobiliers de l'enseignement secondaire entre régions et départements. » (Cour des comptes, *La conduite par l'État de la décentralisation,* rapport public thématique, oct. 2009). Soulignant que la répartition des compétences n'encourageait qu'insuffisamment la mutualisation, la Cour des comptes s'était ainsi prononcée en faveur d'un regroupement de la compétence en matière d'enseignement secondaire à un échelon précis de collectivité territoriale. S'agira-t-il de la région, à laquelle serait ainsi confiée l'intégralité des compétences en matière d'enseignement secondaire ? Demain est un autre jour...

« Rien n'est possible sans les hommes,
rien n'est durable sans les institutions »
Jean MONNET,
Mémoires,
Fayard, 1976

Bibliographie

A. Ouvrages généraux

P. Bodineau et M. Verpeaux, *Histoire de la décentralisation*, PUF, coll. « Que sais-je ? », 2e éd., 1997.

B. Faure, *Les institutions administratives*, PUF, coll. « Licence », 2010.

P. Gérard, *L'administration de l'État*, LexisNexis, coll. Les Manuels, 2014.

O. Gohin et J.-G. Sorbara, *Institutions administratives*, LGDJ, coll. « Manuel », 6e éd., 2012.

P. Jan, *Institutions administratives*, LexisNexis, 4e éd., 2011.

D. Maillard Desgrées Du Lou, *Institutions administratives*, PUF, coll. « Thémis », 2e éd., 2015.

H. Oberdorff et N. Kada, *Institutions administratives*, Sirey, coll. « Université », 7e éd., 2013.

J.-M. Ohnet, *Histoire de la décentralisation française*, Le Livre de Poche, 1996.

P. Rosanvallon, *L'État en France de 1789 à nos jours*, Éd. du Seuil, 1990.

M. Verpeaux, *Les collectivités territoriales en France*, Dalloz, coll. « Connaissance du droit », 5e éd., 2015.

B. Rapports publics

O. Guichard, Rapport « *Vivre ensemble* », remis au président de la République, La Documentation française, 1976.

P. Mauroy, *Commission pour l'avenir de la décentralisation. Refonder l'action publique locale*, La Documentation française, 2000.

C. Encyclopédies

Encyclopédie *Collectivités locales* (10 vol.), sous la direction scientifique de J.-C. Douence, Dalloz

JurisClasseur Collectivités territoriales (8 vol.), sous la direction scientifique de J. Moreau, LexisNexis

D. Revues

Acualité Juridique Collectivités Territoriales (revue mensuelle, Dalloz)

La Semaine Juridique Administrations et Collectivités Territoriales (revue hebdomadaire, LexisNexis)

E. Codes

Code général des collectivités territoriales (Legifrance : http://www.legifrance.gouv.fr)

Code général des collectivités territoriales, Dalloz 2015

INDEX ALPHABÉTIQUE

Les chiffres renvoient aux numéros de paragraphes.

A

Acte I de la décentralisation, **22**
Acte II de la décentralisation, **23**
Acte III de la décentralisation, **24**
Action extérieure des collectivités territoriales, **65**
Adjoint, **396**
Administration centrale des ministères, **245**
Agence de l'État, **247**
Agence régionale de santé, **10**, **156**, **309**, **317**
Agence du service civique, **11**
Alsace-Moselle, **125**
Anciens combattants et victimes de guerre, **310**
Arrondissement, **272**
Autonomie financière, **23**
Autorité administrative indépendante (AAI), **9**, **148**
Autorité de la concurrence, **9**
Autorité de contrôle prudentiel et de résolution (ACPR), **9**
Autorité des marchés financiers (AMF), **9**
Autorité de régulation des activités ferroviaires (ARAF), **9**
Autorité de régulation des communications électroniques et des postes (ARCEP), **9**
Autorité de régulation des jeux en ligne (ARJEL), **9**

B

Bureau
- conseil départemental, **353**
- conseil régional, **356**

C

Cabinet ministériel, **8**, **32**
Caisse des dépôts et consignations, **10**
Centre communal d'action sociale, **10**

Chambres régionales et territoriales des comptes, **193**
Charte de la déconcentration, **155**, **156**, **268**
Charte européenne de l'autonomie locale, **21**
Charte intercommunale de développement et d'aménagement, **202**
Charte de l'élu local, **83**
Circonscription administrative, **154**, **269 s.**
- d'arrondissement, **272**
- départementale, **271**
- échelon communal, **275**
- régionale, **270**
- spécialisée, **274**
Circulaire, **180**
Clause générale de compétence, **430**
Clipperton (île de -), **143**
Collège des chefs de service, **156**, **297**
Comité de l'administration régionale, **156**, **296**
Comité consultatif sur les problèmes d'intérêt communal, **385**
Comité des régions, **21**
Commissariat général à l'égalité des territoires (CGET), **241**, **313**
Commissariat général à la stratégie et à la prospective (CGSP), **242**
Commission communale pour l'accessibilité, **386**
Commission nationale consultative des droits de l'homme (CNCDH), **9**
Commission nationale de l'informatique et des libertés (CNIL), **9**
Commission permanente
- conseil départemental, **353**
- conseil régional, **356**
Commission de régulation de l'énergie (CRE), **9**
Commission des sondages, **9**
Communauté d'agglomération, **212**
Communauté française du renseignement, **232**
Communauté urbaine, **211**
Communauté de ville, **212**
Commune nouvelle, **199**
Compétences, **1**
- commune, **438**
- département, **439**
- région, **440**
Conférence nationale de l'administration territoriale de l'État (CNATE), **156**
Congrès des pouvoirs locaux et régionaux, **21**
Conseil d'État, **250 s.**
Conseil départemental
- commission permanente, **399**
- élection du président du conseil départemental et de la commission permanente, **353 s.**, **362**
- élections, **332 s.**
- président, **398**, **402**, **405**
- réunions, **408 s.**
- vœux, **406**
Conseil économique social et environnemental, **255 s.**

Conseil économique social et environnemental régional, **387**
Conseil municipal
- élection du maire et des adjoints, **347 s., 359 s.**
- élections, **322 s.**
- réunions, **408 s.**
Conseil de quartier, **384**
Conseil régional
- élection du président du conseil régional et de la commission permanente, **356 s., 363**
- élections, **339 s.**
- président, **400, 402**
- réunions, **408 s.**
Conseil supérieur de l'audiovisuel (CSA), **9**
Consultation locale, **367 s., 382**
Contrat d'établissement entre l'État et les universités, **168**
Contrat de plan État-région, **168, 287**
Contreseing, **34**
Contribution économique territoriale (CET), **220**
Contrôle de légalité (préfet), **288**
Contrôleur général des lieux de privation de liberté (CGLPL), **9**
Coopération intercommunale, **15**
Corse, **42, 126**

D

Décentralisation, **157 s.**
- Acte I, **22**
- Acte II, **23**
- Acte III, **24**
- fonctionnelle, **170 s.**
- territoriale, **162 s.**
Déconcentration, **149 s.**
Défenseur des droits, **9**
Déféré préfectoral, **191**
Délégué militaire départemental, **300**
Délégué régional aux droits des femmes, **311**
Démocratie
- participative, **319 s.**
- représentative, **387 s.**
Directeur académique des services de l'éducation nationale (DASEN), **305**
Direction départementale de la cohésion sociale (DDCS), **156**
Direction départementale interministérielle (DDI), **156, 286**
Direction départementale de la protection des populations (DDPP), **156**
Direction départementale des territoires (DDT), **156, 312, 314**
Direction générale de l'administration et de la fonction publique (DGAFP), **240**
Direction de l'information légale et administrative (DILA), **239**
Direction régionale des affaires culturelles (DRAC), **156, 307**
Direction régionale des entreprises de la concurrence de la consommation du travail et de l'emploi (DIRECCTE), **156, 308**
Direction régionale des finances publiques (DRFiP), **156**

Direction régionale de la jeunesse des sports et de la cohésion sociale (DRJSCS), **156**
Direction régionale de l'alimentation de l'agriculture et de la forêt (DRAAF), **156**, **314**
Direction régionale de l'environnement de l'aménagement et du logement (DREAL), **156**
Dissolution (conseils), **422**
District, **210**
Douane, **304**
Droit à l'expérimentation, **23**
Droit à l'information des conseillers, **421**
Droit à la spécificité, **23**

E

École nationale d'administration (ENA), **10**, **29**, **243**
Élections
- conseil départemental, **332 s.**
- conseil municipal, **322 s.**
- conseil régional, **339 s.**
Elysée, **230 s.**
Emploi supérieur à la décision du gouvernement, **30**
Emprunt toxique, **160**
Établissement public, **10**, **171 s.**
Établissement public de coopération intercommunale (EPCI), **15**, **79**, **205**
- à fiscalité propre, **216**, **217**
- élection des conseillers communautaires, **217**
Expérimentation, **432**

F

Fait métropolitain, **213**
« France Stratégie », **242**
Fusion de communes, **199**

G

Gendarmerie, **301**
Groupe d'élus, **420**
Groupement d'intérêt public (GIP), **11**
Guadeloupe, **16**, **130**
Guyane, **16**, **133**, **368**

I

Indivisibilité de la République (Principe), **36 s.**, **61 s.**
Inspections générales, **261 s.**
- création, **262**
- fonctions, **263 s.**
Intérêt public local, **431**
IRCANTEC (Retraite), **97**

L

La Réunion, **16**, **131**
Le Louvre, **10**
Libre administration des collectivités territoriales (Principe), **48 s.**
Loi du 16 janvier 2015 (Régions), **13**, **24**
Loi du 27 janvier 2014 (Métropoles), **24**
Loi du pays, **38**, **139**, **144**

M

Maire
- agent de la commune, **395**, **402**

- agent de l'État, **275**
- autorité de police, **405**
« Maison de l'État », **272**
Martinique, **16**, **134**, **368**
Matignon, **233 s.**
- entourage immédiat du Premier ministre, **234 s.**
- services rattachés au Premier ministre, **236 s.**
Mayotte, **16**, **135**, **368**
Métropole, **15**, **197**, **213**
Métropole d'équilibre, **213**
Métropole du Grand Paris, **124**, **216**
Métropole de Lyon, **127**
Modernisation de l'action publique » (MAP), **19**

N

Nouvelle-Calédonie, **16**, **38**, **41**, **65**, **144**

O

Opéra national de Paris, **10**
Opérateur de l'État, **247**
Ordonnance (art. 38, Constit.), **34**

P

Paris, **116 s.**
Participation populaire, **23**
Pays, **197**
Pénalisation de l'action administrative locale, **391 s.**
Pôle emploi, **10**
Pôle métropolitain, **15**
Police, **302**
Polynésie française, **16**, **65**, **139**
Pouvoir hiérarchique, **178 s.**
Pouvoir de nomination, **228**
Pouvoir réglementaire, **227**
Pouvoir réglementaire local, **69**
Préfet, **156**, **278 s.**
- collaborateurs, **289 s.**
- délégué, **293**
- délégué pour l'égalité des chances, **293**
- délégué pour la sécurité et la défense, **293**
- fonctions, **284 s.**
- sous-préfet, **294**
- statut, **280 s.**
Prérogative de puissance publique, **1**
Président de la République
- entourage immédiat, **231**
- organes collégiaux, **232**
Présidentialisation des institutions administratives locales, **390**
Principe de subsidiarité, **23**

R

Recteur, **305**
Rectorat d'académie, **156**
Référendum local, **370 s.**
Réforme de l'administration territoriale (RéATE), **288**
Réforme de l'État, **18**
Règlement intérieur, **407**
Répartition des compétences, **433 s.**
Représentation permanente de la République française auprès de l'Union européenne, **247**
Réseau de villes, **201**

Responsabilité pénale des exécutifs locaux, **392 s.**
Réunions
- convocation des conseillers, **412 s.**
- périodicité, **409 s.**
Révision générale des politiques publiques (RGPP), **19**

S

Saint-Barthélemy, **16**, **140**
Saint-Martin, **16**, **140**
Saint-Pierre-et-Miquelon, **16**, **137**
Schéma départemental de coopération intercommunale, **216**
Scrutin
- ordinaire, **425**
- public, **426**
- secret, **427**
Sécession, **44**
Secrétariat général des affaires européennes (SGAE), **247**
Secrétariat général de la défense et de la sécurité nationale, **237**
Secrétariat général du gouvernement (SGG), **235**
Secrétariat général pour les affaires régionales (SGAR), **287**, **291**
Secrétariat général pour la modernisation de l'action publique (SGMAP), **238**
Sénat, **45 s.**
Service à compétence nationale, **246**
Service d'information du gouvernement (SIG), **239**
Service départemental d'incendie et de secours (SDIS), **10**
SNCF, **10**
Société d'économie mixte locale, **204**
Sous-préfet, **294**
Statut de l'élu, **83 s.**
Suppléance, **34**
Syndicat d'agglomération nouvelle, **212**
Syndicat intercommunal, **208**

T

Taxe professionnelle unique, **212**, **220**
Taxe professionnelle de zone, **212**
Terres australes et antarctiques françaises (TAAF), **16**, **142**
Territoire d'outre-mer, **41**
Tutelle administrative, **190 s.**
Tutelle budgétaire, **192 s.**
Tutelle (Pouvoir), **187 s.**

U

Université, **10**

V

Ville nouvelle, **212**
Vote, **424**

W

Wallis-et-Futuna, **16**, **138**

Z

Zone de défense, **300**

TABLE DES MATIÈRES

ABRÉVIATIONS VII

INTRODUCTION 1

§ 1. Notions d'Administration et d'institutions administratives 1

§ 2. Schéma général d'organisation des institutions administratives 3

A. Le schéma d'hier 3

B. Le schéma d'aujourd'hui 4

C. Les défis pour demain 19

§ 3. Bases constitutionnelles du droit des institutions administratives 48

A. Les dispositions relatives à l'administration d'État 48

B. Les dispositions relatives aux autres institutions administratives 54

PREMIÈRE PARTIE **LES PRINCIPES GÉNÉRAUX DE L'ORGANISATION ADMINISTRATIVE** 75

CHAPITRE 1 **L'organisation des structures** 76

SECTION 1 LES ÉLÉMENTS D'UNIFORMISATION 76

§ 1. Le principe d'indivisibilité de la République 77

A. Le principe d'indivisibilité de la République s'oppose aux empiétements par les collectivités territoriales sur les prérogatives de l'État dans le domaine des relations internationales 77
B. Le principe d'indivisibilité de la République s'oppose à la reconnaissance de tout pouvoir normatif autonome aux collectivités territoriales 91
§ 2. Le principe d'égalité des collectivités territoriales 97
A. Les institutions locales sont soumises à un même droit commun 98
B. Les élus locaux bénéficient d'un même statut en voie de construction 111
Section 2 Les éléments de différenciation 147
§ 1. Les particularismes locaux en métropole 148
A. L'évolution de la jurisprudence constitutionnelle 148
B. Les collectivités territoriales spécifiques 151
§ 2. Les particularismes en outre-mer 173
A. L'outre-mer régi par l'article 73 de la Constitution 175
B. L'outre-mer régi par l'article 74 de la Constitution 192
C. L'outre-mer régi par l'article 72-3 (in fine) de la Constitution 213
D. La Nouvelle-Calédonie : un statut en devenir 217
Chapitre 2 L'organisation des rapports 230
Section 1 Les rapports verticaux 231
§ 1. Les cadres d'organisation 231
A. La déconcentration 232
B. La décentralisation 244
§ 2. Les techniques de contrôle 265
A. Le pouvoir hiérarchique 265
B. Le pouvoir de tutelle 270
Section 2 Les rapports horizontaux 293
§ 1. Les bases des rapports horizontaux 294
A. La définition d'un territoire pertinent 295
B. La recherche d'une formule adaptée 300
§ 2. L'institutionnalisation des rapports horizontaux 310
A. Les formes diversifiées de la coopération intercommunale 311
B. Le bilan contrasté de la coopération intercommunale 328

Seconde partie **Le régime juridique des institutions administratives** 341

Chapitre 1 **Les institutions administratives de l'État** 343

Section 1 L'administration centrale de l'État 344

§ 1. Les institutions administratives d'encadrement 345

A. Les organes d'impulsion 345

B. Les organes de gestion 364

§ 2. Les institutions administratives d'accompagnement 376

A. Les organes de consultation 376

B. Les organes d'inspection 391

Section 2 L'administration locale de l'État 396

§ 1. Les cadres d'action 398

A. La circonscription régionale 399

B. La circonscription départementale 401

C. La circonscription d'arrondissement 403

D. Les cadres territoriaux particuliers 405

§ 2. Les autorités d'administration 411

A. Les autorités d'administration générale 412

B. Les autorités d'administration spéciale 440

Chapitre 2 **L'administration locale décentralisée** 455

Section 1 Une démocratie participative 457

§ 1. L'élection des instances locales 457

A. La participation directe des citoyens 458

B. La participation indirecte des citoyens 488

§ 2. La consultation du public 501

A. Les instruments à l'initiative des autorités nationales 504

B. Les instruments à l'initiative des autorités locales 508

§ 3. La participation des habitants à la vie locale 519

A. Les conseils de quartier 519

B. Les comités consultatifs sur les problèmes d'intérêt communal 520

C. Les commissions communales pour l'accessibilité 521

Section 2 Une démocratie représentative 523

§ 1. Les organes dirigeants 523

A. La personnalisation du pouvoir 524

B. La concentration du pouvoir 533

§ 2. Les organes délibérants 545
A. Règles de fonctionnement 546
B. Attributions 557

BIBLIOGRAPHIE 589
A. Ouvrages généraux 589
B. Rapports publics 590
C. Encyclopédies 590
D. Revues 590
E. Codes 590

INDEX ALPHABÉTIQUE 591

PHOTOCOMPOSITION NORD COMPO
59650 VILLENEUVE D'ASCQ

712974 (I) - OSB - Th 60g - NOR (FLE)

Achevé d'imprimer en août 2015
dans les ateliers de Normandie Roto Impression s.a.s.
61250 Lonrai
N° d'imprimeur : 1502986
Dépôt légal : septembre 2015

Imprimé en France